7판

사회노년학

Aging and the Life Course: An Introduction to Social Gerontology

Jill Quadagno 지음

이정환, 양정빈, 염지혜
차승은, 신승연, 황명진 옮김

Mc Graw Hill

도서출판 그린

Aging and the Life Course, 7th Edition

1 2 3 4 5 6 7 8 9 10 GP 20 21

Original: Aging and the Life Course, 7th Edition © 2018
By Jill Quadagno
ISBN 978-1-259-87044-6

This authorized Korean translation edition is published by Green Press in arrangement with McGraw-Hill Education Korea, Ltd. This edition is authorized for sale in the Republic of Korea.

This book is exclusively distributed by Green Press.

When ordering this title, please use ISBN 978-89-5727-322-7

Printed in Korea

7판

사회노년학

Aging and the Life Course:
An Introduction to Social Gerontology

저자 서문

나는 1978년에 처음으로 사회노년학을 강의했다. 당시 나는 수강신청을 한 학생이 없을지도 모른다고 생각했었다. 18살 학생이 왜 고령화에 관해 관심을 가지겠는가? 나는 8월의 강의 첫날 강의실로 걸어 들어가 강의노트를 펼쳤는데 그날의 무더위와 함께 긴장감으로 땀을 흘렸다. 나는 앞줄에 앉아있는 큰 키의 어깨가 넓은 남학생을 주목하지 않을 수 없었다. 출석을 부르면서 알게 된 그의 이름은 마이크 토머스(Mike Thomas)로 미식축구를 하기 위해 캔저스주로 이주해온 아이오와주 시골출신 아이였다. 미식축구선수들에 대해 대학교수들이 때때로 가지고 있는 편견을 그대로 따라서 '큰 행운이네'라고 생각했다. 놀랍게도, 마이크는 나의 지속적인 애정 및 존경과 함께 품위있는 C+학점을 받았다. 나는 그의 인생이 잘 되기를 기원한다. 그는 미식축구선수에 대한 나의 편견을 내려놓게 만들었을 뿐만 아니라 왜 내 사회노년학 강의가 매학기 꽉 차는지에 대해 가르쳐주었다.

마이크는 조부모역할에 대한 과제리포트를 썼는데, 이 주제는 자신의 할머니와의 친밀한 관계로 인해 그에게는 관심이 가는 것이었다. 그가 할머니를 사랑하는 것만큼이나 그 또한 그녀가 그의 부모님과 함께 형의 오래된 침실로 이사할 때 생긴 긴장감을 목격하였다. 고령화는 대부분의 학생들이 그러는 것처럼 마이크에게도 관심을 가지게 했는데 왜냐하면 자신의 삶과 매우 밀접하기 때문이다. 물론, 대부분의 대학생들은 자신이 늙어가는 것에 대해 아직까지는 걱정하지 않을 것이다. 하지만 모든 젊은이는 가족의 구성원이며, 또한 부모와 조부모가 직면하는 딜레마는 젊은이에게 영향을 준다. 그러므로 대학생들이 이 주제에 끌리는 것은 자연스럽다. 그리고 요즘 점차 많은 수의 학생들이 수년간 전업으로 일을 하고 또 가족을 부양한 다음에 학교로 돌아오고 있다. 이런 나이든 학생들은 고령화 주제에 대해 즉각적인 관심을 보인다. 강사의 도전은 이러한 개인적 관심이 보다 큰 구조적 이슈들에 어떻게 연결되어 있는가, 예를 들면 허약한 노인에 대한 가족의 돌봄이 인구고령화 및 사회적 자원의 공정한 분배에 대한 정치적 결정에 의해 어떻게 영향받는지를 보여주는 것이다. 이 교재를 쓰도록 만든 것은 학생들에게 자신의 삶에 관한 주제들이 보다큰 사회적 힘에 의해 어떻게 형성되는가를 보여주고자 하는 나의 관심이었다.

구성

이 교재는 5개의 부와 16개의 장으로 이루어져 있다. 1부 "분야에 대한 정의"의 장들은 학생들에게 핵심적인 방법론적 및 이론적 이슈들에 대한 확고한 기초지식을 제공하고 또한 인구고령화의 핵심적인 경향들을 보여준다. 2부 "노화에 대한 학제간 관점"은 사회노년학이 본래 학제간 영역이라는 사실을 보여준다. 여기서는 고령화 연구에 대한 사학, 생물학, 심리학의 기여를 상세히 살펴본다.

3부 "고령화의 사회적 측면"은 가족관계, 주거시설, 일에서 은퇴로의 전환을 검토한다. 4부 "노년의 건강측면"은 노년기의 건강과 건강돌봄, 허약한 노인을 위한 돌봄, 죽음과 죽어감의 경험을 논의한다. 제5부 "고령화와 사회"는 고령화의 측면을 사회적 수준에서 검토한다. 이 부의 3개 장은 고령화의 경제적 및 정치적 측면을 논의한다.

특징적인 장

이 책은 사회노년학 교재에서 다루어지는 모든 주제를 포함하며 또한 세 개의 특징적인 장을 담고 있다. 첫 번째 특징적인 장은 생애과정에 대한 독립된 장(2장 "생애과정 전이")이다. 나는 사회노년학 분야에서 생애과정에 걸친 개인의 누적적인 경험, 선택, 억제, 기회와 노년기 삶의 질의 관계에 대한 강조가 커져가기 때문에 이 주제를 포함하였다.

또다른 특징적인 장(12장 "허약한 노인을 위한 돌봄")은 허약한 노인에 대한 장기돌봄에 초점을 맞춘다. 이 주제에 관한 상당한 양의 연구들은 가족구성원이 나이 들어가는 친족을 돌보는 과정에서 경험하는 부담과 만족, 요양원에서의 돌봄과 연관된 문제, 다양한 대안적 주거시설의 이익과 불이익을 검토한다. 이 장은 장기돌봄과 고령화사회를 직면하는 정책의 선택범위에 대한 전체적인 기술을 제공한다. 또한, 이 장은 학생들이 매우 관심을 가질 수 있는 요양원에서의 일상생활에 대한 멋진 질적 연구를 담고 있다.

이 과목을 가르치는 학기마다 나는 학생들이 소득지원, 건강돌봄, 사회서비스, 장기돌봄을 위한 미국내 사회프로그램의 광범위한 종류로 인해 혼란스러워하는 것을 발견하곤 한다. 대부분의 교재는 이러한 프로그램의 설명을 다양한 장들에 분산시켜놓는다. 이 책은 이러한 프로그램에 자금이 어떻게 제공되고, 누가 급여를 받을 자격이 있는가, 어떤 급여가 제공되는가, 프로그램들 간 관계에 있어서의 차이를 설명하는 복지국가에 대한 독립된 장(제5장 "노년과 복지국가")을 포함하였다. 이는 학생들이 이 교재의 어디선가 이러한 프로그램에 대해 읽을 때 참고자료로 쓰이도록 하기 위함이다.

학습방식

- **장 개요** 각 장은 학생들에게 장에서 다루어지는 주제를 소개하는 개요와 함께 시작된다.
- **미리보기 질문** 미리보기 질문은 학생들에게 장을 읽을 때 기억하도록 네댓 개의 질문을 제공한다.
- **장 열기** 각 장은 학생들을 주제에 관심이 끌리도록 만들고 또한 이어지는 자료를 준비하게끔 하는 생생한 소개를 담고 있다.
- **핵심용어** 이 교재에 사용된 핵심용어와 개념은 소개될 때 진한 글씨로 강조되어져 있다. 핵심용어 목록은 각 장의 끝에 있다. 이 책의 맨 뒤에 있는 용어설명은 교재에 사용된 각 핵심용어의 정의를 제공한다.
- **실례** 장은 핵심경향을 요약하고 중요한 이슈를 강조하는 숫자, 표, 그림, 사진으로 생동감있게 만들었다.
- **논제상자** 많은 강사들은 자신들과 학생들이 논제상자가 시기에 적절하고, 유용한 정보를 제공해주며, 도움을 준다는 것을 발견한다며 나에게 말하곤 한다. **공공정책에 대한 이슈** 상자는 핵심적인 사회적 이슈의 정책적 함의를 검토한다. **세계의 고령화** 상자는 타 문화의 고령화에 대한 비교문화적인 연구를 보여준다. **고령화경험의 다양성** 상자는 사람들이 미국에서 자신들의 성, 인종, 민족, 국적에 따라 나이가 어떻게 들어가는가에 관한 다양성을 기술한다. **그들의 목소리** 상자는 고령화경험에 대한 당사자의 설명을 제공한다.
- **돌아보기 질문** 장의 시작에 제기된 질문은 장의 마지막에 있는 **돌아보기** 부분에서 답이 제시된다. 이러한 질문과 짧은 논의는 학생들로 하여금 각 장의 주요 논점을 요약하도록 도와준다.
- **고령화질문에 관해 생각하기** 생각을 유발하는 일련의 질문들은 비판적인 사고와 강의실에서의 토론을 촉진하기 위해 설계되었다.

역자 서문

UN 등의 국제기구에 따르면 전체 인구 가운데 65세이상 노인 인구의 비율이 7%이상이면 고령화사회, 14%이상이면 고령사회, 20%이상이면 초고령사회로 분류한다. 한국은 2000년에 노인 인구의 비율이 7.3%에 이르러 고령화사회로 진입하였고, 이후 17년이 지난 2017년에는 이 비율이 14.2%로 증가하여 고령사회가 되었으며, 3년이 지난 2020년에는 이 비율이 다시 16.1%로 커졌다. 통계청의 장래인구추계에 따르면 한국은 머지않은 2025년에는 초고령사회로 진입할 것으로 전망된다. 이 같은 고령화의 이행 속도는 전 세계에 유례가 없을 정도로 빠른 수준이다. 고령화의 대표적인 국가인 일본의 경우도 1970년의 고령화사회에서 1994년의 고령사회로 진행하는 데 24년이 걸린 데 비해 한국은 이러한 이행과정을 17년 만에 거쳐 갔다.

고령화가 급속히 진행되면서 사회적으로 그리고 학문적으로 고령화와 노인에 대한 관심도 크게 증가하고 있다. 최근 들어 고령화와 노인에 대한 각종 정책과 프로그램이 늘어나고 있으며 또 고령화와 노인에 대한 관련 학계의 연구활동도 활발히 이루어지고 있다. 이와 더불어 대학에서도 고령화와 노인에 관련된 학과와 강좌가 지속적으로 늘어나고 있다. 그럼에도 불구하고 이같이 급속도로 진행되는 고령화와 변화하는 노인의 지위와 역할을 체계적이고 종합적으로 이해하는데 필요한 문헌과 전문서적은 여전히 충분하지 않은 것도 사실이다. 특히 대학에서 고령화와 노인을 전문적으로 연구하고 교육하는 우리 역자들의 입장에서는 이 분야에 대한 지식을 체계적이고 종합적으로 정리한 기본서나 교재의 부족을 실감하지 않을 수 없었다. 이에 우리 역자들은 교재의 필요성과 더불어 시의성을 생각하면서 집필에 시간이 다소 많이 소요되는 저서보다는 번역서를 먼저 발간하기로 의견을 모았다.

이 책인 "사회노년학"의 원저 "Aging and the Life Course: An Introduction to Social Gerontology"는 고령화와 노인에 관련해서 미국의 대학에서 가장 많이 사용되는 교재들 중의 하나이다. 이 책은 고령화와 노인에 연관된 노년학, 사회복지학, 사회학, 심리학, 생물학, 의학, 간호학 등과 같은 다양한 학문과 관점을 수용하면서 고령화를 개인적, 조직적, 사회적 수준에서 다차원적으로 접근하고 또한 수많은 관련 법, 정책, 프로그램, 사례를 제시함으로써 고령화와 노인에 대한 체계적이고 종합적인 지식은 물론 풍부한 자료도 동시에 소개하고 있다. 이로 인해 이 책은 고령화와 노인에 관련된 노년학, 사회복지학, 사회학, 간호학 분야 등에서 교재로 널리 사용되고 있으며 더불어 고령화와 노인을 위한 정책과 프로그램을 개발하는데 필요한 참고도서나 안내서로도 활용되고 있다. 이 책의 저자인 질 쿼다그노(Jill Quadagno)는 현재 미국 플로리다주립대학교(Florida State University)의 석좌교수로 재직하고 있으며 노년학과 노인정책 분야에서 가장 저명한 학자로 알려져 있다. 저자는 지난 40여년간 대학에 재직하면서 노인과 노인정책에 관련된 수많은 논문과 저서를 출간하였으며 또한 백악관과 의회를 포함한 미국 정부의 주요 위원회에 참여하여 고령화 노인에 관련된 다수의 법 제정과 정책 및 프로그램 개발을 주도하였다.

이 책의 번역에는 6명의 사회복지학, 노년학, 사회학 분야 교수들이 참여하였다. 각 번역자는 이 책의 16개 장 가운데 자신의 전공에 따라 2~3개의 장을 담당하였다. 이정환교수는 1장, 15장, 16장을, 양정빈교수는 6장, 7장, 13장을, 염지혜교수는 9장, 11장, 12장을, 황명진교수는 3장, 4장, 5장을 신승연교수는 10장, 14장을, 차승은교수는 2장, 8장을 번역하였다. 번역과정에는 예상치 못한 여러 가지 사정으로 인해 다소의 어려움이 있었다. 갑자기 발발한 코로나19 바이러스의 감염확산은 원격강의라고 하는 새로운 일감을 부과하여 대학에 재직하고 있는 우리 번역진으로 하여금 번역과정 내내 시간적인 압박감을 이중으로 느끼도록 만들었다. 번역과정에서 용어의 선정과 통일도 쉽지 않았다. 이는 다수의 번역진이 참여한 데도 이유가 있지만 용어에 대한 국내의 번역어가 다양하고 또 같은 용어라도 문맥에 따라 다른 의미를 지니고 있기 때문이다. 이 같은 용어번역의 문제를 해결하기 위해 우리 번역진은 수차례의 토론과 논의를 통해 최대한 혼선을 줄이려고 노력하였다. 아울러 의미전달의 효과성을 높이기 위해 같은 용어라도 문맥에 따라 다르게도 번역했다. 예를 들어 이 책의 핵심용어인 'aging'은 개인적이고 심리적인 맥락에서는 노화로, 그리고 제도적이고 정책적인 맥락에서는 고령화로 번역하였다.

번역이 완성된 초고는 여러번의 검토와 수정과정을 거쳤다. 그럼에도 불구하고 여전히 오자와 탈자, 어색한 표현과 문장, 일관되지 않은 용어 등이 이 책의 어디에선가 자리잡고 있을 것이다. 우리 번역진은 이러한 문제의 발견과 해결을 위해 이 책을 손보고 다듬는 일을 지속적으로 수행할 것임을 약속한다. 더불어 이러한 작업에 있어 독자의 예리한 눈매와 애정어린 조언이 이 책의 완성도를 높이는 화룡점정임을 의심치 않는다.

이 책의 출간에는 출판사의 적극적인 참여와 협조가 있었다. 원저 출판사와의 계약에서부터 편집 및 출판에 이르는 모든 과정에서 재정적으로 그리고 업무적으로 아낌없는 노력과 지원을 해준 도서출판 그린의 윤덕우 사장님께 심심한 사의를 표한다. 마지막으로 이 책을 오늘날의 우리를 있게 해준 부모님과 조부모님께 바친다.

2021년 2월

역자 일동

차 례

1부 분야에 대한 정의

1장 사회노년학 분야

1. 노년학 분야 20
   1) 용어 정의 20
   2) 성공적인 노화 21
   그들의 목소리 : 성공적으로 나이들기 21
2. 고령화 연구의 개념적 이슈 22
   1) 노년에 대한 정의 22
   2) 코호트와 세대 27
   세계의 고령화 : 레바논의 고령화 32
3. 연령차별주의 33
   1) 연령차별주의 형태 33
   공공정책에 대한 이슈 : 건강돌봄에 있어 연령차별주의 근절하기 35
   고령화 경험의 다양성 : 성과 고령화에 대한 이중잣대 36
   2) 매체를 통한 연령차별주의의 영속화 38
4. 미국 노인의 모습 41
   1) 건강 42
   2) 인종적 및 민족적 구성 42
   3) 혼인상태 43
   4) 소득과 빈곤 44
   5) 교육 45
5. 사회노년학 분야 직업 46
   1) 노년학 전문가 47
   2) 직업기회의 확대 49
   3) 노년학 전문가 되기 50

2장 생애과정과 전이

1. 생애과정 이론틀 58
2. 생애과정연구의 방법론 61
   1) 연령효과, 시기효과, 코호트 효과 61
   2) 횡단연구 63
   3) 종단연구 64
   4) 질적연구 66
   그들의 목소리 : 역할 바꾸기: 노부모를 부양하는 자녀 67
3. 생애사건 규정하기 68
   1) 생애사건과 시점 68
   2) 생애사건의 지속기간 71
   3) 생애사건의 순서 72
   세계의 고령화 : 2차 세계대전에 참전한 독일군인의 이야기 73
   4) 생애전반기 경험이 노년기의 삶에 미치는 영향 74
   5) 인구학적 변화와 중년기 76
4. 누적적 불리이론 77
   노화경험에서 다양성 : 아프리카계 미국인 참전용사들이 군복무 경험을 공유하다. 78
5. 어떻게 사회정책이 개인의 생애과정을 구성하는가? 80
   공공정책에 대한 이슈 : 노년기에 대한 정의 82

3장 노화이론

1. 사회노년학의 기원 91
2. 노화에 대한 미시이론 93
   1) 심리사회이론 93
   고령화 경험의 다양성 : 종교와 개인적 안녕 98
   2) 개인과 사회체계 100
   그들의 목소리 : 가족내의 호혜성 103
   3) 사회구성주의 104
3. 노화에 대한 거시이론 105
   1) 연령과 사회적 지위 105
   세계의 고령화 : 전통사회의 노인공경 108
   공공정책에 대한 이슈 : 구조적 지체와 연령친화적 지역사회 114
   2) 권력과 불평등에 대한 이론 115
   3) 비판노년학 118

4장 고령화의 인구학

1. 인구자료의 출처 126
2. 개인적 노화과정 127
  1) 수명 127
  2) 기대수명 128
  3) 성비 128
3. 인구고령화 129
  1) 인구변천 130
  세계의 고령화 : 인구고령화와 테러리즘 132
  2) 인구고령화의 국제적 차이 133
  3) 부양비 135
4. 미국의 인구추세 136
  1) 변화하는 연령구조 136
  3) 사망 139
  고령화 경험의 다양성 : 부의 불평등과 기대수명 141
  4) 이주 142
  그들의 목소리 : 쿠바인의 정체성 유지하기 143
  5) 부양비 144
  6) 기대수명 146
  7) 미국의 성비 147
  공공정책에 대한 이슈 : 난민을 위한 보충적 보장소득이 복원되어야하는가? 147

2부 노화에 대한 학제간 관점

5장 노년과 복지국가

1. 복지국가의 사회프로그램 158
  1) 공공부조 159
  2) 사회보험 160
  3) 재정복지 161
2. 미국 복지국가의 조직 162
  1) 소득지원 163
  고령화 경험의 다양성 : 사회보장을 위한 지원의 인종적 및 민족적 차이 164
  세계의 고령화 : 유럽 공적연금 프로그램의 구조조정 168
  2) 건강돌봄 169
  공공정책에 대한 이슈 : 2010년 환자보호 및 부담적정 보험법과 메디케어 171
  3) 장애인을 위한 지원 174
  4) 장기요양 176
  5) 사회서비스 180
  그늘의 목소리 : 식사배달에 의존하기 181
3. 연령 대 필요 논쟁 183

6장 노화를 바라보는 생물학적 관점

1. 노화의 생물학적 이론 192
  1) 노화의 환경적 이론 193
  2) 노화의 발달 및 유전학적 이론 194
2. 노화하는 신체 198
  고령화 경험의 다양성 : 모르몬교 신도들의 기대수명과 건강행동 199
  세계의 고령화 : 활동적 기대수명의 국제적 다양성 200
  1) 신체 외부의 노화: 피부와 머리카락 202
  2) 신경계의 노화 204
  3) 감각기관의 노화 209
  공공정책에 대한 이슈 : 고령 운전자를 제한해야 할까? 212
  4) 골격계의 노화: 골, 연골, 결합 조직 216
  5) 근육계의 노화: 근육량과 힘 220
  6) 생식계의 노화 221
  그들의 목소리 : 난소암 극복기 224
  7) 심혈관계의 노화: 심장과 혈관 225

7장 노화를 바라보는 심리적 관점

1. 노화와 인지 변화 238
  1) 창의성과 지혜 238
  2) 지능 240
  고령화 경험의 다양성 : '슈퍼에이저' 뇌의 비밀 242
  3) 학습과 기억력 245
  공공정책에 대한 이슈 : 항공기 조종사에게 정년퇴직 제도를 적용해야 할까? 245
  4) 학습과 정보통신기술 249
2. 정신 질환 250
  1) 치매 250
  세계의 고령화 : 영국, 웨일스, 덴마크에서 하락하고 있는 치매 유병률 252
  2) 우울증 255
3. 성격 및 적응 258

1) 성격과 노화 258
2) 성격과 건강 259
3) 성격과 대처 260
4. 성인기 발달 단계 이론 261
1) 에릭슨의 심리 사회적 발달 이론 261
그들의 목소리 : 멘토링을 통한 생산성 증대 263
2) 성인기 전환 264
3) 단계 이론에 대한 평가 269

3부 고령화의 사회적 측면

8장 가족관계와 사회적 지원체계

1. 사회적 지원체계 280
1) 사회적 지원 정의하기 280
2) 젠더에 따른 사회적 지원의 차별성 281
3) 가족구조의 변화와 사회적 지원 체계 282
4) 노년기 결혼지위 284
2. 생애 후반기의 결혼 284
1) 생애과정에서 결혼지위 변화 285
그들의 목소리 : 장년 결혼의 질적 변화 287
2) 결혼의 질과 건강 288
3) 노년의 섹슈얼리티 289
4) 젠더와 결혼 290
5) 노년기의 이혼 291
고령경험에서 다양성 : 효도 의식의 인종적, 민족적 다양성 292
3. 노부모-성인자녀 관계 293
1) 사회적 상호작용과 교환 295
2) 이혼의 효과 298
3) 재혼의 효과 300
4. 결혼하지 않은 노인들 300
5. 노년의 형제자매관계 301
6. 조부모됨 303
1) 조부모 역할의 다양한 유형 303
2) 조부모가 손자녀를 기른다는 것 304
세계의 고령화 : 대만의 손주들을 돌보는 조부모들의 건강 306
3) 조부모와 손자녀 관계의 질 307
4) 조부모 경력 308
5) 성인자녀의 이혼과 조부모됨 309
공공정책에 대한 이슈 : 조부모는 이혼 후에 면회권을 가져야 하는가? 310
7. 고령의 게이와 레즈비언 가족 313
1) 게이와 레즈비언 노인의 사회적 지원체계 314
8. 친구와 사회적 관계 315
1) 노년의 연애 316

9장 주거형태

1. 가구구조 324
2. 이주할 것인가 머무를 것인가? 327
1) 지리적 이동 327
2) 살던 곳에서 노후 맞기 329
3) 주택 소유 330
세계의 고령화 : 빛의 도시에서 늙어감 331
4) 주택의 질 332
3. 대안적 주거시설 336
고령화 경험의 다양성 : 싱글룸점용호텔에서의 삶 337
1) 생활지원시설 338
그들의 목소리 :
이전에 노숙자였던 여성들이 거리에서의 그들의 삶의 경험을 말하다 339
공공정책에 대한 이슈 : "수혜자추적재원" 프로그램 시범 343
2) 연속돌봄 은퇴주거단지 343

10장 일과 은퇴

1. 경제활동참가 추세 356
1) 종신직 고용의 감소 356
2) 남성들의 경제활동참가 357
3) 여성들의 경제활동참가 358
4) 경제활동참가의 인종적, 민족적 차이 359
5) 경제활동참가의 국제적 추세 360
2. 노동에서 은퇴로의 이행 362
1) 가교직업 363
세계의 고령화 : 네덜란드에서의 퇴직 전 일로부터의 분리 363
2) 단계적인 은퇴 364
3) 임시직 366
4) 고령근로자의 실업 367

3. 경제활동 철회에 영향을 미치는 요인들 368
1) 경제적 인센티브 368
2) 은퇴자 건강보험 혜택 370
3) 연령차별 370
4) 개인적인 결정으로서의 은퇴 370
공공정책에 대한 이슈 : 고용에 있어 연령차별 371
5) 은퇴의 미래 추세 376
그들의 목소리 : 은퇴 후 일로의 복귀 377
4. 은퇴자의 삶 378
1) 은퇴 만족 378
2) 일상적 활동과 건강 380
3) 자원봉사 382
4) 종교활동 참여 385

4부 노년의 건강적 측면

11장 건강과 건강돌봄

1. 인생에 몇 년을 더할 것인가 몇 년에 인생을 더할 것인가? 396
1) 역학적 변천 단계들 396
2) 질병압축론 398
2. 건강에 대한 사회적 결정요인들 399
1) 건강생활양식 399
그들의 목소리 : 나이들수록, 쇠약해진다 401
세계의 고령화 : 유럽 여성의 폐암 사망율 유형 402
2) 사회적 지원체계들 405
3) 사회경제적 지위 406
4) 성 411
고령화 경험의 다양성 :
레즈비언, 게이, 양성애자, 그리고 트랜스젠더 노인들의 건강 412
5) 인종과 민족 413
3. 건강돌봄체계에서 노인들 415
1) 보건의료제공자들과 노인들 416
2) 건강돌봄조직 417
공공정책에 대한 이슈 : 2010년 환자보호 및 부담적정 보험법에 있어 노인을 위한 혜택 419

12장 허약한 노인을 위한 돌봄

1. 가족돌봄 430
1) 돌봄제공 개요 430
2) 돌봄제공에서 성별차이 433
그들의 목소리 : 전 남편 돌봄 435
3) 돌봄제공자의 부담 436
4) 일과 돌봄제공 439
5) 돌봄제공과 가족관계 441
2. 가정돌봄 445
1) 재가 및 지역사회기반 서비스 445
고령화 경험의 다양성 : 게이와 레즈비언의 돌봄 경험 447
2) 인종, 민족, 그리고 장기돌봄 450
3) 민영 장기돌봄 보험 451
세계의 고령화 : 독일의 치매 돌봄제공자를 위한 새로운 기술 452
3. 요양원 돌봄 453
1) 요양원에서 스탭의 이직 453
2) 요양원 돌봄에 대한 접근성 455
3) 총체적 기관으로서의 요양원 457
공공정책에 대한 이슈 : 숨겨진 카메라들이 요양원에 허용되어야 하는가? 463

13장 죽어감, 죽음, 그리고 사별

1. 죽음에 대한 비교 문화적 및 역사적 관점 474
1) 비서구권 문화에서의 죽음 474
2. 죽음을 준비하다 477
1) 죽음에 대한 단계 이론 478
그들의 목소리 : 완화 의료를 선택한 사람의 이야기 479
3. 죽음을 관리하다 480
1) 죽을 권리 480
공공정책에 대한 이슈 : 중환자실에서 내리는 생애 말기 의사결정 481
2) 호스피스 돌봄 486
4. 사별 491
1) 배우자를 떠나 보낸 삶 491
세계의 고령화 : 프랑스의 생애 말기 돌봄 서비스 493
고령화 경험의 다양성 : 동성 파트너의 죽음 496
2) 부모의 죽음 497

5부 고령화와 사회

14장 고령화의 경제학

1. 고령화 정책과 경제 508
2. 노인들의 변화하는 경제적 지위 509
   1) 오늘날의 노인세대 510
   2) 노년기의 소득 불평등 513
   3) 베이비붐 세대의 고령화 514
   공공정책에 대한 이슈 : 은퇴보장에 대한 학생부채의 결과 515
3. 공적 소득원천 517
   1) 사회보장의 지위 517
4. 신탁펀드의 미래 517
   1) 신탁펀드 회복시키기 518
   2) 은퇴나이 올리기 519
   3) 연금 줄이기 522
   4) 수익 늘리기 523
   5) 자산조사 524
   6) 민영화 525
5. 노년의 사적 소득원천 526
   1) 고용주연금 526
   고령화 경험의 다양성 : 왜 저소득 근로자들은 연금이 없을까? 529
   세계의 고령화 : 이스라엘의 사적연금들은 충분한 소득안정을 제공 하는가? 530
   2) 개인 저축 532
   그들의 목소리 : 장기적인 계획을 통한 안전한 은퇴 533

15장 빈곤과 불평등

1. 고령화와 사회계층 544
   1) 누적적 불리이론 545
   2) 소득과 빈곤 545
2. 노년의 성불평등 548
   1) 성불평등의 유형 548
   그들의 목소리 : 성별화된 가사노동의 분화 549
   2) 사회보장소득의 불평등 551
   공공정책에 대한 이슈 : 사회보장과 이혼 555
   세계의 고령화 : 성평등을 위한 복지국가의 구조조정 558
   3) 보충적 보장소득의 불평등 559
   4) 고용주연금 적용의 불평등 560
3. 인종, 민족, 불평등 562
   1) 빈곤의 인종적 및 민족적 차이 562
   2) 노인의 인종적 및 민족적 차이 563
   고령화 경험의 다양성 : 유색인을 위한 은퇴보장 571

16장 고령화의 정치

1. 노인의 정치적 활동주의 579
   1) 투표하기 580
   공공정책에 대한 이슈 : 사회보장을 위한 지원은 감소해왔는가? 584
   2) 이익집단 정치 587
   3) 사회운동 정치 591
   세계의 고령화 : 은밀한 정치- 프랑스의 공적 연금 축소 592
   4) 정치적 공직자로서의 노인 596
   그들의 목소리 : 고령화를 재규정하는 빨간 모자 597
   5) 정치적 참여의 다른 형태 599
2. 노인에 관한 정치적 논쟁 599
   1) 자격있는 노인 600
   2) 세대적 공평성 논쟁 601
   3) 사회보장위기 604
   4) 소유권사회 604

용어풀이 609

References 628

INDEX 676

1부

분야에 대한 정의

1장 사회노년학 분야
2장 생애과정과 전이
3장 노화이론
4장 고령화의 인구학

1장

사회노년학 분야

1. 노년학 분야
    1) 용어 정의
    2) 성공적인 노화
    그들의 목소리 : 성공적으로 나이들기
2. 고령화 연구의 개념적 이슈
    1) 노년에 대한 정의
    2) 코호트와 세대
    세계의 고령화 : 레바논의 고령화
3. 연령차별주의
    1) 연령차별주의 형태
    공공정책에 대한 이슈 : 건강돌봄에 있어 연령차별주의 근절하기
    고령화 경험의 다양성 : 성과 고령화에 대한 이중잣대
    2) 매체를 통한 연령차별주의의 영속화
4. 미국 노인의 모습
    1) 건강
    2) 인종적 및 민족적 구성
    3) 혼인상태
    4) 소득과 빈곤
    5) 교육
5. 사회노년학 분야 직업
    1) 노년학 전문가
    2) 직업기회의 확대
    3) 노년학 전문가 되기

이 대학졸업자는 성공적인 고령화가 삶에 대한 적극적인 참여를 포함한다는 개념을 예시해준다.

미리보기

1. 사회노년학은 무엇이며 그리고 이것은 보다 광범위한 분야인 노년학과 어떻게 연관되어 있는가?
2. 노년은 어떻게 정의되며 그리고 이러한 정의는 어떤 영향을 미치는가?
3. 코호트는 무엇이며 그리고 사회노년학자는 왜 코호트에 관심을 가지는가?
4. 연령차별주의는 무엇이며 그리고 이것은 어떻게 영속화되는가?
5. 혼인상태에 따라 나이 든 남자와 나이 든 여자는 어떻게 다른가?

1장
사회노년학 분야

지난 반세기에 걸친 기대수명의 급격한 증가는 보다 많은 사람들에게 100살까지 살 수 있다는 가망성을 현실로 만들어주었다. 당신은 100살까지 살기를 원하는가? 모든 사람이 100살까지 산다면 사회는 더 나아질 것인가? 당신은 65세 이후의 삶을 어떻게 보낼 것인가?

이러한 질문들에 대해 단 몇 분이라도 생각해본다면, 당신은 아마 긴 인생이 좋은 삶일 경우에만 바람직하다고 결론지을 것이다. 다음으로, 좋은 삶은 좋은 건강과 사회에서 뜻있고 존경받는 지위를 가지는 것을 의미한다. 만약 기본적 욕구를 위해 다른 사람에게 전적으로 의존해야 한다면 100살까지 살기를 바라는 사람은 별로 없을 것이다. 만약 사랑하는 사람이나 동반자도 없고 혼자라면 또한 그렇게 오래 살기를 원하지 않을 것이다. 질병과 장애로부터의 해방, 온전한 정신력, 삶에 대한 적극적인 참여는 **성공적인 노화**(successful aging)의 속성이다(McLaughlin et al., 2010).

이 장의 첫 번째 절은 노년학과 이것의 하위분야인 사회노년학을 정의하고, 다음으로 이 분야의 초점이 노년의 문제에 대한 강조에서 성공적인 고령화의 증진으로 어떻게 이동했는가에 대해 기술한다. 사회노년학자들이 자신들의 주제에 대해 개념적으로 어떻게 접근하는지를 검토해보겠는데, 이러한 주제에는 노년을 정의하고 또한 관찰된 결과가 실제로 고령화과정의 결과인지를 결정하는 데 따른 특별한 도전이 포함된다. 그리고 연구자들이 이러한 도전에 대처하기 위해 사용하는 방법에 대해 고려해본다. 다음으로, 종종 나이 든 사람에 대한 차별의 근거를 형성하기도 하는 고령화에 대한 오해를 불식시키기 위해 연구결과들이 어떻게 도와줄 수 있는가에 대해 살펴본다. 이 장은 변화하는 정치적 분위기에서 고령화 연구가 실제적으로 기여하는 것에 대해 고려하면서 끝을 맺는다.

1 노년학 분야

1) 용어 정의

노년학(gerontology)은 고령화의 생물학적, 심리적, 사회적 측면에 관한 과학적인 연구이다. 이 분야는 **노화**(senescence)에 대한 새로운 과학과 함께 19세기 후반에 시작되었다. 노화는 인간 및 다른 생물유기체의 죽음에 이르게 하는 쇠퇴를 이해하기 위해 진화론적 원리를 적용하는 것이다. 노화이론은 죽음이 인구집단의 나이가 들고 수명이 다 된 구성원을 없애는 방법인 자연도태 과정의 일부라고 주장하였다. *노년학*이라는 용어는 면역학자인 엘리 메치니코프(Elie Metchnikoff)가 1904년에 만들었다. 1930년대에 노년학 연구는 고령화의 생물학적 측면뿐만 아니라 사회적 측면까지 포함하며 확대되었다(Cole, 1992). 1938년에 사회노년학의 첫 번째 학제간 연구(Achenbaum, 1996)는 에드먼드 빈센트 카우드라이(Edmund Vincent Cowdry)가 편집한 저서인 *고령화의 문제*(Problems of Aging)에 실렸다.

사회노년학(social gerontology)은 노년학의 하위분야이다. 사회노년학자들은 고령화에 대해 신체적 또는 생물학적 측면이 아닌 사회적 측면에 주로 관심을 둔다. 사회노년학자들이 관심을 두는 주제는 가족관계, 건강, 경제, 은퇴, 배우자사별 생활, 허약노인 돌봄 등이다. 사회노년학자들은 사회학, 심리학, 경제학, 정치학을 포함한 모든 사회과학에 의존할 뿐만 아니라 고령화의 생물학적 과정이 어떻게 고령화의 사회적 측면에 영향을 미치는가를 이해하려고 한다. 사회노년학자들에 의해 생산된 연구결과들은 사회복지학, 행정학, 도시지역계획학 등의 응용학문에서 전문가들이 고령화사회에서 나이 드는 사람들을 위한 프로그램과 정책을 설계하고 수행하는 것을 도와주는 데 사용된다.

2) 성공적인 노화

초기의 연구가 노화의 위기에 초점을 두는 경향이 있은 데 반해, 이제 사회노년학자들은 성공적인 노화가 질병과 장애의 예방뿐만 아니라 최고의 신체적 및 심리적 기능의 달성과 가치있는 사회적 및 생산적 활동의 참여에 의존한다는 것을 인식한다. 고령화 문제에 대해 부정적으로 접근하는 대신, 사회노년학자들은 이제 노년의 건강하고 만족스러운 삶을 창조하는 요인들을 찾고 있다(McLaughlin et al., 2010).

여러 요인들이 성공적인 노화와 연관되어 있다. 성공적인 노화는 목표를 설정한 다음, 이 목표를 성취하기 위해 노력하며 또 의미있는 활동에 참여함으로써 달성된다(Holahan and Chapman, 2002).

성공적인 노화는 개인과 사회를 모두 포함한다. 개인은 성공적으로 나이 들기 위해 무엇을 하고 또 무엇을 피해야 하는가? 사회는 나이 들어가는 개인이 최대 수준의 기능에 도달하게끔 도와주기 위해 어떤 사회정책과 제도를 시행해야 하는가? 어떤 특정한 환경과 생활양식이 다른 것보다 건강한 노화를 더 유도하는가? 성공적인 노화에 중요한 영향을 미치는 다른 요인들은 신체건강, 인지기능, 적당한 사회적 자원을 포함한다(Cho et al., 2015). 하지만 성공적으로 나이 드는 능력은 성, 인종, 성적 지향, 사회경제적 지위와 같은 개인적 특성에 따라 차이 난다는 것을 인식하는 것도 중요하다(Rowe and Kahn, 2015).

"그들의 목소리"에서, 다양한 장애를 가지고 살아가는 노인들이 왜 성공적으로 나이 들어가는 것을 느끼는가에 대해 설명한다.

그들의 목소리 : 성공적으로 나이들기

일부 나이 든 사람들에게 있어 성공적인 노화는 노화가 종종 장애를 동반한 자연스러운 과정임을 인정하는 것을 의미한다.

한 67세 아프리카계 미국 남성은 "내가 이전에 했던 것들 가운데 일부는 이제 할 수가 없어요. 그건 삶의 일부분이고 나는 그것에 익숙해져야만 해요"라고 말했다.

성공은 인생 초기에 선택한 것에 대해 만족하는 느낌에 의해 정의될 수도 있다.

한 67세 라틴계 여자는 교육을 받지 못한 것을 후회하지만 자녀를 키우는 방법에는 만족한다.

"성공? 아녜요. 왜냐하면 교육을 전혀 받지 못했거든요....가정주부로 일할 수밖에 없었어요. 아이들이 커가는 것을 바라보는 데 있어서는 성공했습니다".

마찬가지로 62세의 아프리카계 미국인 남자는 자녀가 잘하고 있어서 자신의 인생은 성공이라고 느꼈다.

"자식들이 있는데, 얘들이 다 컸고 아이들까지 있어요. 이것만으로도 기분이 좋아요".

마지막으로 성공은 재정적인 안전을 의미할 수 있다. 한 83세 중국계 남자가 설명하듯이 "나는 내가 안전하다고 생각합니다. 그건 성공과 다릅니다. 성공은 돈이 있고 또 돈을 벌 수 있는 것과 같습니다. 우리는 안전합니다. 나는 아무것도 걱정할 필요가 없습니다.

출처: Romo et al.(2013:944-945).

2 고령화 연구의 개념적 이슈

고령화와 생애과정을 연구하는 데 있어, 사회노년학자들은 모든 사회과학자들이 제시하는 똑같은 도전에 직면한다. 이들은 연구할 모집단을 규정하고, 적합한 연구방법(질적인 또는 양적인)을 선택하고, 조사도구가 정확한지를 결정하고, 자료분석을 수행한다. 주제를 정의하는 것은 가장 덜 복잡한 이슈로 보일지 모르겠지만, 다음 절에서 노년이 최소한 네 가지 다른 방식으로 정의될 수 있음을 볼 것이다.

1) 노년에 대한 정의

언제일 때가 늙은 것인가? 이 질문이 단순한 것처럼 들릴지 모르지만, 고령화와 노년에 대한 정의는 매우 다양하다. 나이 든 사람과 개인의 고령화 과정을 연구하는 데 있어, 연구자들은 나이에 대한 어떤 표시가 필요하다. 이들의 선택은 종종 노년에 대한 어떤 추상적인 개념보다는 연구되고 있는 이슈의 속성에 의존한다.

(1) 역연령

한 가지 일반적으로 사용되는 노년에 대한 표시는 **역연령**(chronological age)이다. 역연령은 종종 누구를 연구대상으로 포함할 것인가에 대해 분명한 결정을 내리는 데 유용하지만 그래도 하나의 임의적인 표시일 따름이다. 예를 들어, 65세는 미국에서 종종 늙었다고 생각되는 나이인데, 왜냐하면 원래는 이때 완전한 사회보장급여(Social Security benefits)와 메디케어(Medicare)를 받을 자격을 가졌기 때문이다. 완전한 사회보장급여를 받을 수 있는 나이는 현재 66세이며 점차 67세로 올라갈 것이다. 그렇다면 이것은 노년이 67세에 시작되는 것으로 간주될 것임을 의미하는가?

역연령은 노년에 대한 빈약한 지표가 될 수도 있는데, 왜냐하면 어떤 사람은 50세를 "늙었다"라고 여길 수 있고 또 어떤 사람은 80세를 "젊었다"라고 볼 수 있기 때문이다. 76세의 나이로 대통령에 출마한 하원의원 론 폴(Ron Paul)을 생각해보라.

마지막으로 역연령은 상당히 다른 세대들을 하나의 범주로 합쳐버리기 때문에 문제가 있다. 관심과 인생경험의 측면에서 20세의 사람이 40세의 사람과 서로 공통된 것을 가지고 있는 만큼 65세의 사람과 85세의 사람도 서로 공통된 것을 가지고 있다. 왜 이들은 똑같이 늙은 사람으로 간주되어야 하는가? 이러한 문제 때문에, 역연령이 노년의 표시로 사용될 때도 사회노년학자들은 종종 노인을 세 범주로 나눈다. **연소 노인**(young-old)은 65세에서 74세까지의 사람, **중고령 노인**(middle-old)은 75세에서 84세까지의 사람, **초고령 노인**(oldest-old)은 85세 이상의 사람이다.

(2) 사회적 역할과 연령

역연령이 어떤 유형의 연구에는 부적절한 노년 지표일 수 있기 때문에 사회노년학자들은 때때로 나이 든 사람을 그가 수행하는 **사회적 역할**(social role)에 따라 정의한다. 사회적 역할은 사별자, 할아버지, 은퇴자와 같이 주어진 사회적 위치를 점유하고 있는 사람들에 대한 기대나 지침이다.

그런데, 보통 노년에 맡는 사회적 위치와 연관된 역할을 하는 것이 늙었다는 것을 의미하는 것은 아니다. 일부 사람들은 취업 후 몇 년 지나면 은퇴가 가능한 그런 직업에서 일한다. 예를 들어, 자동차회사 노동자는 취업 후 30년이 지나면 은퇴할 수 있다. 만약 어떤 젊은이가 고등학교를 졸업하자마자 18세부터 공장에서 일하기 시작했다면 48세에 은퇴할 자격을 가질 수 있다. 군인은 20년 이후에 은퇴할 수 있다. 조부모한테도 마찬가지다. 십대에 아이를 가진 여자는 30대에 할머니가 될 수 있다. 그러나 조부모가 된다는 것은 나이에 상관없이 늙었다고 느끼게끔 할 수 있다.

조부모가 된다는 것은 고령화와 연관된 새로운 사회적 역할을 맡는 것을 의미한다.

(3) 기능적 연령

노년을 결정하는 세 번째 기준은 **기능적 연령**(functional age)이다. 기능적 연령에 대한 정의는 사람들이 어떻게 보이는가와 사람들이 무엇을 할 수 있는가에 기초한다. 기능적 용어로, 사람은 성인의 주요 역할을 더는 수행하지 못할 때 늙게 된다. 예를 들어, 이뉴잇 에스키모인(Inuit Eskimos)에게 있어 남자는 겨울에 사냥을 더이상 할 수 없는 50세 무렵에 늙게 된다. 여자는 10년 정도 더 있다가 늙게 되는데, 왜냐하면 여자가 수행하는 역할이 신체적으로 덜 격렬하기 때문이다. 벨리즈(Belize)의 블랙 카리브인(Black Carib)에게 있어 폐경기는 여자에 대한 노년의 표시이다. 그러므로 여자는 50살에 늙을 수 있는 데 반해, 남자는 60세에도 여전히 중년으로 간주될 수 있다(Kerns, 1980).

기능적 연령은 관절 강성(stiffness of joints), 단기기억 저하, 피부탄력성 감소, 산소용량(aerobic capacity)의 감소와 같은 보통의 신체적 변화에 의해 측정될 수도 있다. 사람들은 상이한 방식에 따라 상이한 속도로 나이가 들 뿐만 아니라 같은 사람의 각기 다른 신체부분도 상이한 비율로 노화된다. 신체적으로 탄탄한 마라톤선수는 심각한 청각장애를 가질 수 있다. 54살의 남자는 23살의 아들보다 더 오랫동안(더 빨리는 아니더라도) 달릴 수 있다(Staehelin, 2005)

마지막으로 기능적 연령은 외모에 의해 결정될 수도 있다. 흰 머리와 주름은 노년과 연관되는 신체적 특징이다. 그러나 오늘날 머리염색과 주름살제거수술은 외모를 극적으로 바꾸어서, 신체적 노화의 일반적인 표시가 상당히 애매해질 수 있다. 이러한 이유로 기능적 기준은 혼동을 주기 쉽다.

사람을 기능적 능력에 따라 더 잘 분류하기 위해, 노년학자들은 "건강한(well)", "미약하게 손상된(somewhat impaired)", "허약한(frail)"의 세 개 범주를 고안했다. **건강한 노인**은 건강하고 활동적인 사람들이다. 이들은 사회 및 여가활동에 참여하며, 종종 자원봉사에 관계하거나 이 일로 바쁘다. 이들은 가족으로서의 책임을 수행하고, 지역사회의 삶에 열심히 참여한다. **미약하게 손상된 노인**은 과도기적 단계의 사람들이다. 이들은 만성질환을 경험하기 시작하고 가족이나 지역사회 서비스기관으로부터 얼마간의 도움을 필요로 한다. 이들은 삶의 많은 측면들에 참여는 할 수 있지만, 교통, 쇼핑, 청소, 개인관리(personal care)에 있어 지원을 필요로 할 수 있다. 마지막으로 **허약한노인**이 있는데, 이들은 약간의 정신적이거나 신체적인 저하를 보이고, 일상적인 활동을 수행하기 위해 다른 사람에 의존한다. 이들은 가족으로부터 보다 많은 돌봄을 필요로 하고, 시설에 있을 수도 있다. 그러나 허약한노인도 나아질 수 있다. 프랑스의 시설에 있는 남녀 노인들에 대한 한 연구는 태극권 수련이 정신적 및 신체적 기능을 모두 개선시켰다는 것을 발견하였다(Deschamps et al., 2009).

(4) 주관적 연령

기능적 고령화와 연관된 일부 한계들은 쉽게 보완될 수 있다. 어떤 사람은 할 일의 목록을 만들고, 이중초점 안경을 쓰며, 규칙적으로 운동을 한다. 기능적 한계를 보완하는 데 성공한 사람은 자신에 대한 **주관적 연령정체성**(subjective age identity)을 젊게 유지할 수 있다. 40세에서 90세까지의 사람들에 대한 한 조사에서, 85%는 자신이 아직 늙지 않았다고 이야기했다. 한 90세의 여자는 95살이 될 때까지 자신을 늙었다고 생각하지 않을 것이라고 말했다(AARP, 2014).

주관적 연령정체성에 있어 가장 중요한 요인은 활동수준과 건강이다. 자신을 늙었다고 규정하는 노인은 종종 자신을 늙었다고 느끼게 만드는 특정한 사건(예를 들어, 심장마비나 실족 후의 고관절 골절)을 정확히 지목한다. 건강문제는 극적일 필요는 없다. 보다 쉽게 피곤하거나 아침에 일어난 후 뻣뻣함을 느끼는 것은 자신이 늙었다는 것을 인식하게 만들 수 있다(Staehelin, 2005).

주관적 연령정체성은 사회적 계급에 의해서도 영향받는 것으로 보인다. 사회경제적 지위가 낮은 사람들은 부유한 사람들과 비교할 때 노년의 시작을 보다 젊었을 때 발생한 것으로 본다. 이들은 자신을 "나이가 들었다"거나 "늙었다"라고 분류하고 역연령보다 더 늙었다고 느끼는 경향이 있다. 하지만 이러한 인식의 주된 이유는 이들이 자신의 건강에 대해 보다 비관적인 느낌을 갖고 있다는 것이다(Barrett, 2003). 건강은 주관적 연령정체성을 결정하는 데 있어 가장 중요한 요인이다.

주관적 연령정체성은 성에 의해서도 영향받는다. 많은 연구들은 여자가 남자보다 더 젊은 연령정체성을 지니고 있는 것을 발견한다. 한 가지 설명은 여자가 종종 신체적인 매력이나 생식잠재력을 기준으로 평가된다는 것이다. 결과적으로 고령화는 이들에게 부정적인 의미를 가진다. 반면에 나이 드는 남자는 보다 많은 능력과 자율성을 가진 것으로 간주되는 경향이 있다. 그러므로 고령화는 남자에게 보다 긍정적인 의미를 가진다(Barrett, 2005).

연령에 대한 어떤 정의를 선택하든 엄청난 차이가 개인들 간에 존재한다. 요점은 노년을 정의하는 것이 불가능하다는 게 아니라 사회노년학자들이 사용하는 정의가 자신들이 알기를 원하는 것에 의존한다는 것이다. 그러므로 고령화는 남자에게 보다 긍정적인 의미를 가진다(Barrett, 2005).

사회노년학자들은 주제를 확인하는 방법을 설정하고 나면, 다음으로 연구결과를 해석하는 방법을 결정해야 한다. 이들이 직면하는 가장 복잡한 이슈는 *연령변화*(age changes)를 *연령차이*(age differences)와 구분하는 것이다.

2) 코호트와 세대

연령변화는 시간에 걸쳐 개인에게 발생하는 데 비해 연령차이는 한 연령집단이 다른 연령집단과 다른 방식이다. 가끔은 관찰된 결과가 개인의 연령변화 때문인지 집단들 간의 연령차이 때문인지를 구분하는 것은 어렵다. 사회노년학자들은 연령차이를 확인하는 데 도움이 되도록 **코호트**(cohort)라는 개념을 사용한다. 코호트는 "같은 시기에 같은 사건을 경험하는 사람들의 집합체"이다(Ryder, 1965:845). 대부분의 연구들은 특정한 시기의 인구집단에 태어난 사람들로 규정된 연령코호트를 사용한다(Uhlenberg and Miner, 1996). 그러나 코호트는 동시에 특정한 체계에 들어가는 사람들로 구성될 수도 있다. 예를 들어, 모든 대학교 신입생들은 나이에 상관없이 하나의 코호트를 대표한다(Riley, 1995). 젊은층은 다른 연령층에 비해 생애과정에 있어 감수성이 예민한 시기에 있는 것처럼 보인다. 나이 든 사람들한테 인생에서 가장 기억에 남는 시기를 떠올려보라고 물어보면, 이들은 종종 자신의 청소년기나 성인초기의 경험을 이야기한다. 가장 기억에 남는 당신의 경험은 무엇인가? 젊었을 때의 기억이 가장 두드러진다고 믿는가? **코호트 고령화**의 과정은 "삶에 있어 한 코호트가 하나의 연령범주에서 다른 연령범주로 계속 나아가는 것"이다(Uhlenberg and Miner, 1996:208). 출생코호트의 마지막 구성원이 사망하면 그 코호트는 소멸된다.

때때로 *코호트*와 **세대**(generation)라는 용어는 호환성이 있게 사용된다. 하지만 보통 사회과학자들은 *세대*라는 용어를 가족과정에 대한 연구를 위해 떼어둔다. 이러한 의미에서 세대는 친족관계를 언급한다. 예를 들어, 4세대 연구는 보통 증조부, 조부, 자녀, 손자를 포함한다(Bengtson et al., 1990).

고령화에 있어 코호트차이를 일으키는 요인들은 많다. 여기에는 인간의 삶과 대규모의 사회변동 간의 상호작용뿐만 아니라 코호트의 구성이 포함된다. 이러한 요인들 가운데 첫 번째는 각 코호트가 각자에게 해당된 역사의 한 부분을 살아간다는 사실이다.

(1) 역사적 변화

사람들은 역사적 시대에 따라 하나의 코호트에 속한 것으로 분류될 수 있다. 출생연도의 차이는 사람들에게 상이한 기회와 제한을 가진 상이한 역사적 세계를 접하게 한다(Elder, 1994). 출생코호트의 구성원들이 공유하고 또 사는 동안 자신들을 형성시키는 이러한 독특한 경험을 **코호트효과**(cohort effect)라고 부른다(2장을 보라). 예를 들어, 1930년대의 대공황시기에 성장한 사람들은 1990년대에 성장한 사람보다 돈을 쓰는 것에 대해 더 조심할 것이다.

20세기에는 6개의 독특한 출생코호트를 확인할 수 있다.

- 1900년과 1927년 사이에 태어난 스윙세대(swing generation).
- 1928년과 1945년 사이에 태어난 침묵세대(silent generation)
- 1946년과 1964년 사이에 태어난 베이비붐세대(baby boomers)
- 1965년과 1976년 사이에 태어난 X세대(Generation X)
- 1977년과 1994년 사이에 태어난 에코붐세대(echo boomers)
- 1995년과 2005년 사이에 태어난 밀레니얼세대(millennials)

밀레니얼세대는 다른 어느 세대보다도 교육을 잘 받았고 또 매우 다양하다. 이들은 가정에 있는 컴퓨터와 함께 성장했고 사회적 네트워킹을 주도했다. 이들은 부모와 빈번히 이야기를 나누고, 인스턴트 메시징을 사용하고, 아이패드(iPad)로 영화를 본다. 이들은 역사상 가장 연결된 세대이다.

밀레니얼세대는 이전 세대와 다른 가치를 지니고 있는가? 일부 조사들은 약간의 핵심적인 차이를 발견한다. 대학입학생에 대한 미국신입생조사(American Freshmen Survey)에 따르면, 밀레니얼세대의 75%는 부자가 되는 것이 매우 중요하다고 대답했는데, 이 숫자는 베이비붐세대의 45%와 비교된다. 더욱이 밀레니얼세대의 35%만이 정치적 사안에 대해 계속 업데이트하는 것이 중요하다고 말했는데, 이러한 수치는 베이비붐세대의 50%와 대조된다. 밀레니얼세대는 인생에 대해 의미있는 철학을 발전시키는 것을 덜 중요하게 느끼고 또한 환경프로그램에 덜 참여하는 경향이 있다. 다른 한편으로 밀레니얼세대는 자신들을 보다 다인종적이라고 생각하고 또한 자신들의 다양한 유산들이 존경받도록 보다 노력하는 경향이 있다. 이들은 또한 다른 세대보다도 동성혼과 같이 논란이 되는 이슈에 대해 보다 자유주의적인 태도를 지니고 있으며 그리고 조직화된 종교에 덜 참여하거나 종교의식에 덜 참석한다(Draves and Coates, 2007; Twenge, 2006).

침묵세대의 상당수는 제2차세계대전 참전용사들이다.

침묵세대의 시기는 베이비붐세대와 밀레니얼세대의 시기와 어떻게 다른가? 존 클라선(John Clausen, 1993)은 1920년대와 1930년대의 삶이 어떠했는가에 관해 다음과 같이 기술했다.

> 자동차들이 이제 길거리에서 흔해졌다.... 라디오가 나타나기 시작했다.... 치마가 짧아지고 규제가 줄어들면서 여자들의 머리가 짧아졌고 성적인 규범은 불량소녀들로부터 비웃음거리가 됐다.... 그리고는 1929년에 주식시장의 붕괴와 지금까지 겪어보지 못한 가장 긴 경제공황이 찾아왔다.(p. 9)

침묵세대는 대공황기에 성장했고 또한 이것을 초기에 경험한 사람들은 잃어버린 교육과 취업 기회의 손실로 인생에 지울 수 없는 흔적을 남겼다. 돈이 없고 신체가 약한 사람이라는 식으로 노인들에 대해 가지고 있는 많은 고정관념은 침묵세대가 경험했던 실제의 궁핍에서 유래됐다. 이 세대의 많은 사람들은 제2차세계대전에서 큰 희생을 치렀다.

베이비붐세대는 20세기의 가장 큰 코호트이다. 나이가 들어가면서 이들의 삶은 전통적인 사회제도와 규범을 뿌리째 뽑은 민권운동, 여성해방운동, 반베트남전운동에 의해 완전히 뒤바뀌었다. 알린 스콜닉(Arlene Skolnick, 1991)은 1960년대를 다음과 같이 기술하였다.

> 1965년과 1975년 사이에, 함께하는 나라가 자유분방한 독신자, 자유결혼, 창조적인 이혼(creative divorce), 만남집단(encounter group), 대안적 생활양식, 여성해방, 우드스탁국민(Woodstock nation), "미국의 녹화"(greening of America) 나라로 되었다. 10대 소녀들이 체육수업에서조차 거들을 입던 나라에서 미니스커트, 노브라, 토플리스 수영복, 나체해수욕장의 나라가 되었다(p. 4)

많은 밀레니얼세대는 실업률이 높았던 2000년대 후반의 불경기에 직장에 들어갔다(Kunreuther et al., 2009). 결과적으로 이들은 성인인 채 부모와 함께 살면서 취업을 못하거나 불완전한 취업상태일 가능성이 높았다. 이러한 시대효과는 오랜 기간에 걸쳐 더욱 나쁜 경제적 전망으로 나타날지 모른다. 밀레니얼세대는 직업을 자주 바꾸는 것으로 유명하며, 일부 고용주들은 이들이 직장에 대해 비현실적인 기대를 가진 것으로 느낀다. 밀레니얼세대는 살아가면서 기회가 생길 때마다 계속해서 직업을 더 자주 바꿀 것 같다.

밀레니얼세대의 경제적 기회는 미국보다 경기불황이 더 심하고 실업률이 더 오래 지속된 유럽에서 특히 제한되었다. 청년실업률은 스페인에서 40%, 발트해국가에서 35%, 기타 다른 나라에서 20%이상이었다. 이에 대처하기 위해 각국 정부는 젊은 성인들을 노동시장에 통합하는 청년고용계획을 시도했다(Lowrey, 2009). 밀레니얼세대에 대한 경기불황의 영향을 충분히 이해하려면 수십년이 걸릴 것이다.

(2) 구성적 차이

코호트를 서로 구분하는 또다른 측면은 코호트의 구성과 특징이다. 코호트는 인종적, 성적, 민족적 구성에 따라 다르다. 예를 들어, 1910년에 태어난 코호트는 많은 동유럽계통의 이민자들로 이루어져 있는 데 비해, 1970년에 태어난 코호트는 히스패닉계(Hispanic) 이민자들로 이루어져 있다. 코호트는 또한 평균 가족원수, 평균 결혼연령, 기대수명과 같은 인구학적 요인에 있어 차이난다.

크기는 코호트의 매우 독특한 특징이다. 이미 언급했듯이, 베이비붐코호트는 대공황기에 태어난 코호트보다 훨씬 크다. 베이비붐세대는 성장하면서 자신들의 부모보다 더 경쟁적인 환경(매우 부족한 학교, 매우 부족한 첫 일자리, 매우 부족한 주택)에 직면하였다. 미국은 생애과정의 모든 단계에서 베이비붐세대의 영향을 느꼈고, 또 이들이 나이가 들어가면서 그러한 영향을 계속 느낄 것이다. 론지노(Longino, 1994)는 다음과 같이 설명하였다.

> 교육, 일자리, 주택에 대한 경쟁적인 노력에도 불구하고 베이비붐세대는 항상 정치적 영향력을 가졌다. 이들은 18세가 되면서 투표권을 가졌다. 베이비붐세대는 베트남전을 멈추게 하였고, 페미니스트운동을 촉진시켰으며, 첫 번째 지구의 날을 기념하였고, 자녀들이 십대가 되기 전에 법적 음주연령을 올렸다. 2010년에 베이비붐세대는 장기요양정책의 변경을 요구할 것이다. 이들은 노년에 대한 보다 나은 지원을 요구할 것이고 또 그것을 얻을 것이다.(p. 42)

코호트가 차이나는 또다른 방식은 가족구조와 관련해서이다. 20년 전에는 85세에서 89세까지 여성의 4분의 1이 무자녀였으며 또다른 4분의 1은 1명의 생존자녀만 있었다. 2017년에는 매우 나이 많은 여성의 3분의 2이상이 최소한 2명 이상의 자녀를 가지는 경향이 있었다. 이것은 이들 여성이 보다 강한 가족지원을 가질 것임을 의미한다. 다른 한편으로, 이전에 언급했던 경향으로 인해 21세기의 노인은 20세기 노인보다 이혼을 경험하거나 한부모일 가능성이 더 높을 것이다. 그러므로 가족지원은 더 취약하고 부모에 대한 의무감은 과거보다 더 약할 수 있다(Uhelenberg and Riley, 1995).

다양한 요인들이 고령화 경험을 형성시키며 또한 이러한 요인들은 코호트에 따라 변한다. 코호트분석은 역사적인 변화에 대한 연구를 강화할 뿐만 아니라 앞으로 있을 변화의 방향을 예상하는 데 도움을 준다. 대규모의 베이비붐코호트가 나이가 들면서, 건강돌봄에 대한 요구가 상승하고 또한 사회보장급여가 증가할 것임은 이미 알고 있다. 보다 훨씬 중요한 다른 변화들이 바로 저 가시거리 밖에 있을 수 있다.

대부분의 다른 나라들에서 역사적 변화는 노인들에 대해 상당한 영향을 주었다. 아랍권에서 노인에 대한 돌봄은 전통적으로 가족의 책임이었지만 전쟁과 젊은 성인들 그리고 때론

전가족의 국외이주는 이러한 전통적인 규범을 붕괴시켜버렸다. "세계의 고령화"는 레바논의 노인에 영향을 미친 일부 요인들에 대해 논의한다.

세계의 고령화 : 레바논의 고령화

레바논은 북쪽으로 시리아 그리고 남쪽으로 이스라엘과 국경을 접한 중동의 작은 나라이다. 일반적으로 아랍문화가 그렇듯이 레바논에서 가족은 핵심적인 사회적 및 경제적 자원이다. 정부가 지원을 거의 해주지 않는 상황에서 가족은 안전의 주요 원천이다. 성인자녀가 자신의 자녀와 부모와 함께 사는 다세대 가구는 일반적이며, 남녀 노인의 약 80%는 가족과 함께 산다. 그러나 인구학적인 분석의 측면에서 레바논은 다른 아랍국가와 차이가 나기도 한다. 대부분의 아랍 나라들이 노인에게 안전망을 제공하는 청년층의 높은 비율인 "청년층 팽창"(youth bulge)을 갖고 있는 데 비해, 레바논은 저출산율과 젊은 성인의 높은 국외이주율을 갖고 있다. 이에 따라 나이 든 레바논인은 노년에 돌봄을 제공해줄 자녀와 손자의 수가 더 적다.

레바논을 떠나는 많은 이주민들은 젊고, 고도로 숙련되며, 고학력인 성인들로서 고임금의 일자리를 좇아 다른 나라로 간다. 이러한 국외이주 유형은 나이 든 가족에게 긍정적인 영향과 부정적인 영향을 같이 미친다. 긍정적인 면에서, 레바논을 떠나는 많은 젊은이들은 돈을 고향에 보내서 나이 드는 부모에게 큰 재정적 안전을 제공해 줄 수 있다. 부정적인 측면에서, 국외이주는 가족지원체계를 고갈시킨다. 결과적으로, 레바논에는 다른 아랍 나라들에 비해 혼자 사는 노인들이 더 많다(Abdulrahim et al., 2016).

레바논은 또한 계속된 시리아 내전으로 인해 새로운 이슈에 직면하고 있다. 많은 시리아 난민들이 이웃인 레바논으로 탈출하고 있다. 국제적인 관심이 아동들의 고통에 초점을 두는 동안, 많은 나이 든 난민들이 붕괴된 가족, 무직, 부족한 자원, 수많은 신체적 및 정신적 건강 문제를 가지고 도착한다. 그러므로 미래에 레바논은 모든 개발도상국들이 직면하는 인구고령화의 이슈뿐만 아니라 국외이주 및 지역의 정치적 불안정과 연관된 독특한 도전과 싸워야 할 것이다.

어떻게 생각하는가?

1. 중동의 많은 나라들에 있는 혼란은 가족의 안정과 노인을 위한 지원체계에 어떻게 영향을 미칠 것인가?
2. 당신 가족의 노인을 위해 어떤 종류의 지원체계가 있는가?

3 연령차별주의

1) 연령차별주의 형태

연령차별주의(ageism)라는 용어는 노인에 대한 믿음체계를 지칭한다. 이것은 두 종류의 활동을 포함한다. 첫 번째는 나이 든 사람에 대한 부정적인 고정관념을 나타내는 편견이다. 두 번째는 단지 나이가 많다는 이유로 사람들의 기회를 부정하는 것을 의미하는 차별이다. 대부분의 사람들은 인종이나 성에 의한 차별은 유해하다고 인식하지만 연령차별주의가 비슷한 방식으로 작동하고 있는 것에 대해서는 덜 알고 있다. 그러나 연령차별주의는 신체적 및 정서적 건강에 부정적인 영향을 미칠 수 있다(Sutin et al., 2015).

고정관념(stereotype)은 하나의 집단이나 사회적 범주로서 사람들에게 부여된 생각과 믿음의 복합체이다. 이것은 어떤 집단에 속한 일부 사람들을 정확히 기술하는 어떤 특징이나 속성을 통합하지만, 집단 내 모든 개인들의 다양한 특성을 담는 데는 언제나 실패한다. 예를 들어, 일부 나이 든 사람들은 생각에 있어서 경직되어 있지만, 다른 많은 사람들은 열린 마음을 갖고 있으며 또한 새로운 생각을 탐구하는데 관심이 있다.

오늘날 노인에 대한 고정관념은 얼마나 우세한가? 나이 든 사람에 대한 아이들의 태도는 종종 그림을 통해 결정된다. 중학생에 대한 한 연구는 이들이 노인에 대해 단일한 관점을 지니고 있지 않으며, 또한 부정적인 특성을 가진 인물만큼이나 긍정적인 특성을 가진 인물로도 그리는 경향이 있음을 발견했다. 저자들은 중학생들이 고령화에 대한 강한 이미지를 아직 형성하지 않은 것으로 결론지었다(Lichtenstein et al., 2005).

연령에 대한 고정관념은 사회적 연결망 사이트에서도 발견될 수 있다. 연구자들은 노인에 관련된 페이스북 게시판에 대해 내용분석을 해서, 나이 든 사람들에 대한 다수의 기술은 부정적이라는 것을 발견했다. 예를 들어, 한 게시판은 "나이 든 사람들은 현대사회에 전혀 기여하지 못한다"라고 쓰여 있었다. 다른 게시판은 "나이 든 사람들은 내 생각으론(노골적인 비어로 삭제)에 있어 고통이며 이들은 사회의 짐이다"라고 말했다(Levy et al, 2014:173). 나이 든 사람을 현명하다고 지칭하는 선한 게시물은 한 개만 있었다. 당신 스스로 페이스북을 조사해서, 노인에 대한 부정적인 고정관념이 발견되는지 보라.

부정적인 고정관념에 기초해서 행위하게 되면 연령차별(age discrimination)에 참여하는 것이다. 인종이나 성에 기초한 차별처럼 연령차별은 여러 형태를 가진다. 가장 일반적인 것은 고용주가 나이 든 직원의 채용을 거절하는 경우로서 직장에서 발생한다(Neumark, 2009). 연령차별주의는 건강돌봄에서도 발생한다. 노인이 중장년층에 비해 의사로부터 차별적인 대우를 받는다는 꽤 많은 증거가 있다(Robb et al., 2002; Williams, 2000). "공공정책에 대한 이슈"는 건강돌봄에 존재하는 연령차별주의의 일부 원인과 결과에 대해 논의한다.

비록 일부 의사들은 연령차별적 태도를 갖고 있지만,
대부분의 의사들은 나이 든 환자들을 치료하는 데 있어 신경을 쓴다.

공공정책에 대한 이슈 : 건강돌봄에 있어 연령차별주의 근절하기

연령차별주의는 장수의 부정적인 결과들 중 하나이다. 이것은 정치, 매체, 연예계, 직장에서 번성한다. 연령차별주의는 건강돌봄체계에서도 만연해 있다. 나이 든 환자에 대한 차별적인 대우가 의사와 환자 간의 상호작용, 검사과정, 다양한 의학적 문제에 대한 치료와 같은 영역에서 발생한다. 예를 들어, 직장암을 가지 환자는 수술을 받고 화학요법을 받으면 가장 높은 생존율을 가진다. 그러나 한 연구는 나이 든 환자가 젊은 환자보다 이 두 가지 치료를 같이 받을 가능성이 더 낮다는 것을 발견했는데, 왜냐하면 의사들은 노인환자들이 이 두 치료를 견뎌내기에 충분치 않다거나 합병증을 유발할지 모른다고 염려하기 때문이다(Dharma-Wardene et al., 2002). 또다른 연구에서 연구자들은 심장질환을 가진 노인환자가 상태의 심각성에 관계없이 추가검사를 받게 될 가능성이 더 낮음을 발견했다(Bond et al., 2003).

이러한 문제의 한 가지 원인은 노인의료에 특화된 훈련이 전국적으로 부족해서 대부분의 건강돌봄 전문가들이 나이 든 사람을 돌보는 데 있어 부적절한 훈련을 받는다는 것이다. 현재, 전국적으로 노인의학과가 있는 의과대학은 7개뿐이다. 더욱이 단지 몇몇 학교에서만 이 주제에 대한 과목이나 수련을 요구한다. 게다가 나이 든 사람은 의약품과 보조장치의 가장 큰 사용자임에도 불구하고 임상실험에는 대개 포함되지 않는다. 연령차별주의의 결과로, 나이 든 환자의 병은 길어지면서 불필요한 시설에의 수용, 독립성의 상실, 그리고 심지어는 사망에도 이를 수가 있다(Perry, 2012).

이러한 문제를 해결하기 위해 할 수 있는 일은 무엇인가? 2010년의 부담적정 보험법(Affordable Care Act, ACA)은 올바른 방향의 조처를 했다. ACA는 메디케어의 초점을 만성질환의 관리에 더 집중하도록 바꾸었다. ACA는 또한 의사의 절차와 진료가 실제 건강을 개선시키는가를 결정하는 비교효과연구(comparative effectiveness research)에 보상을 준다. 마지막으로, ACA는 연례건강관리방문(annual wellness visit)의 인지장애에 대한 연례 검사비를 지급한다(Perry, 2012).

연령차별주의는 여전히 일반적인 문제인가? 노년학자인 어드먼 팰모어(Erdman Palmore)는 연령차별주의의 유행과 나이 든 사람이 보다 일반적으로 경험하는 연령차별주의의 유형을 확인하는 조사를 개발하였다. 그는 60세 이상의 응답자 84명에게 연령차별주의를 얼마나 자주 경험했는가를 물어보았다. 과반수가 나이 든 사람을 조롱하는 농담을 들었고, 3분의 1은 고령화를 놀리는 생일카드를 받았다. 3분의 1은 또한 무시당했거나 진지하게 상대해주지 않았으며, 18%는 나이 때문에 모욕적인 이름으로 불린 적이 있다고 보고했다. 더 적은 수의 사람들은 나이로 인해 일자리를 거절당하고, 종업원에 의해 무시당하며, 승진이 거부되었다고 느꼈다(Palmore, 2001). 또다른 연구에서는 대학생들에게 체크무늬의 셔츠를 입었으며 잘 생기지도 못생기지도 않은 맥스(Max)라는 이름의 남자를 보여주었다. 학생들이 모르는 것은 자신들이 세 명의 배우가 연기하는 세 가지 다른 유형의 맥스를 보았다는 것이다. 첫 번째 맥스는 25살, 두 번째 맥스는 45세, 세 번째 맥스는 75세였다. 각각의 맥스는 같은 각본을 읽는데 특이점은 전체 시간의 반을 자신이 친척과 재산을 공유할 사람의 유형(유순한)이라고 말하고 나머지 반은 그렇게 하지 않을 사람의 유형(독단적인)이라고 말하는 것이다. 그런 다음, 학생들은 맥스에 대한 의견을 달라고 요청받았다. 두 젊은 맥스를 평가할 때에는 맥스가 유순한지 또는 독단적인지에 대한 차이는 없었다. 이들은 학생들에 의해 똑같이 높게 평가받았다. 그러나 나이 든 맥스가 재산을 친척과 공유하지 않겠다고 이야기했을 때는 매우 부정적인 평가를 받았다. 연구자들은 독단적이면서 나이가 든 사람이 만약 자신의 관점을 특히 직장에서 너무 강하게 표현하면 문제에 봉착하게 될 것이라고 결론지었다(North and Fiske, 2013). 이러한 결과는 연령차별주의가 여전히 문제라는 것을 나타낸다.

연령차별주의적 태도를 가진 사람들은 종종 남자보다 여자에 대해 더 모질게 바라본다. "고령화 경험의 다양성"은 고령화에 대한 이중잣대에 대해 논의한다.

고령화 경험의 다양성 : 성과 고령화에 대한 이중잣대

연령차별주의가 갖는 형태는 성에 따라 다른 경향이 있다. 우리 사회에서 여자는 성적인 매력에 따라 평가되는 가능성이 더 큰 데 비해 남자는 직업적인 성공에 의해 평가되는 가능성이 더 크다. 그러므로 여성에게 있어 나이차별을 피하는 것은 젊은 외모를 유지하는 것에 의존한다. 흰색 머리카락과 주름의 남자는 품위있는 모습으로 간주될 수 있지만, 여자는 단순히 나이가 든 것으로 생각될 뿐이다(Barrett, 2005).

18세에서 80세까지의 남녀에 대한 한 연구에서 연구자들은 응답자들에게 머리염색, 주름살크림 사용, 성형수술과 같이 나이를 숨기는 미용기법을 사용한 적이 있는가를 물어보았다(Harris, 1994). 모든 측정에서 여자는 남자보다 그러한 기법, 특히 머리염색(여자 34% 대 남자 6%)과 주름살크림 사용(여자 24% 대 남자 1%)을 더 사용하는 경향이 있었다. 똑같은 수의 남녀가 외모에 대한 우려로 그러한 기법을 사용한다고 이야기했음에도 불구하고, 여자들이 남자보다 젊게 보이는 것이 개인적으로나 직업에서 더 중요하다고 평가하였다(Harris, 1994).

또다른 연구는 554명의 심리치료사에게 성적 고정관념을 측정하도록 고안된 척도인 벰 성역할 목록(Bem Sex Role Inventory)에 근거해서 "성숙하고, 건강하고, 사회적으로 능력있는" 사람에 대해 평가해달라고 요청하였다. 각 심리치료사는 상이한 특징(젊은, 중년의, 늙은; 남성 또는 여성)을 받았다. 결과는 심리치료사들이 젊거나 중년인 남녀를 주장이 강한 그리고 기꺼이 위험을 무릅쓸 사람으로 여긴다는 것을 보여주었다. 하지만 심리치료사들은 나이 든 사람을 평가할 때 이러한 특성을 남자에게만 적용하였다. 이들은 나이 든 여자를 남자에 비해 주장이 덜 강하고 위험을 덜 무릅쓸 사람으로 간주하였다. 이러한 고정관념은 치료과정에 영향을 줄 수 있는데, 왜냐하면 치료사가 주장이 강한 여성 노인을 엉뚱하거나 비정상적으로 인식할 수 있기 때문이다(Turner and Turner, 1991).

고령화에 대한 이중잣대가 나이 든 여자에게 분명히 해가 되지만 남자를 독립적이고 자립적으로 바라보는 고정관념도 나이 든 남자에게 해가 된다. 이러한 고정관념으로 인해 나이 든 홀아비는 나이 든 홀어미보다 가족과 친구로부터 도움과 정서적 지원을 더 적게 받는다(Moyers, 1993).

어떻게 생각하는가?

1. 아는 사람 중에 노화의 표시를 숨기기 위해 성형수술과 같은 비싼 미용치료에 의존한 사람이 있는가? 있다면, 그 사람은 남자인가 여자인가?

2. 지난 수십년에 걸쳐 여성들은 학력성취와 경력상승에 있어 평등을 향한 장족의 발전을 하였다. 이들은 왜 여전히 외모와 관련된 이중잣대에 시달리는가?

2) 매체를 통한 연령차별주의의 영속화

연령차별주의적 고정관념은 다양한 방식(가족을 통해, 직장에서, 친구들 간에)으로 전달된다. 그러나 가장 중요한 것은 이것이 TV, 인쇄물, 영화를 포함한 매체에 의해 영속화된다는 사실이다.

(1) TV

우리 사회에서 TV는 매스커뮤니케이션의 가장 강력한 원천이 되었다. 노인이 TV에서 묘사되는 방식에 대한 많은 연구들은 지난 20년에 걸쳐 크나큰 개선이 있었음을 입증해주었다. 1970년대에는 TV에 나이 든 사람들이 거의 나오지 않았고, 만약 나왔다면 이들의 이미지는 종종 비호감이었다. 특히 황금시간대 쇼에서 "노인은 다른 등장인물보다 더 익살적이고, 완고하며, 별나고, 어리석게 보여졌다"(Davis and Davis, 1986:46). TV프로그램은 계속해서 젊은 사람에 초점을 두고 있다. 미국국제장수센터(International longevity Center-USA)에서 실시한 보다 최근의 연구는 연령차별주의가 여전히 연예산업에서는 문제임을 발견하였다. 황금시간대 TV쇼에 등장하는 인물 가운데 65세 이상은 2%도 안되며, TV에 등장하는 남녀 노인의 70%이상은 경멸하는 방식으로 묘사되고 또 무례하게 대하여 졌다(Dahmen and Cozma, 2009).

TV광고는 나이 든 사람을 묘사하는 데 있어 상당히 개선되어왔다. 한 연구는 1950년대부터 1990년대까지의 TV광고를 조사해보았다. 1950년대에는 광고의 80%가 노인을 보수적으로 그리고 60%가 우울하게 묘사했다. 전체적으로 TV광고의 80%는 노인에 대한 부정적인 고정관념을 사용하였다. 최근의 TV광고는 노인을 훨씬 더 긍정적인 시각에서 묘사한다. 광고의 40%이상이 노인을 도전적으로 보여주었으며, 32%만 부정적인 고정관념을 사용하였다(Miller et al., 2004).

(2) 인쇄매체

인쇄매체에 대한 일부 연구들이 노인은 다른 연령집단에 비해 부정적으로 묘사될 가능성이 더 높다는 것을 발견했지만, 다른 연구들은 특히 소설에서 부정적인 것과 비슷한 수준의 긍정적인 묘사에 주목한다(Vasil and Wass, 1993). 고령화에 대한 긍정적인 묘사는 미취 앨범(Mitch Albom)의 베스트셀러 소설인 *단 하루만 더*(For One More Day)에서 발견될 수 있다. 이 소설에서 은퇴한 야구선수인 칙 베네토(Chick Benetto)는 인생에서 겪은 실패에 절망하여 어릴 적 고향으로 돌아온다. 그는 자살을 시도하는 과정에서 돌아가신 어머니의 혼과 마주친다. 칙은 누군가가 마음속에 있다면 그는 진실로 완전히 사라진 게 아니라는 것을 깨우친다. 오히려 이들은 가장 믿기 어려울 때도 돌아올 수 있다. 그러므로 나이는 지혜와 돌아가신 부모님에 대한 뒤늦은 감사의 느낌을 가져다줄 수 있다. 고령화에 대한 보다 부정적인 관점은 필립 로스(Philip Roth)의 소설 *유령퇴장*(Exit Ghost)에서 나타나는데, 여기서 71살의 네이선 저커먼(Nathan Zuckerman)은 매사추세츠의 시골에서 스스로 외부와 고립된 채 11년 동안 살고 나서 뉴욕으로 돌아온다. 이 소설은 저커먼이 전립선암 수술로 나타난 발기부전과 요실금을 받아들이려고 노력하는 과정의 내용을 전개한다.

고령화와 노인을 사실적으로 그리고 종종 긍정적인 방식으로 나타내는 성인소설과는 달리 아동서적은 계속해서 노인을 부정적인 형태의 고정관념으로 묘사한다. 한 연구는 나이든 등장인물에 대한 모든 신체적 묘사 가운데 "늙은, 작은, 오래된"이라는 용어가 85%를 나타냈음을 발견하였다(Vasil and Wass, 1993). 그렇다면, 8살이 된 아이가 노년과 고령화에 대해 명확한 부정적 개념을 가지고 있는 것은 놀랄 일이 아니다. 노인을 묘사해보라고 하면, 아이들은 보통 "피곤한", "못생긴", "병든", "고립된", "무력한"과 같은 용어를 사용했다. 한 연구는 접촉의 증가가 노인에 대한 아이들의 태도를 개선시키는가를 알아보았다. 연구자들은 먼저 테네시의 채터누거(Chattanooga)에 있는 4학년 아이들을 대상으로 노인에 대한 태도를 조사하였다. 그런 다음 이들은 지역 노인센터의 노인과 함께 하는 8개의 공동활동을 조직하였는데, 여기에는 노인의 아이들 학교 방문, 아이들의 노인센터 방문, 크리스마스 파티, 함께 하는 모임, 송별파티 등이 포함되었다. 아이들은 이러한 활동에 참여한 후 노인에 대한 보다 긍정적인 태도를 표현하였다. 한 아이는 "노인분들은 달라서 무서워 보였어요. 그런데 이제는 그분들이 그냥 우리랑 같게 느껴져요"(Aday et al., 1991:381).

(3) 영화

스스로를 드러내는 여행이라고 할 수 있는 고령화의 주제는 *바운티풀 가는 길*(Trip to Bountiful)과 *드라이빙 미스 데이지*(Driving Miss Daisy)와 같은 영화에서도 두드러진다. 일부 다른 영화에서 나이 든 사람이 주인공 역할을 하고, 줄거리는 고령화의 실체를 다루거나 세대간 관계를 해결하는 호의적인 인물에 중심을 둔다. 인기있는 영화인 *당신이 그녀라면*(In Her Shoes)에서 셜리 맥클레인(Shirley MacLaine)은 서로 다투는 두 자매의 그리고 이들과는 오랫동안 떨어져 살았던 할머니 역을 한다. 맥클레인은 멋진 고급 은퇴자 주거단지에서 사는데, 여기서 그녀가 수영장으로 나오면 남자들이 셔플보드(shuffleboard)를 하며 그녀의 손녀인 캐머런 디애스(Cameron Diaz)에게 추파를 던진다. 디애스는 고지식한 할머니와 안식처(무료 숙소)를 찾고 있는 아름답고, 자기중심적인 그렇지만 불안정한 여자의 역을 한다. 그녀는 인근의 요양원에서 자원봉사 일자리를 얻게 되면서 일부 진실한 나이 든 등장인물과 유대감을 형성하고, 동정심을 배우고, 자존심을 키운다.

요약하면, 책과 영화에서 노인에 대한 현실적인 묘사가 증가함에도 불구하고 고령화에 대한 고정관념은 일상생활뿐만 아니라 매체에도 많다. 〈표 1-1〉은 노인에 대한 일부 통념을 사실과 함께 제시한다. 사회노년학자들의 연구는 그러한 통념과 고정관념을 없애고 사실로 대체하도록 돕는다. 이러한 연구는 일부 나이 든 사람들이 신체적으로 허약하고 경제적으로 가난하지만, 다른 많은 나이 든 사람들은 건강하고 경제적으로 자급자족하며, 또한 적극적이고 생산적인 삶을 이끌고 있다는 것을 보여준다. 요점은 노인들이 다른 인구집단만큼 다양하다는 것이다.

〈표 1-1〉 고령화에 대한 고정관념과 사실

고정관념	사실
대부분의 은퇴자는 외롭고 우울하다.	대부분의 은퇴자는 바쁘고, 활동적이며, 삶에 만족한다.(10장)
대부분의 나이 든 사람은 가난하다.	65세 이상 사람의 88%이상이 빈곤선보다 높은 소득을 가지고 있다.(14장)
노인은 가족들로부터 고립되어 있다.	노인들 다수가 가족들과 정기적으로 접촉하고 있으며, 일주일에 한번 최소한 자녀 한 명은 본다.(8장)
대부분의 나이 든 사람은 장애인이다.	나이 든 남자와 여자는 자신의 삶에 있어 80%이상을 장애없이 보낸다.(6장)
사람은 나이가 들면서 더 온화해진다.	인성은 안정적이며 나이에 따라 변하지 않는다.(7장)
65세 이상 사람의 약 3분의 1은 요양원에 있다.	65세 이상 사람의 5%이하만이 요양원에 있다.(12장)
노인은 정치적으로 강력하다.	정치인들은 어떤 정책을 지원할 것인가를 고려할 때 노인조직을 생각하며, 이러한 조직은 주로 사회보장급여의 대폭 삭감을 저지하는 데 효과적이었다.(16장)
과거에 나이 든 부모는 보통 자녀 및 손자와 함께 살았다.	미국에서 삼 세대가 함께 사는 것이 일반적인 적은 없었다.(8장)
복지는 가난한 사람을 위한 것이다.	미국에서 가장 큰 두 가지 복지프로그램은 사회보장과 메디케어이다. 이 두 개는 합쳐서 전체 연방 사회복지지출의 과반을 차지한다.(5장)

4 미국 노인의 모습

65세 이상의 사람들은 인종, 성, 사회적 계급, 지리적 분포, 주거시설의 측면에서 20~30대와 마찬가지로 상이하다. 일부는 먹고살기 위해 열심히 노력하며, 또다른 일부는 편안하게 살고, 극소수는 부유하다. 이 절에서는 나이 든 미국인의 다양한 특징을 보다 면밀하게 살펴본다.

1) 건강

젊은이는 종종 노인 다수가 건강이 안 좋으며 많은 수는 요양원에 거주한다는 잘못된 인상을 가지고 있다. 비록 대부분의 나이 든 사람들은 건강이 좋지만, 사람들은 나이가 들면서 더 많은 도움을 필요로 한다. 일상적인 활동에 있어 도움을 필요로 하는 젊은이는 상대적으로 드물지만, 80세 이상 노인의 71%는 한 가지 이상의 장애를 갖고 있으며, 또한 30%는 일상생활의 활동에서 도움을 필요로 한다.

65세 이상의 사람들 대부분이 요양원에 거주한다는 것도 잘못된 통념이다. 65세에서 74세 사람들의 1%만 요양원에서 산다. 하지만 이 수치는 초고령자의 경우에 증가하는데, 예를 들어 85세 이상 사람들의 13%는 요양원에 거주한다. 게다가 더 나이가 많은 사람들은 생활보조시설(assisted living facilities)에서 사는데, 이에 관해서는 12장에서 논의하기로 한다(Family Caregiver Alliance, 2015).

2) 인종적 및 민족적 구성

나이 든 사람들은 인종적 및 민족적 구성의 측면에서 젊은 사람들보다 덜 다양하다. 2011년에 65세 이상 사람들의 21%만 인종적으로나 민족적으로 소수집단 구성원들이었다. 이들 중에 9%가 아프리카계 미국인이며, 4%는 아시아계나 태평양군도계 사람이고, 1%미만이 미국 원주민이며, 0.6% 정도가 자신을 혼혈인이라고 분류한 사람이었다. 히스패닉계 사람(인종에 상관없이)은 노인 인구의 7%를 나타냈다(Administration on Aging, 2012). 미래에는 젊은 코호트가 노년에 이르게 됨에 따라 65세 인구가 더 다양화 될 것이다.

3) 혼인상태

젊은이들은 결혼할 때, 종종 인생에 있어 언젠가는 자신이나 자신의 배우자가 사별자가 될 것이라는 사실에 관해 생각하지 않는다. 사별자가 되는 확률은 남자보다 여자가 훨씬 더 높다. 〈그림 1-1〉이 보여주는 것처럼 2012년의 경우, 65세 이상 사람들 가운데 남자의 72%가 기혼인 데 비해 여자는 45%만 기혼이었다. 나이 든 여성의 37%는 사별자였다. 남자 사별자보다 여자 사별자가 4배이상 많았다. 나이 든 사람의 12%만 이혼했거나 별거중인데, 이는 상대적으로 작은 비율이지만 단지 5%였던 1980년에 비해서는 매우 증가한 수치이다.

노년기의 혼인상태는 인종과 민족별로도 큰 차이가 있다. 2003년에 65세 이상 백인 남자의 약 73%가 기혼으로 부인과 함께 거주했는 데 비해, 65세 이상 백인 여자는 단지 43%만 남편과 함께 살고 있었다. 히스패닉 남자와 여자의 유형도 유사해서, 히스패닉 남자의 69%가 기혼인 데 비해 히스패닉 여자는 40%만 기혼이었다. 나이 든 아프리카계 미국인 남자는 백인이나 히스패닉 남자보다 기혼일 가능성이 훨씬 더 적은데, 이러한 경향은 아프리카계 미국인 여자의 경우에는 훨씬 극적으로 나타나, 단지 25%만 기혼으로 남편과 함께 살고 있다. 흑인 여자의 낮은 기혼율에는 높은 이혼율, 아프리카계 미국 남자의 높은 사망률, 낮은 혼인율을 포함한 여러 이유들이 있다.

나이 든 사람의 소득은 학력, 혼인상태, 인종에 따라 상당한 차이가 있다. 〈표 1-2〉가 보여주듯이, 소득은 석사학위자가 고졸미만자보다 거의 4배 이상의 소득을 얻는 것처럼 학력에 따라 크게 증가한다. 기혼부부는 가장 높은 소득을 얻는 데 비해 사별자의 소득은 가장 적다. 흥미롭게도, 미혼인 여자는 거의 기혼부부만큼이나 높은 소득을 가진다. 인종별로도 큰 차이가 있어서, 백인 노인의 소득이 가장 많은 데 비해 흑인 노인의 소득은 가장 적다. 노년기의 불평등에 대해서는 16장에서 보다 자세히 논의하기로 한다.

〈그림 1-1〉 65세 이상 사람의 혼인상태, 2012년

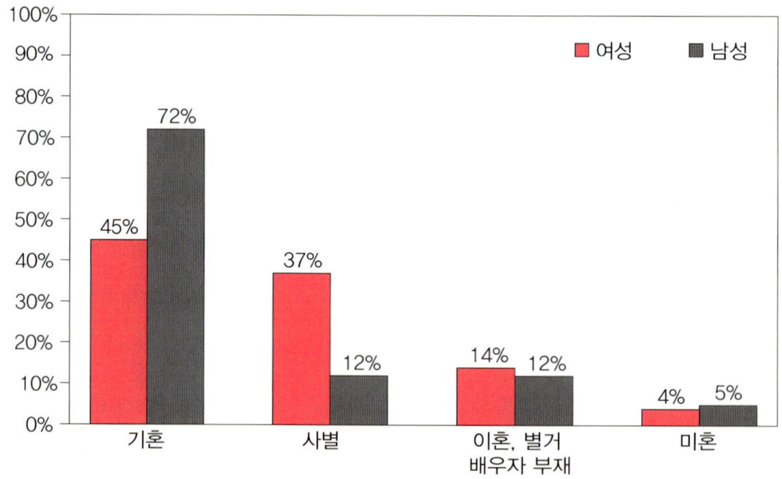

출처: Administration on Aging(2012)

4) 소득과 빈곤

1965년까지만 해도, 65세 이상 사람들의 약 3분의 1은 빈곤선 아래의 소득을 가졌다. 그 이후부터 많은 노인들의 경제적 조건은 상당히 개선되었다. 노인빈곤율은 계속 줄어들어, 2010년에는 9%로 감소하였고, 실제 소득은 증가하였다. 1974년부터 2015년까지 65세 이상 사람들의 평균소득(2015년 화폐가치 기준)은 $5,054에서 $22,887로 증가하였다(Pension Rights Center, 2016). 나이 든 미국인은 거의 80%가 자기 집을 소유하고 있는 높은 주택소유율도 가지고 있다. 주택소유는 순자산의 증가에 상당한 기여를 해왔다. 2010년에 65세 이상 사람의 중위 순자산은 $232,000였는데, 이 중 상당 부분은 주택가치였다. 이러한 가치는 현재의 주택에 근거하고 있기 때문에, 사람들이 2008년에 시작된 주택위기로 인해 집을 팔려고 한다면 실제적인 순자산은 줄어들 수 있다.

노인들의 경제적 안녕이 전체적으로 개선되었다는 통계치는 혼인상태, 성, 인종에 의한 중요한 차이를 감춘다. 2011년에 노인 인구의 약 9%인 360만명 이상이 빈곤선 아래의 소득을 가졌다. 약 6%인 또다른 240만명은 "저소득 경계층(near-poor)"으로 간주되었다. 백인 노

인은 훨씬 적은 수가 가난한데, 비율로는 7%로서, 이는 아프리카계 미국인의 17%, 아시아계의 12%, 히스패닉계의 약 19%와 대조된다. 나이 든 여성(11%)은 나이 든 남성(6%)보다 더 높은 빈곤율을 가졌으며, 혼자 사는 노인(16%)은 가족과 함께 사는 노인(5%)보다 더 가난한 경향이 있다. 가장 높은 빈곤율은 혼자 사는 나이 든 히스패닉 여성(39%)과 혼자 사는 나이 든 흑인 여성(32%)에서 발견된다(Administration on Aging, 2012).

15장에서 여성과 소수민이 노년에 보다 큰 빈곤의 위험에 처해지는 이유에 대해 상세히 알아보도록 하겠다.

5) 교육

교육은 〈표 1-2〉가 보여주듯이 사회적 결과의 범위에 대한 가장 좋은 예측치들 중의 하나이다. 이 나라에서 가장 긍정적인 사회적 경향들 중의 하나는 교육의 향상이다. 각각의 후손 세대는 이전 세대보다 더 나은 교육을 받고 있다. 1970년과 2012년 사이에 고졸 노인의 비율은 28%에서 81%로 증가했으며, 학사이상의 학위를 가진 사람은 24%가 되었다. 그러나 고졸비율은 인종과 민족별로 상당히 다르다. 2012년에 고등학교를 마친 노인의 비율은 백인이 86%인데 비해 아시아계는 74%, 아프리카계 미국인은 69%, 미국 원주민은 69%, 히스패닉계는 49%였다(Administration on Aging, 2012). 대학졸업률도 비슷한 유형을 보인다. 비록 이러한 인종적 및 민족적 격차가 상당하지만, 젊은 소수민들은 그들의 노인세대에 비해 대학학위를 받을 가능성이 훨씬 더 크다. 연령집단과 더불어 인종 및 민족별 교육 격차는 줄어들고 있다.

좋은 교육의 혜택은 생애과정에 걸쳐 발생한다. 대학을 졸업한 사람은 덜 교육받은 사람에 비해 더 나은 일자리, 더 많은 평생 소득, 더 좋은 건강을 가진다. 교육은 할 수 있는 가장 좋은 투자들 중의 하나이다.

〈표 1-2〉 2010년 학력별, 혼인상태별, 인종별 65세 이상 사람의 중위소득

학력	고졸 미만	$15,589
	고졸 또는 동등한 자격	$23,629
	대졸	$39,456
	대학원졸	$59,891
혼인상태	기혼	$23,566
	사별	$16,614
	이혼 또는 별거	$17,759
	미혼	$21,213
인종	백인	$21,459
	흑인	$12,176
	히스패닉	$13,849
	기타	$16,535

출처: Employee Benefit Research Institute(2010).

5 사회노년학 분야 직업

인구가 급속히 고령화되고 노인을 위한 사회프로그램이 증가하면서 사회노년학은 급등하는 분야가 되었다. 노인 인구가 사회에 수많은 수요를 창출하고 있으며, 또한 당신이 고령화 관련 서비스의 직업을 선택한다면 이 과목에서 배우는 많은 부분은 바로 적용할 수 있다. 그러한 서비스를 제공하는 사람을 노년학 전문가(gerontological specialist)라고 부른다. 이러한 정의에는 고령화의 신체적, 정신적, 사회적 측면에 관련된 노년학자, 여러 만성적인 상태를 가진 노인 환자의 요구에 관해 교육받은 치과의사, 의료돌봄과 재활에 관련된 노인병 전문의가 포함된다. 이러한 요구를 인식하여 연방정부는 이제 노인을 상대로 일하는 훈련 특히 십여 개의 의과대학에 있는 노인훈련센터(Geriatric Training Centers)에 장학금을 제공한다(Olson, 2010). 많은 대학들은 졸업후 노인을 상대로 일하기를 원하는 학생들을 위해 학위와 자격증을 제공하기도 한다.

1) 노년학 전문가

〈표 1-3〉이 보여주듯이 노년학 전문가가 수행하는 활동은 다양하다.

〈표 1-3〉 노년학 전문가가 하는 일

직접적인 서비스의 제공	개인과 가족들에게 건강관련, 법적, 심리적, 사회적 서비스를 제공함
프로그램 기획과 평가	노인을 위한 프로그램을 설계, 수행, 평가함
행정	노인을 위한 기관과 조직의 운영, 직원배치, 지출, 평가를 감독함
영업과 제품개발	노인들의 요구를 평가하고 이러한 요구에 맞는 서비스와 제품을 개발하고 영업함
옹호	노인들의 요구에 반응하도록 정부와 민간부문에 권고함
교육과 훈련	대학에서 노인을 위한 강의프로그램을 계획하거나 고령화에 관한 과목을 가르침
금융설계	은퇴후의 적절한 재정을 확보하기 위해 저축과 투자의 중요성에 대해 사람들에게 조언함
연구	고령화과정에 대한 기본연구나 다양한 프로그램들이 노인들의 요구를 얼마나 잘 충족시키는가에 관한 응용연구를 시행함

일부 노년학 전문가들은 노인을 직접 상대해서 일한다. 이들은 병원, 의원, 요양원, 노인주간보호센터, 가정돌봄프로그램에 있는 허약한 노인들에게 돌봄을 제공한다. 다른 노년학 전문가들은 돌봄제공, 고용, 정신건강과 같은 이슈와 관련해서 나이 든 사람들과 그들의 가족에게 상담을 제공한다. 마지막으로 직접적인 서비스제공자는 재산정리(estate planning)와 투자에 관해 노인 고객에게 조언한다.

노년학 전문가가 수행하는 두 번째 유형의 일은 프로그램 기획과 평가이다. 이러한 전문가는 노인의 요구에 부응하는 프로그램을 설계하고, 시행하고, 평가한다. 이 일은 정부가 자금을 대는 사회서비스 기관에 의해 그리고 노인센터와 같은 지역사회 프로그램에서 대부분 수행된다. 많은 전문가들은 이러한 서비스를 조정하고 기획하는 주정부 기관의 노인부서와 같은 데서 일한다. 제공하는 서비스에는 교통, 가정에 배달되는 식사, 집안에 있는 노인을 위한 잡일, 노인 이민자에 대한 영어교육, 혈압검사, 그림 그리기나 춤추기와 같은 여가 활동이 있다.

일부 도시들은 나이 든 주민들이 범죄로부터 안전하도록 경찰과 합동프로그램을 시작했다. 노인봉사단(Senior Corps)은 서비스를 필요로 하는 조직과 단체에 50만명 이상의 사람들을 연결해주는 조직이다. 이 조직의 활동으로 위험에 처한 아이를 위한 조부모보호자프로그램(Foster Grandparent program)과 허약한 노인의 일상생활 활동을 도와주는 자원봉사자를 제공해주는 노인동반자프로그램(Senior Companion program)이 있다.

노인학 전문가는 노인들과 이들 가족의 요구를 채워주는 기관과 조직의 운영, 직원배치, 지출, 평가를 감독하는 행정가로 일할 수도 있다. 이러한 경영활동은 건강과 사회서비스 관련 조직, 기업, 정부기관을 포함한 다양한 상황에서 일어난다.

네 번째 범주는 영업과 제품개발이다. 이러한 업무의 많은 부분은 노년학 전문가가 다양한 노인집단의 요구를 평가하고 이러한 요구를 충족시키는 서비스와 제품을 개발하는 민간부문에 존재한다.

노년학 전문가를 위한 또다른 틈새는 옹호에 있다. 옹호자들은 노인들의 요구에 반응하도록 정부와 민간부문에 권고하는 공동체에서 일한다. 예를 들어, 옹호자들은 장애를 가진 노인이 직면하고 있는 주요 어려움 중의 하나가 교통이라는 점을 많은 지역사회들이 인식하도록 도와준다. 이에 대한 반응으로 이들 지역사회는 대중교통을 개선하였고 또한 쇼핑센터 가까이에 장애인용 주차공간을 설치하였다. 옹호자들은 종종 건강돌봄과 지역사회 서비스를 위한 특별한 프로그램을 개발하고 정부정책을 개선하는 비영리조직에서 일한다. 미국은퇴자협회(American Association of Retired Persons, AARP)와 같은 일부 조직은 주로 사회보장과 메디케어와 같은 프로그램을 지키고, 고령화 인구의 향후 요구를 평가하는 것에 관심을 둔다.

금융설계에 대한 요구는 20대부터 시작되며 초점은 은퇴를 대비한 저축과 현명한 투자에 두어져 있다. 나이가 들면서, 사람들은 자산을 가장 잘 보존하는 방법에 대해 조언을 구해서 나이가 들어 돈이 다 떨어지는 일이 안 생기도록 한다. 금융전문가는 사람들이 고용주, 사회보장, 메디케어가 제공하는 혜택을 이해하도록 돕는다. 금융전문가는 사람들이 돈을 투자하는 다양한 방법들 가운데서 선택을 하는 것을 돕고, 다양한 결정에 따른 과세결과에 대해 설명해준다(Dennis, 2002).

노년학 전문가들은 교육과 훈련에 참여할 수도 있다. 일부는 대학의 노년학과, 사회학과, 심리학과, 사회복지학과에서 가르친다. 노인을 대상으로 일하는 실무자들은 새로운 발전을 알기 위해 과학적인 진전을 따라잡을 필요가 있고, 또한 많은 과목과 워크샵이 최신의 지식을 갖출 필요가 있는 사람들을 위해 제공된다.

노년학 전문가는 연구를 시행할 수도 있다. 고령화를 연구하는 일부 연구자들은 고령화의 메커니즘을 조사하고 또 일부는 다양한 프로그램들이 노인의 요구를 얼마나 잘 충족시키는가에 초점을 맞춘다. 노년학자들이 개인들의 고령화과정을 더 잘 이해하도록 도와주는 기본연구와 고령화 인구의 요구에 부응하는 프로그램을 설계하고 시행하는 응용연구에 대한 수요가 증가하고 있다. 대학노년학회(Association for Gerontology in Higher Education, AGHE)의 임무는 교수와 학생을 위한 노인교육을 지원해주는 것이다. 노년학과 관련된 직업에 대해 더 많이 알고 싶으면 AGHE 웹사이트를 방문해보라(AGHE, 2016). 금융설계사는 가족을 보호하고 개인이 은퇴후의 소득보장을 위해 준비를 하도록 도와줄 수 있다.

2) 직업기회의 확대

가장 빠르게 성장하는 일부 직업들은 사회노년학자의 기술을 필요로 하는 것들이다. 베이비붐세대가 60대로 진입하면서 이들 가운데 보다 많은 사람들이 퇴직금을 관리하기 위한 전략을 개발하기 위하여 금융설계사의 서비스를 필요로 할 것이다. 금융설계사는 보통 4년제 대학을 졸업하고 또 일부는 경영학석사 또는 판매나 영업 경력을 갖고 있다.

수요가 증가할 또다른 영역은 노인사회복지이다. 85세 이상 인구의 증가는 더 많은 사회복지사들이 병에서 회복한 사람이 퇴원후의 돌봄과 서비스에 대한 계획을 짜도록 도와주고, 생활보조센터(assisted living centers)와 요양원과 같은 건강돌봄시설에서 상담을 해주며, 애도상담(grief counseling)을 제공하기 위해 필요하다는 것을 의미한다.

미국에서 가장 큰 산업인 헬스케어산업은 앞으로 극적인 성장을 할 것으로 기대된다. 노인에 대한 지식을 전문으로 하는 의사의 수요는 크게 늘어날 것이다. 한 예측에 따르면 미국내 모든 의과대학은 노인병전문의에 대한 수요를 채우기 위해 병원당 최소한 10명 이상의 노인병전공 교수가 필요할 것이다(Olson, 2010). 획기적인 성장이 있을 또다른 영역은 만성병을 지닌 사람을 위한 서비스부문이다. 이 영역의 일자리는 요양원에서 제공되는 서비스보다는 가정돌봄 서비스에 있을 경향이 있다. 또다른 성장영역은 정보기술이 될 것이다. 사람들은 가용한 서비스와 건강에 관한 정보를 필요로 하며, 또한 인터넷 덕분에 많은 사람들은 건강과 예방, 질병, 치료방법, 돌봄서비스, 유익한 건강행동에 관해 자신들을 교육시키고 있다. 정보에 대한 수요를 충족시키는 데에 새로운 일자리가 있을 것이다. 마지막으로 생애말기와 관련된 수요를 충족시키는 데에 보다 많은 일자리 기회가 있을 것이다. 사업주는 통증관리를 이해하고, 보다 나은 건강돌봄전달체계와 치료방법을 설계할 줄 알며, 또한 복잡한 건강보험체계를 관리할 수 있는 직원을 찾을 것이다(Wilber, 2000).

보다 부유하고 교육을 많이 받은 코호트가 나이가 들면서 여가활동에 대한 수요가 증가할 것이다. 여행과 서비스업이 커질 것이고 은퇴자주거단지 산업도 그럴 것이다. 여행업자는 새로 은퇴하는 베이비붐세대에게서 더 많은 사업을 바라볼 수 있으며, 또한 부동산업자는 여가지향적인 생활양식을 발전시키길 원하는 은퇴자에게 집을 파느라 바쁠 것이다.

3) 노년학 전문가 되기

노년학 전문가의 자격은 어떻게 얻는가? 의료, 재활치료, 간호학과 같은 일부 전문직에 있어 자격증을 소지한 전문가는 전통적인 학위과정을 마치고 고령화의 전문성을 얻기 위한 학습과정을 밟는다. 그러므로 간호학전공 학생은 간호학 학위를 취득한 다음 노인전문간호사 되기 위한 전문적인 공부를 한다. 금융설계사 또한 고령화에 관련된 자격증을 얻기 위한 과정을 밟을 기회를 가진다. 예를 들어, 미국금융설계대학(American College of Financial Planners)은 은퇴계획의 다양한 측면에 대한 5개의 심화과목으로 이루어진 공인노인생활자문가(Chartered Advisor for Senior Living, CASL) 인증서를 제공한다. 나이 든 사람과 일하기를 원하지만 전통적인 학문에서 전문학위를 취득하기를 원하지 않은 사람을 위한 또다른 선택은 고령화연구과정이나 노년학에서 학위를 취득하는 것이다. 점점 많은 수의 대학교들이 노년학 석사과정과

박사과정을 제공한다.

당신이 고령화와 생애과정에 관심이 있다면 당신을 위한 직업선택이 있다.

돌아보기

1. 사회노년학은 무엇이며 그리고 이것은 보다 광범위한 분야인 노년학과 어떻게 연관되어 있는가?

노년학은 고령화의 생물학적, 심리적, 사회적 측면에 관한 연구이다. 사회노년학은 고령화에 대해 신체적 또는 생물학적 측면이 아닌 사회적 측면에 초점을 두는 노년학의 하위분야이다.

2. 노년은 어떻게 정의되며 그리고 이러한 정의는 어떤 영향을 미치는가?

고령화와 노년을 정의하는 합의된 단일한 방식은 없다. 미국에서 가장 일반적으로 사용되는 정의는 역연령이지만, 늙은 사람으로 결정하는 다른 방법들도 많이 있다. 여기에는 사별자나 은퇴자와 같이 사회적 역할을 맡는 것, 기능적 연령, 주관적 연령정체성이 포함된다. 가장 유용한 정의는 목적에 따라 다르다. 예를 들어, 역연령은 종종 사회보장과 같이 급여에 대한 자격을 규정할 때 사용되지만, 기능적 연령은 어떤 활동을 수행하는데 가장 적합한 사람을 결정하는 데 가장 유용한 방법이다.

3. 코호트는 무엇이며 그리고 사회노년학자들은 왜 코호트에 관심을 가지는가?

코호트는 같은 시기에 같은 사건을 경험하는 사람들의 집단이다. 코호트를 규정하는 가장 일반적인 방법은 출생연도에 의한 것이다. 코호트는 역사적 사건, 크기와 구성, 주변의 사회제도에서 발생하는 변화에 의해 형성된다. 연령의 변화는 시간에 따라 개인한테 발생하며, 연령차는 하나의 코호트와 다른 코호트를 차이나게 하는 방법이다. 코호트의 개념은 연령변화와 연령차이를 구분하는 데 유용하다.

4. 연령차별주의는 무엇이며 그리고 이것은 어떻게 영속화되는가?

연령차별주의는 연령에 근거해서 사람들에 대해 고정관념을 갖고 차별하는 것으로 정의된다. 고정관념은 어떤 집단의 사람들에 대한 태도와 믿음의 복합체이다. 이러한 믿음에 근거해서 행위하면 연령차별의 잘못을 저지르는 것이다. 연령차별주의는 많은 형태를 띤다. 연령차별주의가 띠는 형태는 성에 따라 다른데, 왜냐하면 고령화에 대한 이중잣대가 남자를 성취에 의해 평가하고 여자는 외모에 의해 평가하기 때문이다. 이러한 이중잣대로 인해 여성은 남성보다 자신의 나이를 더 숨기려 시도한다.

5. 혼인상태에 따라 나이 든 남자와 나이 든 여자는 어떻게 다른가?
   나이 든 남자는 기혼일 가능성이 더 크고 나이 든 여자는 사별자일 가능성이 더 크다.

고령화에 관해 생각하기

1. 가족들 가운데 나이 든 분들은 고령화를 성공적으로 진행하고 있는가? 이들은 어떤 방식으로 성공적인 고령화에 대한 기준을 충족시키거나 아니면 기준에 미달하는가?
2. 가족들 중에 한 사람을 선정해서 그 사람의 나이를 노년에 대한 네 가지 정의를 각각 사용해서 정의하라?
3. 가족들의 세대를 나열한 다음, 각자를 이 장에서 기술한 5가지 코호트에 나누어 배치해 보라?
4. 재학하고 있는 대학교의 학생들을 상대로 한 조사에서 많은 학생들이 연령차별주의적 태도를 지니고 있는 것으로 나타났다고 가정하자. 이것이 왜 문제가 될 수 있는가를 설명하고 또한 연령차별주의에 대한 학생들의 태도를 바꾸는 방법을 제시해보라?
5. TV쇼, 책, 영화를 선정한 다음, 그 속에서 나이 든 인물이 묘사되는 방식을 분석하라?

핵심용어

- 건강한 노인(well elderly)
- 고정관념(stereotypes)
- 기능적 연령(functional age)
- 노년학(gerontology)
- 노화(senescence)
- 미약하게 손상된 노인(somewhat impaired elderly)
- 사회노년학(social gerontology)
- 사회적 역할(social roles)
- 성공적인 노화(successful aging)
- 세대(generation)
- 역연령(chronological age)
- 연령차별(age discrimination)
- 연령차별주의(ageism)
- 연소 노인(young–old)
- 주관적 연령정체성(subjective age identify)
- 중고령 노인(middle–old)
- 초고령 노인(oldest–old)
- 코호트(cohort)
- 코호트 고령화(cohort aging)
- 코호트효과(cohort effect)
- 허약노인(frail elderly)

2장

생애과정과 전이

1. 생애과정 이론틀
2. 생애과정연구의 방법론
   1) 연령효과, 시기효과, 코호트 효과
   2) 횡단연구
   3) 종단연구
   4) 질적연구
   그들의 목소리 : 역할 바꾸기: 노부모를 부양하는 자녀
3. 생애사건 규정하기
   1) 생애사건과 시점
   2) 생애사건의 지속기간
   3) 생애사건의 순서
   세계의 고령화 : 2차 세계대전에 참전한 독일군인의 이야기
   4) 생애전반기 경험이 노년기의 삶에 미치는 영향
   5) 인구학적 변화와 중년기
4. 누적적 불리 이론
   노화경험에서 다양성 :
   아프리카계 미국인 참전용사들이 군복무 경험을 공유하다.
5. 어떻게 사회정책이 개인의 생애과정을 구성하는가?
   공공정책에 대한 이슈 : 노년기에 대한 정의

우리는 연령규범을 통해 우리가 다양한 생애사건들을 적절한 시기에 혹은 적절하지 못한 시기에 겪고 있는지 암묵적으로 알 수 있다.

미리보기

1. 어떠한 인구학적 변화가 중년기라는 새로운 시기를 초래하였는가?
2. 생애과정관점을 연구하는데 있어서 횡단적 접근과 종단적 접근의 장단점은 무엇인가?
3. 개인은 자신이 경험할 생애사건의 시기를 조절할 수 있는가?
4. 생애사건의 발생순서와 노년기에 겪는 역할갈등은 관련이 있을까?
5. 역사적인 사건은 같은 세대 내 사람들의 생애과정에 영향을 미칠까?
6. 정부 정책으로 인해 사람들의 생애과정이 달라지기도 하는가?

2장
생애과정과 전이

우리는 그들을 '다시 시작하는 아빠(Start Over Dads: SOD)' 라고 부른다. SOD는 은퇴를 앞두고 플로리다로 이주하거나 장기요양보험을 구매할 생각을 해야 하는 중년후반의 남성이 어린 자녀를 두게 됨에 따라 자녀 양육을 다시 시작해야 하는 경우를 말한다. 이러한 SOD 중에는 우리가 잘 아는 유명인들도 있는데, 61세에 딸을 낳은 폴 메카트니(비틀즈 멤버), 65세에 쌍둥이 아들을 둔 케니 로져스(미국의 유명한 컨트리 가수인데, 2020년 3월에 세상을 떠났다)가 있다. SOD를 겪는 남성은 보통 자신보다 20살가량 연하의 아내와 재혼한 상황에 해당한다. 거의 노년기를 앞 둔 시기에 어린 아이를 키우는데 따르는 장점과 단점은 무엇일까? 지금까지 알려진 바에 따르면 나이가 들어서 아버지 역할을 하는 경우 젊은 남자들에 비해 자녀를 직접키우는 경향이 강하고, 자녀가 커가는 동안 아버지의 시간을 더 많이 투여하는 경향이 있다고 한다. 다른 한편에서 자녀 입장으로 보면 나이 든 아버지가 얼마나 오래 생존할 것인가를 염려할 수밖에 없고, 남들에게 이 아이가 손자가 아닌 자신의 아이라고 매번 설명해야 하는 어려움이 따를 수 있다. SOD는 사회노년학자들이 소위 말하는 연령규범, 즉, 사회가 규정한 비공식적인 연령에 부합한 역할과 태도를 거스른 사람들이다. 이러한 비공식적인 규범은 법으로 명시되거나 사람들이 명시적으로 입 밖으로 떠들어 대지는 않지만, 그것을 어긴 사례들을 보면 우리는 즉각적으로 그 규범이 실제한다는 것을 알게 된다.

연령규범은 우리가 언제 결혼하는 것이 좋은지, 자녀는 얼마나 갖는 것이 바람직한지, 일과 여가의 균형을 어떻게 맞추는지 결정해야 할 때 도움을 받는다. 그러나 인생 로드맵(life roadmap)은 정부의 정책에 따라, 인구학적 변화에 따라 혹은 경제상황에 따라 끊임없이 변화한다. 이러한 근본적인 변혁으로 인해 사회적 삶은 재구성되고, 개개인의 성장과 발달도 달라진다. 사회노년학자들은 이 로드맵의 적응을 연구하는 사람들이며, 이러한 연구를 보통 **생애과정관점**(life course perspective)이라고 부른다. 생애과정관점은 생물학적 과정에 의해 출생에서부터 죽음에 이르는 발달과정을 중요하게 바라보면서도 동시에 인간의 발달이 심리적, 사회적, 역사적 그리고 경제학적 요소에 의해 영향을 받는다는 태도를 견지한다(Featherman, 1983).

이장의 첫 번째 파트에서는 생애사건이 언제, 얼마나 오랜 기간 지속되는지, 그리고 생애사건의 순서가 어떠하냐의 문제가 인구학적 특성, 개인의 경험 그리고 거시적 변화(사회, 경제, 정치적 변혁)와 사회적 기회에 의해 구성되는지 살펴본다. 이후 그러한 삶의 경로의 변화가 노년기 삶의 불평등을 야기하는지 알아본다. 마지막으로 정부정책이 사람들의 생애과정을 어떻게 구성하는데 영향을 미치는지 알아본다.

1 생애과정 이론틀

생애과정틀(theoretical framework)은 노화과정을 역사적 사건, 개인의 의사결정과 삶에서의 기회 그리고 어린 시기에 생애경험에서 상호작용을 강조하고, 그것이 생애 후반기 삶을 결정한다고 본다(G.H. Elder, 2006). 인생에서 중요한 결정을 내리고자 할 때, 가령 언제 출산을 할지와 같은 사건을 겪을 때 사람들은 당장의 재정 사항이나 자신의 교육계획과 같은 문제들을 따지게 된다. 사람들은 자신이 젊을 때 내린 결정이 이후 삶의 모습을 결정할 수도 있다는 생각을 좀처럼 하지 못한다. 자녀출산의 경우를 생각해보자. 23–24살 어린나이에 자녀를 갖는 것은 35–37살에 자녀를 출산하는 것에 비해 어떤 장점이 있을까? 단기적으로 일찍 아이를 낳게 되면, 자기 집을 갖는 시기를 늦출수도 있다, 왜냐하면 아이를 키우는 상황에서 두 부부가 집을 소유할 만큼 저축을 충실히 할 가능성이 작기 때문이다. 여성의 경우 특히 자신의 직업경력을 자녀양육 때문에 미루게 될 수도 있다. 그런데, 일찍 아이를 낳으면

45세가 되었을 때 이미 자녀는 성인이 되었을 것이고, 부부는 아직 한참 더 일하고 저축할 기회가 남을 수도 있다. 반면에 자녀출산을 연기한 부부는 결혼 초반기에 자신의 경력추구를 위해 투자할 시간이 많고, 집도 사고, 경제적으로도 아주 여유롭게 저축을 할 여지도 있다. 다만, 그들이 60세가 될 때까지 자녀가 독립도 못 하고 자녀를 부양해야 하는 처지에 놓일 수도 있다. 따라서 그들이 은퇴 준비를 해야 할 무렵 그때까지도 자녀의 대학등록금을 내고 있을 수도 있다. 이러한 사례는 개인의 중요한 의사결정이 생애과정 내내 영향을 미친다는 사실을 보여준다.

생애과정은 일정 부분 인생의 전반기에 내렸던 의사결정의 결과물인 동시에 부분적으로는 개인이 통제할 수 없는 생애사건의 영향을 받게 된다. 인생 전반기에 겪었던 경험, 기회, 그리고 의사결정은 성인기 삶에 영향을 미치고 그것은 미래의 인생의 기회를 결정하는데도 영향을 미치는데, 이러한 요소들은 생애과정 연구에서 중요하게 다루는 부분이다.

사람들이 나이가 들어감에 따라 사람들은 다양한 사회적 역할을 겪게 되는데 이를 통해서 개개인에게 다양한 정체성–학생, 남편이나 아내, 직업인, 그리고 부모–을 지니게 된다. 사회학자들은 이러한 역할의 변화를 **전이**(transition)이라고 부른다. 이 전이는 사람들이 학교 졸업, 취업, 결혼, 출산, 그리고 은퇴 과정을 거치면서 겪게 되는 역할의 변화를 말한다. 전이 경험은 "언제" 한가지 역할에서 다른 역할로 전이하는지에 대한 특정 사회적 규범을 포함하기 때문에 전이는 연령에 따라 구획이 만들어진다(Shananhan and Macmillan, 2008). 예를 들어, 개별 사회마다 언제 결혼하는지, 언제 첫아이를 갖고, 언제 그 자녀가 집을 떠나는지를 규정하는 사회적 기대(social expectation)라는 것이 존재한다. 물론 전통적인 기대라는 것은 얼마든지 변화무쌍하다. 가령 사람들이 결혼을 미룬다든지, 이혼을 하거나 혹은 은퇴 이후에도 30년이나 삶이 남아 있는 상황이 펼쳐 질 때는 말이다. 사람들은 또한 **역전이**(counter transitions)도 겪는데, 이는 다른 사람의 역할이 바뀌면서 나를 규정하는 역할도 바뀌는 경우이다. 어느 남성이 결혼한다고 가정해 보자. 그 남성의 어머니는 자동적으로 누군가의 시어머니가 된다. 그 남성이 자녀를 갖게 되면, 그 남성의 아버지는 자동으로 할아버지가 된다. 만약에 그 남성의 배우자가 사망하게 되면, 그 남성은 사별자가 된다. 비록 그 남성의 자아가 변한 것은 없더라도, 남성과 연관된 사람의 역할이 바뀌면 그 남성의 역할이나 지위도 달라진다.

마지막으로 이러한 전이의 연속적인 변화를 우리는 **궤적**(trajectory)라고 한다. 과거에 노년학자들은 삶에서의 궤적이 비교적 안정적이고, 특정한 순서로 진행된다고 보았다. 가령, 직업궤적(work trajectory)의 경우를 예로 들어보면, 세 가지 단계로 이루어진다고 볼 수 있다: 직업준비(교육이나 훈련), 직업수행, 그리고 은퇴. 최근에 연구자들은 생애사건이 발생하는 시기나 순서가 다양한 방식으로 이루어진다는 점을 인지하기 시작했다.

예를 들어, 젠더에 따라 직업궤적의 모습은 명확하게 차이가 나는데, 남성의 직업궤적은 노동시장에 들어오고 나가는 것이 단순한 반면에, 여성의 직업궤적은 결혼과 출산, 그리고 노부모 돌봄 등으로 인해 전이 순서도 뒤죽박죽이고 복직과 이직이 혼재하여 불연속적인 경향이 있다. 이러한 복잡한 직업경력은 결과적으로 노년기의 소득 안정성에 부정적인 경향을 미치게 되는데, 이는 직업경력에서 분절 때문에 사회보장 혜택이나 개인연금에서 가입 기간면에서 불이익을 경험하기 때문이다. 그러나 지난 몇십 년 동안 여성의 직업궤적도 상당히 연속적인 형태로 변모하고 있는데, 이는 미국뿐 아니라 유럽의 다른 나라에서도 동일하게 관찰된다(Esping-Anderson, 2009).

여성들의 직업궤적이 안정되는 동일한 기간 동안 남성의 경우는 같은 고용자에게 고용된 기간이 감소하였고, 반면에 남성의 직업궤적이 여성 못지않게 불연속적으로 나타나는 경향이 관찰된다. 미래에는 아마도 현재 나타나는 고령자의 소득 안정성에서의 젠터 차이가 상당 부분 해소될 것으로 학자들이 예측하고 있다. 왜냐하면 남성과 여성이 일생동안 경험하는 직업궤적의 모습이 유사해지고 있기 때문이다. 사회노년학자들은 이제 생애사건의 순서와 시기에 있어서 다양한 궤적이 형성된다는 것을 인식하고 있다.

개인의 삶의 궤적뿐 아니라 가족의 삶에서 궤적 또한 개별성을 띠기 시작하였다. 과거에 가족 생애과정은 교재, 약혼, 결혼, 자녀출산, 막내자녀출산, 빈둥우리 시기 그리고 배우자의 사별로 이어지는 명확한 연속적인 전이로 이루어졌다(8장에서 다룰 내용이다). 오늘날 많은 결혼은 이혼으로 끝나며, 개인은 다수의 배우자와 다양한 가족구성원 속에서 살아가는 양상이다. 또한 아동의 관점에서는 그들이 성인기에 이르기 전에 한 명의 부모와 일정 기간 살아가는 경험을 하고 있다.

생애과정관점에 대한 사회과학적 지적 뿌리는 그 원천이 다양하다. 한 가지 지적 전통은 연령계층이론인데 이는 제3장에서 다루게 된다. 연령계층이론은 생애과정 연구와 세 가지 측면에서 연관성을 갖는다. 첫째, 연령계층이론에서도 연령은 사회적 상호작용을 규정하고 사회적 지위를 나타내는 요소로 본다. 둘째, 특정 사회적 지위를 부여받거나 혹은 벗어나는 시기는 연령과 연관된 결과를 초래한다. 세 번째, 생물학적인 노화 과정이나 연령과 연관된 역할 수행은 역사적 사건과 연동한다(e.g. 건강정책의 개선, 새로운 기술발달)(Riley and Riley, 2000).

생애과정관점에 영향을 미친 또 다른 지적 전통은 연령 분화에 관한 인류학적 연구이다. 연령등급(age grade)는 사람들을 사회의 하위 집단별로 구분하는 데 있어 연령을 이용하는 방식이다. 개별 사회는 생애과정을 구성하는 일반적인 원칙을 가지고 있다. 연령 분화된 체계에서 남성은 몇 살인가에 따라 그 사회에서 위치가 정해진다. 개별 연령집단은 각각의 역할이 있는데, 가령 젊은 남자는 전사(warrier)가 되고 나이든 남성은 연장자의 역할을 하는 식이다(Fry, 1999). 케냐의 우르샤(Arusha)족은 6개의 연령등급 집단을 가지고 있다: 젊은 전사, 연장자 전사, 준연장자, 나이든 연장자, 그리고 은퇴한 연장자이다. 다른 사회에서는 이러한 연령 구분을 보통 두 집단 혹은 세 집단으로 인식한다. 흥미롭게도 이러한 연령 분화된 집단은 여성보다는 남성을 규정할 때 더 명확하게 드러난다. 이는 아마도 여성의 경우 가족 역할에 매몰되어 있기 때문일 수도 있고, 또한 친족 관계라는 것의 속성이 수직적 속성보다는 수평적 속성을 강조하기 때문일 수도 있다.

2 생애과정연구의 방법론

1) 연령효과, 시기효과, 코호트 효과

생애과정 연구에서 방법론적으로 해결해야 하는 중요한 문제는 어떻게 **연령효과**(age effect), **시기효과**(period effect) 그리고 **코호트 효과**(cohort effect)를 구분해 낼 수 있는가의 부분이다. **연령효과**는 나이가 들어감에 따라 달라지는 자연스러운 변화의 부분을 다룬다. 연령효과의 전제는 나이가 들어감에 따라 겪게 되는 변화는 생물학적이고 생리학적 발달과 관련이 있기 때문에 이는 시대나 장소, 혹은 어떤 특정 사건과 무관하게 이루어지는 변화를 말한다. 연령효과의 가장 좋은 예는 나이가 들어감에 따라 건강함이 쇠퇴하는 현상이다. 가령, 나이가 들어가면 고혈압 위험성은 증가하는 변화를 겪는다.

(1) 시기 효과

시기 효과는 한 사회가 경험한 역사적 사건의 영향을 말한다. 대공황(The Great Depression)과 같은 사건은 당시 살아가던 사람들의 인생과 생애과정에 지속적인 영향을 미쳤다. 역사적 사건으로 지적할 수 있는 또 다른 사건은 1989년 베를린 장벽이 무너지면서 서독과 동독이 합병한 사건도 예가 될 수 있다. 이 독일의 통일은 동독 거주민의 교육성취, 경력향상 그리고 출산율에 이르기까지 다방면에서 영향을 미쳤다(Siverstein and Girusso, 2011). 개인적인 수준에서 이 같은 역사적 변혁은 "태도전환(attitude conversion)"이라고도 부른다. 혹시 당신은 인생에서 기억에 남는 역사적 사건을 겪었는가?

(2) 코호트 효과

코호트 효과는 하나의 코호트 경험했던 바가 사회변화로 인해 다른 코호트에는 상이하게 겪는 것을 의미한다. 예를 들어서, 특정 노인 코호트가 있다고 할 때 그들이 보유했던 특정 태도나 가치는 그들이 죽고 나면 그 후속세대가 더이상 그 태도를 유지하지 않고 상이한 태도를 보이게 되는 것을 말한다. 전체사회가 보유한 특정한 사회적 가치나 태도는 한 세대가 사라짐에 따라 다른 가치나 태도로 대체된다. 2000년대 젊은이들은 베이비부머보다 동성애에 대해 긍정적인 태도를 보이고 있다(Paw Research Center, 2015a). 또 다른 코호트 효과는 은퇴연령에 대한 생각해서도 찾아볼 수 있다. 〈그림 2-1〉에서 제시하였듯이, 1965-78년 사이에 태아난 사람들, 즉, 베이비부머 바로 이후에 태어난 사람들은, 1923-45년에 태어난 사람들보다 빠른 은퇴를 생각한다. 실제로 10장에서 밝히겠지만, 베이비부머들은 다른 세대보다 일을 더 오래 한다.

연령, 시기 혹은 코호트 효과가 단순해 보이기는 하지만, 이를 측정하는 데는 여러 가지 어려움이 따른다. 가령, 노인들은 젊은이들보다 투표장에 더 많이 나타난다. 이러한 연령에 따른 투표성향의 차이는 연령효과인가, 즉 사람들이 나이 들면 더 책임감 있는 시민이 되는 것일까? 어쩌면 이것은 코호트 효과인지도 모른다. 즉 현재 노인세대가 다른 어떤 세대보다도 특별히 투표에 더 열의가 있을 수도 있다. 우리는 이 문제를 다음에서 조금 더 자세히 다루려 한다. 사회노년학자들은 횡단연구를 통해 연령효과, 시기효과 그리고 코호트 효과를 판단하는데, 방법론적으로는 종단연구가 이 세 효과를 구분해 내는데 더 효과적인 면이 있다.

2) 횡단연구

특정시점에 서로 다른 연령집단을 비교하는 연구를 **횡단연구**라고 부른다. 횡단 연구를 수행하는 연구자들은 여러 연령대의 사람들에게 동일한 정보를 묻는다. 가령, 앞서 언급한 동성애 결혼에 대한 태도에 관한 연구에서 네 개의 코호트를 비교했고, 실제로 네 개 코호트에서 나타난 태도의 차이를 발견하였다. 동성애 결혼에 대한 지지도가 가장 낮은 집단은 1928-1945년 코호트로 39%만 동성애 결혼을 지지한데 반해, 베이비부머들은 45%가 그리고 X세대는 59%, 그리고 밀레니엄세대는 70%가 동성애 결혼을 찬성하는 것으로 나타났다.

서로 다른 연령대에서 나타나는 연령효과는 아마도 시기효과에 근거할 가능성이 커 보인다. 역사적 사건은 동시대를 산 사람들에게 일정 수준 영향을 미치는데 이것이 시기 효과이다, 가령 미국에서는 대공황, 제2차 세계대전, 케네디 대통령의 암살사건, 인권운동, 그리고 베트남 전쟁 등의 사건은 그것을 겪은 사람과 겪지 않은 사람 간에 일정한 구분점을 만들어 낸다.

이러한 역사적 사건이 초래하는 경험의 차이를 고려한다면, 동일한 역사적 사건이라도 출생코호트에 따라 영향력도 상이하다는 점에 주목할 필요가 있다. 예를 들어서, 인권운동이 한 참 진행 중이던 시대에 고령의 흑인이라면 교육기회 확대, 직업 선택에서 자유 등 1964년 흑인인권운동 이후에 벌어진 다양한 혜택을 누리기 어려웠을 것이다. 그에 비해, 당시 인권운동이 한창이던 시절에 젊은 층은 대학진학이 가능했고, 흑인을 배제했던 직업군에 대한 진출도 가능했다.

물론 횡단연구가 연령 효과, 시기 효과 그리고 코호트 효과를 구분해 내기 어려운 단점은 있으나 고령화 연구에서는 상당히 중요한 방법의 하나다. 왜냐하면, 종단연구보다 비용도 적게 들며, 단일연령에 대한 분석으로는 알 수 없는 코호트 효과를 일정부분 알아볼 수 있기 때문이다.

〈그림 2-1〉 은퇴연령에서의 코호트 차이(막대그래프)

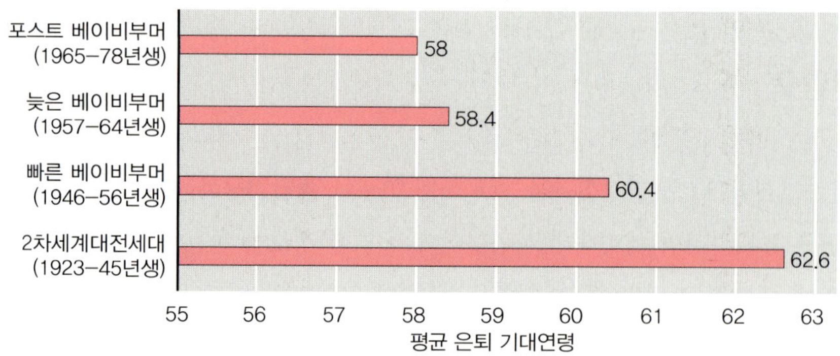

출처: Moen, Plassman, and Sweet(2001)

3) 종단연구

연령효과와 코호트 효과 그리고 시기효과를 정확하게 구분해 낼 방법의 하나가 종단 연구를 실시하는 것이다. 다양한 코호트 집단을 단일시점에 비교하는 횡단연구와는 달리 **종단연구**에서는 동일한 집단을 오랜 시간 추적 조사하는 방법이다.

가장 오래된 종단연구 중 하나는 하버드 성인발달연구로 1938년 아르렌 복(Arlen Bock) 박사가 하버드대 2학년생 268명을 조사하는 것에서 시작했는데, 아르렌 복 박사의 원래 의도는 어떤 요소가 학생들이 성인기로 진입하는 시기 건강에 영향을 미치는지 그 요인을 밝히고자 하였다. 연구는 20년을 추적 조사하는 것이었는데, 후속연구를 진행한 연구자들은 학생들을 2000대까지 거의 80년을 추적하였다. 조사 당시 하버드대 2학년이었던 그들은 대체로 좋은 배경을 가지고 있다는 공통점이 있었기 때문에, 이후 진행된 연구는 이 학생들이 나이 들어감에 따라 어린 시기에 어떤 기질이 이후 성공적인 삶을 예측하는지 알아보는 연구로 변모하게 된다. 가장 중요한 발견 중 하나는 교육요소가 좋은 건강을 담보하는 것으로 나타났고, 반면에 알콜 문제가 있는 경우 이후 낮은 행복감, 나쁜 건강상태 그리고 이혼을 예측하는 요소로 드러났다. 최근 연구로는 미국의 건강과 은퇴 조사(Health and Retirement Survey, HRS)가 종단연구의 대표적인 예이다. 이 조사는 1931년에서 1941년에 태어난 13,000명의 사람들을 1991년에 조사해서 2010년까지 추적하였다. 이 조사는 고용상태, 결혼, 출산, 소득, 건강 그리고 행복감을 장기간 효과를 알아볼 수 있도록 설계되었다. HRS를 활용한 한 연구는 부모를 돌보는 것이 이후 여성의 빈곤을 예측하는지를 알아보았다. 연구결과에 따르면 과거 부모를 돌본 여성들은 대체로 직장을 그만두거나 혹은 조기 은퇴를 한 경우가 많았다. 그 결과로 그 여성들이 노인이 되었을 때는 빈곤을 겪을 가능성이 큰 것으로 나타났다.

최근 종단연구로는 얼마 전에 2차 년도 연구가 진행된 미국의 사회, 건강 그리고 노화 프로젝트(National Social Life, Health, and Aging Project: NSHAP)가 있다. 이 조사의 목적은 사회적 지원과 대인관계가 건강한 고령화를 맞이하는데 중요한 지 알아보는 데 있다. 특별히, NSHAP에서는 신체 건강, 질환, 약복용, 정서적 건강, 건강 행동과 사회적 연계 간의 상호관련성을 탐색한다. 이 연구의 특이점 중 하나는 사회적 관계 그리고 친밀한 관계(e.g. 성적 친밀성)까지 염두에 두고 있다는 점이다.

또 다른 야심 찬 종단연구가 어헤드(Asset and Health Dynamics among the Oldest Old: AHEAD)이다. AHEAD연구는 70세 이상 고령자(1923년 이전 출생자)를 대상으로 한다. 이 조사에서도 건강, 인지기능, 소득, 가족 간 교환에 관한 문항이 있다. 조사는 1993년 시작해서 격년으로 진행되고 있다. AHEAD를 사용한 한 연구에 따르면, 기능 제한과 우울 증상 발현은 배우자 서로가 영향을 미친다. 다시 말해서, 배우자가 '옷 갈아입기'와 같은 일상적인 활동에서 기능 제한을 겪으면, 다른 배우자는 우울해질 가능성이 높다. 이 연구의 필자들은 신체/정신건강의 궤적을 구성하는데 있어서 결혼지위가 중요한 요소라고 결론지었다. 이 조사결과가 분석됨에 따라 우리는 앞으로 더 구체적인 내용을 접하게 될 것이다.

종단연구는 특정 집단을 추적 조사하기 때문에 횡단연구에 비해 연령효과와 코호트효과를 판별하기에 더 용이하다. 서로 다른 연령집단을 비교할 수 있을 뿐 아니라 연령이 증가함에 따라 각 코호트가 어떻게 다른지, 그리고 특정 역사적 시점을 각각 어떻게 겪는지도 알아볼 수 있다. 이 책에서 우리는 종단연구 결과를 소개하면서 이러한 연령, 코호트, 그리고 시기효과에 대해 다루게 될 것이다. 물론 종단연구에도 단점은 존재한다. 예상하듯이 종단연구는 같은 대상자를 몇 년 혹은 몇십 년에 걸쳐서 조사하기 때문에 비용이 많이 든다. 종단연구에서는 대상자들이 죽거나 조사에서 탈락하는 경우도 많아서 조사에 남아 있는 사람들의 특징만 반영되는 자료상 왜곡(bias)이 발생하기도 한다. 아마도 최종적으로 조사에 여전히 남아 있는 사람들은 탈락한 사람들과는 차별적인 특징을 가진 사람들일 가능성이 크다. 많은 연구에서 사회경제적 계층이 낮은 사람들이 계층이 높은 사람들보다 건강이 나쁠 가능성이 있다고 한다. 문제는 가난한 사람들이 먼저 사망할 가능성이 크기 때문에 연구대상자로 남은 사람들이 살아남았을(말하자면, 부자이고 건강한 사람들) 가능성이 크다.

4) 질적연구

노년학에서 아주 흥미로운 연구들 가운데는 질적연구인 경우가 많다. 질적 연구 가운데 한 방법이 관찰연구이다. 이러한 부류의 연구는 자연스러운 상황에서 자신이 바고 들은 것에 대해 적어가면서 **참여관찰**(participant observation)을 하게 되는데, 관찰을 통해 행동의 패턴, 의사결정과정, 그리고 집단의 사회적 특성을 알아낸다. 참여자 관찰 연구의 대표적 예 중 하나가 티모시 다이아몬드(Timothy Diamond, 1992)가 수행한 요양원 거주 노인에 대한 돌봄의 질을 다룬 연구이다. 다이아몬드는 실제로 직업학교에서 간호보조사 자격증을 습득한 후 요양원에 취직했다. 아주 생생하게 그는 간호보조사의 일상의 어려움에 대해 기술하였다. 또한 그는 한때, 교사였거나 성공한 경영인, 그리고 전업주부였을 요양원의 노인들이 어린아이 취급을 받는 점에 대해 깊이 동정하였다. 다이아몬드의 이론적 관점은 간호보조사들에게 부여된 관료적 일상에 대한 비판하면서, 이는 거주 노인의 욕구를 채우면서 좋은 돌봄을 이루는 데 방해가 된다고 주장한다.

그들의 목소리 : 역할 바꾸기: 노부모를 부양하는 자녀

내 아들은 오늘 월요일이니까 쓰레기를 치울 것이다. 나는 그에게서 정기적으로 소식을 듣는다. 방금 자기 집에서 검은 눈동자의 수잔을 구해서 여기로 가져왔어... 그는 일요일에 전화하고 내 딸은 매일 밤 전화한다. 나는 아직 운전은 하고 있지만, 오늘은 며느리가 혈액검사까지 데려다 줄 거야. 그리고 손녀딸도 나를 데리고 다니곤 했다. 얼마 전만 해도 그녀는 참 작았다. 내 조카가 지난 주말에 지하실을 청소하고 오래된 사진을 찾았어

출처: 로(2011 : 190)

또 다른 형태의 질적 연구는 개방형 면접(open-ended interview)이다, 조엘 샤비신스키(Joel Savishinsky, 2000)가 쓴 시간 쪼개기(「Breaking the Watch」)는 개방형 면접법을 활용한 대표적인 저작이다. 이 책에서 샤비신스키는 은퇴에 대해 살펴보고 있는데, 그는 은퇴가 단일한 사건이 아니라 여러 해에 걸쳐서 이루어지는 과정이라는 점에 주목했다. 그는 은퇴자들에게 은퇴 후 새로운 생활에 어떻게 적응하는지 그 경험에 대해 그들의 목소리를 듣는데 열중했다. 이 연구를 수행하기 위해 과거 다양한 사회적 배경을 가진 사람들(과거 직업경력, 가족 이력, 교육수준과 소득수준 등) 50명을 면담했다. 그의 최초 면접은 은퇴가 이루어지기 몇 달 전에 시작했고, 추가 면접을 6–12개월, 그리고 18–24개월이 되는 시점에 다시 수행했다. 이러한 연속된 면접을 통해 은퇴는 개인적인 것에서부터, 역사 그리고 지역사회에서 겪는 복잡한 정서적 과정임을 보여주었다.

여기에서 생애과정관점에서 이야기하는 기본 개념과 방법론을 살펴보았으니 이제 실증적으로 사회, 경제, 그리고 인구학적 요소들이 어떻게 생애과정상의 전이 시기, 지속기간 그리고 순서를 결정하는지 살펴보도록 하자.

3 생애사건 규정하기

1) 생애사건과 시점

(1) 연령규범

적령기(timing)란 생애전이가 일어나는 적절한 시점을 말한다. 1960년대에 비어니스 뉴가르텐(Bernice Neugarten)은 40-70대 중산층 남녀에게 다양한 생애사건을 겪음에 있어서 적정하다고 생각하는 연령이 무엇인지 조사하였다. 그들은 앞선 장에서 언급한바와 같이 연령에 맞는 역할과 행위가 존재하는 것과 같은 생애경로가 *연령규범*에 의해 규정되고 있음을 밝혔다(Neugarten et al., 1965). 연구자들은 연령규범은 성인의 생애과정 전반에 깊이 관여하고 있다고 지적하면서 특정 생애사건을 겪음에 있어서 "적절한 시기(on-time)" 이와 "적절하지 않은 시기(off-time)"을 구분해 낸다고 하였다.

우리가 흔히 일상적으로 접하는 언어에도 연령규범이 내제해 있다: "그녀는 아이를 늦게 낳았어", "저렇게 일하기에는 너무 늙었어.", "그녀는 화장하기에 너무 어려", "그가 부모님과 함께 살고 있기에는 너무 나이든 거 아니야?", 연령규범은 우리가 하는 모든 것들을 "나잇값"을 통해 규정한다. 어떤 행동을 너무 빨리하거나, 연기하거나, 주저할 때도 이 연령규범을 활용해 판단한다. 연령규범은 인생에 특정한 시간표를 형성하기도 하는데 이를 **사회적 시계**(social clock)라고 지칭하고 이는 이 시계에 따라 생애사건들이 배치된다. 사회적 시계는 사람들이 언제 결혼하고, 언제 아이를 출산하며, 언제 은퇴하는지 그 시기를 결정하는데 영향을 줄 뿐 아니라 사람들이 생애과정상 개별 단계에 진입할 때 심상과 정서, 마음가짐에도 영향을 미친다. 예를들어, 예상치 않게 손자녀가 태어나면 여성 입장에서는 갑작스럽게 할머니가 되어 버리는 것을 의미하는데 이는 마음의 준비도 역할에 대한 사회적 지지도 이끌어내지 못하기 때문에 조부모됨을 거부하는 경우도 종종 발생한다(Hagestad, 1988).

사람들은 정말 사회적 시계가 작동한다고 느낄까? 뉴가르텐(Nergarten)과 그의 동료들에 따르면 실제로 사람들도 느낀다고 한다. 지난 1960년대에 이루어진 연구에서 연구자들은 사람들에게 몇 가지 가족생활과 연관된 사건과 직장생활과 연관된 사건들을 제시하면서 적절한 시기가 있는지 물었다. 이때 사람들은 상당히 명확하게 성인기, 학교졸업, 결혼, 그리고 남성의 경우 첫취업의 시기가 언제가 적절한지 응답했다. 뉴가르텐과 그 동료들에 따르면 성인들은 사회적 시계가 작동하고 있음을 인지하고 있고, 주요생애사건을 언제 겪으면 적정하고 언제 겪는 것은 적정하지 않은지에 대해 분명히 인식하고 있다고 밝혔다.

〈표 2-1〉 연령시간표

	연령 데드라인	
	남성	여성
가족사건		
집을 떠남(독립)	21.7	21.9
집으로 되돌아 옴	27.2	28.2
결혼	27.9	25.9
첫출산	29.9	28.8
자녀출산기 종료	44.2	39.1
조부모됨	52.3	50.9
직업사건		
학교졸업	26.4	25.5
첫취업	22.8	21.7
주된 직업시작	29.0	28.9
경력절정기	41.7	39.8
은퇴	61.3	59.3

출처: Settersten and Hagestad (1996a, 1996b)

물론 이러한 뉴가르텐의 방법은 사회적 규범을 반영하는데 있어 일정부분 왜곡이 있음을 알아둘 필요가 있다. 특별히 젠더문제와 관해서는 더욱 왜곡이 있다. 그녀의 연구에서는 남성이 경제적 부양자이고 여성이 가족을 돌보는 역할을 한다는 전제가 깔려 있다. 중년기 남성의 삶이 우월한 삶이고, 특히 남성이 중년에 이르렀을 때 직업경력 상 가장 우월한 위치에서 모든 사회경제적 책임을 수행하는 것으로 간주하는 인식도 이 사회적 시계 개념 속에 담져 있다. 여성의 사회적 성공은 남성보다 일찍 시작하며 가족을 돌보는 일이라는 전제가 상당히 강하다. 현재는 거의 70%의 여성이 노동시장에서 일을 하고 있어서 더 이상 이러한 전제가 작동하지 않는다. 특히 최근 연구에 따르면 가족과 직업세계의 영향으로 이러한 사회적 시계와 같은 전형적인 삶이 각자의 생애과정에서 명확하게 나타나지 않는다고 한다.

(2) 연령시간표

세털스텐과 하제스타드(Settersten and Hagestad, 1996a, 1996b)은 뉴가르텐의 연구를 검증하고자 하였다. 그들은 시카고 인근 시가지에 거주하는 성인 319명을 대상으로 11개의 생애과정 전이 시기에 대해 조사하였다. 가족과 관련해서는 첫 독립시기, 다시 집으로 돌아온 시기, 결혼시기, 첫 자녀 출산, 자녀양육을 끝낸 시기, 그리고 조부모 시기가 있었다. 교육과 직업관련 영역에서는 학교졸업시기, 은퇴시기에 대해 물었다. 세털스텐과 하제스타드는 거의 모든 사건을 겪었던 적령기에 대해 답했다. 〈표 2-1〉은 각 생애전이에서의 적령기 평균 연령을 제시하였다. 뉴가르텐의 연구에서 제시한 적령기와 차이가 나는 부분은 사회인구학적 변화를 반영한다. 가령, 뉴가르텐의 연구에서는 여성이 결혼하기 가장 좋은 시기를 19-24세로 응답했는데, 이는 1950년대에 당시 미국에서 대부분의 여성이 21살에 결혼한 것과 관련이 있다. 1950-1993년 사이에 미국에서는 평균 결혼연령이 약 4세 정도 증가하였다(Cherline, 1996). 세털스텐과 하제스타드의 연구는 이러한 결혼연령 상승을 반영한다. 연령규범의 개념은 사람들의 행위에 제약이 따른다는 것과, 그 규범을 벗어난 시기에 전이를 겪을 경우 사회에서 인정을 받지 못하거나 때로는 강한 제약을 겪기도 한다. 그러나 세털스텐과 하제스타드가 밝힌 바와 같이 사람들은 생애사건을 규정하는 시기에 대해 사회적 합의를 인지하고 있으나, 그 문화적으로 규정된 시기를 놓쳤다고 해서 큰 불이익은 없다고 믿는다. 어쩌면 과거에 학자들이 생각한 것만큼 행위를 규제하지 않으며, 혹은 연령규범 그 자체도 특정 역사적 맥락에서 작용한 것으로 일반적인 사람들의 행위와 크게 관련이 없을 수 있다. 이에 세털스텐과 하제스타드는 연령규범이라는 용어보다는 *연령시간표(age timetable)*라는 개념을 더 선호했다.

우리는 생애시간표 인식을 통해 우리가 생애과정동안 무엇을 하고 있어야 할지, 어떤 기대를 하면서 살아갈지 알 수 있다. 많은 연구들이 성인기로의 전이나 노년기로의 전이에 대해서는 다루었지만, 중년기를 어떻게 인식하는지에 대해서는 다루지 않았다. 미국에서 이루어진 다수의 연구에 따르면, 중년기는 46세즈음에 시작해서 62세경 끝나는 것으로 알려져 있다. 그러나 중년의 시작과 끝을 지각하는 방식은 개개인 속한 사회적 맥락에 따라 다르다. 여성은 남성에 비해 중년의 시작 시기를 늦게 인식하는 경향이 있으며, 건강이 나쁜 사람들은 건강이 좋은 사람들에 비해 중년기가 더 빨리 왔다고 인지하는 경향이 있다. 출산시기가 늦을수록 중년의 시작시기도 늦게 시작한다고 지각한다(Toothman and Barrett, 2011).

2) 생애사건의 지속기간

*지속기간(Duration)*은 특정한 생애 단계(phase)에서 보낸 기간을 의미한다(Siverstein and Giarusso, 2011). 생애단계에 어느 정도 머무느냐의 문제는 현대인의 생애과정에서도 계속 변화하고 있는 부분이다.

청소년기의 연장은 생애과정 지속기간의 관점에서 볼 때, 가장 분명하게 변화가 진행 중인 부분이다. 역사적으로 보면, 청소년기는 젊은이들이 집을 떠나면서 종료되었다. 지난 1980년대까지만 해도 다 자란 자녀는 부모로부터 독립해서 다시 집에 돌아오지 않는다고 알려져 있었다. 혹시 그 자녀가 결혼을 하지 않거나 혹은 결혼을 했다고 해도. 그런데, 지난 20년간의 변화를 보면, 젊은이들은 부모집에 더 오래 머무르거나, 혹은 부모곁을 떠났다가도 다시 돌아오면서 **붐비는 둥우리**(crowded nest) **현상**이 벌어지고 있다. 자녀들이 부모로부터 분리해서 자신만의 세계를 구축하기보다, 부모의 집이 이제는 베이스캠프 역할을 하면서 성인기를 준비하고, 결혼 이후에도 계속 머무는 형태가 관찰된다. 이때 교육수준은 다 자란 자녀가 부모와 함께 사는지를 결정하는 중요한 변수가 되고 있다. 한 연구에 따르면, 18–31세 청년들 가운데 고졸자의 40%는 아직까지 부모와 함께 살고 있는 반면, 대졸자에서는 18%만이 부모와 함께 살고 있다고 한다(Fry, 2013). 부모와 함께 살고 있는 미혼의 자녀는 여성이 압도적으로 많다. 2014년 자료에 따르면, 18–34세 여성 가운데 36% 현재 부모나 친척과 함께 살고 있는데, 이는 1940년대 이래 가장 높은 비율이다. 미혼여성의 높은 부모 동거율은 늦은 결혼, 늘어나는 학자금 대출 그리고 주거비용의 상승과 관련이 있다(Fry, 2015).

생애과정에서 지속기간이 늘어나고 있는 생애단계 중 하나가 노년기이다. 지난 50년간 65세 이상, 특히 85세 이상 고령층의 기대수명이 증가하면서 노인으로 살아가는 기간도 과거에 비해 30–40년 정도 더 연장되었다. 과거보다 더 많은 사람이 조부모로서의 살아가는 기간이 늘었고, 따라서 손자녀에게 미치는 그들의 영향력도 배가 되었다(Ulenberg, 1996b). 다만, 노년기에 이른 부모의 독립을 지탱하는 데 있어서 성인자녀의 역할 역시 중요하다. "그들의 목소리로" 파트에 묘사한 샤하의 사례처럼, 그녀는 자신의 두 자녀로부터 끊임없이 지원을 받고 있다.

3) 생애사건의 순서

*순서(sequencing)*의 개념은 생애전이가 이루어질 때 생애사건들 간에 일정한 배열이 있음을 전제한다. 여기에서 강조점은 배열에는 순서가 있고, 역전이 되지 않는다는 것이다. 우리의 생애과정은 어떻게 순서화되어 있을까? 어떤 경우에 이 생애사건의 배열은 상당히 명확하다. 최근에는 부모됨과 조부모됨이 겹쳐지는 사례를 거의 찾아 볼 수 없다. 두 개의 역할은 분명하게 구분지어 있지만, 과거에는 그렇지 않았다(Hagestad, 1988). 하지만, 부모 두 명이 모두 살아있는 시기는 과거에 비해 거의 3배나 많아졌다. 따라서 이제 중년의 성인은 자신의 자녀와 자신의 부모를 동시에 돌봐야 하는 책임을 가진 경우가 과거에 비해 많아졌다(Watkins et al., 1987).

생애사건의 배열순서가 어긋났다는 것은 이후 생애 전이에 부정적인 영향을 미치는 경우가 많다. 예를 들어, 학교를 그만두고 출산을 빨리하게 되면, 이후 생애과정에서 낮은 소득을 감내해야 한다(Elman and O'Rand, 2004). 두 개 이상의 역할이 중첩되는 것은 역할갈등을 일으킬 소지가 크다. 미성년자녀와 고령의 부모들 동시에 돌보는 중년을 흔히 "낀 세대(Sandwich Generation)"이라고 부른다. 만약 부모역할, 직장역할 그리고 노부모를 돌보는 삼중역할을 수행한다면, 역할갈등은 상당할 것으로 짐작할 수 있다.

사회학자들에 따르면 노년기의 거주지 이동도 일정한 배열이 있다고 한다(Bean et al., 1994).

첫 번째 이주는 비교적 빠른 은퇴를 한 고령자가 편안한 생활을 찾는 과정에서 이루어진다. 이러한 이주자들은 대체로 이주하지 않는 사람들보다 배우자가 있고, 소득과 교육수준이 높으며, 건강한 경우가 많다. 두 번째 이주는 첫 번째 이주로부터 20년쯤 이후에 발생하는데 노인이 만성질환을 심각하게 앓거나, 병증이 악화되거나 혹은 배우자를 사별하면서 이루어진다. 이때 이주는 자녀 근처로 옮겨가는 방식으로 이루어진다. 어떤 노인은 자녀와 동거하기를 결정하기도 하고, 때로는 자녀와 아주 가까운 거리로 이동한다. 마지막으로 기능적 제한을 겪게 되면 세 번째 이주로 요양병원이나 시설로 옮겨간다(Longino et al., 1991). 이 마지막 이주는 보통 먼 거리 이주가 아니라 근거리 이주로 이루어진다. 대중적으로는 젊은 노인의 이동이 많아 보이지만, 지난 5년간 통계를 보면 초고령자의 거주지 이동이 더 빈번하게 이루어졌다. 85세 이상 인구의 사별, 기능 제한, 그리고 시설입소는 그들이 자주 거주지를 옮기는 사건을 초래하고 있다(Boul et al., 1989).

세계의 고령화 : 2차 세계대전에 참전한 독일군인의 이야기

군대는 다녀오셨습니까? 당신의 친구들 중 누구라도 있습니까? 군 복무는 미국 남성들의 삶의 과정에서 점점 더 드문 단계가 되고 있다.미국에서는, 1960년대에 태어난 남자들 중 겨우 10%가 군대를 간 반면에, 1920년대에 태어난 남자들 중 약 80%가 군 복무를 했다(Putnam,2000). 군 복무는 군인들의 삶의 진로에 어떤 영향을 미쳤을까? 이 질문에 대한 하나의 해답은 2차 세계대전의 독일 참전용사들에 대한 연구에 의해 제공된다. 그 전쟁은 독일 국민들에게 엄청난 영향을 끼쳤는데, 그 중 상당수는 군대에 복무했다. 수많은 과부와 고아들을 남겨두고 많은 병사들이 목숨을 잃었다. 연합군은 전쟁으로 엉망이 된 나라를 점령했고, 이 나라는 곧 깊은 경제위기에 빠졌다. 많은 독일인들이 피난민이 되었다.

전쟁에서 살아남은 독일 참전용사들은 혼란 속에서 삶을 재개했다. 그러나 놀랍게도, 한 연구자는 그 전쟁이 군대에 복무한 남자(1920년부터 1925년까지 출생)나 가장 오래 복무한 남자들에게 가장 부정적인 영향을 미치지 않는다는 것을 발견했다. 오히려, 그것은 전쟁이 끝난 직후 처음으로 노동에 들어간 남자들에게 가장 큰 영향을 끼쳤다(1926년부터 1932

년 사이). Mass and Settersten(1999년)은 1887년에서 1922년 사이에 태어난 서베를린 사람들의 무작위 샘플인 베를린 노화 연구(BASE)를 사용하여 이러한 남성들의 삶에 대한 군복무의 결과를 추적했다. 군 복무를 하지 않은 사람들에 비해, 퇴역군인들은 그들의 경력에 즉각적인 부정적인 영향을 끼쳤다. 군인으로 복무했던 남자들은 전쟁이 끝날 때 비군인들보다 실직자가 될 가능성이 높았고, 상향 이동성을 즐길 가능성이 낮았다. 군 복무 기간이 길수록, 그 효과는 더 부정적이었다. 그러나 군복무의 부정적인 효과는 오래가지 못했다. 1955년에 이르러 독일 경제가 회복되기 시작하면서 퇴역군인들은 다른 민간인과 구별할 수 없게 되었다. 종전 직후부터 하향 기동하던 이들은 대부분 계급장을 회복했다. 연구원들은 군복무가 남성의 삶에 단기적인 영향을 미치지만, 평생 동안 그 효과는 무시할 만하다고 결론지었다.

어떻게 생각하는가?

1. 군복무 때문에 인생 항로가 바뀐 사람을 아십니까? 만약 그렇다면, 그 상황을 설명하라.
2. 왜 독일 참전용사들이 결국 군복무의 부정적인 영향을 극복할 수 있었는지 추측할 수 있는가? 군 복무는 장기적 이익이 있는가?

4) 생애전반기 경험이 노년기의 삶에 미치는 영향

생애과정 관점의 중요한 전제 중 하나는 어린 시절에 겪은 경험이 생애과정 내내 진동한다(reveberate)는 점이다(Ferraro et al., 2009). 샤나한, 엘더 그리고 미체(Shanahan, Elder, and Miech, 1997)는 스탠포드-텔만 영재검사에 참여한 두 남성의 직업경력이 대공황시기 어떻게 전개되었는지 분석하였다. 검사에 참여한 남성들은 모두 사회적 지위가 높은 가족 배경을 가지고 있었는데, 한 그룹의 경우 1904-1910년에 태어나서 대공황이 시작된 1920년대 말에는 이제 막 직업경력을 시작하는 나이였다. 이들은 대공황기에 대학에 다니고 있었기 때문에 노동시장이 위축되는 위기 시기를 피할 수 있었다. 오랜 기간 학교에 남아 있었기 때문에 학사학위가 아닌 석박사 학위자도 많았다. 다만, 대공황이 지난 이후에는 곧이어 2차 세계대전이 발발했기 때문에 이들이 직업경력을 쌓을 기회는 길지 못했다. 전쟁에서 돌아온 후 이들은 직업기회가 모두 지나가버리는 불운을 겪는다. 한편 이들보다 후발 세대에 속하는 1911-1917년생들은 대공황이 지난 이후에 고등학교 교육을 마칠 수 있었고, 전후 경제성장이 이루던 시기를 맞이하면서 경제호황과 사회경제적 기회의 시기를 경험하게 된다. 이 두 집단이 중년이 이르렀을 때, 후발세대의 남성(1911-1917 코호트)들은 앞선 세대(1904-1910 코호트)에 비해 비록 교육은 덜 받았지만, 오히려 직업경력으로 보면 더 성공한 사람들이 많았다. 다른 나라의 참전군인들 역시 20세기 있었던 전쟁의 영향을 많이 받았다. 세계의 고령화(Aging around the World)에서 제시한 2차 세계대전 참전 독일군 병사의 이야기를 참고하기 바란다.

아동기의 가족관계의 질 역시 성인의 정신건강에 영향을 미친다. 아동기에 부모의 이혼을 겪은 성인과 그렇지 않은 성인(부모가 결혼 관계를 유지한 성인)에 비해 불행감 수준이 높고, 삶에 만족도도 낮았으며, 불안이나 우울 증상을 호소하는 경우도 더 많았다. 부모 간 갈등이나 이혼은 이후 성인-노부모의 관계에 파장을 일으키며, 이후 형제자녀들 간에도 갈등을 초래한다(Amato and Sobolewski, 2001; Panish and Stryker, 2001). 이러한 결과는 미국뿐 아니라, 영국, 캐나다, 호주에서도 동일하게 관찰된 바 있다.

생애 전반기에 겪는 삶의 패턴은 노년기 건강에도 영향을 준다. 상당한 수의 연구들은 과체중 아동이 정상 체중 아동보다 성인이 되었을 때 비만을 겪을 가능성이 크다고 보고한다. 15-16세에 과체중은 성인기 비만을 예측하는 요인이다. 물론 유전적 소인에 기인하는 면도 있지만, 청소년기 비만은 부모의 습식관 학습과 유관한 면도 고려해 볼 필요가 있다. 이러한 결과는 전 생애에 걸친 건강함을 도모하기 위해서는 아동기에 비만에 대한 개입을 통해 세대 간 비만 전이의 사슬을 끊어내는 노력이 중요하다는 것을 알려 준다.

마지막으로 일부 연구들은 어린 시절에 겪었던 정신적 외상(trauma)이 생애과정의 궤적에 영향을 미친다고 보고 있다. 어린 시절 성적학대(sexual abuse)를 당한 한 여성에 관한 연구에 따르면, 이 여성은 청소년 및 성인기에 성행위에 관심이 많았다. 이들은 남들보다 더 어린 나이에 성경험을 시작했고, 다른 사람보다 성파트너도 더 많았고, 성병, 성폭력에 노출되는 빈도도 더 높았으며, 이들이 미혼모가 되는 비율도 높았다(Browning and Laumann, 1997).

또 다른 연구는 어린 시기에 부모를 잃거나 부모로부터 버림받은 흑인 노인(남성 109명, 여성 85명)을 조사했는데, 이들은 이후에도 가족이 친구 관계에 빈약한 면을 보였다. 부모존재를 전혀 모르는 롱씨(Mrs. Long)의 증언에 따르면

> 난 우리 아버지의 어머니에게 보내졌어요. 그녀는 곧 죽었고, 나는 그 이후는 잘 모릅니다. 나는 계속 이 가족에서 저 가족으로 보내졌어요.

연구당시 86세였던 Long 여사는 혼자 살고 있었다. 그녀의 일상은 식사, 약, 그리고 TV 시청으로만 점철되었다. 아무도 그녀의 생일을 기억하지 않는다(Johnson and Barer, 2020:114). 이러한 연구결과들은 특정시기에 겪은 생애 어려움이 비교적 오랜 기간 생애과정에 각인된다는 점을 말해준다.

5) 인구학적 변화와 중년기

생애과정은 인구학적 사건으로 인해 형성되고 인구학적 사건으로 인해 종결된다. 그 인구학적 사건은 출생과 사망이다. 출생과 사망과 같은 인구학적 변동은 코호트 별로 생애과정에서의 다양성을 만들어 낸다(Ulenberg, 1996c:226). 인구학적 변동으로 인해 생애과정에 새로운 시기가 출현했는데 그것이 바로 중년기다. 최근까지도 중년기는 성인의 삶에서 크게 두드러지지 않았다. 19세기만 해도 여성은 20대 초반에 아이를 낳았고 40세가 될 때까지 아이를 출산했다. 많은 자녀를 낳았기 때문에 여성의 삶에서 40–60은 자녀양육기에 해당한다. 19세기의 여성은 결혼 기간의 거의 90%를 자녀출산과 양육에 시간을 투여했다고 볼 수 있다. 거의 60세에 이르러서야 막내 자녀가 둥지를 떠났을 것이다. 많은 사람이 막내 자녀를 키우고 있는 와중에 조부모됨을 겪었다. 기대수명도 낮았기 때문에 60세 이후의 부부는 고작 몇 년만 같이 살았을 뿐 곧이어 사별을 겪었을 것이다.

그런데, 1970년대에는, 보통의 부부가 자녀를 20대 중반에 낳았고, 2명의 자녀를 2년의 터울을 두고 낳은 경향을 보인다. 총 결혼 기간의 40%만 자녀출산과 양육에 시간이 소요되

었다. 이는 자녀가 집을 떠나는 빈둥우리 기간, 즉 부부만 둘이 살아가는 기간을 20년으로 늘려놓는 결과를 초래한다. 이렇게 기대수명의 증가에 따라 자녀출산과 양육의 패턴이 달라지면서 중년기라는 독특한 시기가 창조되었다.

최근에는 이 빈둥우리가 다시금 성인자녀로 채워지는 양상이 나타나기도 한다. 1960년대만 해도, 18–34세 여성의 25%, 남성의 경우는 28%가 자신의 부모와 함께 사는 것으로 나타났다. 2015년 자료에 따르면, 동일 연령(18–34세) 여성의 36% 그리고 남성의 경우는 40%가 현재 부모와 함께 살고있는 것으로 나타난다(Paw Research Center, 2015b). 결혼시기의 연기, 학자금 대출 그리고 주거비용이 늘면서 이러한 빈둥우리 채우기 현상이 나타나고 있다.

4 누적적 불리이론

생애과정이 진행됨에 따라 동일한 코호트 내에서도 다양성(diversity)이 증가하며, 이는 곧 불평등성(inequality)의 확대로 이어진다(Ferraro et al., 2009). 다시 말하면, 한 집단이 누리는 생애과정에서의 유리함은 점차 커져서 시작점에서 나타난 차이는 작았지만, 그 차이(difference)가 나이듦에 따라 점차 확대된다는 뜻이다(Diprete and Eirich, 2006). 두 명의 젊은 브라질 여성이 있다고 가정해 보자. 그중 한 여성은 부모의 교육수준이 낮은 편이다. 그녀는 똘똘했지만, 아무도 그녀에게 대학교육의 중요성을 강조하지 않았다. 그 결과 그녀는 장학금을 받기 위해 어떤 조치를 취할 수 있을지, 어디에 신청할지를 몰랐다. 그녀가 고등학교를 졸업하자 그녀의 부모는 그녀가 가족사업을 돕도록 했다. 그리고 19세가 되었을 때 바로 결혼해서 자녀를 출산했다. 그녀 가족의 재정 상황은 항상 고만고만했기 때문에 그녀의 자녀들 역시 비슷하게 고등학교 졸업 후 집안 경제를 도왔다. 다른 한 명의 똘똘한 여성 역시 비슷한 사회경제적 배경을 가지고 있다. 그런데 그녀는 가톨릭교회 계열의 무상 사립학교를 나왔다. 그녀는 고등학교 내내 대학을 하도록 권유받았고, 대학진학 준비반에 들어가서 학교 선생님들로부터 다양한 지도를 받았다. 결국 장학금을 신청해서 지역 2년제 대학에 다녔다. 그녀는 동창생과 결혼했고, 그녀의 남편은 변호사, 그녀는 현재 회계사가 되었다. 그녀의 자녀들은 모두 중상층 이상의 삶을 살아가고 있다(Shanahan and Macmilian, 2008).

노화경험에서 다양성 :
아프리카계 미국인 참전용사들이 군복무 경험을 공유하다.

터너는 2차 세계대전의 참전용사로, 유명한 버팔로 병사들 중 한 명이다.

나는 1942년 11월에 징집되었다. 21살이었고 막 결혼했다. 92 보병 사단에 들어갔다(버팔로 병사). 나는 전쟁에 나가는 것이 자랑스러웠다. 보이스카웃이 되고 싶었지만 우리 가족은 그 유니폼을 살 여유가 없었다. 군대가 왔을 때 나는 군인이 되고 싶었다. 이 사회를 바꿀 수 있는 기회였다... 우리는 필라델피아에서 점심을 먹을 준비를 하고 있었다. 백인 군인들은 식당 안을 걸어다니고, 흑인 군인들은 들어갈 수 없었다. 그들은 밖에서 도시락을 나눠주었다... 우리는 모두 포트 미드로 갈 예정이었지만, 우리는 분리되어 있는 기차를 타고 가고 있었다. 그들은 군인이 필요했지만, 그들은 우리를 정말로 원하지 않았다.

카슨씨는 한국전쟁 참전용사였다.

포트 맥클렐란에서 훈련했는데... 그들은 우리에게 소총을 주었지만 탄약은 주지 않았다.우리가 한국에 도착했을 때 적십자사는 커피와 도넛을 준비했다. 우리는 전선의 가장 앞줄에 배치되었다. 우리는 수백 명이었다. 우리는 자존심 때문에 거절했다.

어떻게 생각하는가?

1. 제2차 세계대전 이후 서로 다른 집단 모두 대우를 받는 방식으로 군사정책은 어떻게 달라졌는가? 소수민족, 여성, 동성애자와 레즈비언들을 생각해보자.
2. 늙었을 때 나라를 위해 봉사해 온 남녀에게 어떤 프로그램을 제공할 수 있어야 하는가?

조금 더 유리한 환경에서 삶을 시작한 사람들은 나이가 들어감에 따라 그 유리함이 더 축적되는 경험을 하게 된다. 이러한 결과로 65세에 이른 성인의 삶에서는 개개인 간 차별성이 가장 극명하게 드러난다(O'Rand, 2006). 생애과정 관점에서 가장 중요하게 보는 대목의 하나가 왜 나이가 들어감에 따라 차별성이 증가하는지를 설명하는 데 있다. 이 누적적 불리이론은 어린 시절에 겪은 경험이 어떻게 노년기 삶의 질을 예측하게 되는지 부분을 조명한다. 생애전반기에 유리한 삶의 조건들을 가지고 있는 경우 그렇지 못했던 사람보다 교육기회가 더 많고 길었으며, 이들은 더 나은 직장을 가질 가능성이 크고, 생애소득도 높은 수준을 유지할 수 있었고, 그리고 은퇴자금 마련 등에서 유리한 입지를 점유할 수 있다.

최근에 소개된 퇴역군인 관련 연구들은 이 누적성과 불리함의 이론을 설명하는데 있어 좋은 사례를 제공한다. 미국에는 20만이 넘는 은퇴한 군인들이 있다. 대체로 남성이 많지만, 소수의 여군도 존재한다. 한국전쟁이나 제2차 세계대전 참전용사들은 나이가 많지만, 최근의 아프가니스탄 전쟁이나 이라크전 참전용사들은 중년이다. 군대 입대는 사회적 관계, 경제적 기회 그리고 건강문제에서 장단점을 내포한다(Pruchno, 2016). 장점을 언급하자면, 군대 입대는 교육을 받을 수 있는 기회를 부여하고, 또한 건강한 삶을 사는 기회 또한 부여한다. 군대 입대의 단점이라면, 전투참여로 인한 부상, 그리고 심각한 정서적 스트레스에 노출되는 면일 것이다. 제2차 세계대전과 한국전쟁에 참전한 노인에 관한 연구는 전투참여로 인해 전후 외상 스트레스 증상(post-traumatic stress disorder: PTSD)을 겪는지 알아보았다. 흥미롭게도 지지적이고 자원이 많은 가족환경 속에서 성장한 군인은 이들이 전쟁에서 돌아온 후에도 여전히 가족지원을 많이 받았고, 그로 인해 PTSD 증상이 강하지 않았다. 그에 비해, 가족갈등이 빈번한 성장기를 거친 군인은 전쟁에서 돌아온 이후에도 부정적인(가족) 경험을 많이 했고, 그로 인해 심각한 PTSD를 겪었다(Kang et al., 2016). 이러한 결과는 위에서 설명한 누적과 불리함의 이론을 지지하는 결과로서 어린 시절의 경험이 장기간에 걸쳐 생애과정에 영향을 주고 있음을 보여준다.

또 다른 연구에서는 여군의 인지기능과 보통 여성의 인지기능을 비교했는데, 초기에는 두 여성 집단 간에 인지기능에서 차이가 크지 않았지만, 그들이 나이가 들수록 여군의 인지기능이 빠른 속도로 쇠퇴하는 것을 발견하였다(Padual et al., 2016). 이는 전쟁참여 경험이 인지기능에 장기적인 영향이 있음을 말해준다. 이러한 참전군인의 경험은 인종에 따라 차별적이다. "노화에서의 다양성(Diversity in the Aging Experience)" 사례에 제시한 내용에서는 제2차 세계대전, 한국전쟁 그리고 베트남 전쟁에 참여한 흑인 군인들이 집에서 그리고 해외에서 겪은 경험을 소개하였다.

5 어떻게 사회정책이 개인의 생애과정을 구성하는가?

정부의 사회정책은 사회위험을 줄이고, 다양한 생애사건의 형성과 시기를 조절하게 함으로써 개인의 생애과정에 개입하는 효과를 발휘한다. 정부의 사회정책은 생애과정 중에서도 두 시기에 직접적인 영향을 미친다: 청소년기와 노년기가 그렇다(Kohli, 2009). 가령, 청소년기에서 성인기로의 전이 과정은 정부의 다양한 규제 속에 있다. 그 법적인 규제란 투표권 행사, 자동차면허증 발부 시기, 주류 판매 허용 연령, 그리고 부모동의 하에 결혼 등이다. 이와 비슷한 규제가 노년기에는 존재하지 않지만, 노년기 시작의 대한 규정은 연금수급 시기를 통해 규정되어 있다(한국은 65세 이상자에 대한 무상교통비, 무상입장권 등이 있음). 이러한 연금혜택은 노인이 타인에게 경제적으로 의존하지 않게 도와주며, 안정적인 소득을 바탕으로 은퇴 후 생애설계를 할 수 있도록 도와주는 측면도 있다(O'Rand, 2001). 읽을거리 박스 "공공정책의 이슈(An Issue for Public Policy)" 에서는 사회정책이 어떻게 노년기를 규정하는지 소개하였다. 혹시 정부의 사회정책이나 법률, 프로그램이 개인의 생애과정에 영향을 미치는 사례를 알고 있는가?

정부가 개인의 삶의 경로에 영향을 미친 가장 극단적인 사례 중 하나가 중국의 공산당이 문화혁명 시기 이루어진 정책으로서 "농촌파견(send-down)" 정책이었다. 이 정책은 1967년부터 12년 동안 수행되었는데 17 만명의 도시거주 중국의 청년들이 지방에 강제로 파견되었다.

많은 청년에게 이 농촌파견 경험은 정서적 외상에 가까운 사건이었다. 왜냐하면, 많은 도시 청년들은 한 번도 집을 떠나본 적도, 또 농촌에서 살아본 경험이 없었기 때문이다. 그들은 삼 년에 한 번씩 단 몇 주간만 가족을 방문할 수 있었다. 그리고 주7일안 거의 매일 12시간씩 들판에서 일해야만 했다. 어떤 사람은 지방에서 이렇게 5년씩 머무르기도 했고, 누군가는 무려 12년을 지역에서 살아야만 했다. 1979년에 마오저뚱 사망 후, 이렇게 농촌에 파견된 청년들이 불만을 표출하자 이 정책은 사라졌다.

이 농촌파견 청년들에 대한 추적조사가 1993–1994에 실시된 바 있는데, 이 경험은 그들의 삶에 심대한 영향을 미친 것으로 파악되었다(Zho and Hou, 1999). 농촌 파견된 청년 중 장기간 농촌에 마무른 경우, 결혼과 자녀 출산시기기가 매우 늦었던 것을 발견하였다. 그들이 도시도 돌아온 후에는 도시에서 가장 낮은 지위의 직업에 종사할 수밖에 없었다. 그런데, 긍정적인 면이 없었던 것은 아니다. 한 번도 도시를 벗어나지 않았던 청년과 비교하면, 농촌파견 젊은이 중에 일부는 대학 졸업장을 취득한 경우가 더 많았다. 특히 젊은 여성 가운데 농촌파견을 경험한 여성은 이후 다른 여성들보다 소득수준이 높았다. 아마도 지방에서 고생한 경험을 바탕으로 어떻게 성공할 수 있을지 고민을 했고, 위험을 감수하는 태도, 그리고 기회가 있을 때 유리한 기회를 놓치지 않는 성향이 길러진 것으로 보인다. 한편으로 이들이 대학 교육받는 비율이 높았던 것은, 그들이 농촌파견을 경험함으로써 정치적 네트워크가 강해졌고, 경력 시작 시기에 "파견 청년(send-down)"이 유리한 배경(정치사회적 배경)으로 사회적 인정을 받았기 때문으로 풀이된다. 이러한 연구 결과는 정부가 개인의 삶에 얼마나 큰 영향을 미칠 수 있는지 보여준다.

이제 한 가지 중요한 문제를 제기해야 하는데, 그것은 세 단계로 생애를 구분하는 것이 얼마나 유용한 구분인가 하는 점이다. 이제 사람들은 과거에 비해 오래 살뿐만 아니라 건강하게 오래 산다. 대부분 노인은 이제 특별한 기능 제한 없고 활기차게 활동하면서 80대를 살아가고 있다(Manton and Land, 2000). 왜? 그렇다면, 노년기라도 새로운 기술을 습득해서 사회에 도움이 될 수는 없을까? 실제로 최근의 추세를 보면, 사람들은 더이상 완전 은퇴를 하지 않고 있다. 많은 사람이 완전 은퇴를 하지 않고, 직업전선에 머무르면서 일하는 시간을 줄이거나 기존과 다른 업무를 수행하고 있는 것을 볼 수 있다(Giandrea et al., 2007). 이러한 노인의 기여는 노인에게 혜택을 주던 다양한 공공정책의 부담을 덜어주기도 하고, 또한 사회가 노인이 보유한 기술이나 전문지식을 활용할 기회를 주기도 한다. 오늘날에는 연령차별주의를 해체하고, 전 생애에 걸쳐서 교육을 받고, 직업을 유지하며, 여가를 즐길 기회를 확대할 것을 제안하는 목소리가 커지고 있다.

지난 몇 십 년 동안 생애과정 관점을 적용한 연구들은 노화가 복합적인 과정이고 따라서 역사 및 사회적 맥락 속에서 연령효과, 시기효과 그리고 코호트 효과가 개인과 특정 사회집단에 어떠한 영향을 주목할 필요가 있음을 역설해 왔다(Frerraro et al., 2009). 많은 생애과정 관점의 연구가 가장 전형적인 생애궤적과 경로에 대해 제시해 왔지만, 실제 이러한 전형적 패턴에 따라 살아가는 사람들은 많지 않았다. 오히려 생애경로는 사람마다 다르고, “제도화된 생애경로”가 존재하는가를 반문하게 만드는 사례가 더 많다(O'Rand, 1996a). 또한 심리학자들이 주장하는 생애과정의 각 단계가 사회의 구조변화와 어떻게 서로 연결되어 있는지 알아보는 작업도 더 필요하다. 생애단계 지속적으로 변화(생애단계의 발생과 지속기간, 순서)한다는 점을 감안하여, 생애과정의 전이가 어떻게 다양한 궤적을 형성하게 되는지 보다 유용한 접근방법이 있기를 기대한다.

공공정책에 대한 이슈 : 노년기에 대한 정의

왜 대부분의 사람들은 65세에 노화가 시작된다고 하는가? 왜 60, 70이 아닌가? 1935년 사회보장법이 65세에 퇴직 근로자에게 급여를 지급할 수 있도록 한 것이 주요 원인이다. 1930년대에는 60세에 퇴직금을 받을 수 있도록 하는 다른 제안들이 제시되었지만, 그 생각은 심각하게 고려되지 않았다(Beland,2005). 따라서 사회보장법은 노령으로의 이행을 65세에 발생하는 것으로 규정하였다. 1958년에 여성들은 62세에 퇴직할 수 있었고, 그 후 1962년에는 남성들에게도 같은 권리가 주어졌다. 정책의 변화는 65세에 노화가 시작된다는 대중의 인식을 바꾸지 않았다.

2000년에 사회보장수당을 전액 받을 수 있는 자격이 있는 시대가 도래하기 시작했다. 젊은 사람들은 67세가 되어야 전액 혜택을 받을 수 있다. 게다가, 복잡한 문제는 70세까지 은퇴를 기다리는 사람들이 훨씬 더 많은 혜택을 받게 된다는 것이다. 언제 노화가 시작되느냐에 대한 인식도 높아질까? 아마도. 하나 확실한 것은 교육, 직업, 가족의 전환 시기 및 순서가 과거보다 더 다양하다는 것이다(Barrett,2005). 많은 은퇴자들은 파트타임으로 일하거나 심지어 복학한다. 따라서 개인에 대한 나이로서의 인식은 특정 연령에 도달했는지 여부보다 그들이 어떻게 삶을 살고 있는지에 더 좌우될 수 있다.

어떻게 생각하는가?

1. 노년기는 언제 시작하는가?
2. 몇 살에 사람들이 사회보장 혜택을 받을 수 있어야 하는가?

대부분의 대학생은 10대 후반이나 20대 초반이지만,
어떤 사람들은 더 늦은 나이에 대학을 다니는 경우가 있다.

돌아보기

1. 인구통계학적 변화는 어떻게 중년이라고 불리는 삶의 과정의 새로운 국면을 만들어냈는가?

인구통계학적 변화는 새로운 집단의 삶의 방식을 각각 변화시켰다. 최근까지 중년은 별도의 생애 과정으로 존재하지 않았다. 그것은 출산율 감소와 기대수명 상승으로 인해 생겨났는데, 이것은 결혼한 부부에게 그들의 아이들이 집을 떠난 후 20년 이상을 같이 지내게 했다.

2. 생애의 변화를 측정하기 위한 횡단적 및 종단적 연구의 장단점은 무엇인가?

횡단적인 연구에서, 서로 다른 연령의 집단 속 사람들 간의 비교가 한 시점에 이루어진다. 종단적 연구는 태도와 행동의 나이 차이를 조사하는데 유용하지만, 나이 변화를 측정할 수는 없다. 시간이 지남에 따라 동일한 개인을 따르는 종단적 연구는 연령, 기간 및 집단의 영향을 구분하는 데 더 적합하다.

3. 사람들은 인생의 중요한 사건의 경험시기를 관습에 맞추려고 하는가?

인생이 전이되는 시기는 연령 규범에 의해 규제되며, 연령규범은 연령에 맞는 역할과 행동을 규정한다. 연구에 따르면 사람들은 다양한 생애사건의 시기에 대해 분명한 기대를 갖고 있으며, 언제가 "적령기"인지 "적령기를 벗어"났는지 알고 있다. 그러나 최근의 연구들은 "연령 시간표"라는 용어가 "연령 규범"보다 더 적절할 수 있다고 보고 있다. 왜냐하면 생애 전환에 대한 부정적인 제재가 거의 없기 때문이다.

4. 주요 생애 단계에서 배열/순서가 역할갈등을 일으킬 수 있는가?

배열의 개념은 생애전이가 특정한 순서로 이루어져야 한다고 가정한다. 육아나 조부모와 같은 몇몇의 생애사건은 분명히 배열되어 있는 반면, 어떤 것들은 배열이 겹치기도 한다. 생애사건이 중첩되면 역할 충돌이 발생할 수 있다. 역할 중첩에서 비롯된 역할 갈등으로 인한 중년의 압박감 대한 내용은 그간 학자들의 많은 관심을 받았다. 그러나,

18세 미만의 모든 아이들을 양육하면서 동시에 직장을 유지하면서 노령화된 부모에 대한 책임을 가지고 있는 중년 성인의 비율은 크지 않다.

5. 주요 역사적 사건이 전 세대의 인생에 영향을 미칠 수 있을까?

비록 생애초기 사건이 장기적으로 어떤 결과를 초래하는지 학자들이 가지고 있는 가정과 아이디어를 시험하기에는 현재 가용한 종적 자료가 불충분하지만, 일부 연구에 따르면 생애초기 경험의 한계를 극복할 수 있었다. 연구들은 경제 침체를 겪고 사는 것과 같은 생애 초기 경험이 전 생애과정에 영향을 미칠 수 있다는 것을 보여준다. 그러나 경기침체를 겪었을 때의 개인의 나이, 그 사건에 어떻게 대처했는지이 따라 결과물은 달라진다.

6. 정부 정책이 인생에 어떤 영향을 미칠 수 있을까?

정부 정책이 특정 연령대의 사람들에게 사회보장제도와 같은 특정한 권리, 책임, 공공혜택을 줄 때, 그것은 생애과정을 전형화한다. 현재 인생 과정에는 교육, 직장, 여가라는 세 개의 분명한 단계가 있다. 사회와 경제가 점점 더 복잡해짐에 따라, 지금 당면 과제는 정책이 인생에 대해 더 많은 유연성을 허용하도록 하는 방법을 탐구하는 것이다.

고령화에 관해 생각하기

1. 사회노년학 대한 인생 과정 접근법의 실질적인 의미는 무엇인가?
2. 부모님의 인생과정의 시기, 기간, 순서 분석해보시오. 그들 세대에서 전형적인가?
3. 당신의 생애과정 속 주요 역사적 사건은 무엇이었습니까? 그것이 당신의 삶에 어떤 영향을 끼쳤는가?
4. 공무원들이 사회적 평등을 도모하고 싶다면, 생애과정 어느 단계에서 개입해야 하는가? 설명하

시오.

5. 만약 당신이 정부 정책 입안자라면, 당신의 권한을 이용하여 청소년기의 진로를 바꾸겠는가? 만약 그렇다면, 어떻게?

핵심용어

- 개방형 면접(open–ended interview)
- 궤적(trajectory)
- 누적적 불리이론(theory of cumulative disadvantage)
- 붐비는 둥우리(crowded nest)
- 빈둥우리(empty nest)
- 사회적 시계(social clock)
- 생애과정(life course)
- 생애과정관점(life course perspective)
- 시기효과(period effect)
- 역전이(countertransition)
- 연령규범(age norm)
- 연령등급(age grade)
- 연령시간표(age timetable)
- 연령효과(age effect)
- 전이(transition)
- 종단연구(longitudinal research)
- 참여관찰연구(participant observation research)
- 코호트 효과(cohort effect)
- 횡단연구(cross–sectional research)

3장

노화이론

1. 사회노년학의 기원
2. 노화에 대한 미시이론
1) 심리사회이론
2) 개인과 사회체계
고령화 경험의 다양성: 종교와 개인의 안녕
그들의 목소리: 가족내의 호혜성
3) 사회구성주의
3. 노화에 대한 거시이론
1) 연령과 사회적 지위
세계의 고령화: 전통사회의 노인공경
2) 권력과 불평등에 대한 이론
공공정책에 대한 이슈: 구조적 지체와 연령친화적 지역사회
3) 비판노년학

노년의 활동적인 삶은 건강과 안녕에 도움이 된다

미리보기

1. 최초의 사회노년학자들은 누구였으며 그리고 그들은 무엇을 배우기를 바랐는가?
2. 초기 노년학자들은 어떤 노화이론은 제시하였는가?
3. 후기 학자들은 노화연구의 범위를 어떻게 넓혔는가?
4. 연령과 사회적 지위는 어떤 관계이며 또 그 관계는 문화에 따라 다른가?
5. 인종, 성, 계급이 노인의 사회적 지위에 어떻게 영향을 미치는가를 고려하는 노화이론은?

3장
노화이론

가수 딘 마틴(Dean Martin)은 한때 슈퍼스타였다. 그는 코미디언 제리 루이스(Jerry Lewis)의 보조출연자였고 프랭크 시나트러(Frank Sinatra)가 리드하는 공연팀의 일원이었다. 그의 라스베이거스 공연은 수개월 전에 이미 매진되곤 했었다. 하지만 노년의 그는 로스앤젤레스의 저택에서 오래된 카우보이영화를 보면서 외부의 인터뷰 제의를 거절하고 은둔자로 살았다. 한편, 알거 커텔커(Olga Kotelko)라는 사람이 있다. 그녀는 77세에 육상종목을 시작하였으며, 91세가 되던 해에 2011년 세계 매스터스 육상대회 10,000미터 경기에 참가하였다(Grierson, 2014). 누구의 삶이 정상적인 노화를 대표하는가?

한 이론에 따르면 노인이 분리되는 것은 자연스럽고 불가피하다.

> 모든 문화와 역사적 시기를 통틀어서 사회와 개인은 죽음에 앞서 불가피하고 점차적이며 상호만족스런 사회적 이별의 과정에 의해 미리 죽음이라고 하는 궁극적인 이별을 준비한다.... 개인은 사회로부터 철수하면서 규범적인 통제로부터 자유로워진다.... 이 과정은 개인에게 있어 높은 사기를 갖게 하는 것을 포함한다는 의미에서 기능적이며 또한 사회를 위해서는 노인들을 젊은이들이 채울 수 있는 역할로부터 은퇴시킴으로써 기능적이다.(Cumming and Henry, 1961:14)

한 대안적인 이론은 노년의 지속적인 활동이 갖는 중요성을 강조한다.

> 상호작용의 감소는 대부분 나이드는 남녀의 욕구와 상반되게 진행된다. 최적의 노화를 겪는 노인이란 활동성을 유지하면서 사회적 세계의 수축에 대해 잘 저항해나가는 사람이다. 그는 중년의 활동성을 가능한 한 오랫동안 유지하고, 그런 다음 은퇴하고 나서 일을 대신할 것과 사별하게 되는 친구와 사랑하는 사람을 대신할 것을 찾는다.(Havighurst et al., 1968:161)

비록 두 이론은 상반된 결론에 도달하지만, 둘 다 공통으로 최적의 노화에 대해 설명하고 있다. 이론이란 다수의 관찰가능한 사실들 그리고 이것들 간의 관계를 조직하고 해석하기 위한 구조를 제공하는 광범위한 설명이다(Hagestad and Dannefer, 2001). 이론은 연구 어젠더를 정의하고, 과학적 조사를 위한 지침을 제공하며, 아직 알려지지 않거나 발견되지 않은 것들을 예측하도록 도와준다.

이론은 진공상태에서 나오는 것이 아니다. 그보다는 연구자가 연구하기로 결정하는 것과 주제에 대한 연구자의 태도는 사회적 산물이다(Clarke, et al., 2011). 이론은 우주에 대해 어떤 질문을 던질 것인가를 결정하는 데 있어 과학자들을 안내할 뿐만 아니라 사물이 존재해야 하는 방식에 관한 암묵적인 가치를 반영한다. 역사적인 시대의 산물로서 이론은 주제에 관한 것만큼 그 시대 사람들의 관심에 관해서 우리에게 이야기해준다.

이것은 이전에 인용한 두 가지 진술에 적용된다. 첫째는 분리이론(disengagement theory)에서 도출된 것인데, 최적의 노화란 사회적 세상에서 철수하는 것이라는 견지이다. 두 번째는, 활동이론의 핵심 견해를 요약한 것으로서, 최적의 노화는 활동과 참여를 유지하는 것이라고 주장하고 있다. 서로 다르게 보이기는 하지만 두 이론은 어떤 근본적인 특성을 공유한다: 개인이 주된 주제이고, 연구의 쟁점은 어떻게 최적의 노화를 이루느냐는 것이다.

위의 두 주장과 아래 주장이 어떻게 다른지 비교해보기를 바란다:

> 연령사회학(sociology of age)은 두 가지 주요 주제와 관련되어 있다: (1) 사회적 과정으로서 생애과정에 걸친 노화, 그리고 (2) 변화하는 사회와 집단의 구조적 특징으로 연령.... 노화과정과 연령구조는 "연령계층체계(age stratification system)"라 부르는 상호의존적 부분들의 체계를 형성한다.(Riley, et al., 1988:243)

연령계층이론에서 개인은 주제가 아니며, 최적의 노화를 위한 탐색은 포기되고, 연령은 사회조직의 구성요소로 규정된다.

이 장에서는 노화이론의 역사적인 발전과정을 추적하고자 한다. 먼저, 과학적 영역으로서의 사회노년학에 대해 논의하고자 한다. 다음으로 개인의 노화과정에 초점을 두는 미시수준의 이론들을 검토한다. 처음에 이 이론들은 최적의 노화를 밝히고 "정상적인(normal)" 노화를 구성하는 것을 이해하고자 하는 탐구에 의해 동기화되었다. 이러한 동기를 지닌 이론들 가운데 주요 대상은 분리이론(disengagement theory), 활동이론(activity theory), 지속이론(continuity theory)이다.

나이가 "정상적"으로 들어가는 데 있어 한 가지 방법만 있지 않다는 것을 나타내는 증거가 축적되면서 연구자들은 대신에 노인들이 보다 광범위한 사회구조에 어떻게 적응하는가에 대해 질문하기 시작했다. 개인적인 노화에 대한 미시적 이슈와 사회구조에 대한 거시적 이슈 간의 가교를 제공했던 이론은 하위문화이론(subculture theory), 교환이론(exchange theory), 사회구성주의(social constructionism)를 포함하였다.

이러한 이론들로부터 사회체계 그 자체에 관심을 돌리는 것은 자연스러운 단계였다. 두 가지의 거시이론인 근대화이론(modernization theory)과 연령계층이론(age stratification theory)은 연령과 사회적 지위의 관계에 초점을 둔다(Marshall, 1999). 그럼에도 불구하고 이 이론들이 대부분 놓치고 있는 것은 노인의 지위가 인종, 성, 사회적 계급에 영향을 받는 방식이다. 이장의 결론 부분에서는 정치경제학적 접근(political economy approach), 페미니스트이론(feminist theory), 비판노년학(critical gerontology)을 포함해서 권력과 불평등에 대한 이론들에 관해 논의한다.

1 사회노년학의 기원

사회노년학을 처음 시작한 학자들은 발달심리학자들이었는데, 이들은 연구 관심사를 기존의 성장과 성숙에서 노년기의 성숙으로 확장하였다(Orbach, 1974). 이들의 학문적인 기원이 생물학이었기 때문에, 초기의 연구자들은 노년을 피할 수 없는 신체적 및 정신적 쇠퇴의 시기로 이해하였다. 노년의 쇠퇴에 대한 강조는 실제의 신체적인 변화, 예를 들면 단기기억력이나 시력의 약화, 그리고 심장질환, 암, 심장발작과 같은 질병에 대한 취약성이 증가한다는 인식과 관련있다(Schneider, 1983).

60세가 넘는 백인 중간계급 남녀의 노화에 대한 적응을 주제로 하는 대규모 연구를 후원하는 인간발달위원회(Committee on Human Development)의 관할 하에 시카고대학교에서 연구가 활발히 이루어졌다. 1949년에 출간된 "노년의 개인적 적응(Personal Adjustment of Old Age)"이라는 책은 이 연구의 결과를 제시하였다(Cavan et al., 1949). 기대와 달리 이 연구는 노년기의 쇠퇴가 불가피한 것은 아니라고 제언하였다. 오히려 적응의 실패는 활동부족과 상관관계가 있었다. 활동적이고 생산적인 삶을 지속적으로 이끄는 사람은 노년에 잘 적응하면서 살았다.

가장 활동적인 사람이 삶의 만족도에 대한 측정에 있어 가장 높은 점수를 기록했다는 발견은 다시 말해 "정상적인(normal)" 노화의 경계를 규정하는 새로운 탐구를 이끌었다. 1950년대에 인간발달위원회는 사람들이 어떻게 정상적인 노화과정에 적응하는가를 밝히려는 일련의 연구들을 지원했다. **성인의 삶에 대한 캔저스시 연구**(Kansas City Study of Adult Life)는 그러한 적응에 대한 강조와 사람들이 나이가 들면서 어떻게 배우자, 부모, 직업인과 같은 다양한 역할을 수행하는가에 대한 측정을 연결하였다(Cole, 1992).

이러한 연구의 중심은 주어진 위치나 지위가 동반하는 기대를 나타내는 사회적 역할에 대한 개념이다. 예를 들어, 대학교수의 위치를 차지하고 있는 사람은 강의를 하고, 시험을 채점하며, 전문적인 태도를 유지하도록 기대된다. 학생의 위치를 차지하고 있는 사람은 제때 강의에 참석하고, 필기를 하며, 공부를 하도록 기대된다. 주어진 위치의 사람들은 그러한 위치가 동반하는 역할을 잘 수행할 수도 그리고 서투르게 수행할 수도 있다.

역할수행에 대한 연구는 프레드 카트렐(Fred Cottrell)에 의해 처음으로 나이에 적용되었는데, 그는 사람들이 자신들의 나이역할과 성역할에 얼마나 잘 적응하는가를 살펴보았다. 사회적 역할수행에 대한 측정은 나중에 중년에서 노년까지의 발달유형을 기록하려는 성인의 삶에 대한 캔저스시 연구의 중요한 초점이 되었다. 이 프로젝트의 첫 번째 단계에서는 나이 40세에서 70세까지의 캔저스시 주민 750명을 상대로 면접이 이루어졌다. 결과는 역할수행의 능력이나 질에 있어 중년에는 일관된 변화가 없음을 나타냈다(Orbach, 1974). 오히려 사람들은 자신들의 주된 직업에 전적으로 종사하고 또 가족의 책임에 열중하고 있었다(Havighurst, 1957).

이러한 캔저스시 연구의 문제는 연구자들이 71세 이상의 사람은 아무도 인터뷰하지 않아 70대와 80대의 사람들에 대해서는 아무것도 이야기할 수 없다는 것이다. 이러한 약점을 보완하기 위하여 두 번째 프로젝트가 실시되었다. 이 연구는 나이가 들면서 어떻게 변하는가를 분석하기 위해 40세에서 85세까지의 사람들을 매년 면접하였다. 인성의 특성에 대한 여러 측정들이 사용되었으며, 그리고 한 핵심적인 결과는 사람들이 나이가 들면서 보다 분리된다는 것을 보여주었다. 이러한 변화는 자아기능의 "내면화(interiorization)"라고 불렸다(Neugarten, 1964). 내면화는 세상일에 대한 참여로부터의 후퇴, 에너지의 감소, 충동조절의 감소를 의미하였다(Neugarten, 1987). 이러한 결론은 분리이론의 기초를 형성하였다.

2 노화에 대한 미시이론

1) 심리사회이론

(1) 분리이론

분리이론은 노화에 대한 최초의 공식적인 이론이었다. 이 이론은 *나이들기: 분리과정*(Growing Old: The Process of Disengagement)이라는 책에서 자신들의 고전적 이론을 요약한 두 명의 저명한 시카고대학 연구자인 일레인 커밍(Elaine Cumming)과 윌리엄 헨리(William Henry)에 의해 1961년에 제시되었다. 사람들이 노년에 활동적이고 참여적이기만 하면 잘 적응하고, 만족하며, 행복할 수 있다는 "암묵적 이론(implicit theory)"이라는 것을 비판하면서 커밍과 헨리(1961)는 정상적인 노화는 "소속된 사회체계에서 나이드는 사람과 다른 사람 간의 상호작용이 감소하게 되는"(p. 14) 자연적이고 불가피한 상호적 철수나 분리를 포함한다고 주장하였다. 죽음의 불가피성으로 인해 사회와 개인은 미리 서로 간의 연결을 단절하고, 그럼으로써 개인의 죽음은 사회체계에 해를 끼치지 않을 것이다. 사회나 개인이 분리를 시도할 수 있지만, 일단 그 과정이 시도되면 그것은 순환적으로 된다. 사회적 상호작용의 감소는 상호작용에 대한 행동규범의 약화를 낳는다.

분리를 위한 준비는 "개인이 인생의 짧음과 남아있는 시간의 부족을 강하게 느낄 때와 자신의 생활공간이 줄어든다고 인식할 때" 발생한다(Cumming and Henry, 1961:215). 개인은 분리하길 원하며 또 수행하는 역할의 수를 감소하고 남아있는 역할의 강도를 약화시킴으로써 분리한다. 사회 또한 개인에게 철수하도록 허가해준다. 죽음이 닥치면 사회와 개인 모두 준비가 된 것이다. 이 과정은 되돌릴 수 없으며, 보편적이고, 불가피하다.

분리이론에서 가장 논란이 되는 것은 분리가 어디에서나 그리고 모든 역사적 시기에 발생한다는 것을 의미하는 *보편적(universal)*, 모든 사람에게 언젠가는 발생한다는 것을 의미하는 *불가피적*(inevitable), 사회적 요인보다는 생물학적 요인에 의해 야기된다는 *내재적*(intrinsic)이라는 생각이다. 40년이 지난 후 분리이론에 가해진 일부 비판에 대한 커밍(2000)의 대답이 사회노년학의 고전문집에 출간되었다. 이 책의 논문에서 커밍은 분리이론이 배우자사별, 연기된 은퇴, 노년의 재앙이라고 하는 질병과 장애와 같이 개인이 나이가 들면서 사회와 관계를 맺는 방식에 큰 변화를 주는 사건들을 고려하지 않았음을 인정하였다. 또한, 그녀는 초기의 분리이론이 인성과 기질의 차이가 개인으로 하여금 사회에서 활동적으로 남아있거나 철수할지에 대해 어떻게 영향을 줄 것인가를 충분히 고려하지 않았다고 인식하였다. 커밍은 자신의 대답에서 기질의 차이가 개인이 분리하는 것에 대해 어떻게 영향을 미치는가를 강조하는 설명을 발전시켰다.

전체적인 연구는 사람들이 매우 다양한 방식으로 나이 든다는 것을 나타낸다. 문화, 사회적 조건, 인성 모두가 노화의 변이에 기여한다. 분리를 최적의 노화에 대한 이론으로 규정하기보다는 이것을 때때로 하지만 불가피하지는 않게 발생하는 하나의 과정으로 생각하는 것이 더 유용하다.

(2) 활동이론

커밍과 헨리가 "암묵적" 이론이라고 불렀던 **활동이론**을 로버트 해빅헐스트(Robert Havighurst)

가 공식화했을 때도 정상적인 노화에 대한 탐구는 계속되었다. 성인의 삶에 대한 캔저스시 연구의 공동연구자들 중 한 사람인 해빅헐스트는 노인의 심리적이고 사회적인 요구는 중년의 사람들과 다르지 않으며 또한 노인이 고립되고 후퇴하는 것은 정상적이지도 자연적이지도 않다고 주장하였다. 노인들이 다르다면, 그것은 종종 좋지 못한 건강이나 가까운 친척의 사망과 같은 자신의 통제를 벗어난 사건들 탓이다. 최적의 상태로 나이가 든 사람은 활동적으로 머무르고 자신의 사회적 세계가 축소하는 것에 잘 저항했다. 이는 중년의 활동을 가능한 한 오랫동안 유지하고 또한 포기해야만 하는 것들 예를 들면 일, 친구, 사랑하는 고인에 대한 대체물을 찾는 것을 의미했다(Havighurst et al., 1968). 성공적인 노화는 활동적인 노화였다.

활동이론이 최적의 노화에 대한 대안이론으로 발전되자 이 이론을 분리이론과 비교하는 많은 연구들이 수행되었다. 자원봉사에 대한 많은 연구들이 활동이론의 기본전제를 확인시켜주었다. 자원봉사는 사람들이 자원봉사자에 의해 제공되는 서비스를 받도록 도와줄 뿐만 아니라 자원봉사자 자신을 도와준다. 자원봉사자는 다른 사람으로부터 사회적 인정을 받으며, 이것은 다시 자원봉사자의 자존감을 개선시켜준다. 자원봉사자들은 비자원봉사자들에 비해 불안증상이 더 적으며 삶의 만족도는 더 높다. 유급의 일을 자원봉사와 결합한 사람들은 훨씬 더 좋은 정신건강을 가진다(Hao, 2008).

노인들의 우울증에 대한 많은 연구들도 활동이론의 기본전제를 지지한다. 생산적인 활동에 참여하고 사회적 네트웍을 갖고 있는 노인들은 그렇지 않은 노인들보다 덜 우울한 경향이 있다(Lennartsson and Silverstein, 2001). 사실 이러한 관계는 매우 잘 설립되어 있어서 연구자들은 이제 사회적 활동의 어떤 측면이 우울증에 영향을 주는지를 조사한다. 이들이 발견한 것은 복지를 향상시키는 것은 활동에의 참여 그 자체가 아니라 활동에의 참여에 동반되는 교제라는 것이다(Utz et al., 2002). 이러한 연구는 가장 중요한 것이 가까운 친구와 친척의 네트웍과 친밀한 관계를 갖는 것임을 제시한다.

사회노년학자들은 노인들이 사회적 역할과 사회적 상호작용으로부터 멀어지는 것을 더는 정상적인 노화로 간주하지 않는다. 그러나 일부 노인들은 관계를 끊는다. 이제 연구자들이 던지는 질문은 누가 관계를 끊으며 왜 그런가이다.

한 가지 대답은 분리가 노인들이 활동적이 되는 것을 어렵게 하는 변화와 연관되어 있다는 것이다. 사별, 좋지 못한 건강, 은퇴는 모두 분리와 연관되어 있으며 또한 활동수준에 대해서는 나이보다 더 나은 예측치이다(Bengtson et al., 2005). 가난은 고립을 만들 수 있으며 또 비자발적인 분리에 이르게 할 수 있다. 미혼이고 무자녀인 사람은 특별히 취약하다(Ball and Whittington, 1995). 알츠하이머병과 연관된 정신악화(mental deterioration) 또한 분리에 이르게 할 수 있다. 고립의 위험이 가장 높은 사람들은 85세 이상인 초고령 노인들이다. 이들은 나이가 더 적은 사람들보다 더 적은 사회적 접촉과 사회적 지지를 가진다(Antouncci and Akiyama, 1987). 많은 사람들은 배우자나 형제를 잃었으며 또한 일부는 최소한 한 명의 자녀를 잃었다(Johnson and Barer, 1992).

사회적으로 활동성 있게 남는 것에 대한 잠재적인 장애에도 불구하고 150명의 초고령자들에 대한 한 연구는 반 정도가 참여적으로 남아있었다는 것을 발견하였다(Johnson and Barer, 1992). 이런 사람들은 기혼자이고 근처에 자녀가 살고 있는 경향이 있었다. 또한 이들은 분리된 사람들보다 더 건강하고 신체적으로 튼튼한 경향이 있었다.

이와 대조적으로 분리된 사람들은 물리적으로나 심리적으로 협소한 사회적 세상을 가졌다. 물리적인 분리는 자신의 사회적 네트워을 단순화시키고, 사람들을 더 적게 만나며, 활동에 더 적게 참여하는 것을 포함하였다. 종종 분리의 원인은 신체장애였다. 심리적 분리는 자신을 다른 사람들의 관심으로부터 멀어지게 하고, 더 내향적이 되며, 자신의 시간적 지향을 미래에서 과거로 변경하는 것을 의미하였다.

분리를 보편적이고 불가피한 과정이라는 생각을 버리는 것은 사회노년학자들로 하여금 분리이론적인 측면이 일부 노인들의 사회적 및 정신적 삶에 대한 설명을 도와주는 데 유용할 수 있다는 것을 인정하게 해주었다. 분리는 특별히 요양원 거주자들에게 공통으로 나타난다. 한 연구는 요양원 거주자의 반 이상이 활동에 가끔 참여하거나 전혀 참여하지 않는 것을 발견하였다(Resnick et al., 1997). 요양원 거주자들 사이의 일부 분리는 다른 사람과의 의사소통을 어렵게 만드는 청각장애와 시각장애의 결과일 수 있다. 요양원 거주자들의 일반적 문제인 우울증 또한 나이든 요양원 거주자들이 상호작용에서 물러서도록 만들 수 있다(Gilbert and Hirdes, 2000). 게다가 많은 비판에도 불구하고 분리와 활동이론 간의 논쟁은 사회노년학자들에게 사기나 삶에 대한 만족을 측정하는 데 계속 관심을 가지게 하는 결과를 낳았다.

〈표 3-1〉은 전형적인 삶의 만족 척도를 보여준다. 흥미롭게도, 노화가 종종 다수의 손실과 신체적 건강의 약화와 연관되어 있음에도 불구하고 건강에 대한 만족도는 나이든 사람들은 물론 나이가 많이 든 사람에게서조차도 높다. 사람들이 노년에 상대적으로 행복하게 남아있다는 발견은 *안녕의 역설*(paradox of well-being)이라고 불린다(Gana et al., 2013). 무엇이 노년의 높은 삶의 만족에 기여하는가? 한 연구는 남자에게 있어 자신의 생애동반자에게 만족하고 경제적인 안전을 느끼는 것이 가장 중요하다는 것을 발견하였다. 여자 또한 배우자와의 관계를 강조하였지만 자녀와의 관계, 성생활, 일의 상황, 다른 사람의 복지에 기여할 수 있는 능력을 포함하여 자신의 삶의 만족에 영향을 주는 보다 광범위한 요인들을 가졌다(Schafer et al., 2013).

〈표 3-1〉 삶의 만족 척도

	동의함	동의하지 않음	모름
1. 나이가 들면서 일들이 내가 생각했던 것보다 더 좋아 보임.	1	2	3
2. 내가 아는 대부분의 사람보다 인생에 있어 더 많은 휴식을 가졌음.	1	2	3
3. 지금이 내 인생의 가장 소중한 시간임.	1	2	3
4. 내가 젊었을 때만큼이나 행복함.	1	2	3
5. 지금이 내 인생의 가장 좋은 시기임.	1	2	3
6. 대부분의 하는 일들이 지루하고 단조로움.	1	2	3
7. 하는 일들이 이전처럼 재미있음.	1	2	3
8. 인생을 돌이켜보건대 상당히 만족스러움.	1	2	3
9. 한 달이나 일 년 후에 할 일을 미리 계획함.	1	2	3
10. 인생을 되돌아볼 때 원했던 중요한 것 대부분을 얻지 못했음.	1	2	3
11. 다른 사람과 비교할 때 너무 자주 우울함에 빠짐.	1	2	3
12. 삶에서 기대했던 것을 매우 많이 가졌음.	1	2	3
13. 일부의 사람들이 말하는 것과는 달리 보통 사람의 운명은 더 좋아지는 것이 아니라 더 나빠짐.	1	2	3

출처: Longino and Kart(1982).

삶의 만족에 대한 측정이 지속적인 특성보다는 일시적인 마음의 상태만을 측정하거나 세상에 대한 부정적인 관점으로 치우쳐 있다고 비판받지만 사회노년학자들은 일을 떠나거나 사별자가 되는 것과 같은 다양한 삶의 변천이 어떻게 행복과 사기에 영향을 주는가에 지속적인 관심을 갖고 있다. 이들은 또한 이러한 변천에서 사람들을 지탱시켜 주는 것에 관심을 가진다. 많은 연구들의 주제였던 논제는 종교와 노인의 안녕 간의 관계이다. 이러한 논제와 관해 연구자들이 발견한 것에 대한 논의를 위해 "고령화 경험의 다양성"을 보라.

고령화 경험의 다양성 : 종교와 개인적 안녕

종교적 신앙이 노년의 안녕을 향상시킬 수 있는가? 대개의 연구는 이러한 질문에 대한 답은 그렇다라고 제시한다. 종교적 참여는 건강을 개선하고, 장애를 감소시키며, 자존감을 증가시키고, 우울증을 줄이며, 삶의 만족도를 높인다(Levin and Taylor, 1997; McFadden, 1996). 65세에서 80세까지의 멕시코계 미국인에 대한 한 연구는 종교행사에 자주 참여하는 사람들이 그렇지 않은 사람들보다 더 높은 삶의 만족도와 더 낮은 수준의 우울감을 가졌음을 발견하였다(Levinm, Markides, and Ray, 1996). 나이든 백인과 아프리카계 미국 성인에 대한 최근의 연구 또한 종교로부터 삶의 의미를 얻은 사람들이 특별히 종교적이지 않은 사람들보다 더 높은 자존감, 삶의 만족, 낙관주의관을 가졌다는 것을 발견하였다(Krause, 2003).

종교는 많은 방식으로 노인을 지원할 수 있다. 종교적인 공동체에의 참가는 참가자들에게 비슷한 가치, 태도, 믿음을 공유한 사람들과 상호작용하는 기회뿐만 아니라 자신들의 경험으로부터 의미를 끌어내기 위한 준거틀을 제공한다. 사람들은 종교로부터 성직자의 돌봄, 조직화된 숭배와 타인에 대한 서비스에의 참가, 기도의 형태로 정신적인 지원도 받는다. 기도는 노인들이 만성적인 건강문제에 적응하고 임박한 죽음을 직면하도록 도와주는데 있어 특별히 중요할 수 있다(McFadden, 1996). 중년과 나이든 미국인에 대한 한 연구는 개인의 기도가 이들에게 심장수술을 받는 스트레스를 극복하게끔 도와주었다는 것을 발견하였다(Ai et al., 2002).

어떻게 생각하는가?

1. 여러분의 가족과 친구들 가운데 종교적인 사람이 그렇지 않은 사람보다 더 큰 안녕감을 가지고 있는 것처럼 보이는가? 몇 가지 예들을 들어보라.
2. 노인들을 돌보는 사람들이 사람들의 건강을 개선하기 위해 종교와 안녕에 대한 연구결과를 어떻게 사용할 수 있는가?

(3) 지속이론

지속이론(continuity theory)은 정상적인 노화를 규정하고 또 이것을 병적인 노화와 구분하기 위해 생애과정 관점을 사용하면서 활동이론이 가지는 보다 형식적인 정교함을 나타낸다. 로버트 애칠리(Robert Atchley)에 의해 처음 제시된 지속이론은 캔저스시 연구에서 서술된 내적 및 외적 노화과정의 기본적 이분법을 크게 받아들였다. 애칠리에게 있어 내적 지속성은 "생각, 기질, 정서, 경험, 선호, 성향, 기술의 심적 구조가 갖는 지속성과 같은 기억된 내적 구조"(p. 184)를 일컫는다. 외적 지속성은 과거의 역할수행과 연결되어 있고 또한 기술, 활동, 환경, 역할, 중년과 노년 간의 관계에 있는 지속성에서 관찰될 수 있다.

지속이론은 노화에 대한 적응에서 인성이 중요한 역할을 하며 또한 성인의 발달은 지속적인 과정이라고 강조한다. 사람들이 중년에 이르게 되면 자신들의 과거에 연결되어 있고 또한 자신들의 미래를 세우는 기초가 되는 삶의 구조를 세운다. 지속성은 성공적인 노화를 위한 적합한 전략이다. 인성의 지속성은 변화가 개인의 독특한 특성을 계속 유지하는 것에 통합될 수 있다는 것을 의미한다. 활동의 지속성은 사람들로 하여금 노화의 영향을 막고, 상쇄하고, 최소화 하도록 해준다. 관계의 지속성은 개인의 사회적 지지체계를 유지해준다.

지속이론에서 가장 논란이 되는 요소는 정상적인 노화에 대한 정의이다. 애칠리(1989)에 따르면 정상적인 노화는 "보통의 그리고 일반적으로 마주치는 인간의 노화형태이다.... 그것은 신체적인 혹은 정신적인 질환의 결핍에 의해 병적인 노화와 구분될 수 있다"(pp. 183-84). 정상적으로 나이가 드는 사람은 소득, 주택, 건강관리, 영양 등등에 대한 필요성을 성공적으로 충족시킬 수 있다. 병적인 노화는 가난하거나 불구가 되어 자신의 필요성을 충족시킬 수 없는 사람에게서 발생한다.

병적인 노화와 정상적인 노화 간의 구분은 게이 벡커(Gay Becker, 1993)에 의해 비판받았는데, 그는 만성질환은 노년에 일반적이며 또한 만성질환을 가지는 것은 "사회에 참여하거나 개인적으로 그리고 사회적으로 의미있는 경험에 참여하는 능력을 가로막지는 않는다"고 주장하였다(p. 149). 벡커는 남녀 뇌졸중 환자에 대한 연구에서 심각한 질환이 "알려진 자아를 혼란스럽게 만든다"는 것을 발견하였다(p. 151). 연구대상자들의 삶이 뇌졸중에 의해 심각하게 무너졌다는 사실에도 불구하고 많은 사람들은 이러한 붕괴를 자신들의 삶에 통합하는 과업에 열중하게 되었다. 이러한 과정에서 "지속적인 자아가 나타났다"(p. 153). 벡커의 관점에서 *병적인 노화*(*pathological aging*)와 같은 용어를 사용하는 것은 불필요하다. 오히려 "사람들이 붕괴에 직면해서 지속성을 만들기 위해 어떤 메커니즘을 사용하는가?"(p. 153)라고 물어보는 것이 더 유익하고 정확하다.

지속이론에 대한 다른 비판은 페미니스트 이론가들(이 장의 뒷부분에서 논의됨)로부터 나왔다. 페미니스트 이론가들은 지속이론이 남성모델 주변에서 정상적인 노화를 규정하기 때문에 나이든 여성의 높은 빈곤율과 같은 불평등 형태를 개인적인 병리의 지표로 돌린다고 주장한다. 보다 정확한 표현은 소득불평등을 사회구조의 결점으로 인식하는 것이다(Calasanti, 2009).

지속이론을 공식적으로 검증한 연구들은 많지 않지만, 이 이론의 핵심적인 전제는 2장에서 탐구한 주제인 생애과정에 대한 연구를 알려준 일부 이론적인 가정들과 유사하다.

2) 개인과 사회체계

이전의 절에서 논의한 이론들은 주로 노년의 개인적 적응을 설명하고 분리의 원인을 조사하는데 관심을 가졌다. 관심주제는 개인이었으며 그리고 사회학적인 요인들이 결과의 변이를 설명하는데 사용되었지만 초점은 심리사회적이었다. 이 절에서는 개인과 사회체계 간의 관계를 강조하는 이론들에 대해 논의한다.

(1) 하위문화이론

하위문화이론은 몇 가지 특성들을 활동이론 및 분리이론과 함께 공유하는데, 이러한 특성들은 사람들이 노년에는 지위를 잃는다는 확신, 노년의 역할변화에 대한 초점, 활동이 노인의 삶을 향상시킨다는 믿음이다. 이 이론은 하위문화의 발전에 대한 사회학적인 이론에 바탕을 두고 있다는 점에서 앞의 두 이론들과 차이가 있다.

하위문화는 두 가지 상황에서 발전한다. 사람들이 비슷한 흥미, 문제, 관심을 공유하거나 오랜 우정을 가지고 있을 때 하위문화를 형성한다. 예를 들어, 예술가들은 외부인에게는 낯선 스타일이나 접근을 의미하는 공동의 언어 그리고 작품이 전시되는 전람회의 위세나 특정한 예술가사회의 회원자격에 기반을 둔 서열체계를 가지고 있다. 하위문화는 집단의 사람들이 보다 넓은 사회에 충분히 참여하지 못하도록 배제 될 때도 발생한다. 아프리카계 미국인은 보다 넓은 사회로부터의 배제에 대한 반응으로 별개의 하위문화를 창조한 집단의 한 예를 나타낸다.

사회노년학자인 아놀드 로즈(Arnold Rose)는 사회문화이론을 노화연구에 적용하였다. 로즈는 노인들이 두 가지 조건에 따른다고 주장하였다. 노인들은 부분적으로 신체적인 한계에 기초해서 서로에 대해 긍정적인 친근감을 가지며 그래서 "신체적으로 쉽고 조용한 경험에 대해 공통된 관심을 가지고 있다". 이들은 또한 "공통된 역할변화와 ... 급변하는 사회에서의 공통된 세대적 경험"을 공유한다(Rose, 1964:47). 노인들은 또한 직업적 지위나 운동능력과 같은 요인에 의해 사람들을 평가하는 경향이 있는 젊은이들에 의해 배척되기 때문에 서로 함께 한다. 로즈는 많은 문화에서 고령이 동반하는 위세의 표시는 노화가 지위의 하락을 의미하는 미국에서 결핍되어 있다는 점에 주목하였다. 그러므로 노인들은 젊은이들로부터 배제되고 또 다른 노인들과 공통의 경험의 공유하기 때문에 하위문화를 형성할 가능성이 높다. 노인들의 하위문화에서 높은 지위는 좋은 신체적 및 정신적 건강을 가진 사람에게 부여된다. 로즈(1964)가 주목하였듯이 "좋은 건강은 상당히 드물고 또 나이가 들면서 더 드물게 되어 ... 노인들은 ... 건강한 노인에 대해 특별한 감탄을 보인다"(p. 49). 높은 지위는 또한 노인조직에서 리더십 역할을 하는 사람에게 부여된다.

나이든 사람들은 공통적으로 역할변화를 겪지만 노인들이 단일한 하위문화를 갖는다는 생각은 이제 의미가 줄어들었다. 나이든 사람들은 나이 보다 가족관계, 인종 및 민족성, 사회적 계급, 종교에 기초해서 관계를 형성할 가능성이 훨씬 더 높다. 여전히 하위문화의 개념은 은퇴주택, 아파트단지, 요양원과 같은 연령분리 공동체(age-segregated communities)에 있는 사람들의 생활양식을 이해하는데 유용하다. 예를 들면, 샌프란시스코의 작은 아파트건물인 메릴코트(Merrill Court)에 사는 43명의 노인들에 대한 멋진 참여관찰 연구에서 알리 하쉬췰드(Arlie Hochschild, 1978)는 "나름대로의 관습, 잡담, 유머를 지닌 하위문화를 포함한 뜻밖의 공동체"를 발견하였다(p. xiv). 하쉬췰드의 연구는 건강과 행운이 서열의 기초가 된다는 로즈의 가설을 입증해주었다. 메릴코트의 사별인들은 "가여운 사람(poor dear)"시스템이라고 불리는 비공식적 지위서열을 만들었다. 사랑하는 사람을 가장 적게 사별하고, 건강이 좋으며, 자식과 가장 가까이 있는 사람이 명예를 얻었다. 이러한 기준들에 미달하는 사람들은 지위서열의 바닥에 있는 가여운 사람이다. 하쉬췰드는 "노인들은 함께 새롭고 다른 경계를 설립할 수 있다"라고 결론지었다(P. 73).

하위문화이론은 최근까지 연구 어젠더에서 사라졌다. 이제 노인들이 점점 이해집단에 참여하게 되면서 이들의 집단 정체성에 관한 질문들이 다시 생겨났다. 그러나 16장에서 분명히 했듯이 오늘날 이러한 이슈는 노인들이 사회로부터 배척되는지가 아니라 이들이 정치에 대해 지나친 영향력을 행사하는지이다.

(2) 교환이론

교환이론(exchange theory)은 일부 노인들은 왜 사회적 상호작용에서 물러나는가를 설명하는데 관심을 가진다는 측면에서 이전에 논의한 심리사회이론과 유사하다. 사회적 교환이론은 개인적 관계는 양쪽 참여자가 관계에 대해 똑같이 기여한다고 인식할 때 가장 만족스럽게 느낀다고 제안한다(Adams-Price and Morse, 2009).

교환이론의 가장 중요한 전제는 자원이 종종 불평등하며 또한 행위자들이 비용보다 혜택이 더 클 때만 교환에 참여하는 것을 지속할 것이다라는 것이다(Bengtson et al., 1997).

교환이론이 지닌 하나의 문제는 불평등한 교환인 것처럼 보이는 것을 종종 균등하게 만드는 사랑과 교제와 같은 비합리적인 자원의 가치를 무시하는 것이다(Passuth and Bengtson, 1988). 또다른 문제는 교환이론이 세대 간의 교환이 생애에 걸쳐 일어난다는 것을 간과한다는 것이다. 달리 말하면, 여러분의 부모가 어렸을 적의 여러분을 보살피고 그런 다음 여러분이 나이든 부모를 보살피면서 보답한다. 이러한 이슈를 명확히 하기 위해 보울드, 샌본, 리프(Bould, Sanborn and Rief, 1989)는 **즉각적 교환전략**(immediate exchange strategies)과 **연기된 교환전략**(deferred exchange strategies)을 구분하였다. 즉각적 교환전략은 친구와 이웃 간에 발생할 수 있다. 예를 들어, 이웃이 여러분의 잔디를 깎아주고 여러분이 이웃을 식료품점에 데려다준다. 연기된 교환전략은 장시간에 걸쳐 형성된 강한 연결의 중요성을 인식한다. 장기간의 친밀한 가족관계와 친구관계는 노년이 동반하는 보다 부담스러운 요구에 당면해서 쌓아둔 "신용"의 수명을 나타낸다. 예를 들어, 가족 돌봄제공자에 대한 연구의 참여자인 빈센트(Vincent)는 뇌졸중으로 5년동안 침대에 누운 어머니를 돌봐왔다. 베트남전 참전용사인 빈센트는 풀타임으로 일하면서 출근전후로 어머니를 돌봤다. 그는 어머니에 대한 헌신을 설명하면서 하나의 연기된 교환전략을 언급하였다: "부모님이 나를 이 세상에 태어나게 하셨고 또 어머니는 내가 외국에서 총을 맞거나, 다리가 없거나, 신이 금지한 것이 발생해서 돌아왔을 경우 나에게 똑같이 했을 것이다. 하지만 나는 그것에 대해 어머니에게 신세를 졌다고 느꼈다"(Levitsky, 2014:98). 가족 호혜성의 개념은 "그들의 목소리"에 있는 두 나이든 중국인 남자들에 의해서도 분명히 나타난다. 사람들은 일생에 걸쳐 관계의 비용과 보상을 재규정하며 그리고 강한 연결을 지닌 사람들은 현재의 자원에 상관없이 노년의 자신들을 보호하는 사회적 신용을 쌓는다.

그들의 목소리 : 가족내의 호혜성

그래서 나는 정말로 가족은 서로를 위해 있다고 생각해요. 알다시피 당신이 그들을 돕고 또 그들이 당신을 돕지요.... 도움이 필요해, 와서 도와줘요. 그래요, 그들은 당신이 필요한 것을 모른다는 거죠. 그래서 내가 뭔가를 가지고 있다면, 그들에게 이야기했을 거예요. 그들이 와서 나를 도와줄 것이라고 확신합니다.

알다시피, 중국의 철학은 아이를 보험처럼 즉 노년을 위해 키운다는 것입니다. 음, 중국은 달라요. 거기는 사회보장이 없어요. 늙게 되면 말입니다.... 그래서 나는 정말로 가족은 서로를 위해 있다고 생각해요, 알다시피 당신이 그들을 보살피고, 그들이 당신을 보살피고, 그들이 도움이 필요하면 그들을 돌보고. 도움이 필요해. 와서 도와줘요.

출처: Abramson(2015:111–113).

사회적 교환은 모두 긍정적이지만은 않다. 여러분의 가족 및 친구와의 상호작용을 생각해 보라. 이들은 항상 도움을 주고 격려를 해주는가? 아마도 그렇지 않을 것이다. 그러므로 부정적인 교환이 사회적 지원체계 내에서 발생할 수도 있으며 또한 대개는 가족과 친한 친구 관계에서 발생한다는 것은 놀라울 일이 아니다. 부정적인 교환은 비판적인 지적을 듣는 것, 다른 사람에 의해 실망감을 느끼는 것, 사회적 활동으로부터 배제당하는 것을 포함할 수 있다. 여러 연구들은 부정적 교환이 건강에 역효과를 주며, 질병과 장애의 위험을 증가시킨다는 것을 발견하였다(Rook, 2014).

3) 사회구성주의

오랜 사회학적 전통은 개인의 의도, 동기, 행위를 사회이론의 중심에 둔다. 이러한 전통에서 사회적 행위는 "행위하는 개인이 주관적인 의미를 부여하는 모든 인간의 행동을 말한다"(Weber, 1946:88). 인간을 자신의 사회적 현실에 대한 적극적인 창조자로 간주하는 이론의 현대적인 형태는 *사회구성주의이론*(social constructionist theories)이라고 부른다.

사회구성주의(social constructionism)의 지지자들은 인간을 자신이 사는 사회를 창조하는 적극적인 행위자(agent)로 바라본다. 사회구성주의자들은 개인이 자신의 경험을 해석하는 과정에 관심을 둔다.

사회구성주의자들은 나이의 사회적 의미와 나이의 자체개념(self-conception)이 협상과 담론을 통해 어떻게 발생하는가를 연구한다. 구브리엄과 벅홀트(Gubrium and Buckholdt, 1977)가 설명했듯이 초점은 "사람들이 때때로 파악하기 어려우면서도 심각한 대화에 참여하면서 매 순간 나이의 의미가 제시되고 협상되는"(p. viii) 인간의 발달에 있다. 다음의 예를 생각해보라.

알츠하이머는 임상적으로 유기적인 손상의 표시가 없이 진행된다는 측면에서 독특한 질병이다. 알츠하이머를 가진 사람은 다양한 행동을 보이는데, 너무 다양해서 분류가 안 될 정도이다. 구브리엄과 린놋(Gubrium and Lynott, 1983)은 알츠하이머병이 있는 환자들의 돌봄제공자를 위한 지원단체에 대해 참여관찰연구를 실시했다. 이들은 지원단체를 이 질병의 "개인적인 어려움을 공적인 이해"로 전환시키는 방식으로 기술하였다(p. 350). 예를 들어, 지원단체의 회원인 해럴드(Harold)는 알츠하이머 환자인 자신의 부인 신시어(Cynthia)가 그녀의 결혼반지를 그가 숨긴다고 비난했을 때 마음이 산란해졌다. 그러나 그 지원단체가 그에게 이런 유형의 행동은 이 질병의 전형적인 증세라고 확신시키자 그는 신시어의 행동을 짜증나고 무서운 것으로 계속 보기보다는 알츠하이머의 자연스러운 진행 부분이라고 재해석하였다. 구브리엄과 린놋이 지적하듯이 "각각의 개인적인 정교화는 다양한 경험을 통합하는 데 사용되는 범주를 구체화하였다"(p. 367).

사회구성주의 접근의 장점은 연구자에게 노인들은 수동적인 대상이 아니라 자신들의 사회적 세상을 구성하는 데 참여하는 적극적인 주체임을 상기시켜준다는 것이다. 그러나 미시적인 사회적 과정에 대한 강조는 종종 외부적인 힘에 의해 부여되는 사회적 삶의 구조적인 측면을 무시한다(Passuth and Bengtson, 1988).

3 노화에 대한 거시이론

노화에 대한 심리사회이론은 노년의 개인적인 행동유형과 노화과정에 대한 개인의 적응을 설명하려고 하였다. 하위문화이론과 교환이론은 노화에 대한 거시이론에 다리를 제공하였다. 강조점이 개인 간 과정에서 노인의 지위에 관한 질문으로 이동하였다. 보다 광범위한 구조적 요인에 대한 관심은 변화하는 정치적 및 경제적 조건도 반영하였다.

1) 연령과 사회적 지위

(1) 근대화이론

제2차세계대전 시기 이후를 특징짓는 낙관주의는 다른 나라들이 미국의 예를 따르기만

하면 그들도 번영과 경제성장을 이룰 수 있다고 믿은 사회과학자들에 의해 공유되었다. 이러한 세계관은 **근대화이론**(modernization theory)에 요약되어 있었다. 근대화이론가들은 산업화의 수준과 도시화의 정도와 같은 지표에 의해 국가들은 가장 덜 발달한 국가에서 가장 발달한 국가에 이르는 연속선상에 놓일 수 있다고 주장하였다. 사회구조의 어떤 특질을 보여주는 것들은 *근대적*(modern)이라고 불렸다(Neysmith, 1991).

근대화이론의 핵심적인 요소들은 대부분 하나의 노화이론으로서 사회노년학에 그대로 전달되었다. 근대사회는 도시화와 산업화와 같은 어떤 특징을 보여줄 뿐만 아니라 증가된 기대수명과 더욱 높은 노인비율을 가졌다. 이제 사회노년학자들은 노인비율의 증가가 노인의 지위에 어떻게 영향을 미쳤는가에 대해 이해하고자 한다.

근대화이론의 기본 전제는 노화에 대한 황금기가 있었다는 것이다. 노인은 수적으로 적었지만 공동체와 가족에서 큰 힘과 권위를 가졌다. 조부모, 부모, 손자의 삼세대는 보통 노인이 지배하는 확대가족에서 함께 살았다. 노인들은 젊은 세대에 전달해주는 기술과 지식을 소유했기 때문에 존중받았다. 이들은 또한 공동체의 지도자이기도 했다. 사회에서 노인의 위치는 존경이라고 하는 한 단어로 가장 잘 요약될 수 있었다.

그리고는 근대화라고 불리는 혁명적인 과정이 이러한 전통사회를 파괴해버렸다. 일이 가정에서 공장으로 이동함에 따라 자영업자의 수가 줄어들었다. 노인들은 경제적 독립을 상실하였고 은퇴로 내몰렸다. 도시화는 젊은이를 시골에서 도시로 끌어들였고, 이는 확대가족을 무너뜨리고 노인을 고립시켰다.

카우길(Cowgill, 1974)은 근대화와 연관된 사회변화가 어떻게 노인의 위치를 침해했는가를 정확하게 요약하였다. 사회변화의 네가지 유형들(보건의료기술, 경제기술, 도시화, 대중교육)은 〈그림 3-1〉에 표현된 카우길의 모델과 관련있다.

첫째, 근대화는 초기 단계의 암을 확인할 수 있는 정교한 X레이와 콜레스테롤 수준을 확인할 수 있는 혈액검사와 같은 보건의료기술의 발전을 동반한다. 보건의료기술은 기대수명을 증가시키고 사망률을 줄이고 인구고령화를 발생시킨다. 수명이 늘어남에 따라 나이 든 근로자들은 젊은 근로자들과 일자리를 놓고 경쟁한다. 노인들을 노동력으로부터 퇴출시키기 위해 은퇴가 필요하게 되었다. 카우길의 관점에서 은퇴는 소득, 심리적으로 만족스러운 일, 사회적 지위와 같은 여러 손실을 포함한다.

〈그림 3-1〉 노화와 근대화

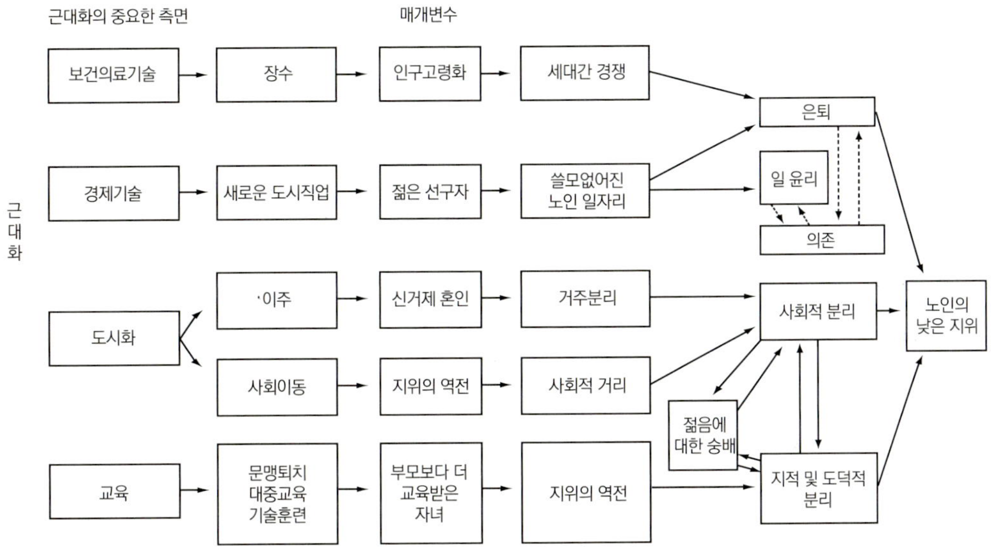

출처: Cowgill (1974).

두 번째 요인은 근대적인 경제기술인데, 이것은 나이든 근로자가 다루는 데 있어 훈련과 전문지식이 부족한 새로운 일자리를 창조하기 때문에 은퇴의 속도를 가속화시킨다. 세 번째, 카우길은 도시화가 젊은이들을 도시로 끌어들이고 확대가족을 파괴했다고 주장하였다. 이에 대한 결과로 보다 많은 노인들이 혼자 살게 되었다. 마지막으로, 대중교육의 확대는 "나이의 신비함"을 손상시켰는데 왜냐하면 이제 아이들은 부모보다 더 많이 알고 있기 때문이다. 공동체 지식(communal knowledge)의 보유자로서 노인이 지녔던 명예로운 위치는 사라졌다. 새로운 엘리트는 젊은이가 되었다.

사학자들이 노화의 황금기가 이전에 존재했었다라는 생각에 도전함으로써 근대화이론에 대한 첫 비판자가 되었다(Laslett, 1976). 사학자들은 이전 세기의 가구배열을 재조사하면서 대부분의 유럽 나라들과 미국에 있어 사람들은 같은 지붕을 공유하며 삼세대가 함께 사는 확대가족에서 좀처럼 살지 않았다는 것을 발견하였다. 사실, 나이든 사람들은 과거에도 오늘날과 마찬가지로 자녀의 집에서 그렇게 많이 살고 있지 않았다. 여러 세대가 함께 사는 경우는 성장한 자녀가 자신의 힘으로 생존할 수 없어서 부모의 집에 들어와 사는 것이다. 은퇴는 20세기의 산물도 아니다. 은퇴는 산업화 훨씬 이전에 그리고 농촌에서도 존재했었다. 과거에 사람들은 땅이나 재산과 같은 자산을 가지고 있으면 은퇴했었다. 충분한 재산이 없는 사람들이 죽을 때까지 일했다. 부유한 노인들은 존경도 받았지만, 가난한 노인들은 높은 존경을 받지 못했다(Quadagno, 1982).

근대화이론은 노화의 황금기라는 생각을 노인이 종종 큰 존경과 존중을 받는 전통적인 비서구문화로부터 빌려왔다. "세계의 고령화"는 노인이 실제로 공경받는 문화를 나타낸다.

세계의 고령화 : 전통사회의 노인공경

비서구사회의 전통문화에서 노인은 종종 큰 존경과 존중을 받는다. 예를 들어, 아프가니스탄의 높은 계곡에 2,000명이 사는 작은 지역사회의 키르기스 사람들에게 있어 오에이바쉬(oey bashi)라고 불리는 가구주는 가장 나이 많은 남성이며, 남성이 없을 경우 가장 나이 많은 여성이다. 오에이바쉬는 가구에 대해 절대적인 권위를 행사하며 또한 지역사회와의 사회적 관계를 대표한다(Shahrani, 1981).

전통적인 중국문화 또한 노년에 대해 높은 가치를 둔다. 노인에 대한 공경은 부모가 자녀를 지(ci, 자[慈]) 또는 양육으로 대하며, 자녀는 부모를 효도 또는 절대적인 복종이라는 의미를 가진 샤오(xiao, 효[孝])로 대할 것을 강조하는 유교적 가치와 연결되어 있다. 샤오가 되는 것은 항상 부모에게 존경심을 보이고, 부모가 죽으면 조상숭배의식을 행하며, 가문을 잇기 위해 손자를 생산하는 것이다. 샤오는 자신의 부모에 대한 존경을 넘어 모든 노인들에 대한 경의를 포함하는 데까지 확대된다. 이것은 공손하게 말하기, 대화에서 연장자에게 양보하기, 노인을 결코 비웃거나 모욕하지 않기 등과 같은 많은 상징적 및 관례적 태도를 동반한다. 옷, 음식, 의료에 대한 노인의 필요성을 무시하거나 노인을 요양원에 두는 것은 수치스러운 샤오의 불이행이다. 비록 여자가 항상 남자보다 더 낮은 지위를 갖더라도 중국문화에서 여자의 위치는 나이가 들면서 높아지고 또한 일부 여자노인들은 실제로 강력해진다(Amoss and Harrell, 1981).

근대화이론이 제기하는 질문은 이러한 전통적인 비서구문화의 일반적인 관행이 산업사회 이전의 서구사회에서 발견된 적이 있느냐, 그리고 만약 그렇다면, 근대화와 산업화가 노인을 공경하는 이런 전통을 파괴했느냐이다. 답은 근대화이론이 과거에 노인이 가졌던 지위를 지나치게 단순화시킨다는 것이다.

어떻게 생각하는가?

1. 나이든 사람은 오늘날 미국에서 충분한 존경을 받고 있다고 생각하는가?
2. 여러분 가족의 노인은 특권을 받는가?

사회노년학자들이 노인의 지위를 설명하는 방식으로서 근대화이론을 버리기 시작하면서 **연령계층이론**(age stratification theory)이라고 불리는 새로운 틀이 등장했다. 연령계층이론은 노인의 지위에 대한 관심을 근대화이론과 공유했다. 하지만 이것은 고령화인구가 아니라 지위달성(status attainment)에 대한 사회학적인 연구에서 유래하였다.

(2) 연령계층이론

연령계층이론은 가장 영향력이 있고 오래 지속된 노년학이론들 중의 하나이다(Riley, 1971). 연령계층이론의 선구자인 머틸더 화이트 라일리(Matilda White Riley, 1971)는 회고록에서 1960대에 사회노년학을 지배했던 논쟁을 회상했다.

> 우리는 연령에 대한 연구에 있어 당시 만연했던 논란과 역설에 그저 혼란스러웠다. 여기에는 근대화와 노인의 지위 간 모순된 관계, "활동"과 "분리"가 싸우는 은퇴논쟁, 더욱이 노화가 전적으로 생물학적인 과정이며 나이듦에 따른 생리적 및 인지적 쇠퇴는 불가피하고 불가역적이라는 널리 확산된 잘못된 가정 등이 있었다. 그러한 문헌에 대한 비판적인 사회과학적 고찰이 분명히 필

요했다.(Riley and Riley, 1994:217)

연령과 사회구조 간의 관계를 분석하기 위해 라일리(1971)는 *연령계층이론*이라고 부르는 새로운 개념틀을 고안하였다. 연령계층이론은 근대화이론과 마찬가지로 번영과 경제성장에 의해 생겨난 전후의 낙관주의에서 유래된 지위달성 연구에 기원을 두고 있다. 지위달성에 관한 문헌의 바탕에 있는 사회에 대한 이미지는 부유한 전후의 미국은 보다 많은 사람들이 확대되는 중간층에 포함되면서 무계급사회가 되고 있었다는 것이다. 산업성장, 평등주의 규범의 확산, 대중교육, 도시화, 관료화, 전문화의 결과로 경제적 및 정치적 불평등이 감소하고 또한 계급 간의 사회적 이동이 증가하고 있었다. 소득 척도는 부자와 빈자의 숫자가 더 적어지면서 위계의 양 끝이 눌려지고 있었다(Knottnerus, 1987). 이제 연구자들은 출신가족, 성, 인종과 같은 귀속적 특징이 교육과 같은 성취적 특징에 비해 얼마나 중요한가를 결정할 필요가 있었다. 지위달성이론가들은 미국이 유연한 계급구조를 가졌고 그래서 모든 미국인은 실제로 상향이동을 위한 무제한의 기회를 가졌다고 믿었다. 연구의제는 사회이동에 영향을 주는 요인들을 밝히는 것이었다(Blau and Duncan, 1967).

지위달성에 관한 연구에는 생애과정관점이 내포되어 있었는데 왜냐하면 사회적 이동은 세대에 걸쳐 발생하기 때문이다. 이러한 연구들의 대부분은 사회적 이동을 남자들 직업지위의 이전에 의해 규정했다. 초점은 개인의 사회적 위치가 출신가족의 특징과 연관된 정도에 두어져 있었다(Sewell and Hauser, 1975).

연령계층이론은 모든 사회가 사람들을 사회적 범주로 분류한다는 근원적인 전제로 시작한다. 이러한 분류는 사람들에게 사회적 정체성을 제공한다. 연령은 재산, 성, 인종과 더불어 서열의 한 원칙이다. 연구자들은 사람들이 연령구조를 통해 어떻게 이동하는가를 확인하고자 하였다.

이러한 이슈를 조사하는데 사용되는 중심 개념은 같은 시대에 태어나서 비슷한 삶의 경험을 공유하는 집단의 사람들을 일컫는 **연령코호트**(age cohort)이다. 노화과정은 〈그림 3-2〉에 나타난 것처럼 두 역학들 간의 상호작용을 반영한다. 첫째는 상이한 코호트 사람들의 변화하는 생애과정이다. 둘째는 이러한 노화과정을 경험하는 변화하는 사회구조이다. 예를 들어

지금 90대인 사람들은 대공황시대(코호트 B)에 성년이었다. 많은 사람들이 제2차세계대전에 참전했다. 이 세대의 여성들은 특히 자녀가 어릴 경우 거의 집밖에서 일하지 못했으며, 대부분의 남자는 최소한 65세가 될 때까지는 일하도록 간주되었다.

〈그림 3-2〉 연령계층의 기초를 이루는 과정

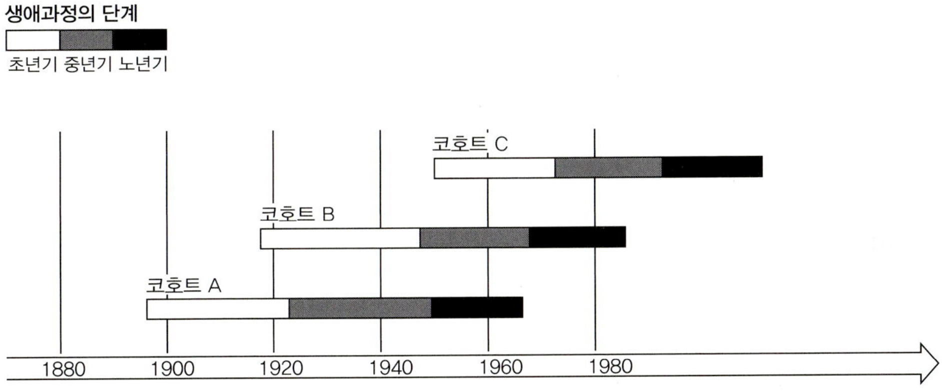

출처: Riley (1976:19).

그들의 자녀인 베이비붐세대는 1950년대와 1960년대에 성장하였다(코호트 C). 그들은 다른 경험과 기대를 공유하였다. 이 연령대 여성의 대다수는 물론 어린 자녀가 있는 여성들도 경제활동에 참여하였다. 참전용사인 남성들은 더 적었다. 각 코호트는 깊은 역사적 변화에 의해 지워지지 않을 정도로 강한 인상을 받았기 때문에 삶의 주요 전환을 통한 이동에 대해 각 코호트가 갖는 경험은 엄청나게 다를 것이다. 베이비붐세대의 노년은 대공황 세대의 노년과 약간만 닮았다.

연령계층이론은 다음의 네 가지 질문을 바탕으로 연구의제를 설정한다.

1. 변화하는 연령 구조에서 개인의 위치는 자신의 행동과 태도에 어떻게 영향을 미치는가?
2. 개인들은 연령계층 내에서 그리고 연령계층 사이에서 서로 어떻게 연결하는가? 세대

간에 불가피한 격차가 있는가?

3. 개인들은 유아기에서 아동기, 청소년기, 성인기를 지나 노년기에 이르는 주요 전환을 어떻게 통과하는가?
4. 이러한 세 가지 질문에 대한 답변이 전체적인 사회에 미치는 영향은 무엇인가?

많은 연구들이 생애과정의 경험에서 나타나는 코호트 차이(cohort differences)를 조사해왔다. 일부 연구들은 교육, 직장이력, 생활수준, 기대수명에서 나타나는 코호트들 간의 현저한 차이를 분석했고, 다른 연구들은 태도와 문화적 취향의 차이를 고려했다.

보다 흥미로운 주제들 중의 하나는 하나의 생애전환에 영향을 미치는 변화가 다른 영역에서 어떻게 파급효과를 만드는가이다. 예를 들어, 한 세기 전에 태어난 여성과 비교하여 오늘날의 여성은 월경을 더 일찍 시작하고 폐경은 더 늦게 경험한다. 가임기간이 길어짐에도 불구하고 최근의 여성코호트는 이전세대보다 육아에 더 적은 시간을 보낸다. 그들은 자신들의 할머니보다 자녀수가 더 적으면서 자녀와는 더 가까이 지낸다(Riley, 1971). 하나의 결과는 오늘날의 여성이 출산을 계획하는데 더 큰 선택을 가진다는 것이다. 35세에 출산하는 대신 22세나 23세의 젊은 나이에 아이를 출산하는 선택은 개인 생애과정의 나머지 부분을 형성한다. 직업경력, 조부모가 되는 연령, 은퇴시기, 고령의 부모를 돌볼 수 있는 능력과 같은 생애과정의 사건들은 모두 출산시기에 영향을 받는다. 생물학적 변화는 많은 생애과정의 측면들에 큰 영향을 미치지만, 그것의 효과는 다양한 사회적 영향에 의존한다.

라일리의 원래 모형이 연령계층의 구성요소로서 개인의 생애과정 리듬과 대규모의 구조적 변화를 모두 포함했지만, 이 모델에 기인한 대부분의 연구는 후자의 중요성을 무시해왔다. 이는 부분적으로 사회구조의 개념이 광범위하고 또 가능할 수 있는 많은 정의들을 포함하고 있기 때문이다. 연령계층이론의 또 다른 문제점은 사회계급, 성, 인종과 같이 연령코호트 내에서 불평등을 야기하는 사회계층의 다른 기반을 무시하는 것이다(Dannefer et al., 2005).

지위와 역할의 연령-구조 조직은 전 생애과정에 걸친 정신건강의 변화를 이해하는데도 유용하다. 많은 연구들이 연령과 우울 증상의 관계가 U자형 곡선을 나타낸다는 것을 발견한다. 우울증은 성인기 초기에 급격히 떨어져서 중년에 최저점을 찍었다가 노년기에 다시 상승한다. 성인기 초기는 보통 20대 후반으로 주요 역할의 책임을 맡는 시기이다. 이 생애단계에서 사람들은 경력을 쌓고 결혼을 하며 재산을 쌓기 시작하면서 지위와 역할을 획득한다. 이 모든 경험은 긍정적인 정신건강의 이득과 관련이 있다. 이 시기에 이어 40대 전후에 시작되는 중년이 온다. 이 생애단계에서는 결혼과 고용역할의 안정성 및 이것들이 부여하는 사회적 및 경제적 지위가 최적의 정신건강을 낳는다. 마지막으로 생애의 후기단계는 비자발적인 은퇴와 사별, 신체기능의 감퇴, 통제감의 저하를 포함하는 역할출구(role exits)로 특징된다. 그 결과는 적어도 일부 노인들에게는 우울증상의 증가로 나타난다. 클라크와 그의 동료들(Clarke et al., 2011)은 우울증에 걸릴 위험이 사별했거나 이혼을 경험한 사람과 실직한 사람에게 가장 크다는 것을 발견했다. 이들은 정신건강에 긍정적인 영향을 미치는 교육을 통해 노년의 우울증 위험에 대한 코호트 차이를 발견했다.

(3) 연령통합이론

연령통합이론(age integration theory)은 사회가 연령에 따라 계층화되어 있다는 생각인 연령계층이론의 핵심전제에 근거한다. 연령계층은 연령이 진입, 퇴출 또는 참여에 대한 장벽으로 작용하는 연령분리제도(age–segregated institutions)를 만들 수 있다. 그러나 사회는 연령에 관련된 기준이 없는 연령통합제도(age–integrated institutions)도 가지고 있다(Uhlenberg, 2000:261).

대부분의 사람들은 연령분리제도와 연령통합제도 모두에 포함되어 있다. 평범한 날에 여러분이 보는 사람을 생각해보라. 여러분은 학생으로서 대개 연령에 따라 분리된 수업에 참여한다. 여러분이 기숙사에 산다면 대부분의 주변 사람들은 아마도 여러분과 같은 나이일 것이다. 학교, 스포츠팀, 요양원은 주로 단일 연령대의 사람으로 구성된 집단의 몇몇 예에 불과하다. 이와 대조적으로 직장에는 보통 다양한 연령집단의 사람들을 포함한다. 가족은 가장 연령통합적인 집단이다. 가족행사에 참여하면 신생아부터 연로한 조부모에 이르기까지 모든 연령대의 사람을 볼 수 있을 것이다.

실제에 있어 완벽하게 연령이 분리된 사회와 같은 것은 존재하지 않는다. 완벽하게 연령이 통합된 사회도 똑같지 존재하지 않을 것이다. 일부 사회는 다른 사회보다 더 연령통합적이며 또 어떤 주어진 사회 안에서 연령통합의 정도는 시대에 따라 다를 수 있다.

연령통합의 개념은 사회제도뿐만 아니라 생애과정의 시기에도 적용된다. 연령분리적 생애과정에서 교육은 젊은이에게, 일은 중년의 사람에게, 여가는 은퇴자를 위해 준비되어 있다. 연령통합적 생애과정에서는 모든 연령대의 사람이 교육, 일자리, 여가를 추구할 기회를 가진다. 〈그림 3-3〉은 연령분리적 생애과정과 연령통합적 생애 과정의 차이를 보여준다. 낡은 사회 구조가 특정 연령대의 사람들이 온전히 사회에 참여하는 것을 방해할 때, 이러한 사회는 *구조적 지체*(structural lag)를 겪는다고 말할 수 있다. "공공정책에 대한 이슈"는 구조적 지체가 어떻게 지역사회가 연령친화적이 되는 것을 막는가에 대해 논의한다.

이러한 이론들 가운데 어느 것도 연령 코호트 내의 사람들이 왜 그렇게 다른지를 설명할 수 없다. 그 결과로 사회노년학자들은 권력차이의 토대에 관심을 가지게 되었다.

〈그림 3-3〉 연령분리 대 연령통합 생애과정

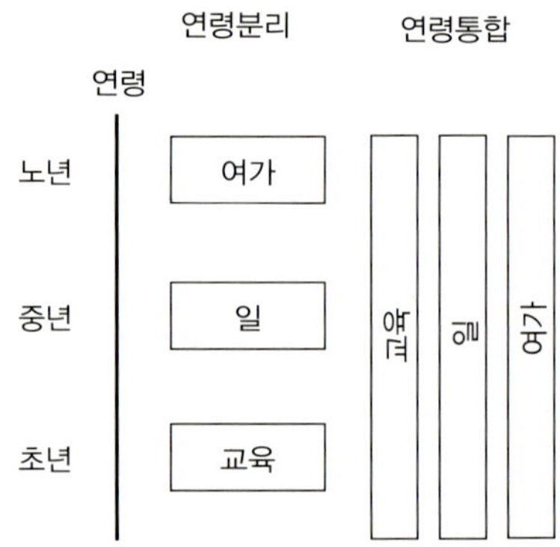

출처: Riley and Riley(2000:267).

공공정책에 대한 이슈 : 구조적 지체와 연령친화적 지역사회

미국의 인구가 고령화됨에 따라 모든 지역사회는 노인들이 가능한 한 독립적으로 사는 것이 가능하도록 정책을 조절할 필요가 있을 것이다. 노화친화적인 지역사회는 세 가지 특징을 가지고 있다. 첫째는 노년이 개인들로 하여금 의미있는 관심과 활동을 추구하는 것을 막지 않도록 설계되어 있다. 둘째는 노년에 일반적인 장애조건을 갖고 있는 사람들의 기본적인 요구를 충족시키는 편의성을 가지고 있어야 한다. 셋째는 노인들이 과거에 즐겼던 활동을 더 이상 하지 못할 때 삶의 충족을 이끄는 새로운 방식을 발견하는 기회가 있을 필요가 있다.

많은 지역사회들은 인구고령화가 중요한 사회적 이슈가 아닐 때 만들어졌던 관행으로 인해 연령친화적이 아니다. 하나의 좋은 예가 지역규제이다. 원래 도시의 비위생적인 조건을 감소시키는 공중보건 수단으로 개발된 이 규제는 종종 지역사회들을 분리된 주거와 상업 지역으로 분할한다. 이제 지역규제는 더 이상 운전을 하지 못하는 노인들이 혼자서 식품을 사거나 의사에게 가는 것을 거의 불가능하게 만들 수 있다. 또다른 예는 길거리에서 전동휠체어나 골프카트를 사용하는 것을 금지하는 많은 지역사회들의 정책이다. 이러한 규칙은 도로를 보다 안전하게 만들기는 하지만 간단한 교통수단에 대한 노인들의 접근을 부정한다. 이러한 연령비친화적인 정책은 구조적 지체의 완전한 예이다(Lehning et al., 2007).

어떻게 생각하는가?

1. 여러분의 가정은 연령친화적인가?
2. 연령친화적인 정책은 좋은 생각인가 아니면 위험하다고 생각하는가?

2) 권력과 불평등에 대한 이론

1970년대는 사회노년학이론의 새로운 세대가 탄생하는 것을 목격했다. 이러한 이론들을 앞선 이론들과 구분시키는 것은 권력에 대한 접근의 차이가 노인들의 삶의 기회에 영향을 미치는 방식과 그러한 제약이 어떻게 노화경험의 불평등을 발생시키는가에 대한 관심이었다.

(1) 정치경제학이론

정치경제학적 관점은 하나의 공식적인 이론이라기보다는 노년과 연관된 문제의 아주 거

대한 사회적 맥락을 조사하기 위한 틀이다(Passuth and Bengtson, 1988). **정치경제학이론**(political economy theory)은 노화에 대한 구조적 영향을 부각시키고 노인이 어떻게 정의되고 대해지는가를 이해하기 위해 권력관계에 내재된 사회적 투쟁의 관련성을 강조한다(Estes et al., 1996). 이러한 초점은 노화를 신체적 건강과 사회적 역할의 변화에 대한 적응과정으로 보는 심리학적 지향의 이론과는 차이가 있다. 정치경제학적 접근은 노년의 본질을 사회적으로 구성되고 권력투쟁을 통해 생겨나는 것으로 이해한다.

정치경제학적 접근의 제안자들은 노인의 지위를 설명하는데 대한 관심을 근대화이론가들과 공유한다. 그들은 자본주의 경제에서 정치적 및 경제적 힘이 계급, 인종, 성에 따른 불평등을 유지하거나 증가시키는 방식에 있어 어떻게 사회적 자원을 분배하는가에 대해 강조함으로써 차이가 있다. 에스터스(Estes, 1991)가 설명했듯이 "노화의 정치경제학은 노화경험과 노년에 대한 사회경제적 결정요인과 자본주의 사회의 맥락에서 발생하는 정책적 개입에 대한 이론적이고 경험적인 관점을 제공한다"(p. 19). 사회노년학에 대한 도전은 사람들이 자신들의 사적인 어려움을 어떻게 해석하는가를 단순히 이해하는 것이 아니라 이러한 사적인 어려움이 어떻게 사회적 반응을 유발하는 공공의 이슈가 되는가에 대해 고려하는 것이다(Estes et al., 1984).

정치경제학적 접근의 핵심 가정은 소득, 건강, 장기요양, 사회서비스에 대한 공공정책이 사회적 투쟁의 결과이고 또한 시대의 지배적인 권력관계라는 것이다. 때때로 사람들에게 혜택을 주는 것으로 보이는 사회프로그램들이 실제로는 기업의 이익에 더 많은 혜택을 주는데, 이는 기업의 이익이 종종 정책의제를 형성하는데 과도한 영향을 미치기 때문에 발생하는 결과이다.

허약한 노인에 대한 돌봄의 질은 정치경제학적 접근이 사회문제를 설명하는데 어떻게 사용되는지에 대한 좋은 예이다. 거의 모든 노인들이 메디케어를 통해 기본적인 건강보험을 가지고 있지만, 대부분은 장기요양에 대한 비용을 지불할 방법이 없다. 국가 장기요양프로그램에 대한 모든 제안은 이러한 프로그램을 위해 지불하는데 필요한 세금 인상을 반대하는 기업조직에 의해 부결되었다(Olson, 2003). 그 결과 많은 수의 매우 허약한 노인들이 열악하게 운영되는 요양원에서 최소한의 돌봄만을 받고 있다(12장에서 보다 상세히 논의되는 주제).

정치경제학적 틀의 한 가지 문제는 나이든 사람들이 많은 사회프로그램으로부터 분명히 혜택을 받는다는 것이다. 사회보장은 거의 모든 은퇴한 사람들에게 안정적인 수입원을 제공해왔고, 자동적인 생활비 증가에 대한 조항들은 인플레이션이 혜택의 가치를 감소시키지 않도록 보장한다. 미국노인법(Older Americans Act)은 노인의 삶의 질을 향상시키는 영양제공처(nutrition sites)와 도시락 배달 그리고 다른 많은 프로그램에 대한 기금을 제공한다. 따라서 이슈는 사회복지 프로그램이 노인에 대한 지원을 제공하느냐의 여부(실제로 제공해줌)에 있는 것이 아니라 지원이 어떻게 그리고 왜 불평등하게 분배되는지를 밝히는데 있다. 15장에서 노인들에게 혜택을 준다는 정부정책이 어떻게 여성과 소수자들에 대한 불평등에도 기여하는지를 살펴본다.

정치경제학적 접근은 노년학적 연구의 초점을 노화에 적응하는 개인의 능력에서 자원이 분배되는 방식을 결정하는 광범위한 사회적 과정으로 이동시켰다. 이런 의미에서 이 접근은 연령계층이론이 권력관계를 무시한다는 우려에 대응한다. 그러나 삶의 만족과 의욕에 대한 질문을 포기하면서 정치경제학적 이론가들은 종종 개인행위자들과 그들의 동기, 인식, 활동을 전적으로 무시한다. 이러한 이유로 이 접근은 너무 부정적이고 또 노인을 너무 소극적으로 본다는 비판을 받아왔다(Walker, 2006).

(2) 페미니스트이론

노화에 대한 **페미니스트이론**(Feminist theory)은 하나의 공식적인 이론체계라기보다는 특정한 방식으로 이론을 사용하겠다는 의지를 반영한 접근이라고 할 수 있다. 페미니스트이론의 핵심적인 목적은 성별화된 사회의 성격을 부각시키는데 있다. 만약 젠더관계가 주요 주제라면 또 남성성과 여성성의 개념이 사회적으로 구성되어 있다고 여긴다면 또 남성과 여성이 노화를 경험하는 상이한 방식에 강조점을 둔다면 그 이론은 페미니스트적으로 분류될 수 있다.

페미니스트이론가들은 전 생애과정이 비공식적 규범과 공식적인 정책 모두에서 성별화되어 있다고 주장한다. 예를 들어, 이들은 경제활동 밖에서 육아를 하는 여성들은 경제활동에 재진입할 때 만약 일자리를 찾지 못한다면 실업보험에 가입할 수 없다는 점을 지적한다. 육아는 실제의 일로 고려되지 않는다. 더욱이 가정에서 아이를 키우는 여성은 사회보장급여에

대한 점수를 얻지 못한다(Moen, 2013).

페미니스트 이론가들이 묻는 질문들 중에는 다음과 같은 것들이 있다. 왜 여성이 남성보다 임금을 더 적게 받는가? 가족에 대한 여성의 책임은 취업에 어떤 영향을 미치는가? 왜 모든 생애단계에서 여성의 빈곤율이 남성보다 높은가?

더욱이 은퇴연구에 대한 페미니스트적 접근은 은퇴의 결정이나 은퇴 후의 일상생활 활동에 있어 성별 차이를 단순히 설명하지는 않을 것이다. 오히려 그것은 가정에서 여성의 무급노동이 어떻게 정규직 유급고용의 기회를 감소시키고 그래서 은퇴를 위해 저축할 수 있는 기회를 감소시키는지에 대해 질문할 것이다. 또한 그것은 여성들이 유급노동에서 은퇴할 때도 여전히 무급 가사노동에 대한 일차적 책임을 진다는 것을 지적할 것이다. 따라서 여성은 결코 완전히 은퇴하지 못한다. 다른 한편으로 여성들은 사회적 유대를 유지하는 일차적 책임을 맡기 때문에 남성보다 더 큰 사회적 연결망을 가질 수 있고 그래서 나이가 들면 더 많은 사회적 지원을 누릴 수 있다(Calasanti, 2009).

노화에 대한 페미니스트적 접근을 채택하는 것이 남자 노인을 무시하는 것을 의미하지는 않는다. 오히려 페미니스트이론가들은 남성이 남성성의 사회적 이상에 부응하기 위해 대가를 치른다고 지적한다. 남성은 여성보다 담배를 피우고, 술을 마시고, 무모하게 운전할 가능성이 더 크다. 위험한 행동을 참여하려는 경향으로 인해 남성은 모든 생애단계에서 여성보다 더 높은 사망률을 경험한다(Calasanti, 2005).

3) 비판노년학

노화연구에 있어 가장 최근의 이론적 접근은 **비판노년학**(critical theory)이라 불린다. 비판노년학의 옹호자들은 노화에 대한 연구가 대중문화와 낙후된 이론들에서 온 이미지에 대한 무비판적인 의존에 기초해왔다고 주장한다. 비판노년학은 노화에 대한 정치경제학 및 페미니스트적 접근에서 유래되었지만 이러한 관점을 확대하여 세계화의 힘이 노인과 노인의 일상생활을 위한 정책과 프로그램에 어떻게 영향을 미치는지를 고려한다(Baars et al., 2006). 특히 이러한 접근은 노화가 더 이상 지역적이거나 국가적인 이슈가 아니라 전 세계의 개인, 가족, 국가에 영향을 미친다는 것을 강조한다(Phillipson, 2006). 예를 들어 이제 국가들은 하나의 세계경제 내에서 작동하는데, 이는 은퇴연금에 많은 영향을 끼친다. 노동이 더 높은 임금을 주는 국가로 유입될 것이기 때문에 보다 부유한 산업국가들은 개발도상국으로부터 가난한 미숙련 노동자들을 받을 것이다. 이들은 너무 하찮거나 보수가 낮기 때문에 현지인들이 기피하는 일자리를 채우는 젊은 노동자들일 것이다(Bongaarts, 2004). 하지만 고령의 노동자들은 이러한 이민의 흐름에서 종종 배척되는데 왜냐하면 이들은 덜 생산적이고 정부프로그램에 의존하는 "위험"에 처해 있는 것으로 보이기 때문이다. 부분적으로는 이러한 이유로 세계 대부분의 이민정책은 이민자의 부모나 고령의 친척보다 이민자의 배우자와 자녀에게 우선 순위를 주고 있다. 따라서 이민노동자의 연령이 국가와 세계적인 목표에 어떻게 부합하는지에 대한 생각은 고령 노동자들의 기회를 제한한다(McKelvey, 2009).

노화에 대한 이론들은 모든 과학적 이론과 마찬가지로 보다 넓은 역사적 경향에 영향을 받아 왔다. 이러한 경향은 핵심적인 연구의제를 수립하는데 도움을 주었고 또한 이를 추구하는 데 사용되는 방법에 영향을 미쳤다. 요약하자면, 이러한 이론들은 미시적으로나 거시적으로 광범위하게 특징지어질 수 있고 또한 역사에서 앞으로 나아감에 따라 생애과정에 대한 강조가 보다 두드러진다는 것을 알 수 있다.

각각의 이론은 노인과 노화과정에 대한 유용한 정보의 유산을 남겼다. 다음 장에서 특정 연구결과의 바탕에 있는 광범위한 주제를 이해하고 또 이것이 어떻게 공공정책 논쟁에 정보를 제공했는지를 파악하는데 도와주는 이러한 이론들을 활용할 것이다.

돌아보기

1. 최초의 사회노년학자들은 누구였으며 그리고 그들은 무엇을 배우기를 바랐는가?

사회노년학은 대공황시기에 고유한 학문영역으로 출발하였다. 최초의 연구자들은 전통적으로 발달과 성숙을 연구하는 발달심리학자들이었다. 그들은 기본적인 연구과제를 노년에 발생하는 불가피한 쇠퇴를 기록하는 것으로 보았다. 이후 1940년대에 연구자들은 노화의 "정상적인" 과정에 관심을 갖게 되었다. 이러한 연구의 근저에 있는 기본 전제는 나이가 든다는 것이 성인들에게 전형적인 사회적 관계와 사회적 역할을 포기하는 것을 의미한다는 것이다. 이는 은퇴, 사별, 장기적인 계획과 목표의 상실, 그리고 일상활동의 지원, 조언, 관리를 위해 타인에 대한 노인의 의존도가 증가하는 것을 말한다.

2. 초기 노년학자들은 어떤 노화이론을 제시하였는가?

분리이론은 최초의 공식적인 노화이론이었다. 이 이론은 정상적인 노화란 개인의 사회로부터 자연스럽고 불가피한 철수를 포함한다는 전제에 기초하였다. 삶의 만족도는 성공적으로 분리한 사람들이 가장 높았다. 이후의 연구에서는 일부 사람들이 분리는 하였지만 이러한 분리가 보편적이지도 불가피하지도 않았다는 것을 발견하였다.

활동이론은 분리이론에 대응하는 명백한 노화이론이 되었다. 하지만 성공적인 노화는 활동적인 노화라는 이 이론의 핵심 전제는 대부분의 이전 연구에 내포되어 있었다. 활동이론은 노인들도 젊은이들과 같은 심리적 및 사회적 욕구를 가지고 있으며 또한 사람들이 분리하는 것은 정상적이지도 또 자연적이지도 않다고 주장한다.

3. 후기 학자들은 노화연구의 범위를 어떻게 넓혔는가?

학자들은 사회적 힘과 광범위한 사회적 과정이 개인의 노화과정에 어떻게 영향을 미치는가를 포함하면서 노화연구의 범위를 넓혔다. 예를 들어 하위문화 이론가들은 노인들이 노인의 신체적인 한계와 역할손실을 공유하기 때문에 하위문화를 형성할 가능성이 높다고 주장하였다. 노화에 대한 또 다른 명백한 사회적 이론은 연령통합이론인데,

이 이론은 사회가 나이를 진입, 퇴직, 참가의 기준으로 사용한다고 인식한다.

4. 연령과 사회적 지위는 어떤 관계이며 또 그 관계는 문화에 따라 다른가?

근대화이론은 나이와 사회적 지위와의 관계를 이해하려고 시도한다. 이 이론의 기본 전제는 노인이 과거나 문맹사회에서는 존경받았으나, 경제발전과 함께 이들이 지위는 낮아졌다는 것이다. 그러나 역사적인 증거는 '노화의 황금기'란 존재하지 않았으며, 비교문화적 증거는 노인이 문맹사회들에서 어떻게 대해졌는가에는 큰 차이가 있다는 것을 나타낸다.

5. 인종, 성, 계급이 노인의 사회적 지위에 어떻게 영향을 미치는가를 고려하는 노화이론은?

정치경제학이론은 사회적 자원이 어떻게 그리고 왜 불평등하게 분배되는가를 설명하는데 관심을 가진다. 정치경제학적 전통에서 나온 연구의 핵심적인 초점은 공공정책이 어떻게 기존의 불평등 형태를 재생산하느냐에 있다. 페미니스트이론 역시 성별화된 사회의 특성을 밝히고자 한다. 페미니스트들은 전통적인 연구들이 남성과 여성을 위한 별도의 모델을 만들고, 여성의 경험을 해석하는데 '남성모델'을 사용하며, 다양한 사회복지 프로그램들이 어떻게 성불평등을 재생산하는지를 인식하는데 실패했다고 비판한다. 비판노년학은 노화에 대한 정치경제학 및 페미니스트적 접근에서 나왔다. 이것은 세계화의 힘이 고령화하는 개인과 가족의 삶에 어떻게 영향을 미치는지에 대해 강조한다는 점에서 차이를 보인다.

고령화에 관해 생각하기

1. 노화이론이 가져다주는 혜택은 무엇인가? 노년학자은 정말 이론이 필요한가?
2. 어떤 유형의 전문가가 노화에 대한 미시이론이 특히 유용하다고 생각하겠는가? 누가 거시이론을 선호겠는가?
3. 한 개의 노화이론에만 의존하는 전문가의 단점은 무엇인가?
4. 여러분이 노인이라면 어떤 노화이론이 여러분 자신의 생활환경에 가장 적합하다고 생각하는가? 어떤 이론에 동의하지 않는가?
5. 이 장을 읽고서 얻은 가장 유용하거나 중요한 통찰력은 무엇인가?

핵심용어

- 교환이론(exchange theory)
- 근대화이론(modernization theory)
- 분리이론(disengagement theory)
- 비판노년학(critical gerontology)
- 사회구성주의(social constructionism)
- 성인의 삶에 대한 캔저스시 연구 (Kansas City Study of Adult Life)
- 연기된 교환전략(deferred exchange strategies)
- 연령계층이론(age stratification theory)
- 연령코호트(age cohort)
- 연령통합이론(age integration theory)
- 정치경제학이론(political economy theories)
- 즉각적 교환전략 (immediate exchange strategies)
- 지속이론(continuity theory)
- 페미니스트이론(feminist theories)
- 하위문화이론(subculture theory)
- 활동이론(activity theory)

4장
고령화의 인구학

1. 인구자료의 출처
2. 개인적 노화과정
   1) 수명
   2) 기대수명
   3) 성비
3. 인구고령화
   1) 인구변천
   2) 인구고령화의 국제적 차이
   세계의 고령화: 인구고령화와 테러리즘
   3) 부양비
4. 미국의 인구추세
   1) 변화하는 연령구조
   2) 출산
   3) 사망
   고령화 경험의 다양성: 부의 불평등과 기대수명
   4) 이주
   그들의 목소리: 쿠바인의 정체성 유지하기
   5) 부양비
   6) 기대수명
   7) 미국의 성비
   공공정책에 대한 이슈: 난민을 위한 보충적 보장소득이 복원되어야하는가?

에코붐세대는 전세계에 닷컴 사업이 부흥하는데 도움이 되었다.

미리보기

1. 인구의 연령구조는 경제발전 단계와 어떻게 관련되는가?
2. 남성과 여성의 상대적인 기대수명은 어떻게 되며 그리고 이것은 성비와 어떻게 관련되는가?
3. 지난 세기 동안 미국에서 출산율, 사망률, 이주율은 어떻게 변해왔으며 그리고 인구에 미친 영향은 무엇인가?
4. 지난 세기 동안 미국의 기대수명은 어떻게 변해왔으며 그리고 집단별로 차이가 있는가?

4장
고령화의 인구학

비디오 게임, 보육원, CD, 힙합에 익숙해진 **에코붐세대**(echo boomers)는 베이비붐세대의 자녀들이다. 그들은 부모에게 웹을 서핑하고 아이파드(iPod)에 음악을 다운로드하는 세부내용을 가르칠 수 있고 또한 여성을 지도자로 받아들이는데 문제가 없다. 미국을 네트워화된 세계로 이끄는데 이상적으로 적합한 에코붐세대는 1946년에서 1964년 사이에 태어난 7,500만 명의 **베이비붐세대**(baby boomers)인 그들의 부모세대만큼이나 규모가 크다. 7,200만 명의 강력한 에코붐세대는 베이비붐세대보다 인종적으로 그리고 민족적으로 더 다양하다. 에코붐세대의 66%만 백인이며, 15%는 흑인, 14%는 히스패닉계이다. 베이비붐세대는 75%가 백인, 11%가 흑인, 9%가 히스패닉계이다.

에코붐세대가 새로이 노동력으로 진입하는 반면에 그들의 부모는 노년에 접어들고 있다. 베이비붐세대 중 가장 연령이 높은 사람은 현재 70대이다. 지난 몇 해 동안 많은 사람들이 은퇴하면서 미국 역사상 가장 큰 노인 코호트가 만들어졌다. 각각의 새로운 코호트는 크기와 구성이 주변 세계의 본질을 변화시킴에 따라 표시가 난다. 코호트 크기는 출산(출생아 수), 사망(사망자 수), 이주(타국에서 새로운 사람들의 도착)라고 하는 기본적인 인구과정에 의해 결정된다. 이러한 과정은 **인구학**(demography)의 주제이다. 더불어 이것은 인구의 **연령구조**(age structure) 또는 다양한 연령코호트의 인구비율을 결정한다. 모든 출생, 사망, 다른 지역으로의 이동은 사람들의 의사결정, 직면하는 위기, 미래에 대한 계획과 꿈을 반영한다. 이와 함께 이러한 개인의 결정과 경험은 식별가능한 특징을 가진 인구집단을 만든다. 인구학자들은 이러한 인구의 특징을 미래인구를 예측하고, 공공정책의 효과를 결정하며, 정책과 관련된 정치적, 경제적, 사회적 변화를 예견하고, 정보에 입각한 계획에 의해 해결될 수 있는 사회문제를 드러내기 위해 연구한다.

이 장은 인구학적 자료의 출처에 대한 간략한 서술로 시작한다. 그 다음 인구고령화–젊은 인구에 대비한 고령인구 비율의 점진적인 증가–의 과정에 대해 논의한다. 특히 연령구조의 국제적인 추세로 나타나는 인구학적 변화 현상에 중점을 둔다. 개인적 차원에서 개인의 노화에 대한 두 가지 측정치인 수명과 기대수명에 관해 정의한다. 다음으로, 변화하는 이주패턴과 더불어 출산율과 사망률의 감소가 국가의 인구형태를 어떻게 변화시켰는가에 초점을 맞춘다. 이 장은 미국 노인의 다양한 특성–결혼상태, 소득과 빈곤수준, 교육, 지리적 이동–에 대한 서술로 결론짓는다.

1 인구자료의 출처

인구학적 분석은 공공기관이나 민간기관에서 수행한 센서스집계에 기초한다. 미국 인구조사국(U.S. Census Bureau)은 국가의 모든 인구자료를 위한 중앙정보센터이다. 인구조사국은 10년마다 전국적인 인구집계를 하고 또한 각 가구로부터 출생, 사망, 거주자의 출신국, 건강, 주거시설, 직업, 소득에 대한 정보를 얻는다.

인구조사국은 수집된 자료를 사용하여 대중에게 공개되는 보고서와 문서를 작성한다. 인구조사국이 지속적으로 데이터의 정확성을 모니터링하고 기록을 면밀히 점검하는 엄청난 노력을 하지만 오류는 불가피하게 발생한다. 노숙자 등과 같은 사람들은 접근하기 어렵다. 많은 시도를 하더라도 응답하지 않는 사람들도 있다. 일부는 언어문제로 부정확한 정보를 제공할 수 있다. 정책결정이 인구조사의 수에 기초하여 이루어지기 때문에 이러한 오류는 어떤 집단이 자금을 지원받으며 또 얼마나 받는지에 대해 영향을 미칠 수 있다.

이러한 문제들은 UN이 세계의 인구자료를 작성할 때 더 커진다. 특히 연령은 정확한 자료를 얻는데 가장 어려운 측정치들 중 하나이다. 또다른 문제는 국가마다 나이를 계산하는 방법이 다르다는 것이다. 중국의 경우 전통적인 관행은 아이가 태어났을 때 1살로 계산하는 것이지만 반대로 서양에서 신생아의 나이는 0살로 정해져 있다. 문해율이 낮은 인구 중에는 공식적인 출생기록이 보존되지 않아서 정확한 연령의 확인이 불가능하다. 일부 국가에서는 인구조사의 집계가 10년 또는 20년이 지체될 수 있다.

최근의 연구들에서 연구자들은 미국에서 100세 이상의 슈퍼센테니얼(Super Centennials)의 연령을 검증하려고 시도하였다. 이들은 110세 이상으로 분류된 백인의 90%가 정확한 데에 비해 흑인은 50%만 정확한 것을 발견했다(Rosenwaike and Stone, 2003). 인종차이에 대해 가장 가능성 있는 설명은 100년 전에는 많은 흑인 아기들의 출생이 기록되지 않았다는 것이다.

이러한 문제를 해결하기 위해 UN은 국제적인 인구학적 자료의 신뢰를 나타내는 코드를 개발하였다. 품질코드가 문제에 대한 관심을 이끌어 내지만 당연히 문제를 제거하지는 못한다. 그러므로 국제적인 인구추세의 비교는 신중하게 이루어져야 한다.

2 개인적 노화과정

개인적인 노화를 측정하는 두 가지 방법이 있는데 이는 수명과 기대수명이다. 기대수명의 성별차이는 성비에 영향을 준다.

1) 수명

개인의 연령에 대한 하나의 측정치는 한 종의 어떤 구성원이 생존할 것으로 알려진 최대 연수로 정의된 **수명**(life span)이다. 이 정의에 따르면, 우리의 가장 가까운 동반자인 개의 수명은 품종에 따라 차이가 있지만 16년이다. 코끼리가 100년 이상을 산다는 것이 일반적인 생각이지만 그렇지는 않다. 코끼리의 최대 수명은 69년이다. 사실 인간은 가장 장수하는 동물이다(Hayflick, 1996). 인간의 수명은 약 120년으로 보이지만, 훨씬 더 오래 산 사람들에 대해 기록된 약간의 사례들도 있다.

대부분의 과학자들은 인간의 수명이 선사시대 이후로 변하지 않았다고 믿는다. 지난 세기에 걸쳐 선진국에서 변한 것은 인간의 기대수명이 인류의 수명에 더 가까워졌다는 것이다. 기대수명이 길면 삶이 질이 높아질까?

2) 기대수명

기대수명(life expectancy)은 주어진 인구집단의 사람들이 생존할 것으로 기대되는 평균 연수, 더 정확히는 죽을 때의 평균 나이이다. 이 개념은 많은 출생과 사망을 결합한 결과의 측정치이다. 기대수명은 주어진 인구집단 내 모든 사람들의 사망 시 연령의 합을 그 집단의 사람들 수로 나누어서 계산한다.

일부 국가를 제외하면 전 세계적으로 기대수명은 남성보다 여성이 더 길다. 일본, 프랑스, 영국, 스웨덴과 같은 선진국에서 여성은 남성보다 6~8년 더 오래 살 것으로 기대할 수 있다. 이집트, 남아공, 인도와 같은 개발도상국에서는 여성이 남성보다 3~5년 더 오래 산다(CIA, 2011). 과학자들은 생물학적, 사회적, 행동적 요인들의 복합적인 상호작용으로 나타나는 이러한 기대수명에 대한 성별 차이를 완벽하게 설명할 수 없다. 여성이 남성보다 더 오래 사는 한 가지 이유는 남성이 흡연과 음주를 더 많이 하고 위험한 일에 더 많이 종사한다는 것이다. 그러나 젊은 여성의 음주와 흡연의 증가 및 노동시장 참여율의 증가가 기대수명의 성별 차이를 줄일 것이라고 예측하지만 아직까지 선진국에서는 분명한 변화의 유형이 나타나고 있지는 않다.

3) 성비

성비(sex ratio)란 여성 100명당 남성의 숫자로 정의된다. 성비는 출생 시의 여성 대비 남성의 수와 남성과 여성의 상이한 생존율 모두에 의해 영향을 받는다. 106명의 남아가 태어날 때마다 여아는 100명이 태어난다. 여성보다 남성이 더 많이 태어나는 이유는 아무도 모른다. 아마 그것은 남성이 출생 직후부터 직면할 죽음과 부상에 대한 높은 위험을 조절하는 자연의 방식일 것이다. 출생 후 유아기부터 노년기까지 사망률은 꾸준히 남성에게서 더 높게 나타난다. 결국 성비는 남자아이가 여자아이보다 조금 더 많은 데서 남성이 매우 부족한 초고령까지 생애과정 전반에 걸쳐 점차 줄어든다. 대부분의 국가에서 여성 노인들은 남성 노인들보다 숫자가 훨씬 많다.

3 인구고령화

인구고령화는 한 사회에서 나이든 사람의 비율이 증가하기 때문에 발생한다. 인구집단의 연령구조는 세 가지 중요한 인구학적 과정인 출산, 사망, 이주를 통해 변화할 수 있다. **출산율**(fertility rate)은 출생의 발생이나 인구집단으로의 신생아 유입에 대한 측정치이다. 어느 시대에나 인구집단의 고령인구 수는 65년 이전에 태어난 신생아 수의 직접적인 결과이다. 일반적으로 출생율의 감소는 인구고령화를 낳는 주요 요인이다. 연령구조에 영향을 미치는 두 번째 과정인 **사망률**(mortality rate)은 인구집단 내 사망의 발생을 반영한다. 세 번째 과정인 **이주**(migration)는 국경을 넘는 사람들의 이동이다. 대개 이주는 연령구조에 미치는 영향이 가장 적다.

인구의 연령구조를 보여주는 한 가지 방법은 연령과 성별에 따른 인구분포를 나타내는 막대그래프인 **인구피라미드**(population pyramid)를 작성하는 것이다. "젊은" 인구집단은 〈그림 4-1〉에 있는 고전적인 삼각형 모형을 나타낸다. 바닥이 넓은 것은 출산이 많다는 것이고 위로 갈수록 좁아지는 것은 사망의 결과이다. 방글라데시는 "젊은" 국가의 일례이다. 출산율이 영유아 사망률과 함께 감소하면 인구집단은 "중년"이 된다. 아이가 더 적게 태어나고 더 많이 생존하면 삼각형의 바닥은 사각형이 된다. 한국은 "중년" 국가의 일례이다. 사망률이 전 연령에서 특히 노년층에서 감소하면 인구집단은 "노년"이 된다. 일본은 인구가 직사각형 모양을 지닌 "노년" 국가의 일례이다.

〈그림 4-1〉 아시아 세 나라의 인구피라미드(1998년)

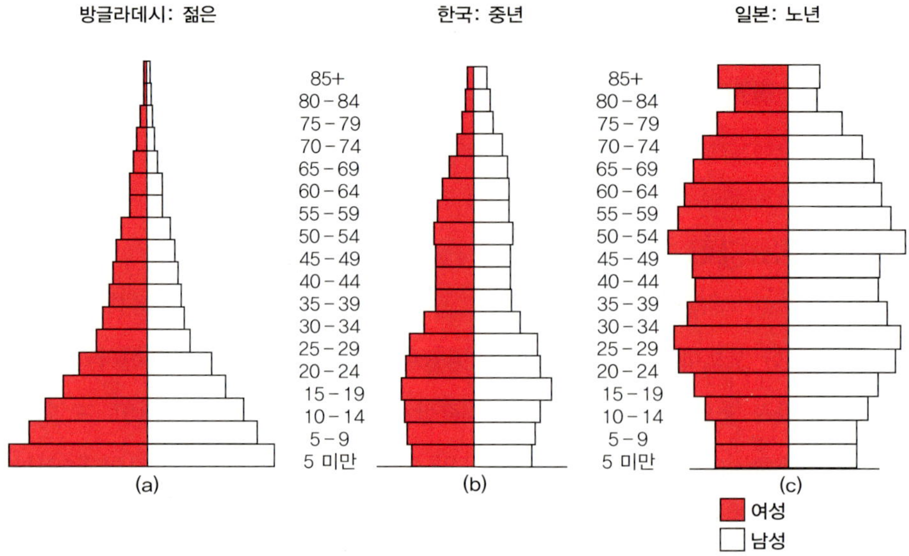

출처: U.S. Census Bureau(1998a)

1) 인구변천

모든 선진국의 경우, 높은 사망률과 출산율에서 낮은 사망률과 출산율로 이어지는 세 단계 변화는 **인구변천**(demographic transition)이라고 부르는 사회경제적 과정을 통해 발생한다. 산업화가 진행되면서 이에 동반되는 출산과 사망의 변화는 인구구조에 변화를 가져온다. 이 과정의 최종 단계에서 한 나라의 인구는 더 고령화되는 동시에 더 많아진다(Lesthaeghe, 2010). 이 과정을 좀 더 들여다보자.

인구변천의 1단계에서 경제는 농업을 기반으로 하며, 여성은 일찍 결혼하여 아이를 많이 낳고, 영아는 대개 급성질환과 전염병으로 죽는다. 출산율과 사망률 둘 다 높기 때문에(〈그림 4-2〉 참조) 성인에까지 이르는 사람은 드물고, 노년까지 생존하는 사람은 더 드물다. 인구피라미드는 완벽한 삼각형을 이룬다.

〈그림 4-2〉 인구변천의 단계

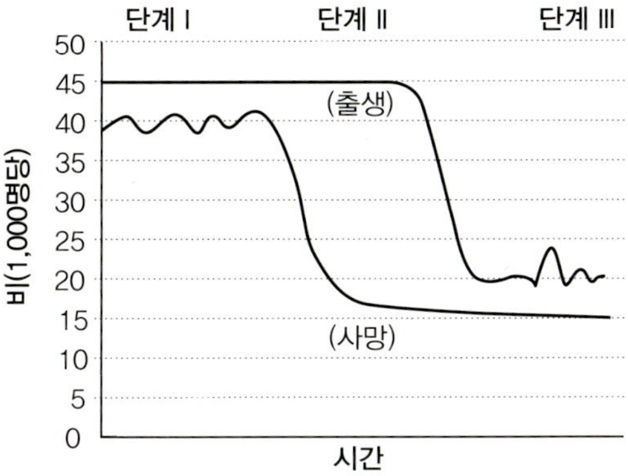

인구변천의 1단계에서는 출산율과 사망률 다 높다. 2단계에서는 높은 출산율이 지속되는 반면에 사망률이 감소하면서 급격한 인구증가가 일어난다. 3단계에서는 출산율이 감소하며 인구증가는 줄어든다.

인구변천의 2단계는 사망률 감소와 인구증가로 특징된다. 초기에는 전염병과 기생충 질환에 대한 관리가 영유아 사망의 완만한 감소를 가져온다. 보다 많은 아이들이 살아남아서 성인이 됨에 따라 연령구조는 더 젊어지고 연령피라미드의 밑은 넓어진다(U.S. Census Bureau). 이 어린이들이 출산연령에 이르면 상당한 인구증가가 발생한다. 개선된 위생과 보건의료를 통해 기대수명이 늘어나고, 노인의 사망률이 감소하기 시작하며, 인구집단의 노인비율은 커진다.

3단계에서는 전체적으로 인구집단이 고령화하기 시작하고 또한 급성질환보다는 만성질환으로 인한 사망이 많아진다. 이 단계에 진입한 인구집단은 점차 더 사각형 모형이 된다. 출산율과 사망률 둘 다 낮을 때 인구변천은 완성된다. 이 지점에서 국가는 인구학적으로 이야기할 때 "노년"으로 특징될 수 있다(이 과정은 3장에서 보다 상세히 기술되어 있다). 이민자의 대규모 유입 또한 인구집단의 연령구조에 영향을 줄 수 있지만 난민의 특성에 따라 예측하기 어려운 방식으로 영향을 줄 수 있다(U.S. Census Bureau, 2002).

젊은 사람들은 보통 나이든 사람들보다 훨씬 더 적극적으로 이주를 하려 하는데, 그 이유는 젊은이들이 더 약한 유대를 갖고 있기 때문이다(Fischer and Malmberg, 2001). 이민자들은 고향, 가족, 지역사회를 떠나 때로는 말도 통하지 않는 먼 곳으로 떠난다. 대개 이들은 보다 나은 직업과 높은 임금, 새로운 동반자 또는 좋은 주거지를 찾으려고 떠난다. 실직, 이혼 또는 자녀의 출가와 같은 불안정한 생애 사건 또한 이주하고자 하는 성향을 증가시킨다. 일반적으로 기혼자가 미혼자보다 유대가 강하고, 자녀가 없는 사람이 있는 사람보다는 유대가 약하다. 이는 대부분의 이민자들이 젊은 사람들인 이유를 설명한다. 다수의 젊은이들이 이주하면, 이들이 정착국가의 연령구조를 변형시킨다.

한 국가의 연령구조는 다양한 많은 결과들을 가진다. 보다 고령화된 인구구조는 허약한 노인에 대한 돌봄 수요가 많아질 것을 의미하는 반면에 젊은 인구집단은 교육시스템에 부담을 줄 수 있다. "세계의 고령화"에서 인구고령화가 테러활동에 참여하는 젊은이들의 가망성에 영향을 주는 방식에 대해 고려해본다.

세계의 고령화 : 인구고령화와 테러리즘

인구학이 "테러와의 전쟁"에서 승리할 수 있는 열쇠를 가지고 있는가? 많은 연구들은 청년층의 급증과 정치적 폭력 간에 매우 강한 관계가 있음을 보여준다. 청년층의 급증은 한 나라의 인구 가운데 40%이상이 15–29세일 때 나타난다. 예를 들어, 1960년대 미국의 베이비붐세대는 청년층의 급증을 만들어 베트남전쟁, 여성의 권리, 환경호보에 대한 정치적 갈등을 야기하였다. 보다 전형적으로, 청년층의 급증은 개발도상국에서 고출산율과 저사망률의 결합에 의해 나타난다.

청년층의 급증은 왜 정치적 폭력을 일으킬까? 한 가지 원인은 개발도상국들이 종종 많은 젊은이들을 수용할만한 충분한 일자리를 창출하지 못한다는 것이다. 따라서 실업률이 높다. 중동과 북아프리카의 청년 실업률은 26%이다(Hass, 2007). 결과적으로 높은 실업률은 현재의 정치적 및 경제적 정책에 대한 분노와 변화에 대한 요구를 만든다. 변화에 대한 요구가 반드시 폭력행동을 야기하지 않지만 젊은 사람들은 종종 노인에 비해 더 이상주의적이고 또 변화를 이루기 위해 폭력을 동원해서라도 강력한 조치가 취해져야 한다고 믿는다.

사우디아라비아, 이라크, 파키스탄을 포함한 많은 이슬람 국가들에서 청년인구는 전체 인구의 45%를 차지한다. 이러한 국가들은 국내 폭력과 국제 테러리즘을 위한 비옥한 모집 토양이었다. 인구고령화는 보다 큰 정치적 안정을 만든다. 이렇게 급증한 청년층이 나이가 들면서 테러리즘은 줄어들 것이다.

어떻게 생각하는가?

1. 젊은이들이 그들의 부모보다 더 이상주의적이라고 믿는가? 젊은이들이 변화를 이루기 위해 극단적 수단을 더 적극적으로 수용할 것인가?
2. 여러분은 어떤 종류의 정치적 변화를 바라는가? 이러한 변화를 이루기 위해 여러분은 무엇을 기꺼이 할 것인가?

2) 인구고령화의 국제적 차이

전 세계의 인구는 출산율의 하락, 수명의 증가, 미국의 베이비붐세대와 같이 규모가 큰 연령코호트의 고령화와 같이 앞에서 언급한 요인들로 인해 급속하게 고령화되고 있다(Bloom, et al., 2015).

비록 거의 모든 국가가 고령화하고 있지만 이러한 과정이 어느 정도 급속하게 발생하는가에 대해서는 상당한 변이가 있다. 가장 고령화된 나라들은 서유럽과 북미에 있는 반면에 가장 젊은 나라들은 남미와 아프리카에 있다. 일본은 65세 이상 인구가 23%나 되는 가장 고령화된 나라인 반면 쿠웨이트와 바레인은 노인인구의 비율이 2%에 불과하다(Bloom, et al., 2015). 이러한 차이는 대부분의 아프리카와 아시아 및 남미의 일부가 여전히 높은 출산율, 젊은 인구형태, 낮은 기대수명을 지닌 1단계 인구변천에 처해 있기 때문이다. 2000년에 아프리카의 기대수명은 단지 46세였다(World Bank, 2003b). 아프리카에서 높은 사망률이 지속되는 이유는 HIV/AIDS 때문이다. 전 세계 AIDS 사례의 94%이상이 사하라이남 아프리카에서 발생한다(Lee, 2003). 이 분포범위의 반대편 끝에 있는 서유럽 나라들은 수십 년 동안 저출산율과 저사망률을 유지했었고 이제는 높은 노인 비율을 가지고 있다. 이러한 국가들은 65세 이상 인구의 비율이 높고 또한 85세 이상 사람의 수가 증가하고 있다. 사망률이 낮은 나라에서 사람들이 85세 이상까지 사는 것은 이제 보통이다. 〈표 4-1〉은 일부 이러한 나라들의 성별 85세의 기대수명을 보여준다. 미국의 기대수명은 초고령 남성에서는 1위를 여성에서는 2위를 차지하고 있다. 모든 나라에서 85세의 기대수명은 여성이 남성보다 더 길다.

〈표 4-1〉 성별 85세의 기대수명

국가	남성	여성
오스트리아	5.46	6.36
덴마크	5.26	6.46
영국	5.94	6.85
프랑스	5.92	7.49
네덜란드	5.33	6.49
스페인	5.90	6.83
미국	6.02	7.07

출처: Crimmins and Sole-Auro(2013).

하지만 이러한 인구구조의 차이가 장기간 지속되지는 않을 것인데 왜냐하면 인구변화의 속도가 빨라지고 있기 때문이다. 산업화된 국가들에서 인구고령화는 100년 이상이 걸렸다. 60세 이상 인구가 9%에서 18%로 2배 되는데 벨기에는 100년 이상이 그리고 프랑스는 140년이 걸렸다. 현대 보건의료기술이 노인들의 기대수명을 증가시킴에 따라 개발도상국에서 이러한 변화의 속도는 더 빨라질 것이다. 이들 많은 국가에서 노인인구는 단지 30년 안에 3배 내지는 4배로 증가할 것이다. 60세 이상 인구비율이 9%에서 18%로 2배 증가하는데 중국은 34년, 베네수엘라는 22년이 걸릴 것이다(World Bank, 1994). 향후 30년 동안 이러한 기대수명의 차이는 줄어들 것으로 예측된다. 최근의 전망에 의하면 전 세계의 기대수명은 앞으로 50년 동안 77세로 증가할 것이다(U.S. Census Bureau, 2002). 이에 따른 불가피한 결과는 전 세계의 인구고령화일 것이다. 2050년에는 4세 이하의 아동 한 명당 60세 이상 인구가 3.2명이 될 것이다(Cohen, 2003).

급격한 인구고령화가 일으키는 도전은 위협적이다. 개발도상국은 최근의 의료기술 발전으로 혜택을 얻을 수 있으며 또한 다른 나라들로부터 노인에게 건강과 수입에 대한 보장을 제공하는 방법을 배울 것이다. 그렇지만 대부분의 개발도상국들은 이러한 욕구를 충족시킬 자원이 부족할 것인데 왜냐하면 이들 나라가 산업화된 나라에 비해 1인당 소득이 더 낮은 수준에서 과거의 인구학적 형태에 도달할 것이기 때문이다. 더욱이 유럽 국가들에서 시행가능했던 해결책들이 다른 문화 전통을 지닌 나라에서 작동하지 않을 수도 있다. 이로 인해 인구고령화는 21세기의 개발도상국들에게 무서운 도전을 제시한다.

3) 부양비

인구고령화를 측정하는 또다른 방법은 고령인구를 지원하는 부담을 나타내는 부양비를 통해서이다. **노년부양비**(elderly dependency ratio)라고 불리는 성인에 대한 노인의 비는 근로연령 사람(18세에서 64세) 100명당 65세 이상 사람의 수로 계산된다. 이 지표는 은퇴자 대비 취업자 인구의 비율에 대한 개략적인 추정치를 제공한다. 하지만 인구학적 관점에서 고령자를 지원하는 국가의 능력은 은퇴자에 대한 취업자의 비율뿐만 아니라 근로연령의 사람에 대한 18세 미만 사람의 상대적인 비율에도 의존한다. **유소년부양비**(child dependency ratio)는 근로연령 사람 대비 18세 미만 사람의 수를 나타낸다. 근로연령 사람에 대한 아동과 노인의 합산비가 **총부양비**(total dependency ratio)이다.

물론 일부 15세 미만의 사람과 일부 65세 이상의 사람은 일을 하며 일부 근로연령의 사람은 일을 하지 않는다. 서양의 일부 국가에서는 대부분의 사람들이 60세에 노동현장을 떠난다. 개발도상국의 경우 10살짜리 아이가 하루 12시간 일을 하기도 한다. 여전히 부양비는 돌봄을 필요로 하는 사람에 대한 상대적인 돌봄제공의 공급을 결정하는 데 도움을 주기 때문에 한 국가의 돌봄제공 부담을 추정하는데 유용하다.

4 미국의 인구추세

1) 변화하는 연령구조

미국은 20세기 내내 고령화가 진행되었으며, 21세기에는 그러한 변화의 속도가 가속화될 것이다(Olshansky, 2015). 〈그림 4-3〉에서 보듯이, 1930년대의 대공황 시기에 태어난 아이들의 수가 상대적으로 적었기 때문에 1990년대에는 인구증가가 다소 둔화되었다. 베이비붐세대가 65세에 도달하면서 노인인구가 급증하고 있다. 65세 이상 인구는 2000년의 3,500만 명에서 2011년에 4,140만 명으로(18% 증가) 늘어났으며 2060년에는 9,200만 명으로 두 배 이상 증가할 것이다. 2011년에 65세 이상의 사람은 인구의 13.3%를 차지했지만 2040년에는 인구의 21%까지 증가할 것으로 예상된다. 마찬가지로 중요한 것은 85세 이상의 인구가 2040년까지 3배가 될 것으로 예상된다는 것이다.

〈그림 4-3〉 65세 이상 사람의 수, 1900-2060

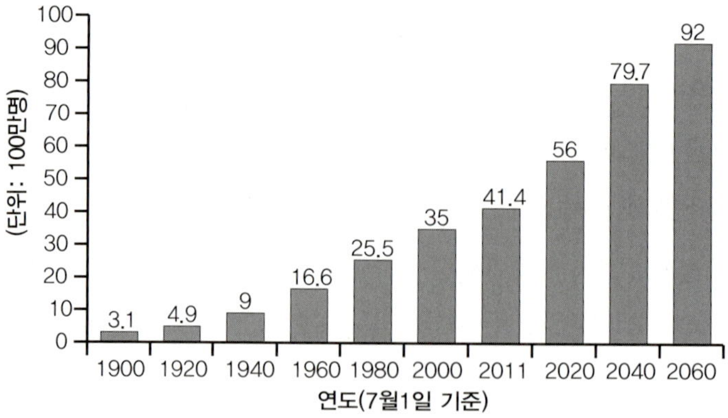

출처: Administration on Aging(2012).

2) 출산

베이비붐세대는 제2차세계대전 이후의 출산급증에 의해 생겨났다. 출산율은 1946년에 상승하기 시작해서 1958년에 여성 1명당 평균 3.17명으로 정점을 찍었다. 1950년대에 가임연령에 도달한 여성들은 20세기에 가장 다산한 여성이라는 기록을 가지고 있다. 이들 중 3/4은 20대 중반에 이르기 전에 첫아이를 낳았고 또 93%가 나중에는 어머니가 되었다.

그러나 그 후 1971년과 1980년 사이에 출산율이 급격히 떨어지면서 여성 1명당 자녀 1.7명이라고 하는 사상 최저치에 이르렀다. 이러한 출산율 감소에 여러 요인들이 기여했다. 하나는 1960년대 초반부터 이용가능해진 피임약이었다. 역사상 처음으로 여성들은 그들이 가지는 아기의 수와 아기를 가질 시기를 통제할 믿을 만한 방법을 가졌다. 또다른 하나는 여성에 대한 교육기회의 증가였다. 베이비붐의 첫 세대가 1965년에 대학에 입학할 나이가 되었을 때, 그 세대의 여성들은 기록적인 숫자로 대학에 들어갔다. 베이비붐 세대의 여성들은 그 이전 세대의 여성들보다 거의 두 배 가까이 많게 대학을 졸업했다. 이들 여성 중 많은 수는 대학에 다니는 것이 결혼을 미루는 것을 의미했다. 이들 중 30%는 20대 중반의 미혼이었다(U.S. Census Bureau, 2010). 중요하게도, 결혼을 미루는 것은 출산을 지연시킬 뿐만 아니라 평생의 출산율도 감소시킨다. 마지막으로, 여성의 경제활동 참여가 1960년대에 급속히 확대되었다. 여성들이 고학력화 되면서 이들은 점점 더 집 밖에서 일을 찾았다.

베이비붐세대 여성들은 그들의 부모보다 적은 수의 아이들을 가졌지만 이들의 세대가 낳은 아이의 숫자는 실제 증가했는데, 이는 베이비붐세대 사람들이 매우 많았기 때문이다. 1977년과 1994년 사이에는 거의 베이비붐세대 때만큼이나 많은 아이들이 태어났다. 그 이후로 출생률은 수평상태가 되었다. 2013년의 출산율은 백인 여성이 1.8명이었고 흑인과 히스패닉 여성은 이보다 약간 더 높았다(Mather, 2014). 〈그림 4-4〉는 베이비붐세대와 에코붐세대의 두 코호트를 만든 정상출산(live birth)의 수를 보여준다.

〈그림 4-4〉 미국의 정상출산과 출산율, 1930-2008

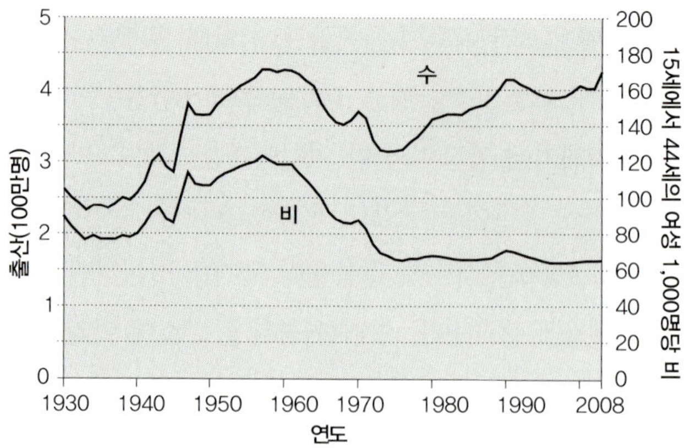

주: 1959년부터의 추세선은 등록된 정상출산에 기초하며, 1930년에서 1959년까지의 추세선은 저등록(underregistration)을 보정한 정상출산에 기초한다.

출처: U.S. Census Bureau(2010).

〈그림 4-5〉 미국의 인구피라미드, 1970년과 2010년

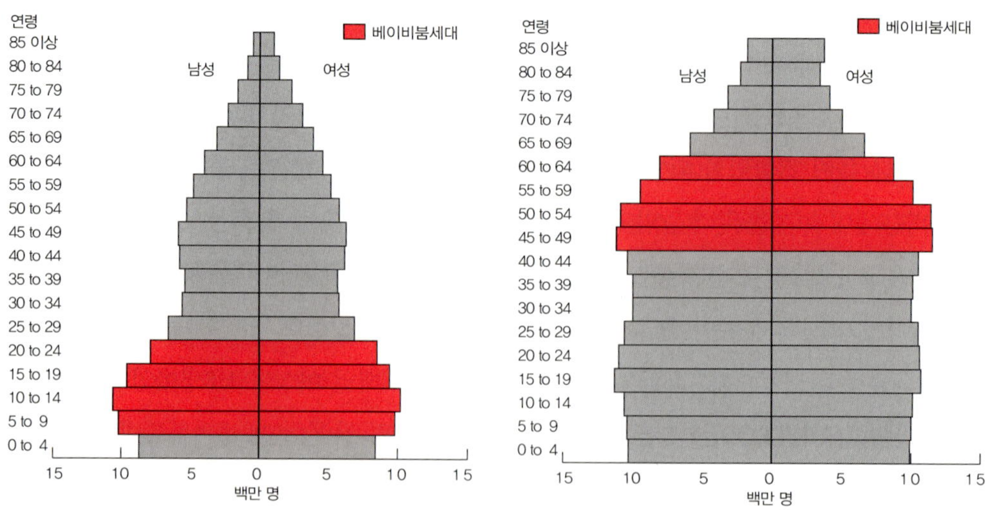

출처: U.S. Census Bureau(2010).

이러한 출산율 추세가 미국의 연령구조에 미치는 영향은 〈그림 4-5〉에 나타나 있다. 1970년의 인구피라미드는 대공황시기의 매우 낮은 출산율에 의해 15-24세 연령대의 중하

쪽에 뚜렷한 돌출부분이 있는 삼각형 모양이다. 막 시작되고 있는 베이비붐세대의 급증은 5세 미만 어린이들 있는 맨 아래쪽에 나타난다.

2017년에 베이비붐세대는 53세와 71세 사이 그리고 에코붐세대는 20세와 40세 사이가 된다. 2050년이 되면 베이비붐세대의 대부분이 사망할 것이다. 에코붐세대 또한 늙어갈 것이다.

3) 사망

지난 세기에 걸쳐 미국의 사망률은 극적으로 개선되었다. 1900년에는 고령까지 생존할 가능성이 충격적일 정도로 낮았다. 약 20%의 백인 아이들과 33%의 비백인 아이들이 다섯 번째 생일 전에 죽었다(Hobbs and Damon, 1996). 백인 여성의 3분의2 미만(63%)과 비백인 여성의 32%만이 60세까지 살 수 있었다. 백인 남성 중 절반이 조금 넘는(55%) 사람만 그리고 비백인 남성은 28%만 60세까지 살 수 있었다(Serow et al., 1990). 2010년에 이르러 영아는 고령까지 살 수 있는 보다 좋은 기회를 가졌다. 여전히 백인이 비백인보다 유리하지만 인종 간 차이는 좁아졌다(U.S. Census Bureau, 2011la).

사망률의 가장 큰 감소는 1940년대와 1970년대의 두 시기에 발생했다. 1940년대에 의학의 발전은 영유아 사망률과 산모 사망률에 있어 중요한 진전을 이끌었다. 그리고는 1960년대 후반부터 심장질환으로 인한 사망률이 떨어지기 시작했는데, 이는 대체적으로 예방과 치료가 더 좋아졌기 때문이다. 흡연자가 줄었고 또 새로운 약이 고혈압을 조절하는 데 도움을 주었다. 심장질환에 대한 이러한 진전은 지난 4반세기에 걸친 사망률 감소의 가장 중요한 원인으로서 두드러진다. 그 영향은 노인들 특히 남성 노인들 사이에서 가장 컸다(Capewell et al., 2009).

아이러니하게도 암으로 인한 사망자는 실제로 노인들에서 증가했다. 한 가지 가능한 설명은 심장질환으로 인한 사망이 감소하면서 더 많은 사람들이 암으로 죽을 만큼 오래 살 수 있게 되었다는 것이다. 그러나 이러한 추세는 처음에 나타난 것보다 더 긍정적인데 왜냐하면 전체 암사망률의 증가가 특정 형태의 암으로 인한 사망률의 감소를 감추기 때문이다. 자궁

경부암은 보다 많은 여성들이 정기적으로 자궁경부세포 검사를 받기 때문에 줄었다. 남성의 경우 폐암 사망자는 흡연 감소로 인해 줄었다. 그러나 폐암 사망자는 나이든 여성들 사이에서 증가하고 있는데 이는 보다 많은 여성들이 이전 세대들보다 담배를 더 피웠거나 여전히 담배를 피우고 있기 때문이다.

예방과 치료의 향상에도 불구하고 심장질환은 65세 이상의 사람들에게 있어 사망의 주요 원인으로 남아 있다. 심장질환과 암은 65세에서 84세까지의 전체 사망자 가운데 2/3를 차지한다(Centers for Disease Control, 2014). 85세 이상에서는 심장질환이 1위이며 뇌혈관질환(뇌졸중)과 암이 그 뒤를 잇는다.

앞서 언급한 사망률의 인종 차이는 질병의 위험성에 대한 인종 차이를 반영한다. 예를 들어, 사망의 주요 원인 세 가지 모두에 있어 아프리카계 미국인의 사망률은 백인보다 일관되게 더 높다. 하지만 지난 15년 동안 남녀 모두에 있어 사망률의 흑백 격차가 감소했다는 좋은 소식이 있다. 흑인 여성들에게 있어 심장병, 살인, 의도치 않은 부상 등으로 인한 사망률이 떨어졌다. 흑인 남성들에게 있어 살인, HIV, 의도하지 않은 부상으로 인한 사망자는 감소했다(Harper et al., 2007). 공중보건과 의료분야에서의 공동 노력이 심혈관질환, 살인, HIV, 영아사망에서 여전히 남아있는 차이의 주요 원인을 해결하기 위해 필요하다.

초고령자들에게 있어 백인과 관련된 장점은 소멸하고 있다. 완전히 이해되지는 않지만 한 가지 흥미진진한 현상은 **인종교차**(race crossover)이다. 85세 이후에 아프리카계 미국인의 사망률은 백인보다 *낮다*(Yao and Roberts, 2011). 인구학자들은 그 이유를 충분히 설명할 수 없지만, 일부 학자들은 젊은 시절의 환경적 스트레스에서 살아남은 아프리카계 미국인들이 특히 장수하도록 운명 지우는 생존이점(survival advantage)을 가졌을지 모른다고 주장한다.

사회경제적 지위는 여러 가지 면에서 건강에 영향을 미친다. 소득이 높은 사람들은 가난한 사람들보다 건강보험을 가지고 또 더 나은 건강돌봄을 받을 가능성이 더 높다. 그들은 또한 오염이 덜 된 지역에 살고 공공 서비스에 대해 더 좋은 접근기회를 가지는 경향이 있다. 고소득층 여성들은 유방조영술을 받을 가능성이 더 높은데, 이는 유방암에 대한 조기 진단과 치료를 받는다는 것을 의미한다(Sheiner, 2015). 사회경제적 지위는 생활양식에도 영향을 미친다. 중산층은 빈곤층보다 규칙적으로 운동하고, 몸무게를 조절하며, 아침을 먹을 가능성이 더 많으며 그리고 흡연이나 과음의 가능성을 덜 가지고 있다.(이러한 건강행동의 차이에 대한 이유는 11장에서 보다 자세히 설명된다.)

"고령화 경험의 다양성"은 소득별 기대수명의 가장 최근 경향을 다룬다.

고령화 경험의 다양성 : 부의 불평등과 기대수명

2016년 대통령선거 기간 동안 민주당 후보인 버니 샌더스는 미국내 부의 불평등 증대에 대한 메시지로 유세에서 많은 군중을 끌어 모았다. 하지만 그가 거의 언급하지 않았던 한 가지 이슈는 부자와 빈자 간에 커져가는 기대수명의 차이였다. 기대수명은 반세기 이상 증가하고 있지만 이러한 이득의 거의 모두는 소득분배의 상위 60% 사람들에게 돌아갔다. 〈그림 4-6〉에서 보듯이 1930년에 태어난 남성들 중에서 소득별 50세의 기대수명은 작은 차이만 있을 뿐이었다. 가장 가난한 남성들 가운데 50세의 기대수명은 26.6년인데 비해 가장 부유한 남성의 기대수명은 31.7년으로 약 5년 차이가 난다. 그러나 1960년에 태어난 남성들 중에서 가장 부유한 사람들과 가장 가난한 사람들 간 기대수명의 차이는 거의 14년으로 두배 이상 차이가 났다(Sheiner, 2015). 여성들에게도 비슷한 패턴이 관찰되었다.

커져가는 기대수명의 차이에 대한 단 하나의 원인으로 부를 한정하기는 어려우며, 영향을 주는 요인들에는 흡연행위, 비만, 처방약을 포함한 약물남용, 건강돌봄에 대한 접근이 포함된다.

〈그림 4-6〉 기대수명

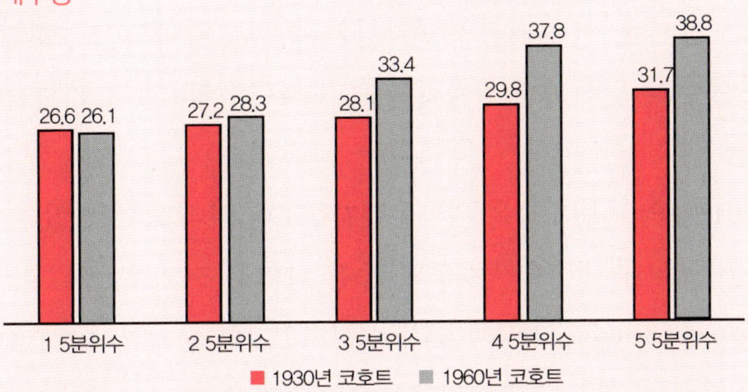

출처: Sheiner(2015)

어떻게 생각하는가?

1. 저소득층의 기대수명 향상을 위해 무엇을 할 수 있는가?
2. 여러분 가족의 수입과 생활양식에 기초할 때 귀하의 기대수명은 어떻게 될 것이라고 생각하는가?

요약하자면, 20세기 후반은 특히 노인들에서 사망률의 현저한 감소를 목격했다. 결과적으로 고령까지 사는 사람들이 많아졌고 또한 노인은 가장 빠르게 늘어나는 인구층이 되었다. 이 중대한 인구고령화는 무시될 수 없다. 필요한 적응은 장기계획의 지원과 함께 이루어질 수 있다. 인구고령화는 경제발전과 연관된 바람직한 인구학적 과정의 결과로 보아야 하는데, 그럼에도 이러한 인구학적 과정은 사회제도에서 어느 정도의 조정을 필요로 한다(Grigsby, 1991).

4) 이주

자유의 여신상은 오랫동안 이민자들을 미국의 해변으로 안내하는 수로표지였다. 이민은 지난 400년 이상 이 나라를 만들어왔다. 가장 큰 이민자의 물결은 수천 명의 이탈리아인들과 동유럽 사람들이 대서양을 건넌 19세기 후반과 20세기 초에 있었다. 1910년경에는 약 15%의 미국 인구가 외국출생자였다(U.S. Census Bureau, 1975), 2013년에 미국에는 4천130만 명의 외국 출생자가 있었다. 이들 최근 이민자들은 멕시코, 중국, 인도, 필리핀 혈통에서 유래한다. 외국출생 인구의 주요 세 출신지역은 〈그림 4-7〉에서 보는 것과 같이 남미, 아시아, 유럽이다.

대체적으로 2013년의 이민자들은 미국출생자들보다 나이가 더 많았다. 이민자들의 중간 나이는 43.1세인데 비해 미국출생자들의 중간 나이는 35.9세였다. 이민자의 7%미만이 1-17세였고, 80%가 18-64세, 14%가 65세 이상이었다(Zong and Batalova, 2015).

대부분의 나이든 사람들은 다른 나라로 움직이기가 어렵다. 그들은 고국에 깊은 뿌리를 두고 있다. 97세의 은퇴한 F씨는 1960년대에 쿠바로부터 미국으로 이민왔다. "그들의 목소리"는 그가 어떻게 고국과의 끈을 유지하는가를 서술하고 있다.

〈그림 4-7〉 출신지역별 외국출생 인구, 2011년

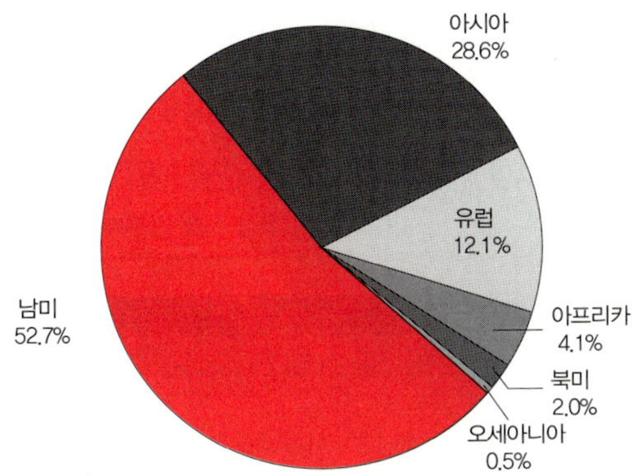

출처: Zong and Batalova(2015).

그들의 목소리 : 쿠바인의 정체성 유지하기

1970년대 초부터 도미노게임을 하는 나이든 쿠바인들은 매일 한 마이애미공원에 모여 커피를 마시고 도미노게임을 해왔다. 97세의 은퇴한 F씨도 거의 매일 막시모고메즈공원(Maximo Gomez Park)에서 도미노게임을 한다. 그는 집에서 11시반쯤 나와서 오후 4~5시까지 머문다. 그에게 이 게임은 삶의 연속성을 만들어주는 수단이다. 그는 이것을 "하나의 책임 ... 습관"이라고 본다. 그는 공원에 가지 못하게 되면 그 게임을 그리워한다. F씨에게 있어서 "그 게임은 희망을 나타내요. 우리는 고국에 관해 이야기합니다 ... 우리 모두는 고향에 돌아가길 바래요". 그 게임은 연속감을 제공해준다. "우리는 옛날 쿠바에서 살던 시절의 이야기들을 나누고 또 먼저 간 도미노게임 친구들을 추억한답니다. 우리는 누가 죽으면 그를 기억하고 공원에서 그에 대해 이야기 한다는 것을 알고 있습니다".

출처: Whaley and Word(2011:25).

대규모의 이민과 높은 출산율로 인해 히스패닉계, 흑인, 아시아계 인구가 미국의 백인 인구보다 더 급속하게 증가하고 있다. 2050년경에 65세 이상의 비히스패닉계 백인 인구는 87%에서 78%까지 감소할 것으로 추정된다. 그러므로 미래의 고령인구는 인종적으로 그리고 민족적으로 현재보다 상당히 더 다양해질 것이다(〈그림 4-8〉 참조).

〈그림 4-8〉 인종 및 히스패닉출신별 65세 이상 인구, 2010년, 2030년, 2050년

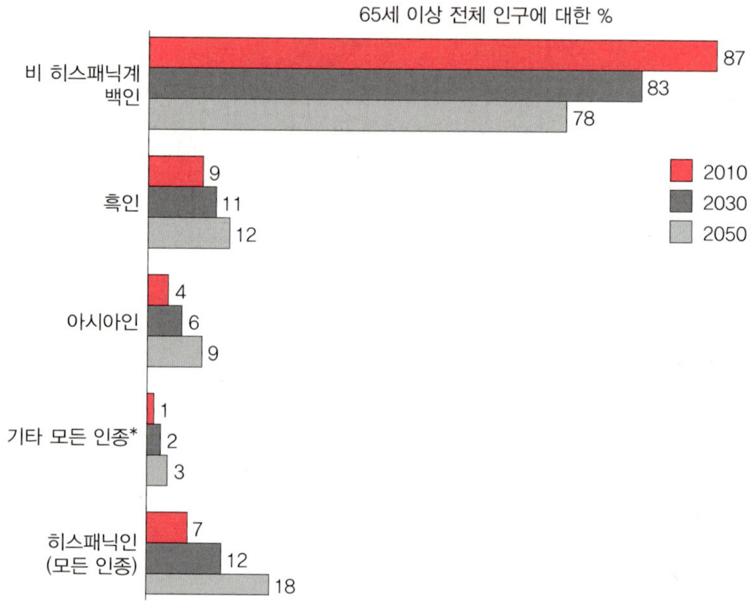

* 미국 인디언, 알래스카 원주민, 하와이 및 다른 태평양군도 원주민, 둘 이상의 인종을 이야기한 모든 사람들을 포함함.
출처: U.S. Census Bureau(2010).

5) 부양비

대규모의 베이비붐세대 다음에 소규모의 출산율급감세대가 이어졌다는 사실은 노년부양비가 1990년의 100명당 20명에서 2030년에 100명당 37명으로 증가할 것을 의미한다. 2000년에는 65세 이상 노인 1인에 대하여 5명 이상의 취업자가 있었지만 2030년에는 3명 미만

이 될 것이다(U.S. Census Bureau, 2014b). 2030년에 총부양비는 1970년도에 비해 더 높지는 않겠지만 피부양자의 구성은 달라질 것이다(〈표 4-2〉 참조). 1960년의 총부양비는 91명이었지만 이 당시의 피부양자는 대부분 어린이들이었다. 21세기에는 보다 많은 피부양자들이 노인일 것이다.

인구고령화의 결과는 무엇인가? 일부 사람들은 인구고령화가 특별히 건강돌봄비용과 소득지원에 있어 젊은 인구층의 부담을 증가시킬 것이라고 걱정한다. 확실히 노인들의 특별한 욕구를 충족시키기 위한 건강보험과 주택에 대한 요구는 증가할 것이고 사회보장세를 낼 취업자의 수는 줄어들 것이다. 일하지 않는 사람들도 자신들의 저축을 지출하여 제품과 서비스를 구매함으로써 경제에 기여할 것이다. 많은 노인들도 무상으로 사회서비스를 제공함으로서 가족과 지역사회를 도우며 자원봉사자로 이바지할 것이다.

〈표 4-2〉 미국의 유소년부양비와 노년부양비, 1950년-2000년

연도	유소년부양비	노년부양비	총부양비
1950	51	13	64
1960	74	17	91
1970	72	18	90
1980	56	19	75
1990	49	21	70
2000	48	21	69
2010	44	21	65
2020	45	26	71
2030	49	32	81
2040	49	33	82
2050	49	32	81

출처: Social Security Administration(2006).

6) 기대수명

20세기 전반에 걸쳐 미국인들의 기대수명은 크게 늘어났다. 1900년에서 2010년 사이에 출생아의 기대수명은 47.3세에서 78.7세로 30년 이상 증가했다. 통계수치 47.3세는 1900년에 보통 사람들이 47세까지 살았다는 것을 의미하는 것은 아니다. 오히려 그것은 주어진 인구집단 안에 있는 모든 사망자의 평균연령이다. 1900년에 많은 영유아들이 생후 5년 안에 사망했다. 20세까지 생존 한 사람은 65세까지 쉽게 살아갈 것이다. 따라서 출생시의 기대수명과 65세시의 기대수명이라고 하는 두 개의 통계치를 고려하는 것이 중요하다. 20세기 동안 두 수치들이 모두 개선되었다.

2010년에 65세의 남성은 17.7년을 그리고 65세의 여성은 20.3년을 더 살 것으로 추정될 수 있었다(U.S. Census Bureau, 2014b). 이러한 진전에도 불구하고 기대수명에 있어 인종적 및 민족적 불균형은 남아 있다. 〈표 4-3〉에서 보듯이 백인 남성과 여성은 히스패닉계와 마찬가지로 아프리카계 미국인에 비해 출생시와 65세시의 기대수명이 더 높다. 또한 부에 의한 기대수명의 격차가 커지고 있다. 최고소득 남성은 최저소득 남성보다 거의 8년 더 오래 사는 것으로 예상할 수 있다. 여성들에게도 비슷한 패턴을 볼 수 있다(Burtless and Dews, 2016).

〈표 4-3〉 성 및 인종별 출생시와 65세시의 기대수명, 1950년-2013년(단위: 년)

	출생시						65세시					
	백인		흑인		히스패닉인		백인		흑인		히스패닉인	
연도	남성	여성	남성	여성	남성	여성	남성	여성	남성	여성	남성	여성
1950	66.5	72.2	59.1	62.9	–	–	12.8	15.1	12.9	14.9	–	–
1960	67.4	74.1	61.1	66.3	–	–	12.9	15.9	12.7	15.1	–	–
1970	68.0	75.6	60.0	68.3	–	–	13.1	17.1	12.5	15.7	–	–
1980	70.7	78.1	63.8	72.5	–	–	14.2	18.4	13.0	16.8	–	–
1990	72.7	79.4	65.4	73.6	–	–	15.2	19.1	13.2	17.2	–	–
2000	74.9	80.1	68.3	75.2	–	–	16.3	19.4	14.2	17.7	–	–
2013	76.7	81.4	72.3	78.4	79.1	83.8	17.9	20.5	16.3	19.5	19.3	22.0

출처: Census for Disease Control(2014b).

7) 미국의 성비

20세기 동안 85세 이상 사람들의 성비가 상당히 낮아져, 1940년대 중반까지 80이었던 것이 2010년에는 58이 되었다(U.S. Census Bureau, 2014b). 이 편향적인 비는 남성의 기대수명에 비해 여성의 기대수명이 크게 증가했기 때문에 나타난 결과이다. 초고령 여성의 높은 비율은 중요한 사회적 함의를 갖는다. 그것은 노인 여성의 다수가 독신이며 또 독신 여성은 노인들 중 가장 높은 빈곤율을 갖고 있다는 것을 의미한다. 그것은 또한 대부분의 남성이 아프거나 장애가 생길 때 재가돌보미(resident caretaker)를 가지겠지만 많은 여성들은 시설에 수용될 것임을 의미한다.

공공정책에 대한 이슈 : 난민을 위한 보충적 보장소득이 복원되어야하는가?

2015년에 시리아 난민들이 유럽의 많은 국가들의 국경을 넘어 밀려옴에 따라 미국은 얼마나 많은 난민을 수용해야하는지에 대한 논란의 중심에 있었다. 이러한 유민의 수용에 반대하는 주장은 이들 중 일부가 테러리스트일 수 있다는 것이었다. 다른 하나는 그들이 경제를 고갈시키고, 자원을 감소시키며, 소득지원과 사회서비스를 요구한다는 것이었다. 특별히 관심을 끄는 한 가지 프로그램은 나이 많은, 눈이 먼, 장애를 가진 빈민을 위한 연방지원 프로그램인 보충적 보장소득(Supplemental Security Income, SSI)이다. SSI는 2016년 기준으로 개인에게 $733를, 부부에게는 $1,100를 지원하는 빈약한 급여이다(Social Security Administration, 2016). 사회보장법(Social Security Act)은 SSI의 수혜자격을 미국 입국 후 7년 이내에 귀화시민이 되지 않은 이민자로 제한하고 있다.

2008년에 조지 W. 부시 대통령은 인도주의적 이유로 미국에 입국한 이민자에게 2년간 수혜자격을 연장해주는 법안에 조건부로 서명했다. 2011년 9월 30일에 이 혜택은 끝났다. 이민자들 대부분은 나이가 많고 영어를 못한다. 이들은 영어를 배우는데 어려움을 갖고 있으면 시민권시험을 통과할 가능성이 낮다. 의회는 2012년에 단기적 혜택을 연장해주는 임시 법안을 다시 통과시켰지만 장기적 지원은 지속시키기 않았다. 인도주의적 이유로 미국에 입국한 많은 가난한 사람들은 이제 그들의 유일한 소득원을 잃을 위험에 처해 있다.

어떻게 생각하는가?

1. 귀하의 부모나 조부모는 미국에 이민왔습니까?
2. 미국은 박해를 피해 도망한 난민을 받아들여야 합니까?
3. 난민은 SSI, 건강돌봄, 자녀교육을 받을 자격이 주어져야 합니까?

출처: McIntyre(2012:3).

예상되는 미국 고령자 수의 증가는 21세기 삶의 질에 중대한 함의를 갖는다. 가장 시급한 이슈들 중 하나는 건강돌봄인데 왜냐하면 노화는 대개 건강의 쇠퇴를 동반하기 때문이다. 누가 7천5백만명 이상의 베이비붐세대에게 건강돌봄을 제공하고 또 누가 그 비용을 지불할 것인가? 또 다른 이슈는 경제적 보장이다. 대부분의 사람들이 65세 이상을 살기 때문에 정책결정자들은 은퇴를 연기하도록 권장해야하는지에 대해 생각하기 시작했다. 미국인들은 조기퇴직을 장려하는 정책을 재평가하고 취업연장에 대해 인센티브를 부여할 것인가? 10장에서 이러한 이슈들을 다룰 것이다.

돌아보기

1. 인구의 연령구조는 경제발전단계와 어떻게 관련되는가?

전체인구의 연령구조는 한 인구 내 노인, 중년, 젊은층의 상대적 비율을 나타낸다. 그것은 종종 인구피라미드에 의해 제시된다. 인구는 출산율과 사망률에 따른 연령구조에 의해 주로 젊은층, 중년층, 노년층으로 분류될 수 있다. 인구는 경제발전이 출산률과 사망률의 하락을 야기하는 인구학적 변천이라는 과정을 통해 고령화한다.

미국, 스웨덴, 독일과 같은 선진국들은 상대적으로 고령화한 인구를 가지고 있는 반면 아프리카와 아시아의 일부 개발도상국들은 상대적으로 젊은 인구를 가지고 있다. 인구 연령구조의 중요한 측면은 취업연령의 사람에 대한 아이와 노인의 비인 총부양비이다.

2. 남성과 여성의 상대적인 기대수명은 어떻게 되며 그리고 이것은 성비와 어떻게 관련되는가?

기대수명은 주어진 인구집단의 사람들이 살 것으로 기대할 수 있는 평균연령 또는 더 정확히 말하면 사망시의 평균연령이다. 대부분의 국가에서 여성들은 남성들보다 더 오래 산다. 선진국에서는 6년에서 8년, 개발도상국에서는 3년에서 5년 더 오래 산다. 성비는 여성 100명당 남성들의 수이다. 출생시 남성의 수가 여성 100명당 약 106명이지만, 여성이 남성보다 오래 살기 때문에 나이든 여성이 나이든 남성보다 훨씬 많을 때까지 성비는 나이가 들면서 감소한다.

3. 지난 세기 동안 미국에서 출산율, 사망률, 이주율은 어떻게 변해왔으며 그리고 인구에 미친 영향은 무엇인가?

제2차세계대전 이후 미국에서는 출산율의 상승이 베이비붐세대를 출현시켰다. 1960년대에 피임약의 도입과 여성의 교육 및 고용수준의 증가로 출산율이 감소하기 시작했다. 출산율은 1970년대 초에 기록적인 최저치를 기록하면서 인구학자들이 출산율급감이라고 부르는 인구집단이 나타났다. 20세기는 사망률의 급격한 감소도 가져왔다. 유아와 소아질병에 대한 의학적 발전이 이러한 추세를 가져왔다. 이후 심장질환에 대한 치료의 개선이 노인들의 사망률을 낮추었다. 그 결과는 인구고령화와 인구피라미드의 균등화였다.

미국으로 이주하는 두 물결이 20세기에 일어났다. 20세기가 시작될 무렵인 첫 번째는 이탈리아와 중부유럽으로부터, 그리고 20세기가 끝날 무렵인 두 번째는 남미와 아시아에서 들어왔다. 이민자들 대부분은 젊었기 때문에 이들은 나이든 미국인에 대한 젊은 사람들의 비율을 증가시키면서 미국의 연령구조를 변화시켰다. 전반적으로 국가의 총부양비는 제2차세계대전 이후로 감소하고 있다. 인구집단의 부양비 구성도 변하고 있다. 한때 피부양자의 대다수가 아이들이었지만 곧 이민자와 베이비붐세대가 은퇴하게 되면 대다수의 피부양자는 노인이 될 것이다.

4. 지난 세기 동안 미국의 기대수명은 어떻게 변해왔으며 그리고 집단별로 차이가 있는가?

지난 100년 동안 미국의 기대수명은 약 47세에서 75세 이상으로 증가했다. 기대수명은 인종과 성별에 따라 크게 다르다. 평균적으로 백인은 아프리카계 미국인보다 더 오래 살고, 여자는 남자보다 더 오래 산다. 여성의 기대수명이 남성보다 빠르게 증가했기 때문에, 성비는 1910년 100대 101.1에서 1990년 100대 65까지로 줄었다.

고령화에 관해 생각하기

1. 사회보장은 미국정치에 있어 제3의 레일이라고 불리는데, 이는 그것을 건드리는 것(어떤 식으로든 그 프로그램을 바꾸면)은 죽는 것(직을 잃음)을 의미하기 때문이다. 퇴직자가 증가하고 취업자가 감소하고 있는 상황에서 여러분은 이 프로그램을 수정해야 한다고 생각하는가? 만약 그렇다면, 어떻게?

2. 출산율과 사망률 감소의 결과로 은퇴한 미국인에 대한 취업연령의 미국인 비율은 수십 년 동안 감소해 왔다. 정부는 부부들에게 더 많은 아이를 갖도록 장려해야 하는가? 왜 그런가 또는 왜

그렇지 않은가?

3. 인구학자들은 이민자들이 선진국의 인구구조에 기여하는 것을 인정한다. 하지만 많은 미국인들은 이민자들한테서 위협을 느끼고 있다. 이민자의 대중적 이미지를 개선하기 위해 무엇을 할 수 있는가?
4. 나이든 여성들, 특히 소수집단 여성의 빈곤율은 매우 높다. 이들 노인의 빈곤을 줄이는 데 어떤 대책이 도움을 줄 것인가?
5. 노인들의 입장에서 봤을 때 노인인구가 많은 주에서 생활하는 데 따른 장단점은 무엇인가? 젊은 세대의 입장에서 본다면?

핵심용어

- 기대수명(life expectancy)
- 노년부양비(elderly dependency ratio)
- 베이비붐세대(baby boomers)
- 사망률(mortality rate)
- 성비(sex ratio)
- 수명(life span)
- 에코붐세대(echo boomers)
- 연령구조(age structure)
- 유소년부양비(child dependency ratio)
- 이주(migration)
- 인구고령화(population aging)
- 인구변천(demographic transition)
- 인구피라미드(population pyramid)
- 인구학(demography)
- 인종교차(race crossover)
- 총부양비(total dependency ratio)
- 출산율(fertility rate)

2부

노화에 대한 학제간 관점

5장 노인과 복지국가
6장 노화를 바라보는 생물학적 관점
7장 노화를 바라보는 심리적 관점

5장

노년과 복지국가

1. 복지국가의 사회프로그램
1) 공공부조
2) 사회보험
3) 재정복지
2. 미국 복지국가의 조직
1) 소득지원
고령화 경험의 다양성: 사회보장을 위한 지원의 인종적 및 민족적 차이
세계의 고령화: 유럽 공적연금 프로그램의 구조조정
2) 건강돌봄
공공정책에 대한 이슈: 2010년 환자보호 및 부담적정 보험법과 메디케어
3) 장애인을 위한 지원
4) 장기요양
5) 사회서비스
그들의 목소리: 식사배달서비스에 의존하기
3. 연령 대 필요 논쟁

1935년 사회보장법이 제정되기 이전에, 은퇴 후의 소득에 대한 어떠한 보장도 없었다.

미리보기

1. 고령화하는 미국인들에게는 어떤 종류의 복지프로그램이 이용가능한가?
2. 고령자들을 위해 정부가 후원하는 소득지원의 재원은 무엇인가?
3. 정부의 어떤 건강돌봄 프로그램이 노인들에게 제공되는가?
4. 정부의 어떤 프로그램이 장애인을 보호하는가?
5. 미국에서 노인의 장기요양은 재원이 어떻게 조달되는가?
6. 미국노인법은 어떤 사회서비스를 제공하는가?

5장
노년과 복지국가

'복지'라는 단어를 들었을 때, 대부분의 사람들은 2개월, 3살, 6살의 세 자녀를 둔 홀어머니인 노라(Nora)와 같은 여성을 생각한다. 노라는 전 생애에 걸쳐 60개월로 한정된 조건의 현금급여 $499를 매달 수령하였다. 지금 그녀는 등하교 교통정리원으로 일하면서 월 $460를 받는다. 사회과학자들은 복지를 가난한 사람들을 위한 단순한 현금지원보다 더 넓게 정의한다. 오히려 복지는 소득, 건강, 다른 사회적 욕구에 대한 혜택을 제공하는 정부의 모든 재정지원 프로그램을 일컫는다.

1935년 이전에 미국에서는 국가적인 사회복지프로그램이 없었으며, 단지 빈약하게 자금이 지원되는 주 단위의 노년연금과 근로자보상프로그램만 있었다. 일을 할 수 없는 노인들은 가족이나 지역의 자선단체에 의존해야 했다. **1935년의 사회보장법**(Social Security Act of 1935)은 미국 역사에서 주목할 만한 전환점이었다. 이 법안은 노인을 위한 두 가지 프로그램으로 65세의 퇴직한 근로자를 위한 **사회보장**(Social Security)과 빈곤노인을 위한 **노년지원**(Old Age Assistance)을 만들었다. 그 후 수십 년 동안 사회보장은 퇴직한 근로자의 사별인과 배우자를 위한 혜택을 포함하고(1937년), 근로자가 62세에 줄어든 급여를 받고 퇴직할 수 있도록 했으며, 질병으로 일할 수 없는 근로자를 위한 **장애보험**(Disability Insurance)을 포함하도록 확대되었다(1972년). 그리고 1965년에 의회는 두 가지 새로운 건강급여로서 65세 이상 노인을 위한 건강보험인 **메디케어**(Medicare)와 가난한 사람들을 위한 건강보험급여인 **메디케이드**(Medicaid)를 만들었다. 같은 해에 시행된 **미국노인법**(Older Americans Act)은 노인들이 독립을 유지할 수 있도록 돕기 위해 설계된 다양한 사회서비스를 제공하였다.

이 장에서는 정부가 제공하는 사회프로그램의 정교한 네트워을 서술하고 또 이것이 노인들과 그들 가족의 생활 그리고 보다 큰 사회에 미치는 영향을 고찰한다. 이 장의 첫째 절은 이러한 프로그램의 기반이 되는 기본원칙을 파악하고 또한 이러한 프로그램의 방향에 영향을 미치는 문화적 신념과 가치의 역할을 강조한다. 또한 이 절은 미국의 사회복지프로그램이 다른 서구의 산업화된 나라들의 사회복지프로그램과 어떻게 비교되는지를 살펴본다. 이 장의 둘째 절은 미국 복지국가의 핵심프로그램에 대한 주요 항목들을 서술한다. 이 장은 국가자원의 공평한 분배에 관한 현재의 논쟁에 대한 논의로 끝을 맺는데, 이 논쟁은 구체적으로 혜택의 분배가 연령에 기초해야 하는지 아니면 필요에 기초해야 하는지에 대한 것이다.

1 복지국가의 사회프로그램

사회과학자들은 복지라는 용어를 실업, 장애, 이혼, 건강악화, 은퇴로 인한 소득손실의 위험으로부터 사람들을 보호하는 모든 프로그램을 지칭하는 것으로 광범위하게 사용한다. 따라서 복지는 빈곤층에 대한 현금지원뿐만 아니라 복지를 향상하고 재정적 안정을 제공하는 모든 사회프로그램을 의미한다. **복지국가**(welfare state)라는 용어는 이러한 목적을 수행하는 모든 정부프로그램을 말한다. 이러한 프로그램은 개별적인 혜택만을 제공하는 것처럼 보이지만 훨씬 더 많은 것을 한다. 예를 들면, 복지국가는 다양한 방법으로 고용형태에 영향을 미친다. 물론 사회보장급여가 퇴직자에게 소득을 제공하지만 고령의 근로자들이 노동력에서 은퇴하도록 도움으로써 청년들에게 일자리를 열어주기도 한다. 메디케어는 노인들에게 건강보험을 제공할 뿐만 아니라 의사, 간호사, 병원직원, 기타 건강돌봄제공자의 광대한 산업에 고용의 기회를 창출해준다.

복지국가는 가족관계에도 영향을 미친다. 사회보장으로부터의 소득은 노인들에게 독립적 소득을 제공하여 자녀들이 이들을 지원할 필요가 없게 해준다. 노인을 위한 공공주택은 3세대 가구에 사는 사람이 줄어들고 독립적으로 살 수 있는 노인이 증가한다는 것을 의미하는데, 이는 대부분이 선호하는 선택이다. 그리고 장기요양서비스는 일부 허약한 노인들이 친척과의 동거나 요양원 대신에 공동체에서 살 수 있게 해준다.

복지프로그램은 *공공부조*(public assistance), *사회보험*(social insurance), *재정복지*(fiscal welfare)의 세 가지 유형으로 분류할 수 있다. 각각은 급여를 지불하는 사람, 받을 자격이 있는 사람, 수혜자가 받는 크기에 대해 독자적인 규칙을 가지고 있다. 더불어 각 유형의 프로그램은 빈곤층에 대한 특정한 가치와 태도를 반영한다.

1) 공공부조

공공부조(public assistance)프로그램은 매우 빈곤한 사람들에게 최소한의 혜택을 제공한다. 이 프로그램은 사람들이 기본적인 수준의 삶을 살지 못하기 때문에 의료돌봄, 음식, 주택, 소득의 부족을 겪는다고 가정하는 가치체계에 기반을 두고 있다(Marmor et al., 2013). 사회적 지원모델(social assistance model)에 기반을 둔 복지프로그램은 신체적 능력이 있는 사람은 일을 하고, 가족은 아이, 노인, 장애인을 돌볼 책임을 지고, 개인은 자신의 미래를 준비하게끔 장려하도록 설계된 자격기준 즉 혜택을 받기 위한 규정을 갖고 있다. 이러한 자격기준은 배우자 사별인, 환자, 장애인, 노인처럼 혜택을 신청할 수 있는 사람들 그리고 이 사람들이 혜택을 받기 위해 충족해야 조건들을 결정한다. 일반적으로 가장 중요한 조건은 매우 가난해야 한다는 것이지만 사별하거나, 버림받거나, 고령이 되는 등의 다른 조건들도 적용된다.

대부분의 공공부조 프로그램은 지원자들에게 **자산조사**(means test)를 통해 지원의 가치가 있음을 증명하도록 요구한다. 자산조사는 종종 생활환경조사자에 의해 개인의 소득, 재산, 행동이 조사되고 또 판정되기 때문에 모욕적이라고 간주된다. 심지어 매우 가난한 사람들도 낭비적이거나 비도덕적으로 여겨져서 혜택을 받지 못할 수 도 있다. 자산조사의 혜택은 매우 적고 또 오명을 씌우기 때문에 아주 절박한 사람을 제외한 대부분의 사람들을 노동시장에 참여하고 만다.

자산조사의 지지자들은 필요에 따라 혜택을 할당하는 것은 사람들을 일하게끔 장려하고 부족한 자원을 효율적으로 분배한다고 주장한다. 비판자들은 자산조사가 혜택을 받는 사람에게 오명을 씌울 뿐만 아니라 정치적으로도 불화를 일으킨다고 주장한다. 이들은 어떤 사람에 대한 이익이 다른 사람에게는 손실을 가져오는 프로그램은 반발을 불러일으킨다고 지적한다. 예를 들어 중산층은 빈곤층을 돕는 대신 자기들에게는 아무 것도 주지 않는 프로그램을 위해 세금을 내는 것에 분개한다. 사람들이 결과가 매우 불공평하다고 믿을 때, 분노는 공개적인 적개심으로 변하여 프로그램과 수혜자 모두에 대한 반발을 불러일으킬 수 있다. 이러한 유형의 반발은 홀어머니와 그 자녀에게 소득을 제공하는 빈곤가정일시지원(Temporary Assistance for Needy Families, TANF) 프로그램에서 매우 분명하다.

2) 사회보험

사회보험(social insurance) 프로그램의 기본 원칙은 공공부조의 원칙과는 상당히 다르다. 사회보험의 기본 목적은 평생 동안 경제적인 안정을 제공하고 또한 이미 빈곤에 처한 사람을 구제하는 것이 아니라 빈곤에 빠지는 것을 막는 것이다. 사회보험의 중심 개념은 획득한 권리(an earned entitlement)이다(Marmor et al., 2013). 사회보험은 공공부조와는 구분되는 다음 두 가지 원리에 기초한다: 1) 공유물(a common pool)에 대해 기여한다는 개념, (2) 실직, 장애, 퇴직 후 임금손실과 같은 공통의 위험을 분담한다는 관점. 기여하는 근로자에게는 급여를 받을 수 있는 권리가 주어진다. 위험을 공동으로 부담한다는 것은 한 가족이나 개인의 비용이 과도하게 되지 않게 전체 인구집단이 분담하는 것을 의미한다. 사회보험 혜택은 직장생활 동안 기여를 해서 혜택을 받을 나이가 되었을 때 자동적으로 혜택을 받을 권리를 얻는 그런 근로자에게 소득과 건강돌봄 혜택을 제공한다. 이러한 프로그램에서는 필요가 아닌 연령이 혜택을 받을 사람을 결정한다. 미국의 두 가지 주요 사회보험 프로그램은 사회보장과 메디케어이다.

미국에서 사회보험 급여는 **급여세**(payroll taxes)를 통해 지급된다. 현재 급여세율은 15.2%이다. 절반은 근로자가 그리고 나머지 절반은 고용주가 납부한다. 자영업자는 15.2% 전액을 납부한다.

사회보험 급여는 원칙적으로 평등을 증진시킨다. 모든 근로자는 가난여부에 상관없이 급여에 대해 평등한 권리를 가진다. 하지만 실제에 있어 사회보험이 불평등을 감소시키기는 하나 완전히 없애지는 못하는데 그 이유는 급여수준이 이전의 소득에 연계되어 있기 때문이다. 직장생활 동안 돈을 적게 벌은 근로자들은 퇴직 후에 더 낮은 급여를 받는다.

3) 재정복지

얼핏 보기에 복지국가의 공공지출은 고용주가 이전의 종업원에게 지급했던 연금과 같은 민간급여와 달라 보인다. 그러나 **재정복지**(fiscal welfare)라고 불리는 급여의 세 번째 범주는 조세제도를 통해 개인에게 간접적으로 지급하는 것으로 이루어져 있다. 조세복지는 공공–민간의 양분을 모호하게 하는데 이유는 급여가 민간부문을 통해 제공되지만 조세제도에 의해 보조를 받기 때문이다(Garland, 2016).

미국에서 재정복지는 **조세지출**(tax expenditures)이라고 불린다. 조세지출은 세법을 통해 구현되는 특별소득세규정(special income tax provisions)이다. 다시 말해, 이것은 세금우대조치(tax breaks)이다. 조세지출을 지출프로그램과 유사하게 만드는 점은 조세지출이 어느 정도의 사회적 또는 경제적 목표를 달성하도록 설계되었다는 것이다. 예를 들어 정부가 저소득 근로자의 임금을 보조해주길 원한다면 여러 가지 방식으로 이러한 목표를 달성하려 노력할 것이다. 정부는 기업이 지급해야 하는 최저임금을 정할 수 있고, 식량배급표(food stamps) 형태로 근로자에게 직접 임금보조금을 제공할 수 있고, 또는 저소득 근로자의 소득세를 감면하고 세금을 완납한 근로자에게는 세금을 환급해 줄 수도 있다.

조세지출은 고용주 제공의 연금에 대한 피고용인 부담금, 퇴직을 대비한 개인저축, 고용주 제공의 건강보험, 주택담보대출 이자를 포함한다. 이러한 프로그램들은 은퇴를 위한 저축장려, 건강보험 보장확대, 주택소유 장려와 같은 공적 목표를 달성하기 위한 간접적인 접근을 나타낸다.

조세지출은 주택구입, 건강보험 가입, 대학과 은퇴를 위한 저축을 지원하는 데 중요한 수단이 되어 왔다. 하지만 때로는 어떤 조세지출은 저소득층보다 고소득층에게 혜택을 더 준다. 한 가지 이유는 조세지출이 동일한 소득을 받는 개인들로 하여금 다른 비율로 세금을 납부하게 해주기 때문이다. 예를 들어, 직장에서 연금기금을 납부하는 근로자는 소득에서 납부하는 금액을 공제할 수 있다. 따라서 이들은 세전소득이 동일하더라도 연금기금을 납부하지 않는 근로자들보다 세금을 덜 낸다. 마찬가지로 고용주를 통해 건강보험을 가진 사람은 건강보험이 없는 사람보다 세금을 덜 낸다. 예를 들어, 연 소득 $50,000의 두 근로자가 있다고 하자. 근로자 A는 매년 $4,000을 연금기금으로 납부하는 반면 근로자 B는 납부액이 없다. 그렇다면 근로자 A는 $46,000에 대한 세금만 내는 반면 근로자 B는 소득 전액인 $50,000에 대한 세금을 내야 한다. 주택소유자는 주택담보대출 이자를 공제받지만, 비슷한 소득이 있는 임차인은 공제를 받을 자격이 없다. 이러한 이유로 조세지출은 중상위 계급의 미국인에게 더 많은 혜택을 주는 반면 노동계급과 빈민은 주택을 소유하기보다는 임차를 하고 또 건강보험이나 연금기금을 제공하는 일자리를 가지기 힘들기 때문에 그러한 혜택을 전혀 또는 거의 받지 못한다.

자원이 얼마나 공정하게 배분되고 있는지에 대한 공개조사(public scrutiny)는 원칙적으로 사회보장과 메디케어를 중심으로 한(16장 참조) 직접적인 공공급여(public benefits)와 급여(payroll)에 초점을 두고 있다. 이와 관련된 논쟁은 11장과 14장에서 더 상세하게 살펴보겠다. 이러한 논쟁에서 크게 무시되고 있는 것은 조세지출이었다. 21세기에는 공공예산의 증가에 대한 적절한 해결책을 마련하는데 있어 모든 유형의 사회보장프로그램들이 고려되어야 한다.

2 미국 복지국가의 조직

복지국가가 급여와 자격 기준이라는 면에서 복잡해 보일 수 있지만, 대부분의 프로그램들은 앞서 언급한 세 가지 범주들 가운데 하나에 해당한다: 공공부조, 사회보험, 재정복지. 〈표 5-1〉은 미국 복지국가의 핵심 프로그램을 범주화하고 각각의 기본적 특징을 소개한다.

〈표 5-1〉 미국 복지국가의 조직

프로그램 유형	기금 출처	수혜자
공공부조		
메디케이드	소득세; 주세(state tax)	빈민과 저소득층을 위한 건강보험
보충적 보장소득(SSI)	소득세	가난한 노인, 시각장애인, 장애인을 위한 소득; 메디케이드도 수혜 가능
사회보험		
사회보장	근로자와 고용주가 납부하는 급여세	62세 이상 근로자와 부양가족을 위한 소득
메디케어	근로자와 고용주가 납부하는 급여세	65세 이상 사회보장 수급자와 배우자를 위한 건강보험
장애보험	근로자와 고용주가 납부하는 급여세	사회보장에 기여한 모든 장애근로자를 위한 소득; 메디케어 수혜 가능
재정복지		
연금에 대한 조세지출	피고용인과 고용주에 대한 세금우대	감소된 세금을 낸 회사들과 은퇴를 대비해 저축하는 근로자들
건강보험 공제	피고용인에 대한 세금우대	고용주 건강보험(employer health insurance)이 있는 근로자들
주택담보대출 이자	주택소유자에 대한 세금우대	주택소유자들

1) 소득지원

(1) 사회보장체계

2015년에 5천6백만 명 이상의 미국인이 사회보장급여를 받았다. 〈그림 5-1〉에서 보듯이 사회보장은 현재 노인에게 가장 중요한 수입원이다(Social Security Administration, 2016a).

〈그림 5-1〉 2010년 원천별 65세 이상 인구의 소득(% 분포)

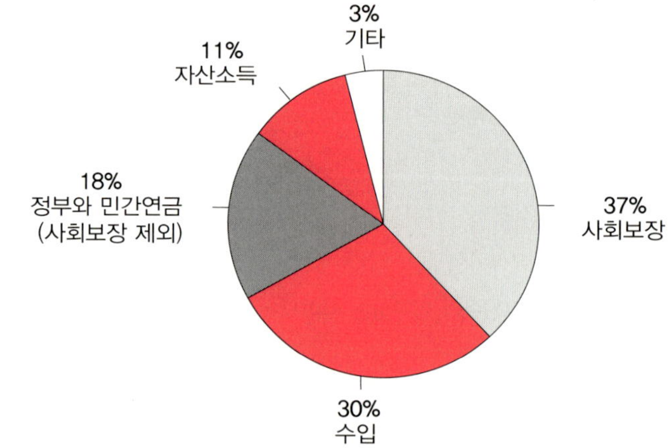

출처: U.S. Census Bureau(2014b).

유색인종 노인은 은퇴 시 사회보장에 더 의존한다. 흑인과 히스패닉 노인의 4분의3 가량은 소득의 절반 이상을 사회보장에 의존한다. 게다가 흑인의 49%와 히스패닉인의 55%는 소득의 90%이상을 사회보장에 의존한다. 그렇다면, 사회보장을 위한 지원이 특히 소수집단 노인에게 큰 것은 놀라운 일이 아니다. "고령화 경험의 다양성"은 사회보장에 대한 태도에 있어 인종과 민족에 따른 차이를 기술한다.

고령화 경험의 다양성 : 사회보장을 위한 지원의 인종적 및 민족적 차이

사회보장에 대한 미국인들의 태도에 대한 한 조사는 대부분의 사람들이 은퇴할 때 사회보장 프로그램이 자기들에게 중요할 것이라고 느끼는 호의적인 관점을 가지고 있음을 발견하였다. 인종과 민족에 상관없이 모든 연령층의 미국 사람들 80%이상은 노인들이 의지할 수 있는 소득원을 가지도록 보장하기 위해 사회보장은 중요하다고 믿고 있으며, 약 80%는 사회보장세를 납부하는 것에 대해 개의치 않으며, 3/4이상은 사회보장급여를 인상해야 한다고 믿는다.

태도는 이슈에 따라 인종과 민족별로 다르다. 사회보장을 퇴직의 기반으로 보는 비율은 백인이 70%인데 비해 아프리카계 미국인은 82%, 히스패닉인은 81%이다. 아프리카계 미국인은 또한 증세로 사회보장을 유지해야 한다는 것에 가장 동의(90%)하는 성향이 있는 데 비해 히스패닉인과 백인의 동의하는 비율은 각각 84%, 81%이다. 마지막으로 백인과 히스패닉인의 84%와 아프리카계 미국인의 91%는 사회보장 프로그램이 수백만 명 근로자들에 대한 보장과 안정을 제공해 주기 때문에 사회보장세를 납부한다는 것은 괜찮다고 말한다. 〈표 5-2〉는 인종과 민족별 사회보장에 대한 태도를 보여 준다. 전체적으로 이 조사는 미국인들이 사회보장의 가치를 인정하고 이 프로그램의 강화를 원한다는 것을 나타낸다.

〈표 5-2〉 인종 및 민족별 사회보장에 대한 태도 (단위: %)

질문	전체	백인	아프리카계 미국인	히스패닉인
사회보장은 나의 퇴직 기반이다	72	70	82	81
세금 증액으로 사회보장을 유지해야 한다	82	81	90	84
사회보장세를 납부하는 것은 괜찮다	84	84	92	84

출처: Tucker(2013).

어떻게 생각하는가?

1. 여러분은 미래세대가 자신들이 얻은 사회보장급여를 받도록 보장하기 위해 더 많은 세금을 기꺼이 납부하겠는가?
2. 여러분은 자신이 늙었을 때도 사회보장이 여전히 있을 것이라는 자신이 있는가?

사회보장은 사회보험 프로그램이기 때문에 기여를 하는 모든 사람이 권리로서 급여를 받는다. 사회보장은 또한 〈그림 5-2〉에서 보여주듯이 배우자사별인에게도 급여를 지급한다. 급여수준은 근무기간과 벌은 임금액을 반영하는 공식에 의해 결정된다. 그 결과 재직기간에 낮은 임금을 받은 사람은 퇴직 후에 고소득자보다도 낮은 급여를 받는다.

〈그림 5-2〉 2010년 수혜자 유형별 사회보장급여

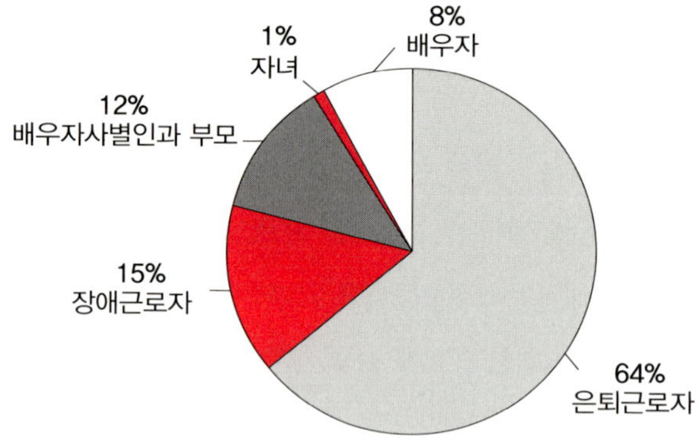

출처: Social Security Administration(2011).

대체율(replacement rate)은 사회보장 퇴직급여로 대체되는 퇴직전 임금액의 비율을 말한다. 예를 들어, 연평균 $35,000을 벌고 66세에 퇴직하는 근로자는 최종 급여의 37%에 해당하는 급여나 연 $13,000를 받을 수 있다. 노동시장에서 발생하는 이러한 불공평을 보완하기 위해 사회보장은 저소득자에게 높은 대체율을 제공한다. 평생 소득이 높은 사람은 더 낮은 대체율을 갖는다. 예를 들어, 고임금자의 대체율이 28%라면 저임금 근로자의 대체율은 78%이다(Koitz, 1996a). 저임금 근로자에게 더 높은 대체율을 적용하면 시장 불공정의 효과를 어느 정도 완화시키지만 불평등을 완전히 없앨 수는 없다. 가난한 사람에게 높은 대체율이 적용되더라도 실제 급여는 더 부유한 사람들보다 더 낮다. 2001년의 경우, 65세에 은퇴한 저소득자는 매달 $637을 받는 반면, 고소득자는 $1,538을 받는다(U.S. Census Bureau, 2005b).

급여수준은 퇴직연령에 의해서도 결정된다. 1935년에 사회보장이 시행되었을 때, **만기은퇴연령**(Full Retirement Age)이라고 하는 수급자격 연령은 65세였다. 1956년(여성의 경우)과 1961년(남성의 경우)에 근로자는 62세에 20%의 급여삭감과 함께 은퇴할 수 있었다. 1983년, 의회는 만기은퇴연령을 점차적으로 65세에서 67세로 연장했고, 조기은퇴에 대한 불이익을 20% 삭감에서 30% 삭감으로 올렸는데, 이것은 미래에 점차적으로 도입하기로 하였다.

그렇다면, 사회보장급여를 받는 가장 좋은 나이는 언제인가? 노년의 소득을 최대화하기 위해서는 70세까지 일하는 것이 최선이다. 이는 **은퇴연기크레딧**(Delayed Retirement Credit) 때문이다. 은퇴연기크레딧은 1972년에 처음 도입되었으며 그리고 급여를 요구하기 위해 만기퇴직연령을 넘어서까지 기다린 사람을 위해 급여를 높였다. 은퇴연기크레딧은 점차적으로 증가하였고 또한 이제 사회보장급여는 만기퇴직연령부터 70세까지 매년 8%씩 증가한다. 〈표 5-3〉은 은퇴연기크레딧이 어떻게 작동되는지에 대한 간단한 예를 제시한다. 62세에 일찍 은퇴하는 사람은 월 $568의 사회보장급여를 받지만 70세까지 기다리는 사람은 거의 2배인 월 $1000를 받을 것이다. 교훈은 일할 수 있을 때까지 일하고 또 건강이 허락할 때까지 급여수혜를 연기하는 것이다.

〈표 5-3〉 요구 연령에 따른 월 사회보장급여의 예

요구 연령	월 급여($)
70	1,000
67	818
65	707
62	568

출처: Munnell(2013:4).

(2) 보충적 보장소득

보충적 보장소득(supplemental security income, SSI)은 일반 세수(사회보장세가 아닌)에 의해 조달되는 소득보충 프로그램이다. 이것은 매우 가난한 노인, 시각장애인, 장애인이 대상이며 기본욕구를 충족시키기 위한 현금을 제공한다.

2015년에 830만 명의 사람이 SSI급여를 받았다. 수혜자 중에 가장 큰 다수인 84%는 장애로 자격을 얻었다. 나머지 15%는 연령과 저소득에 의해 자격을 받았으며 1%는 시각장애인이다(Social Security Administration, 2016b).

SSI는 매우 가난한 노인들을 보호하는데 부적절한 몇 가지 특성들을 포함하고 있다. 한 가지 문제는 연방 최저 SSI급여가 빈곤수준에 비해 현저히 낮다는 것이다. 2016년에 연방 SSI의 최고 급여는 개인에게는 월 $733, 부부에게는 월 $1,100이었다. 일부 주에서는 개인의 경우에는 빈곤수준 소득의 75%이고 부부의 경우에는 빈곤수준 소득의 89%인 이러한 연방 최저 급여에 보충소득을 더해준다. 따라서 그러한 급여를 받는 사람들도 여전히 가난하게 남는다. 또 다른 문제는 수혜자가 친척과 함께 산다면 SSI급여의 1/3이 삭감된다는 것이다. 이것은 낮은 소득, 약화되는 건강, 혹은 이 두 가지로 인해 친척과 함께 사는 경향이 남성보다 더 많은 여성노인에게 불이익을 준다. 이 프로그램의 전반적인 성장은 대부분이 젊은 장애수혜자의 증가에 주로 기인한다. 2015년에 SSI수혜자의 16%는 아동이었으며 58%는 18-64세 성인이었다(Social Security Administration, 2016b). 많은 노인들은 자산조사의 치욕적인 심사를 감수하려 하지 않는다.

세계의 고령화 : 유럽 공적연금 프로그램의 구조조정

1980년대부터 많은 나라들은 노년의 수입보장에 대해 보다 큰 사적인 책임을 장려함으로써 공적연금의 지출을 줄이고자 해왔다. 스웨덴은 급여세를 통해 지원받는 모든 근로자들을 위한 수입연계 연금(earnings-related pensions)과 더불어 기본적인 균일연금을 제공하고 있다. 1994년에 스웨덴은 공적연금 프로그램을 수정했고, 의무적인 개인예금계좌를 새로 추가하였다. 개인과 고용주들이 근무기간 동안 계좌에 "기여"하고 평생의 수입에 기초한 급여와 함께 연금크레딧을 받는다(Anderson et al., 2008). 스웨덴의 연금개혁은 은퇴소득에 대한 책임을 공공부문에서 개인으로 이동시킨 것으로 보이지만 개인계좌의 잔고는 정부에 의해 보호된다(Schulz and Binstock, 2006). 따라서 스웨덴은 노인복지에 대한 정부의 책임을 상당한 비율로 유지한다.

비슷한 연금개혁이 다른 유럽 국가들에서도 발생했다. 이탈리아는 스웨덴과 비슷한 연금개혁을 채택해왔다(Schulz and Binstock, 2006). 2000년에 독일은 연금체계를 구조조정해서 공적연금 급여를 평균임금의 70%에서 67%로 줄이는 한편 근로자들이 수입의 4%를 민간 연금기금에 저축하도록 장려하기 위해 상당한 세금우대조치와 보조금을 제공했다. 1997년에 프랑스에서는 민간 회사에게 피고용인 연금기금을 설립하는 권한을 부여하는 법을 통과하였다. 그렇지만 이러한 기여금이 공적연금을 조달하는 급여세에서 공제되지 않기 때문에 공적연금체계는 계속 보호된다(Gilbert, 2002).

일부 유럽나라들이 사적 옵션을 도입하거나 확대하지만, 사회보험의 구조는 온전하게 유지된다. 발생하고 있는 것은 일부 나라들에서 사적 기금에 더 많이 의존하려고 하는 완만한 추세이다.

(3) 연금에 대한 조세지출

고용주연금에 대한 조세지출은 민간연금 프로그램을 확대하는데 중요한 역할을 해왔다. 일찍이 1930년대에 세법은 기업들이 이 제도에 대한 기여금을 면세로 적립할 수 있도록 함으로써 그들의 직원들을 위한 연금제도를 도입하도록 장려했다. 1940년대의 세법 개정은 연금기금에 지불된 돈과 그 기금에 의해 창출된 이자에 대한 세금혜택을 증가시켰다(Quadagno and Hardy, 1996). 이것들은 연금에 대한 여러 가지의 상이한 조세지출이다. 그중 하나는 개인은퇴계좌(Individual Retirement Account, IRA)이고 다른 하나는 401K이다. 이러한 제도들에서 개인들은 고용주가 공동으로 지출하는 기여금을 내도록 허용된다. 401K에 투입된 자금은 과세소득에서 공제된다. 2014년에 50세 미만의 개인이 401K에 기여할 수 있는 최대 금액은 $17,500였다. 50세 이상의 사람들은 은퇴를 위한 저축을 돕기 위해 "따라잡기(catch-up)"기금에 $5,500를 추가로 기여할 수 있었다.

2) 건강돌봄

은퇴 후 소득을 위한 프로그램처럼 건강돌봄을 위한 프로그램은 사회보험, 공공부조, 재정복지의 범주들로 나뉜다.

(1) 메디케어

의회는 1965년에 사회보장 자격이 있는 65세 이상의 모든 사람들을 위한 국민건강보험 프로그램으로 메디케어(Medicare)를 제정했다. 이것은 자격을 갖춘 모든 근로자들과 그들의 배우자들에게 자동적인 권리로 부여되는 사회보험 프로그램이다.

메디케어는 4개 부분들을 가지고 있다. **메디케어 파트A**(Medicare Part A)는 급여세를 통해 지급되는 병원보험이다. 여기에는 "질병기간(spell of illness)"동안 최대 90일까지의 입원과 추가로 보장기간을 연장하는데 사용할 수 있는 60일의 "평생예비일(lifetime reserve days)"에 대한 1회 지급(one-time supply)을 보장한다. 질병기간의 첫 번째 60일은 메디케어에 의해 거의 완전히 보장된다. 하지만 개인은 $1,316(2017년)의 비용을 직접 부담해야 한다. 병원에 60일 이상 입원하는 경우 개인은 하루에 $329(2017년)를 지불해야 한다(Medicare.gov, 2016a).

장기입원에 대한 지불제한은 회복을 위해 병원을 사용하는 것을 억제하기 위해 고안된 것이다. 수술이나 질병으로부터 회복하기 위해 치료의 연장이 필요한 사람들은 요양원으로 보내진다. 메디케어 파트A는 최소한 3일 이상 이어진 병원입원 후의 요양원돌봄, 재가건강돌봄, 호스피스돌봄을 위한 비용을 지원한다.

메디케어 파트B(Medicare Part B)는 의원진료비의 80%를 부담하는 선택적 프로그램이다. 모든 메디케어 수혜자의 98%이상이 파트B를 선택한다. 파트B는 일부 진단검사, 의료장비(휠체어, 산소, 보행기 등), 물리 및 작업치료에 대한 비용도 지불한다. 수혜자는 월 $121(2016년)의 보험료를 그리고 고소득자는 최고 $389의 보험료를 낸다(Medicare.gov, 2016b).

1996년에 의회는 메디케어 어드밴티지(Medicare Advantage)라고 하는 새로운 옵션인 **메디케어 파트C**(Medicare Part C)를 추가했다. 메디케어 어드밴티지는 사람들이 전통적인 메디케어 대신 민영 건강보험제를 선택할 수 있게 한다. 메디케어 어드밴티지제는 전통적인 메디케어 프로그램에 비해 추가혜택과 더 낮은 공동부담금을 제공하는 건강유지기관(health maintenance organizations, HMOs)에 등록한다. 2016년에 1,700만 명 이상의 메디케어 수혜자가 메디케어 어드밴티지제를 선택했다(Centers for Medicare and Medicaid Services[CMS], 2016).

메디케어의 또 다른 변화는 메디케어에 처방약 혜택을 추가한 **2003년 메디케어 현대화법**(Medicare Modernization Act of 2003)이다. 이 혜택은 **메디케어 파트D**(Medicare Part D)라고 불린다. 메디케어 파트D는 노인을 위한 약값의 일부에 대해서만 지불해준다. 이것은 매년 비용의 75%, 최대 $2,500까지 지불한다. 그런 다음 보장은 개인이 소위 도넛구멍(doughnut hole)이라고 하는 $3,700를 더 쓰게 되면 중단된다. 그 후 메디케어가 모든 비용의 95%를 지불한다(Medicare.gov, 2016c).

파트D 이전에 많은 저소득 노인들은 의사가 처방한 약값을 지불할 방법이 없었다. 그들은 식료품과 처방약 가운데서 선택해야만 했다(Madden et al., 2008). 돈을 절약하기 위하여 많은 가난한 노인들은 비용대처행동(cost-coping behaviors)이라고 불리는 것을 하였다. 노인들은 약을 반으로 나누거나 남과 공유해서 복용하고 또 며칠간 약을 복용하지 않기도 했다(Hsu et al., 2008). 파트D 덕분에 이제 메디케어 수혜자의 90%이상이 포괄적 처방약보장을 받는데 이는 불과 10년 전의 38%와 크게 대조된다(Goldman and Joyce, 2008). 하지만 도넛구멍과 보장범위의 차이로 인해 나이든 사람들은 여전히 필요한 처방약을 위해 수천 달러를 지불한다. 그 결과로 일부 사람들은 총비용을 혼자서 지불해야 하는 시점에 도달했을 때 복용약을 줄여야만 한다(Stuart et al., 2005).

메디케어는 노인들에게 엄청난 혜택이었다. 의회가 메디케어를 통과시키기 전에는 건강보험을 가진 노인이 거의 없었다. 그렇지만 메디케어를 가지고 있더라도 여전히 많은 건강돌봄에 대한 욕구들이 보장되고 있지 않다. 2015년, 빈곤수준 이하의 소득을 가진 노인들은 소득의 35%를 건강돌봄에 지출했다(Leatherby, 2016). 또다른 문제는 메디케어가 65세가 되기 전에 은퇴한 사람들을 보장하지 않는다는 것이다. 실직이나 은퇴 또는 건강보험을 제공하지 않는 일자리에 고용된 55세에서 64세의 사람들은 적절한 가격의 건강보험을 얻는 것이 매우 어려울 수 있다. 메디케어 비용도 수십 년 동안 증가하고 있다. "공공정책에 대한 이슈"는 돌봄의 질을 개선하고 비용을 절감하기 위해 2010년 부담적정 보험법(Affordable Care Act of 2010)에서 다루는 여러 대책을 논의한다.

공공정책에 대한 이슈 :
2010년 환자보호 및 부담적정 보험법과 메디케어

환자보호 및 부담적정 보험법(Patient Protection and Affordable Care Act, ACA)은 메디케어를 위한 저축을 일으키고 메디케어 수혜자가 받는 돌봄을 개선하기 위한 일련의 개선들로 구성되었다. 한 가지 중요한 조항이 불필요한 병원 재입원을 줄이기 위해 고안되었다. 이 목표를 성취하기 위해 ACA는 병원이 환자를 원활하게 이전하도록 돕고 또 불필요한 재입원을 줄이는데 성공한 병원에 보상을 해주었다. 이 조항은 만성질환을 가진 메디케어 수혜자를 위한 돌봄의 질을 개선할 뿐만 아니라 메디케어 비용의 절감하기 위해 고안되었다. ACA는 또한 욕창, 카테터(catheter)의 남용으로 인한 합병증, 낙상과 같은 상태에 대해 높은 비율을 가진 병원들을 처벌함으로써 돌봄을 개선하려고 노력했다. 이런 조항들의 긍정적 효과는 납세자들의 돈을 절약하고 병원돌봄의 전체적인 질을 향상하기 위한 것이었다. 2016년 도널드 트럼프의 대통령 당선은 ACA의 운명을 위험에 빠트렸고 또한 공화당주도의 의회는 ACA의 많은 조항을 삭제하거나 전적으로 이 법을 폐지할 것을 약속했다.

어떻게 생각하는가?

1. 환자의 재입원을 줄이기 위해 병원은 무엇을 할 수 있는가?
2. 환자가 욕창에 걸리지 않도록 확실히 하기 위해 병원은 무엇을 할 수 있는가?

매우 많은 비용들이 메디케어에 의해 보장되지 않기 때문에 많은 노인들은 민간보험회사로부터 메디갭보험(Medigap policies)을 구매한다. 65세 이상 사람들의 약 3/4은 어떤 형태든 메디갭보장을 받고 있다. 메디갭보험료는 연령과 건강에 따라 최고 연 $4,000이 될 수가 있어서 가난한 사람들이 이러한 보험을 구매할 가능성이 적다는 것은 놀라운 일이 아니다.

표 〈5-4〉는 65세 이상 사람들의 건강돌봄 보장을 나타낸다. 65세에서 74세 사이 사람들의 약 1/4이 메디케어만 가지고 있고 메디갭 민간보험보장은 없다. 이 숫자는 85세 이상 사람들에서 훨씬 더 크다. 보험에 가입하지 않았거나 메디케어만 가입한 노인들은 건강문제가 있을 때 의사에게 가는 것을 미루거나 의료돌봄이 전혀 없이 지낼 가능성이 높다(U.S. Census Bureau, 2005b).

〈표 5-4〉 유형별 65세 이상 사람들의 건강돌봄보장

연령	보장	보장비율(%)
65-74세	민간	62.7
	메디케이드	7.7
	메디케어만	26.3

연령	보장	보장비율(%)
75-84세	민간	64.6
	메디케이드	7.2
	메디케어만	26.3
85세 이상	민간	59.5
	메디케이드	8.6
	메디케어만	30.9

출처: U.S. Census Bureau(2005b).

(2) 메디케이드

의회가 메디케어를 제정한 같은 해에 가난한 노인, 시각장애인, 장애인을 위한 메디케이드도 제정하였다. 지난 반세기 동안 메디케이드는 보다 많은 사람들을 보장하도록 확대되었다. 메디케이드는 현재 연방예산에서 4번째로 큰 프로그램이 되었으며, 미국 인구의 약 20%인 6,300만 명을 포함하면서 저소득층을 위한 기본적인 공공 건강보험 혜택이 되었다(Olson, 2010). 메디케이드의 수혜자는 임신한 여성, 어린이와 가족, 장애가 있는 사람, 가난한 메디케어 수혜자를 포함한다(Thomson, 2012). 메디케이드가 없었다면 대부분의 수혜자들은 보험이 없거나 필요한 서비스의 보장을 받지 못했을 것이다. 이 프로그램은 메디케이드의 혜택을 상당히 확대시킨 2010년 환자보호 및 부담적정 보험법의 제정 이후로 더욱 중요하게 되었다(Quadagno, 2014). 2014년 이래 메디케이드는 가구소득이 연방 빈곤수준(2012년에 한 개인은 $14,856, 4인가족은 $30,657)의 138%이하인 65세 미만의 거의 모든 사람들을 포함하고 있다(Grogan, 2014). 메디케이드는 긴급돌봄서비스, 입원, 진단검사, 의사진료, 처방약 등을 포함한 다양한 건강돌봄 서비스 비용을 지불한다. 메디케이드는 요양원돌봄 비용뿐만 아니라 메디케어가 보장하지 못하는 비용도 지불한다.

메디케이드의 한계는 개인이 비용을 부담하는 환자에게 청구하는 비용보다 더 적게 의사들의 비용을 보상하고 또한 의사들이 보험미적용 요금을 청구하지 못하게 하는 것이다. 비록 2000년대 초에 메디케이드의 지불률과 가입이 어느 정도 늘었지만, 메디케이드 환자들을 받는 의사들의 비율은 감소하고 있다. 의사들도 종종 의료진의 많은 시간을 필요로 하는 복잡한 행동건강(behavioral health), 이송, 사회서비스 요구를 가진 메디케이드 환자들을 진료하기를 꺼린다(Casalino, 2013). 결국, 메디케이드 환자의 돌봄은 점점 대규모 단체, 병원, 대학병원, 보건소에서 일하는 적은 수의 의사들에게 집중되고 있다(Cunningham and May, 2006).

(3) 건강보험에 대한 조세지출

미국은 모든 국민들을 위한 국가적인 건강보험이 부족한 유일한 서방국가이다. 대신에 고용주들이 건강보험을 제공하는 것을 장려하는 세법을 사용해왔다. 세법은 고용주들이 제공하는 건강보험에 대한 지출을 고용주들이 공제하게 해준다. 피고용인에게 건강보험료를 부담하도록 높은 임금을 주는 것 대신에 고용주는 과세용 임금으로 산정되지 않는 보험료를 지불한다(Gruber, 2000). 2010년 부담적정 보험법은 건강보험 미가입자를 줄이고 건강돌봄 비용을 통제하기 위해 설계되었다. 이것은 청년들이 26살까지 그들 부모의 건강보험에 남아있도록 해주고 또한 보다 많은 사람들이 건강보험에 가입하도록 보조금지급을 확대한다. 만약 부담적정 보험법이 폐지된다면, 많은 사람들이 건강보험 자격을 상실할 것은 거의 확실하다.

3) 장애인을 위한 지원

(1) 장애보험

근로자가 나이가 들면서 당면하는 커다란 변화는 은퇴만이 아니다. 사람들은 때때로 은퇴할 나이에 이르기 전에 장애를 겪게 된다. 31년 동안 통조림공장의 생산라인에서 일한 에스텔러 구이티에레즈(Estelle Guitierrez)의 경우를 생각해보자. 그녀는 52세에 심장에 이상이 생겨 하루 8시간씩 서서 일할 수 없게 되었다. 그녀는 더 이상 일을 할 수 없었기 때문에 장애보험급여를 받을 자격을 갖게 되었다. 그녀는 52세이지만 65세가 되었을 때 받을 수 있는 사회보장급여와 같은 액수를 지급받게 되었다.

장애보험(Disability Insurance)은 사회보장체계의 일부이다. 이것은 근로자들이 신체적으로나 정신적으로 장애가 생겼을 때의 수입손실을 보장해준다. 2014년에 월 최대 장애보험급여는 $2,663였다(Social Security Administration, 2015). 장애보험의 목적상 장애는 신체적이거나 정신적인 손상으로 사망을 유발하거나 상해가 최소한 12개월 지속되어 "근본적인 수입활동"에 참여할 수 없을 때 적용된다.

장애보험 지원자가 장애보험의 급여기준에 맞는지를 판정하는 데는 의사들이 참여한다. 그런데 문제는 장애판정이 개인의 손상뿐만 아니라 직업에서 요구하는 능력이 무엇인지를 알아야 하는 것이다. 이 문제를 혼란스럽게 만드는 것은 많은 사람들이 명확한 기질성 손상(organic impairment)을 갖고 있지 않다는 것이다. 허리통증, 만성피로 증후군, 목뼈골절, 반복사용 긴장성 손상(repetitive strain injury), 가슴통증과 같은 호소는 감지될 수 있는 상해에 포함되지 않을 수 있다. 더구나 반복사용 긴장성 손상 장애와 같은 손상을 가졌을 때 통증을 참는 정도나 일의 종류에 따라서 일을 할 수 있는 사람들이 있는데 반해 일을 할 수 없는 사람들도 있다. 장애는 유연한 개념이기 때문에 장애율은 시간이 지나면서 등락을 거듭한다. 이런 이유로 인해 장애등급 판정은 종종 어렵고 주관적이다(CBO, 2010).

장애보험급여는 장애근로자와 18세 미만의 자녀, 고령의 배우자, 보험이 적용되는 자녀를 돌보는 모든 나이의 배우자에게 지급된다. 개인이 한번 장애보험급여를 받게 되면 (1) 사망, (2) 65세 이후 사회보장제도로의 전환, (3) 치료회복(medical recovery)이나 일터복귀 때까지 계속 받을 수 있다. 장애가 되고 24개월이 지난 사람은 메디케어 자격도 가진다. 비록 모든 연령의 근로자가 장애보험 자격이 있어도 그 혜택을 받는 사람들의 60%이상은 45세 이상이다. 그러므로 장애보험 프로그램은 사실상 은퇴제도로 작용한다.

(2) 사회보장 장애보험

사회보장 장애보험(Social Security Disability Insurance, SSDI)은 가난한 노인, 시각장애인, 장애인들을 위한 프로그램이다. 장애를 가진 일부 사람들은 평생 임금을 받는 일을 하지 않았거나 사회보장 장애보험 자격을 받을 만큼 오래 일을 하지 않은 사람들이다. 예를 들면 마이컬 칸시언(Michael Cancion)은 교통사고를 당해 허리 아래가 마비되는 척수손상을 입었을 때 19살의 대학 2학년생이었다. 그는 교통사고를 당하기 전에 몇 개의 파트타임 일들만 했기 때문에 장애보험의 적용대상이 되지 못했다. 마이컬에 대한 지원은 보충적 보장소득(Supplemental Security Income)에서 나온다. 보충적 보장소득 급여의 수혜는 메디케이드 자격이 있음도 의미한다.

(3) 근로의욕 억제

비록 조사들이 장애를 가진 근로연령 사람들 3분의2가 일하기를 원한다는 것을 보여주지만, 장애프로그램에 들어온 사람들은 결코 떠나지 않는다. 사람들이 장애프로그램에 남길 원하는 주요 이유는 일자리를 잃을 것을 두려워한다는 것이다. 이들은 또한 생계에 필요한 수입을 충분히 벌지 못할 것을 두려워한다. 이러한 두려움은 실제적인데, 왜냐하면 장애인들은 불안정한 일자리를 갖고 있거나 종종 최저임금만 주는 일을 하기 때문이다. 많은 사람들은 일자리를 얻은 다음 6개월 후에 실업자가 되는 것을 위해 장애급여를 포기하는 위험부담을 질 수 없다. 장애보험 그 자체는 장애를 가진 사람들이 일자리를 찾는데 별로 도움을 주지 않는다.

장애보험 프로그램과 마찬가지로 건강보험의 상실에 대한 두려움은 많은 수혜자들이 일자리를 찾는 것을 막는다. 비록 보충적 보장소득이 연방정부에 의해 운영되어도, 메디케이드는 연방-주 공동프로그램이다. 이것은 메디케이드의 수급자격 규정이 주마다 크게 다르다는 것을 의미한다. 일부 주들의 경우, 보충적 보장소득 수혜자들은 일자리를 찾게 되면 모든 건강보험을 상실할 위험이 있다. 많은 보충적 보장소득 수혜자들은 메디케이드 상실의 두려움이 현금급여 상실의 두려움보다 크다고 말한다.

4) 장기요양

대부분의 65세 이상 사람들은 신체적으로 활발하고 자신을 돌볼 수 있다. 하지만 나이가 들면서 장애출현율(prevalence of disability)은 가파르게 증가한다. 90세 이상의 초고령층은 미국에서 가장 빨리 증가하는 연령집단이다. 이 집단의 높은 비율은 일상생활활동(Activities of Daily Living, ADLs)에서 약간의 어려움을 겪고 있는데, 이 비율은 90-94세에서는 71%, 95-99세에서는 89%, 100세 이상에서는 97%이다. 일상생활활동에서 가장 야기되는 어려움은 보행(70%)인 반면 일상생활활동에서 의존이 가장 필요한 것은 목욕(51%)이다(Berlau et al., 2009). 복합장애를 가진 사람들은 **장기요양**(long-term care)이 필요하다. 장기요양은 노인과 장애인이 독립적으로 생활할 수 있도록 돕는 일련의 서비스들과 생활환경 지원을 말한다. 이것은 보다 광범위한 도움이 필요한 사람들을 위한 시설돌봄을 말하기도 한다. 이상적으로 장기요양 서비스는 시간에 걸쳐 고객을 추적하고 또한 신체건강, 정신건강, 일련의 요구를 충족시키는 사회서비스를 포함해야 한다. 미국에는 국가적인 장기요양 프로그램이 없기 때문에 이러한 이상은 부분적으로도 실현되지 않았다. 대신에 제한적인 서비스가 가능하지만 서비스제공은 여러 프로그램들로 쪼개져 나뉘어 있고 또한 자금부족을 겪고 있으며 그리고 많은 요구들이 충족되지 못하고 있다.

(1) 메디케어의 장기요양 급여

메디케어는 비록 빠르게 증가는 하지만 장기요양 비용의 아주 작은 부분을 부담하고 있다. 장기요양 서비스의 한 유형은 재가건강돌봄(home health care)이다. 메디케어는 제한된 수준의 재가건강돌봄을 제공하는데, 여기에는 누가 이와 같은 서비스를 받을 수 있는가에 대한 엄격한 규정이 있다. 이러한 서비스는 환자가 회복될 수 있다는 기대를 의사가 제공해야만 가능하다. 관절염이나 파킨슨병과 같이 상태의 악화를 늦추는 게 목표인 만성질환의 돌봄은 제외된다. 재가돌봄이 필요한 자는 자기 집에 머물러 있어야 하고 또한 이동능력이 상당히 손상되어야만 한다. 그렇지 않으면 이들은 치료를 위해 외래환자용 시설에 가도록 되어 있다(Kaye et al., 2010). 병이 호전되지 않는 사람은 수혜를 상실한다. 메디케어는 세탁, 장보기, 또는 사람들의 일상생활을 돕는 가사돌봄 서비스 같은 일반적인 집안유지에는 비용을 지불하지 않는다.

회복가능한 사람의 재활에는 지출하고 회복할 수 없는 사람에게는 지출하지 않은 목적은 예산을 절약하기 위한 것이다. 하지만 장기적으로 그러한 접근의 비용은 더 클 수 있다. 예를 들어 다발성 경화증 같은 퇴행성 질병을 앓는 사람은 정기적인 물리치료를 통해 훨씬 더 오랫동안 움직이거나 활동적이 될 수 있다. 치료가 없었다면 이런 사람은 휠체어에 묶여있고, 더 집중적인 돌봄이 필요할 수 있다.

(2) 메디케이드의 장기요양 급여

장기요양을 위한 공공기금의 주요 재원은 메디케이드이다. 2011년에 메디케이드는 요양시설 거주자의 63%이상에 대한 주된 비용제공자였다(Henry J. Kaiser Family Foundation, 2013). 메디케이드가 요양원의 장기 보호돌봄(custodial care) 비용을 지불하지만 이러한 혜택은 자격을 얻기 위해 재산을 거의 소진한 저소득 노인에게만 제공된다(Grogan and Patashnik, 2003). 2000년에 메디케이드 프로그램은 요양원에 $310억 이상 그리고 재가 및 지역사회기반 서비스(home and community-based services)에 $49억를 지출했다(Rich, 2002). 대부분의 노인들은 요양원에 가지 않고 자신의 집에서 서비스를 받는 것을 선호하고 있어 지난 10년 동안 서비스의 전환이 있었다.

메디케이드 지불체계는 사람들이 받는 치료에 있어 불평등도 키웠다. 많은 요양원들은 메디케이드 거주자와 개인부담 거주자를 위한 별도의 건물을 가지고 있었다. 메디케이드용 건물에는 "4명까지의 거주자들이 한 방을 공유하며 또한 금속침대, 플라스틱용품, 리놀륨 바닥이 있는 전적으로 기능적이기만 한 환경에서 목욕한다". 대조적으로 비메디케이드용 병동에서는 "홀이 카펫으로 깔려 있고, 식당의 탁자는 진짜 도자기와 유리그릇으로 빛나며, 각 거주자는 자신의 방을 갖고 개인욕실을 사용한다"(Margolis, 1990:167).

1981년 메디케이드가 불필요한 시설화를 조장하고 있다는 우려에 대응하여 의회는 주가 면제권(waiver)을 신청하도록 허용하게 하여 서비스를 제공하는 혁신적인 방법을 실험할 수 있도록 하였다. 재가 및 지역사회기반 면제서비스 프로그램(Home and Community-Based Waiver Services Program, HCBS)은 주가 빈곤층과 장애인들에게 가사서비스, 임시돌봄, 주간보호, 식사배달, 물리치료, 허드렛일도움을 포함한 다양한 서비스를 제공하도록 해주었다. 2005년에 50개 주 모두가 HCBS면제권을 가졌다. 2006년에 의회는 요양원에 거주하는 메디케이드 수혜자를 자신의 집이나 대안주택(alternative housing)으로 옮기기 위해 기금을 주에 제공하는 **수혜자추적재원**(Money Follows the Person, MFP) 프로그램을 만들었다. 문제는 각 주가 적합한 주택의 부족, 요양시설을 떠나는 사람에게 서비스를 제공하는 잘 훈련된 인력의 부족, 부적절한 재가 및 지역사회기반 서비스 네트웍으로 인해 이 프로그램을 시행하기가 어렵다는 것이다.

대부분의 서구 국가에서 노인을 위한 건강돌봄 서비스의 기본적인 범위는 전체 인구가 이용할 수 있는 건강돌봄 혜택과 분리되지 않는다. 영국에서는 국민건강서비스(National Health Service, NHS)가 국가보험기금에 대한 강제기여금에 의해 자금이 제공되는 건강서비스를 관장한다. 캐나다에서는 연방정부가 건강돌봄 서비스를 맡고 있는 주 보건청에 예산을 제공한다. 덴마크, 스웨덴, 핀란드처럼 노르웨이에서 건강돌봄은 개인의 세금과 고용주의 지불에 의해 자금이 조달되는 공적 책임이다(Schoen et al., 2010). 미국과 달리, 이들 국가 중 어디도 노인을 위한 건강돌봄이 다른 인구집단에게 제공되는 돌봄과 구별되는 경우는 없다.

많은 국가들이 허약한 노인에게 종종 다른 사회서비스와 결합한 특별한 돌봄을 제공하기도 한다. 영국과 호주에서 장기요양은 주요 환경인 요양원 및 거주시설 돌봄에서 노인들이 가능한 한 오랫동안 자신의 집에 머무르도록 설계된 지역사회돌봄 모델로 전환되었다(Bernard and Phillips, 2000; Howe, 2000). 독일과 일본은 이제 두 가지의 가장 진보적이고 혁신적인 장기요양 보험을 보유하고 있다. 독일에서 노인들은 신체적 필요에 따라 지원을 받을 자격을 가지며 또한 현금이나 서비스를 받을 수 있다(Lassey and Lassey, 2001). 이 프로그램은 또한 재가 및 지역사회기반 서비스를 지원하며, 수혜자의 다수는 요양원 이외에서 장기요양 서비스를 받는다(Cuellar and Wiener, 2000). 2000년 일본은 요양원에서의 돌봄과 자택에서의 돌봄을 모두 포함하는 의무적인 장기요양 보험체계를 시행했다(Campbell and Ikegami, 2000).

대부분의 국가는 또한 비공식 돌봄제공자의 중요성을 장기요양에 대한 비전에서 인식하기 시작했으며 그리고 돌봄제공자를 지원하기 위한 서비스를 시행하기 시작했다. 실제로, 독일의 시스템은 가족돌봄제공을 장려하는 방법으로 비공식 돌봄제공자에게 현금급여를 지불한다(Schunk and Estes, 2001). 호주와 덴마크는 취업소득의 손실을 보상해주기 위해(비록 부족하지만) 가족돌봄제공자에게 직접 돈을 지불한다. 호주, 영국, 독일은 비공식 돌봄제공자에게 일시적 휴가서비스를 제공한다(Merlis, 2000). 다가오는 인구고령화를 해결하기 위해 마련된 국제적인 정책과 프로그램은 거대한 사회적 정의의 이슈와 노인의 복지뿐만 아니라 경제에 대한 영향에 의해서도 당연히 평가되어야 한다.

(3) 민간 장기요양 보험

장기요양 서비스를 위한 또 다른 옵션은 민간보험이다. 장기요양 보험계약은 재가 및 지역사회기반 돌봄에서 요양원돌봄에 이르는 모든 것을 보장할 수 있다. 비용은 구매한 보험계약의 유형, 구매할 당시의 연령, 가입자의 건강에 따라 다르다.

민간 장기요양 보험이 1980년대 초반부터 있었지만 이 보험을 구입한 사람은 거의 없었다

(Brown and Finkelstein, 2011). 민간 장기요양 보험이 인기를 얻지 못하는 데에는 몇 가지 이유들이 있다.

- 1996년까지 장기요양 보험의 구매에 대한 세금혜택은 일반 건강보험과 마찬가지로 없었다. 장기요양 보험을 구입한 사람들은 이제 자신이 지불하는 보험료에 대해 세금공제를 받을 수 있지만, 절약되는 세금액은 그리 크지 않다.
- 또다른 문제는 보험이 재정적으로 안정되고 또 약속한 보험금의 지급을 보장할 수 있는 규제장치가 부족하다는 것이다. 사람들은 사기와 악용의 사례를 볼 때 신뢰감을 잃는다. 일부 회사는 보험을 철회하며 또 어떤 회사는 약속한 서비스를 제공하지 못하기도 한다.
- 사람들은 노인들만큼 비용이 많이 들지 않는 40대와 50대에 장기요양 보험을 구매해야 한다. 하지만 그 기간 동안 대부분의 가족은 자녀를 위한 대학 학비를 지불하고 퇴직을 위해 저축하려고 한다. 따라서 장기요양 보험은 우선순위가 낮다.
- 심각한 건강문제가 있고 장기요양 보험이 가장 필요한 사람들은 종종 보험가입이 거부된다.

사람들이 나이가 들어감에 따라 건강돌봄에 대한 요구는 일반적으로 증가한다. 하지만 이러한 요구가 충족되는지의 여부와 충족되는 환경은 전 세계의 건강정책들만큼이나 다양하다. 대부분의 선진국 노인들은 필요할 때마다 양질의 서양의학에 상당히 접근할 수 있다. 다른 국가들에서는 노인(또는 모든 연령의 개인)을 위한 기본 의료서비스의 이용가능성과 접근조차도 단정하기 매우 어렵다.

5) 사회서비스

의료서비스는 사람들의 건강을 유지하는 데 도움을 준다. 비의료서비스는 사람들이 자기 집에서 독립적으로 생활 할 수 있게 해준다. 미국에서 사회서비스는 이전에 설명했듯이 미국노인법을 통해 모든 노인에게 가능한 서비스와 메디케이드면제 프로그램을 통해 가난한 노인에게만 가능한 서비스로 구분된다.

(1) 미국노인법

1965년에 통과된 미국노인법은 공동식사(시니어센터와 같은 선택된 장소에서의 단체식사), 개인돌봄과 간호서비스, 주간돌봄, 허드렛일서비스를 포함해서 독립적인 생활을 향상시키기 위한 여러 서비스들을 제공한다(Rill, 2011). "그들의 목소리"에서 한 여성노인은 지역 식사배달 프로그램이 그녀의 복지에 얼마나 중요한지를 기술한다.

그들의 목소리 : 식사배달에 의존하기

나는 푸드뱅크(food bank)에 가곤 하는데 여기서는 너무 많은 음식을 줘요.... 그래서 (카운티 식사서비스[county meal service])에 가입했어요. 나는 이제 내가 구입할 수 있는 양보다 훨씬 더 많은 고기를 먹는답니다. 여자친구들은 이 서비스가 건강한 음식만을 준다고 말해요. 그리고 나는 샐러드를 빼고 음식을 다 먹어요. 샐러드에는 양상추가 들어가는데 나는 그것을 싫어해요.... 카운티 식사서비스가 없었다면 아마 나는 음식을 구할 수 없었을 거예요.

출처: Abramson(2015:51).

미국노인법은 식사와 사회활동을 제공하는 지역사회기반 시설인 **시니어센터**(senior centers)를 위한 자금도 제공했다. 대부분의 지역사회들은 이제 시니어센터를 가지고 있다. 실제로 시니어센터는 미국노인법에 의해 만들어진 가장 널리 사용되는 서비스이다. 사람들은 식사프로그램과 건강유지 서비스 때문에 시니어센터에 가게 된다. 시니어센터의 수는 1970년대에서 1990년대까지 상당히 증가했다. 1970년대 초에는 약 1,200개의 센터가 있었다. 1990년대 중반에는 전국적으로 15,000개 이상의 센터가 있었다. 시니어센터 참가자들에 대한 최근의 한 연구는 다수(62%)가 연소노인이고, 대부분(69%)은 여성이며, 89%가 백인이라는 사실을 발견하였다. 또 46%는 결혼했고, 28%는 사별했으며, 16%는 이혼했고, 9%는 독신이었다. 하지만 이것은 일반적이지 않을 수 있으며 그리고 다른 센터는 다른 유형의 노인들에게

서비스를 제공할 수 있다(Rill, 2011).

(2) 주택

오늘날 미국의 주택정책은 세 가지 요소들로 이루어져 있다. 첫째는 주택소유자가 주택담보대출 이자를 과세소득에서 공제할 수 있게 해주는 주택담보대출 보장프로그램인 주택정책의 조세지출 요소이다. 주택정책의 둘째 요소는 적정한 보조금프로그램으로서 개발자가 저소득층용 주택을 건설하도록 장려하고 또 빈민층을 위해 보조금을 제공함으로써 빈민층의 주택공급을 증가시키는 것이다(Liebig, 1998). 보조금프로그램은 1974년에 연방정부가 섹션8(Section 8)이라고 알려진 조항을 통해 저소득층용 주택의 공급을 확대할 때 시작되었다. 섹션8은 비영리 후원자들이 저소득층 가구들을 위해 임대주택을 개발하고 임대지원을 제공할 것을 장려하였다. 그 이후로 보행가능한 중간층 및 저소득 노인들을 위한 30,000개 이상의 임대주택이 건설되었다. 연방정부의 임대료보조금을 받는 가구들 중 거의 1/4이 노인이다. 가난한 사람들을 위한 소규모 공공주택 프로그램도 있다. 이 혜택의 과도한 몫 또한 노인들에게 간다. 1995년에 전국 공공주택의 45%를 노인이 차지했다(Liebig, 1998).

주택은 독립적인 생활의 핵심요소이기 때문에 이상적인 주택정책은 상당히 독립적인 사람들을 위한 프로그램에서부터 완전히 장애가 된 사람들을 위한 시설보호에까지 이르는 연속된 서비스들을 제공한다. 미국노인법의 목적이 모든 노인들에게 적절한 주택을 제공하는 것이었지만 이를 달성하기 위한 가능성은 매년 더 멀어지고 있다. 실제에 있어 그러한 스펙트럼의 양쪽 끝에 있는 사람들에게만 지원받는다.

주택 및 사회복지서비스에 있어 장기요양의 제공은 21세기에 훨씬 더 강력한 이슈가 될 것이다. 이에 대해서는 9장에서 보다 자세히 논의한다. 미국은 제대로 준비되지 않았지만 덴마크는 최적의 장기요양제도를 위한 모델을 제공한다.

덴마크는 재가돌봄을 촉진하면서 시설화를 줄이는 장기요양 프로그램을 설계하고 구현하는데 있어 선구자이다. 대부분 현금급여 형태로 사회복지를 제공하는 많은 나라들과는 달리 덴마크는 특히 어린이와 노인을 위한 광범위한 사회서비스를 제공한다. 덴마크의 공공정책은 "노인들이 가능한 한 오랫동안 독립적인 가정에 머무를 수 있는 가능성"을 지지하고 또한 "요양원이나 다른 시설에 머물지 않도록 노인들의 활동적인 일상생활을" 유지시킨다"(Plovsing, 1992:14).

덴마크의 장기요양 서비스는 다양한 환경에서 제공된다. 여기에는 전통적인 요양원돌봄과 노인에게 돌봄시설, 돌봄직원, 재가돌봄이 포함된 주택을 지원하는 현대적인 근접돌봄 거주시설(close-care accommodations)이 있다. 근접돌봄 거주시설에서 주거지역은 돌봄서비스 지역과 분리되어 있다. 주민은 월세를 내야하며 소득에 따라 정해지는 비용으로 혜택을 받는다. 재가도움은 일시적으로 또는 영구적으로 부여될 수 있다. 일시적 지원은 약간의 비용을 포함하지만 최저 소득자에게는 무료이다(Schulz, 2010).

인구고령화에 대한 그림자가 미국에서 사회보장과 메디케어의 축소 여부에 대한 논쟁을 불러일으키면서 경제적 필요보다 나이를 선호하는 현재의 자격기준이 가장 적합한지에 대한 질문들이 제기되었다. 다음 절에서 연령과 필요에 대한 논쟁을 논의한다.

3 연령 대 필요 논쟁

1930년대부터 1980년대까지 대부분이 가난했던 노인들은 나라에서 사회적 혜택을 받을 자격이 있는 사람으로 여겨졌다. 연령은 소득지원, 건강, 사회서비스를 위한 134개 이상의 프로그램들에 대한 자격을 결정하는 주요 기준이 되었다(Binstock, 1994a). 노인들의 경제적 지위와 건강이 향상됨에 따라 연령이 사회적 혜택에 대한 자격을 결정하는 유일한 기초가 되어야 한다는 대중의 공감대가 약화되기 시작했다. 프로그램과 서비스에 대한 자격은 연령보다 필요에 기반을 두어야 한다는 제안은 사회노년학자인 버니스 뉴가턴(Bernice Neugarten, 1979)에 의해 처음 제안되었다. 뉴가턴에 따르면, 나이는 점점 라이프스타일의 예측치와 무관하게 되었으며, 이러한 기준에 따라 설계된 프로그램은 수준에 미치지 못하고 있었다.

연령 대 필요에 대한 논쟁은 지난 40년 동안 논란의 주제였다. 혜택을 받는 기준으로 연령을 없애는데 찬성하는 많은 주장들이 있다. 필요기반(need-based) 정책에 대한 지지자들은 연령기반(age-based) 정책이 젊은이와 노인 사이에 갈등을 유발한다고 주장한다. 그들은 한 연령집단을 위한 프로그램을 촉진하는 것은 선택적이고 편향될 뿐만 아니라 그 집단 전체를 가난하고, 허약하고, 외롭고, 우울한 존재로 낙인 짓는다고 주장한다(Skinner, 1997). 이들은 필요기반 프로그램이 국가의 가장 불우한 시민들에 대한 보다 많은 돌봄과 윤리적 대응을 반영하고 또한 사회적 자원의 분배에 있어 세대적 불평등을 감소시킬 것이라고 주장한다.

반대로, 나이에 근거하여 혜택을 제공하는 것을 선호하는 사람들은 사회보장과 메디케어의 성공을 자부심 있게 지적한다. 이들은 사람들이 자격을 입증하기 위해 소득과 자산에 대한 경멸적인 조사를 견뎌낼 필요가 없기 때문에 이 프로그램이 강한 대중적 지지를 받는다고 주장한다. 사람들은 자격연령에 도달하면 혜택을 받는다. 결과적으로 사회보장과 메디케어는 매우 인기가 있다. 전국적인 한 조사에서 대다수의 미국사람들은 정부가 사회보장에 너무 적거나 딱 알맞은 금액만 지출하고 있다고 말했다(Quadagno and Pederson, 2012). 더욱이 대부분의 사람들은 이러한 프로그램이 빈곤을 줄이고 노인들의 건강돌봄에 대한 접근성을 향상시켰다고 인식한다. 마지막으로, 연령기반 프로그램은 노인뿐만 아니라 모든 가족구성원들에게 혜택을 준다. 부모와 조부모가 소득과 건강보장을 받고 있다는 것을 알게 되면 젊은 세대의 정서적 및 재정적 부담은 줄어든다.

돌아보기

1. 미국의 노인들에게는 어떤 종류의 복지프로그램이 이용가능한가?

3가지 유형의 복지프로그램들이 있다. 공공부조는 자산조사를 거친 빈곤자를 위한 최소한의 급여로 급여세에 의해 지급된다. 사회보험은 기여금을 낸 모든 사람에게 자동적인 권리로서 급여를 제공한다. 지급은 급여세에서 나온다. 재정복지는 조세체계로 운영된다. 이것은 은퇴를 위한 저축을 장려하고, 건강보험에의 접근을 확대하며, 주택소유를 촉진하기 위해 세제혜택을 이용한다.

2. 고령자들을 위해 정부가 후원하는 소득지원의 재원은 무엇인가?

사회보장은 노인들 소득의 40%이상을 제공한다. 재직기간동안 급여세를 납부함으로써 이 제도에 기여하는 사람들은 자격연령이 되면 자동으로 급여를 받는다. 보충적 보장소득은 가난한 노인, 시각장애인, 장애인을 위한 연방-주 공동프로그램이다. 대부분의 주들에서 급여는 빈곤선 아래로 매우 낮으며 또한 자격이 있는 많은 사람들은 자산조사가 지닌 사회적 오명으로 인해 그러한 지원에 대해 신청을 하지 않는다.

3. 정부의 어떤 건강돌봄 프로그램이 노인들에게 제공되는가?

메디케어는 사회보장의 자격이 있는 65세 이상의 노인들을 위한 국민건강보험 프로그램이다. 메디케어가 노인들을 위한 중요한 프로그램이지만 노인들은 여전히 건강돌봄을 위해 소득의 상당 부분을 점점 더 많이 지불하고 있다. 메디케이드는 가난한 노인, 시각장애인, 장애인을 위한 건강보험 프로그램이다. 이것은 요양원돌봄비의 많은 부분뿐만 아니라 다양한 의료돌봄 서비스들을 위해 사용된다.

4. 정부의 어떤 프로그램이 장애인을 보호하는가?

두 개의 프로그램이 장애인에게 소득을 제공한다: 사회보장급여의 하나인 장애보험과 사회보장에 기여하지 않는 사람들에게 최소한의 소득을 제공하는 사회보장 장애보험. 두 프로그램은 근로의욕 억제책을 갖고 있는데 이는 수혜자가 직장에 복귀할 경우 건강보험혜택을 잃기 때문이다.

5. 미국에서 노인의 장기요양은 재원이 어떻게 조달되는가?

장기요양은 노인이 가능한 한 오래 독립적인 생활을 지속할 수 있도록 돕고 또한 독립적인 생활이 더 이상 불가능할 때는 시설돌봄을 제공하는 일련의 지원적 서비스와 생활환경을 말한다. 미국에서 장기요양급여는 메디케어, 메디케이드, 미국노인법 관련 서비스들을 포함한 복잡하고 다양한 프로그램들에 의해 제공된다. 메디케이드는 장기요양을 위한 공공자금의 주요 재원이다. 시설돌봄을 억제하기 위해 지난 10년 동안 주정부는 재가서비스를 제공하기 위해 메디케이드 자금의 일부를 면제프로그램에 사용할 수 있게 되었다. 제공되는 서비스에는 가사서비스, 성인 주간돌봄, 식사배달, 물리치료, 허드렛일지원 등이 있다.

6. 미국노인법은 어떤 사회서비스를 제공하는가?

미국노인법은 공동식사, 주간돌봄, 식사배달과 같은 여러 서비스들을 위한 기금을 제공한다. 이러한 서비스들 중 많은 부분은 메디케이드 면제프로그램에서 제공되는 서비스들과 중복된다. 미국노인법을 통한 서비스가 원래는 소득에 관계없이 모든 노인들에게 이용가능하도록 되어 있었지만, 부족한 자원은 이러한 서비스가 점차 빈곤노인층과 소수자들만을 대상으로 하게 되었음을 의미했다.

고령화에 관해 생각하기

1. 일하는 기간에 버는 소득의 몇 %가 은퇴 이후에 필요할 것이라고 생각하는가?
2. 합법적 이민자에게 보충적 보장소득의 자격이 주어져야 하는가?
3. 허약한 노인을 돌보기 위한 가장 좋은 방법은 무엇이라고 생각하는가? 가족이 책임을 져야하는

가? 정부는 얼마의 도움을 제공해야 하는가?

4. 미국은 젊거나 늙거나, 가난하거나 부유하거나에 관계없이 모든 미국인들을 평등하게 대우하는 보편적인 건강돌봄 보장체계를 가져야 하는가?
5. 2010년 환자보호 및 부담적정 보험법에 대한 여러분의 의견은 무엇인가? 이 법이 폐지되어야 하는 것에 대해 찬성하는가 또는 반대하는가?

| 핵심용어

- 1935년 사회보장법(Social Security Act of 1935)
- 2003년 메디케어 현대화법(Medicare Modernization Act of 2003)
- 2010년 환자보호 및 부담적정 보험법(Patient Protection and Affordable Care Act of 2010)
- 공공부조(public assistance)
- 급여세(payroll taxes)
- 노년지원(Old Age Assistant)
- 대체율(replacement rate)
- 만기은퇴연령(Full Retirement Age)
- 메디갭정책(Medigap Policy)
- 메디케어(Medicare)
- 메디케어 파트A(Medicare Part A)
- 메디케어 파트B(Medicare Part B)
- 메디케어 파트C(Medicare Part C)
- 메디케어 파트D(Medicare Part D)
- 메디케이드(Medicaid)
- 미국노인법(Older American Act)
- 보충적 보장소득(Supplemental Security Income, SSI)
- 복지국가(welfare state)
- 사회보장(Social Security)
- 사회보험(social insurance)
- 수혜자추적재원(Money Follows Persons, MFP)
- 시니어센터(senior centers)
- 은퇴연기크레딧(Delayed Retirement Credit)
- 자산조사(means test)
- 장기요양(long-term care)
- 장애보험(Disability Insurance)
- 재가 및 지역사회기반 면제서비스 프로그램(Home and Community-Based Waiver Services Program, HCBS)
- 재정복지(fiscal welfare)
- 조세지출(tax expenditures)

6장

노화를 바라보는 생물학적 관점

1. 노화의 생물학적 이론
    1) 노화의 환경적 이론
    2) 노화의 발달 및 유전학적 이론
2. 노화하는 신체
    고령화 경험의 다양성 : 모르몬교 신도들의 기대수명과 건강행동
    세계의 고령화 : 활동적 기대수명의 국제적 다양성
    1) 신체 외부의 노화: 피부와 머리카락
    2) 신경계의 노화
    3) 감각기관의 노화
    공공정책에 대한 이슈 : 고령 운전자를 제한해야 할까?
    4) 골격계의 노화: 골, 연골, 결합 조직
    5) 근계의 노화: 근육량과 힘
    6) 생식계의 노화
    그들의 목소리 : 난소암 극복기
    7) 심혈관계의 노화: 심장과 혈관

많은 고령층이 활발하게 스포츠 활동에 참여하고 있다.

미리보기

1. 환경적 유해 요소와 발달 과정, 그리고 유전자가 노화에 미치는 영향은 무엇인가?
2. 정상적 노화와 병리학적 노화의 차이는 무엇인가?
3. 노화는 어떻게 외모와 정신상태를 변화시키는가?
4. 노화가 감각기관에 미치는 영향은 무엇인가?
5. 노화가 뼈와 관절, 근육에 미치는 영향은 무엇인가?
6. 노화가 성기능에 미치는 영향은 무엇인가?
7. 노화가 심장과 혈관에 미치는 영향은 무엇인가?

6장
노화를 바라보는 생물학적 관점

뉴욕에 사는 헨리 시프니에스키는 2주에 한 번 집 근처에 있는 오차드 공원을 달린다. 최근 미국에서 같은 연령대 선수들 중 1위를 기록한 90세 달리기 선수에게는 꽤 괜찮은 훈련법이다. 헨리는 5km 경주에 300번 넘게 참여했으며, 여러 하프마라톤을 비롯해 풀 마라톤을 완주한 경험이 있다. 완주 기준 미국 최고기록을 보유하고 있는 헨리는 이듬해에 또다시 마라톤에 도전할 계획이다. 헨리의 놀라운 건강상태를 보면 행동 및 사회적 요인들이 노년기의 질병과 사망 위험을 낮추고 심지어는 노화 과정을 역행시킬 수 있다는 주장에 힘을 실어준다. 그러나 정반대 사례도 있다. 예컨대 중증 류머티스 관절염 환자인 71세 레버렌드 스콧이다.

일이나 운전을 할 수 없는 레버렌드는 전동 휠체어에 앉아 집안을 돌아다니는 것이 할 수 있는 일의 전부다(Ball and Whittington, 1995). 그의 몸 상태를 보면 노화의 특징이 유병률뿐만 아니라 주변에 의존할 가능성이 증가한다는 점을 알 수 있다(Manton et al., 2008).

대부분의 고령 인구는 이 두 사례 사이 어딘가에 해당될 것이다. 마라톤을 뛰거나 휠체어에 의존하지 않으며, 생을 마감하기 전 몇 해에 걸쳐 질병 및 장애와 사투를 벌인다(Liang et al., 2008). 유전학을 비롯해 생물학적, 행동학적, 그리고 사회경제적 지위나 성별, 인종 등 사회적 요인들도 질병 및 기능 장애 없이 살 수 있는 기간을 늘려주며 노화 속도를 늦추는데 도움을 준다.

노화 방식과 신체 변화에 대한 대응은 사람마다 다르다. 일부는 나타나는 변화를 감사하게 받아들인다. 얼굴의 주름과 흰 머리를 건강하게 산 삶의 상징으로 여긴다. 하지만 반대로 일부는 처음으로 난 흰 머리와 눈가에 생긴 미세한 주름을 보며 괴로워한다. 이들은 젊게 만들어준다는 크림과 로션을 사용해 숨길 수 없는 노화의 징후를 가리려 애쓰거나, 턱처짐과 다크서클을 없애기 위해 성형수술을 감행하는 등 더욱 적극적인 행동을 취하기도 한다. 외모보다는 육체적인 건강을 신경쓰는 사람들의 경우 노화를 늦추거나 되돌릴 수 있다고 믿는 비타민과 허브를 과하게 챙겨먹을 수 있다. 그리고 규칙적으로 운동하기도 한다. 하지만 그 어떤 것을 하더라도 젊음의 묘약은 찾기 어렵다.

"우리는 어떻게 늙는가"라는 질문에 대한 답을 찾으려는 이론은 많다. 본 장에서는 그 중에서도 노화에 대해 가장 잘 알려진 이론과 신체 중 일부 기관의 일반적인 생물학적 노화 과정을 살펴본다. 또한 신체의 각 체계가 노화하는 가운데 일부 병리학적 증상도 나타나기 때문에 일반 노화와 병리학적 노화 간의 차이점과 노화 관련 질병의 원인 및 노년기 건강과 기능 증진을 위한 예방대책을 살펴볼 예정이다. 이 장에서는 생물학적 노화와 사회적 결과 간의 관계를 논하고자 한다.

1 노화의 생물학적 이론

순례자들이 신세계(the New World)에 도착하기 100년 전, 스페인 탐험가 후안 폰세 데 레온(Juan Ponce de Leon)이 "젊음의 샘"을 찾기 위해 북아메리카 해안에 닻을 내렸다(Achenbaum, 1996:4). 비록 평생 젊음의 샘을 찾지 못하였지만 수명 연장에 대한 관심은 지속되었다. 수백 년 동안 철학자들과 과학자들은 노화의 핵심 기전을 알아내기 위해 고군분투하였다.

새로운 탐험가들은 무기와 군대가 아닌 과학 도구로 무장하였다. 선대 모험가들과 마찬가지로 노인학자들은 인간의 노화 원인과 노년기 질병 및 장애 감소를 위한 방법을 이해하는 데 관심이 있었다. 노화에 대한 더 나은 이해는 고령인구의 삶의 질을 개선하기 위한 치료법과 전략의 폭을 넓혀준다(Cristofalo, 1996).

대부분의 과학자들은 이제 노화가 단일 원인으로 촉발되지 않는다는 점에 동의한다. 노화가 발생하는 원인 중 일부는 환경적 요인을 비롯해 신체가 성인기부터 죽음에 이르기까지 발달되는 과정에서 환경에 대한 취약성이 증대되는 등 유전학적으로 짜여지고 의도된 과정일 수도 있다. 이 부문에서는 먼저 노화의 환경적 이론을 살펴본 후 노화의 발달 및 유전학적 이론에 대한 논의로 돌아오겠다.

1) 노화의 환경적 이론

(1) 마모이론

1882년 독일 생물학자 어거스트 와이즈만(August Wiesmann)이 처음 제안한 노화의 초기 이론이 **마모 이론**(Wear and Tear Theory)이다. 이 이론은 육체가 오래된 차나 트럭 등 기계와 같아서 단순히 시간이 흐르며 마모되는 것이라 주장한다(Cristofalo, 1988).

마모 이론의 문제점은 실험이 어렵다는 점이다. 일반적인 마모를 규정하는 요인을 모르기 때문에 다양한 신체 기관의 쇠약을 예측할 수 없다(Hayflick, 1996). 그리고 마모라는 개념만 보면 더 활발한 유기체가 더 빨리 노화해야 한다는 또다른 문제점이 생긴다. 그러나 인체에 있어서는 그 반대가 일어난다. 연구 결과를 보면 적은 신체활동이 사망 위험 증가와 관련이 있다는 점을 명백히 보여준다(Kaplan and Strawbridge, 1994). 이러한 이유로 마모 이론은 현재 크게 신빙성이 없다.

(2) 체세포돌연변이이론

체세포돌연변이이론(Somatic Mutation Theory)은 잘못 복제된 유전자 등 유해한 돌연변이가 노화와 함께 심화되어 신체 기관의 병리학적 변화 증대로 이어진다고 주장한다. 이 이론은 과학자들이 2차 세계대전 중 폭탄으로 인한 방사능에 노출된 사람들이 겪는 장기적 손상에 주목하면서 처음 각광을 받았다(Bengtson et al., 2005). 그러나 유전적 손상은 꼭 폭탄 노출 등 극단적인 이유로 발생하는 것만은 아니다. 일생에 걸쳐 인체는 대기오염, 식품 및 물에 함유된 화학물질, 방사능 등 외부 요인에 노출된다. 체세포돌연변이이론은 노화 중 발생하는 신체 기관 간의 변이를 설명한다. 환경적 스트레스 요인들의 인체에 미치는 영향을 살펴보며 노화 단계 별 신체 기관의 차이를 알아가고자 한다. 하지만 체세포돌연변이이론은 일반적인 변화가 나타나는 기본 과정을 설명하지 못한다.

2) 노화의 발달 및 유전학적 이론

(1) 자기면역이론

면역체계의 기본 기능은 감시이다. 면역체계는 인체의 군대와 같이 언제나 경계태세이며, 침입자를 식별하고 파괴하도록 태초부터 설계되어있다. 침입자는 바이러스나 박테리아, 전암세포 등 항원으로 불리는 단백질과 유사한 외부 물질로, 면역체계가 비자기(非自己)로 인식하며 항원을 파괴하기 위한 항체를 생성한다.

노화의 자기면역이론(The autoimmune theory)은 두 가지의 과학적 발견에 기초한다. 첫 번째 발견은 인체가 점차 다양한 항체를 충분히 생성하지 못하게 되며 방어적 면역 반응이 노화와 함께 쇠퇴한다는 점이다(Bengtson et al., 2005). 예를 들어 한 가설에 따르면 젊은 시절이었다면 항체에 의해 식별되고 파괴될 전암세포를 고령 인구의 면역체계가 미처 발견하지 못하기 때문에 고령 인구의 암 발생률이 더 높다고 주장한다.

면역 이론을 뒷받침하는 두 번째 발견은 노화하는 면역체계가 인체의 정상 단백질을 오인해 항체를 잘못 생산하여 자기인식력이 뒤떨어진다는 것이다. 즉, 자기(自己)와 비자기(非自己)를 구별하는 능력을 일부 상실한 면역체계가 체내 단백질을 침입자로 오인해 공격한다는 주장이다. 류마티스 관절염(추후 다룰 예정)이 바로 면역체계가 더 이상 자기(自己)를 인식하지 못하고 관절 조직을 공격하기 시작할 때 나타나는 대표적인 사례이다.

비록 면역체계의 기능저하가 질병을 유발하지만 면역체계의 효율성 부족이 정상적인 노화를 유발한다는 증거도 없다(Hayflick, 1996). 그렇기 때문에 자기면역이론 또한 체세포돌연변이이론과 같은 한계에 부딪히게 된다. 생물학적 노화 메커니즘을 기대하기도 어렵다. 노화의 면역 이론을 확증하거나 반증하기 위해서는 추가적인 연구가 필요하다.

(2) 교차결합이론

인체의 세포는 대부분 단백질로 구성되어 있다. 힘줄과 인대, 뼈, 연골, 피부에 가장 많은 단백질은 바로 콜라겐이다. 콜라겐은 마치 사다리의 두 다리를 연결하는 가로대와 같이 교차결합으로 세포를 서로 연결하는 접착제이다. 젊은 사람의 경우 콜라겐 단백질을 구성하는 분자들이 적은 교차결합만으로도 충분히 연결된다. 하지만 나이가 들면서 교차결합이 더 많아지는데, 이로 인해 조직의 강성 증대 및 유연성 저하가 발생한다.

노화의 교차결합이론(Cross-linkage theory)에 따르면, 누적된 교차결합 콜라겐이 피부 탄력 저하, 순환계 동맥경화, 인체 관절 강성과 같은 변화의 원인이 된다. 그 중에서도 콜라겐 교차결합은 주름을 비롯한 노화 관련 피부 변화의 원인이며, 안구 수정체의 단백질 교차결합은 백내장 유발 요인으로 알려져 있다. 또한 학계는 동맥벽의 단백질 교차결합이 아테롬성 동맥 경화증(한때 동맥 경화로 불림)에 일부 관여하는 것으로 추측하고 있다. 그리고 신장 여과 기관의 단백질 교차결합은 고령 인구의 신장기능 저하에 기여한다(Mitteldorf, 2010). 물론 교차결합이 세월과 함께 나타나는 수많은 생화학적 변화 중 하나지만, 노화의 가장 중요한 원인임을 뒷받침하는 근거는 없다.

(3) 활성산소이론

노화에 관련된 가장 유명한 이론을 하나 꼽자면 바로 **활성산소이론**(Free radical theory)이다. 분자는 화학적으로 결합된 원자 집단을 일컫는다. 활성산소는 신체가 음식을 화학적 에너지로 변환할 때 생겨나는 불안정한 분자이다. 이 변환은 개별 세포 단계에서 발생한다. 활성산소는 또한 담배연기와 마약, 방사능에 의해 생성될 수도 있으며(Dietrich and Havrath, 2010), 일반 세포의 부산물이라고 할 수 있다.

활성산소가 주변에 있는 다른 분자들과 결합하려 할 때 세포를 손상시키거나 세포 변이를 일으킬 수 있다. 활성산소 이론에 따르면, 활성산소는 노화색소 형성 및 교차결합 생성을 통해 노화를 유발한다. 그렇기 때문에 노화에 관한 대부분의 변화들은 활성산소에 의한 손상에서 비롯된다(Bengtson et al., 2005). 활성산소는 또한 다양한 암 및 알츠하이머병과 유관한 것으로 알려져 있다(Hayflick, 1996).

우리 몸에도 자연적인 방어기제가 있는데, 바로 항산화제라고 불리는 화학 물질 억제제다. 이는 활성산소 생성을 억제하고 잠재적 세포 손상을 완화한다. 활성산소를 억제하는 항산화제 중에는 비타민 E와 C, 베타카로틴(비타민 A와 관련이 있음) 등이 있다. 최근 쥐를 대상으로 높은 수치의 항산화 효소를 분비하도록 설계된 실험 결과, 일반 쥐보다 20% 가량 수명이 연장되었으며 심장 및 기타 나이 관련 질환에 걸릴 확률이 적었다. 그렇다면 당장 건강식품점으로 달려가 항산화제를 가득 구입해야 한다는 것일까? 연구진은 아니라고 답한다. 현재 경구섭취용 항산화제의 장점이 미약하다는 이유다. 더 나은 방법은 항산화제가 다량 함유되어 있는 과일이나 브로콜리와 같은 채소를 섭취하는 것이다(Schriner et al., 2005). 식단을 통한 항산화제 섭취가 과연 장수에 도움을 주는지가 바로 풀어야 할 숙제다.

활성산소이론은 발달적 변화에 대한 설명을 환경적 요인과 연결 짓는다. 비록 이 이론이 왜 일부 집단이 특정 질병에 걸릴 확률이 다른 집단보다 높은지에 대한 이해를 돕고 노화 과정을 부분적으로 파악하는 데 도움을 주지만, 이론만으로는 생물학적 노화에 관한 일반적인 이론에 그친다.

(4) 유전자조절이론

제 4장에서 수명을 한 생물의 최장 생존 햇수로 정의하였다. 인간의 경우 수명은 약 120년으로 알려져 있다. 역사상 가장 오래 산 것으로 확인된 사람은 프랑스인 여성인 제니 칼맨트로, 1997년 향년 122세(164일)로 생을 마감하였다.

제니 칼맨트가 이례적으로 장수할 수 있었던 이유가 생물학적 메커니즘 때문이었을까? 그 누구도 정답을 알지 못하지만, 다양한 생물의 수명 차이를 보면 수명에 관한 성질이 유전자에 입력되어있는 듯 하다. 인간 쌍둥이에 대한 연구 또한 이 유전자 프로그래밍 가설을 뒷받침한다. 유전자 구성이 동일한 일란성 쌍둥이의 경우 수명이 비슷하며, 유사한 원인으로 사망하는 경향이 있다고 한다. 반면 여느 형제자매와 같이 서로 유전자 구성이 일치하지 않는 이란성 쌍둥이의 경우에는 다른 결과를 보였다(Goldstein, 1971; Goldstein et al., 1989).

그렇다면 노화를 제어하는 유전적 성질은 어디에서 찾을 수 있을까? **노화의 유전자조절이론**(Genetic control theory)은 이 성질이 인체의 모든 세포에 입력되어있다고 주장한다. 세포

배양에 대한 흥미로운 실험들이 이 주장을 뒷받침한다. 다양한 연령 및 문화권 출신 참여자의 배아로부터 세포를 추출해 살펴본 결과, 세포가 사멸하기 전 약 50회 분열했지만 성인으로부터 추출한 세포의 경우 20회 분열이 한계였다. 세포 내 유전정보가 전체 노화 과정에 대한 청사진을 제공한다는 이론을 뒷받침하는 이러한 증거가 있음에도 불구하고, 기타 작용요인 또한 존재하는 듯 하다. 세포사(死)에 앞선 수많은 복합적인 변화는 유전학만으로 설명하기 어렵기 때문이다(Cristofalo, 1996).

비록 유전자가 기대 수명과 질병에 걸릴 확률에 영향을 미치긴 하지만, 유전자 자체는 해당 생물의 특정 질병 발생률이나 수명을 결정짓지 않는다. 가령, 알츠하이머병이 유전이라는 동향이 있지만, 알츠하이머병 환자를 친척으로 둔 많은 사람들은 무탈하게 살아가는 경우도 많다. 또한 여러 증거에 따르면 어려운 두뇌활동과 신체운동을 하는 사람들의 경우 알츠하이머병의 발생율 및 심각성을 낮출 수 있다고 한다. 이와 유사하게 유방암 또한 유전이지만 유방암을 앓은 어머니의 자녀의 경우 이를 빗겨가기도 한다(Ryff and Singer, 2005).

과학자들은 오랫동안 생물학적 노화의 원인을 알아내기 위해 고군분투했다. 어쩌면 인간의 염원이 장수의 비결을 발견하는 것이기 때문일 수도 있다. 최근 과학자들은 왜 특정 사람들이 다른 집단보다 오래 사는지를 뒷받침할 근거를 찾아냈다. 일부 문화권의 경우 사람들이 비교적 폐쇄된 공동체를 구성하거나 근친결혼을 하는 비중이 높기 때문에 유전적으로 고립된다. 이러한 공동체의 구성원들이 예외적으로 장수를 누리는 경우가 종종 있다. 과학자들은 이 현상을 연구하던 중 대개 생명 단축을 유발하는 질환을 예방해주는 유전자변이를 발견했다. 중부 유럽 유대인의 후손이자 근친결혼 비율이 높은 아슈케나지 유대인이 그 예시이다. 이들 중 다수는 90세 이상을 살며 그 중에는 심지어 100세 이상을 사는 비중도 꽤 된다. 106세의 나이에도 가족이 운영하는 뉴욕 투자증권사에서 매일 5시간 근무한 투자의 대가 어빙 칸도 이에 해당된다. 이처럼 아슈케나지 유대인들은 고혈압과 알츠하이머병을 예방해주는 것으로 보이는 유전적 돌연변이를 갖고 있다. 또 다른 예시는 펜실베니아 랭커스터에 위치한 고립된 공동체인 아미쉬 구파(舊派)(Old Order Amish)다.

아미쉬 구파는 혈액 내 지방 감소를 도와주는 돌연변이를 지니고 있다. 남성 일본계 미국인들 또한 암과 심장질환의 위험을 줄여주는 유전자 돌연변이를 가지고 있다. 비록 이러한 돌연변이 성질이 질환에 대한 보호 효과를 가지고 있다 하더라도 유전자 자체만으로는 장수의 모든 편차를 설명해주지 못한다. 그리고 식단, 운동, 교육 등의 환경적 요인 또한 생명 연장 및 단축에 관한 유전자 활동에 변화를 줄 수 있다는 근거도 있다(Hall, 2013).

© Lynn Johnston, "좋든 싫든." Lynn Johnston Productions, Inc. United Feature Syndicate, Inc. 배포. 허가 하에 재인쇄.

(5) 신경내분비이론

신경내분비이론(Neuroendocrine theory)에 따르면 신경 세포와 관련된 호르몬의 기능 손실이 노화에 중대한 영향을 미친다고 주장한다. 노화와 함께 신체는 건강한 삶과 직결된 호르몬을 점차 적게 분비하기 시작한다. 가령, 성장 호르몬 감소는 체내구성의 변화를 일으킨다. 제지방 체중이 줄고 지방 조직이 증가한다. 제지방 체중이 감소할 경우 피부, 골격근 및 골 위축이 발생한다. 뿐만 아니라 성장 호르몬의 감소는 콜레스테롤 수치 증가로 이어질 수 있다(Park et al, 2011).

2 노화하는 신체

생물학적 노화는 장기간에 걸친 유기체의 구조 및 기능적 변화를 일컫는다. 이 노화는 신

체가 성숙하였을 때, 즉 모든 신체 발달 단계가 완성되었을 때 나타나기 시작하며, 사망하는 순간까지 지속된다(Cristofalo, 1996).

생물학적 노화의 일반적인 과정은 그 자체로서 사망에 이르게 하는 경우는 거의 없지만 점차 신체를 더욱 노쇠하게 만든다. 노쇠를 파악할 수 있는 세 가지 지표가 있는데, 모든 것을 극복할 수 있다는 마음가짐의 감소, 미래에 삶을 변화시킬 수 있는 잠재력의 하락, 그리고 기본적인 생활 유지에 필수적인 활동을 할 수 있는 능력의 감퇴다(Hadler, 2011). 암, 당뇨, 심장질환 및 알츠하이머병과 같은 노화 관련 질병 또한 사망 위험을 증대시킨다.

고령화 경험의 다양성 : 모르몬교 신도들의 기대수명과 건강행동

말일 성도 예수 그리스도 교회의 열렬한 신도인 모르몬교가 일반인들에 비해 기대수명이 길다는 사실은 잘 알려져 왔지만, 과학자들은 모르몬교 신도들이 얼마나 더 수명이 긴 지에 대한 연구를 진행하며 깜짝 놀랐다. 남성 신도의 경우 기대수명이 84세이며, 여성은 86세였던 것이다. 이는 국가 평균에 비해 남성이 7년, 여성이 5년 더 오래 사는 것이었다.

활발히 활동하는 모르몬교 신도들이 다른 집단에 비해 오래 사는 이유는 무엇일까? 가장 큰 이유는 종교의 가르침에 따라 더욱 건강한 생활을 한다는 것이다. 이들의 기대수명을 연장하는 실천과 신념으로는 절대적인 가족 중심 생활, 교육, 그리고 금연과 금주 등이 있다. 이 데이터는 1979년부터 캘리포니아 주에서 적극적으로 활동한 모르몬교 신도들을 대상으로 한 25년에 걸친 추적조사를 기반으로 하며, 결과적으로 담배를 피지 않고 매주 예배를 가며, 최소 12년의 교육을 받은 기혼 신도들이 지금까지 진행된 연구 중 최저 사망률과 최장 기대수명을 보였다. 이에 연구진은 모르몬교의 건강한 생활 양식이 상당한 수준의 사망률 감소와 기대수명 증가와 유관하다는 결론을 내렸다(Enstrom and Breslow, 2008).

어떻게 생각하는가?

1. 건강한 삶을 살고 있는가?
2. 장수를 위해 무엇을 할 수 있을까?

신체의 취약성 증가를 쉽게 이해하려면 넘어지는 상황을 생각하면 된다. 18세의 소년은 얼음 위에서 넘어지더라도 재빨리 반응하여 손으로 바닥을 짚어 충격을 분산시킨다. 손목이 골절되고 6주 동안 깁스를 해야 할 수는 있지만, 상처가 회복된 뒤에는 아무 일도 없었다는 듯이 일상 생활로 돌아간다. 하지만 만약 85세 여성이 이같이 넘어졌다고 생각해보자. 높은 확률로 골반 뼈가 부러져 입원을 할 테고, 퇴원을 한다고 해도 요양원에서 더 오래 회복해야 할 것이다. 그리고 골반 뼈 골절은 독립적인 생활이 앞으로 어렵다는 것을 의미하기도 한다. 오랜 기간 동안 거의 신체 활동을 하지 않은 사람들은 최악의 경우 폐에 물이 차서 사망에 이를 수도 있다. 또한 그 다음 천식으로 인해 목숨을 잃을 수도 있다.

의료진의 개입으로 노화 관련 질환의 증상을 완화하고 신체 기능을 회복하면서 진전을 늦출 수는 있다. 사람들은 다시 직장생활을 하거나 운동을 하고, 또 극장에 가거나 정원을 가꾸는 등 간단한 취미 생활을 향유할 수 있을 것이다. 그러나 병원 치료가 실패할 경우도 이따금씩 발생한다. 가령, 관절염, 심장질환, 골다공증 등 만성질환으로 인해 일상 생활이 어려워진 사람들을 장애인이라고 부르고는 한다(Crimmins et al, 2009).

세계의 고령화 : 활동적 기대수명의 국제적 다양성

물론 거의 모두가 최대한 오래 살고 싶어하지만 대부분의 사람들은 활동적 기대수명이 단순히 몇 년 더 살아있는 것보다 중요하다고 생각한다. 평균 기대수명은 국가별로 크게 다르기 때문에 활동적 기대수명 또한 거주 위치에 따라 달라질 수 있다는 점도 당연한 사실이다. 스위스의 활동적 기대수명이 가장 긴 것으로 나타나는데, 남성이 장애 없이 79세까지 살며, 여성 또한 76세까지 건강한 삶을 살 것으로 기대된다. 호주와 캐나다의 경우 남성과 여성 모두 이에 크게 못 미친다. 미국은 그 중간 즈음이다. 보통 대부분의 국가에서 여성이 남성에 비해 활동적 기대수명이 짧다.

활동적 기대수명이 절대적인 개념이 아니기 때문에 국가간의 비교를 하는 것은 여전히 어렵다. 목욕, 식사, 화장실 가기, 그리고 침대에 오르내리는 등 일상생활활동(ADL)을 온전히 할 수 있는 개인의 능력으로 활동적 기대수명을 측정한다. 사람들이 이러한 활동을 얼마나

잘 수행해내는지를 판단할 수 있는 표준이 없기에 연구진은 지속적으로 이를 개발하고 있다. 국가간 편차의 원인 중에는 빈곤율, 의료의 품질, 밀집된 생활, 영양상태, 흡연유무 등이 있다(Gjonca and Marmot, 2005).

어떻게 생각하는가?

1. 여러분 가족의 활동적 기대수명은 몇 세인가요? 거주하고 있는 국가의 평균 활동적 기대수명과 비교하면 어떤가요?
2. 활동적 기대수명의 편차에 기여하는 요인이 무엇이라고 생각하나요?

비록 장애라는 것이 노화 과정 일부가 수반하는 고통스러운 결과이긴 하지만, 대부분의 사람들은 몇 년 내 장애를 극복해낸다. 한 사람이 장애 없이 살 것으로 예상되는 전체 기간을 **활동적 기대수명**이라고 한다. 남성의 경우 전체 기대수명의 84%인 60세이며, 여성의 경우 82%인 58세이다(Kinsella and Gist, 1998). 여성의 활동적 기대수명이 더 낮은 이유는 남성에 비해 85세 이상 생존할 가능성이 더 높고, 이에 따라서 추후 만성질환으로 인한 장애가 발생할 확률이 급속히 증가하고 관절염과 골다공증과 같이 활동이 제한되는 건강 상태에 이를 수 있기 때문이다. 그렇기에 젊은 여성 집단의 성별 격차가 감소하고 있다는 소식은 고무적이다(Liang et al., 2008). 활동적 기대수명은 전반적으로 남성과 여성 모두 늘어났다. 사람들이 점차 건강한 삶을 더 오래 향유하고 있다(Manton et al., 2008). 생활 습관이 기대수명 연장에 기여한다는 상당량의 근거가 있다. "고령화 경험의 다양성 "에서 왜 모르몬교 신도들이 타 인구집단에 비해 더 긴 수명을 갖고 있는지 설명한다.

인종과 민족성 또한 활동적 기대수명과 관련이 있다. 소수집단의 경우 건강 보험에 가입되어있을 가능성이 적고, 부상 위험이 큰 직업을 갖고 있으며 장애 가능성을 높이는 흡연 등의 행동을 할 가능성이 높기 때문이다. 제 11장에서 이에 대해 보다 심도 있는 논의를 한다.

비(非) 라틴아메리카계의 20세 백인 남성은 앞으로 장애로 인해 남은 수명의 14.5%를 신체활동 없이 보낼 것으로 예측된다. 이와 반대로, 20세 아프리카계 미국인의 경우 그 비율이 18.6%이며, 북미 원주민은 24.8%로 그 비율이 높다(Hayward et al., 1996). 그렇기 때문에 활동적 기대수명은 성, 민족성, 인종에 따라 달라짐을 알 수 있다. 마지막으로, 활동적 기대수명은 국가마다 다르다. "세계의 고령화"에서 태평양, 유럽, 북아메리카 국가들 간의 활동적 기대수명을 비교한다.

노화와 함께 발생하는 신체적 변화 중 일부는 활동적 기대수명을 단축시키지만 나머지 변화들은 건강에 미치는 영향이 적거나 없다. 어떠한 신체 변화가 나타나는지 살펴보자.

1) 신체 외부의 노화: 피부와 머리카락

(1) 주름 및 피부 처짐

피부는 신체의 제 1 방어선이다. 수분 손실을 막고 체온을 조절하며, 통증과 압력을 관장하는 수용체로 구성되어있다. 노화의 가장 뚜렷한 징조는 흔히 주름으로 알려져 있는 피부결의 변화다. 주름 중 일부는 평소 사용과 관련이 있다. 미소나 찡그림 등 자주 짓는 표정은 눈가와 이마, 입가의 주름 발생을 촉진한다(Donofrio, 2003). 그러나 대부분의 주름은 노화와 함께 나타나는 생물학적 변화로 인해 발생하는데, 피부의 진피층이 탄력을 잃기 때문이다. 탄력이 떨어지면, 피부가 부드러운 눈가와 입가에 주름이 나타나고 턱살이 처지기 시작한다. 또한, 염분이 침착 된 부위는 진피층의 유연성을 낮춘다.

자연스러운 피부 노화는 건강상의 문제를 유발하지 않는다. 그 누구도 피부 문제로 목숨을 잃지 않는다. 물론 크림이나 리프팅, 콜라겐 주입을 통해 노화 과정을 숨기는 사람들은 많다. 우리 사회에 만연한 젊은 외모를 유지하기 위한 노력은 노화에 관한 부정적인 고정관념 및 행동을 잘 보여준다(Komadt and Rothermund, 2011). 이는 또한 직원들이 젊은 외모를 유지하도록 강요하는 직장 내의 나이 차별을 반영하기도 한다.

(2) 머리카락과 털

노화의 또 다른 징후는 흰 머리다. 모근에 있는 멜라닌 세포는 머리카락과 피부의 색을 결정하는 화학 단백질을 생성한다. 나이가 들면서 멜라닌 세포가 약해져 색소를 형성하는 메커니즘이 점차 기능을 잃어가기 시작한다. 흰 머리는 활성 색소형성세포 수가 감소하며 생긴다. 멜라닌 세포가 완전히 기능을 중단하면 머리카락이 희끗해지기 시작한다. 흰 머리가 생기는 속도는 개인마다 편차가 크다. 어떤 사람들은 40대부터 흰 머리가 날 수도 있고, 또 어떤 사람들은 70세까지 흰 머리가 나지 않을 수도 있다. 흰 머리카락을 촉진하는 요인들로는 가족력, 흡연유무, 그리고 비만 등이 있다(Shin et al., 2014).

탈모 또한 노화의 징후다. 특히 남성의 경우 더욱 그렇다. 탈모는 남성 호르몬인 테스토스테론과 유전자의 상호작용을 통해 발생한다. 대머리의 유전적 소인을 지닌 남성은 최소 20대부터 전형적인 남성형 대머리 증상이 나타날 수 있다. 이러한 남성들의 경우 테스토스테론이 유전자와 작용하여 탈모를 촉진한다. 탈모에 대한 유전적 소인이 없는 남성은 80대가 될 때까지 온전한 머리를 유지할 수 있다.

머리카락은 또한 시간과 함께 자라지만, 잘못된 부위에 자라는 경우도 있다. 남성의 경우 머리카락은 성장속도가 더디지만, 코털이나 귓속털, 눈썹은 더욱 빨리 자란다. 반면 여성의 경우 폐경을 동반하는 호르몬인 에스트로겐의 감소로 인해 윗입술 쪽에 털이 날 수 있다. 비록 털이 지나치게 자란다고 해서 건강에 해가 되는 것은 아니지만, 많은 사람들이 이를 꺼려하며 외모에 대해 더욱 신경 쓰게 만든다. 다행히 전기시술을 통해 원치 않는 털을 간단히 정리할 수 있다.

(3) 피부 변색

피부의 표층 또한 노화하며 피부 색깔을 어둡게 하는 것을 비롯해 다른 여러가지 변화를 보인다. **흑색점**은 흔히 50대 이상의 얼굴, 손등, 팔뚝에 나타나는 변색이나 얼룩이다. 이는 피부의 색과 결을 결정하는 멜라닌 색소의 침착으로 유발된다. 나이가 많은 사람들의 손등을 잘 살펴보면, 자색 멍처럼 생긴 노인성 자반증을 볼 수 있을 것이다.

(4) 노인성 자반증

노인성 자반증은 연약한 혈관이 파열될 때 나타난다. 흑색점과 노인성 자반등은 표면적인 변화에 불과하며 수반되는 건강상의 위험은 없지만 콤플렉스가 될 수 있다.

(5) 노화 관련 질병

피부암은 가장 흔히 나타나는 암이다. 매년 백만 명의 피부암 환자가 새로 발생한다. 65세까지 생존하는 모든 미국인의 거의 절반 가량이 최소 한 번 피부암을 겪을 것이다. 피부암의 가장 흔한 조짐은 피부 외형의 변화인데, 예컨대 회복되지 않는 상처 등이 있다. "피부암"이라는 용어는 사실 **기저 세포암, 편평 상피암, 흑색종** 등 세 가지의 건강 상태를 일컫는다. 기저 세포암은 가장 흔한 피부암이며 미국 피부암 환자의 90% 이상이 기저 세포암을 앓고 있다. 기저 세포암과 편평 세포암은 신체 다른 부위로 전이되지 않는다. 그러나, 암세포가 성장하며 주변 조직을 침략해 손상을 입힐 수는 있다. 흑색종은 체내에 퍼질 가능성이 있다. 그렇기 때문에 피부암의 가장 심각한 종류가 흑색종이라고 할 수 있다.

피부암을 유발하는 가장 흔한 위험요인은 자외선과 태닝이다. 개인의 피부암 발생 위험은 평생에 걸친 자외선 노출량과 관련이 있다. 대부분의 피부암이 50세 이후 나타나지만, 햇빛은 그보다 이른 나이부터 피부를 파괴하기 시작한다. 자외선으로부터 자유로운 사람은 없다. 하지만 쉽게 타거나 주근깨가 생기는 흰 피부를 가진 사람들은 발생 가능성이 더 높다. 이들은 붉은색 모발이나 금발이며, 눈동자 색이 밝은 경우가 많다. 하지만 피부 색이 짙지만 태닝을 하는 사람들 또한 쉽게 피부암에 걸릴 수 있다(National Cancer Institute, www.Cancer.gov). 젊은 여성이 이용하는 태닝 베드는 급격한 흑색종 증가를 유발한다. 피부암은 25세에서 29세 사이 여성이 가장 많이 겪는 암이며, 40세 미만 여성 암환자의 12%가 피부암 환자다(Coelho and Hearing, 2009). 가장 큰 문제는 장파장 자외선 램프다. 이 램프는 쉽게 태닝을 시켜주지만 향후 자외선 노출에 대한 피부의 보호능력이 거의 불가능해진다.

2) 신경계의 노화

신경계는 다른 모든 체계를 조정한다. 수면 패턴과 기분, 지능, 기억 등 중요한 기능을 담당하는 체계다. 본 장에서는 신경계에 나타나는 기본적인 노화 과정을 소개한다. 제 7장에서는 감각기관과 인지기능에 신경계의 변화가 미치는 영향에 대해 더욱 심도 있게 다룬다.

(1) 두뇌 기능의 변화

신경계는 뇌와 척수로 구성된 **중추신경계**(CNS)와 척수신경 등 그 외 모든 신경계로 구성된 **말초신경계**(PNS)로 나뉘어져 있다(〈그림 6-1〉 참조). 신경계의 기본 단위는 전기신호의 형태로 체내에서 정보를 전달하는 **뉴런** 또는 뇌세포다. **감각신경**으로 불리는 말초신경은 신체 밖에서 유입되는 정보를 중추신경계에 전달한다. 이 정보는 피부를 비롯해 눈, 귀, 코와 같은 감각기관으로부터 유입되기도 한다. 그리고 말초신경 중 운동신경은 중추신경계가 내보내는 정보를 체내 근육 및 분비선에 전달한다. 뇌의 각 부위는 성격과 지능, 언어 능력 등 특정한 능력과 기능, 특징을 담당한다. 또한 경험을 해석하고 이해하는 부위도 있으며, 눈과 귀 등을 통해 들어오는 감각 정보를 받아 들이는 부위도 있다.

〈그림 6-1〉 신경계

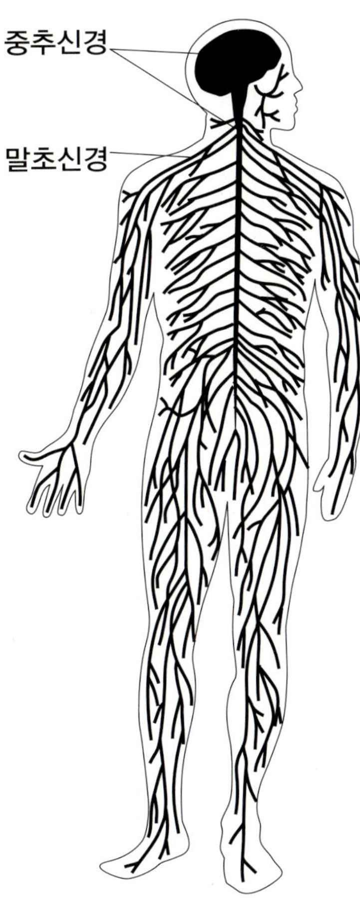

나이가 들면서 뉴런은 서서히 죽기 시작하며 더 이상 교체되지 않는다. 이러한 세포 소실이 일정하게 나타나는 것이 아니기 때문에 소실이 나타나는 신경계 부위에 따라 그 영향이 달라진다. 두뇌의 일부 부위는 세포 소실이 거의 없지만, 자발적 운동을 담당하는 부위 등 다른 곳은 30-40%의 세포를 소실할 수 있다. 이러한 세포 소실은 많은 고령 인구의 유연성 감퇴와 움직임 둔화 뿐만 아니라 구부정하고 다리를 끌며 걷는 현상의 원인이 된다(Bishop et al., 2010).

(2) 균형과 낙상

소뇌라고 알려진 뇌의 구조는 신체 움직임을 관장하며, 균형에도 일부 관여한다. 소뇌는 뇌의 뒤쪽 하단부에 위치해 있으며, 자발적 및 비자발적 근운동의 원활한 기능을 위해 없어서는 안 되는 부위이다. 소뇌를 다치게 되면 균형과 근운동에 문제가 발생하기 시작한다. 소뇌는 노화와 함께 약 25%의 세포를 소실한다. 균형과 조정력이 세월에 따라 감퇴(일부 집단이 소뇌의 세포 소실로 겪는 증상 중 하나)하면서 다리를 끌며 보행하게 될 수 있다.

걸음걸이의 변화는 그 자체만으로는 유해하지 않지만, 개인의 활동을 제약할 수 있다. 그리고 활동제약은 향후 신체적 기능 감퇴로 이어질 수 있으며 넘어질 확률이 높아진다. 낙상은 고령 인구에게 있어 가장 흔하게 일어나는 심각한 문제다. 65세 이상 인구 중 최대 33%가 매년 최소 한 번 넘어지며, 절반 가량은 여러 번 넘어진다. 80세 이상의 고령 인구는 넘어질 가능성이 가장 높다. 넘어지는 사람들 중 절반 가량은 사소한 부상에 그치지만, 5-10%는 깊은 상처나 골절, 또는 머리 부상 등 중상을 입을 수 있다. 이때 장애가 없는 사람은 빠르게 회복하지만, 심한 장애가 있을 경우 회복 가능성이 현저히 떨어진다(Gill et al., 2013).

낙상을 예방할 수 있는 방법도 있다. 체력 개선과 균형 잡기 훈련으로 낙상을 예방할 수 있다. 그리고 고령 인구의 환경을 잘 파악하여 조명이 어두운 곳이나 늘어난 카펫 등 물리적인 위험요소를 정리하고 핸드레일과 같은 안전설비를 설치함으로써 낙상을 예방할 수 있다(Kenny, 2005).

넘어진 경험이 있는 많은 노인은 또 넘어질 위험이 있는 활동을 포기한다. 눈이 오거나 땅이 언 날에는 집에서 나가지 않는다. 또한 일어서거나 걸을 때 딱딱한 물체에 지탱하는 모습을 종종 볼 수 있다. 낙상은 여전히 활동적 기대수명 단축을 일으키는 핵심 문제 중 하나로 남아있다(Al-Aama, 2011).

(3) 수면 패턴의 변화

신경계는 또한 수면을 관장한다. 서로 반대로 작용하는 두 체계인 각성 시스템과 수면 시스템이 일반적인 수면을 담당한다. 이 두 시스템은 뇌 깊숙이 있는 뇌간에 위치해있으며,

빛과 어둠의 낮밤 주기로 작용한다. 낮 동안에는 각성 시스템이 활성화되며 수면 시스템은 억제된다. 반면, 밤에는 수면 시스템이 주도권을 잡으며 각성 시스템이 억제된다.

수면은 기본적으로 서파(徐波)수면 또는 논렘(non-REM)수면과 렘(REM)수면으로 나뉜다. 서파수면은 가벼운 수면(light; 1단계)부터 깊은 수면(deep; 4단계)까지 4단계에 걸쳐 나타난다. 서파수면 동안 신체는 이완하며, 뇌파 활동이 줄어든다. 또한 심박동수와 호흡율, 호흡깊이, 혈압이 떨어진다. 꿈은 렘수면 단계에서 꾼다. 잠을 자는 동안 신체는 서파수면과 렘수면으로 번갈아 나타나는데, 렘수면은 수면 당 대략 4–6회 정도 발생한다(Ramanand et al., 2010).

노화와 함께 일반적인 수면 패턴도 변한다(Kelly, 1991). 청년의 경우 렘수면이 수면 시간의 20–25% 정도를 차지하지만, 고령 인구의 경우 그 비율이 줄어든다. 또한 이들은 수면 시간이 적고 자주 깨며, 깊은 수면에 빠지는 비율이 낮다. 70대에는 4단계인 깊은 수면을 하는 경우가 거의 없다(Ramanand et al., 2010). 이러한 수면 패턴의 변화에 따라 60세 이상 인구 중 다수는 불면증을 호소한다. 일부 연구에 따르면 고령 인구 중 최대 65%가 잠을 잘 자지 못한다. 불충분한 수면은 여성이 더 자주 겪으며, 건강 문제와도 연관되어 있다(McCrae et al., 2005). 수면 부족은 개인이 좋아하는 활동이나 빨래, 장보기 등 평범한 집안일을 하기 어렵게 만들 수 있다. 또한 삶의 질을 저하시키고 우울증을 일으킬 가능성도 있다(Spira et al., 2014).

(4) 노화 관련 질병: 파킨슨병

파킨슨병은 신경장애로 빠르면 30세부터 발병하지만, 주로 고령 인구에게 나타나는 병이다. 대개 수 년에 걸쳐 천천히 진행되는 이 병은 두뇌 중심부의 신경세포가 천천히 사멸하며 발생한다. 건강한 사람의 경우 신경세포는 두뇌와 근육 간의 신호 흐름을 담당하는 신경전달물질인 도파민을 생성한다. 그러나 뇌세포가 죽으면서 이 역할을 할 도파민이 충분히 생성되지 못하며 파킨슨병의 대표적인 징후가 나타나기 시작한다. 첫 번째 징후는 팔다리 떨림이다. 이 떨림은 신체의 한쪽, 주로 한쪽 손에서 종종 나타나기 시작한다. 다른 흔한 징후로는 더딘 움직임과 뻣뻣함이다. 그리고 "동작동결(freezing)"로 불리는 행동장애가 나타나 일시적으로 움직일 수 없기도 한다. 이뿐만 아니라, 만성변비, 침 흘림을 비롯해 경련과 유사

한 통제할 수 없는 움직임, 떨림, 환각 등도 나타날 수 있다(Solimeo, 2008). 균형을 유지하는 기능도 영향을 받을 수 있다(Weintraub et al., 2008).

파킨슨병의 증상은 많은 환자들로 하여금 변화하는 외모를 부끄럽게 생각하게끔 만들며, 이로서 사회활동을 꺼리게 된다. 지팡이를 사용해야 하는 수준까지 진행된 파킨슨병 환자의 경우 자신의 외모에 대해 이렇게 묘사했다.

> "저는 거의 밖에 나가지 않습니다. 일주일을 나가지 않은 적도 있습니다… 외식을 좋아하지도 않습니다. 많이 흘리거든요."(Solimeo, 2008:S46)

다른 고령 여성 환자도 이렇게 말했다.

> "떨림 때문에 많이 힘들어졌어요. 저는 밖에 나가는 걸 좋아하기 때문에 꽤 골칫거리입니다. 교회에서 우리는 주기도문을 외울 때 옆 사람의 손을 잡습니다. 그런데 그러면 팔 떨림이 나타나기 때문에 잡을 수가 없어요. 그래서 좌절감을 많이 느낍니다."(Solimeo, 2008:S46)

파킨슨병의 원인은 밝혀지지 않았다. 최근 파킨슨병 환자가 있는 쌍둥이나 가족을 조사한 연구에 따르면, 파킨슨병에 대한 유전적 감수성이 있는 사람들 중 일부는 살충제나 심한 독감 등 환경적 요인으로부터 영향을 받을 수 있다고 한다. 파킨슨병이 일반적으로 중년 이상의 나이 대에서 발생하기 때문에 발병 위험은 나이와 함께 증대된다.

최근 연구 결과, 발병 초기에 엘도파(L-dopa) 약물로 치료하기 시작한 환자들의 경우 떨림이 적게 나타났다. 약물과 치료를 동시에 진행한다면 환자들이 운동증상을 제어하고 독립적으로 생활할 수 있게끔 도와줄 수 있다(Yamamoto and Schapira, 2008). 그러나 질병이 점차 진행되면 운동증상 완화에 대한 치료 효과가 떨어진다. 만약 의료진이 파킨슨병을 더 일찍 진단할 수 있다면, 영구적인 손상에 이르기 전에 신경세포 파괴를 억제할 수 있다. 다만 문제는 파킨슨병을 일찍 포착할 수 있는 방법이 없다는 점이다. 증상이 눈에 보이기 시작할 때면 이미 신경세포가 손상된 상태다(Gramling, 2006).

3) 감각기관의 노화

체내의 감각기관은 주변 환경에 대한 정보를 제공한다. 보고, 듣고, 만지고, 맛보고, 냄새를 맡는 감각기능에 나타나는 변화는 외부세계와의 상호작용뿐만 아니라 사회적 관계에도 중대한 영향을 미친다.

우리는 시각과 청각, 후각, 미각을 통해 주변 환경에 대한 정보를 수집한다. 눈은 광선을 신경자극으로 전환하여 앞을 보고, 귀는 음파를 소리를 생성하는 자극으로 전환한다. 기체 형태의 분자는 코를 자극해 냄새를 만들고, 혀의 미뢰(味蕾)는 분해된 음식 조각을 신경자극으로 전환해 맛을 느끼게끔 한다. 아침에 갓 내린 커피의 향을 맡는 순간부터 밤에 재미있는 소설을 읽다가 전등을 끄는 순간까지 우리의 감각기관은 쾌락과 자극, 그리고 주변 세상에 대한 정보를 제공한다.

나이가 들면서 사람들은 점차 감각이 무뎌진다(Margrain and Boulton, 2005). 이러한 변화는 서서히 나타나며, 20대 중반부터 50세까지 거의 느낄 수 없다. 물론 예외도 있다. 하지만 대부분의 사람들은 40대 중반에 이르러서야 감각 변화를 처음 느끼게 된다. 〈그림 6-2〉를 보면 나이대별로 시력 및 청력 감퇴를 겪는 비율을 확인할 수 있다.

대부분의 중년은 점진적인 감각기능의 감퇴(쉽게 교정 가능한 수준)로 겪는 불편함에 금방 적응한다. 더 문제가 되는 점은 중증 감각 상실인데, 환경에 대한 정보 습득과 상호작용을 제한한다. 시력 또는 청력의 상실은 일상생활을 어렵게 만들며, 타인과의 원활한 대화를 방해하기도 한다.

(1) 시력

아침에 일어난 순간부터 밤에 잠들기 전까지 우리는 하루종일 방향을 보기 위해 시력을 이용한다. 비록 아이들 중 일부도 더 또렷하게 보기 위해 시력 교정 렌즈를 착용해야 하지만, 대부분의 노화 관련 시력 변화는 청년 시기부터 나타나기 시작한다. 그러나 많은 사람들이 콘택트 렌즈를 착용하기 때문에 시력 교정의 필요성이 얼마나 만연한지 잊기 쉽다. 사람들은 일반적으로 가벼운 시력 변화에는 금방 적응한다. 45-64세 인구 중 15%와 65-74세 사이 인구 중 17%, 그리고 75세 이상 인구 중 26%가 부분적인 시력 상실을 겪고 있다고 보고되었다(Lighthouse Research Institute, 1995). 중년에 이르면서 심각한 시력 상실로 정의되는 시력 장애가 더 많이 나타난다.

〈그림 6-2〉 75세 이상 고령 인구의 시력 및 청력 장애 유병률

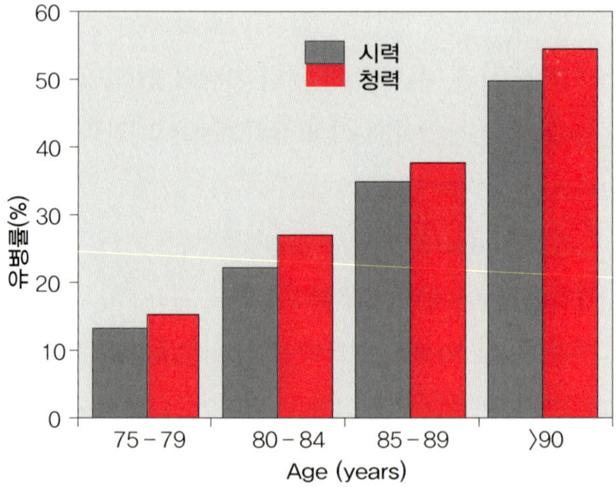

출처: Margrain and Boulton(2005).

정상인의 시야

백내장 환자의 시야

녹내장 환자의 시야

가장 먼저 나타나는 증상으로 작은 글씨를 쉽게 읽을 수 없다. 평소에 책을 팔 길이 정도

떨어뜨리고 읽는 사람을 본 적 있는가? 이는 근거리에 있는 사물에 초점을 맞출 수 없는 **노안**의 한 증상이다. 노안은 이중초점안경으로 쉽게 교정할 수 있다. 이중초점렌즈의 상단부는 운전이나 영화 관람 등에 필요한 원거리 시력을 교정하고, 하단부는 책이나 신문을 읽을 때처럼 눈이 근거리 사물에 초점을 더 잘 맞출 수 있도록 도와준다.

시력 장애가 있는 고령 인구 중 대부분은 시력을 완전히 잃는 것이 아니라 부분적인 시력 상실을 겪는다. 그러나 심각한 시력 상실에 주의를 기울여야 하는데, 개인의 활동을 제한하고 자존감을 낮추며 독립적인 생활을 하지 못하게끔 할 수 있기 때문이다. 골다공증, 심혈관 질환과 더불어 시력 장애는 65세 이상 인구가 겪는 주된 장애의 원인이다(Pelletier et al., 2009).

무엇이 시력 감퇴를 일으키는 걸까? 사람은 나이가 들면서 다양한 안구 부위에 변화가 나타난다. 이는 시각적 자극을 수용하는 능력의 하락으로 이어진다. 수정체 뒤 액체로 가득한 유리액은 먼저 장기적인 햇빛 노출로 인해 부분적으로 불투명해진다. 안구로 들어오는 광선의 양을 조절하는 동공의 경우 크기가 줄어들고 빛에 대한 반응이 더뎌진다. 비록 빛의 양에 따른 동공의 이완 및 축소 기능은 유지되지만, 빛과 어둠에 적응한 동공의 크기는 다소 달라진다. 물체의 초점이 망막에 맺히도록 도와주는 수정체는 두꺼워진다. 이렇게 되면 유연성이나 탄력을 잃게 된다(Margrain and Boulton, 2005).

이러한 변화로 인해 나이든 사람들이 깊이를 지각하고 더 또렷하게 보기 위해서는 더 많은 양의 빛이 필요하다. 깊이 지각 능력의 쇠퇴는 사람이 넘어지거나 계단 등에서 잘못 디딜 수 있게 되기 때문에 위험하다. 나쁜 시력은 고령 인구로 하여금 활동 반경을 제한하고 정원 가꾸기나 요리, 바느질, 여행 등 좋아하는 취미활동을 하지 못하게 한다. 물론 가벼운 시력 문제를 가진 사람들은 활발히 움직이며 일상생활에서의 도움이 많이 필요하지 않다(Gertrudis et al., 2012).

공공정책에 대한 이슈 : 고령 운전자를 제한해야 할까?

대부분의 고령 인구에게 있어 운전은 자율성과 친구, 가족, 공동체와의 상호관계 유지, 사회활동 참여 등을 위해 없어서는 안 되는 중요한 능력이다. 그러나 나이가 들면서 대부분의 사람들은 어느 순간 운전을 하지 않기 시작한다. 운전을 중단한 후 남성의 경우 7년, 여성의 경우 10년 가량 더 생을 이어갈 것으로 기대된다(Curl et al., 2014). 그렇기 때문에 이동수단이라는 것은 고령 인구에게 가장 중요한 문제이다. 자동차 등 어떠한 이동수단도 이용할 수 없는 고령 인구는 이발을 하거나 친구를 만나고, 장을 보러 갈 수 없는 자신의 현실을 '장애가 있다' 혹은 '장애인' 등의 단어로 표현한다(Coughlin, 2001). 더 이상 운전대를 잡지 않는 고령자들은 반대집단에 비해 친구관계가 축소되는 경향도 있다(Mezuk and Rebok, 2008).

지난 10년 동안 70세 이상 운전자들의 교통사고율은 증가한 고령 운전자 수에 비해 크게 감소했다. 80세 이상 운전자의 경우, 그 감소폭이 더욱 컸다(Zelinski et al., 2011).

고령 인구 중 대부분은 자신이 맞닥뜨린 한계를 인지하고 스스로 운전 패턴을 바꾼다(Wong et al., 2016). 밤이나 교통체증이 심할 때 운전을 하지 않는 등의 방식이다. 시력 문제가 있는 사람들의 경우 특히 자발적으로 운전면허증을 반납하기도 한다(Ragland et al., 2004). 울혈성심부전을 앓거나 정보처리능력이 떨어지는 경우에도 운전을 포기한다(Edwards et al., 2008). 고령 인구가 운전을 하지 못하도록 금지해서는 안 되지만, 이들을 대상으로 하는 능력 시험을 보다 자주 시행할 필요가 있다.

다양한 공공정책 수립을 통해 이동능력을 유지하는 가운데 고령 인구와 타 운전자들의 안전을 더욱 보장할 수 있을 것이다. 한 가지 방법은 교외 및 지방의 대중교통 체계를 개선하여 운전을 중단하더라도 타인에 의존하지 않을 수 있게 돕는 것이다. 또 다른 방법은 사고 가능성이 높은 사람들을 파악하기 위해 운전면허 발급 및 시험의 차원에서 전 연령을 대상으로 검사를 진행하는 것이다. 현재 미국 대부분의 주에서는 나이가 많은 인구의 운전면허

발급에 대한 엄격한 규칙을 적용하고 있다(Cheung and McCartt, 2011).

어떻게 생각하는가?

1. 나이가 많은 친척이 운전하는 것이 불안한가? 만약 그렇다면 그와 관련해 어떻게 해야 하는지 알고 있는가?
2. 나이 관련 운전제한이나 시험을 시행할 필요성에 동의하는가? 고령 인구를 위한 대중교통 개선은 어떻게 생각하는가?

해질녘에 시야가 명확하지 않고 다가오는 차량의 불빛을 뚜렷하게 인지할 수 없기 때문에 많은 고령 운전자가 야간운전을 포기한다. 하지만 대부분의 사람들은 자발적으로 운전면허증을 반납하지는 않는다. 더 이상 온전히 독립적인 생활을 할 수 없기 때문이다. 시력이나 여타 건강 문제로 운전이 어려운 많은 고령 인구는 천천히 운전하거나 특정한 시간대에만 운전하는 등 스스로 환경을 통제한다(Zelinski et al., 2011). 반면 다른 사람들은 변화 없이 평소처럼 운전대를 잡는다. 고령 인구의 운전통제 기준은 주(洲)마다 다르다. "공공정책에 대한 이슈"에서 고령 인구의 운전제한에 대한 찬반 의견을 확인할 수 있다.

녹내장, 백내장 등 시력장애는 고령 인구가 흔히 겪는 장애로 떠오르고 있지만, 일반적인 노화의 현상은 아니다. **백내장**은 안구의 수정체가 혼탁해져 빛이 통과할 수 없을 때 발생한다. 과거에는 백내장이 시력을 심각하게 훼손했다. 그러나 오늘날 대부분의 백내장은 수술로 치료할 수 있다. 예컨대 최신 기술인 레이저 수술은 백내장을 15분 내로 간단히 치료할 수 있으며, 회복기간도 가장 짧다. 수정체는 인공 수정체로 대체하거나 콘택트 렌즈 또는 특수 안경을 착용해 교정하는 방법도 있다.

(1) 녹내장

녹내장은 실명에 이를 수 있는 심각한 질환이다. 액이 안구 전방에서 일반적인 경로로 이동할 수 없을 때 발생한다. 안압이 증가하고 점차 시력이 감퇴한다. 65세 이상 인구의 약 3%가 녹내장을 앓고 있다(Varma et al., 2011). 녹내장은 제시간 안에 치료한다면 점안액이나 레이저 수술로 해결할 수 있다. 그러나 일부 환자는 상태가 치료할 수 없을 때까지 진전된 후에야 병원을 찾는다.

환자들은 환경을 바꾸고 보상기술(compensatory skill)을 학습하며 완만한 수준의 시력 손실에 쉽게 적응할 수 있다. 숫자버튼이 큰 전화기나 큰 글씨 책 등이 고령 인구의 삶의 질을 개선할 수 있다. 사회적 지원 또한 스트레스 완화와 시력장애 환자의 의욕 진작에 있어 중요한 요소이다. 시각 문제가 있는 고령 인구 중 가족 및 친구들과 관계형성을 한 집단은 재활을 성공적으로 마칠 확률이 높으며 사회적으로 소외된 집단에 비해 삶의 만족도가 높고 우울증을 앓는 비율도 적다(Varma et al., 2011).

(2) 청력

시력과 마찬가지로 청력은 20대에 가장 예민하다. 나이가 들면서 소리를 듣고 해석하는 능력이 떨어진다. 청력 손실은 최소 25세부터 시작될 수 있으며 50세 이상부터 진행 속도가 빨라진다. 50세에서 102세 사이 남녀를 대상으로 한 종단연구에 따르면, 여성 12.1%와 남성 23.6%가 경증 또는 중증 청력 손실을 경험했으며, 연령대가 증가하면서 그 수준이 심해졌다. 연구 대상 중 가장 연령대가 높았던 80세 이상 참여자의 경우 거의 3분의 1 가량이 경증 또는 중증 청력 손실을 호소했다(Strawbridge et al., 2000). 노화로 인한 일반적인 청력 손실은 **노인성 난청**이라 불린다. 노인성 난청은 귀마다 다른 속도로 진행되며, 높은 음을 들을 수 없을 때 처음 확인이 가능하다. 여성의 목소리가 더 부드럽고 음이 높기 때문에 특히 더 잘 들리지 않는다(Spence, 1995). 노화로 인한 청력 손실은 사실 큰 소음의 누적된 영향이 크다. 시끄러운 환경에서 근무하거나 어린 시절 볼륨이 높은 음악을 들은 사람들의 경우 나이가 들면서 점차 청력 손실을 겪을 가능성이 있다(Margrain and Boulton, 2005).

청력 상실이나 손실은 무수한 사회적 결과를 동반한다. 앞에서 언급한 종단연구 결과 귀가 좋지 않은 참여자들은 의욕이나 사회적 기능에 관한 문제도 겪고 있었다. 이들은 반대집단에 비해 주의력이 부족하고 자유시간을 제대로 즐기지 못한다거나 자신이 성취한 결과에 만족하지 못하고 실망하는 경향이 있었다. 또한 어느 집단에 소속되어있음에도 불구하고 외롭거나 배제되었다고 느낄 가능성도 높았다(Strawbridge et al., 2000). 청력이 좋지 않은 사람과

대화를 시도할 때 가족 구성원이나 친구들이 답답해할 수도 있다. 그에 따라 아예 대화에 껴주지 않거나 자리에 없는 것 마냥 대화할 수 있다. 그렇게 되면 당사자는 사회적 상호작용으로부터 한 발짝 물러나 대화를 시작할 생각조차 하지 않을 수 있다. 따라서 청력 손실은 사회적 소외로 이어질 수 있다. 청력 외의 건강이 좋은 사람도 예외는 아니다.

청력 손실 문제는 첨단 보청기로 일부 해결할 수 있다. 보청기는 소리를 증폭시켜 청력을 크게 개선한다. 그러나 대부분의 고령 인구는 보청기 착용을 거부한다. 아무리 최첨단 보청기라 할지라도 심각한 청력 손실을 앓는 환자들이 거부하면 효과가 없다.

(3) 냄새와 맛

냄새와 맛은 서로 밀접한 관계이다. 음식이 있을 때 먹고, 냄새를 맡으며, 맛을 보는 행동을 동시에 한다. 아주 심한 감기에 걸려 코가 막혔던 경험을 떠올려보자. 몸이 건강했을 때에 비해 음식이 그리 맛있지 않았을 것이다. 이는 먹고 있는 음식의 냄새를 맡지 못했기 때문이다. 노화와 함께 냄새를 맡는 능력이 감퇴한다. 후각 감퇴는 70세 이상의 성인에서 가장 두드러지게 나타나는 현상이며, 남성이 특히 후각 문제를 겪는다(Margrain and Boulton, 2005). 향수나 꽃 냄새, 파우더를 바른 아기의 냄새를 맡지 못하게 되며 삶의 질이 하락한다. 그리고 가스 누출이나 타는 음식의 냄새를 맡지 못하기 때문에 위험한 상황에 놓일 수 있다.

미각 감퇴는 미뢰(味蕾)가 재생되지 않거나 두뇌가 미뢰로부터 정보를 받는 과정에 변화가 생겼을 때 나타난다(Hayflick, 1996). 비록 치명적인 문제는 아니지만 미각 감퇴는 영양 부족으로 이어질 수 있다. 만약 음식이 맛있다고 느껴지지 않는다면 식욕을 잃고 영양실조에 걸릴 확률도 높아진다. 많은 고령 인구는 식욕 감퇴를 해결하기 위해 더 진하게 양념된 음식을 찾고는 한다. 그러나 다량의 소금을 넣어 먹는 행위는 고혈압의 원인이 되어 다른 건강 문제를 일으킬 수 있다.

(4) 촉각과 온도

촉각 또한 노화와 함께 약해진다. 특히 손가락 끝부분의 민감도가 떨어진다. 그리고 통증에 대한 민감도도 떨어진다. 물론 자기보고의 형태로 통증 민감도를 측정하는 형식이지만 과학적인 실험을 진행하기는 어려운 부분이다.

나이가 들면서 신체도 체온 조절 능력을 일부 잃는다. 요양원에 있는 친척을 방문할 때 지나치게 덥다고 불평을 하게 되지만, 입원해 있는 노인들은 따뜻한 실내온도에 만족한다. 나이가 든 사람은 몸을 보온해 주는 피부 지방조직이 손실되어 따뜻하게 유지하는 데 어려움을 겪는다. 혈액순환도 느려진다. 이러한 신체 변화로 인해 나이가 든 사람들은 추위를 잘 견디지 못하고 젊은 사람들에게는 덥다고 느껴지는 방에서 좀 더 편하게 느낀다(Lu et al., 2011).

체온 낮추는 능력의 상실은 피부의 땀샘이 감소하거나 기능하지 않을 때 발생한다. 그리고 남아있는 땀샘 또한 서서히 땀을 배출하는 능력을 잃는다(Shu-Hua et al., 2011). 이처럼 고령 인구가 땀을 덜 흘리기 때문에 더운 날씨에 정상 체온을 유지하는 것이 더욱 어려워져 저체온증에 걸릴 수 있다. 또한 열사병이나 일사병에 걸릴 확률도 높다. 상대적으로 일정한 체온을 유지할 수 없게 되면 폭염이나 한파가 닥쳤을 때 목숨을 잃을 수도 있다. 몇 시간 내로 치명적인 상태가 될 수도 있다. 저소득 고령 인구는 특히 지독한 더위와 추위로부터 사망할 확률이 높은데, 대개 단열이 열악한집에 거주하고 난방을 낮춰 돈을 절약하기 때문이다. 고령 여성이 심한 더위로 목숨을 잃을 확률이 높은 반면 고령 남성은 심한 추위로 사망할 가능성이 높은데, 대부분 집이 없을 확률이 높기 때문이다(Macey and Schneider, 1993).

4) 골격계의 노화: 골, 연골, 결합 조직

골격계는 골과 연골, 다양한 결합 조직으로 구성되어 있으며 여러 중요한 기능을 담당한다. 골격계는 신체를 지탱하는 뼈대이자 심장과 폐 등 중요한 기관을 보호하며, 근육의 부착부위이자 근육이 몸을 움직이게 할 때 도와주는 레버 역할을 한다. 또한, 칼슘과 기타 핵심 미네랄을 저장하며 혈구를 생성하기도 한다. 세월과 함께 골격계도 일상 생활과 전반적인 건강에 영향을 미치는 여러 변화를 겪는다.

(1) 골 재생

뼈는 칼슘과 단백질로 구성된 역동적인 조직이다. 신체가 칼슘을 필요로 하면 오래된 뼈가 제거되고 칼슘을 더해 새 뼈가 생겨난다. 아동기부터 성년기까지 뼈는 사라지는 속도보다 생성되는 속도가 더 빠르며, 크기가 커지며 농도도 짙어진다. 30세 정도에 골 부피가 최대치를 기록한다. 그러나 노화와 함께 이 과정이 점차 반대로 흐르기 시작한다. 생성되는 속도보다 해체되는 속도가 더 빠르며, 이는 골 소실로 이어진다. 35세 이후의 골 소실은 부분적으로 남성과 여성에 있어 정상적인 현상이며 문제가 없다. 심각한 골 소실은 골다공증이라 정의된다.

(2) 나이 관련 질환: 골다공증

골다공증 환자의 몸 속을 살펴보면, 뼈의 외벽이 얇아지고 내부가 스폰지처럼 변한다. 골다공증의 후반부에는 키가 줄거나 요통을 겪고, 허리 윗부분 또는 척추가 굽는 등의 증상이 나타난다. 영구적으로 척추가 굽는 것을 가리켜 때로 "노부인의 혹(Dowager's Hump)"이라고 부르기도 한다. 척추 뼈가 약해지고 상체 골격의 무게로 인해 구조가 천천히 무너지며 발생한다(〈그림 6-3〉 참고).

〈그림 6-3〉 골다공증의 진행 단계

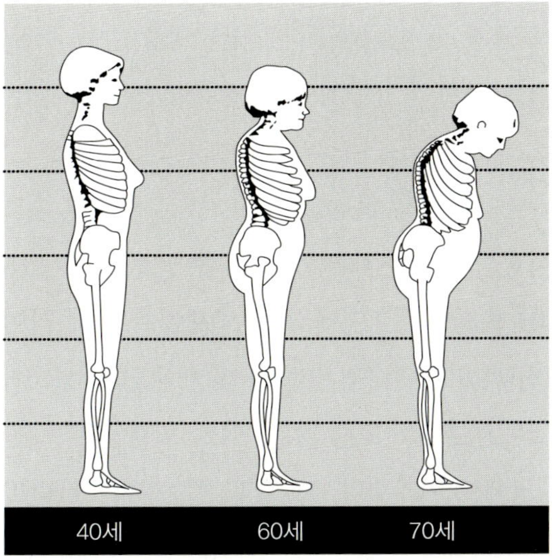

척추가 약해지며 상체의 무게로 굽어지기 시작한다.

골다공증의 신체적 결과는 당사자의 정신 및 사회적 웰빙에 끔찍한 결과를 가져올 수 있다. 중증 골다공증 환자는 종종 무기력함을 느끼며 자존감을 상실하고 우울감을 느낀다. 이들은 넘어질 위험 때문에 활동을 스스로 제한한다. 직장 생활을 했던 여성의 경우 짐을 들고 옮기거나 허리를 구부릴 수 없기 때문에 퇴사를 해야 할 수도 있다. 또한 가족 내 역할이 줄어들 수 있다. 가령, 골절이 될 수 있기 때문에 손주를 안아줄 수 없는 할머니의 경우 유대감 형성의 중요한 수단을 잃는 것과 마찬가지가 된다. 아내들은 또한 간단한 집안일을 하지 못하게 될 수 있다(Becker et al., 2010).

미국인 중 1,000만 명이 골다공증을 앓고 있고 34만 명은 골 부피가 작아 향후 골다공증으로 발전될 가능성이 있다. 남녀 모두 30세 이상부터 매년 소량(약 0.4%)의 뼈를 소실한다. 그러나 여성의 경우 골다공증에 걸릴 확률이 같은 연령대의 남성보다 4배나 더 높다. 50세 이상의 여성 중 40%가 살면서 골반뼈, 척추, 또는 손목뼈 골절을 경험한다(American College of Obstetricians and Gynecologists, 2004). 한 가지 이유로 먼저 남성에 비해 여성의 뼈가 더 작고 가볍다는 점을 들 수 있다. 또 다른 이유로는 여성이 특히 폐경 이후에 남성보다 골 부피가 빠르게 줄어든다는 것이다. 여성의 난소에서 생성되는 에스트로겐이 골 소실을 예방해주지만, 폐경 이후 난소가 에스트로겐 생성을 중단하여 골다공증 발생 확률을 높이는 것이다. 비록 남성도 골다공증을 앓기는 하지만 고령에도 안드로겐(남성 호르몬)이 지속적으로 만들어지기 때문에 여성보다 심각성이 낮다.

그렇다면 여성이 골다공증에 걸리지 않기 위해 무엇을 할 수 있을까? 여성 건강에 대한 주도적 연구(Women's Health Initiative)는 7년에 걸쳐 50세에서 79세 사이 폐경 여성 36,000명을 대상으로 추적 연구를 진행했다. 연구진은 칼슘 및 비타민 D 보조제를 섭취한 여성의 골절 위험률이 실제로 낮아졌는지 파악하고자 했다. 이 보조제들은 오랫동안 고령 여성의 뼈 건강 개선을 위한 필수 영양제로 여겨졌다. 그 결과, 칼슘 및 비타민 D 보조제를 섭취한 여성의 골반뼈 골절 빈도는 소폭 줄었지만 그 차이가 통계적으로 유의하지는 않는 것으로 나타났다. 그리고 해당 보조제는 척추나 손목, 기타 골격의 골절 위험도를 완화해주지 않았다

(Jackson et al., 2006). 〈표 6-1〉은 골다공증 발생 가능성을 스스로 확인해 볼 수 있는 질문지다.

〈표 6-1〉 나도 골다공증에 걸릴 가능성이 있을까?

아래 질문에 답하며 골다공증 발생 위험 가능성을 판단할 수 있다. "예"라고 답한 항목이 많을수록 더욱 위험한 상태다.
1. 골격이 작고 가늘거나 백인 또는 아시아인인가?
2. 직계 가족 중 성인이 된 이후 뼈가 부러진 구성원이 있는가? (본인 포함)
3. 여성이라면, 폐경기가 왔는가?
4. 조기 또는 외과적인 이유로 폐경이 왔는가?
5. 현재 3개월 이상 갑상선약이나 글루코코티코이드(예. 프레드니손)를 다량 복용하고 있는가?
6. 면역억제약물이나 화학항암요법의 경험이 있거나 현재 복용/진행 중인가?
7. 유제품 및 기타 칼슘 섭취가 평소 적은 편인가?
8. 신체적으로 활발하지 않은 편인가?
9. 흡연을 하거나 과음을 하는가?

(3) 나이 관련 질환

관절염은 65세 이상 남성 약 33%와 여성 50%가 앓는 만성질환이다(Hayflick, 1996). 관절염은 관절의 염증과 통증, 부기, 변형 등이 가져오는 결과를 일컫는 용어이다. 관절염의 원인으로는 과다사용, 부상, 박테리아 또는 바이러스 감염, 그리고 면역체계의 관절 조직 공격 등이 있다.

관절염의 가장 흔한 형태는 골관절염이다. 골관절염은 퇴행성 관절 질환으로 뼈와 뼈가 맞닿는 관절의 표면이 마모되며 발생한다. 관절뼈의 끝 부위를 감싸고 있는 얇은 연결 조직인 연골이 노화와 함께 쇠퇴한다. 연골이 마모되어 사라질 경우 뼈가 직접적으로 서로 맞닿게 되어 통증과 부기, 불편감을 일으킨다.

류머티스 관절염은 관절낭과 관절을 싸고 있는 연골을 받치고 있는 활막(滑膜)에 염증이 생기면서 발생한다. 면역체계가 활막을 공격하며 시작되는 류머티스 관절염이 상당 수준 진행된 경우 대부분의 관절뼈가 퇴행하며 연약한 활막이 상처로 인해 두꺼워져 관절, 특히 손목, 손가락, 발가락의 관절이 심하게 변형된다. 이 관절염은 나이와 상관 없이 나타날 수 있으며, 남성보다 여성이 더 흔하게 겪는 질환이다.

가벼운 관절염은 이부프로펜으로 관리할 수 있지만, 심각한 관절염은 개인의 활동을 제약하고 삶의 질을 떨어뜨릴 수 있다. 이는 더 많은 의료비 지출과 임금 감소 등 경제적인 영향을 가져오지만, 스포츠를 즐기거나 집안일을 하지 못하게 되는 등 사회적인 결과도 초래한다. 관절염은 또한 우울증을 앓을 위험을 높이기도 한다(Mcllyane et al., 2008).

만약 통증과 장애로 인해 일상생활에 심한 지장이 생기는 수준으로 관절 퇴행이 진행된다면, 인공 기관 삽입을 고려해볼 수 있다. 인공 기관은 첨단 재료로 인공적으로 만든 관절이다. 손과 손가락의 변형된 관절을 플라스틱 관절로 교체하게 되는데, 이는 기능이나 외관으로나 만족스러운 결과를 가져온다. 무릎과 골반 등 좀 더 큰 관절의 경우 강철이나 테플론 등 더욱 강한 재료를 사용해 만든다. 이러한 인공 관절은 최장 10년에서 15년을 사용할 수 있지만, 그 다음에는 반드시 교체되어야 한다. 오래 착용할 수 있는 인공 관절은 사용 기한이 짧은 타 인공 관절에 비해 더욱 비싸며, 보건의료 비용 감소에 대한 압박이 커지고 있는 만큼 의료계는 인공 관절을 선택할 때 반드시 환자의 잠재 기대 수명을 고려해야 한다.

5) 근육계의 노화: 근육량과 힘

체내 근육은 저마다 모양과 크기가 다르다. 거대한 허벅지 근육부터 얇은 눈꺼풀 근육까지 종류가 다양하다. 모든 근육은 수축하여 자발적 운동(개인이 제어할 수 있는 운동)을 일으킨다. 골격계와 골격근은 협동하여 몸을 움직인다. 대부분의 근육은 하나의 움직임을 위해 관절(두 뼈가 만나는 지점)을 통해야 한다. 하나의 뼈에 부착된 근육은 움직임을 만들어낼 수 없다.

사람들은 30세 즈음부터 점차 근력 및 유산소 능력의 감퇴를 경험하지만, 50세 이후까지 크게 눈에 띄는 편은 아니다. 30세에서 80세 사이, 근육량의 30%까지 소실될 수 있다(Park et al., 2011). 근위축 또한 근육 미사용으로 발생할 수 있다. 젊은 연령대도 예외는 아니다. 예를 들어, 무릎 수술로 6주 동안 움직일 수 없었던 사람의 경우 허벅지 앞부분 대근육이 40-60% 소실될 수 있다. 그러면 근육의 정상적인 기능 회복을 위해 장기간에 걸쳐 물리치료를 받아야 할 것이다. 노인의 경우 활동량을 감소시키는 질환을 앓고 있을 확률이 높기 때문에 더욱 근위축에 노출되어있다.

비록 근육량 및 근력 감소가 목숨을 위협하지는 않지만, 일상생활이 어려워지고 전체적인 신체활동이 줄어들 수 있다. 이는 다른 건강 문제를 유발할 수 있다. 근육량 및 지구력 감소는 고강도 저항(근력)운동을 통해 크게 완화할 수 있다. 일련의 연구에 따르면 이 근력운동을 통해 건강한 중년층(50-75세)과 연약한 노년층(80-100세)의 최대 근력과 근 크기가 크게 증가하였다. 휠체어를 타는 환자들의 저강도 유산소 운동 또한 유익한 효과를 가져오는 것으로 나타났다(Koopman and van Loon, 2009).

6) 생식계의 노화

갱년기는 중년기 생식계에 나타나는 신체 및 행동 변화 증후군을 일컫는 용어이다(Cagnacci et al., 2015).

(1) 여성의 노화

여성의 갱년기는 폐경기로 일컬어지기도 한다. 폐경기는 영구적인 월경 주기의 정지를 뜻한다. 난소의 기능이 멈추면서 (1) 월별 월경 흐름이 종료되고, (2) 배란(매달 난소가 난자를 배출하는 현상)이 끝나며, (3) 여성 호르몬인 에스트로겐과 프로게스테론 분비가 줄어든다. 에스트로겐 수치가 하락하면서 자궁 벽이 얇아지고 질액 분비량이 감소한다. 그 결과, 성적 자극에 대한 자궁의 질액 분비가 늦춰진다. 이러한 변화는 성관계를 고통스럽게 만들 수 있다. 여성이 월경 없이 1년을 보냈을 때 비로소 폐경으로 간주된다. 미국 여성의 경우 약 50세을 전후로 하여 폐경을 맞는다.

월경이 중단되며 여성의 75-85%가 폐경의 전형적인 징후인 열감(熱感)을 겪는다. 몇몇은 폐경 전 월경 주기의 흐름과 기간이 변하기 시작할 때 열감을 겪을 수 있지만 대개 마지막 월경이 종료된 후에 처음 경험한다. 대부분의 여성은 열감이 일상생활에 다소 지장을 주기 때문에 거슬린다고 이야기한다. 다른 폐경의 증상으로는 짜증, 변덕스러운 감정상태, 피로, 불안감 등이 있다.

2002년 5월, 정부지원 연구인 여성 건강에 대한 주도적 연구(Women's Health Initiative)가 50-79세 여성 16,608명을 대상으로 조사를 진행하였지만 조기에 종료되었다. 폐경과 관련된 증상 치료에 **호르몬 치환 요법**(HRT)이 안전한지 파악하기 위해 8년 반 동안 임상 시험을 진행하였는데, 그 결과 HRT를 적용했을 때 유방암과 심장질환, 뇌졸중, 폐색전(폐내 혈전)의 발병 위험도를 높이는 것으로 밝혀졌다(Rossouw et al., 2007). 연구가 종료된 후 HRT를 이용하는 여성의 수가 크게 줄었다. 현재 폐경기 증상을 완화하기 위해 다양한 약물이 실험 중에 있다(Archer et al., 2009).

매일 유산소 운동을 하면 육체 및 정신건강이 좋아질 수 있다.

(2) 남성의 노화

남성도 폐경기가 있을까? 답은 "아니오"다. 남성이 50세 또는 60세 경이 되면 테스토스테론 수치가 떨어지기 시작하지만 건강한 고령 남성의 경우 생식능력에는 뚜렷한 영향이 없다. 70대나 80대가 되더라도 아이를 가질 수 있다는 뜻이다. 물론 중년기를 거치며 남성의 성반응도 변화하기 시작하지만, 번식활동의 완전한 중단을 가져오는 여성의 폐경과 동일한 수준은 아니다. 남성은 갱년기를 맞이하며 성활동의 빈도가 점차 감소하지만 성적 관심이나 흥미는 보통 변함이 없다.

전립성 비대증(BPH)은 고령 남성에게 있어 가장 흔한 질환이다. 50세 이상의 남성 중 거의 50%가 BPH 증상을 경험한다(Wei et al., 2005). BPH란 간단히 말해 양성일지라도 전립선 크기가 확대되는 것을 의미한다. BPH는 기본적으로 테스토스테론(남성 호르몬)의 분해 산물로 인해 발생한다. 이는 전립선의 확대로 이어진다. 전립선이 방광의 출구를 둘러싸고 있기 때문에 확대될 경우 방광의 통로에 압박을 가하게 된다. 그 결과, 더욱 화장실을 자주 찾게 되고, 종종 소변을 보기 위해 새벽에 깨기도 한다. 일부 남성의 경우 요실금으로 발전하기도 한다.

(3) 나이 관련 질환: 발기부전

고령 남성이 공통적으로 겪는 문제 중 하나는 **발기부전**이다. 발기부전은 구체적으로 삽입이나 성관계 시 발기 상태를 충분히 유지하지 못하는 현상을 가리킨다(Masters and Johnson, 1966). 수많은 남성이 노화를 성기능 감퇴와 전체적인 삶의 질 하락과 연관 짓는다. 남성의 약 33%가 발기부전을 겪으며, 나이와 함께 빈도가 늘어난다. 한 연구에 따르면 남성의 발기부전 비율이 59세 이하의 경우 12%, 60–69세의 경우 22%, 그리고 69세 이상의 경우 30%인 것으로 나타났다(Bacon et al., 2003).

발기부전은 한때 심리적인 질환이라고 여겨졌다. 오늘날 과학계는 발기부전을 둘러싼 다양한 심리적 원인이 있다는 것을 인정하였으며, 이로써 고령 남성의 삶의 질과 자존감, 긴밀한 관계 유지 등을 개선할 가능성이 있는 다양한 요법에 초점을 맞추게 되었다(O'Leary et al., 2006). 가장 큰 진보는 약물의 개입이었는데, 1998년 개발된 비아그라다. 비아그라와 기타 유사 약물은 성기 내 '스폰지처럼 생긴' 조직의 혈류를 개선하는 작용을 한다. 복용 시 남성의 나이에 맞는 발기능력을 찾게 되는데, 예컨대 80세 남성이 약물을 복용할 경우 20세 때의 발기능력에는 뒤떨어지지만 여전히 성관계를 즐길 수 있다는 것이다.

(4) 나이 관련 질병: 난소암

난소암은 여성의 난소에서 발생한다. 난소암의 가장 큰 위험 요소는 바로 나이이다. 여성의 폐경 이후 발병률이 가장 높은데, 진단 중위연령이 66세다(Allen and Roberto, 2014). 비록 여성이 겪을 수 있는 암 중 난소암은 3%에 불과하지만, 골반과 복부로 전이된 후에야 발견되는 경우가 자주 발생하기 때문에 치명적일 수 있다. 만약 난소암이 전이되지 않은 상태에서 발견이 되었을 경우, 장기 생존의 예후가 더욱 긍정적이다. "그들의 목소리"에서는 난소암 발견부터 생존까지 경험한 이야기를 읽어볼 수 있다.

그들의 목소리 : 난소암 극복기

난소암을 극복한 여성 20명을 인터뷰한 연구가 있다. 비록 이들의 경험은 천차만별이었지만, 몇몇은 지속적으로 낙관적인 마음가짐을 가지고 긍정적인 자세를 유지할 수 있었다.

64세 환자 아비는 다음과 같이 회상했다.

처음부터 저는 치료가 잘 되고 있다는 걸 알았습니다… 건강식을 먹었고, 매번 치료가 시작되기 전 의사가 제게 준 지시사항을 마치 성경처럼 반복해서 읽었어요. 그리고 의사가 하는 말을 그대로 따라했죠. 물론 계속 구역질이 올라오고 토할 것 같은 끔찍한 기분을 거의 매일 느껴야 했지만, 좋은 경험이었고 이 자리에 올 수 있게 되어 기쁩니다.

74세 환자 밀리도 긍정적으로 생각했다고 말했다.

저는 난소암 생존자이고 의사도 제가 잘 버텨내고 있다고 했어요. 그냥 공존하는 방법을 배우기만 하면 되는 거라고 생각해요. 저는 지금 꽤 잘 버티고 있답니다. 지치지만 저는 스스로 집을 청소하는 등 제 페이스를 찾습니다. 조금 치우다가 쉬고, 또 다시 치우고 쉬는 과정을 반복하면서 말이죠.

출처: Allen and Roberto(2014:1030).

7) 심혈관계의 노화: 심장과 혈관

심혈관계는 심장과 체내 모든 혈관으로 구성되어 있다. 심혈관계는 모든 세포에 산소와 영양분을 전달하고 세포로부터 폐기물을 가져간다. 심장으로부터 산소가 풍부한 혈액을 전달하는 혈관은 동맥이고, 산소가 거의 다 소모된 혈액을 다시 심장으로 가져가는 혈관이 정맥이다.

(1) 심장

심장은 체내 혈액 이동을 담당하는 펌프다. 그리고 폐로 혈액을 보내 산소를 흡수하고 이산화탄소를 배출하도록 한다. 심장은 또한 근세포에 영양분을 공급하기 위해 자체적인 동맥과 정맥을 가지고 있다. 다른 대부분의 근육과 다르게 심근은 스스로 수축한다. 심박동수를 제어하는 자극전도계는 심장 수축을 유도하는 심박 조율기로 구성되어 있다.

근 위축과 수축 당 공급되는 혈액량의 감소 등 심장에 발생하는 나이 관련 변화도 있다. 또한 결합 조직과 지방을 포함하는 비전도 세포 수도 증가하는데, 이로서 심장박동이 더욱 불규칙해진다. 이러한 부정맥은 다양한 방법으로 치료할 수 있다. 심박동수를 조절하거나 혈전 위험을 완화하는 약물이 있으며, 심박동수 조절을 위해 이식할 수 있는 심박 조율기도 있다.

(2) 혈관의 변화

노화와 함께 나타나는 여러 가지 큰 변화 중 하나는 혈관의 탄력성 상실이다. 일반적인 동맥과 정맥은 탄력적이다. 만약 이 혈관들을 꽉 짠다면 탄성섬유가 함유된 근층으로 인해 스폰지를 만지는 느낌이 들 것이다. 혈액이 동맥에 뿜어져 나올 때의 압력을 혈압이라고 한다. 나이가 들면서 혈관은 탄성섬유 소실로 인해 유연성을 잃으며 이에 따라 혈압이 높아진다.

(3) 나이 관련 질환

고혈압과 심장마비 정상 혈압인 사람의 경우 적당한 힘으로 심장이 수축하여 동맥을 통해 체내로 혈액을 공급한다. 혈관의 유연성이 떨어지는 사람의 경우 혈액을 동맥으로 내보내기 위해 심장은 더욱 세게 수축해야 한다. 이 현상을 **고혈압**이라고 부른다. 증상이 있다고 하더라도 잘 나타나지 않기 때문에 고혈압이 발견되기까지 수 년을 모른 채 지낼 수 있다. 그러나 시간이 지나며 심장의 누적된 과로로 심장마비나 혈관파열이 발생할 수 있다.

심장의 근세포로 혈액을 운반하는 동맥을 관상동맥이라 한다. 고령 고혈압 환자의 경우 플라크라는 지방 침전물이 누적되어 동맥이 좁아진다. 플라크 형성은 식단과 관련이 있는데, 붉은 고기나 전유, 치즈, 아이스크림, 기타 구운 음식 등 포화 지방이 풍부한 음식이 특히 중요한 작용을 한다. 탄성 소실과 함께 혈관이 좁아지면 끝내 혈관이 막히고 혈류가 감소하여 심장마비를 일으킬 수 있다. 60대에 사망한 남성을 부검한 결과, 60% 가량이 심장에 혈액을 전달하는 혈관이 막힌 상태였다.

이를 해결할 수 있는 여러 의학 기술이 있다. 대부분의 침습성 시술은 막힌 혈관을 체내 다른 혈관으로 교체한다. 보통 다리 정맥으로 교체한다. **관상동맥우회술**(CBS)이라 불리는 이 수술은 의사가 흉부를 열어 막혀있는 관상 동맥을 정맥으로 교체한다. 만약 두 동맥을 우회할 경우 이 과정은 이중우회(double bypass)라고 하며, 네 개의 동맥을 우회할 경우 사중우회(quadruple bypass)라고 한다. 막힌 관상 동맥을 뚫는 방법 중 침습성이 적은 방법은 기구(풍선) 혈관성형술이다. 이 때, 카테터라는 기구가 목 부위의 동맥에 삽입된다. 그 다음 작은 풍선을 막힌 동맥에 삽입하는데, 이 풍선은 동맥에 쌓인 플라크를 벽으로 밀어 동맥을 연다. 최근에는 작은 그물망 튜브인 스텐트를 이용해 막힌 동맥을 뚫어주는 시술도 진행되고 있다(National Heart, Lung, and Blood Institute, 2016). 대부분의 환자들이 스텐트를 선호하는데, 개심수술을 원하지 않기 때문이다.

심장마비로 이어지는 고혈압은 **고혈압성 심혈관질환**이라 한다. 고혈압성 심혈관질환은 생물학적 요인과 행동 요인이 복잡한 방식으로 작용하며 발생한다. 심장병이 가족 내력이기 때문에 유전적 소인도 그 중 한 요인이다. 환경적 요인도 영향을 미친다. 고혈압성 심혈관질환의 발병 위험성 증가와 관련이 있는 환경적 요인 중에는 직장 스트레스, 흡연, 비만, 운동부족 및 낮은 사회경제적 지위 등이 있다.

심장마비로 이어질 수 있는 흉통인 **협심증**의 유병률에 관해 스위스에서 쌍둥이 남매를 대상으로 한 연구가 진행되었다. 일부 쌍둥이는 같은 집에서 함께 자란 가운데 태어나자마자 분리된 쌍둥이도 있었기 때문에 유전적 요인을 환경적 요인과 분리할 수 있었다. 그 결과 유전적 요인은 협심증과 같은 흉통의 발생 가능성에 큰 영향을 미치지 않았다. 65세 미만이며 아직 직장생활을 하고 있는 대상자 중에는 여러 심리적 요인이 협심증 가능성 증가와 관련이 있었지만, 성별에 따라 다르게 나타났다. 여성의 경우 협심증과 관련이 있는 요인은 흡연, 비만, 그리고 긴장 또는 과민한 성격인 A형 행동유형이었다. 남성의 경우 관련이 있는 요인은 신체적으로 고된 일, 흡연, 낮은 정서적 안정감으로 나타났다(Roger et al., 2011).

울혈성심부전으로 알려진 질환은 심장이 신체가 필요로 하는 충분한 혈액을 공급할 수 없을 때 발생한다. 울혈성심부전의 발생 위험도는 나이와 함께 높아진다(Roger et al., 2011). 심장마비로 인한 손상이나 판막손상, 만성고혈압 등은 심장에 무리를 주어 더욱 열심히 체내 모든 세포에 혈액을 공급하도록 강요한다. 울혈성심부전을 앓는 환자의 경우 폐와 발목에 체액이 누적되는데, 이는 신체의 불필요한 체액을 내보내는 배뇨작용을 촉진하는 약물 등으로 치료할 수 있다. 여러 연구에 따르면 운동으로 심장병의 발병 가능성을 낮출 수 있다. 규칙적으로 운동하는 고령 인구는 안정 시 심박수와 혈압이 보다 낮다(Roger et al., 2011). 운동은 또한 플라크 형성을 억제하는 데 도움을 주지만, 고지방 식단을 유지하면 소용이 없다.

과거에는 많은 고령 인구가 정상적인 노화로 발생하는 신체 변화로 인해 장애인이 되었다. 그러나 오늘날의 고령 인구는 더욱 건강하며 신체도 이전 세대에 비해 튼튼하다.

식단 및 운동 수준의 개선과 함께 의료기술의 발달은 앞서 언급된 나이 관련 문제들이 치료되거나 사라질 수 있다는 점을 의미한다. 결과적으로 고령층의 신체 장애는 꾸준히 감소하고 있다. 과학자들은 노인이 되어서도 활력을 유지할 수 있는 비결이 특별한 온천수에 몸을 담그는 것(퐁스 데 레온의 주장대로)이 아니라 생물학적, 심리적, 사회적 요인의 복합적인 상호작용임을 깨달았다.

돌아보기

1. 환경적 위험요소와 발달 과정, 유전자 성질은 노화에 어떤 영향을 미치는가?

대부분의 과학자들은 노화가 어쩌면 이 모든 요인들이 복합적으로 작용하며 발생한다는 데 동의할 것이다. 그러나 가장 중요한 요인이 무엇인지에 대해서는 의견이 나뉜다. 마모이론과 체세포돌연변이이론은 환경의 역할을 강조한다. 신체가 마치 기계와도 같아 단순히 마모되는 것이라 주장하는 마모이론은 오늘날 크게 신뢰를 받지 못한다. 체세포돌연변이이론은 환경으로 인한 상해가 유전자 손상을 일으켜 노화가 촉진된다고 주장한다.

이 외의 다른 이론들도 발달 과정과 유전자 설계의 역할을 강조한다. 자기면역이론은 노화의 핵심적인 원인으로 면역체계의 점진적인 기능 상실을 주장한다. 그리고 교차결합이론은 누적된 교차결합 콜라겐이 동맥경화나 뻣뻣한 관절 등 신체 변화를 일으킨다고 주장한다. 또 다른 이론은 활성산소이론으로, 불안정한 분자가 일부 질병의 원인이 된다고 주장한다. 마지막으로 유전자조절이론은 사람의 수명에 관한 정보가 유전자에 입력되어있다고 주장한다.

2. 정상적 노화와 병리적 노화는 무엇이 다른가?

생물학적 노화는 장기간에 걸쳐 생물체에 나타나는 구조 및 기능적 변화이며, 신체가 성숙한 단계부터 시작하여 사망하기 전까지 지속된다. 이 일반적인 노화 과정은 그 자체만으로는 치명적이지 않다. 그러나 암, 당뇨, 심장병, 골다공증, 알츠하이머병처럼 노화와 크게 연관된 질병은 스트레스에 대한 취약성을 높여 사망 확률을 높인다. 이렇게 취약성이 높아지는 것을 노쇠라고 부른다. 나이가 들면서 장애를 가지게 될 확률도 높아지지만, 대부분의 사람들은 장애 없이 일생의 대부분을 보낸다.

3. 노화는 어떻게 사람의 외모와 정신적 기능에 변화를 가져오는가?

노화의 과정에서 피부에도 몇 가지 변화가 나타난다. 그 중 주름이나 턱 처짐, 흑색점

등은 건강상의 문제를 일으키지 않는다. 또한 일생에 걸쳐 햇볕에 노출되며 축적된 영향으로 피부암에 걸릴 위험도 나이가 들면서 높아진다. 다른 모든 신체 체계를 조정하는 신경계에도 노화와 관련된 변화가 나타나는데, 보행, 수면 패턴, 학습, 기억 등에 영향을 미칠 수 있다. 그리고 나이가 들면서 얕은 잠을 자는 시간이 많아지고 밤 중에 깨는 경우도 늘어난다. 이렇게 수면 패턴이 변하기 때문에 노인은 만성불면증에 시달릴 가능성이 높다. 또한 넘어질 가능성도 높아진다.

4. 노화가 신체의 감각기관에 미치는 영향은 무엇인가?

세월이 흐르며 신체는 시각, 청각, 미각, 후각, 촉각과 관련된 인지 능력의 민감도를 잃는다. 또렷하게 보기 위해 더 많은 빛이 필요하며, 어두운 곳에서 앞을 잘 보지 못한다. 그리고 근거리 사물에 초점을 맞추지 못하는 노안도 생길 수 있다. 점차 고령화가 진행되며 흔해지는 두 가지의 시각 장애는 백내장과 녹내장이다. 이 두 질환은 올바른 의학 기술로 예방하거나 치료할 수 있다. 또한 나이가 들면서 소리를 감지하고 해석하는 능력도 쇠퇴한다. 청력 소실은 건강한 개인으로 하여금 친인척으로부터 사회적으로 소외감을 느끼게 만들 수 있다. 냄새와 맛도 긴밀한 연관이 있는데, 뚜렷한 냄새를 맡을 수 있는 능력을 잃게 되면 미각도 감퇴하기 때문이다. 또한 이는 식습관에도 영향을 미친다. 맛을 잘 느끼지 못하는 사람들은 더 적게 먹으며 이에 따라 영양실조가 발생할 수 있다. 그리고 촉각, 특히 손가락 끝의 촉각 또한 신체가 체온 조절 능력을 점차 잃어가는 것처럼 감퇴한다. 결과적으로 노인은 폭염이나 한파에 더 취약해진다. 이러한 변화가 점진적으로 나타나기 때문에 대부분의 고령 인구는 생활습관을 조금씩 바꾸며 적응해 나간다.

5. 노화가 뼈와 관절, 근육에 미치는 영향은 무엇인가?

뼈는 자연스럽게 이르면 30세 경부터 노화로 소실되기 시작한다. 골 소실이 불러일으킬 수 있는 심각한 결과 중 하나가 바로 골다공증이다. 골다공증 발생 위험이 높은 사람들은 골격이 작은 폐경기 이후의 여성이다. 골다공증을 위한 새로운 치료법이 개발되어

골밀도를 높이고 고령 여성의 삶의 질을 개선하는 데 도움을 줄 것으로 보인다.

모든 남성과 여성에 있어 노년기 장애의 가장 큰 원인은 관절 질환인 관절염이다. 가벼운 관절염은 통증과 불편함을 느끼는 수준에 그치지만 류머티스관절염과 같은 중증 관절염은 장애를 초래할 수 있다. 인공 관절의 개발로 중증 관절염 환자가 다시금 관절을 자유롭게 움직일 수 있게 되었다.

그리고 노화와 함께 근 위축과 근력 또한 감퇴한다. 연구에 따르면 근력 운동과 기타 운동을 통해 근력 손실을 크게 완화할 수 있다.

6. 노화는 개인의 성기능에 어떤 영향을 미치는가?

폐경은 여성의 생식 능력이 종료되었음을 가리킨다. 폐경과 관련된 신체적 변화로는 열감 및 자연적인 질액 분비 감소다. 호르몬대체치료법으로 폐경기 증상을 완화할 수 있지만 유방암에 걸릴 확률이 소폭 증가할 수 있다.

남성의 경우 폐경기는 없다. 물론 남성 호르몬 수치도 노화와 함께 줄어든다. 고령 남성이 겪는 문제 중 하나는 발기부전이다.

7. 노화가 심장과 혈관에 미치는 영향은 무엇인가?

고혈압은 체내 동맥이 고령화에 따라 유연성을 잃거나 플라크가 쌓여 막힐 때 발생한다. 관상동맥이 막히게 되면 심장마비가 뒤따른다. 몇 가지 수술로 심장마비 발생 위험을 낮출 수 있다. 기구혈관성형술은 막힌 동맥을 뚫는 기술 중 하나다. 관상동맥우회술을 실시할 때 신체의 다른 부위에서 떼낸 혈관과 막힌 동맥을 교체한다. 마지막으로 심박 조율기를 흉부에 삽입하여 불규칙한 심박수를 안정화시키는 방법도 있다.

고령화에 관해 생각하기

1. 일부 과학자들은 인간의 수명이 현재의 한계를 훨씬 뛰어넘을 수 있다고 믿는다. 어떻게 생각하는가? 본 장에서 읽은 노화 이론이 이를 뒷받침할 수 있다고 생각하는가?
2. 미국에서 성형수술 산업이 호황이다. 성형수술을 원하는 많은 환자들은 다시 젊은 시절의 외모를 갖고자 한다. 미국인이 노화로 인한, 대개 상대적으로 유해하지 않은 외형적인 변화를 걱정하는 이유는 무엇이라고 생각하는가? 이러한 사회적 트렌드가 긍정적이라고 생각하는가?
3. 노화는 학습 및 기억과 같은 정신적 기능에 영향을 줄 수 있다. 그러나 이렇게 잘 잊어버리는 노인의 이미지가 현실인가 아니면 잘못된 고정관념인가? 나이가 들더라도 정신적 기능을 유지할 수 있는 방법이 있는가?
4. 의사는 환자들에게 노년기의 골다공증을 예방하기 위해 신체가 성숙하기 전 최대한 많은 골격을 키워야 한다고 조언한다. 여러분과 친구들이 운동이나 칼슘이 풍부한 음식을 섭취하는 등 골격을 강화하기 위해 특별히 하는 것이 있는가? 만약 그렇지 않다면, 이유가 무엇인가?
5. 과학자들은 대부분의 발기부전 원인이 신체적인 것보다는 정신적인 요인이라고 생각한다. 그러나 신약인 비아그라의 인기가 폭발적이다. 이 두 이야기를 보면 성에 대한 우리 사회의 관념이 어떻다고 생각하는가? 모든 비아그라 복용자가 고령층인가?

핵심용어

- 감각신경(sensory nerves)
- 갱년기(climacteric)
- 고혈압(hypertension)
- 고혈압성심혈관질환(hypertensive cardiovascular disease)
- 골다공증(osteoporosis)
- 관상동맥우회술(coronary bypass surgery)
- 기저세포암(basal cell carcinoma)
- 난소암(ovarian cancer)
- 노안(presbyopia)
- 노인성 난청(presbycusis)
- 노인성 자반증(senile purpura)
- 노화 교차연결이론(cross-linkage theory of aging)
- 노화관련 자기면역이론(autoimmune theory of aging)
- 노화의 유전자조절이론(genetic control theory of aging)
- 노화의 체세포돌연변이이론(somatic mutation theory of aging)
- 노화의 활성산소이론(free radical theory of aging)
- 녹내장(glaucoma)
- 뉴런(neurons)
- 류머티스 관절염(rheumatoid arthritis)
- 마모이론(wear and tear theory)
- 말초신경계(peripheral nervous system, PNS)
- 발기부전(erectile dysfunction)
- 백내장(cataract)
- 소뇌(cerebellum)

핵심정리 6장 | 노화를 바라보는 생물학적 관점

- 신경내분비이론(neuroendocrine theory)
- 운동신경(motor nerves)
- 울혈성심부전(congestive heart failure)
- 일상생활 활동(activities of daily living, ADLs)
- 전립선비대증(benign prostatic hyperplasia, BPH)
- 중추신경계(central nervous system, CNS)
- 파킨슨병(Parkinson's disease)
- 편평세포암종(squamous cell carcinoma)
- 폐경(menopause)
- 협심증(angina)
- 호르몬대체요법(hormone replacement therapy, HRT)
- 활동적 기대수명(active life expectancy)
- 흑색점(lentigo)
- 흑색종(melanoma)

7장
노화를 바라보는 심리적 관점

1. 노화와 인지 변화
1) 창의성과 지혜
2) 지능
고령화 경험의 다양성 : '슈퍼에이저' 뇌의 비밀
3) 학습과 기억력
공공정책에 대한 이슈 : 항공기 조종사에게 정년퇴직 제도를 적용해야 할까?
4) 학습과 정보통신 기술(IT)
2. 정신 질환
1) 치매
세계의 고령화 : 영국, 웨일스, 덴마크에서 하락하고 있는 치매 유병률
2) 우울증
3. 성격 및 적응
1) 성격과 노화
2) 성격과 건강
3) 성격과 대처
4. 성인기 발달 단계 이론
1) 에릭슨의 심리 사회적 발달 이론
그들의 목소리 : 멘토링을 통한 생산성 증대
2) 성인기 전환
3) 단계 이론에 대한 평가

항공기 조종사에게 정년 퇴직 제도를 적용해야 하는가?

미리보기

1. 노화가 창의성, 지혜, 지능에 어떤 영향을 미치는가?
2. 노화는 학습 능력과 기억력에 어떤 변화를 가져오는가?
3. 청년층보다 고령층에서 흔한 정신 질환에는 어떤 것이 있는가?
4. 노화로 인한 변화에 대응하는 능력에 사람의 성격이 어떤 영향을 미치는가?
5. 성인은 어떤 발달 단계를 거치며, 남성과 여성은 어떤 차이를 보이는가?

7장
노화를 바라보는 심리적 관점

2009년 1월 15일, 설리로 알려진 체즐리 설런버거 기장은 엔진이 없는 비행기를 허드슨 강에 착륙시키며 154명의 승객을 구했고, 국가 영웅이 되었다. 대규모 비행기가 사망자 없이 물에 불시착한 것은 45년 만에 처음이었다. 설런버거 기장은 수십 년간 글라이더부터 초대형 여객기까지 조종해 본 노련한 조종사였다. 양쪽 엔진이 모두 폭발한 후, 설런버거 기장은 150여 명의 승객에게 다리 위를 지나 고층 빌딩 사이로 날아서 강에 안전히 착륙하기 위해 하강할 것이니 충격에 대비하라고 전했다. 모든 승객이 안전하게 탈출했는지 가라앉는 비행기를 두 번이나 확인한 후에야 본인도 대피했다. 사고 당시 설리 기장은 곧 환갑을 맞을 나이였다. 설리 기장이 그 날 조종을 하지 않았다면 다른 결말을 맞이했을 수도 있다. 그런데도 2007년부터 비행기 조종사의 정년은 60세로 정해졌다. 나이가 많은 조종사는 젊은 조종사만큼 기민하지 못하고 결단력 있게 행동하지 못한다고 추정한 것이다. 하지만 설런버거 기장의 경우 경험이 나이보다 중요하다는 점이 명백히 밝혀졌다.

나이가 들면 인지 능력을 잃게 될까? 경험으로 쇠퇴하는 기능을 상쇄할 수 있을까?

7장에서는 지능, 학습 능력, 기억력과 관련해 알려진 것을 학습해 본다.

이러한 사안은 행동과 심리 과정을 연구하는 과학 분야인 심리학에서 다룬다. 심리학은 개인에 초점을 맞추는 학문 분야다. 심리학을 연구하는 사회노년학자는 살면서 사람들에게 영향을 미치는 발달 과정과 변화는 물론이며 변화의 수준과 유형에 어떤 개인차가 있는지 설명하려 한다.

이번 장에서는 자아(自我)를 구성하는 기본 요소인 성격, 개인의 정체성, 지능, 기억력을 심리적 측면에서 살펴본다. 이후에는 노화와 함께 정신 기능이 어떻게 바뀌는지, 사람들이 변화에 어떻게 적응하는지 탐구한다. 마지막으로 성인 발달 단계 이론과 연구를 알아본다.

7장에서는 고령층 등 특정 집단 내에서 보이는 개별 정신 기능 차이가 다른 집단 간 차이보다 크다고 강조한다. 개인 건강, 심리사회력, 인종이나 성별 같은 개인의 정체성, 사회적 신분이나 교육 수준, 사회적 지지 체계를 비롯한 환경 영향 등으로 정신 기능에 차이가 생긴다.

1 노화와 인지 변화

사람의 정신은 신체 기능뿐 아니라 개인의 정체성도 결정짓는다. 고대 그리스 시대부터 사람들은 적어도 자발적 행동은 정신적 작용에 따른 결과이기 때문에 정신이 어떻게 작동하는지 궁금하게 여겨왔다. **인지 심리학**은 정신적 작용을 탐구하는 학문 분야다. 심리학자들은 살면서 정신적 작용이 어떻게 바뀌는지 알아보기 위해 수많은 연구를 진행했다. 사회노년학자들은 연령과 관련해 정신적 작용이 어떤 패턴으로 바뀌는지 파악하고 이해하려 한다.

살면서 사람의 지적 기능이 어떻게 변화하는지에 대한 연구 결과를 보고하고자 한다. 노화와 관련된 정신 기능의 변화는 사람이 정상적인 삶을 사는 데 영향을 미칠 수 있으므로 인지 변화가 사회 교류, 업무 성과, 개인 간 관계에 어떤 영향을 주는지도 살펴본다.

1) 창의성과 지혜

1994년, 90세 화가 빌럼 데 쿠닝(1904-1997)의 가장 최신작이 미술계 논쟁의 대상이 되었다.

젊은 시절 빌럼 데 쿠닝은 복잡하고 세심하게 그려낸 여성 추상화로 20세기 선두 화가로서 명성을 떨쳤다. 그는 80대 후반에 알츠하이머병을 진단받았다. 이후 몇 년간 300점이 넘는 추상화를 그렸다. 일부 미술 비평가는 빌럼 데 쿠닝의 마지막 작품들이 현대 미술 작품 중 가장 훌륭하고 섬세하다고 평가하는 반면, 일각에서는 창의력을 잃고 노망이 들어서 작품이 단순해졌다고 본다(Marcus et al., 2009). 과연 빌럼 데 쿠닝을 찬양하는 사람들의 말처럼 그의 작품은 '평온한 단순성'과 '전례 없는 고통'을 나타낼까? 아니면 비평가들의 주장처럼 창의력이 쇠퇴하고 노망이 들었다는 점을 시사하는 것일까? 사실 **창의성**은 정의를 내리거나 측정하기 가장 힘든 정신적 작용이기 때문에 누가 옳은지 심판할 방법은 없다. 보는 사람의 생각에 달려있다.

많은 과학자, 예술가, 작가가 40세 전에 주요 업적을 쌓았기 때문에 일부 연구진은 창의성이 젊을 때 최고조에 달한다고 본다. 아인슈타인도 불과 26세에 양자 이론에 기여한 공로를 인정받아 노벨상을 받았다. 하지만 존 업다이크는 그의 수상작『토끼 잠들다(Rabbit at Rest)』를 썼을 때 60대였고, 모지스 할머니는 100세에도 그림을 그렸다.

대부분 사람은 확산적 사고, 즉 문제나 상황에 대안을 제시하는 것을 측정하는 것이 창의성이라면, 살면서 실용적으로 얻는 전문 지식은 **지혜**라고 생각한다(Jeste et al., 2010). 지혜란 무엇일까? 대학생을 대상으로 한 연구에 따르면 지혜는 논리적 사고력, 경험을 통해 학습하는 능력, 판단, 정보 사용 능력 등으로 구성되어 있다. 다른 연구에서는 언어 능력과 실제 문제 해결 능력도 지혜로 간주했다(Sterberg and Grigorenko, 2005). 더 구체적으로 살펴보면, 지혜란 역설을 이해하고, 반대되는 것을 일치시키고, 타협을 받아들일 수 있는 능력이다. 현명한 사람은 행동이 자기 자신과 타인에게 미칠 영향을 신중히 고려하기 때문에 지혜는 실질적인 의사 결정에 도움이 된다.

경험을 통해 학습하는 능력도 지혜에 포함된다.

처음 보는 사람의 성격과 특성을 파악하는 데 젊은 사람보다 나이 많은 사람이 정확한 것으로 나타났다(Helmuth, 2003). 예를 들어, 가상 인물의 행동을 나열했을 때 나이가 많은 사람들은 중요하진 않지만 이목을 끄는 행동은 등한시하고 성격 분석에 도움이 되는 행동에 집중했다(Hess and Auman, 2001).

지혜가 있다면 노화에 적응하는 데 도움이 된다. 건강 문제나 살면서 스트레스를 받는 사건은 노인의 행복도에 차이를 낳긴 하지만 같은 상황에서 모든 노인이 동일한 반응을 하는 것은 아니다. 누군가에게 참을 수 없는 일이더라도 다른 사람에게는 견딜 만하거나 도움이 될 수 있다. 연구에 따르면 노인이 직면하는 문제가 지혜 때문에 바뀌는 것은 아니지만, 지혜로운 사람은 삶에 대한 만족도가 높을 확률이 크다(Ardelt, 1997).

2) 지능

창의성과 지혜는 지능을 구성하는 요소다. 전문가들은 우리가 흔히 **지능**이라고 일컫는 성질은 유동성 지능과 결정성 지능이라는 두 가지 기본적인 기술의 산물이라고 생각한다.

(1) 유동성 지능

유동성 지능(fluid intelligence)은 새로운 정보를 처리하는 역량을 일컫는다. 기존의 지식이 거의 혹은 아예 필요 없는 상황에서 정신력을 사용하는 능력이다(Sternberg and Grigorenko, 2005). 선행 학습의 영향을 거의 받지 않는다. 이런 맥락에서 창의성과 부분적으로 의미가 같다. 유동성 지능은 관계를 파악하고 그 이해를 토대로 결론을 내리는 데 필요하다. 일련의 숫자에서 규칙을 찾아내는 능력이 유동성 지능의 예시 중 하나다.

심리학자들은 언어 지능과 동작성 지능이라는 두 가지 광범위한 측면에서 유동성 지능을 측정한다. 언어 부문 시험은 이해력, 연산 능력, 어휘력과 같은 학습된 지식에 초점을 둔다. 동작성 지능 시험은 블록이나 사진을 활용해 문제 해결 능력을 측정한다.

초기 심리학 연구에서는 60세 이상 인구의 언어 및 동작성 지능이 노화로 쇠퇴한다는 결과가 지속적으로 나타났다. 반복적으로 같은 결과가 나와서 **고전적 노화 유형**이라고 불리기도 했다(Moody, 1994). 하지만 워너 샤이와 동료들이 진행한 시애틀 종단연구는 나이가 들면서 지적 능력이 떨어진다는 주장에 이의를 제기했다. 샤이 교수는 1956년부터 25세에서 88세 사이 남녀 5,000명 이상의 자료를 수집했고, 마지막 시험은 1991년에 진행했다. 언어적 의미, 공간 방향 감각, 귀납적 추론, 숫자 및 단어 유창성을 토대로 지적 능력을 측정했으며, 아동과 청소년 사이에서 이러한 요소로 개인별 인지 능력 차이를 설명한다(Schaie, 1994).

평균적으로 시애틀 종단연구 피험자의 지능은 모든 측면에서 30대 후반이나 40대 초반에 도달하기 전까지 상승했다.

〈그림 7-1〉 기본 능력에서 나타나는 종단 변화

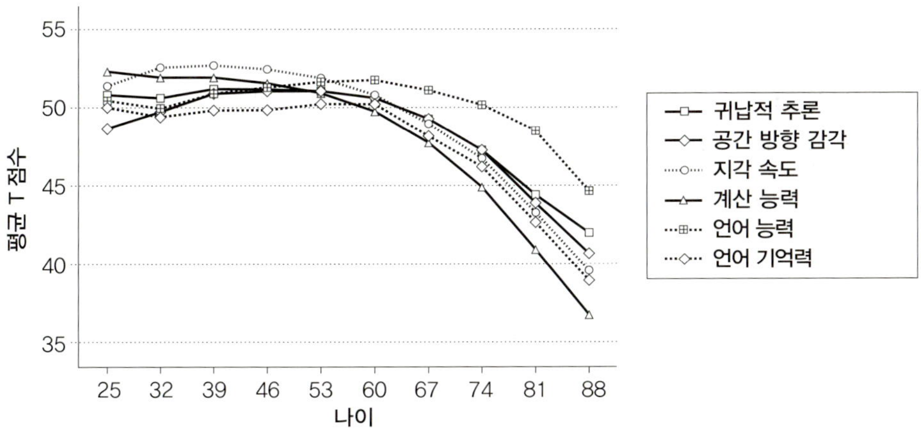

참고: 7년간 수집한 피험자 내 자료
출처: Schaie(1994:306)

이후 안정기가 60대 초반까지 유지되었으며, 60대 초반부터는 대부분 참가자의 일부 능력이 소폭 하락하는 양상을 보였다. 70세쯤 지적 능력은 급격하게 하락한다(〈그림 7-1〉 참조). 샤이 교수의 피험자는 60세쯤 다섯 개 지적 능력 중 적어도 한 개 능력이 감퇴했지만, 88세에도 능력이 모두 떨어진 경우는 없었다. 또한, 시간이 지날수록 젊은 피험자와 고령 피험자 간의 시험 점수 차가 벌어진다는 점도 밝혀졌다. 노년기가 되어서야 지능이 유의미한 수준으로 하락하며, 개인이나 집단 별 변화의 양상이나 수준은 상이하고, 노년기에도 많은 사람의 지적 기능은 여러 척도에서 높은 수준을 유지한다는 결론을 내렸다(Schaie, 1996). 샤이 교수가 진행한 연구를 요약하면 총 네 개의 결론이 있다.

- 고전적 노화 유형이 일반적으로 받아들여졌지만, 노년기 인지 능력은 단순히 하락하는 것 보다는 복잡한 양상으로 변화했다.
- 약 70세가 되었을 때 지능이 눈에 띄게 변화했다.
- 지능이 얼마나 저하되는지는 사람마다 큰 차이가 있으며 생활 방식으로 저하 속도를 늦출 수 있다.
- 90대에도 인지 능력이 떨어지지 않는 사람들이 있다.

새로운 정보를 처리하는 능력인 유동성 지능이 나이가 들며 떨어진다는 점은 다른 연구에서도 밝혀졌다(Aizpurua and Koutstaal, 2010). 하지만 뇌 건강을 유지하는 데 생활 방식이 중요한 역할을 할 수 있다. 규칙적으로 운동하고, 건강한 식습관을 따르며, 사회적 교류를 유지하는 사람들은 노화로 인한 유동성 지능 손실을 줄일 수 있다(Weinstein and Erickson, 2011).

건강도 하나의 요소가 될 수 있다. 아픈 사람보다 건강한 사람이 더 높은 수준의 지적 기능을 유지했다. 사회경제적 지위 또한 인지 저하 차이에 영향을 미쳤다. 사회경제적 지위가 높은 사람들은 낮은 사람에 비해 지적 능력을 잘 유지할 수 있는데, 평균 이상의 교육, 즐거운 업무, 평균 이상의 소득과 같은 우호적인 환경 덕분이다. 이러한 자원을 활용해서 독서, 여행, 문화 행사, 전문 단체 등 지적 자극을 주는 활동에 참여할 수 있다(Rabbitt, 2005).

고령화 경험의 다양성 : '슈퍼에이저' 뇌의 비밀

노년기 정신 기능 저하에 대한 연구는 많지만, 일부 노인은 80대 이후에도 뛰어난 기억력을 자랑한다. 이러한 사람들을 '슈퍼에이저(super-ager)'라고 부르는데, 50대 못지않은 기억력을 가진 소수의 뛰어난 노인을 일컫는다. '슈퍼에이저'의 인지력이 뛰어난 이유를 밝혀내기 위해 전문가들은 '슈퍼에이저' 12명의 뇌를 MRI로 촬영해 평범한 노인 10명과 중년층 14명의 뇌와 비교했다. 기억력에 중요한 뇌의 겉 표면인 대뇌 피질이 노화와 함께 얇아지는 현상이 일반적인데, '슈퍼에이저'는 그렇지 않다는 점을 발견했다. '슈퍼에이저'의 대뇌 피질은 오히려 50대와 비슷했다. 더 놀라운 점은 뇌에서 집중력을 돕고 기억력에 영향을 미치는 전측 대상회다. '슈퍼에이저'의 전측 대상회는 심지어 50대보다 더 큰 것으로 밝혀졌다.

대부분 노화와 함께 발생하는 기억력 감퇴나 뇌세포 손상과 같은 현상이 유독 '슈퍼에이저'에게만 발생하지 않는 것 같다. '슈퍼에이저'의 뇌가 어떻게 작동하는지 더 알아낸다면 기억력이 왜 감퇴하는지, 알츠하이머병에 걸리면 어떤 문제가 발생하는지 이해하게 될 수도 있다(Harrison et al., 2012).

어떻게 생각하는가?

1. 가족 중 어르신이 있다면 기억력이 정확한가? 건망증이 심한 사람은 없는가?
2. '슈퍼에이저'일 수도 있는 어르신을 알고 있는가?

과거에 어떤 일을 했는지도 다른 요인이 될 수 있다. 연구에 따르면 활동적인 사람은 그렇지 않은 사람보다 더 높은 인지력을 갖추고 있다. 은퇴 후 활동이 줄고 뇌가 운동할 시간을 주지 않는 사람이 있는 반면, 은퇴 후 생긴 자유를 즐기며 새로운 일을 하는 사람도 있다. 은퇴 후 활동적인 사람과 소극적인 사람 간에 어떤 차이가 있을까? 과거 직장의 특성이 은퇴 후에도 파급 효과를 미친다는 것이 한 가지 답이 될 수 있다. 관리자직이나 전문직으로 일했다가 은퇴한 사람은 독서, 사회 활동, 여행 등 인지력이 필요한 활동에 시간을 투자할 가능성이 크다. 하지만 기술직이나 사무직으로 일했던 사람은 TV 시청을 비롯한 수동적 활동에 시간을 쓸 확률이 높다(Baer et al., 2013).

인지 기능은 정신 건강과도 관련이 있다. 나이가 들며 사람들은 우울하거나 일상적인 스트레스를 많이 받을 때 기억력이 안 좋아질 수 있다. 스트레스나 우울감 때문에 특정 업무에 집중하기 힘들어질 수 있기 때문이다(Bunce et al., 2008). 또한, 주기적으로 사회적 유대감을 형성하는 사람은 인지력이 떨어질 확률이 줄어든다. 사회적 활동이 뇌 정보 처리 방식에 영향을 주고 원활한 뇌 기능을 돕는 것으로 보인다(Ristau, 2011). 한 연구에서는 고립된 여성보다 인맥이 넓은 여성이 치매에 걸릴 확률이 현저히 낮았다(Diament, 2008).

호주에서 6년 이상 700여 명의 남녀 노인을 대상으로 추적 연구를 진행해 활동적인 삶을 살면 인지력 감퇴를 방지할 수 있는지 알아보았다. 피험자가 총 네 가지 활동에 얼마나 자주 참여했는지 평가했다. 정원 가꾸기나 자동차 관리와 같은 집안 정비 활동, 설거지나 요리를 비롯한 가사 활동, 동호회나 운동 같은 사회 활동, 그리고 가족을 돌보거나 자원봉사 활동을 하는 네 가지 유형으로 평가했다. 활동 정도가 인지 기능의 여러 측면에서 큰 영향을 미친다고 밝혀냈다. 여기서 중요한 점은 활동적인 삶을 살면 건강하게 늙는다는 것이다(Newson and Kemps, 2005).

다른 연구에서는 지능이 유전적 영향(유전성)을 크게 받아 평생 그 영향력이 유지될 수 있다고 주장한다. 스웨덴에서 평균 연령이 83세인 240쌍의 일란성 쌍둥이를 대상으로 연구를 진행했다. 피험자의 인지 능력을 검사한 결과, 유전적인 요인이 미치는 영향이 절반 정도였다. 나머지 절반은 직장, 식습관, 스트레스 노출을 비롯한 환경적 요인이었다(McClearn et al., 1997). 따라서 선천성과 후천성은 똑같이 중요하다.

80대가 되어서도 젊은 사람 못지않은 인지 능력을 유지하는 '슈퍼에이저'도 유전적 영향을 받을 수 있다. "고령화 경험의 다양성"에서는 평범한 노화의 길을 걷길 거부하는 사람들의 이야기를 자세히 살펴본다.

(2) 결정성 지능

유동성 지능이 노년기에 감퇴한다는 연구 결과가 있기는 하지만 결정성 지능은 거의 떨어지지 않거나 아예 변화가 없다. **결정성 지능**(crystallized intelligence)은 경험을 통해 습득한 정보, 기술, 전략을 토대로 구성된다. 과거에 축적된 경험과 사회 교류를 반영한다. 단어의 뜻을 정의하기 위해 결정성 지능이 필요하다. 유동성 지능은 추상적인 창의성 역량을 나타내지만, 결정성 지능은 일상에서 습득하는 실용적인 전문 기술을 나타낸다. 성인의 결정성 지능은 대부분 검사에서 안정적인 상태를 유지하거나 나이가 들면서 향상되지만, 지적 호기심 측면에서 하락세를 보이기는 한다(Zimprich et al., 2009).

일부 연구에 따르면 사람은 나이가 들수록 좋아하는 분야에서 문제를 해결하는 능력과 일상적인 문제를 처리하는 능력이 강화된다. 예컨대, 노련한 체스 선수는 경험이 적은 선수보다 기억력은 나쁘지만, 앞을 내다보고 계획하는 능력이 뛰어났다. 말을 어떻게 움직일지 계획하는 능력은 승리하는 데 도움이 된다(Sternberg and Grigorenko, 2005).

일상적인 문제 해결 능력이 온전히 인지 능력으로 발휘한 단독 행위인지는 실험실이나 시험 환경에서 알아낼 수 없다. 현실 세계 속 문제 해결은 노인이 독립적인 삶을 이어나가는 데 필요한 일상 목표에 따라 달라진다. 자극적인 활동을 통해 의존성을 줄이고 계속 활동적인 생활을 할 수 있다(Wilson, 2011). 노인이 가장 두려워하는 것은 스스로 돌보지 못하는 것과 보호시설에서 사는 것이다. "공공정책에 대한 이슈"에서는 2007년 도입된 항공기 조종사 의무 정년제에 대해 논의하고자 한다.

3) 학습과 기억력

친구를 다른 사람에게 소개해주고 싶었지만 이름이 기억나지 않아 창피했던 경험을 했을 수 있다. 생각보다 흔한 설단 현상은 기억에서 정보를 회수하는 데 문제가 생겨 발생한다. 나이가 들며 기억력이 감퇴하는 답답한 상황이 더 자주 발생한다. 인지 기능이 노화로 인한 정상 변화를 겪고 있음을 보여주는 현상이다(Maylor, 2005).

대부분의 경우 기억력 감퇴는 알츠하이머병이나 여타 질병의 증상은 아니다. 일반적인 노화 과정에서 나타나는 현상이며 기능에 미치는 영향은 미미하다. 건망증이 두려울 수는 있지만, 대부분은 해결책을 찾는다.

공공정책에 대한 이슈 : 항공기 조종사에게 정년퇴직 제도를 적용해야 할까?

2006년 11월 23일, 국제민간항공기구(ICAO)는 논란이 많았던 항공기 조종사의 정년을 60세에서 늦추기로 했다. '60세 규칙'이라고 알려진 새로운 기준에 따르면 조종석에 여러 명의 조종사가 있고 다른 조종사가 60세 미만일 경우 정년을 65세까지 연장할 수 있다. 노련한 조종사에게 60세 정년퇴직 제도를 적용하는 것이 공평한지 조사를 진행한 후 규칙이 개정되었다. 나이 든 조종사를 대상으로 안전 비행 능력을 연구한 바에 따르면, 60세 은퇴를 의무적으로 적용할 근거를 찾지 못했으며 60세 이상 조종사 중 능력 저하로 위험이 발생할 확률은 낮았다. 또한, 정년이 60세보다 늦은 국가에서는 나이가 많은 조종사 덕분에 긍정적인 경험을 했기에 그들이 비행 안전에 큰 위협을 끼치지 않는다는 점을 시사했다. 조사를 통해 고령층 조종사가 혼자서 조종석에 앉지 않는 이상 은퇴 연령을 몇 년 늦춰도 안전하다는 결론을 내렸다(Cornell et al., 2007). 나이 많은 조종사의 인지 능력이 떨어지더라도 다년간의 경험으로 충분히 상쇄할 수 있었다.

새로 도입한 규정으로 항공기 조종사 정년퇴직 제도에 대한 논란이 수그러들지는 않았다. 국제 기준을 개정하며 은퇴 연령이 단순히 60세에서 65세로 몇 년 연장된 것뿐이다. 고령 조종사가 안전에 위해를 가하지 않는다는 점을 분명하게 증명할 수 있다면 ICAO는 정년을 연장하거나 아예 폐지할 수도 있다.

어떻게 생각하는가?

1. 특정 직종에 나이 제한을 둬야 하는가?
2. 70세 조종사가 운전하는 비행기에 편하게 탑승할 수 있을까?

해야 할 일을 목록으로 적어두거나, 사용하지 않는 열쇠나 안경은 같은 장소에 두고, 새로 알게 된 사람의 이름을 신체 특징과 연관 지어 외우는 노력을 한다. 모두 기억력을 향상시키고 설단 현상을 방지하는 데 도움이 된다. 기억이 나지 않을 때 나이를 핑계 삼아 얼버무리는 사람도 있다. 친구의 전화번호를 깜빡하거나 장 볼 목록을 어디에 뒀는지 기억이 나지 않으면 "나이 먹으면 이렇게 깜빡깜빡 한다"고 말할 수도 있다.

"나는 원래 전화번호를 못 외워"라던지 "정신이 없어서 도저히 기억할 수가 없어" 등의 말을 하며 탓을 돌릴 수도 있다(Ryan et al., 2002). 일시적인 건망증 때문에 창피하지 않도록 쓰는 방법이다. 다음 부분에서는 노화로 생기는 기억력 변화를 살펴본 후 단기 기억과 장기 기억을 비교한다.

(1) 노화와 관련된 변화

학습 능력과 기억력은 중요하며 인지력과 긴밀하게 연결된 요소이기도 하다. **학습**이란 지식과 기술을 습득하는 과정이다. **기억력**은 그 지식을 유지하거나 저장하는 장치다. 학습된 정보는 기억 과정의 **부호화** 단계에서 기억에 보유하고 나중에 사용하기 위해 저장한다.

연구에 따르면 노화로 인한 기억력 변화를 검사할 때 사용하는 시험 조건도 결과에 상당한 영향을 미칠 수 있다고 한다(Helmuth, 2003). 해셔 교수는 오후에 20대 피험자를, 아침에는 60–70대 피험자를 대상으로 시험을 진행해 기본 기억력 시험에서 나이 차이가 절반으로 줄었다고 밝혔다(Hasher et al., 2002). 해당 시험에서 주어진 과제를 수행할 때 노인은 '아침형 인간'이며 대학생은 '오후형 인간'이라는 결론을 내렸다. 몇몇 기억 과정이 노인에게 비효율적인 이유를 파악하기 위해 정보를 어디에서 보관하고 처리하는지 등 기억 구조를 이해해야 한다.

(2) 단기 기억과 장기 기억

하루에 보고 듣는 모든 것을 생각해 보라. 수업 때 필기를 한다. 선생님에게 과제를 받는다. 교과서에서 정보를 읽는다. 새로운 요리법을 시도해본다. 드라마 재방송도 챙겨본다. 특정 시간과 장소에서 친구들과 농구를 하기로 한다. 우리 머리는 이 모든 정보를 어떻게 기록할까? 두 개의 다르지만 연결된 저장 창고에서 처리한다. 첫 번째 창고는 정보를 일시적으로 저장하고 조작하는 능력을 갖춘 **작업기억**이다. 예컨대, 작업기억을 확인하기 위해 숫자를 나열한 후 거꾸로 기억하도록 하는 시험이 있다. 작업기억력은 나이가 들면서 감퇴한다는 연구 결과가 있다.

기억력 감퇴는 나열된 단어를 기억하거나, 추론하거나, 복잡한 글을 쓰고 말하거나, 어려운 문장 속 단어를 각각 처리하는 등의 일상적인 과업에 큰 영향을 미칠 수 있다(Zelinski et al., 2011).

장기 기억은 과거 경험을 영구적으로 저장하는 창고다. 친하지 않은 지인이나 어린 시절 사건을 기억에서 떠올리거나, 독해나 운전과 같이 과거에 학습한 여러 기술을 생각해 내는 능력과 관련이 있다. 기억을 저장한 덕분에 과거 장소, 사건, 인물을 기억해 낼 수 있다. 또,

과거와 현재 사이에 의미 있는 연관성을 찾아낼 수도 있다. 일상적인 활동을 수행하기 위해 장기 기억이 필요하다. 쇼핑, 길 찾기, 지인 알아보기를 비롯한 단순한 일을 처리하기 위해서도 장기 기억에 의존한다.

장기 기억은 상대적으로 안정적이며 나이가 들어도 크게 감퇴하지 않는다. 하지만 나이가 많은 사람은 젊은 사람보다 정보를 검색하는 데 더 오래 걸릴 수 있고 잘못되거나 부정확한 기억을 할 수도 있다(Maylor, 2005).

고령층이 인터넷 사용에 점점 많은 관심을 보인다.

전반적으로 노인은 나열된 단어나 특정 사건의 세부사항과 같은 새로운 정보를 기억하기 더 힘들어하며, 발생할 가능성이 있는 일이 실제로 일어났다고 잘못 기억할 가능성이 크다. 익숙한 단어나 이름을 떠올리려 할 때 젊은 사람보다 설단 현상을 더 많이 겪는 것으로 알려져 있다. 한 가지 희소식이 있다면 70대가 되기 전까지 어휘력은 향상된다는 점이다(Zelinski et al., 2011). 나이가 들며 경험을 토대로 내리는 의사 결정도 개선된다.

하지만 일상 활동을 수행하고 독립적인 삶을 유지하는 데 가장 중요한 것은 바로 문제 해결 기술을 사용하는 능력이다. 이러한 측면에서 고령층 대부분은 건강 악화로 자립심이 떨어지지 않는 이상 큰 문제를 겪지 않는다.

4) 학습과 정보통신기술

인터넷은 전 세계에 혁명을 불러일으켰다. 심지어 두 살짜리 아이도 컴퓨터 게임을 하고, 대학생은 이메일로 수업 과제를 받고 교수와 소통한다. 여러 산업과 직장에서 사람들은 하루 대부분을 컴퓨터 앞에서 보낸다. 인터넷은 정보를 제공해주는 중요한 원천이며 가족과 친구들 사이의 소통을 늘려주고 은행과 쇼핑 같은 일상적인 업무에도 도움이 된다(Czaja and Lee, 2001).

컴퓨터와 인터넷을 개인용 혹은 사무용으로 사용하는 사람 중 노인 수가 가장 빠르게 증가하고 있다. 상당수 고령층이 소통, 오락, 정보를 위해 컴퓨터를 사용한다. 노인이 컴퓨터를 사용하면 유대감, 전반적인 만족도, 긍정적인 학습 경험과 같은 다양한 이점을 누릴 수 있다. 하지만 노화 과정에서 발생하는 자연스러운 변화로 인해 컴퓨터를 사용하는 목적과 걱정은 젊은 사람과 다르다(Wagner et al., 2010). 그럼에도 노인들은 신체 및 정신적 한계와 일종의 불신 때문에 컴퓨터를 사용할 때 젊은 사람보다 더 많은 불만감을 표한다(Gatto and Tak, 2008). 고령층은 또한 마우스를 움직이고, 더블클릭하고, 드래그하는 데 어려움을 겪는다. 대부분의 경우 학습 능력보다는 운동 제어와 손 민첩성이 감퇴해서 문제가 발생한다.

작업기억력을 향상시킬 수 있을까? 한 기발한 연구에서 전문가들은 '뉴로레이서'라는 비디오 게임을 고안해 노인의 인지 능력을 검사했다. 뉴로레이서는 3D 비디오 게임이며 총 세 가지 과제를 준다. 운전 시뮬레이션, 인지 식별(도로 표지판 식별), 그리고 운전과 표지판 식별을 동시에 하는 멀티태스킹 등 세 가지 과제다. 연구의 첫 단계에서 다양한 연령대의 참가자 180명이 게임을 했고, 놀랍지 않게 노인 피험자들은 멀티태스킹을 어려워했다. 두 번째 실험은 노인만을 대상으로 진행했다. 첫 집단은 뉴로레이서를 멀티태스킹 모드로 한 달간 했고, 다른 집단은 게임을 하지 않았다. 한 달간 게임으로 훈련을 받은 피험자들은 게임을 하며 멀티태스킹 능력이 향상되었을 뿐 아니라, 전반적으로 작업기억력과 집중력이 향상되었다(Anguera et al., 2013). 연구 결과는 노화로 인지력이 감퇴하는 문제는 개선될 수 있고, 심지어 더 향상될 수도 있다는 점을 시사한다.

2 정신 질환

노년기에 문제를 야기할 수 있는 뇌 기능 질환은 다양하다. 〈표 7-1〉에서 볼 수 있듯이 가장 흔한 뇌 질환은 치매와 알츠하이머병이다. 이제 상대적으로 흔한 알츠하이머병, 혈관성치매, 우울증을 자세히 살펴보자.

1) 치매

치매란 심각한 뇌 손상으로 발생하는 정신 질환이다. 치매는 일상생활과 사회적 기능을 방해할 정도로 기억력, 인지 기능, 성격에 영향을 미친다(American Psychiatric Association, 1994). 치매 증상으로는 기억력, 지능, 판단, 방향 감각 손상과 지나치게 많거나 적은 감정표현이 있다. 치매는 우울증, 불안감, 망상, 저항이나 공격적인 행동을 수반할 수 있다(Woods, 2005). 가장 흔한 형태의 치매는 알츠하이머병과 혈관성치매다.

치매의 원인은 다양하지만, 젊은 시절을 힘들게 보내면 노년기에 치매를 앓게 될 확률이 높다는 증거가 있다. 적절히 영양을 섭취하지 못한 아기는 충분한 영양을 섭취한 아기보다 뇌가 작다. 물론 고난을 겪은 사람도 평생 정상적으로 기능할 수 있지만, 유아기에 충분히 발달하지 못한 뇌가 노화로 손상돼 치매에 걸릴 수 있다. 영양 실조와 가난과 같은 과거의 역경이 간접적으로 영향을 미쳐 고등 교육의 기회가 줄고, 결과적으로 대학 학위 소지자와 같이 어려운 강의나 일자리로부터 얻는 정신적 자극이 부족하게 된다. 인지 능력 손상이 유전적이라는 연구 결과도 있다. 캐롤라이나 아프리카계 미국인 쌍둥이 노화 연구에서 50세 이상 아프리카계 미국인 쌍둥이 95쌍을 대상으로 실험했다. 43쌍은 한 개의 난자에서 동일한 유전자를 갖고 태어난 일란성 쌍생아고, 52쌍은 각기 다른 난자에서 태어난 이란성 쌍생아다.

일란성 쌍둥이 중 30.2%가 인지력 손상을 입은 것에 비해, 이란성 쌍둥이는 단 17%만 손상을 입었다. 연구 결과를 바탕으로 인지력 손상은 유전이며, 유전적 특성이 큰 영향을 미친다는 결론을 내렸다(Whitfield et al., 2009). 또한, 인지력 손상 위험을 높이는 고혈압, 심장질환, 뇌졸중은 빈곤으로 발생 위험이 커진다(Zhang et al., 2008).

외상성 뇌 손상도 파킨슨병, 인지력 손상, 치매 발생 위험을 높일 수 있다(Jordan, 2009). 전직 축구 선수들을 대상으로 만성 반복성 뇌 손상이 미치는 영향을 알아내고자 연구가 진행됐다. 평균 연령 53.8세, 평균 선수 생활 6.6년인 은퇴한 축구 선수 2,500명에게 일반적인 건강 관련 설문에 답하도록 했다. 61%의 응답자가 선수 생활 중 적어도 한 번의 뇌진탕을 겪었으며, 24%는 세 번 이상 겪었다고 답했다. 반복적으로 뇌진탕을 앓은 선수는 뇌진탕 이력이 없는 선수보다 경미한 인지력 손상을 겪을 확률이 현저히 높았다. 세 번 이상 뇌진탕이 발생한 전직 축구 선수들은 경미한 인지력 손상을 입을 확률이 다섯 배나 높았고, 기억력에 심한 문제가 생길 확률은 세 배 높았다. 뇌진탕 재발과 알츠하이머 발병 간 상관관계는 밝혀지지 않았지만, 은퇴한 축구 선수들은 일반적인 남성 미국인 인구집단보다 알츠하이머병 증상이 일찍 나타났다(Guskiewicz et al., 2005).

고령 인구 비중이 커지며 치매 유병률도 증가할 것이다. 치매의 가장 큰 위험 인자가 연령이기 때문이다. 하지만 좋은 소식도 있다. 고소득 국가에서는 점점 많은 신세대 고령층의 건강, 교육 수준 및 영양 섭취가 이전 세대보다 개선된 것으로 나타났다. "세계의 고령화"에서는 영국, 웨일스, 덴마크 노인을 상대로 진행한 연구를 살펴본다. 해당 연구 결과는 노인의 정신적 기능도 개선될 수 있음을 시사한다.

(1) 알츠하이머병

알츠하이머병은 치매의 흔한 종류 중 하나다. 알츠하이머 발병 위험은 나이가 들면서 점점 커진다. 85세가 되면 50%는 일종의 알츠하이머병 증상을 나타낸다. 알츠하이머병은 원상회복이 불가하며 아직은 치료제가 없다. 미국에서는 치매가 사망 원인 6위로 꼽힌다(Centers for Disease Control, 2007). 최근 과학자들은 알츠하이머병에 걸릴 가능성을 예측할 수 있는 조기 징후를 찾아냈다.

세계의 고령화 : 영국, 웨일스, 덴마크에서 하락하고 있는 치매 유병률

최근 연구 결과에 따르면 전 세계적으로 치매 유병률이 떨어지고 있다. 인구 고령화는 계속되고 있지만, 신세대 고령층은 평균적으로 신체 건강이 우수하며 치매가 더 늦게 발생하는 것으로 보인다. 한 연구는 영국과 웨일스에서 65세 이상 노인을 대상으로 진행됐다. 해당 연구 결과를 과거 연구 결과와 비교하여 연구진은 지난 20년간 치매 유병률이 떨어졌다는 결론을 내렸다(Matthews et al., 2013). 두 번째 연구는 덴마크에서 두 개의 고령층 집단을 비교했다. 첫 집단은 1905년에 태어나 93세에 평가를 받았으며, 두 번째 집단은 1915년에 태어나 95세에 평가를 받았다. 1915년 태생 집단은 1905년 태생 집단보다 지능 시험에서 높은 점수를 받았다. 해당 연구는 늦게 태어난 사람은 먼저 태어난 사람보다 인지 기능이 더 뛰어나다는 증거도 제시했다(Christensen et al., 2013). 이러한 결과는 희소식이기는 하지만, 신중하게 평가해야 한다. 전 세계적으로 치매 환자 수가 이미 많은데 고령화로 인해 더욱 증가할 것이다. 유병률은 하락하고 있지만, 절대적인 치매 환자 수는 떨어지지 않았다. 치매는 계속해서 전 세계 보건 제도와 노인 돌봄 제도에 큰 도전 과제로 남을 것이다.

어떻게 생각하는가?

1. 미래 치매 환자를 제대로 돌보기 위해 어떤 프로그램이 필요한가?

2. 가족 중에 치매 환자가 있었는지? 만약 있다면 누가 그 가족을 돌보았는가?

알츠하이머병은 초기에 진행 속도가 느리며 큰 변화를 가져오지는 않는다. 알츠하이머병의 초기 징후 중 하나는 단기 기억력 감퇴인데, 건강한 노인도 흔히 겪는 일이다. 하지만 정상적인 기억력 감퇴를 겪는 노인은 일시적으로 기억을 잃는 데 반해 알츠하이머병 환자는 기억을 영구적으로 잃는다. 예컨대, 정상적인 사람은 열쇠를 어디에 두었는지 깜빡할 수 있지만, 자신이 어디에 갔었는지 되짚어본 후 책상 위에 두었다는 사실을 기억한다. 알츠하이머병 환자는 열쇠를 절대 찾지 못할 것이다.

또 다른 증상은 반복과 혼란이다. 같은 질문을 반복적으로 하거나, 밤인지 낮인지 헷갈릴 수 있다. 가스레인지 불을 켜 두거나, 밖에 나갔다가 헤매며 길을 잃는 등 위험한 행동을 할 수도 있다. 또한, 텔레비전이나 그림을 보며 진짜 사람으로 착각할 수도 있다. 집에 도둑이 들었다는 망상을 겪은 환자가 30% 정도 된다(Woods, 2005). 알츠하이머병 환자의 기억력은 점진적으로 감퇴해 결국에는 옷을 입거나 씻는 등 일상적인 활동조차 하지 못하게 된다.

알츠하이머병 환자는 성격이 극단적으로 바뀔 수도 있다. 외향적이고 상냥했던 사람이 내향적으로 바뀌고 언어적으로나 신체적으로 공격성을 보일 수 있다. 이로 인해 간병인이 불편함을 겪을 수도 있고 가족 관계에도 악영향을 미칠 수 있다. 가족은 알고 있던 사람을 잃었다는 점에 슬퍼한다. 간병인을 상대로 진행한 연구에 따르면 환자를 돌보며 많은 스트레스를 받은 사람은 건강이 나빠지고, 신체 기능이 저하되며, 우울감이 고조되었다고 말했다(Lu Y.F., and Wykle, M., 2007). 치매 환자가 애정을 표현하거나 스킨십을 원하는 경우는 드물어서 배우자는 외로움을 느끼고 감사받지 못한다고 생각할 수 있다. 한 남성은 "이제 저를 보고 웃어주지도 않아요"라며 눈물을 글썽이고 상실감을 표현했다(Stephens and Qualls, 2007:55). 대부분 알츠하이머병 환자는 신체적 기능을 상실하여 전문 간병이 필요해지기 전까지 가정에서 돌본다. 결국, 알츠하이머병 환자는 치매 때문에 죽음을 맞이한다.

알츠하이머병 환자의 기능이 매일 큰 변동을 보이기 때문에 가족과 전문 간병인도 혼란스러워한다. C. 존슨과 R. 존슨(2000)은 알츠하이머병을 '과거로 가는 시간 여행'이라는 개념으로 설명한다. '과거로 가는 시간 여행' 모델은 알츠하이머병 환자가 40년 전 있었던 일은 자세히 이야기하지만 점심으로 무엇을 먹었는지, 혹은 올해에 무슨 일이 있었는지 기억하지 못하는 이유를 설명한다. 또한 알츠하이머병 환자가 스스로 늙었다고 생각하지 않아 거울에 비친 자기 자신을 알아보지 못하는 현상도 설명한다.

알츠하이머병의 원인은 아직 밝혀지지 않았지만 다양한 이론이 존재한다. 유전적 소인, 혹은 영양, 질병, 스트레스와 같은 환경적 소인 두 가지 분류로 나뉜다(Cisse and Mucke, 2009). 유전적 영향을 지지하는 주장은 가족력이 있으면 알츠하이머 발병 위험이 크다는 연구 결과를 근거로 삼는다. 2차 세계대전 참전 용사 중 65세에서 75세 사이의 쌍둥이 8,000명을 연구한 결과, 알츠하이머병 유병률은 1%도 채 되지 않을 만큼 낮았다(Breiter et al., 1990). 이란성 쌍둥이는 두 명이 모두 알츠하이머병에 걸리는 경우는 없었다. 이란성 쌍둥이의 유전적 배경은 여느 형제자매와 다를 것이 없어서 크게 놀라운 사실은 아니다. 하지만 유전자가 동일한 일란성 쌍둥이는 달랐다. 참전 용사 중 알츠하이머병 진단을 받은 일란성 쌍둥이의 35%는 두 명이 모두 알츠하이머병에 걸렸다. 해당 연구 결과는 알츠하이머병에 유전적 영향이 크다는 이론을 뒷받침한다. 하지만 동시에 일란성 쌍둥이의 65%는 한 명만 알츠하이머병에 걸렸기 때문에 환경적 소인을 뒷받침하기도 한다. 전문가들은 계속해서 알츠하이머병을 유발하는 특정 유전자가 있는지 연구하고 있다.

현재로써는 알츠하이머병의 치료제가 없어 기억력 감퇴 속도가 빠를 수 있다. 약물의 도움을 받아 불면증, 흥분, 방황, 불안, 우울감을 비롯한 알츠하이머병의 행동 증상을 조절할 수는 있다. 하지만 알츠하이머병의 발병 위험을 조절할 수 있다는 증거가 밝혀졌다. 심혈관 건강 연구는 남녀 900명 이상을 대상으로 10년간 추적 연구를 진행했다. 피험자는 건강 검진을 받고, 신체 활동과 일상에 대한 설문지를 작성했으며, MRI로 뇌를 촬영했다. 걷기, 자전거, 수영, 춤, 심지어 정원 가꾸기 등을 통해 규칙적으로 운동을 한 사람은 활동이 가장 적었던 피험자보다 기억력 감퇴나 알츠하이머 발병 위험이 적었다(Raji et al., 2016).

(2) 혈관성치매

치매 원인 중 두 번째로 흔한 것은 **혈관성치매**로, 전체 환자 중 40%를 차지한다. 보통 60세에서 75세 사이에 시작되는 혈관성치매는 여성보다는 남성에게 더 흔한 질병이다. 혈관성치매는 아테로마성 동맥경화증(보통 '동맥 경화'라고 부른다)이 뇌에 일어나서 발생한다. 뇌동맥경화증으로 뇌 혈액 공급이 차단된다. 뇌 혈류 장애가 생겨 뇌세포가 손상되며, '미니' 뇌졸중 혹은 무증상 뇌졸중을 초래할 수 있다. **뇌졸중**이란 뇌혈관이 막히거나 터져서 뇌세포가 손상되는 질환이다. 언어능력을 관장하는 특정 뇌 영역에 문제가 생겨 발생하는 **실어증**의 원인 중 하나가 뇌졸중이다.

실어증은 뇌에 산소 공급이 충분치 않을 때 발생한다. 단기 기억에 혼돈이나 문제가 생기고, 방황하거나 익숙한 장소에서 길을 잃고, 대소변을 가리기 힘들어지는 등의 증상이 나타난다. 치료제가 없으므로 뇌가 입은 손상을 돌이킬 수 없다. 시간이 지나며 미니 뇌졸중이 더 발생함에 따라 상태가 더 악화한다.

혈관성치매의 가장 큰 위험 인자는 고혈압이다. 혈관성치매 환자 중 80%는 고혈압 병력이 있었다. 당뇨, 비만, 흡연도 위험 인자에 포함된다. 혈관성치매와 알츠하이머병의 증상이 매우 비슷해서 의사도 그 둘을 구분하기 힘들 수 있다(Reed et al., 2007). 알츠하이머병처럼 혈관성치매도 불치병이며 한번 손상을 입으면 복구할 수 없다.

2) 우울증

나이가 드는 것이 우울한 현상일까? 우울증을 어떻게 정의하는지에 따라 답이 달라질 수 있다. 최근 정신의학적 철학에 따르면 우울증은 단순히 우리가 흔히 느끼는 잠깐의 슬픔이나 실망감이 아니다(Beck and Alford, 2009). **임상적 우울증**은 (1) 우울감, (2) 좋아하던 활동에 대한 흥미 상실, (3) 입맛 없음, (4) 수면 장애, (5) 피로감, (6) 쓸모없다는 생각이나 죄책감, (7) 생각하거나 집중하는 데 어려움, (8) 정신운동장애, (9) 적어도 2주동안 자살 생각 등을 포함한 일련의 증상을 포괄한다(Beck and Alford, 2009). 임상적으로 주요 우울 장애를 진단받기 위해서는 위 증상 중 다섯 개 이상을 겪어야 하며, 그중 (1)번과 (2)번 증상이 반드시 포함되어야 한다.

엄격한 진단 기준에 따르면 노인은 젊은 사람보다 우울증에 걸릴 확률이 낮다. 하지만 문제는 현재 정신의학 분야에서 질병, 애도, 제한적인 신체 활동, 장애로 인한 슬픔을 제외하고 우울증을 진단한다는 점이다. 정체된 발전, 슬픔, 불면증, 외로움, 떨쳐낼 수 없는 우울감, 집중력 저하와 같은 감정이나 행동을 포함하여 우울증을 측정한다면 결과는 판이하다. 위의 다양한 진단 기준을 포함한다면 우울증에 걸린 노인은 더 많아질 것이다. 노년기 우울증 위험을 높이는 인자는 배우자나 가족과의 사별로 인한 슬픔과 병든 배우자를 돌봐야 하는 부담을 포함한다(Fiske and Jones, 2005; Fiske et al., 2003).

모든 연령층에서 남성보다 여성이 우울증 증상을 많이 나타내며, 연령대가 높아질수록 성별 격차가 커진다(Wilhelm et al., 2008). 자신을 지원해주는 친구를 잃은 상실감, 건강 악화, 소득 감소 등의 이유로 남녀 격차가 더 커질 수 있다. 남성은 사별 후에 재혼할 확률이 여성보다 크고, 건강을 잃을 확률도 낮아서 이러한 요소가 미치는 영향이 상대적으로 적다. 〈그림 7-2〉는 65세 이상 인구 중 우울증 증상을 보이는 확률을 보여준다. 나이가 더 많은 고령 집단에서 우울증 환자 수가 더 높아지며, 남성보다 여성 비율이 높다.

65세 이후에도 일을 계속하는 사람은 일하지 않는 사람보다 우울증에 걸릴 확률이 낮다. 특히 돈이 필요해서 일하는 사람보다 일을 통해 성취감을 얻고자 하는 사람들의 우울증 위험이 낮다.

〈그림 7-2〉 나이와 성별로 본 임상적으로 유의미한 우울증 증세를 나타낸 65세 이상 인구 비율. 2002.

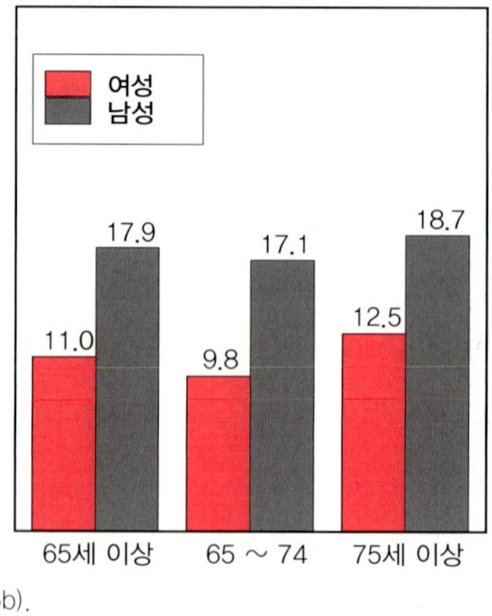

출처: U.S. Census Bureau(2005b).

노동자는 또한 비노동자보다 건강을 잃을 확률이 낮고, 부분적으로는 그 덕분에 더 나은 정신건강을 유지한다(Christ et al., 2007).

나아가, 인종 별로 노년기 우울증 위험도에 차이가 있다. 전체 성인 인구를 보면 백인보다 아프리카계 미국인이 더 많은 우울증 증상을 보인다. 중요한 점은 과연 노인 인구에서도 동일한 현상이 나타나느냐는 것이다. 시카고 건강 노화 프로젝트는 65세 이상 지역사회 거주민을 대상으로 한 종단 연구다. 1993년부터 1997년 사이에 6,000명 이상이 첫 면담을 했다. 그후 1997년~2000년, 2000년~2003년 사이에 면담을 두 번 더 진행했다. 그 결과에 따르면 아프리카계 미국인은 백인보다 우울증 증세를 보고할 확률이 높았고, 그 격차는 시간이 지날수록 커졌다(Skarupski et al., 2005).

우울증 환자 비중은 양로원 거주민 중에서 25%~50% 정도로 가장 높았다. 양로원에 있는 노인은 지역사회에 거주하는 노인보다 우울증을 앓을 확률이 세 배에서 다섯 배가량 높았다(Minicuci et al., 2002). 독립심 상실, 사회적 고립감, 외로움, 사생활 결핍, 룸메이트 및 화장실 공유로 인한 답답함과 불편함, 자율성 상실, 항상 존재하는 죽음과 슬픔, 직원 이직, 의미 있는 활동의 부족이 주요 원인이다(Choi et al., 2008). 항우울제로 양로원 입소 노인이 보이는 우울 증세를 일부 완화할 수는 있다. 적당한 운동도 불안감과 우울감을 줄이는 데 도움이 된다(Gaboda et al., 2011). 양로원 직원이 우울증 증세를 감지하도록 교육을 받아야 문제가 커지기 전에 환자를 도와줄 수 있다(Abrams et al., 2016).

노년기 우울증은 신체 건강과 정신 건강 모두에 악영향을 미치기 때문에 치료하는 것이 중요하다. 한 연구에 따르면 우울증은 심장마비나 뇌졸중 위험을 높이며 우울증 치료를 하면 위험을 낮출 수 있다(Stewart et al., 2014). 또 다른 연구는 우울증을 앓는 중년층이나 노년층은 나이가 들며 치매를 앓게 될 확률이 크다는 결론을 내렸다. 정확한 원인은 아무도 모르지만, 50세 이후 우울증을 겪은 사람이 알츠하이머병과 혈관성치매를 앓게 될 확률이 거의 두 배라는 점은 알고 있다. 이러한 결과는 정신 건강 서비스에 중요한 함의를 가진다. 임상적 우울증을 예방하면 치매 발병도 줄일 수 있다(Diniz et al., 2013).

3 성격 및 적응

정상적인 노화의 일환으로 다양한 변화가 발생한다는 점을 앞서 확인했다. 저마다 변화에 적응하는 방법은 성격에 큰 영향을 받는다. 성격은 우리가 누구인지, 주위 환경에 어떻게 반응하는지 정의 내리는 사회적 산물이다. 이번에는 성격의 연속성을 탐구한 연구를 살펴보며 감각 능력과 인지력 변화에 적응하는 노인의 역량에 성격이 어떤 영향을 미치는지 탐구한다.

1) 성격과 노화

보다 넓은 의미의 성격은 우리가 누구인지, 주위 환경 속 사건이나 상황에 어떻게 반응하는지 등을 모두 포괄한다. 생각하고, 느끼며, 행동하는 과정에서 반복적으로 나타나는 선천적이거나 후천적인 성향을 **성격 특성**이라고 부르는데, 이 속성으로 성격을 측정한다.

특성이론에 따르면 누구나 모든 성격 특성은 어느 정도 갖고 있지만, 개인의 성격을 정의하는 중심 특성도 있다고 한다. 특성은 신경증, 외향성, 개방성, 우호성, 성실성 등 총 다섯 개의 주요인으로 나뉜다(Roberts and Mroczek, 2008).

노화로 발생하는 자연적 변화에 적응하는 방식은 개별 성격 특성의 영향을 받는다. 한 연구에서 신경증 점수가 높은 참가자들은 다른 사람보다 노년기를 정신적 성숙기로 인식할 확률이 낮았다. 예컨대, '나이가 들면 현명해진다'라거나 '내 삶이 큰 변화를 만들었어'와 같은 말에 동의할 확률이 낮았다. 외향성과 우호성 점수가 높은 사람들은 태도가 더 긍정적이었고 '노년기는 외로움의 시기'라는 말에 동의하지 않았다.

이들은 또한 대인관계가 좋을 가능성이 컸다(Bryant et al., 2016). 연구 결과는 성격 특성이 연속적일 뿐 아니라 노년기 삶의 질에 영향을 준다는 점을 시사한다. 고등학교 동창들을 한번 생각해보라. 동창들이 중년이 되면 어떤 삶을 살게 될까? 파티를 좋아하던 아이는 계속해서 외향적이고 인기가 많을까? 얌전하고 생각이 많았던 친구는 50세에도 조용하고 내향적일까? 생애 성격 특성의 안정성을 연구한 여러 심리학 연구에 따르면 성격 특성은 지속적이다. 하지만 사람은 변한다고 주장하는 이들도 있다.

샤이 교수는 연구를 통해 나이가 들며 우리의 믿음이나 태도는 바뀌지만, 약 30세 이후에는 기본적인 성격이 안정적으로 유지된다고 주장했다(Schaie et al., 2005). 하지만 살면서 성격이 바뀐다고 주장한 연구 결과도 있다. 사람들의 사회적 지배력, 성실성, 정서적 안정과 같은 특성은 20세에서 40세 사이에 강해진다. 자신감, 따뜻함, 자제력, 정서적 안정도 더 갖추게 된다(Roberts and Mroczek, 2008). 흔히 이러한 특성을 갖추면 더욱 성숙해졌다고 판단한다. 하지만 최고령층 중에서 사회적 활기와 개방성이 하락하는 경우가 있다(Roberts et al., 2006). 성격을 측정하는 기준이 달라서 연구 결과가 상이할 수 있다. 나이가 들며 당신의 성격도 바뀌었는가? 성격을 어떻게 정의하는지에 따라 답이 달라질 것이다.

2) 성격과 건강

성격 유형은 건강에도 영향을 미칠 수 있다. 최근 한 연구에서 연구진은 긍정적인 성향이 시간이 지나도 유지되는 특성인지, 심장마비로 죽을 위험에 영향을 미치는지를 파악하고자 했다. 64세에서 84세 사이 남성 887명을 대상으로 1985년부터 2000년까지 15년간 네 차례의 면담을 진행했다. 시간이 지날수록 긍정성 점수는 떨어졌지만, 1985년에 낙천주의자로 분류된 집단은 15년 후 심장마비로 죽을 위험이 줄었다(Giltay et al., 2006). 또 다른 연구에서는 성격을 통해 미래에 필요한 돌봄 서비스를 계획하는 능력을 예측할 수 있는지 알아내고자 했다. 한 가지 흥미로운 결과가 있었는데, 개방성 점수가 높은 사람들은 다양한 돌봄 서비스 정보를 수집할 가능성이 컸다. 우호성 점수가 높은 사람은 미래에 어떤 돌봄이 필요할지에 대해 인식이 높다는 결과도 밝혀졌다. 연구진은 우호적인 사람은 더 이타적이기 때문일 수 있다고 추측했다. 미리 계획해서 간병인이 지나친 부담을 떠안지 않도록 하는 것이다. 반면, 외향적인 사람들은 미래에 어떤 돌봄이 필요할지에 대한 인식이 낮았는데, 미래 건강에 지나치게 낙관적인 태도를 보이기 때문일 수도 있다(Sorensen et al., 2008).

3) 성격과 대처

대부분의 사람은 성격이 여러 우여곡절에 대응하는 역량에 영향을 미친다는 점을 직관적으로 알고 있다. 노화를 연구한 성격 이론가들은 두 질문에 초점을 맞춰왔다. 우선, 나이가 드는 사람은 노년기 사건에 어떻게 대응하는가? 두 번째로, 어떻게 하면 질병이나 양로원 입주 등 노화 때문에 발생하는 난관을 극복하고 긍정적인 자아상을 만들어 유지하는가(Gill and Morgan, 2011)?

대처란 사람과 환경이 양립할 수 있는 상태로, 삶의 질에 대한 행복감이나 만족감을 유지할 수 있도록 한다(George, 1980). 대처 전략은 활동적, 대립적, 의도적일 수도 있고, 회피를 강조하고 위협을 최소화하는 수동적 전략이거나 체념하는 전략일 수 있다. **적응**은 문제를 직면하고 답답함과 불안감을 조절하기 위해 습관을 들이는 것과 같이 요구를 충족시키기 위한 일련의 행동을 일컫는다(Ruth and Coleman, 1996).

연구에 따르면 성격 기질은 대처 효과에 중요한 역할을 한다(George, 1980). 고도의 불안감은 대체 행위에 대한 평가를 방해하고 행동 목적 달성 능력을 떨어뜨려 어려운 상황에 대처하는 능력을 저해한다. 반면, 경험에 개방적인 태도를 보이면 주위 환경에 유연해져 대처 역량이 강화된다. 충동 조절 능력이 낮으면 다양한 대체 행위에 대해 적절한 정보를 토대로 행동 계획을 짜더라도 실행하지 못한다. 위협을 부인하거나 억누르는 사람은 건설적인 행동 계획을 마련하는 데 필요한 정보를 수집할 수 없다.

연구에 따르면 살면서 힘든 상황에 대응하는 데 적응 기술이 특히나 도움된다고 한다(Kahana and Kahana, 1996). 첫 번째 적응 기술은 사회적 지지를 받는 것이다. 앞에서 보았듯이, 사회적 지지 체계가 스트레스에 완충재로 작용한다는 증거가 충분하다. 두 번째로, 사회적인 역할을 상실했을 때 이를 대체할 새로운 역할을 맡는 사람은 외로움을 덜 느끼며, 더 활동적이고, 대인관계가 좋으며, 삶에 더 큰 의미를 부여한다. 마지막으로, 집을 리모델링하거나 자신에게 더 알맞은 집으로 이사하면 스트레스가 줄고 삶의 만족도와 정서적 안녕감이 향상된다.

유년기 트라우마를 겪은 생존자들은 나이가 들면 스트레스에 더 취약해지고 대처 역량이 줄어든다. 끔찍한 재앙이었던 홀로코스트 생존자들은 이제 자연적인 노화 과정에 대처해야 한다. 이스라엘에 거주하는 여성 홀로코스트 생존자들의 심리적 적응을 홀로코스트를 겪지 않은 여성과 비교한 연구가 있다. 전문가들은 70년이 지난 지금도 생존자들이 외상 후 스트레스 증상을 보인다고 밝혔다(Fridman et al., 2011).

나이가 들면서 인간의 감각기관과 인지능력은 변화한다. 개인 성격 특성은 변화에 적응하는 방식에 큰 영향을 미친다. 사회적 지지 체계나 적절한 자원과 같은 사회적 요소는 적응력과 노년기 안녕을 결정하는 또 다른 중요한 부분이다.

4 성인기 발달 단계 이론

심리학자들은 오랫동안 인간의 심리적 발달이나 신체 발달이 특정 순서에 따라 진행되는지 궁금해했다. 인생에서 중요한 사건은 대개 중년이 되어서 발생한다. 이 시기의 기회나 선택은 노년기 삶의 질에 지대한 영향을 미친다. 이제 성인기 발달 단계를 바라보는 심리학적 관점을 살펴보고자 한다.

1) 에릭슨의 심리 사회적 발달 이론

성인 발달을 체계적으로 분석한 최초 인물 중 하나는 에릭 에릭슨이다(1902–94). 에릭슨은 본인의 이론을 '자아발달이론'이라고 불렀는데, 자아가 평생 어떻게 발달하는지 추적하겠다는 의미에서 붙인 이름이다. 에릭슨은 모든 인간 발달에 패턴이 내재하며 여러 단계를 거쳐 진행된다고 가정했다. 각 발달 단계가 두드러지는 시기가 있고, 한 쌍의 대립되는 특성 혹은 딜레마에 따라 정의된다. 대립되는 특성의 한쪽에는 딜레마에 따른 최상의 결과가, 다른 쪽에는 부정적이거나 덜 바람직한 결과가 있다. 특정 단계에 주어진 딜레마를 성공적으로 해결하고 다음 발달 단계로 넘어가기 위해서는 특정 발달 과제를 완수해야 한다(Erikson, 1959). 만약 특정 단계에 적절한 과제를 해결하지 못하면, 이전 단계의 문제가 영구적으로 남기 때문에 다음 단계에서 온전하게 발달하지 못할 수 있다. 매 단계의 핵심 발달 과제를 직면하는 과정에서 이전 단계의 특성을 활용하게 된다(Erikson, 1964).

에릭슨의 이론에 따르면 인간은 태어나서 노년기가 될 때까지 총 여덟 단계의 심리 사회적 발달을 겪는다(〈그림 7-1〉 참조). 첫 여섯 단계는 유아기부터 성인 초기까지 발생한다. 일곱 번째 단계가 되어서야 26세에서 50세 사이의 광범위한 성숙기에 접어들게 된다. 이 단계에서 대립되는 특성은 '생산성 대 침체성'이다. 성숙한 성인기의 사람들은 생산적이고 싶은 욕구를 충족시킬 방법을 찾아야 하며 타인에게 마음을 열어야 한다. 아이를 낳고 키우거나, 젊은 성인을 지도하고 교육하거나, 생산적이고 창의적인 활동을 통해 사회에 공헌하는 방식으로 생산성을 표출할 수 있다. 만약 젊은 세대의 일원을 양육하거나 안내하지 않으면 방종한 삶을 살게 되며, 답답함과 성취감 부족을 느껴 궁극적으로 침체에 빠진다(Erikson et al., 1986). "그들의 목소리"에는 한 중년 여성이 젊은 인턴에게 미친 영향을 자랑스럽게 설명한 이야기가 실려있다.

〈표 7-1〉 에릭슨의 심리 사회적 발달 단계

대립되는 특성	발달 과제
1. 기본적 신뢰 대 기본적 불신	생후 1년 : 아기는 세상이 좋은지 나쁜지에 대한 생각을 갖게 된다.
2. 자율성 대 수치심	18개월~2세 : 자율성과 의심 사이에서 균형을 찾는다.
3. 주도성 대 죄의식	3세~6세 : 아이는 새로운 것을 시도하고 실패로 좌절하지 않는다.
4. 근면성 대 열등감	6세~청소년기 : 기본적인 문화적 기술을 습득하지 않으면 무능감을 느낄 수 있다.
5. 정체성 대 혼돈	청소년기~성인 초기: 자아 정체감을 형성하지 않으면 역할에 대한 혼돈에 빠질 수 있다.
6. 친밀감 대 고립감	성인 초기 : 다른 사람과 친밀감을 쌓거나 고립 및 자아도취로 고통받는다.
7. 생산성 대 침체	성인 중기 : 성숙한 성인이 되어 다음 세대를 이끌 걱정을 하거나 성취감이 부족한 상황을 겪는다.
8. 자아통합 대 절망	노년기 : 다른 사람을 돌봄과 동시에 자신도 돌봄을 받을 필요성과 죽을 가능성이 있다는 점을 받아들여야 한다.

출처: Papalia and Olds(1998:76)

그들의 목소리 : 멘토링을 통한 생산성 증대

인턴이었던 앨리슨에게 제가 영향을 줬어요. 제가 여성으로서 홀로 일궈내고, 굳이 남자에게 기대지 않고도 해냈으니까요. 앨리슨이 "50세가 넘어서 일자리도 없이 도시로 이사한다고요?"라고 물어봐서 저는 "응"이라고 대답했죠. 제가 멋지다고 하길래 "일은 어떻게든 구할 수 있어. 익숙하지 않거나 원하지 않는 일을 하게 될 수도 있지만 그래도 일자리는 있을 거야"라고 했어요. 그리고 실제로 일을 구했죠. 앨리슨은 제가 멋지다고, 나중에 저처럼 살고 싶다고 항상 말해요. 앨리슨은 아직 가족들이랑 같이 살고 있지만, 최근 저에게 이메일을 보내 집을 사서 곧 독립할 거라고 하더군요.

출처: Rubenstein et al.(2015:557).

70대에서 80대에 정점을 찍게 되는 마지막이자 여덟 번째 단계는 '자아통합 대 절망'이다. 죽음이라는 불확실성이 모든 경험에 새로운 의미를 부여하기 때문에 노년기에는 그 자체의 문제가 생긴다. 마지막 단계에서는 거의 완성된 삶의 길을 그려보고, 현세대 속 자신의 모습을 객관적으로 바라보며, 무한히 흐르는 역사 속의 자신의 위치를 받아들여야 한다. 좋은 삶을 살았고 의미 있었다고 생각하는 사람은 자아통합을 달성한다. 하지만 자신의 삶이 만족스럽지 못하고 남은 시간이 짧다고 느끼며 죽음을 두려워하면 절망감을 느낀다.

에릭슨의 단계 이론은 본디 심리학적 요소로 구성되었다고 여겨졌지만, 최근 연구에 따르면 문화적 배경에도 영향을 받은 것으로 밝혀졌다. 즉, 개인의 인종, 민족, 성별, 사회적 환경에 따라 거치는 발달 단계가 다를 수 있다는 것이다.

에릭슨의 단계 이론은 성인 발달 이론을 형성하는 데 지대한 영향을 미쳤다. 그의 뒤를 이은 거의 모든 이론가는 어떤 방식으로든 에릭슨의 이론에 경의를 표했다.

안타깝게도 에릭슨의 이론 같이 선형적인 모델은 문화적 차이가 생활 속 결정이나 행동에 미치는 영향을 고려하지 않는다. 성, 인종, 민족, 종교, 성적 성향과 집단별 차이가 발달 과정에 다양한 방식으로 영향을 미쳐 단계 이론에 들어맞지 않을 수 있다(Kropf and Greene, 2009). 또한, 26세에서 50세까지의 구간은 매우 길다. 이후 전문가들은 그 25년 사이에 여러 발달 단계가 존재한다고 밝혀냈다.

2) 성인기 전환

심리학자 대니얼 레빈슨은 1978년 『남자가 겪는 인생의 사계절(The Seasons of a Man's Life)』을 출간하는데, 35세에서 45세 사이 남성 40명과 진행한 심층 면담의 결과를 실은 책이다. 20년 뒤, 여성 45명과 진행한 면담을 토대로 『여자가 겪는 인생의 사계절(The Seasons of a Woman's Life)』이라는 저서를 출간했다. 레빈슨의 연구는 에릭슨에게 영향을 받은 세 가지 질문을 토대로 진행했다. 첫 번째 질문은 인간의 삶이 반드시 지나야 하는 순서나 일련의 계절, 즉 인생 주기가 있느냐는 것이다. 두 번째는 아동 발달 과정과 비슷한 성인 발달 과정이 있느냐는 것이다. 마지막 질문은 레빈슨이 여성을 대상으로 한 연구에서만 활용했는데, 성인 발달에 성별이 얼마나 중요한가를 묻는 질문이다.

레빈슨은 일련의 시기로 특징지을 수 있는 발달 패턴이 남성과 여성 모두에 존재한다고 밝혀냈다. 시기마다 고유한 생물학적, 심리사회적 특성이 있고, 핵심적인 발달 과제가 있다. 다음 시기로 넘어가기 전에는 전환기를 겪는데, 이전 시기가 막을 내리고 새로운 시기로 넘어가는 단계다.

(1) 남성의 성인기 전환

17세에서 45세 사이를 일컫는 **성인 초기**는 청소년기가 끝날 무렵 **성인 초기 전환기**를 겪으며 시작된다. 해당 시기에 달성해야 할 발달 과제는 성인으로서 정체성을 형성하며, 가족으로부터 독립해 집에서 나오고, 재정적으로 자립하고 새로운 역할을 맡는 것이다. 레빈슨의 연구에 참여한 남성은 대부분 큰 문제 없이 가족으로부터 독립했지만, 부모와 상당한 거리를 두었다. 그중 8명은 부모님, 주로 아버지와 충돌이 있었으며 몇 년간 지속됐다. 부자지간에 생긴 갈등이 영원히 해결되지 않은 사람도 한 명 있었다.

남성 참가자들은 **30세 전환기**에 접어들며 성인으로서 내린 첫 결정의 문제와 한계를 보완해 더 만족스러운 삶을 이끌 기회가 생겼다. 일부는 순조로운 전환기를 거쳤지만, 자아정체성이나 삶의 목표를 결정하며 고통스러운 갈등을 겪은 사람도 있었다. 해당 시기에 많은 남성이 이사하거나, 이직하거나, 이혼했다.

40대 초반 대부분 남성 참가자는 **중년 전환기**를 겪었다. '살면서 무엇을 달성했나'라는 질문에 답하고자 하며 내적으로도, 외적으로도 힘들어했다. 과거를 되풀이할 수 없다는 생각에 삶의 모든 측면에 의문을 가졌다. 과거에 성과 지향적이었던 사람은 더 감각적이고, 걱정 없고, 심지어는 방랑하는 삶을 살고 싶어 했다. 일부는 자신의 성공에 상관없이 평생 모든 꿈을 이룰 수 없다는 사실을 직시해야 했다. 크게 성공한 사람도 '이제 어디로 가야 하지?'라는 질문을 스스로 물을 가능성이 컸다. 보통 새로운 길을 개척하거나 기존의 길을 수정하기까지 수년이 걸렸다.

성인 발달의 세 번째 단계인 **중간 성인기**는 40세에서 65세까지의 구간이다. 레빈슨이 해당 시기의 과제를 묘사하는 방식을 보면 에릭슨의 이론을 반영했다는 것을 알 수 있으며, 생산성의 개념을 다룰 때 더욱 두드러진다.

> **"우리는 40대나 50대가 되면 각자 사회에서 '연장자'가 된다. 우리 업무와 다른 사람의 업무는 물론이며 현세대인 청년의 발전에도 책임이 있다… 이 시기에는 창의성이 더욱 원숙해지고, 자신과 타인에게 더 많은 책임을 지며, 보편적인 견해를 갖고, 그 어느 때보다 친분을 잘 쌓을 수 있게 된다."**(Levinson, 1996:20)

불행히도 중간 성인기에 사람들은 점진적으로 감퇴하며 공허감은 커지고 활력을 잃을 수도 있다.

(2) 여성의 중년기 전환

추후 레빈슨은 여성과 남성이 비슷한 성인 발달 과정을 거친다고 결론을 내리긴 했지만, 상당한 성별 차이를 발견하기도 했다. 레빈슨의 연구에 참여한 여성 45명 중 일부는 '전통적인 혼인 사업'의 이상적인 길을 걸어 주부가 되었다. 회사에서 경쟁력 있는 커리어를 쌓은 여성도 있다. 그리고 주부와 커리어 모두 포기하지 않고 균형을 찾으려고 한 사람도 있다.

전통적인 주부가 된 여성은 편안하고, 안정적이고, 현모양처가 되어 만족하는 삶을 기대하며 성인기에 접어든다. 하지만 여러 장점도 잠시, 이들은 남편의 부속물이 되어 집안과 바깥 사회에서도 남편에게 종속적인 존재가 되었다. 주부가 된 여성은 평생 다른 사람을 돌보긴 했지만, 전통적인 결혼의 규칙과 독립이 상충했기 때문에 완전히 독립하는 데 어려움을 겪고 남성에게 자신의 삶을 맡겼다.

이들 여성은 중년이 되어 부부 문제를 점점 견디지 못하고 기대치가 높아졌다. 중년이 되면 자식을 독립시키고 상실감을 느끼는 동시에 해방감을 얻었다. 부담이었던 짐을 떨치고 나니 삶에 변화를 만들 자유가 생겼다. 성인 초기에 가족을 삶의 중심에 두고자 했지만, 중년기에는 대부분 실패했다고 생각한다. 연구가 끝났을 때, 첫 남편에게 헌신하며 전업주부의 삶을 유지하는 등 전통적인 삶을 지속한 사람은 한 명밖에 없었다. 주부 집단 내 다른 참가자들은 새로운 부부 생활과 가족생활을 원했다.

두 개 집단으로 나뉜 직장인 여성 참가자 모두 일•가정 양립을 위해 노력했고, 결과는 저마다 달랐다. 성인 초기에는 일을 열심히 하면서 가족의 요구를 들어줘야 하는 문제로 힘들어했다. 처음에 직장인 여성의 절반은 결혼하지 않으며 문제를 해결하려 했다. 결혼한 여성은 남편과 아내가 부담을 나눠 갖는 평등주의적 이상을 지향했지만 실제로 실천한 경우는 드물었다. 자신의 삶에 중요한 정규직 일자리, 결혼생활, 가족생활을 모두 양립하고자 노력했다. 모든 것을 해내는 성공적인 커리어 우먼의 성공 신화는 이들 여성에게 현실적이고 원대한 목표다. 하지만 성인 초기가 끝나며 직장인 여성들은 신(neo)전통적 결혼 생활을 돌아보며 사실 집안일을 혼자 도맡고 있었다는 점을 깨닫는다. 일하거나 공부하는 여성은 바쁘게 살면서 자기계발의 기회는 얻었지만, 근본적으로 스스로가 누구이고 무엇을 원하는지 답하는 것은 힘들어했다. 중년이 되어 '모든 것을 해내는' 것의 대가가 너무 크다는 것을 깨닫는다. 레빈슨의 이론은 아직 유용하게 활용되긴 하지만, 지나치게 기술적이며 개인의 문화 및 사회경제적 지위로 생기는 차이를 고려하지 않는다(Hattar-Pollara, 2010).

레빈슨의 피험자는 모두 45세 이하였고, 그 이후에 발생하는 일은 추측할 수밖에 없었다. 심리학자 테리 앱터(1995)는 40세-55세 여성 80명과 가진 면담 결과를 그의 저서 『비밀의 길

(Secret Paths)』에 보고했다. 앱터의 면담 주제는 레빈슨과 비슷했다. 앱터는 자신의 피험자가 급격한 사회적 변화를 겪는다는 점을 발견했다. 대부분 전통적인 집안에서 자라 아내와 어머니가 될 것이라는 가르침을 받았다. 앱터는 "직장은 집이고 목표는 가족을 꾸려 유지하는 것"이라 배웠을 것이라고 했다(Apter, 1995:17). 성인기가 되어 새로운 커리어 기회가 생겼지만 주로 자신이 책임을 져야 하는 엄청난 양의 육아와 가사 노동에 발이 묶였다.

앱터는 중년 여성을 네 가지 유형으로 분류했다. 전통적, 혁신적, 확장적, 그리고 소위 시위자로 지칭되는 여성으로 나뉜다. 중년기에 달했을 때 각기 다르지만 뚜렷한 성향을 보였고, 다른 위기를 겪었으며, 새로운 자아를 찾아내서 그 위기를 극복했다. 〈표 7-2〉는 중년 여성의 네 가지 유형을 요약한 내용이다.

첫 번째 **전통적 여성**은 관습적인 사회적 기대치를 충족해 나가며 가족 내에서 자신의 역할을 정했다. 아내이자 어머니로 사는 것이 정체성의 핵심 부분이었고, 자기 자신이 필요로 하는 것보다 더 중요했다. 하지만 중년기가 되면서 타인의 요구에 불만을 느꼈고, 자신의 바람을 표출하지 못해 화를 느꼈다. 자녀의 독립은 종종 이러한 내적 갈등에 직면하게 한다. 성공적으로 갈등을 해결한 여성은 가족의 요구를 적당히 들어주면서 자기 자신이 무엇을 필요로 하는지 파악하는 방법을 터득했다. 중년의 위기를 해결하며 새로 생긴 자유를 만끽했다.

혁신적 여성은 남성 세계의 선구자다. 남성의 커리어를 본보기로 삼아 매주 60시간에서 80시간 근무했다. 자신의 꿈을 포기하지 않는 동시에 가족을 부양하려 노력하며 성공적인 커리어를 쌓았다. 중년기가 되어 오랜 꿈이 가치가 있는지 고민하게 되었고, 가족과 자신의 삶에 관심을 충분히 쏟았는지 고민했다. 지속적인 직장 내 불평등을 겪으며 남성의 규칙을 따르는 것을 꺼려한다.

〈표 7-2〉 네 가지 유형의 중년 여성

종류	특징
전통적	아내, 어머니로서의 정체성이 중요함. 가족의 필요가 우선이며 가사 활동에만 몰두함.
혁신적	커리어 욕심이 강함. 방해되는 요소는 경계하고 전통적인 여성의 역할을 최소화하려고 노력함.
확장적	다른 사람의 기대에 따라 행동함. 안전을 위해 익숙한 일과 관계만 추구하고 자신감 결여로 문제를 회피함.
시위자	트라우마를 겪어서 조숙함. 어린 시절부터 책임감 있고 듬직한 사람이 돼야 했음. 억눌린 욕망과 꿈을 뒤에 숨기고 있음.

출처: Apter(1995).

혁신적 여성은 일과 가족 사이에서 균형을 맞추려 한다.

혁신적 여성은 커리어 목표를 재고하면서 일과 개인 생활의 상충하는 문제점을 해결했다. 44살 린 페언은 로펌 파트너직 제안을 받았지만 다음과 같이 말하며 거절했다.

"이미 일주일에 50시간씩 일 하고 있는데, 80시간이나 일 하게 생겼어요… 제가 할 일은 아닌 것 같아요··· 한 때는 파트너가 되어서 책임감을 갖고 참여하고 싶었고, 파트너 업무를 하면서 많은 돈을 벌고 싶었죠! 이제는 다른 게 더 중요합니다."(Apter, 1995:138-39)

혁신적 여성 중 자기 방식대로 목표를 추구할 수 있는 사람은 위기를 성공적으로 극복했다. 직업을 포기하지 않았고, 오히려 여가, 친구, 가족에게 쓸 시간을 더 내기 위해 타협했다.

확장적 여성은 삶에 근본적인 변화를 만들고자 했다. 스스로 '늦깎이'라고 부르는 확장적 여성은 교육 및 훈련의 부족으로 제한이 많았다. 전통적 여성과 여러 방면에서 비슷했지만, 과거로부터 완전히 벗어나고자 하는 점은 달랐다. 현 상황을 참지 못하는 것은 위기가 다가온다는 확실한 징후였다. 종종 이혼이 촉매제가 되어서 다른 사람이 만든 제약에 대한 분노, 혹은 기술이 부족해서 느끼는 답답함 등을 인식했다.

확장적 여성은 과거의 한계를 뛰어넘어 중년에 새로운 목표를 설정해야 하는 과제를 직면했다. 이를 겪은 여성은 발전과 변화를 경험하며 크게 기뻐했다.

마지막 **시위자 여성**은 성인 초기를 속박했던 책임감을 마주했다. 일부는 청소년 때 임신을 하거나 결혼을 일찍 하며 나이에 맞지 않는 책임감을 떠맡았다. 부모를 잃은 후 형제나 자매를 돌봐야 했던 사람도 있다. 중년기에는 어릴 적 즐기지 못한 즉흥성을 기르고자 자신의 나이와 싸우고 있었다. 전환기를 성공적으로 지난 사람들은 억눌린 욕망과 꿈을 되살려 현재의 삶에 맞게 개조했다.

3) 단계 이론에 대한 평가

레빈슨과 앱터는 성인 발달이 예측할 수 있는 단계를 거쳐 인식 가능한 패턴을 따른다고 주장했다. 문제가 있다면 두 학자 모두 연구를 진행할 때, 소수의 피험자만을 토대로 보편적인 발달 과정을 일반화했다는 것이다. 레빈슨의 남성 피험자는 모두 백인이었고 중산층이었다. 가난하거나 노동자 계층인 사람은 다른 길을 걷게 될 수도 있다. 나아가 레빈슨과 앱터의 결론은 발달 경로보다는 코호트 효과를 나타내는 것일 수도 있다. 한 세대의 여성들이 여성 구직 기회가 확대되고 일 · 가정 양립의 명확한 본보기가 없던 시절에 어떻게 적응했는지는 설명해줄 수 있지만, 차세대 여성은 또 다른 발달 과제에 직면하게 될 가능성이 있다.

고등교육을 받은 여성이 임신을 미루고 성인 자녀가 부모의 집으로 돌아오는 등의 인구 구조적 추세는 현세대가 중년기를 지나며 걷는 길에도 변화를 줄 수 있다(Kropf and Greene, 2009). 마지막으로, 단계 이론은 발달 변화가 왜 발생하는지, 혹은 평생 미치는 영향이 무엇인지와 같은 질문에 답하지 못한다.

그렇기 때문에 사회노년학자들은 암묵적으로 생물학적인 발달 모형을 사용하고 있으나 근본적으로 역사 및 환경 요소를 무시한 단계 이론을 비판한다. 연구에 따르면 사람은 끝을 향해 일련의 불가역적이고 정해진 단계를 거치는 것은 아니다. 대신 우리는 일생을 거치면서 초기 경험과 후반기 기능 사이에서 득과 실을 모두 경험하게 된다. 단계 이론은 삶의 다양한 배경과 그 사회적 배경이 발달 기회를 저해하거나 촉진하는 방식을 고려하지 못한다(Settersten, 1999). 사회학자들은 전통적으로 삶의 경로를 사회적, 역사적 요소와 개인의 삶이 교차하는 지점을 반영하는 사회적 현상으로 분석해왔다. 단계 이론가의 통찰력을 활용하되, 인구 구조적, 사회적, 경제적 요소를 결합하는 것이다(Ferraro and Shipee, 2009). 해당 접근법은 Part 3에서 다루고자 한다.

돌아보기

1. 노화가 창의성, 지혜, 지능에 어떤 영향을 미치는가?

창의성이 노화와 관련되어 있다는 명확한 근거는 없다. 위대한 과학자들과 예술가들이 20대에 가장 큰 업적을 남기긴 했지만, 60대, 70대, 심지어 그 이후에 창의력을 발휘한 사람도 있다. 지혜는 측정하기 어려운 개념이다. 세상에 대한 깊은 이해가 필요해서 나이와 함께 지혜도 늘어날 수 있다.

심리학자들은 지능이 유동성 지능과 결정성 지능 두 가지로 나뉜다고 한다. 유동성 지능은 추론, 기억력, 정보 처리 능력과 관련이 있다. 결정성 지능은 경험을 통해 습득한 정보, 기술, 전략을 일컫는다. 일부는 나이가 들면 유동성 지능이 감퇴하기도 하지만, 결정성 지능은 전혀 영향을 받지 않는 것으로 보인다.

2. 노화는 학습 능력과 기억력에 어떤 변화를 가져오는가?

일부 사람들은 자신의 일생을 회고하며 죽음을 준비한다. 과거 경험을 회상하며 의미를 부여하는 과정이다. 자신이 성실하게 살았다고 생각하는 데 도움이 된다.

3. 청년층보다 고령층에서 흔한 정신질환에는 어떤 것이 있는가?

치매는 기억력, 인지 기능, 성격에 영향을 미치는 정신질환이다. 노년기에 가장 흔하게 발병하는 치매 중 하나는 알츠하이머병이다. 알츠하이머병의 증상에는 기억력 감퇴, 성격 변화, 생체기능 조절 능력 저하 등이 있다. 뇌졸중을 일으키는 확률도 젊은 사람보다 나이 많은 사람에게 더 높다. 뇌졸중으로 언어능력을 관장하는 뇌의 영역이 손상되어 실어증, 즉 언어 장애를 갖게 될 수 있다. 실어증에 걸린 사람은 의미 있는 말을 하지 못하며, 글을 읽지 못하고 말도 알아듣지 못하게 된다. 절반 이상의 뇌졸중 환자에게 뇌 기능을 손상시키는 혈관성치매가 발생했다.

임상적 우울증은 젊은 사람들 사이에서 더 흔하게 발생하지만, 우울증 증상을 보일 가능성은 노인이 더 크다. 노년기 우울증은 사랑하는 사람과의 사별, 만성질환, 재정적 문제를 비롯한 스트레스 요인과 관련이 있다.

4. 노화로 인한 변화에 대응하는 데 사람의 성격이 어떤 영향을 미치는가?

사람의 성격은 정상적인 노화 과정에서 생기는 변화에 적응하는 방식에 영향을 미친다. 생각하고, 느끼며, 행동하는 과정에서 반복적으로 나타나는 성향을 성격 특성이라고 한다. 성격을 구성하는 요소 중 가장 바뀌지 않는 부분은 다른 사람이나 상황에 반응하는 방식을 결정짓는 기질이다. 성격은 안정적인 경향이 있지만 젊은 사람들 사이에서 뚜렷한 성별 차이는 나이가 들며 사라지고는 한다.

5. 성인은 어떤 발달 단계를 거치며, 남성과 여성은 어떤 차이를 보이는가?

심리학자 에릭 에릭슨은 최초의 성인 발달 이론 중 하나를 제안했다. 자아발달이 유아기에서 시작해 노년기에 끝나며 총 여덟 단계를 거친다고 주장했다. 단계마다 고유의 발달 과업과 대립되는 갈등이 있다. 중년이 되면 일곱 번째 단계에 도달하는데, 대립되는 특성은 '생산성 대 침체'다.

고령화에 관해 생각하기

1. 우리 사회에서는 노인의 지혜와 경험을 활용하고 있는가? 어떻게 하면 고령층이 젊은 세대에게 지혜를 공유하도록 장려할 수 있을까?
2. 노인에 대한 편견 중 노화 관련 정신질환 증상은 어떤 것이 있는가? 그러한 편견을 통해 사회의 어떤 점을 알 수 있는가?
3. 여러분은 전문 노년학자이며 지역 사회 기관에서 고령 여성의 높은 우울증 발병률 문제를 해결하기 위한 도움을 요청했다. 어떤 해결책을 제안하겠는가?
4. 알고 있는 노인 중 노화로 인한 문제에 잘 대처하는 사람과 그렇지 못하는 사람 두 명을 비교하라. 그들의 성격이 대처 역량에 어떤 영향을 미쳤을까?

5. 성인 발달에 핵심적인 갈등을 해결하지 못하면 노년기 대처 역량에 문제가 생길까? 여러분이 노년사회학 전문가라면 질문의 답을 어떻게 알아낼 것인가?

| 핵심용어

- 30세 전환기(age 30 transition)
- 결정성 지능(crystallized personality traits)
- 고전적 노화유형(classic aging pattern)
- 기억(memory)
- 뇌졸중(stroke)
- 대처(coping)
- 부호화(encoding)
- 성인초기(early adulthood)
- 성인초기전환(early adult transition)
- 시위자(protestors)
- 실어증(aphasia)
- 알츠하이머병(Alzheimer's disease)
- 유동성 지능(fluid intelligence)
- 인지심리학(cognitive psychology)
- 임상적 우울증(clinical depression)
- 작업기억(working memory)
- 장기기억(long-term memory)
- 적응(adaptation)
- 전통적 여성(traditional women)
- 중년 전환기(midlife transition)
- 중년기(middle adulthood)
- 지능(intelligence)
- 지혜(wisdom)
- 창의성(creativity)
- 치매(dementias)
- 특성이론(trait theory)
- 학습(learning)
- 혁신형 여성(innovative women)
- 혈관성치매(vascular dementia)
- 확장적 여성(expansive women)

3부

고령화의 사회적 측면

8장 가족관계와 사회적 지원체계
9장 동거형태
10장 일과 은퇴

8장

가족관계와 사회적 지원체계

1. 사회적 지원체계
   1) 사회적 지원 정의하기
   2) 젠더에 따른 사회적 지원의 차별성
   3) 가족구조의 변화와 사회적 지원 체계
   4) 노년기 결혼지위
2. 생애 후반기의 결혼
   1) 생애과정에서 결혼지위 변화
   그들의 목소리 : 장년 결혼의 질적 변화
   2) 결혼의 질과 건강
   3) 노년의 섹슈얼리티
   4) 젠더와 결혼
   5) 노년기의 이혼
   고령경험에서 다양성 : 효도 의식의 인종적, 민족적 다양성
3. 노부모-성인자녀 관계
   1) 사회적 상호작용과 교환
   2) 이혼의 효과
   3) 재혼의 효과
4. 결혼하지 않은 노인들
5. 노년의 형제자매관계
6. 조부모됨
   1) 조부모 역할의 다양한 유형
   2) 조부모가 손자녀를 기른다는 것
   세계의 고령화 : 대만의 손주들을 돌보는 조부모들의 건강
   3) 조부모와 손자녀 관계의 질
   4) 조부모 경력
   5) 성인자녀의 이혼과 조부모됨
   공공정책에 대한 이슈 : 조부모는 이혼 후에 면회권을 가져야 하는가?
7. 고령의 게이와 레즈비언 가족
   1) 게이와 레즈비언 노인의 사회적 지원체계
8. 친구와 사회적 관계
   1) 노년의 연애

미리보기

1. 사회지원체계는 무엇이며, 성별과 가족구조는 사회지원체계에 어떤 영향을 미치는가?
2. 고령자는 연령층과 비교해서 결혼상태가 어떠한가?
3. 생애경로에 따라 부부간의 만족도는 어떻게 변하는가?
4. 생애경로에 따라 형제 관계는 어떻게 변하는가?
5. 노후에 부모와 성인자녀 관계에 영향을 미치는 요소는 무엇이며, 이혼은 이러한 관계에 어떤 영향을 미치는가?
6. 노후에 조부모-손녀 관계에 영향을 미치는 요소는 무엇이며, 이혼은 이 관계에 어떤 영향을 미치는가?
7. 나이 든 게이들과 레즈비언들은 어떤 사회적 지원에 의존하는가?
8. 친구관계는 노후에 도움제공의 원천이 되는가?

8장
가족관계와 사회적 지원체계

사랑에는 연령제한이 없다. 올해로 88세가 된 폴워커(Paul Walker)가 87세의 앤테일러(Ann Thayer)와 17년간 교제 끝에 내린 결론이다. 이 두 커플은 워커씨가 재활치료를 받고 있던 메인주(州)(Main State)의 마쉬우드(Marshwood)센터에서 결혼식을 치루었다. 그 오랜기간 교제 끝에 왜 결혼식을 올리게 되었는지에 대해 앤이 설명했다. "그곳의 간호사들이 자꾸 묻는거예요, 몇 년이나 교제했다구요? 하고", "왜 그들은 결혼을 안하지?" 그래서 폴이 제게 물었어요. 결혼을 하고 싶냐구요. 그래서 좋다고 했지요. 지금 당장 할까요? 그들은 지금까지 행복한 나날을 보냈고 앞으로도 더 많은 날을 함께 할 것으로 기대한다.

가족은 강력한 정서적 결합을 제공하지만 또한 대인관계에서 가장 갈등적인 관계의 원천이 되기도 한다. 지난 몇십 년에 걸쳐 진행된 사회변동은 가족생활의 많은 부분을 변화시켰지만, 여전이 가족은 개인의 사회 지지체계의 중요한 부분을 차지한다.

이 장에서 우리는 사회적 지원이 일방이 아닌 쌍방적 교환을 전제한다는 것을 강조하면서, 사회적 지원을 정의하고자 한다. 이러한 관계는 긴급하고 일시적으로 이루어지는 다양한 교환에서부터 전생애에 걸쳐 진행되는 장기적인 교환관계를 포함한다. 우리는 사회인구학적 변화로 인해 어떻게 가족구조가 변화하였고, 그런 변화로 인해 4세대 혹은 5세대에 걸친 가족 지원시스템이 출현하게 되었는지 살펴보고자 한다. 마지막으로 노년기에 겪는 다양한 대인관계와 사회교환의 형태를 살펴보고자 하는데, 여기에는 부부관계에서부터 부모자녀관계, 형제관계 그리고 조부모와 손자녀관계까지 살펴볼 예정이다. 이 장의 마지막 부분에서는 노년기 성소수자집단(LGBT) 집단의 가족지원관계 그리고 친구관계가 노년층의 사회적 지지체계로서 어떠한 중요성을 갖는지 살펴볼 예정이다.

1 사회적 지원체계

1) 사회적 지원 정의하기

여러분은 매일 혹은 매주 혹은 매월 누구를 만나는가? 당신이 아플 때는 누구에게 연락을 하고, 우울하면, 누구를 찾습니까? 이러한 질문에 대한 답은 소위 사회노년학자들이 말하는 **사회적 지원체계**(social support system)이다. 당신의 가족은 이러한 지원체계 속에 항상 존재한다. 또한 여러분의 친구나 조직도 이러한 사회적 지원체계의 한 부분을 형성한다. 사회적 지원체계란 친인척, 친구, 조직의 네트워크를 말하는데, 이들은 대체로 여러분이 사랑과 편안함을 느끼는 존재이며, 일상생활에서 다양한 도움을 주는 존재이기도 하다. 지원 네트워크의 성격은 그 네트워크 속에 누가 속해 있는가에 따라 달라진다. 이러한 네트워크의 성격을 규정하는 특징이라고 하면 첫째 연령, 성, 알고 지낸 기간, 관계, 지리적 근접성 등이 있다. 지원기능(support function)은 네트워크에 속한 사람들이 주로 하는 행위를 말한다(Antonnuci, 1990). 사회적 지원을 연구하는 사람들은 사회적 지원의 질과 지원의 양을 구분하는데, 지원의 질이란 사회적 지원체계 사람들과 맺고 있는 관계의 만족을 의미하고 지원의 양은 사회적 지원의 구조와 크기를 말한다.

연구자들은 네트워크 연결망 분석을 통해 사람들이 누구를 만나고, 얼마나 자주 만나며, 누가 누구와 도움관계에 있는지 파악한다. 이러한 연결망 분석결과에 따르면, 고령자들은 방대한 사회적 지원 체계 속에서 살아가고 있고, 이러한 지원 네트워크를 구성하는 사람들은 저마다의 역할이 있어서 가령, 가족은 도구적인 도움을 많이 제공하는 반면, 친구는 정서적인 지원을 많이 하는 것으로 나타난다.

이러한 연결망 분석은 즉각적으로 일어나는 사회지원 교환의 양상을 추적하는데 활용되지만, 어떤 교환관계는 전 생애에 걸쳐서 발생하기도 한다. 이러한 장기적 교환양상을 알아보기 위해서는 **지원 은행**(support bank)의 개념으로 접근해 볼 수 있다. 관계망에 대한 저축은 생애 전반기에 이루어지고, 이후 출금은 미래에 즉, 생애 후반기에 이루어지는 것이다(Antonucci, 1985).

사회관계에서의 **콘보이 모델**(convoy model of social relations)은 전 생애에 걸쳐 이루어지는 사회적 관계망을 파악하는 좋은 방법 중 하나이다. 콘보이는 한 개인이 출생 후 나이가 들어감에 따라 그 주위를 보호하고 지켜주는 가장 가까운 사회적 관계를 보여준다. 또한 콘보이 모델 속에서 지원을 하는 사회적 관계들은 일상적인 문제들(건강이나 재정문제 도움)을 지원하기도 하고, 정서적 지원을 하기도 하며, 한 개인이 나이 들어가면서 겪는 희망, 목표, 가치들을 함께 공유하기도 한다.

물론 모든 사회적 관계가 그러하듯이 그렇게 가깝게 지내는 사람들이라고 해서 매번 긍정적인 관계로 남지는 않는다. 가까운 관계이기 때문에 오히려 갈등이나 부정적인 감정의 원천이 되기도 한다. 특히 가족관계에서는 이러한 양가적인 정서관계가 두드러진다(Willson et al., 2003; Ward, 2008). 이 장에서는 전생애에 걸쳐서 겪는 가족 및 사회적 관계의 긍정적, 부적적 측면들에 대해 살펴볼 것이다.

2) 젠더에 따른 사회적 지원의 차별성

생애과정 동안에 여성은 남성보다 사회적 네트워크를 유지하는 경향이 더 강하다. 연말연시에 가족들에게 연하장을 쓰는 사람은 주로 여성이고, 가족구성원의 생일을 챙기고, 가족행사를 계획하는 것도 주로 여성이다. 이런 부분을 고려한다면, 사람들은 아마도 남성보다 여성의 사회적 연결망이 더 크고, 그 관계망 속 사람들과 더 자주 만나며, 복잡하고 다양한 관계도 많을 것으로 예상한다(Fischer and Beresford, 2015).

이렇게 촘촘한 사회적 관계 속에 살아간다는 것은 도움이 필요할 때 동원할 자원이 많다는 것을 의미하기 때문에 노년기 여성에게는 유리하다. 하지만, 이처럼 사회적 관계가 혜택도 제공하지만, 그 관계망이 때로는 개인의 사생활을 침해하거나, 그 지원망에 의존함으로써 고령자의 자율성이 약해지는 부정적인 면도 존재한다. 가족구조 변화와 사회적 지원체계로 인해 여러 방면에서 안심도 되지만 또한 때로는 그 관계망이 불청객이 되기도 한다. 이는 촘촘한 지원망을 가지고 있는 고령의 노인이 겪는 문제이다.

3) 가족구조의 변화와 사회적 지원 체계

사회체계 중 부부관계 다음으로 가장 핵심적인 체계가 바로 가족이다. 가족은 배우자, 부모, 자녀, 계부모 등 개별적인 역할과 그 역할을 수행하는 사람들이 수행하는 규범을 내포하고 있다. 전형적인 양부모와 자녀로 구성된 가족을 우리는 핵가족(nuclear family)이라고 부른다. 확대가족(extended family)은 이러한 핵가족들의 네트워크로서, 핵가족을 기본으로 하며 조부모, 이모, 삼촌, 사촌과 조카 등의 관계를 포함한다.

개인의 생애과정 동안 가족 역시 지속해서 변화하는 과정을 거치게 된다. 한 젊은 남녀가 결혼하고 그 결혼상태를 유지하는 경우, 자녀가 모두 출가한 후에 이 둘은 다시금 부부만 남는 "빈둥우리 시기"를 겪는다. 누군가는 마치 두 번째 신혼기라고 말할 수 있을 만큼 부부는 둘만의 자유로운 생활을 하게 된다. 그러나 어떤 커플에게는 이 빈둥우리시기를 맞이할 때까지 시간이 오래 걸리기도 한다. 왜냐하면 성인이 된 자녀들이 여전히 부모의 지지와 지원을 필요로하기 때문이다.

첫 결혼은 때때로 이혼으로 끝나기도 하며, 생애 후반기에 다시 결혼관계를 시작하는 남녀는 신혼기 부부가 처음 결혼관계를 시작할 때와 같은 적응기를 거치게 된다. 두 번째 결혼은 이전 결혼에서 낳은 자녀로 인해 부부의 삶이 첫 결혼보다 더 복잡한 경우가 대부분이다.

고령의 부부는 은퇴, 감소한 소득, 약해진 건강이나 에너지 수준등 을 감당하면서 어떻게 그들에게 찾아온 그 새로운 자유를 즐기고 관계를 재정립할까? 어떤 부부들은 인내심과 유연함으로 대처하는 반면, 또 다른 경우는 자녀문제, 건강문제 혹은 부부문제로 불평불만을 쏟아 놓기도 한다.

그럼에도 불구하고, 한 개인의 가족구조는 그 사람의 사회적 지원망의 구조를 결정한다.

현재의 고령자 세대는 인구학적 변동의 결과로 등장한 변화한 가족을 경험하고 있다.

사망률의 감소로 인해 우리는 생애과정의 모든 단계에서 지금까지 개인들이 겪지 못한 복잡한 친족관계와 세대관계의 관계망을 경험하게 되었다(Bengtson et al., 1990; Burton, 1993). 1900년만 해도 성인이 나이 30에 이르렀을 때, 조부모 중 한명이 살아있을 가능성은 고작 21%에 불과했다. 그런데 2000년에는 76%로 그 가능성이 높아졌다. 동일한 기간 동안, 성인의 나이 60에 부모가 모두 사망할 가능성은 92%에서 56%로 감소하였다. 오늘날의 고령자들이 사는 세상은 과거에 비해 형제자매가 살아있고, 자녀가 그들보다 먼저 죽지 않을 가능성도 역시 커졌다. 또한, 고령 여성은 배우자가 먼저 죽지 않고 함께 살아가고 있다. 1900년만 해도 70세 여성의 33%만 배우자가 살아있었다면, 오늘날에는 61%가 배우자와 함께 살고 있다. 물론 사망률이 낮아지면서 결혼이 해체되지 않는다는 전제하에 남녀가 함께 살아갈 가능성은 커졌으나, 오히려 결혼이 이혼으로 끝날 가능성은 과거보다 더 높아졌다. 1900년대 초반에는 전체 결혼의 10%만 이혼으로 끝이 났지만, 최근에는 전체 결혼의 50%가 이혼으로 끝이난다(Uhlenberg, 1996b).

이러한 경향은 소위 사회노년학자들이 말하는 세대 관계에서의 **수직화**(verticalization) **현상**을 초래했는데, 이는 세대 관계의 앞 세대와 뒷 세대의 연결고리가 강해진 것을 의미한다. 이제는 많게는 4세대 가족 혹은 때로는 5세대에 걸친 가족도 등장하기에 이르렀는데, 이를 **콩줄기가족**(bean pole family) 구조라고 부른다. 마치 개별 가족의 세대 관계가 모두 생존하여 서로를 만날 수 있게 됨에 따라 종렬로 길쭉한 양상을 나타내는 것을 콩줄기에 비유에서 표현한 것이다(증조할아버지–할아버지–아버지–손자–증손자). 이는 한세대가 수평적으로 넓게 펼쳐진 방사형과는 다른 모습이다(Hagestad, 1988). 가족의 규모가 작아지면서 동일세대를 이루는 사람의 수는 줄었다. 이전에는 형제자매가 4–5명이 일반적이라면, 최근 세대는 형제자매가 한명인 사람이 가장 많다(Bengtson et al., 1990; Geroge and Gold, 1991).

이러한 인구학적 변화는 더 많은 사람이 생애과정 동안 수직적 세대 관계 속에서 지내는 기간이 늘어났음을 시사한다. 사망률의 감소로 부모와 자녀가 함께 상호작용하는 기간도 50년 이상이 될 수 있다. 이는 성인자녀가 노부모와 지내는 기간이 자신이 낳은 미성년자녀와 지내는 기간보다 길어질 수 있을음 시사한다. 또한, 조부모와 손자녀의 관계 역시 40년을 넘길 가능성이 커졌다.

4) 노년기 결혼지위

여성이 남성보다 더 오래 사는 경향 때문에 배우자 없이 혼자 살아가는 것은 여성일 것이라는 예측은 사실이다. 2012년의 통계에 따르면, 65세 이상 남성의 72%는 배우자가 있었지만, 동일 연령대의 여성은 오직 45%만 배우자가 있는 것으로 드러났다(<그림 8-1> 참조). 고령 여성의 37%는 사별자이다. 이러한 패턴으로 인해 사별여성은 사별남성보다 거의 4배가 많다. 2012년의 통계에 따르며 12%의 고령자만 이혼 혹은 별거 중인 것으로 나타났다. 이혼과 별거자의 비율은 1980년 이후 지속적으로 증가했는데, 당시에는 5.3%만 이혼을 하거나 별거 중이었다. 이혼과 별거하는 고령자의 수는 꾸준히 증가하고 있다.

여성이 남성보다 오래 산다는 이유를 제외하더라도 남성이 여성보다 유배우율이 높게 나타나는 데에는 몇 가지 이유가 있다. 첫 결혼에서 사별한 남성은 사별을 겪은 여성에 비해 재혼율이 7배가 더 넘는다. 이는 재혼 시장에서 남성의 수가 적기 때문이기도 하며, 또한 고령의 재혼이 남성에게 더 허용적인 사회적 분위기 탓도 있다. 대부분 사회에서 여성은 자기보다 나이 든 사람과 결혼을 하지만, 남성은 자신보다 나이든 여성과 결혼하는 경우가 매우 드물다.

2 생애 후반기의 결혼

부부는 두 명의 성인이 만나서 친밀감 및 복잡한 사회적 관계를 발전시키는 특별한 관계를 맺게 된다. 물론 실패하는 확률도 높지만, 대부분의 사람은 그들의 생애 어느 시점에 결혼을 감행한다. 결혼은 동료애, 애정 그리고 성적 만족을 동시에 충족시킨다. 또한, 남편과 아내로 만나서 경제적으로 상호의존적인 관계를 만들어 가기도 한다. 사람들은 단순히 사랑

때문이 아니라 결혼의 많은 혜택을 인지하기 때문에 결혼한다. 대체로 결혼한 사람들이 결혼하지 않은 사람보다 삶의 질이 높은 것으로 나타나며, 건강도 더 양호하고, 사망률도 낮은 것으로 알려져 있다. 그러나 결혼을 했더라도 만약 결혼의 질이 낮다면 오히려 건강이 더 나쁠 수 있는데, 특별히 여성에게 이러한 부정적 효과가 빈번하게 보고된다(Liu and Waite, 2014).

〈그림 8-1〉 65세 이상 남녀의 결혼지위 분포

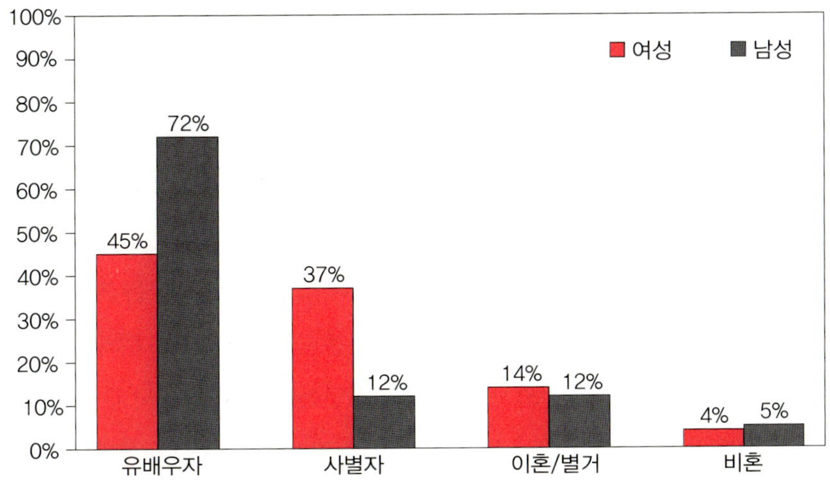

출처: 고령화부(Administration on Aging) (2012)

1) 생애과정에서 결혼지위 변화

생애과정동안 결혼만족도는 U자형의 경향을 나타낸다는 것은 많이 알려져 있다. 결혼만족도가 결혼 초기에는 높은 수준을 유지하다가, 자녀 양육기에 잠시 만족도가 낮아지는 경향을 보이다가, 은퇴 이후 다시 상승하는 양상이라는 것이다.

그렇다면, 이러한 경향을 어떻게 설명할 수 있을까? 결혼만족도가 생애초기에 낮아지게 되는 경향은 자녀출산과 관련이 있다. 첫 자녀의 출산은 부부에게 부담이고 어려운 일로 느

껴지기 때문에, 부부가 다양한 활동을 함께 할 가능성이 낮아진다(Cherline, 1996b). 그런데, 왜 결혼만족도는 첫 자녀 출산 이후 중년기까지 더 낮아지는 것일까? 중년기에는 자녀양육의 부담과 직장에서의 성취부담이 복합적으로 작용하는 시기이다. 만약 직장에서 느끼는 부담이 가족생활에 전이되면, 부부는 일과 삶에서 균형을 잡지 못하고 있다고 인지한다(Keene and Quadagno, 2004). 일과 삶 두 영역 간 경쟁적 구도는 결혼만족도를 침해하는 경향이 있다. 이후 자녀가 집을 떠나면, 결혼만족도는 상승한다(Umberson and Williams, 2005). 자녀가 둥지를 떠났다고 해서 부모들이 자녀를 걱정하지 않는다는 것은 아니다. 여전히 중년 부모의 삶의 질은 성인자녀의 성취와 실패에 좌우되는 경향이 있다. 성인자녀와의 관계가 원만하지 못한 경우, 부모 역시 그에 따르는 스트레스와 갈등을 겪는다. 중년 부부가 행복한 사례들을 들여다보면, 대체로 그 자녀가 성공적이고 행복한 삶을 사는 경우가 많다(Fingerman et al., 2012).

최근 결혼의 경향을 보면, 이혼, 사별 혹은 늦은 결혼으로 인해 결혼기간이 50년을 넘는 경우는 전체 결혼의 3%를 채 넘지 않는다. 따라서 65세 넘어서까지 결혼관계를 유지하고 있는 사람들은 말하자면 결혼 생존자라고 볼 수 있다. 그러한 부부들은 자신의 결혼생활에 만족한다고 답한다. 그렇게 오랜 부부생활을 유지하는 경우는 젊은 부부와 비교해서도 부부관계에서 갈등이나 문제도 적다고 보고하고, 긍정적인 상호작용을 한다고 보고한다.

물론 결혼생활을 오래 했다고 해서 모두 다 결혼관계에 만족하는 것은 아니다. 부부들 가운데 상당수는 열정은 없지만, 이혼 후에 감당해야 할 경제적 문제나 감정적 소모가 싫어서, 현재 결혼의 편이성 때문에 습관처럼 관계를 유지하는 경우도 있다. 하버드 졸업생의 성인발달 연구(2장에서 소개한 바 있다) 결과에 따르면, 연구대상 남성의 상당수가 50년 넘는 결혼생활을 유지하고 있었다. 연구대상 237명 중 173명은 1940년경 결혼해서 2010년 당시까지 유배우 상태였다. 그들은 이제 80대를 바라보고 있다. 이 가운데 21%는 가량은 첫결혼을 유지하고 있으면서 현재 부부생활이 행복하다고 답했지만, 나머지 30%는 "그저 그렇다(갈등도 없지만, 특별히 애정도 없다)"고 보고했고, 나머지 20%는 결혼의 질이 나쁘다고 말했다. 또 다른 10%의 남성은 전에 이혼 후 재혼해서 현재는 행복한 결혼을 하고 있었고, 16% 가량은 이혼을 해서 현재 혼자이거나 재혼했지만, 여전히 불행하다고 응답했다(Vailant, 2012). 이 연구에서 주목할 부분은 결혼을 유지하고 있는 부부들이 둘 간의 갈등을 해결하는 긍정적인 전략을 발견했다는 점이다. 한 아내는 "간혹 불만을 표출하는 것도 방법이예요. 분위기 전환을 만들어내거든요.". 그에 반해 불행한 결혼을 경험하고 있는 경우는 갈등을 피하거나 혹은 적대적인 감정에 매몰되는 경우가 많았다. 이혼 혹은 불행한 결혼을 초래하는 가장 중요한 요소는 술문제 였다. 『그들의 목소리』에서는 불행한 결혼생활을 하는 남성과 행복한 결혼생활을 하는 남성들이 결혼에 대해 어떻게 말하는지 제시하였다.

성공적인 결혼생활의 비결은 무엇일까? 행복한 부부는 삶을 공유하고, 생각과 가치를 나눌 수 있는 사람들이다. 또 다른 요소는 인생의 목표를 공유하고, 함께 웃을 수 있으면서도 또 함께 갈등을 해결해 나 갈 수 있는 능력을 보유하고 있느냐이다. 전반적으로 볼 때, 남편과 아내가 둘이 함께 할 수 있는가의 문제가 가장 중요하다(Schmitt et al., 2007).

그들의 목소리 : 장년 결혼의 질적 변화

다음의 인용구는 하버드 성인개발 그랜트연구의 기혼남자들로부터 나온 것이다. 첫 번째 인용구는 불행한 기혼 남성들로부터 나온 것이다.

"그녀는 열등감을 가지고 있어."

나는 그녀보다 더 다정하다"고 말했다.

"그녀는 맥주만 좋아한다."

"그녀와 고통받는 게 그녀가 없는 것보다 더 쉬워."

"우리는 별실에서 잔다."

"이혼은 생각할 수도 없는 일이기 때문에 나는 빙긋이 웃고 참는다. 우리의 결혼은 아마도 15년 전에 끝났겠지만 종교와 아이들의 존재를 위해서였을 것이다."

행복한 결혼 생활을 하고 있는 남자들과의 대조를 주목하라.

"아내는 내가 아는 사람 중에서 가장 친절하고 사려 깊은 사람이다."

"우리의 결혼은 완전히 도전적이고, 완전히 흥분된다."

"테니스를 아내와 함께 하는 것이 나의 가장 큰 즐거움이다."

"나는 그녀가 매우 자랑스럽다"

"나는 그녀를 사랑하고 존경해. 그녀는 나의 가장 친한 친구야."

"우리의 결혼 생활은 대단해. 내 아내를 만난 게 내게 일어난 일들 중 최고였어."

출처: 발리안트(Valiant, 2012:195–96,220).

2) 결혼의 질과 건강

결혼의 질이 건강에 미치는 영향은 상당하다. 건강함의 산물들을 살펴보면, 결혼한 성인이 결혼하지 않은 성인에 비해 훨씬 건강하다. 비혼자에 비해 유배우자는 사망률이 낮고, 만성질환 수도 적으며, 기능제한도 덜 겪고, 그리고 스스로도 더 건강하다고 지각한다(Hughes and Waite, 2009; Choi et al., 2016). 또한 유배우자는 장애율이 비혼자에 무배우자에 비해 낮으며, 삶에 만족하는 경향도 강하고, 또한 우울감도 낮다(Bookwala and Jacobs, 2004; Kail, 2016).

이러한 결혼의 긍정적인 결과는 상대적으로 유배우자가 비혼자보다 자원이 많고, 배우자에 의한 건강행동 통제가 가능하기 때문이다(Carr, and Moorman, 2011). 유배우자들은 비혼자에 비해 확대가족을 통한 더 넓은 사회적 관계망을 경험한다(Waite, 2009). 또한 결혼생활을 건강을 유지하는데 도움을 주는데, 이는 배우자가 운동을 정기적으로 하도록 독려하거나 의사진단을 받도록 권유하는 경향이 강하기 때문이다. 또한 담배나 술과 같이 건강에 해가 되는 행동을 배우자가 제약하기도 한다(Umberson et al., 2010).

결혼으로 인한 혜택을 고려한다면, 배우자 사별이나 이혼으로 인한 결혼의 해체가 건강에 부정적인 영향을 초래한다는 것은 당연하다고도 볼 수 있다(Das, 2013). 가령, 이혼을 한 경우, 만성질환이나 이혼을 할 가능성이 높고, 경제적 제약을 겪는 경우도 많다(Johnson et al., 2000; Peinta et al., 2000). 사별자들은 우울증이 급격히 상승하고, 건강악화의 곡선도 더 가파르게 하강하는 것을 알 수 있다(Williams, 2004). 그러나 유배우자라고 하더라도 불행한 결혼관계 속에 있는 경우에는 건강이 나빠진다. 자신의 결혼이 불행하고, 갈등으로 가득차 있다고 인식하는 유배우자는 높은 우울 수준을 보인다(Choi and Marks, 2008). 실제로 유배우자라고 하더라도 결혼의 질이 나빠서 스트레스 수준이 높은 경우는 이혼자보다도 우울수준이 높았다(Umberson et al., 2006).

3) 노년의 섹슈얼리티

성행동에 관한 연구들이 공통적으로 발견하는 현상이 바로 남녀를 불문하고, 연령이 증가하면 성행동의 빈도가 감소한다는 사실이다. 이러한 빈도의 감소현상은 성관계, 혹은 성행위 그리고 성에 대한 생각 등 전 영역에서 나타난다(Kingsberg, 2002). 한 연구 따르면, 57세부터 85세 성인을 조사한 결과 성행동이 연령에 따라 순차적으로 감소한다고 밝혔다. 57-67세 성인은 73%가 여전히 성적으로 활발하다고 밝힌 반면, 65-74세 성인은 53%가 여전히 활발하다고 응답해고, 75-85세 연령대에서는 26%만 활발하다고 응답했다. 특히 여성은 남성과 비교해 볼 때, 조사한 전 연령대에서 성적으로 활동적이라고 응답한 비율이 낮았다(Lindau et al., 2007).

일부 고령 여성은 폐경기 이후에 성에 관한 관심이 줄었다고 보고하였다(Kingsberg, 2002). 많은 여성들이 50세 전후로 겪는 폐경기가 되면, 자궁은 에스트로겐 생산을 멈춘다. 에스트로겐 생성이 줄어들면, 자궁건조, 자궁축소를 초래하는데 이는 성행위시 고통을 유발한다. 이를 해소하기 위해, 일부 여성은 에스트로겐 외용제를 사용하기도 한다(Kingsberg, 2002).

남성이 겪게 되는 발기부전이 여성 배우자에게 영향을 미치기도 한다. 한 연구에서는 발기부전을 겪는 남성의 배우자에게 성관계 횟수나 성경험의 양상을 물었다. 연구결과 남편의 발기부전증이 발현된 이후에 성관계 횟수가 줄었다는 응답이 많았다. 더 나아가서 남성이 발기부전이 생긴 이후 여성 배우자 역시 성생활에 대한 만족도도 줄었고, 성행위에 대한 관심도 줄었다는 응답이 많았다. 이러한 여성 배우자의 성활동의 감소는 남편이 보고하는 발기부전의 심각도와 상당히 연계되어 있음을 밝혔다(Fisher et al., 2005). 비아그라와 같이 발기부전을 치료하는 약물도 전 연령대의 남성이 이용하는 것으로 나타나는데, 비아그라는 성기 주변의 혈행을 완화시켜서 부부간 성관계를 다시 활성화시키는데 일정 부분 이바지한 것으로 보인다. 그런데, 고령자의 경우 고령여성은 성관계에 관심이 감소했는데에도 불구하고, 비아그라로 인한 성관계가 이루어짐에 따라 배우자 간 성행위 불균형과 갈등을 초래하는 예도 있다는 보고가 있다(Kingsberg, 2002).

생애 후반기가 되면 부부간 성관계 횟수가 감소하기는 하나, 이는 여전히 고령부부에게 중요한 요소이다. 성관계는 외적 요소뿐 아니라 내적 요소도 중요하다. 고령자의 성에 관한 관심은 고령자의 연령, 두 사람 사이에서 성행위의 중요성, 성행위를 할 수 있는 파트너의 유무, 그리고 건강이다. 부부가 성관계 이외에도 친밀한 접촉으로 서로 간에 만족감을 느낀다면, 그들의 결혼만족도는 여전히 높고, 긍정적인 상호작용 수준도 높은 경향을 보인다(Galinsky and Waite, 2014).

4) 젠더와 결혼

최근의 고령자들은 남성–경제적 부양자, 여성–정서적 양육자이자 돌봄제공자의 성 규범 즉, 과거 전통적인 결혼제도에서 부여한 남녀 성역할 규범 속에서 살아온 세대이다. 고령자 부부가 현재 가사분담을 하는 상황이나, 결혼과 부부관계에 대해 생각하는 그들의 정서를 보면 이러한 과거 사회화 과정의 자취가 남아 있다. 이러한 장기간 지속한 결혼에 대한 인식에서도 이러한 성별 차이가 드러난다. 퀴루에트와 골드(Quirouette and Gold, 1995)는 35년 이상 결혼생활을 해온 120쌍의 부부를 인터뷰했는데, 그들은 고령의 여성은 자신의 행복이 남편의 일부 특성과 연동하는 반면, 남편에 대한 분석에서는 아내 특성과의 관련성이 나타나지 않았다. 아내의 삶의 질에 가장 중요하게 영향을 미치는 요인은 남편이 결혼에 대해 어떻게 인지하는지에 달려 있었다. 가령, 남편이 현재 결혼에 만족한다고 응답한 사람들의 아내가 가장 행복했고, 현재 결혼에 만족하지 못한다고 응답한 남편의 배우자들이 가장 행복도 수준이 낮았다. 또한, 아내의 행복은 남편의 성격 기질과도 밀접하게 연결된 것으로 나타났다. 잘 웃고, 활력이 넘치고, 열정적인 남성과 결혼한 아내는 행복도 수준이 높지만 에너지 수준이 낮은 남편을 둔 아내는 행복도 수준도 낮았다. 또한, 남편의 건강도 아내의 삶의 질에 직접적인 관련성 있는 것으로 드러났다. 그런데 흥미롭게도, 아내의 특성들 가령, 아내의 행복도, 아내의 성격 기질이나 아내의 건강은 남편의 삶의 질에 미치는 영향력이 관찰되지 않았다. 남편은 자신의 특성에 의해서만 만족도의 영향을 받았다(Quirouette and Gold, 1995). 따라서 생애 전반기에 규범으로 받아들였던 삶의 방식(여기에서는 성별 분업)이 이후 생애 후반기 정서적 반응과 적응과 연결되어 있음을 알 수 있다.

이 연구 결과에 관해 설명을 붙이자면, 남성이 결혼으로부터 혜택을 더 많이 받는다고 할 수 있다. 남성은 여성보다 결혼만족도도 높은 수준으로 인지하고, 남편이 결혼관계로부터 지지와 혜택도 많다고 알려져 있다. 그런가 하면, 여성들은 관계를 유지하고 관계를 구성하는데 더 의미를 두기 때문에, 그러한 면에서 여성이 결혼 관계를 남편보다 더 소중하게 인지하는 것으로 보기도 한다(Allen and Walker, 2000). 가령 위스만(Whisman, 2001)은 결혼의 질이 남편보다는 아내의 정신건강에 더 중요한 요소라고 밝혔는데, 윌리암스(Williams, 2003)는 결혼이 심리적 복지감에 미치는 영향에서 남녀 차이가 크지 않다고 밝혔다. 그렇다면 우리가 여기에서 얻는 교훈은 무엇인가? 남녀모두 좋은 결혼은 그들의 건강과 삶의 질에 의미있는 영향을 미친다는 것이다.

5) 노년기의 이혼

지난 1970년대 이후, 이혼율은 대체로 안정화되었고, 어떤 시기는 오히려 이혼율이 감소하는 경우도 있었다. 이러한 전반적인 이혼율 감소추세에도 불구하고 지난 20년간 50세 이상 고령자의 이혼은 오히려 늘었다. 지난 1990년에 50세 이상 고령자의 이혼은 10% 수준에 머무르고 있었다. 지난 2011년에는 전체 이혼의 25%가 고령자 연령대에서 나왔다(U.S. Cencus Bureau, 2013). 사별에 관해서는 연구도 많지만, 생애 후반기 이혼을 주제로 한 연구는 많지 않다(Brown et al., 2016). 무엇이 고령자의 이혼율 상승을 부추기고 있을까? 한 가지 요인은 베이비붐 세대의 높은 이혼율을 생각해 볼 수 있다. 현재 베이비붐세대는 이미 두세 번 이혼하고 재혼한 경우가 많아서 이들의 재차 반복된 이혼이 고령자 이혼의 상승으로 나타날 수 있다. 그런데, 과거에 비하면 상당한 결혼 기간을 지속해온 커플도 이혼하는 경우가 있다. 이는 생애 후반기가 가 앞으로 20-30년 정도 더 남았다고 가정할 때, 불행한 결혼을 더 이상 지속할 수 없다고 판단될 때 이혼을 감행하는 것으로 보인다. 또한, 고령이혼은 주로 여성이 주도하는 경우가 많은데, 이는 최근 고령 여성들 가운데 직업 경험이 있어서 경제적 독립이 가능하고, 또한 혼자 살아가는 삶에 대한 두려움이 없기 때문으로 풀이되기도 한다. 길어진 생애 후반기와 경제적 자율성이 이러한 고령 이혼이라는 새로운 추세를 이끌고 있다고 보인다(Lin and Brown, 2012).

한편, 고령자의 이혼이 늘어남에 따라 다양한 사회적 파장도 목격되고 있다. 이혼은 이혼한 두 부부에게 경제적인 타격을 입히는 경우가 많은데, 이유는 그들이 함께 나누던 자산, 연금, 그리고 주택을 이혼 이후 분할 해야하기 때문이다. 젊은 사람들은 이러한 경제적 타격을 이후 생애과정 속에서 소득을 통해 채워나가고 보완해 나가지만, 고령자들은 이혼으로 인한 경제적 손실을 채우기가 어렵다(Green, 2010). 고령자의 이혼은 자녀세대에게 돌봄의 부담을 높이는 방향으로 작용하기도 하는데, 이는 대체로 고령자의 돌봄은 배우자가 수행하는 경우가 많기 때문이다. 또한, 이혼은 고령자가 감당하기에 힘든 심리적 스트레스를 수반한다.

이혼과 사별은 재혼 가능성이나 동거 가능성 면에서 매우 다른 결과를 초래한다. 이혼한 고령 여성은 사별한 여성에 비해 또 다른 사람과 동거를 시작하거나 재혼할 가능성이 크다고 한다. 이는 생애후반기 가족관계를 더 복잡하게 만드는 기폭제가 되기도 한다(Brown et al., 2016).

고령경험에서 다양성 : 효도 의식의 인종적, 민족적 다양성

약 40~50%의 성인 아이들이 적어도 일주일에 한번은 노후의 부모를 만난다(Rossi와 Rossi, 1990). 이 수치는 소수 민족과 소수 민족인 노인들 사이에서 더 높다. 더 높은 출산율, 더 넓은 가족 생활 방식, 그리고 무혈족 친척을 가족의 정의에 통합하기 때문에, 아프리카계 미국인, 아시아계 미국인, 멕시코계 미국인 및 미국 원주민 노인들은 백인 미국인보다 잠재적으로 더 큰 지원 네트워크를 가지고 있다. 예를 들어, 한 연구는 아프리카계 미국인 아이들의 90%가 부모를 도왔다고 말했고, 3분의 1은 자주 도왔다고 말했다(Chatters and Taylor, 1993)

다른 나라들에서도 아이들이 노후의 부모에 대해 느끼는 책임감의 양에서 인종적 차이가 있다. 네덜란드의 5개 민족을 네덜란드 원주민에 비교한 한 연구에서 연구자들은 이민자들의 성인 자녀들이 부모에 대한 효도 의식이 더 크고 부모를 더 자주 본다는 사실을 밝혀냈다. 이민족 여성은 네덜란드 여성보다 부모에게 실질적인 지원을 할 가능성이 더 높았다(Schans and Komter, 2010). 이러한 차이점에 대한 한 가지 설명은 이민자들이 자신들의 문화적 가치와 전통을 그들의 새로운 가정에 가져오기 때문일지도 모른다. 또는, 이민자들이 그들의 새로운 지역사회에 덜 연관되어 있고, 따라서 서로에 대해 더 책임감을 느끼는 것일 수도 있다.

어떻게 생각하는가?

1. 당신은 왜 다른 인종과 민족의 사람들 사이에서 나이든 친척들을 돕는 것에 대한 태도가 다르다고 생각하는가?
2. 당신의 인종적 또는 민족적 배경은 무엇인가? 당신의 문화는 나이 든 가족 구성원들을 돕는 것에 대한 구체적인 규범을 가지고 있는가?

3 노부모-성인자녀 관계

부부 관계 다음으로 부모 자식 관계보다 더 중요한 사회적 관계는 찾기 힘들다. 부모와 아이들은 이제 수십 년의 삶을 함께 보낸다. 점점 더 많은 사람들이 삶의 반세기 이상을 공유하고 있고, 그 기간 동안 대부분은 아이들이 어른 또는 부모가 돼 있다.

부모-자녀 관계는 독특하다. 그것은 영구적이고 비자발적이다. 아내를 선택할 수는 있지만, 어머니를 선택할 수는 없다. 부모님과 소원해질 수는 있어도 이혼할 수는 없다. 긍정적인 부모-자녀 관계는 신체 및 심리적 웰빙(well-being)을 향상시킨다. 성인 자녀와 친밀한 관계를 맺고 있는 노부모는 그렇지 않은 노부모보다 우울하거나 외롭지 않다. 그들은 사기도 높고, 만족도도 높다(Dean et al., 1990). 자녀와 관계가 좋지 않은 부모들은 행복감 수준이 상대적으로 낮다(Ward, 2008).

그러나 부모와 자식 간의 갈등은 만연하며, 이는 가족 간의 상호작용 있어 자연스러운 부분이다. 한 연구는 부모와 아이들이 여섯 가지 기본적인 문제로 다투었다는 것을 발견했다. 자주 나타나는 불평은 의사소통하기가 불편하거나 의사소통 자체가 존재하지 않는다는 것이었다. 성인이 된 한 딸이 아버지가 자신에게 정직하지 못한 것에 대해 불평하면서 다음과 같이 설명했다.

> 아버지(63)는 둘째 부인과 이혼하고 우리에게 말할 때까지 6개월 동안 여전히 결혼생활을 하는 척했다. 이상해! 그는 15년 후에 우리에게 그가 음주 문제가 있었고 알콜 중독 센터(AA)로 갔다고 말했다. 나는 그가 왜 사적인 것들을 그렇게 비밀스럽게 하는지 이해할 수 없다(Clarke et al., 1999).

긍정적인 부모 자식 관계는 신체적, 심리적 행복을 증가시킨다.

또 다른 갈등의 근원은 생활양식과 개인적인 습관의 차이였다. 한 아버지는 아들이 신용카드를 자주 사용하는 것에 대해, 또 다른 아버지는 딸이 만일의 사태에 대비하여 저축을 하지 못한 것에 대해 불평했다. 부모와 그들의 성인 자녀는 육아 방식, 종교, 정치, 그리고 직장 습관에 대해 의견이 달랐다. 하지만, 긴장과 불화에도 불구하고, 가족들 또한 빈번한 접촉과 많은 애정과 지지를 보고했다.

1) 사회적 상호작용과 교환

사회적 규범은 부모와 자녀 사이의 지속적인 사회적 상호작용을 하도록 장려한다. 고령자 가족에 관한 수많은 연구는 성인 아이들이 그들의 노령화된 부모와 매우 연결되어 있다는 것을 보여주며, 대부분은 규칙적이고 빈번한 접촉을 유지한다(Umberson, 1992). 그러나, 가족이 제공하는 사회적 지원 양은 가족에 따라 차별적이다. **세대간 응집성이론**(theory of intergenerational solidarity)에 따르면, 가족들은 종종 거주유형에서 변화를 시도하는데, 이는 세대 간 필요(needs)에 따라 자원을 변화시키며 적응하는 측면을 보여준다. 아이들은 25살이 되기 전에 부모와 함께 또는 그 근처에서 산다. 그러다 자녀들이 교육과 취업 그리고 결혼을 하면서 부모 곁을 떠나서 이별의 기간이 생긴다. 건강한 노인들도 은퇴하여 아이들한테서 멀어질 수 있다. 이러한 노령화된 부모들이 아프거나 장애가 생기면, 그들은 아이들에게 더 가까이 다가간다. 따라서 가정은, 반드시 같이 사는 것은 아니라도, 가까운 접촉과 빈번한 방문을 통해 후세에 재구성된다(Silverstein, 1995).

세대간 응집성은 어른, 어린이, 부모 사이의 상호작용의 양, 가족이 서로에게 느끼는 긍정적인 정서의 양, 그리고 가치와 신념에 대한 동의의 양을 통해 측정된다. 세대간 응집성의 다른 척도는 자녀와 부모가 서비스를 교환하는 정도와 그들이 서로 얼마나 가깝게 사느냐이다(Roberts et al., 1991). 어떤 가정은 상대적으로 모든 면에서 높은 응집성을 보이기도 한다.

프랑스의 가족 간, 세대 간 관계에 관한 한 연구는 부모들과 그들의 성인 자녀들과 손자들이 종종 도움과 서비스를 교환한다는 것을 발견했다. 조부모의 3분의 1 이상이 그들의 자녀와 손자들에게 돈을 주었다. 그 대가로, 많은 성인 아이들은 교통, 잔디 깎기, 그리고 집 지키는 것으로 노부모를 도왔다. 손자들은 종종 심부름하고 조부모를 위해 다른 형태의 지원을 했다(Attias-Donfut, 2000).

세대 간 서비스 교류도 생애과정에 따라 변화하는데, 대체로 부모는 도움을 주는 존재이다가 점차 도움을 받는 존재가 된다. 그런데, 일반적으로 생애기간동안 부모가 자녀에게 훨씬 더 많은 도움을 준다(Lewis, 1990). 〈표 8-1〉에서 알 수 있듯이 성인 자녀에 대한 도움은 부모가 50대 초반일 때 절정에 달하는데, 이때 60%가 어떤 형태이든 도움을 준다. 이는 부모가 70대 초반이 될 때까지 높은 수준(48%)을 유지한다. 부모가 75세 이상이 되면 성인 자녀들이 받는 것보다 더 많은 도움을 준다(Spitze and Logan, 1992년). 노령화된 부모와 조부모에 대한 아이들의 책임감이 인종적 차이가 있는가? "고령경험에서 다양성" 박스에서는 이 질문을 검토한다.

도움제공의 양상 통계에서는 부모 연령에 따라 나타나는 복잡한 가족 역학을 충분히 설명하지 못한다. 일부 부모–자식 갈등은 자연스럽고 불가피하다. 그러나 이러한 갈등이 심하지 않는 한, 아이들이 어른이 되면 갈등이 소멸되는 경향이 있다. 아이들이 집을 떠나 가정을 꾸리고, 아이를 낳으면 자신의 부모와 스스로를 동일시하기가 더 쉬워진다. 특히 아이의 출산은 모녀간의 유대감을 강화시킨다(Rossi and Rossi, 1990). 차이점은 감추어지고 되고 서로 다른 차이에 대해서는 참을성이 발휘된다(Suitor et al., 1995). 63세의 한 아들은 89세의 아버지와의 관계를 다음과 같이 설명했다.

〈표 8-1〉 생애과정동안에 부모와 성인자녀간의 도움제공양상

응답자(부모) 연령

	40-44	45-49	50-54	55-59	60-64	65-69	70-74	75+
				부모에 대한 도움말				
살림	0%	2%	2%	3%	2%	1%	3%	7%
쇼핑, 심부름	0	4	4	7	3	7	6	29
수리, 야드	11	0	9	7	15	9	9	8
모든 유형의 도움	11	4	13	13	18	14	16	38
평균 시간/주	.19	.40	.38	.61	1.13	.57	.35	1.69
				자녀에게 도움				
살림	19%	26%	17%	8%	11%	15%	19%	9%
쇼핑, 심부름	26	25	22	18	19	12	23	5
수리, 야드	4	13	10	17	12	9	10	2
보모	22	26	43	35	36	25	16	3
모든 유형의 도움	52	55	60	54	50	40	48	16
평균 시간/주	1.74	1.91	2.44	2.14	2.66	1.15	1.30	.29

출처: Sptize & Logan (1992:302)

아빠가 여기로 이사온 날 우리 관계가 좋아질 가능성은 별로 없다고 알려 주셨어요. 어떻게 보면 더 심해졌죠, 왜냐하면 나는 그가 나의 관심없는 태도 대한 불평불만을 내게 반복해서 말할 때 까지, 그의 속앓이 알지 못했기 때문이죠... 그 모든 것들과 함께, 나는 아버지를 방문하거나, 함께 점심을 먹고, 정치를 이야기하고, 그가 근처에 있다는 것을 알고, 그리고 그가 필요할 때 내가 그를 도울 수 있다는 것을 통해 즐거움을 찾아요. 나는 그와 매일 통화한다. 그는 이제 나의 기본적인 네트워크의 일부분이고 기쁨과 좌절의 원천이예요.(Moss and Moss, 1992:265)

모든 가족 갈등이 평화적으로 해결되는 것은 아니다. 세대간 응집성의 수준은 앞서 확립된 가족 상호작용 패턴과 관련이 있는데, 이 패턴은 시간이 지나도 지속되며 완전히 새로운 상황에서 뜻밖에 부활하는 경우가 많다. 451가구를 대상으로 한 어느 연구에서 결혼한 성인 자녀들은 어렸을 때 부모와의 관계를 설명하도록 요청받았다(Whitbeck et al., 1994). 부모의 거부를 경험했던 자녀들은 이제 노령화된 부모들과 연락을 유지하고 부모의 안녕을 감시하는 것에 대해 덜 걱정했다. 부모들의 복지를 걱정하는 것은, 다시 말해서, 자녀들, 특히 딸들이 노부모들에게 기꺼이 제공할 수 있는 지원의 양을 예측할 수 있는 강력한 도구다.

가족 간의 긴장은 부모들과 아이들이 세대 간의 의무에 대해 서로 다른 기대를 초래한다. '세계의 노령화'에서는 한국과 중국 이민자 부모, 자녀 사이에 발생하는 갈등의 한 측면을 기술했다.

부모-자녀 관계는 아이들이 성인의 발달이라는 규범적인 과정을 추구하지 못할 때 종종 어려움을 겪는다. 많은 부모가 자녀의 삶에서 대리만족을 느끼기 때문에, 자녀의 삶은 부모들의 복지에 큰 영향을 미친다. 자녀에게 정신적 또는 육체적 문제가 있거나 약물 및 알코올 남용이 있는 부모는 다른 부모보다 우울증에 걸릴 가능성이 더 크다(Allen et al., 2000). 성인이 된 아들이 실직하면 부모와 사이가 틀어지기 일쑤다. 자녀가 부모의 기대를 저버린 것이다. 실제로 세대가 한 가정을 공유할 때 실업은 부모와의 갈등의 가장 좋은 예측요인 중 하나이다(Aguilino and Supple, 1991).

때때로 가족의 긴장은 연약하고 나이 든 사람을 학대하는 결과를 초래할 수 있다. 노인 학대와 방임이라는 용어는 노인들을 향한 다양한 행동들을 포함한다. 가장 간단한 의미에서 노인 학대는 불필요한 고통을 일으키는 지나친 간섭 혹은 방임으로 구성된다(Wolf, 1998). 대부분 연구자, 법률 전문가와 같은 지원을 하는 직업군에서는 노인 학대를 구성하는 요소로서 다음과 같은 행동을 지적한다: 방치, 재정 착취와 신체적, 감정적, 성적 학대(Choi and Mayer, 2000; Reay and Browne, 2001; Gordon and Brille, 2001). 65세 이상 인구의 약 1-11%가 노인 학대나 방임의 희생자로 추정된다(Comics et al., 1998). 많은 학대와 방임이 보고되지 않을 가능성이 크기 때문에 아무도 노인 학대가 실제 얼마나 발생했는지 알지 못한다(Branch, 2002년). 노인 학대는 가정에서는 물론 제도적 환경이 잘 갖춰져 있는 양로원에서도 찾아볼 수 있다.

왜 나이든 부모, 조부모, 배우자를 학대하거나 방치하려고 하는가? 널리 인정된 한 이론인 "스트레스형 간병인 가설(stressed care giver stress)"에 따르면, 학대자는 노인을 돌보는 데 주돌봄자이면서 과로하고 인정받지 못하는 가족 구성원일 가능성이 가장 크다. 매일의 돌봄 책임과 관련된 압박과 스트레스는 그 사람이 통제력을 잃게 할 수 있다. 또 다른 이론인 "학습된 폭력 가설"은 학대자가 과거에 학대의 희생자가 되어 현재 학대자가 되었을 수도 있다고 제안한다. 마지막으로, "의존 가설"은 피해자가 정신적, 육체적으로 무능력하고 보호자에게 점점 더 취약해지고 보호자가 이러한 의존성을 이용하여 피해자를 학대한다(Gordon and Brille, 2001년).

학대 위험에 가장 많이 처한 사람은 인지적 또는 신체적으로 장애가 있고 학대자와 함께 사는 여성 노인이다(Wilber and Nielsen, 2002). 피해자의 특정한 성격적 특성은 노인 학대와도 관련이 있다. 일상생활에서 좌절을 경험하고 이를 공격적으로 반응하는 피해자는 간병인에게 언어폭력을 받을 가능성이 더 높다(Commijs et al., 1999). 노인들의 신체적 학대자들은 과도한 양의 알코올을 소비하는 소비자일 가능성이 있고, 또한 아버지들에 의한 과거 어린 시절의 학대를 경험했을 가능성이 있다(Reay and Browne, 2001).

2) 이혼의 효과

지난 2010년까지 이혼한 65세 이상 인구의 비율은 50%에 달했다. 위에서 지적했듯이, 이혼율의 증가는 더 많은 사람이 일상생활에서 다양한 도움과 지원을 제공하는 배우자가 없이 노년에 도달하리라는 것을 의미한다. 따라서 아이들의 역할은 앞으로 더욱 중요해질 것이다.

일반적으로 사람들은 성인자녀가 스스로 꾸려나갈 수 없는 노부모를 도울 책임이 있다는 것에 동의하지만, 이혼은 이 문제를 복잡하게 만든다. 이혼은 부부관계를 해체할 뿐만 아니라, 시댁과의 관계와 같은 다른 가족관계를 방해한다. 이혼은 부모-자녀 관계의 성격도 바꿀 수 있는데, 특히 한 부모가 자녀에 대한 전일제 양육권을 갖게 되면 더욱 그렇다. 이혼한 사람들이 재혼할 때, 새로운 의붓가정 관계가 만들어지는데, 이것은 부모에 대한 아이들의 의무에 대한 문제를 복잡하게 만든다.

전반적으로 부모가 이혼한 아이들은 온전한 가정의 자녀들보다 부모에 대한 의무감이 덜하다(Silverstein and Bengtson, 1997). 노년기에 이혼이 사회적 지위에 미치는 결과는 특히 아버지들에게 부정적이다. 유사한 맥락에서 웹스터와 헤르종(Webster and Herzong, 1995)은 양부모 가정의 아이들이 그들의 부모를 더 자주 보고 이혼을 한 아이들보다 더 긍정적인 관계를 보고한다는 것을 발견했다. 그러나 부모의 성별에 따라 자녀와의 상호작용에 차이가 있음을 알아냈는데, 이혼한 부모라도 이혼한 아버지들이 이혼한 어머니들보다 성인 자녀들과 접촉이 훨씬 적다고 한다. 이혼한 부모의 성인 자녀들은 온전한 가정의 자녀들보다 아버지의 자녀로서 덜 사랑받고 소통도 덜했다. 저자들은 "부모 이혼이 접촉 빈도에 미치는 영향은 어린 시절 가족 문제에 대한 기억을 분석함으로써 설명될 수 없다. 이혼은 뒤따르거나 그 앞에 오는 가족문제와 상관없이 아버지와 성인 자녀가 소통하는 빈도를 감소시킨다."라고 결론지었다(Webster and Herzog, 1995:31).

이혼 때문에 초래되는 노부모와 성인자녀 사이의 괴리현상은 계부모가 개입할 때 심각해지는 때도 있다. 한 연구에 따르면, 계부모들이 다시 배우자와 이혼하거나 혹은 재혼한 배우자와 사별한 후 그 의붓자식들과 접촉이 현저히 적었다는 것을 발견했다. 배우자 사별을 겪은 계부모와 의붓자식과의 접촉은 점차 줄어드는 경향이 있지만, 이혼 계부모와의 접촉은 갑자기 중단되었다. 따라서, 이 연구는 계부모와 의붓자식 사이의 유대관계가 상대적으로 약하고 결혼의 해체 이후에는 소멸할 가능성이 크다는 것을 보여주었다(Noel-Miller, 2013).

3) 재혼의 효과

65세 이상 노인 가운데 사별자는 극히 일부(2%)에 불과하고, 대체로 많은 비율의 사별자(20%)는 재혼한다. 사별한 사람이 다시 재혼하는 중요한 이유는 동반자(companionship)가 필요하기 때문이다. 다만, 재혼한 커플은 이혼율이 높기도 하다(Watson et al., 2010). 재혼은 초혼보다 이혼으로 끝날 가능성이 다소 높다. 재혼은 가정과 세대에 걸쳐 다양한 관계를 형성하며, 여기에는 현재와 이전 결혼의 자녀, 부모와 양부모, 조부모와 조부모가 포함된다.

선행연구에 따르면 의붓가정의 아이들의 삶의 질은 일반 부부가족보다 낮은 것으로 나타나고, 의붓자식들은 더 일찍 집을 떠난다(Goldscheider and Goldscheider, 1993). 이러한 연구 결과는 의붓가족의 부모-자녀 사이 유대관계가 부모가 늙었을 때 더 약해질 수 있고 따라서 그들이 노부모에게 제공하는 사회적 지원 체계도 더 약해질 수 있음을 시사한다. 우리가 알고 있는 대부분의 노년기 결혼은 일반적으로 긴 결혼생활을 유지한 사람들이다. 그런데, 노인 가운데에는 사별하거나 이혼한 후에도 새로운 결혼을 이루는 경우가 많다

4 결혼하지 않은 노인들

대부분의 노인이 적어도 한 명의 성인자녀 근처에서 살아가지만, 일부 노인들은 가족지원 네트워크가 부족한 때도 있다(Suitor et al., 1995). 때때로 성인자녀가 노부모 곁을 떠나기도 하고, 어떤 경우는 평생 자녀가 없었거나 결혼을 한 적이 없다. 미국에서는 약 5%의 남녀가 평생 독신으로 살아간다. 독거노인에 관한 소수의 연구에 따르면, 특히 혼자 사는 여성노인에게 친족집단의 구성원들과의 유대관계가 매우 중요하다고 한다. 비혼 여성은 노부모와 삼촌, 이모, 형제, 사촌, 조카, 조카들과 긴밀한 관계를 맺고 있다(Bengtson et al., 1990).

결혼하지 않은 노인들의 상황은 문화적으로 다양하다. 미국에서는 자녀가 없는 독신 노인의 거의 3분의 2가 특정한 사회지원망에 속해 있다. 그러나 캐나다에서는 아이가 없는 노인들의 4분의 1만이 도구적 지원을 제공하는 교환 네트워크에 소속되어 있다; 심지어 정서적

지원을 받는 사람은 더 적다. 실제로 65세 이상의 미혼, 자녀가 없는 캐나다인의 75%가 가족이나 친구로부터 정서적 지원을 받지 못하고 있다(Woo and Pollard, 1998년).

앞에서 언급했듯이, 가족은 도구적 지원의 주요 제공자다. 독신자들이 나이가 들면, 그들의 지원 네트워크는 기혼자들에 비해 이러한 종류의 도움을 제공하려는 사람들이 적다. 비혼자의 지원망 속에 형제자매는 그들 자신의 건강 문제로 고민하거나 그들의 성인자녀와 손자의 필요에 응할 가능성이 높다. 비혼자들의 조카가 도움을 줄 수 있지만, 그것은 성인자녀가 제공하는 수준에는 도달할 수 없다(P. Keith, 1989년). 긍정적인 면은 평생 독신으로 살아온 사람들이 자립성이 높고 독립적이며 혼자 사는 데 익숙해 있는 경우가 많다.

5 노년의 형제자매관계

형제 관계는 독특하다. 형제자매는 가족사를 공유하고, 평생 지속될 수 있는 관계를 맺으며, 동일한 세대를 구성한다. 고령자들은 종종 형제와 자매의 중요성을 언급하는데, 사람들이 나이가 들수록 형제간의 유대감이 중요해지고, 성인 형제자매는 서로에게 사랑, 지지, 교제의 중요한 원천이 된다. 한 연구에서 성인의 약 3분의 2가 적어도 형제가 친구 같다고 말했고, 절반은 적어도 한 달에 한 번은 형제자매를 실제로 만났고, 거의 3분의 1의 고령자는 비상사태가 발생했을 때, 형제에게 도움을 요청하곤 했다(Voorpostel and Blieszner, 2008).

때때로 형제자매는 노부모를 위한 돌봄을 계획해야 할 때 더 가까워진다. 그들은 감정적인 지원에 국한한 경우가 많기는 하나, 형제자매들은 나이가 들면서 서로를 돌볼 수도 있다. 55세 이상의 캐나다인들을 대상으로 한 한 연구에서, 응답자의 25%만이 실제로 형제자매의 도움을 받았음에도 불구하고, 대다수의 응답자들은 그들의 형제자매가 위기 상황에서 그들을 도울 것이라고 인지하였다(Connidis, 1994). 질병은 종종 형제자매 지원 네트워크를 재구성한다. 한 사별자는 그녀의 남편이 아팠을때 그녀의 여동생들이 어떻게 도왔는지 설명했다.

> 남편이 많이 아팠을 때, 나는 그를 위해 할 수 있는 것이 아무것도 없었다... 언니들은 내가 나가야 할 때 찾아와, 그를 목욕시키고 그의 시트를 갈아입는 것을 도와주었다. 그들이 없었다면 그는 양로원에 가야 했을 것이다.(D. Gold, 1996: 241)

형제 관계의 성격은 부분적으로 형제 집단의 크기와 성별 구성에 의해 결정된다. 자매관계는 형제관계보다 서로 친해질 가능성이 크다(Matthews, 1994). 같은 동기간에도 여자형제가 존재하는 경우는 남자형제만 존재하는 경우보다 연대가 더 강하다. 자매는 서로를 돌볼 가능성이 가장 크다. 예를 들어, 75세의 과부 메리는 남편이 죽자 그녀의 아이들을 동쪽에 남겨두고 그녀의 두 자매 근처에 있기 위해 오하이오 고향으로 돌아왔다. 세 사람은 자기 집을 팔고, 함께 집을 샀으며, 소유물과 다른 자원들을 모았다. 자매 중 한 명이 병에 걸렸을 때, 그들은 매일 돌봄을 제공하기 위해 도우미를 고용했다. 그리고 모든 자매들이 도왔기 때문에, 어떤 개인도 큰 짐을 질 필요가 없었다(Moyer, 1993년).

형제 관계의 성격도 생애과정에 따라 변한다. 형제간의 유대는 어린 시절에 주로 강하고, 직업, 결혼, 그리고 양육이 시간과 에너지를 요구하면서 약해질 수 있다. 이 중년의 기간 동안, 형제들은 멀리 떨어져 살고 가치와 관심사 측면에서 거의 공통점을 갖지 못할 수도 있다. 자녀들의 출가, 은퇴, 미망인 같은 노년기의 사건들은 형제자매를 더 가깝게 하는 경우가 많다(Bedford, 1995년). 한 남자는 그의 여동생과의 관계에 대해 다음과 같이 말했다.

> 그녀의 자녀들이 집을 떠나 결혼하고 나서, 우리의 관계에 좋아졌다. 나는 그녀가 우리 어른들의 삶의 초기에 나를 신경쓰지 않았다고 생각한다-그녀는 단지 시간이 없었던 것 같다!(D. Gold, 1996:237)

어린 시절에 겪은 가족 내 긴장과 불화는 형제자매를 떼어놓을 수 있다. 부모가 승인과 사랑을 유보하면서 아이들을 정서적으로 속박하는 경우 형제자매들은 부모의 사람을 두고 애정 경쟁을 벌이며 서로 멀어진다. 그러한 가정에서 성인 형제자매는 부모 중 한 명 또는 부모가 둘 다 죽을 때까지 서로 화해할 수 없을 수도 있다(Moyer, 1993년). 대신에, 그들은 노년에 이전의 형제 라이벌 관계를 계속 반복한다.

6 조부모됨

21세기에는 손자들이 조부모를 만날 수 있는 가능성이 매우 증가하였는데, 이것은 특히 젊은 성인에게서 두드러지게 나타난다. 1900년 이전에는 전체 20세들의 약 절반이 한 명의 조부모가 살아 계셨는데, 이는 2000년의 90%와 비교된다. 성인이 30살이 되었을 때 조부모가 살아있을 확률은 21%에서 75%로 증가했다(Uhlenberg, 2004). 조부모의 돌봄 참여는 아이들의 발달은 물론 노인이 성인자녀에게 제공하는 사회적 지원을 위해서도 중요하다(McCluskey and McCluskey, 2000). 또한 자녀와 자주 접촉하는 조부모들은 조부모 역할에 매우 만족한다(Mueller and Elder, 2003).

조부모–손자 간 상호작용에 대한 보고서는 빈번한 접촉이 일반적이지만 개인별로 상당한 차이가 존재한다고 밝혔다(Silverstein and Marenco, 2001). 이 절에서 우리는 조부모와 그들의 손주 사이의 관계에 영향을 미치는 요인에 대해 논한다.

1) 조부모 역할의 다양한 유형

한 조사에서는 510명의 조부모양육 형태를 거리두기, 동반자, 그리고 관여자의 세 가지 조부모의 스타일로 명시했다(Cherlin, Furstenberg, 1992). 거리두기 형의 조부모님들은 손자들을 매우 드물게 만나는 것을 알 수 있었는데, 때문에 그들의 관계는 주로 의례적이고 상징적이었다. 이러한 유형의 **의례적 조부모됨**(remote grandparenthood)은 대부분은 너무 멀리 떨어져 살았기 때문에 손주들의 삶에서 조부모 역할을 할 수 없었다. 이혼은 종종, 특히 아버지 쪽의 조부모들에게 중요한 요소였다. 예전 며느리가 이사를 하러 가면 조부모님들이 아이들과 계속 연락하기 어려운 경우가 많았다.

손자 손녀와 우애적 관계를 유지한 조부모들은 감정적으로 만족스러운 여가활동에 초점을 맞추고, 느긋하고 친근한 상호작용이 있다고 보고했다. 이 조부모님들은 이미 한번 자녀를 키워봤고, 따라서 이제 육아라는 힘든 일은 성인자녀의 몫이라고 생각하는 경향이 있었다. 손주들을 대하는 그들의 태도는 그들과 즐거운 시간을 보낸 후, 성인자녀의 집으로 돌려보내는 것이었다. 동반자 스타일의 또 다른 특징은 "비간섭의 규범"이었다. 조부모들은 결혼한 자녀들에게 무엇을 하라고 말할 권리가 없다고 강조했다. 이런 규범 때문에 그들은 손자에 대한 권위의식이 거의 없었고 그들에게 더 많은 접근을 요구할 힘이 없다.

관여형 조부모(involved grandparenthood)들은 손자들을 양육하는데 적극적인 역할을 했고, 종종 조부모보다 부모처럼 행동했다. 관여하는 많은 조부모는 비교적 젊고 여전히 정규직으로 일하시지만, 그들은 일주일에 몇 시간에서 거의 전업으로 손주들을 돌볼 수 있다. 최근의 한 연구에 따르면, 조부모의 약 45%가 그들의 손자들에게 최소한 얼마간의 보살핌을 제공한다(Harrington Meyer, 2014년). 손주를 돌보며 일하는 것이 조부모에게 어떤 영향을 미치느냐 하는 것은 제공되는 돌봄의 정도와 가능한 자원에 달려 있다. 많은 조부모는 이 시기가 그들의 삶에서 가장 즐거운 시기 중 하나라고 생각하는 반면, 다른 사람들은 그들의 자원을 고갈시키고 너무 피곤해서 활동적인 사회생활을 유지하거나 자신의 건강을 돌볼 수 없다.

전 세계의 조부모들은 손자들을 돌본다. "세계의 고령화"에서는 손주들을 돌보는 것이 대만의 조부모들의 건강에 어떤 영향을 미치는지 논의한다.

2) 조부모가 손자녀를 기른다는 것

지난 30년 동안 조부모에 의해 양육되는 어린 아이들의 수가 1970년 3.2%에서 2004년 6.1%로 작지만 뚜렷한 증가가 있었다(U.S. Census Bureau, 2005b). 손자와 함께 사는 조부모의 비율은 인종과 히스패닉 출신에 따라 크게 다르다. 손자와 함께 살아가는 미국 원주민, 알래스카 원주민, 흑인 조부모의 절반 이상이 그들의 돌봄에 대한 일차적인 책임을 지고 있다. 나이가 젊은 조부모들은 손자들에게 더 많은 책임을 질 가능성이 크다. 지난 2000년 손자녀와 동거하는 조부모 580만 채 중 64%가 여성이었고, 이중 20%는 소득이 빈곤 수준 미만이었다((U.S. Census Bureau, 2003b). 이러한 통계는 왜 조부모가 손자를 키우기로 선택하는지, 그리고 그들이 그 일에 얼마나 잘 대처하는지에 대한 관심을 자극했다.

비록 할머니들이 그들의 손자들을 돌보고 있으나, 2000년에 90만 명 이상의 할아버지가 손자들에게 주돌봄자인 경우는, 전체 조부모 돌봄제공자의 37%를 차지했다. 비록 그들이 대가 없이 값진 그리고 종종 눈에 띄지 않게 보살핌을 제공하지만, 돌보는 할아버지에 대해서는 훨씬 덜 알려져 있다. 돌봄을 제공하는 조부는 특히 빈곤에 취약할 수 있다. 일반적으로 아동에게 돌봄을 제공하는 주돌봄자로서 조부를 예상하지 않기 때문이며, 이러한 역할은 조부가 겪었던 과거의 가족 경험과도 일치하지 않을 가능성이 크기 때문이다. 킨과 프로코스(Keene and Prokos, 2011)는 2006년 미국 커뮤니티 조사(2016 Amerian Community Survey)를 분석해 손자에 대한 일차적 책임이 있는 할아버지들의 빈곤 가능성에 대한 인종특성과 인종 차이를 조사했다. 그들은 히스패닉이 아닌 백인인 경우, 배우자가 있고, 성인자녀와 동거를 하는 경우 가난할 가능성이 낮다는 것을 발견했다. 이는 가정에 더 많은 성인들이 있다는 것은 더 많은 잠재적 근로자들과 더 많은 재정 자원을 의미하기 때문일 것이다. 할아버지 돌봄제공자들이 배우자와 성인 자녀 모두와 함께 살면 가난할 확률이 낮다.

종종 조부모는 어렵고 때로는 비극적인 상황에서 손자들을 기른다. 조부모는 이혼, 약물남용, 알코올 중독, 10대 임신, 또는 부모의 학대나 자녀 유기로 인한 가정 위기가 왔을 때 대리 부모가 된다(Hayslip et al., 1999). 레이첼 푼초(Rachel Pruchno)는 398명의 백인 할머니와 319명의 흑인 관리 할머니들을 대상으로 한 연구에서 그들이 손자들을 돌보기 시작한 주된 이유중 하나가 부모에 의한 마약이나 알코올 중독이라는 것을 발견했다. 한 할머니의 설명대로 다음과 같다.

> 누군가 "네, 이 아이들은 도움이 필요하다"고 말한 마지막 지푸라기는 금요일이었고, 우리 딸은 마약과 알코올 중독 재활 센터에 들어갔고, 그래서 아이들은 아버지의 보살핌에 맡겨졌고, 아버지는 토요일 밤에 술을 마시러 나갔고, 그는 일요일에는 아이들을 남겨두고 다시 술을 마시러 나갔다가 경찰에 연행되었다.(Pruchno, 1999)

세계의 고령화 : 대만의 손주들을 돌보는 조부모들의 건강

조부모는 모든 문화권의 사람들이 경험하는 삶의 과정이다. 비록 조부모라는 것은 큰 기쁨과 연관될 수 있지만, 그것은 또한 스트레스를 유발할 수 있다. 조부모의 건강에 미치는 영향은 문화적 맥락과 생활 방식에 따라 다를 수 있다. 예를 들어 칠레와 중국에서는 조부모, 그들의 성인 자녀, 그리고 그들의 손자들이 모두 다세대 가정(multi-generational households)에서 함께 사는 경우가 많다. 이들 나라에서는 손자와 같은 집에 사는 조부모들이 혼자 사는 조부모들보다 만족도가 높고 우울증도 낮다. 조부모는 또한 대만의 손자들에게 전통적인 간병인이며, 보살핌은 종종 다세대 가정에서 제공된다. 조부모의 건강에 대한 보살핌의 효과를 살펴본 한 연구는 손주를 돌보는 조부모들이 그러지 않은 조부모에 비해 더 나은 건강, 더 높은 삶의 만족도, 더 적은 우울증 증상, 그리고 더 적은 이동성의 한계를 가지고 있다는 것을 발견했다. 이러한 긍정적인 결과는 성인 자녀도 있는 다세대 가정에서 발견되었다(Ku et al., 2013). 다세대 가구에 거주하는 조부모들이 우울할 가능성이 더 높은 미국의 사정은 사뭇 다르다. 미국의 다세대 가구는 대부분의 가정에서 선호되는 생활형편이 아니며, 발생했을 때 빈곤의 표시라는 낙인이 유력하다.

어떻게 생각하는가?

1. 조부모님은 어떤 방식으로 당신의 삶에 관여하셨나요?
2. 주로 조부모에 의해 길러진 사람을 아십니까?

푼초의 연구에 참여한 많은 손자녀들이 광범위한 행동 문제를 보였기 때문에 조사에 참여한 할머니의 임무는 더욱 어려웠다. 손자녀는 갑작스러운 정서변동을 겪었고, 종종 초조하고 논쟁적이거나, 완고하거나, 반항적이었다. 많은 사람들이 과잉행동이라는 진단을 받았고 학교 적응에도 어려움을 겪고 있다.

이러한 위기에도 불구하고, 많은 조부모들은 손자들을 키우기로 한 그들의 결정을 후회하지 않으며, 아이들이 그들의 삶에 가져다주는 교제와 사랑에 감사함을 느낀다고 말한다. 전반적으로 손주를 돌보는 것은 조부모의 건강에 극적이고 광범위한 부정적인 영향을 끼치지 않는다. 손자녀를 돌보는 조부모가 겪는 건강상의 불이익은 돌봄제공에 따른 결과가 아니라 조부모가 이전부터 가졌던 특성에 의해 발생한다. 손자의 돌봄의 결과로 건강이 감소하는 것은 규칙보다는 예외인 것처럼 보인다. 이러한 발견은 얼마나 많은 조부모들이 보육을 제공하거나 그들의 손자를 양육하고 있는지를 고려할 때 중요하다(Hughes et al., 2007). 한 80대 증조할머니가 설명하듯

> "손녀가 없으면 어떻게 할지 모르겠다. 그녀는 나의 가장 친한 친구다. 그녀와 함께라면, 비록 그녀가 아기를 낳았지만, 나는 결코 혼자일 수 없을 것 같은 기분이 든다."(Burton and deVries, 1993:107)

3) 조부모와 손자녀 관계의 질

할아버지-손자 관계의 질에 영향을 미치는 몇 가지 요인들이 있다. 첫째는 근접성이다. 왜냐하면, 조부모님 근처에 사는 손주들이 더 많은 접촉 빈도를 가지고 있고 더 가까운 관계를 보고하기 때문이다. 두 번째는 부모-대부모 친밀감이다(Taylor et al., 2009). 아동은 부모와 조부모가 정서적으로 가까울 때, 그 반대로 정서적 거리가 먼 때에 비해 조부모님을 더 자주 만나고 더 큰 정서적 친밀감을 느낀다. 조부모는 특히 자신의 성인 자녀와 좋은 관계를 맺을 때 손주들의 우울증을 완화하는 데 도움을 줄 수 있다(Ruiz and Silverstein, 2007). 자신의 부모와 규칙적으로 교류하는 중년 부모들은 자녀들에게 역할모델(role model)을 제공한다. 조부모 세대와 함께 시간을 보내는 것은 호혜적 규범을 확립하고 세대 간의 연대를 강화한다(Hodgson, 1992). 실제로, 가족관계가 돈독할 때 할머니는 자신의 딸에 대한 감정과 손녀에 대한 감정을 구분하지 못하는 경우도 많다(Thompson and Walker, 1987년).

세대에 걸친 이러한 연결고리는 현재의 관계뿐만 아니라 과거의 경험도 반영한다. 한 연구팀은 응답자들에게 그들의 부모가 정말로 그들을 보살폈다고 느꼈는지 물어봄으로써 부모와 조부모 사이의 어린 시절 관계의 질을 평가했다(Whitbeck et al., 1993). 그들은 부모들이 조

부모 세대를 무정하다 느끼면 그렇지 않은 경우보다 세 세대 모두에서 관계의 질이 더 열악하다는 것을 발견했다. 친부모와의 관계가 좋지 않았던 손자 손녀들은 조부모를 자주 만나지 않았고, 조부모와의 관계에서도 부모-조부모 관계가 좋은 사람보다 나쁘다고 지각하는 경우가 많았다.

회상된 초기경험의 기억을 바탕으로 한 연구에 따르면 현재 부모로부터 감정적으로 멀리 떨어져 있는 사람들은 어린 시절의 기억을 재해석하기 때문에 그 기억 자체가 잠재적으로 손상될 가능성이 있다. 그러나 종적 연구는 관계가 시간의 경과에 따른 연속성을 반영한다고 시사한다. Whitbeck et al.(1993)은 "조기 가족관계에 대한 인식이 세대에 걸쳐 후기 가족관계에 대한 청사진을 제공한다"고 결론지었다(p.1033).

4) 조부모 경력

다른 가족관계와 마찬가지로, 조부모-손자 관계에는 조부모 경력라고 불리는 인생 패턴이 있다(Cherlin and Furstenberg, 1992). 조부모는 손주들이 아주 어릴 때 자주 보고, 이 시기를 조부모들은 가장 만족하는 시기로 인식한다. 그 후, 손자들이 성장함에 따라, 십대 손주들이 가족 밖에서 관계에 집중하면서 조부모와의 접촉의 빈도가 감소한다. 하지만 이 조부모-손자 관계는 십대에게 여전히 중요하다. 영국과 웨일즈에서 수행된 한 연구는 두 부모 생물학적 가족, 한 부모 가정, 그리고 의붓 가족에서 조부모-손자의 관계를 비교했다. 연구원들은 그들의 10대 손자 손녀들의 삶에 더 많이 조부모가 개입하게 되면, 청소년들이 감정적인 문제를 덜 일으키고 긍정적인 사회적 행동을 더 많이 하는 결과를 가져온다는 점을 발견하였다. 조부모의 참여는 특히 한부모 가정과 양가 가정의 청소년들의 적응 어려움을 줄이는 데 도움이 되었다(Attar-Schwartz et al., 2009). 그들이 젊은 성인이 되면서, 성인 손자녀는 그들 자신의 가족을 만들고 직업을 선택하기 시작한다. 그런데, 그들의 조부모는 그들의 삶에서 여전히 중요한 역할을 하고 있다. 대학생들이 조부모와 함께 있는 것을 즐긴다는 보고는 그들의 가치관, 개인적 정체성, 그리고 종교적 믿음을 형성하는 데 큰 영향을 끼쳤다(Roberto and Stroes, 1992년).

손주들이 성인이 되면, 조부모와 손주들 사이의 관계는 더 가까워진다. 접촉이 잦고, 두 세대 모두 관계에 큰 가치를 둔다. 허드슨(Hodgson, 1992)은 200명이 넘는 성인 손자녀 국가 샘플을 인터뷰했다. 단지 1.5퍼센트만이 그들의 조부모와 접촉하지 않았다. 대다수는 한 달에 여러 번 방문이나 전화 통화를 통해 조부모와 연락을 취했고, 40%는 매주 연락을 했다. 예상대로 조부모님 근처에 사는 젊은 남녀들이 그들을 더 자주 보게 되었다. 거리적 근접성은 또한 그들이 조부모에게 느끼는 정서적 친밀감을 증가시켰다.

허드슨은 손자들이 그들의 할머니들, 특히 그들의 모계 쪽을 할아버지들보다 더 가깝게 느낀다는 것을 발견했다. 이 발견은 다른 연구들과 일치하는데, 이 연구는 여성들이 남성들보다 조부모 양육으로부터 더 많은 만족을 얻는다는 것을 발견한다. 그러나 많은 할아버지도 조부모 역할에 대해 높은 만족감을 표시하는데, 특히 손주들의 보살핌에 관여해 온 남성들이 그렇다.

5) 성인자녀의 이혼과 조부모됨

이혼 후, 조부모는 종종 자녀들을 경제적으로 돕거나, 안정된 가정을 제공하거나, 어머니가 일하는 동안 손자들을 돌보는 독특한 위치에 있다(Taylor et al., 2009). 조부모가 하는 역할은 자신의 성인 자녀와의 관계에 따라 크게 좌우된다. 한 연구는 부모와 이혼한 자녀 사이의 관계에서 발생한 세 가지 패턴을 확인했다(C.L. Johnson, 1993). 한 가지 패턴은 부모, 성인 자녀, 그리고 손자들 사이의 유대감 증가였다. 이러한 패턴은 딸과 그 부모 사이에서 가장 자주 발생하며, 노부모들이 제공한 경제적, 실질적인 원조에 기인한다. 그러나 성인이 된 자녀들은 부모에게 크게 의존한 경우 대가를 치르게 되는데, 그것은 성인자녀가 자율성의 많은 부분을 잃는다는 점이다. 노부모가 이혼한 성인자녀들을 도울 때, 그들은 자녀 양육 관행이나 데이트 패턴에 대해 언급하는 것이 정당하다고 느꼈는데, 이것은 일반적인 노부모-성인자녀 관계에서는 금기시(taboo)되는 부분이다. 다만, 이러한 패턴은 대개 일시적으로 그친다. 이혼한 자녀들이 생활 안정을 되찾으면, 그들은 다시 독립을 재도전했다.

공공정책에 대한 이슈 : 조부모는 이혼 후에 면회권을 가져야 하는가?

1970년대까지만 해도 조부모는 아이의 부모의 동의 없이는 손주를 방문할 권리가 거의 없었다. 그 후, 1970년대 후반과 1980년대 동안, 조부모에게 그들의 손자들과의 합법적인 면회 특권을 청원할 권리를 부여하는 50개 주 모두에서 법률이 제정되었다. 게다가 1983년에 하원은 각 주들이 조부모의 면회권을 보장하는 획일적인 법령을 개발할 것을 권고하였다(Thompson et al., 1989).

1970년대 급증한 이혼율의 증가는 조부모의 손주를 볼 권리를 보호하는 입법을 활성화시킨 한 요인이었다. 또 다른 요인은 조부모의 권리를 이슈로 삼은 노인 단체들의 정치적 영향력이 증가하는 것이었다. 그리고 일반적으로, "많은 주에서 법률 제정자들은 단순히 조부모에게 아이가 계속 접촉함으로써 혜택을 받을 때 그들이 손자들에게 끼칠 해가 없다고 보았다."(톰슨 외, 1989)

대부분의 사람들은 자녀가 이혼할 때 손자와 단절된 조부모들이 겪는 고통에 즉각 공감하지만, 이런 상황에서 손자들에게 가장 이익이 되는 것이 무엇인지 결정하는 것은 복잡한 문제다. 과거에는 조부모에 대한 독립적인 면회권을 부인하는 것이 부모의 권위를 훼손한다는 이유로 정당화되었다. 법정에 출두하는 경우, 면회를 둘러싼 싸움은 부모와 조부모 사이의 세대간 갈등에 아이를 연루시킬 수 있다. 자녀는 부모와 조부모의 의리 갈등에 휘말릴 수 있고, 면회가 허가되면 갈등은 계속될 수 있다. 부모가 이혼을 했기 때문에 이미 고통을 겪고 있는 아이들은 법적 분쟁에 정신이 휘말릴 수도 있다.

상대적으로 어떤 상황에서도 조부모에게 면회를 청원하는 것을 허용하는 주는 거의 없다. 보통 탄원서는 특정 촉발 조건, 즉 사망이나 이혼으로 인해 아이의 자연스러운 가족이 혼란에 빠졌을 때, 부모가 부적합하다고 판정되었을 때, 조부모에게 과거에 아이를 양육할 수 있었던 경우에만 허용된다. 가족관계가 화목하다면, 조부모님은 법원에 청원할 필요가 없다. 따라서 사실상 모든 탄원 사건은 아이의 양육권 부모의 반대에 대해 법원에 도달한다. 아이를 가족간의 갈등의 중심에 놓았을 때 생길 수 있는 해악에 대해 아이를 방문함으로써 얻을 수 있는 이익을 저울질해야 한다.마이어스와 페린, 1993년). 이것은 법원이 종종 할 준비가 부족한 상태에서 내리는 판단이다. 이러한 문제에 대한 입법 지침이 모호하기 때문에 판사들은 가족에 대한 그들 자신의 직관적인 평가에 의존하는 경우가 많다. 그 결과는 사례별로 이루어진 신뢰할 수 없는 결정이다.

조부모에게 법원에 청원할 권리를 부여하는 것 또한 법적 제도가 가족에게 얼마나 깊이 개입해야 하는지에 대한 의문을 제기한다. 소송의 위협은 부모보다 조부모에게 유리한 가족 분쟁의 지렛대를 변화시킨다. 이혼 중이거나 죽음을 통해 배우자를 잃은 경험이 있는 부모들은 재정적으로나 정서적으로 취약하며 법정 싸움을 벌일 준비가 덜 되어 있다. 그러나 보다 근본적인 문제는 가족관계가 법체계에 의해 결정되어야 하는지 아니면 사적인 문제로 남아 있어야 하는지에 있다. 2000년 6월 6일 미국 대법원의 판결로 부모들에게 자녀 양육과 양육권에 관한 결정을 내릴 수 있게 되면 조부모들이 제기한 탄원 건수가 줄어들 가능성이 높다.

어떻게 생각하는가?

1. 당신의 가족에서 부모의 죽음, 이혼, 또는 재혼이 조부모와 손주 사이를 갈라놓았는가? 만약 그렇다면, 조부모님들은 그 상황을 어떻게 대처했는가?
2. 가족관계에 법체계가 개입해야 하는가? 그렇다면 어떤 조건에서?

두 번째 패턴으로, 이혼한 아이들은 혼자 독립하여, 별도의 사생활을 유지했다. 세대 간 유대는 친밀하나 서로 가까이 거주하지 않는다는 특징이었다. 마지막으로 제3의 패턴으로 혈연, 결혼, 이혼, 재혼 등으로 친척관계가 모호해진 경우이다. 재혼과 함께 새로운 관계가 형성되는 동안 이혼의 친척들과의 관계는 유지되었다. 노인은 손자녀를 통해 자녀와 이혼한 며느리나 사위와 연결되어 가깝게 지냈다. 전 며느리는 더 이상 아들의 아내가 아닐지 몰라도 손자의 어머니로 남아 있었다. 따라서, 이전의 며느리들과의 연계는 손자녀를 양육하는 조부모들이 유지하고 있는 관계 중 하나이다. 외조부모는 그들의 딸이 전형적으로 양육권을 가지기 때문에 자동적으로 손자에게 더 많은 접근권을 갖게 될 것이다. 반면에 이전의 사위를 볼 가능성은 적다.

앞에서 보았듯이 이혼은 종종 가족관계를 단절시키지만, 또한 증식시킬 수도 있다(C.L. Johnson, 1993). 자녀들의 이혼과 재혼으로 새로운 시댁이 생긴다. 예전 며느리와 연락을 유지하는 조부모들은 그녀가 재혼할 경우 새 배우자와 새 자녀와 의붓자식을 포함하는 확장된 친족 네트워크를 만들기도 한다. 그러나 일반적으로 외조부모와의 관계는 이혼 후 더 가까워지지만 친조부모간의 관계는 멀어지는 경향이 있다. 부모가 손자와 조부모의 관계를 중재하고, 부모의 양육 패턴이 손자와 조부모의 접촉량을 결정한다.

조부모-손자 관계를 중재하는 데 있어 부모들에 의해 수행되는 역할은 성인이 된 손자녀 사이에서 덜 중요해진다. 쿠니와 스미스(Cooney and Smith, 1996)는 18세에서 23세 사이의 손자 485명을 인터뷰했다. 절반은 지난 15개월 동안 부모의 이혼을 경험했고, 나머지 절반은 온전한 가족이었다. 그들은 손주들이 얼마나 자주 조부모를 보는지, 그리고 얼마나 가깝게 느끼는지에 대해 두 그룹 사이에 아무런 차이가 없다는 것을 발견했다. 사실, 이혼한 가정의 젊은 어른들은 온전한 가정의 젊은 어른들보다 조부모와의 방문을 시작할 가능성이 더 컸다. 어른이 된 이후부터 부모는 더이상 손주와 조부모 사이의 관계를 중재하지 않는다. 손주들은 자신의 인간관계를 스스로 관리하면서, 부모의 이혼은 어린아이들에게 미치는 영향보다 덜했다. 실제로 저자들은 "조부모와의 관계의 힘과 안정성이 특히 젊은 성인들의 적응에 도움이 될 수 있다"고 결론지었다(Cooney and Smith 1996:95). 조부모가 이혼 후에도 손주와의 접촉을 유지하려고 할 때 발생하는 법적 문제에 대한 논의는 "공공정책 이슈"를 참조하라.

인구구조 변화와 이혼율 상승은 가족구조를 변화시켰지만, 가족은 여전히 핵심적인 사회체계로 남아있다. 실제로 가족 간의 유대 강점은 노년에 가장 잘 나타난다. 비록 몇몇 노인들이 가족 구성원들로부터 고립되기는 하지만, 대부분은 확장된 친족 네트워크 속에 단단히 박혀 있다. 그리고 노인들은 매우 약해질 때까지 더 많은 도움을 받기보다는 도움을 제공하는 친척 네트워크의 적극적인 일원이다. 노인이 약해졌을 때 만이 도움제공의 방향은 반대로 흐를 수 있다.

7 고령의 게이와 레즈비언 가족

지난 2011년 7월 24일, 뉴욕주 의회가 동성애 결혼을 승인함에 따라 뉴욕주(New York State)은 미국에서 7번째로 동성애를 승인했고, 인구수로 보면 가장 많은 동성애 커플이 사는 주가 되었다. 필립 시겔(Phyllis Seigel)은 77세, 코니 코펠로브(Connie Kopelow)는 85세 로 가장 먼저 맨하튼(Manhattan)에서 결혼을 올렸는데, 그들은 지난 23년간을 함께 지냈다. 코펠로브는 휠체어를 타고 입장했고, 연단에도 지지대를 가지고 서 있었다. 결혼식이 진행되는 내내 시겔은 지팡이를 의지한 코펠로브의 손을 잡았다. 그리고 이후에도 상당한 수의 60-70대 게이커플들이 뒤이어 결혼식을 올렸다.

지난 2013년 이후 연방정부는 합법적인 동성애 결혼(same-sex marriage)이 이루어진 규모를 파악했고, 지난 2015년 6월26일에는 대법원에서 14번째 헌법개정에서 다른 주에서 이루어진 동성애 결혼에 대해서도 결혼을 인정할 것을 요구했다. 미연방의 50개 주와 워싱턴 D.C.가 이러한 대법원의 권유를 받아들였음에도 불구하고, 알라바마주, 켄터키주, 그리고 텍사스주는 동성애 결혼을 금지하거나, 동성애 결혼한 커플을 인정하지 않았다. 이러한 일부 주의 저항에도 불구하고, 동성애 결혼은 최근 젊은이들 사이에서는 인정을 받고 있고, 그러한 형태의 결혼도 확산하는 추세이다.

모든 게이와 레즈비언 커플이 결혼을 하는 것은 아니다. 실제로 게이나 레즈비언은 그동안 결혼제도에 편입되는 것이 불가능했기 때문에, 그들만의 새로운 대안적 가족관계를 통해 사회적 지지체계를 만들었다. 법률적으로 결혼을 하지는 않았지만, 그들은 장기간 동거하는 삶을 살았다. 게이와 레즈비언 커플 중 25%는 55이상 고령자가 포함되어 있다. 또한 전체 성소수자의 20%는 두 커플 모두 55세 이상 고령자인 상황이다(de Vries, 2007). 동성애 결혼을 인정하지 않는 주에 살아가는 게이와 레즈비언 커플은 사석에서 둘만의 결합을 축하하는 행사를 치른 것으로 보고하였다. 이러한 동성애 커들은 각자의 원가족과도 관계에서도 독특한 역할체계를 정립한 것으로 보인다. 실제로 동성애자 자녀는 그들이 미혼이고, 상대적으로 지리적 이동성이 좋아서 부모에게 돌봄을 제공하는 경우가 많다고 한다. 또한 동성애자인 성인 자녀는 소득은 있지만, 자녀가 없기 때문에, 나이든 부모가 필요로 할 때 돌봄을 제공할 가능성이 큰 것으로 나타났다(Cahill et al., 2000). 이 때문에, 게이나 레즈이언은 같은 형제자매 사이에서도 그들이 나이든 부모를 돌보는 책임을 지게 되는 경우가 많았다.

간혹 게이와 레즈비언은 그들의 성적 정체성을 인정하지 않는 가족들 때문에 원가족과 멀어지는 경험을 하기도 한다. 그럴 때 원가족과의 접촉은 제한적이다. 만약 그러한 거부 상황에서 자주 만나는 일은 서로에게 불편하고, 거부감을 주며, 관계갈등을 유발할 수도 있다. 그러나 자녀의 존재를 인정하고 가족으로 받아들일 경우, 게이와 레즈비언들은 그들의 부모와 상당히 끈끈한 연대감을 만들어 내기도 한다.

1) 게이와 레즈비언 노인의 사회적 지원체계

미국에서는 대체로 여성이 돌봄을 제공하고 노인돌봄의 경우 딸이 역할을 수행한다. 게이나 레즈비언 노인들이 상당수 자녀가 있지만, 거의 절반가량은 자녀가 없는 경우도 있다. 이들은 돌봄이 필요할 때 주로 친구관계에 의지한다(Blevins and Werth, 2006). 그들이 가족으로부터 외면을 받은 경우, 게이나 레즈비언 노인들은 친구관계망, 파트너, 그리고 소수의 형제자매나 친족에게 도움을 청한다. 만약, 그들이 이러한 사회적 지지체계를 구축하지 못한다면, 게이나 레즈비언 노인은 외로운 노년을 보내게 된다. 네델란드에서 이루어진 한 연구에 따르면, 이성애자들보다 동성애자들이 외로움을 더 많이 인지한다고 한다. 이들은 이성애자 노인들보다 게이나 레즈비언 노인들이 더 외롭고, 사회적으로 통합되지 못하는 면을 보인다고 보고하였다. 더욱이 게이나 레즈비언 노인들은 생애전반기에 이미 이혼을 경험하거나, 자녀가 없고, 자녀가 있다고 하더라도 접촉이 제한되는 경우가 많았다. 또한 방문빈도나 접촉빈도로 보더라도 이들은 가까운 사람들과 만남이 적었고, 교회나 지역사회 모임 출현빈도도 적었다(Fokkema and Kuyper, 2007). 그런가 하면, 또 다른 연구에서는 게이나 레즈비언 노인들이 이성애자 노인보다 노년기에 적응에 어려움을 겪는다는 근거가 없다고 밝혔다(Hunter, 2005).

8 친구와 사회적 관계

친구에 대해 생각해보자. 그들은 당신의 삶에서 어떤 역할을 담당하고 있는가? 젊은 사람들에게 친구란 자원이고 하고, 새로운 도전을 하게 하는 원동력이 되기도 한다. 사람들이 중년에 이르러서 직장에서 종일 일을 하고, 자녀를 키우는 때에는 친구를 만나기 힘들다고 불평을 한다. 그러다가 노인이 되면, 친구는 그 무엇보다도 소중한 존재가 된다. 왜냐하면, 더이상 직장이나 자녀문제로 만날 수 있는 사람들이 사라지기 때문이다. 긍정적으로 보면, 은퇴 후에는 그동안 만나지 못한 오랜 친구들을 만날 수도 있고, 새로운 사람을 사귈 수도 있다.

가족관계는 일상의 과업과 규칙적으로 해내야 하는 과업으로 점철되어 있다면, 친구는 기쁨 그 자체이다. 친구관계에서 겪는 독특한 관계성 덕분에 사람들은 일상의 고됨을 잊어버리기도 한다. 물론 사람들은 자신과 가장 가까운 사람으로 가족을 뽑지만, 함께 시간을 보내는 데 있어서 친구는 즐거움을 나누는 존재이다. 실제로 노인들은 여가 시간을 친구와 함께 보낸다고 응답하며, 이러한 친구가 그들의 삶의 질에 가장 큰 영향을 미치기도 한다. 친구는 애정과 정서적 지원을 제공함으로써 개인의 삶의 질에 영향을 미치며, 또한 끊임없이 필요할 때 도움을 주는 존재이다(Blieszner, 2014).

친구는 고령자의 신체 및 정신건강에 지대한 영향을 미친다. 학자들에 따르면 친구는 노인의 행복감과 긍정적인 정서를 불러온다. 한 독일 연구에 따르며, 친구와 함께 여가활동을 하는 경우 삶의 만족도도 높아지고, 삶에 대해 보다 긍정적으로 생각하는 경향을 나타낸다(Huxhold et al., 2014). 친구는 서로간 겪고 있는 문제들을 들어주고 정서적으로 지지하며, 함께 있는 그 자체를 즐기는데, 이는 외로움과 우울을 낮추는 도움을 준다. 또한 친구는 때로 장보기, 쇼핑하기, 의사 방문하기, 혹은 식사 함께 하기 등을 통해 도구적 도움도 제공한다. 또한, 친구는 몸의 상태를 물어본다던가, 의사를 볼 것을 권유하거나, 다이어트나 운동을 같이 하는 것과 같은 지지를 통해 신체건강에도 영향을 미친다. 물론 친구 관계라도 친구가 배신하거나, 원치 않은 충고를 하거나, 상처를 주는 말을 할 경우 스트레스를 유발하는 요인이 되기도 한다.

1) 노년의 연애

남성과 여성은 나이가 들어서도 친밀감을 나눌 수 있다. 물론 이는 고령자 가운데 남성보다 여성이 압도적으로 그 수가 많아서, 여성에게는 흔하게 일어나는 일은 아니다. 그런데도, 고령자들은 이혼이나 사별 이후에 데이트한다. 생애 후반기 데이트 현상을 살펴본 연구에 따르면, 이미 이혼이나 사별을 한 여성들이 남성과 데이트를 하고 있으며, 이들은 재혼을 원하지 않는다고 한다(Dickson et al., 2005). 고령 여성들은 독립적으로 살아가기를 원하고, 데이트를 시작하게 되면, 곧 재혼을 할 가능성이 크기 때문에 생애 후반기에 새로운 남성을 만나기를 꺼리는 것으로 알려 있었다. 그런데, 이러한 불리함과 두려움이 존재하지만, 어떤 여성들은 고령에도 불구하고 데이트를 선택하기도 한다. 동료애가 고령자들이 연애를 하는 가장 중요한 이유이다. 연애를 하는 또다른 이유는 신체적 끌림과 성관계까지 이루는 것이지만, 많은 부분은 애정과 친밀감을 나누고자 하는 의도가 크다(Calasanti and Kiecolt, 2007). 고령자들이 연애하게 되는 계기에는 배우자를 찾거나 동료 고령 여성들 사이에서 특정한 지위를 얻기 위한 방편일수도 있고(Stevens, 2002), 혹은 외로움을 달래기 위해서이기도 하다(Watson and Stelle, 2011).

앞에서 언급한 이러한 연애를 하는 이유는 이 고령자들이 살아왔던 코호트적 특성과 관련이 있다. 현재 고령자들이 젊었을 때는 남자가 여성을 선택하고, 운전하고, 데이트 비용을 계산하는데, 물론 관계가 장기간 지속 될 경우에는 두 파트너가 비용을 나누어 분담하게 된다. 데이트를 신청하는 것은 남성의 역할이고, 어떤 남성도 데이트 신청을 여성으로부터 받아 본 적이 없고, 여성 역시 남성에게 데이트를 신청해 본 적이 없는 세대이었다. 물론 고령자가 연애하게 되면, 결혼할 가능성이 크지만, 연애 그 자체를 즐기는 경향도 보인다. 남녀 모두 연애관계에서 우애를 즐겼으며, 여성들은 특히 연애의 로맨틱한 면들을 즐기는 것으로 나타났다.

이쯤에서 다시 강조하지만, 가족은 노인의 중요한 사회적 지지체계를 형성하고 있다. 가족은 노인이 일상생활을 수행할 수 있도록 정서적 지원과 도구적 지원을 한다. 또한, 가족은 노인이 사회에서 유리되지 않도록 도와주면서, 은퇴, 건강악화, 사별과 같은 생애후반기의 다양한 사건들 헤쳐나가는데 도움을 준다.

돌아보기

1. 사회지원제도는 무엇이며, 성별과 가족구조는 어떤 영향을 미치는가?

사회적 지원 제도는 정서적, 중요 지원을 제공하는 친척과 친구의 네트워크다. 지원 시스템은 사람들을 생애과정동안 따라다니는 콘보이(convoy)를 역할을 한다. 여성들은 남성들보다 더 광범위한 사회 지원 네트워크를 가지고 있고, 따라서 그들이 제공하는 더 많은 혜택과 그에 상응하는 부담을 가지고 있다. 일부 노인들은 자녀들이 타지역으로 이사를 갔거나, 자녀가 없거나 결혼을 하지 않았기 때문에 가족 지원 네트워크가 부족하다. 비혼 노인들 사이에서, 다른 친척들이 일반적으로 성인 자녀가 수행하는 역할을 하기도 한다. 지난 세기에 걸친 기대수명 증가는 콩줄기 가족구조를 만들어 고령층의 잠재적 사회지원체계를 4, 5세대로 확대시켰다.

2. 고령자들의 결혼상태는 다른 연령대에 비교해서 어떠한가?

단순히 남자보다 오래 산다는 이유만으로 나이 든 여성이 젊은 여성보다 혼자 살아갈 가능성이 훨씬 높다. 그리고 여성은 자신보다 나이 많은 남자들과 결혼하는 경향이 있기 때문에 사별자가 된 후에는 잘 재혼하지 않는다.

3. 인생에서 결혼에 대한 만족도는 어떻게 달라지는가?

결혼만족도 연구에 따르면, 인생에서 아이를 키우는 동안 결혼만족도가 지속적으로 감소하는 것을 보여준다. 결혼만족도가 육아 기간에 감소하는 것은 부분적으로 역할 스트레스에 기인한다. 아이들이 집을 떠날 때, 정년 퇴직기에 정점을 찍으며 결혼 만족도가 높아진다. 고령자의 결혼만족도가 생애과정 중 최고점을 이루는 것은 이혼 때문일 수도 있다. 결혼한 상태로 남아 있는 사람들이 말하자면 생존자들이기 때문이다. 여전히 선행연구의 결과는 결혼이 대부분의 노년기에 매우 만족스럽다는 점에서 매우 일관적이다.

4. 노후에 형제 관계는 어떻게 변하는가?

형제 관계에는 패턴이 있다. 대부분의 경우 형제자매들은 어린 아이였을 때 친밀감을 느끼고 나서 그들 가족의 필요를 충족시키기 위해 멀어진다. 형제자매는 나이가 들면서 다시 친해지는 경우가 많다. 형제자매들은 대부분 감정적인 도움을 주지만, 몇몇, 특히 자매들은 노후에 서로를 돌본다.

5. 노후에 부모와 자식 관계에 영향을 미치는 요소는 무엇이며, 이혼은 이러한 관계에 어떤 영향을 미치는가?

인생에서 일찍이 맺어진 관계는 만년에 부모와 자식 간의 상호작용의 질에 영향을 미친다. 긍정적인 방식으로 어린 시절을 회상하는 아이들은 부모의 거부감을 인지한 아이들보다 노화된 부모에 더 신경을 쓴다. 이혼한 사람들은 그들의 성인 자녀들과 덜 접촉하고 결혼으로 남아있는 사람들보다 덜 긍정적인 상호작용을 보고한다. 이혼 후에 아이들과 연락이 끊기는 것은 특히 남성들에게 문제가 된다.

6. 노후에 조부모-손녀 관계에 영향을 미치는 요소는 무엇이며, 이혼은 이 관계에 어떤 영향을 미치는가?

부모와 자식의 관계는 종종 손자들에게 전해진다. 부모님과 조부모님이 친할 때, 손자들은 조부모님을 더 자주 보고 그들과 더 가깝게 느낀다. 부모가 이혼하면 조부모와 손자 관계가 영향을 받는다. 친조부모는 손주와의 연락이 끊길 가능성이 가장 높다. 그러나 일부 부모들은 그들의 전 며느리와 친하게 지내기 때문에 이혼이 반드시 가족간의 유대관계를 끊는 것을 의미하지는 않는다. 부모의 이혼과 재혼으로 가족간의 유대감은 증대될 수 있다.

7. 고령의 게이들과 레즈비언들은 어떤 사회적 지원에 의존하는가?

일부 게이들과 레즈비언들은 가족 구성원들이 그들의 생활 방식을 못마땅해하면 가족들로부터 소외된다. 그들은 친구들과 다른 중요한 사람들의 지원 체계를 만들어 노후를 계획할 수도 있다. 하지만, 많은 게이들과 레즈비언들은 노화된 부모를 돌보는 사람으로서 그들 자신의 가족에서 특별한 역할을 한다.

8. 우정이 노후에 도움이 되는 좋은 원천인가?

친구는 개인의 지원 네트워크의 특별한 부분을 형성한다. 가족 관계는 의무와 책임에 의해 좌우되는 반면에, 우정은 자발적이고, 즐겁고, 동료애의 주요 원천이다.

고령화에 대해 생각해보기

1. 균형이 잡히면, 가족제도의 수직화 추세가 노인에게 긍정적인 영향을 미칠까 부정적인 영향을 미칠까? 당신의 의견을 말하시오.
2. 남자가 여자보다 결혼에서 더 큰 정서적 지지를 얻는다는 연구 결과가 나왔다. 나이가 들어 성 역할이 변화함에 따라, 당신은 인식된 감정적 지지의 성별 차이가 변화할 것으로 예상하는가? 왜 그런가? 혹은 그렇지 않다면 이유는 무엇인가?
3. 부부가 이혼할 때 자녀 양육의 책임을 누가 지느냐를 결정해야 한다. 그들은 또한 필요하다면 누가 그들의 부모님을 돌볼 것인가에 대해 동의해야 하는가?
4. 손자를 키우고 있는 고령의 조부모는 사회복지기관의 도움을 받아야 하는가? 그렇다면 어떤 도움을 받는 것이 적절할까?
5. 사회지원체계가 무너지면 노인들은 어떻게 되는가?
6. 서서히 고립되고 있는 노인들의 사회 지원 체계를 강화하기 위해 무엇을 할 수 있을까?

핵심용어

- 관여된 조부모됨(involved grandparenting)
- 사회적 지원체계(social support system)
- 세대(generation)
- 세대간 응집성(intergenerational solidarity)
- 세대간 응집성이론(theory of intergenerational solidarity)
- 수직화(verticalization)
- 우애적 조부모됨(companionate grandparenting)
- 의례적 조부모됨(remote grandparenthood)
- 조부모경력(grandparent career)
- 지원은행(support bank)
- 콘보이 모델(convoy model of social relation)
- 콩줄기가족구조(Bean Pole Family structure)
- 확대가족(extended family)
- 핵가족(nuclear family)

9장

주거형태

1. 가구구조
2. 이주할 것인가 머무를 것인가?
   1) 지리적 이동
   2) 살던 곳에서 노후 맞기
   3) 주택소유
   세계의 고령화 : 빚의 도시에서 늙어감
   4) 주택의 질
3. 대안적 주거 형태
   고령화 경험의 다양성 : 싱글룸점용호텔에서의 삶
   1) 생활지원시설
   그들의 목소리 :
   이전에 노숙자였던 여성들이 거리에서의 그들의 삶의 경험을 말하다
   2) 연속돌봄 은퇴주거단지
   공공정책에 대한 이슈 : "수혜자추적재원" 프로그램 시범

몇 몇 가족들은 여러 세대가 함께 거주하지만 그러한 주거형태는 미국에서 흔하지 않다.

미리보기

1. 확대가족은 다른 세대들의 요구가 변화함에 따라 어떻게 달라지고 있는가?
2. 대부분의 노인들은 누구와 함께 사는가?
3. 노인들은 어떤 주거형태를 가지고 있고, 그들이 직면한 주거문제는 무엇인가?
4. 공유주택, 식사 및 돌봄제공 가정들 그리고 생활지원시설의 장점과 단점은 무엇인가?
5. 연속돌봄 은퇴주거단지는 무엇이고, 노인들을 위한 그러한 커뮤니티에서의 삶은 어떠한가?

9장
주거형태

버릴 오코너(Beryl O'Connor)는 은퇴 주거단지가 장점을 가지고 있다고 생각하지만 그녀의 80세 생일에 있었던 생일 서프라이즈와 비견될 만한 것은 없다고 생각한다. 그녀가 그녀의 친구라고 부르는 옆집의 어린 두 소녀들이 그녀에게 딸기 케잌을 가지고 왔을 때 그녀는 정원을 손보고 있었다. "내가 단지 노인들하고만 있을 수 없지요," 버릴이 설명했다. "그건 내 스타일이 아니에요. 만약 그렇다면 나는 미쳐버릴꺼에요"(Crary, 2011). 많은 노인들처럼, 버릴은 그녀와 그녀의 고인이 된 남편이 구입했던 집에서 나이 들기(age "in-place")를 원한다. 1940년대에 지어진 그녀의 집은 현재 안전하고 편안하게 느껴진다. 그녀의 침실은 1층에 있으며 욕실에는 부착된 안전바(safety bar)가 있다. 그녀의 손녀가 그녀와 함께 살고 있으며 그녀는 마을에 많은 친구들이 있고 마을에서 활동도 하고 있다.

몇 몇 노인들은 다양한 이유로 이사를 결정하는데– 여유로운 삶을 즐기기 위해서 혹은 가족과 가까이 살기 위해서. 또 다른 노인들은 그들이 필요로 하는 건강돌봄을 확실히 하기 위해 강제로 이사하게 된다. 노인들의 주거형태는 그들의 웰빙과 그들이 독립적인 삶을 유지할 수 있을 것인가를 결정하는데 중요하다.

노인들의 주거형태는 안정적이지 않고 그들의 변화하는 욕구에 상응해서 변동한다(Wilmoth, 1998). 혼자 살고 있는 노인들은 계획된 주거단지에서 살고 있는 노인들 보다 긴급상황을 더 두려워하는 경향이 있고 요양원에 있을 때 더 위험하다. 이 장의 첫 부분에서, 우리는 그들 자신의 집에 거주하는 노인들과 커뮤니티에 있는 노인들이 직면하는 이슈들을 탐색할 것이다. 그런 다음 우리는 동년배의 다른 사람들과 함께 어우러져 살기를 희망하는 사람들에게 가능한 대안적인 주거시설을 생각해 볼 것이다.

1 가구구조

그녀의 남편이 사망했을 때, 71세였던 이다 하퍼(Ida Harper)는 그녀가 평생 살아왔던 뉴욕주 북부(upstate New York)의 작은 마을에서 조지아주 아틀란타(Atlanta, Georgia)로 이주했다. 그녀가 형제자매, 조카와 사촌들과의 네트워크를 뒤로 하고 떠나왔을 지라도, 아틀란타로 이사한 후 그녀는 매주 만나고 있는 그녀의 딸과 손녀들과 더 가까워졌다. 이다는 눈이 침침하기 때문에 더 이상 운전하지 않지만 이동에는 문제가 없다. 딸이 그녀를 병원에 모시고 가고 심부름을 해준다. 그러나 이다의 사회적 삶은 그녀의 딸이 아니라 아파트 두 블록 정도 떨어져 살고 있는 친한 친구인 미망인 낸시(Nancy)에게 집중되어 있다. 이다와 낸시는 매주 월요일 같이 장을 보고 나서 점심을 먹는다.

이다 하퍼의 주거형태는 많은 미국 노인들에게 전형적으로 나타나는 형태이다. 그 주제를 연구한 사회학자들은 노인들이 심지어 젊은 세대와 같이 살고 있지 않을지라도 그들과 긴밀한 연계를 유지하고 있음을 밝혔다.

이다 하퍼의 삶은 우리가 8장에서 논의했던 세대간 연대(intergenerational solidarity) 이론의 좋은 예이다. 시간이 흐름에 따라, 가족은 여러 세대들의 변화하는 요구와 자원들을 반영하여 주거형태을 조정할 것이다. 생애주기 초반에, 성인자녀의 경제적 욕구는 그들 부모에 대한 상대적인 근접성을 결정한다. 생애주기 후반에는, 부모들의 경제적 요구와 건강 요구가 그들의 자녀들과 얼마나 가까이 살 것인가에 영향을 미친다(Silverstein and Litwak, 1993). 연구자들은 거주 근접성의 측면에서 부모-자녀 생애주기에 따라 세 가지 국면이 존재한다고 밝혔다. 자녀들은 25세에 도달하기 전에 그들의 부모와 함께 혹은 부모 근처에 산다. 그리고 분가하는 기간이 있다; 자녀가 결혼할 때 이사하거나 혹은 교육을 받거나 직장생활을 하느라 이사를 간다. 건강한 노인들은 은퇴에 이르러 그들의 자녀들과 또한 멀리 떨어져 살 수도 있다.

그러나 노년에 아프거나 장애를 갖게 되면, 그들은 자녀에게 더 가까운 곳으로 이사한다. 그러므로 가족들은 노년에 반드시 세대가 함께 동거하는 것이 아니라 가깝게 연락하고 종종 방문하는 것을 통해서 그들 자신을 재구성하게 된다(Silverstein, 1995).

주거 형태는 또한 시간에 따라 의미 있게 변화해 왔다. 1850년, 노인들의 70%가 자녀와 함께 살았고 단지 11%만 혼자 살았다. 2000년에는 65세 이상 인구의 단지 14%만 성인 자녀와 함께 살고 70% 넘게 혼자살고 있었다(Ruggles, 2007). 2004년 이후에는 그러한 패턴이 변화하기 시작했다. 저조한 경제상황, 급증하는 주택압류, 가라앉는 자산가치의 혼합된 영향은 가족 역학을 완전히 바꾸어 놓았다. 압류로 주택을 잃은 많은 성인 자녀들은 그들의 부모 집으로 다시 이사하고 있다. 2005년과 2011년 사이에, 젊은 성인들이 그들의 부모 집에서 사는 비율은 증가했다. 그들 부모의 집에서 사는 25세에서 34세 사이의 남성들은 2005년 14%에서 2011년 19%, 여성의 경우는 8%에서 10%로 늘어났다(U.S. Census Bureau, 2011c).

미국 노인들은 또한 그들의 집을 잃었으며 다른 집을 살 만큼의 돈은 종종 부족하다. 대신 그들은 그들의 자녀와 함께 살기 위해 이사한다. 더욱이, 생활지원(assisted living) 혹은 다른 주거형태를 지불함으로써 늙어가는 부모를 도왔던 성인자녀는 그들이 더 이상 그 비용을 지불할 수 없어서 그들 자신의 집으로 부모님을 이사하도록 하고 있다. "재정부족과 함께, 많은 성인 자녀 돌봄자들은 다른 많은 선택지 대신 엄마 아빠를 그들 자신의 집으로 모시고 와야만 하는 상태다."(McVicker and Pugielli, 2008). 2000년에는 230만 부모들이 성인자녀와 함께 살았는데 2011년에는

대부분의 노인들은 그들의 성인 자녀들과 함께 살지 않는다.

그 수치가 올라가 400만 이상의 부모들이 함께 살고 있었다(U.S. Census Bureau, 2011c).

미국 노인들의 주거형태는 성, 인종, 민족에 의해 또한 영향을 받는다. 여성노인들은 남성노인들에 비해 더 혼자 사는 경향이 있다. 65세 이상 남성의 대다수는(73%) 그들의 아내와 함께 산다; 여성노인들이 더 미망인이 되는 가능성이 높기 때문에 단지 여성노인의 50%가 그들의 남편과 살고 있다.

3대가 함께 사는 것이 드문 미국과는 반대로, 많은 다른 나라의 문화는 세대가 함께 사는 주거형태를 가치 있는 것으로 여긴다. 무슬림 국가에서 대부분의 연로한 부모들은 그들의 자녀들과 함께 산다. 예를 들며, 쿠웨이트에서 여성의 89%, 남성의 94%는 적어도 한명의 아들 혹은 딸과 현재 함께 거주하고 있다(Shah et al., 2003). 아프리카에서 성인 자녀들과 손자녀들이 그들의 연로한 부모집으로 이사하는 것이 흔한 일이지만 아시아에서는 연로한 부모들이 그들의 자녀의 집으로 이사하는 것이 더 흔한 일이다(Bongaarts and Zimmer, 2002).

백인 여성노인이 더 홀로 사는 경향이 있다; 백인 남성노인은 배우자와 더 함께 사는 경향이 있다. 일반적으로 여성들은 남성들 보다 그들의 친척과 더 함께 사는 경향이 있다. 흑인과 히스패닉 노인들은 특히 그들의 자녀, 형제, 혹은 다른 가족성원들과 함께 사는 경향이 있다. 흥미롭게도 혼자 사는 남성이 가장 고독감을 많이 느끼지만 배우자 없이 자녀와 함께 사는 여성이 가장 고독감을 많이 느끼는 경향이 있다(Greenfield and Russell, 2011).

모든 인종집단들 중에서 아시아계 미국 노인들이 확대가족(an extended family)에서 사는 경향이 가장 높다. 어떤 경우에는 그들이 가구주(the head of the household)이며 그들과 함께 살고 있는 성인 자녀가 있다. 또 다른 예시에서는 그들은 자녀들의 집에 살고 있다. 어느 정도는 이러한 주거형태들이 문화적 선호를 반영하며, 자녀들의 부모님에 대한 돌봄 의무를 뜻하는 효도(filial piety)라는 강한 전통을 반영한다(Vonn Chin et al., 2001). 그러나 확대가족 가구들은 아시아계 저소득 가족에게서 가장 흔하며, 이는 이러한 주거형태가 문화적으로 이상적인 것으로 받아들여지기 보다는 가난에 대한 반응임을 제시한다(Vonn Chin et al., 2007). 어떤 미국 노인들은 그들의 젊은 시절에 살았던 집에서 계속해서 산다; 다른 이들은 더 좋은 기후를 즐기기 위해 혹은 가족과 가까이 있으려고 먼 거리를 이주한다. 다음 절에서 우리는 몇 몇 사람들이 그들의 집과 커뮤니티를 떠나는 반면 다른 이들은 살던 곳에서 노후를 맞는(age in place) 이유를 탐색한다.

2 이주할 것인가 머무를 것인가?

1) 지리적 이동

65세 이상 노인의 대다수가 그들이 은퇴할 때 이사하지 않는다. 2010년, 65세 이상 노인 96%가 비이동자였다. 이사하는 사람들 중에 많은 이들이 같은 주 안에 머문다(U.S. Census Bureau, 2014b). 그러나 매년 수많은 은퇴자들이 플로리다(Florida), 아리조나(Arizona), 네바다(Nevada), 뉴멕시코(New Mexica), 그리고 노스캐롤라이나(North Carolina)와 같은 선벨트(Sun Belt) 주들로 이주한다. 이주흐름(migratory stream)이라고 부르는 노인들의 선벨트 이주는 기원이 분산되어 있다. 그러한 흐름에 편입한 사람들은 많은 주, 시, 마을들로부터 온다. 그러나 그들의 목적지는 매우 구체적이다: 전형적인 미국 남서부의 따뜻한 날씨와 합리적인 가격의 은퇴 주택이 있는 곳 들이다.

러스트벨트(Rust Belt)라고 불리는(미시건 Michigan, 오하이오 Ohio, 그리고 일리노이 Illinois) 산업이 쇠퇴하고 있는 지역 주들과 콘 벨트와 대평원(Corn Belt and Great Plains)의 농업지역에는 또한 높은 비율로 노인인구가 살고 있다. 그러나 그 이유는 다르다. 일자리의 기회가 적어 젊은이들은 이들 주를 떠나고(Bean et al., 1992) 결국 인구가 고령화되어 가고 있다. 젊은이들의 인구 유출로 인한 한 지역의 자연적인 인구 노화를 뜻하는 용어가 살던 곳에서 노후 맞기(aging in place)이다(Bedney et al., 2010).

〈그림 9-1〉 주별 65세 이상 노인인구의 퍼센티지, 2000

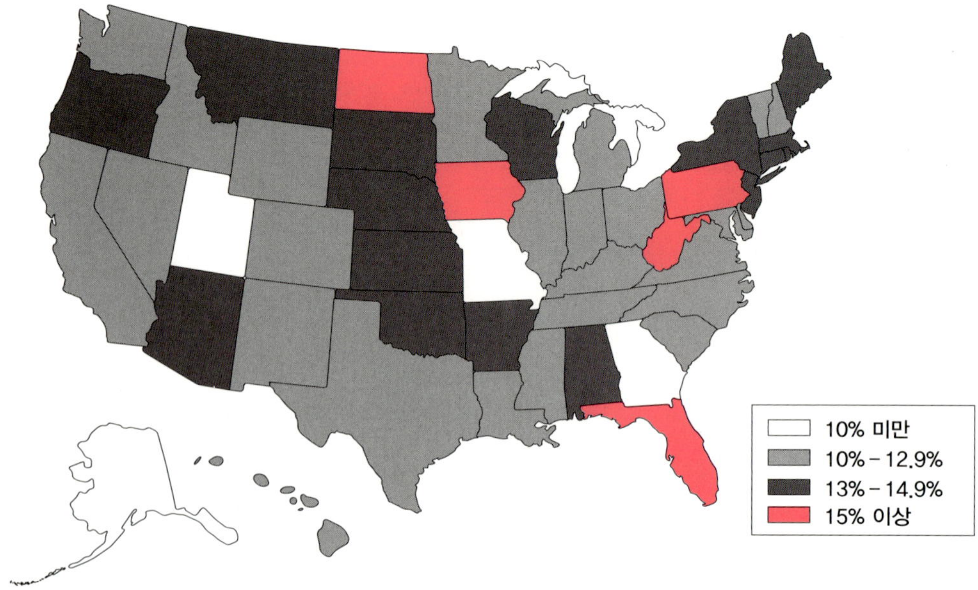

출처 : U.S. Census Bureau(2002b).

노인이주와 살던 곳에서 노후맞기로 인한 순 증가가 지역에서 노인인구 비율을 증가시킬 것이다. 2010년 아홉 개의 주 각각은 노인인구가 백만 이상이었다: 캘리포니아(California), 플로리다, 뉴욕, 펜실베니아(Pennsylvania), 텍사스(Texas), 일리노이, 오하이오, 미시건, 그리고 뉴저지(New Jersey)(〈그림 9-1〉 참조). 몇 몇 주들에서, 인구의 높은 퍼센티지가 65세 이상이다. 플로리다에서 65세 이상 인구는 전체 인구의 17.3%이다. 아이오와에서(Iowa), 150만 명보다 조금 못 미치는 노인인구가 그 주 인구의 14.9%를 차지한다(U.S. Census Bureau, 2015b). 전자의 유형은 이주흐름에 의해서, 후자는 살던 곳에서 노후맞기에 의해 형성되었다.

노인들은 가족과 관련된 이유로 혹은 그들의 변화하는 욕구를 더 잘 수용할 수 있는 집에서 살기 원하기 때문에 종종 이주한다. 2013년, 노인이주자의 29%는 그들이 가족과 더 가까이 있기를 원했기 때문에 이주했고, 49%는 다른 유형의 집에서 살고자하는 희망 때문에 이주했다.

2) 살던 곳에서 노후 맞기

대부분의 노인들은 늙어가면서 그들 자신의 집에 머무는 것을 선호한다. **살던 곳에서 노후 맞기**는 편안하고, 안전하고, 독립적으로 그들 자신의 집에서 계속 거주할 수 있는가를 말한다(Rivera-Hernandez et al., 2015). 그러나 주거지에서 고령화는 많은 사람들이 기본적인 서비스에 접근할 수 없는 상황에서는 가장 안전한 선택이 아닐 수 있다. 미국 주택 조사(American Housing Survey)에 따르면, 65세 이상 노인의 약 반 정도가 걸어서 갈수 있거나 공공교통 수단을 이용해 갈 수 있는 거리 내에 식료품점 혹은 약국이 없는 지역사회에서 살고 있다. 많은 노인들은 홀로 살고 있는데 이것은 사회적 고립을 초래하고 영양상태 불량과 심지어 사망의 위험을 높인다(Bezaitis, 2008). 살던 곳에서 노후 맞기는 또한 신체 이동 제약을 가지고 있는 사람들의 욕구를 만족시키는데 형편없이 디자인된 악화된 주거에서 사는 것을 의미할 수 있다.

안전한 지역사회에서 살고 있는 사람들조차도 혼자 사는 것은 위험이 따른다. 매년 65세 이상 노인의 1/3 이상이 낙상으로 인한 손상으로 장애를 초래할 수 있고, 요양원 입소, 그리고 독립적인 삶의 종말을 초래할 수 있다. 더욱이, 이 연령집단에서 사람들의 약 20%는 식료품점에 가기 위해 그리고 사교생활을 하기 위해 운전하지 않으며 이는 의사를 만나러 거의 다니지 않는 것을 의미한다. 그러므로, 혼자 산다는 것은 고립과 피해의 더 큰 위험을 초래할 수 있다(Bedney et al., 2010).

어떤 주거단지에서는, 친구와 이웃들이 고령의 부모님들과 그들 자신을 돌보는데 직면한 어려움들을 논의하기 위해 만남을 가져왔다. 많은 사람들이 그들의 욕구를 나타내는 창의적인 방법들을 찾아냈다. 미네소타, 휘드비 섬(Whidbey Island, Minnesota)에서 몇몇 친구들은 그들 자신의 지지 네트워크를 만들어서 다른 지역주민들을 도와왔다. 미니에폴리스(Minneapolis)에서 골든 걸즈 홈즈(Golden Girls Homes)라는 한 집단은 매 달 여성노인들이 주택을 공유하는 것을 돕기 위해 만났다. 캘리포니아 데이비스(Davis)에서, 거주자들은 노인 공동주택 주거단지(elder co-housing community)인 글레이서 써클 시니어 주거단지(Glacier Circle Senior Community)를 개발했다(Blanchard, 2014). 모든 이러한 집단들의 목표는 함께 더 잘 나이들 수 있는 새로운 방법을 찾는 것이다.

폭발적으로 성장하는 노인인구에 대한 대응으로 더 큰 규모의 **연령친화적 지역사회운동**(age-friendly community movement)이 있다. 2006년 세계보건기구는 글로벌 연령친화적 도시 프로젝트를 시작했다. 이러한 운동의 목표는 사람들이 나이 들어감에 따라 삶의 질을 향상시키는 기회를 최대로 만드는 것이다. 구체적인 목적은 건강, 활동적인 참여, 적절한 주택, 교통체계, 사회 서비스들을 통해 안전을 향상시키는 것이다. 이 운동은 또한 노인들에게 자원봉사할 기회를 주는데 집중했으며 안전하고 접근가능한 외부 공간을 창출하려 했다. 매우 중요한 목표는 노쇠한 노인들을 요양원으로 내모는 것 대신에 가능한 한 그 자신의 집에 머물 수 있게 하는 것이었다(Golant, 2014). 글로벌 연령-친화적 도시 프로젝트는 처음에는 22개 국가 33개 시로 시작했고 그 후 많은 다른 커뮤니티들에 퍼져나갔다.

살던 작은 마을이나 중간 크기의 주거단지에서 노후 맞는 사람들에 대한 연구가 많이 있는 반면, 큰 도시에서 실재로 살고 있는 노인들도 많이 있다. 대략 1백만 명의 65세 이상 노인들이 뉴욕시에서 살고 있으며, 런던(London)에 90만 명, 도쿄(Tokyo)에 1,336,289명, 그리고 파리(Paris)에 848,723명이 살고 있다(Rodwin et al., 2006). 훌륭한 문화적 기회뿐만 아니라 위협적인 장애물도 함께 제공하는 환경에서 노인들은 어떻게 살아가는가? "세계의 고령화(Aging Around the World)"는 파리거주 노인들이 바쁜 세계적인 도시에서 살면서 어떻게 노후를 맞을 수 있는가를 의미한다.

3) 주택소유

대부분의 노인들은 친구관계가 유지되고 지지네트워크가 있는 자신의 집과 커뮤니티에서 계속 살기 원한다. 노인들은 젊은 사람들보다 훨씬 더 자신의 집을 소유하고 있고 〈그림 9-2〉에서 볼 수 있듯이 생애 과정동안 집소유는 증가한다. 2015년에 65세 이상 노인들 중 78%가 집을 소유한 것에 비해 35세 이하 중에서는 35% 미만의 사람들이 집을 소유하고 있었다. 2008년부터 2011년까지의 경기후퇴에도 불구하고, 65세 이상의 노인들에게서는 주택 소유 비율이 안정적으로 유지되었다.

노인들의 높은 주택소유 비율은 특정 하위집단들 사이에 존재하는 주택소유 비율의 큰 격차를 모호하게 한다. 백인 노인들의 79%가 주택소유자라 하더라도, 아프리카계 미국인 노인들과 히스패닉계 노인들은 훨씬 더 낮은 주택소유율을 보인다(Roberts, 2004). 주택소유 차이의 일부는 인종 차별에 기인하는데 이로 인해 소수인종 집단들의 구성원들은 집을 살 수 없었다(16장 참조). 소수인종 집단 구성원들의 수입이 백인 보다 더 낮은 경향이 있으며, 주택소유는 소득과 관련이 있다. 15장에서 살펴보겠지만, 집은 대부분의 노인들에게 자산 중 가장 큰 부분을 차지하며 경제 보장의 가장 중요한 원천이다.

세계의 고령화 : 빛의 도시에서 늙어감

대부분의 사람들이 파리에 대해서 세계적으로 유명한 박물관들, 고급패션, 그리고 미식가 식당들을 생각한다. 뉴욕, 도쿄, 혹은 런던 보다 파리에 85세 이상 노인들이 더 많다는 것을 깨닫는 사람은 거의 없다. 많은 사람들이 홀로 살고 있다. 파리 길 아래로 산책을 해보라. 그러면 당신은 노인들이 아침 산책을 하고, 공원 벤치에서 쉬고 있고, 야외 카페에서 커피를 마시고, 신선한 갓 구운 빵을 구매하는 것을 보게 될 것이다.

노인들이 시설 돌봄을 피하고 파리에서 혼자 사는 것이 어떻게 가능할까? 사회활동을 위한 파리센터(Paris's Center for Social Action)가 하나의 해답인데 이 센터는 파리거주 노인들에게 제공되는 많은 서비스들에 대한 상담과 정보를 제공한다. 이 서비스들의 범위는 문화 활동과 여행 티켓을 할인하는 세대 간 그리고 지속적인 교육 프로그램들부터 임시 거주와 성인주간보호(adult day care)에 까지 이른다. 파리에는 심지어 노인 학대 피해자들을 위한 전화상담 서비스도 있다. 모든 프랑스 노인들은 쇼핑, 집안 살림, 재가 요양서비스와 가정배달식사, 이미용, 그리고 발 관리를 도와줄 가사도우미도 이용할 수 있다. 그와 같은 확장된 서비스들과 정부 프로그램들을 이용함으로써 많은 노쇠한 노인들, 심지어는 근처에 살고 있는 가족이 없는 이들 조차도, 그들의 살던 집에서 머물면서 노년기를 맞이할 수 있었다.

어떻게 생각하는가?

1. 당신이 늙어갈 때 큰 도시에서 살기를 원하는가 혹은 작은 마을에서 살고 싶은가? 각 선택의 장점과 단점은 무엇인가?
2. 도시에서 거주하는 노인들이 직면한 장애물은 무엇인가? 사회는 도시에서 살고 있는 사람들이 계속 독립적으로 살 수 있도록 어떻게 도울 수 있는가?

4) 주택의 질

노쇠한 노인들이 그들의 집에서 머물 수 있는 가능성은 일정정도 그들 주택의 질에 달려 있다. 노인들이 살고 있는 대부분의 집들에는 완전한 부엌 그리고 욕조가 있으며, 세탁기, 전화, 그리고 에어컨이 있다. 주택은 여전히 재정적인 부담이 될 수 있다. 노인들이 소유한 집은 일반적으로 오래되었기 때문에, 종종 비용이 드는 수리를 필요로 한다. 어떤 주택들은 더 이상 안전하지 않거나 편리하지 않은, 노후화되고 있는 지역사회에 위치해 있다. 많은 집들에는 철재 계단 혹은 깊은 욕조와 같은 건축 장벽들이 있다. 커뮤티에 거주하는 노인의 거의 3/4이 입구에 계단이 있는 집에서 살고 있다. 몇 개의 계단을 걸어 올라가는 것은 대부분의 사람들이 당연하게 받아들이는 일이다. 그러나 심지어 몇 개의 계단을 올라가는 것도 장애를 갖고 있는 사람들에게는 어려운 일이며, 워커(walker)를 사용해야 밖에 나갈 수 있는 사람들에게는 특히 그렇다(Clarke, 2014). 그러므로 환경은 늙어가는 개인이 독립적으로 살 수 있는가에 있어 중요한 요인이된다.

〈그림 9-2〉 연령에 따른 주택소유율, 1982-2015

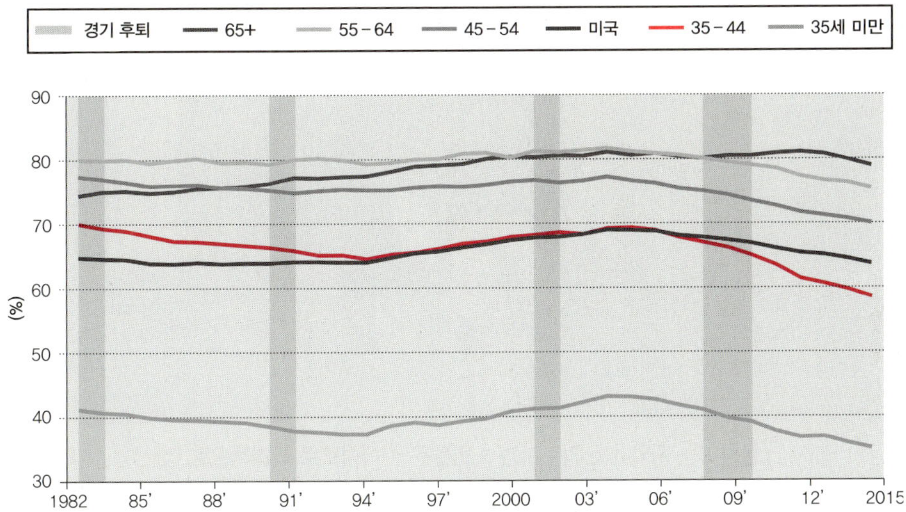

출처 : U.S. Census Bureau, Current Population/ Housing Vacancy Survey, Series H-111. National Nureau of Economic Research, Inc., Cambridge, MA 02138〈www.nber.org〉.

주택소유는 생애과정에 걸쳐 늘어난다.

몰락하는 지역에서 거주하는 노인들은 신체적으로 사회적으로 더
소외되기 쉽고 나쁜 건강상태의 위험이 큰 경향이 있다.

(1) 노인들의 주택문제

좋지 않은 주택이 가장 가난한 노인들에게 집중되어 있는 것은 놀랍지 않다. 농촌지역에 살고 있는 사람들은 소수인종 집단에 속해 있거나 혼자 살고 있다(Pynoos and Redfoot, 1995). 낮은 수준의 주택은 특히 부동산을 임차해 사는 사람들에게 문제가 된다. 노인 임차인들 중, 약 백인의 6%, 히스패닉의 16.6%, 그리고 아프리카계 미국인의 21.2%가 부적절한 주택에 살고 있다(Golant and LaGreca, 1994). 젊은 노동계급 가족의 도시 내 지역에서 교외로의 이동은 주로 노인들로 채워진 빽빽한 빈곤층 지역을 남겼다(Wilson 1996). 40년 이상 시카고 남쪽에 살고 있는 나이든 아프리카계 미국 여성은 그녀의 이웃이 그 시간 동안 어떻게 변해갔는가를 윌리엄 줄리어스 윌슨(William Julius Wilson)에게 설명했다:

> 나는 1953년 이후로 여기서 살아왔어요. 내가 이사했을 때, 이 지역은 온전했어요. 그곳은 집들, 아름다운 집들, 작은 맨션들이 있었고, 가게들, 자동세탁기들, 그리고 청소기들이 있는 결점이 없는 곳이었죠...거기에는 약국이 있었어요. 호텔도 있었구요. 39가 위쪽으로는 의사들도 있었지요. 지역에 병원들이 있었고, 중산층과 상류층이 있었어요. 그곳은 풍요로 왔으나 현재의 상태

로 되어버렸어요. 그리고 나는 그곳이 다시 예전으로 돌아가는 것을 보고 싶고 우리가 예전에 가졌던 것들 중의 일부를 다시 되돌릴 수 있을 거에요. 내가 젊었을 때 이주해 왔고 지금은 고령자(senior citizen)이기 때문에 나는 어떤 것은 다시 과거로 되돌아갔으면 좋겠고 그래서 나는 우리가 처음 이곳에 이주해 왔을 때 우리가 했던 것들을 즐길 수 있게 되길 바래요.(Wilson, 1996:3)

악화된 생활환경은 몇 가지 이유로 신체적 정신적 건강에 부정적인 영향을 미칠 수 있다(Krause, 1996). 많은 연구들이 낡은 건물의 위생 상태는 부적절하고 질병 전파를 시킬 수 있음을 보여주었다. 형편없는 상태의 계단, 홀, 그리고 엘리베이터는 낙상의 위험도 증가시킬 수 있다. 그러므로 황폐한 빌딩에 살고 있는 노인들은 신체적으로 그리고 사회적으로 소외되는 경향이 있다(Krause, 1998).

일반적으로 **SROs**로 알려진, **싱글룸점용호텔**(single room occupancy hotels)이 임대시작의 맨 아래에 있다. "값싼 여인숙"과도 같은(Eckert, 1980) 이러한 아파트 주택 혹은 낡은 호텔들은 보통 악화되고 황폐한 도시 내 지역에 위치하고 있다. 전형적인 SRO 유닛은 간혹 드물게 가구가 있는 좁은 조리 공간을 갖고 있는 방 하나이다; 화장실은 공용이다. "고령화 경험의 다양성"은 시카고의 SRO에서의 삶을 의미한다.

(2) 노숙하는 노인들

미국 노숙인에 대한 초기 연구는 SROs와 같은 값싼 호텔에서 사는 남성 알코올중독자에 집중했다. 오늘날은 노숙인들의 수가 증가하고 있으며 이들은 쉼터 혹은 길가에서 살고 있다.

노숙 남녀가 10−15년 더 나이든 사람들처럼 보이고 행동하기 때문에, 노숙인 연구들은 보통 50 혹은 그 이상 나이든 사람은 "노인"으로 간주한다. 현재 미국에서 "노인" 노숙자 비율은 대략 18%이다(Substance and Abuse and Mental Health Services Administration, 2011).

노숙은 여러 요인들의 조합에 의해 발생한다. 개인적 요인들은 정신적 혹은 신체적 질병, 다양한 약물중독, 실직, 그리고 가족 갈등을 포함한다. 사회적 장벽들은 저렴한 주택 부족, 주거와 고용에서의 차별, 그리고 장애 혜택을 위한 자격미달들을 포함한다. 모든 연령층에 노숙자가 있지만 노인들은 그들의 건강, 고용 그리고 가족상황에서 예상치 못한 변화를 더 겪기 쉽기 때문에 특히 위험하다. 노인들은 강요된 은퇴와 고용주의 차별에 의해 소득 상실, 빈약한 은퇴 저축, 질병, 혹은 배우자상실 때문에 노숙자가 될 수 있다. 중독, 이전 노숙 경험, 그리고 감금의 경험이 있는 사람들은 특히 노숙자가 되기 쉽다(Waldbrook, 2013). "그들의 목소리(In Their Own Words)" 에서는 이전에 노숙했던 여성노인이 길 위 삶의 어려움들을 회상하는 것이 특징이다.

3 대안적 주거시설

그들 자신의 집에서 머물 수 없는 노인들이 선택할 수 있는 주택 옵션이 증가하고 있다. 이것은 노인들이 일상생활을 하는데 도움을 필요로 하기 때문에 혹은 그들 자신의 힘으로 문제없이 살아갈 수 있지만 만약 그들이 필요로 한다면 도움이 가능하다는 것에 대한 알 권리를 원하기 때문이다. 이 절에서는 몇 가지 대안적 주거 형태를 살펴본다.

어떤 노인들은 그들이 은퇴할 때 그들 집에서 이사한다. 더 이상 그들 직업으로 인해 제한될 필요가 없기 때문에, 그들은 좋은 날씨와 여가 시설이 있는 곳에서 살고 싶어한다(Litwak and Longino, 1987). 다른 이들은 그들이 일상생활을 그들 스스로 유지하기 어렵다는 것을 알게 될 때 이주를 결정한다.

지원주택(supportive housing)은 노인들이게 일상생활을 할 수 있는 도움을 제공하는 다양한 집단 주택 옵션들을 일컫는 일반적인 용어이다. 그러한 시설들은 한 곳에 거주자들이 머물수 있도록 돕기 위해 그리고 시설돌봄에 대한 필요를 늦추거나 피하기 위해 고안 되었다. 식사 및 돌봄제공 가정(board and care homes), 생활지원시설(assisted living), 그리고 연속돌봄 은퇴주거단지(continuing care retirement communities)들은 모두 지원주택에 해당한다.

〈그림 9-3〉은 다양한 주거환경에서 살고 있는 사람들의 퍼센티지를 제시한다. 65세부터 74세의 대부분은 그들 주거단지에 있는 자신의 집 혹은 아파트에서 살고 있다. 단 1%만이 생활지원시설(assisted living arrangement)이나 요양원 같은 곳에서 살고 있다. 85세 이상의 사람

들은 일상생활의 어떤 부분에서는 더 도움을 필요로 하는 경향이 있다. 7%는 생활지원시설에, 19%는 요양원에 거주하고 있다.

고령화 경험의 다양성 : 싱글룸점용호텔에서의 삶

악화된 시카고 지역에서, 건물들은 황폐해져가고, 인도는 관리되지 않았고, 그리고 배수로는 깨진 맥주병과 술병들로 가득 찼다. 도시의 이러한 지역에 있는 단독주택들은 셋방 혹은 SROs 로 개조되었다. 이 지역에는 주 혹은 월 단위로 세놓는 방이 19개 있다. 임차인들은 다양한 이유로 가족과 연락을 거의 하지 않거나 자원이 거의 없는 떠돌이, 약물중독자, 그리고 가난한 노인들이다. 여기 거주하는 노인들의 평균 연령은 70세이다. 대부분 저축한 돈이 없고 교육을 거의 받지 못한 매우 가난한 사람들이다.

그들이 사는 방은 작고 가끔 가구가 채워져 있으며, 어둡고, 더럽고, 벌레가 들끓는 곳이다. 일상생활에서 도움이 필요한 노인들을 위한 환경으로는 적합하지 않다. 모두 히터가 있지만, 선풍기가 있는 사람은 거의 없고, 페인트가 벗겨진 방 창문은 굳게 닫혀져 있으며 이것은 여름에 참을 수 없을 만큼 방을 덥게 만든다. 대부분의 방에 스토브가 없기 때문에 노인들은 요리용 전열기로 음식을 만든다. 복도의 찢어진 카펫은 지팡이와 휠체어를 사용하는 임차인들에게 위험을 초래한다. 엘리베이터는 종종 고장 나서, 많은 거주자들이 그들 방에 있을 수밖에 없다.

로비가 춥고 낡고 어둡지만, 많은 노인 거주자들이 안내 데스크 주변에서 벌어지는 일들을 지켜보면서 거기에 있는 낡은 소파에 앉아 있다. 이렇게 차갑고 황량한 환경속에서 조차, 친구관계와 사회적 지원은 생겨난다. 어떤 임차인들은 날씨 좋은 날 밖에 앉아있는데, 그곳에서 친구들과 이웃들과의 대화는 없다. 그러나 이러한 커뮤니티에서 형성된 대부분의 사회적 연대감은 덧없고, 노인 거주자들은 수많은 위험에 직면하게 된다.

어떻게 생각하는가?

1. 싱글룸점용호텔에 살고 있는 사람을 아는가? 만약 그렇다면, 그 건물 상태를 이야기해

보라.

2. 사회가 노인들에게–혹은 누구에게나– 여기서 이야기된 것들과 같은 수준이하의 조건에서 사는 것을 허용해야하는가? 정부 관료들은 싱글룸점용호텔의 생활 조건들을 향상시키기 위해 어떤 조치를 취할 수 있는가?

출처: Rollinson(1990).

1) 생활지원시설

노인 주택에서 생활지원시설(assisted living facilities, ALFs)의 성장은 가장 의미 있는 트렌드다. 이러한 성장은 중간 레벨(intermediate level)의 돌봄 욕구를 충족시키는 방향으로 진행되어 왔다. ALFs는 가정에서 일반적으로 제공되는 돌봄보다는 더 높지만 요양원에서 제공되는 돌봄수준 보다는 낮다. ALF 거주자들과 요양원 거주자들의 특성이 실제로 겹치는 것은 ALFs가 적어도 요양원에 거주하는 몇몇 노쇠한 노인들의 돌봄 요구를 효과적으로 충족시킬 수 있다는 것을 보여준다(Pruchno and Rose, 2000).

ALF 철학의 주요 구성요소는 살던 곳에서 노후 맞기이다. 생활지원시설 거주자들과 그들의 가족들은 그들이 또 다른 이사를 하지 않게 되기를 희망하면서 ALFs를 선택한다(Gorshe, 2000). 거주자들이 이러한 목표를 성취하는 것을 돕기 위해, 식사, 개인돌봄, 제한적인 의료지원, 살림관리, 수도전기 같은 유틸리티, 사회활동, 교통수단, 보안서비스를 제공한다. 많은 ALFs는 개인돌봄을 기본 서비스 패키지와 분리시키고 개인돌봄을 필요로 하는 거주자들에게 추가 금액을 부과한다. ALFs에는 시설이 제공하지 않는 서비스를 필요로 하는 거주자들을 계속 머물 수 있게 하는 다양한 옵션이 있다. 그들은 돌봄을 제공할 숙련된 간호사를 고용하거나(수술 후에 선택할 수 있는 일반적인 옵션) 외부 가정돌봄 서비스들을 들여올 수 있다(Gorshe, 2000). 이상적으로, 거주자의 부가적인 돌봄 요구로 요양원으로 옮기게 되는 것을 피함으로써, 시설은 거주자의 변화하는 욕구를 충족시키기 위해 서비스들과 돌봄 수준을 조정한다.(Chapin and Dobbs–Kepper, 2001).

그들의 목소리 :
이전에 노숙자였던 여성들이 거리에서의 그들의 삶의 경험을 말하다

이전에 노숙자였던 한 집단, 즉 캐나다 토론토에서 살고 있는 여성노인들이 그들의 건강, 결혼상태, 주거 경험, 알코올과 마약 사용과 같은 건강행동, 소득, 그리고 교육과 관련하여 조사되었다. 여성들의 그 누구도 현재 노숙자는 아니었으나 지원 주택에서 살고 있었다. 그러나 많은 이들이 그들의 건강과 웰빙에 영구적인 영향을 미치는 노숙에 대한 가슴이 미어질 듯한 경험을 말한다. 그리고 대부분은 여전히 가난하고 미래에 노숙자가 될지도 모른다는 두려움과 고군분투하고 있다.

"내가 겨울에 거리에서 잘 때부터 만성 기관지염을 갖게 되었다는 사실을 알고 있죠. 나는 항상 코가 막혀 있었고...나는 그것이 동절기에 밖에서 취침해서 저체온증과 동상에 기인한 것이라고 생각해요... 내 등이 가장 피해를 입었어요. 나는 내가 예전의 체력이 더 이상 아니에요."

"그것은 노숙자가 된 여성들에게 더 어려운 일이죠. 나는 내가 남성이 아니기 때문이라고 말할 수 없지만, 나는 정말로 그것이 여성에게는 더 힘든 일이라고 믿어요. 왜냐하면 여성들은 지붕이 있는 곳에서 살기 위해서 어떤 불쾌한 일들을 해야만 하기 때문이죠...그리고 거리에서 지내는 것은 더 힘들어요, 그렇죠? 거리에서 지내는 것이 거의 안전하지 않은 것 처럼요."

"나는 약물 중독 문제가 있어서, 단지 마약을 위해서 돈을 썼고, 제가 노숙자였을 때 그게 제 라이프 스타일이었어요... 때때로(나는 사용했어요) 그러나 아주 그만 두려고 노력하고 있어요. 당신은(지원 주택)에서 마약을 하도록 허락되지 않아요; 내가 마약 할 때, 나는 친구 집에 가죠. 그것이 내가 깨끗한 이곳에 머물 수 있는 이유에요.

출처: Waldbrook(2013: 347,350).

그러나, 많은 연구들은 생활지원시설이 영구 주택이 아니라 오히려 장기 돌봄(long-term care)의 연장선에 있는 또 다른 단계임을 밝혀 왔다. 한 전국적인 연구에 따르면, 거주자들은 평균 30.8개월 동안만 ALFs에서 지낸다. 캔저스(Kansas)의 연구자들은 ALF 입소, 체류, 그리고 퇴소 정책을 연구했다. 차핀과 돕스-케퍼(Chapin and Dobbs-Kepper)(2001)는 캔저스 ALFs로부터 퇴소한 일차적인 이유가 거주자의 건강돌봄 욕구들이 너무 커졌기 때문임을 밝혔다. 거주자들이 만약 행동에 문제가 나타나거나 배회하면 퇴소되는 경향도 있었다. 또 다른 연구는 치매가 있는 ALF 거주자들 중에서, 48%가 25개월 내에 퇴소했고 퇴소의 77%가 요양원이었음을 밝혔다. 연구자들은 치매가 있는 거주자들 중 대부분의 ALF 이동자들이 우울, 낙상, 혹은 배회때문이었음을 알아냈다(Kopetz et al., 2000). 따라서 이 연구들이 제시하기를, 생활지원시설은 전형적으로 홈케어의 뒤를 잇고 요양원 입원에 앞선 중간 수준의 돌봄을 제공한다.

〈그림 9-3〉 선택한 거주 환경에서 거주하는 65세 이상 노인들의 %, 연령집단별, 2002.

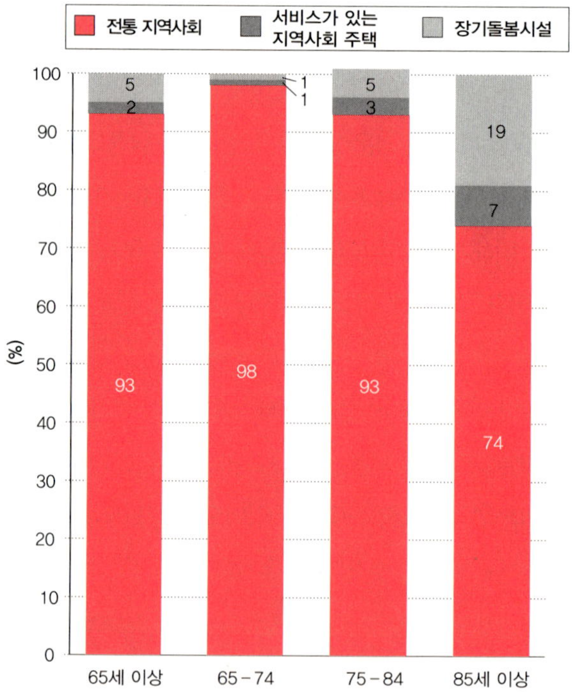

출처 : Centers for Medicare and Medicaid Services(2004).

미국에는 30,000에서 65,000 사이의 ALFs가 있다. 대다수의 거주자들은 여성(74%)이고 백인(97%)이다. 커뮤니티에서 생활지원시설로의 이동은 중요한 삶의 변화를 나타내며 이는 종종 건강 문제 혹은 배우자 상실로 비롯된다(Hawes et al., 1999). 전원(transition)의 어려움 때문에, 생활지원시설의 거주자들은 지역 거주자들에 비해 삶의 만족도가 낮을 수 있다. 필립 등(Phillips et al.)(2002)이 생활지원시설 거주자의 2/3이상이 시설의 어떤 측면에 대해 불만족하고 그러나 종종 생활지원시설로의 이주는 이전의 생활에 비해 상대적으로 개인의 삶의 질을 향상시킨다고 보고했다(Fonda et al., 2002). 그러나 ALF에 만족하는 거주자와 그들의 삶의 질이 향상되었다고 느끼는 거주자조차도 새로운 체류공간이 그들의 집이라고 느끼지 않을 수 있다. 거주지를 의미 있는 공간으로 만드는 감정이다(Cutchin et al., 2003).

어떤 이유로 거주자가 그들의 생활지원시설에 만족하고 집으로 느끼게 되는 것일까? 자율성(autonomy)이 한 요인이다. 생활지원시설은 거주자에게 개인적인 선택과 결정권을 허용함으로써 자율성을 장려한다. 그러나 이 목표를 항상 달성하는 것은 아니다. 프랭크(Frank)(2000)는 그녀의 연구에서 거주자들이 식사할 때, 좌석 배치, 여가활동 선택, 그리고 가구 위치에 대한 통제력이 거의 없기 때문에 자율성에 대한 감각이 결여되어 있음을 밝혔다. 어떤 연구들은 작은 시설일수록 거주자들의 만족도가 더 높은 경향이 있음을 밝혔는데 그것은 아마도 작은 시설들이 관료적 환경이 더 적고, 친밀한 개인적인 관계를 제공하기 때문일 것이다. 스탭과 긍정적인 관계는 대부분의 거주자들의 일상생활 경험이 생활지원시설 내로 제한되어 있기 때문에 웰빙에 영향을 미치는 또다른 요소이다(Cummings, 2002). 초우, 보울디 그리고 리(Chou, Bouldy, and Lee)(2000)는 스탭이 돌봄 제공하는 것에 대한 만족도가 모든 다른 측면의 거주자 만족도에 우호적인 영향을 미친다고 보고했다. 거주자 웰빙은 커뮤니티 이동의 특성에 의해 영향 받을 수도 있다. 하이슬러 외(Heisler et al.)(2004)에 따르면 자발적으로 연속돌봄 은퇴주거단지(continuing care retirement community)로 이주하는 것은 부정적인 건강 결과 혹은 웰빙 감소와 관련이 없다. 적응에 있어 가장 어려움을 겪는 사람들은 이주하도록 강요받는다고 느끼는 이들이다. 거주자가 자신의 삶에 만족을 느끼는지를 결정하는 가장 중요한 요인들은 다른 거주자들 및 스탭들과의 관계이다. 다른 거주자들과 스탭들이 그들의 친구라고 느끼고, 자신이 가족 구성원이라고 느끼고, 스탭이 애정을 가지고 있다고 느끼는 거주자들은 삶의 만족감에서 가장 높은 점수를 보이는 경향이 있다(Street et al., 2007).

스탭의 태도와 행동이 거주자의 사기에 중요한 영향을 미친다는 전제하에, ALFs에서 직접 돌봄을 제공하는 사람들의 직업 만족도에 영향을 미치는 요인들을 이해하는 것이 중요하다. 직접 돌봄을 하는 사람들이 그들의 일을 좋아하게 만드는 요인은 무엇인가? 그들이 그들의 상급자(supervisors)들에 의해 어떻게 대우 받는가, 그리고 그들의 일과 같이 일하는 사람들을 좋아하는가에 대한 만족도가 중요하다. 그들은 훈련과 교육 그리고 발전의 기회를 갖는다면 더 행복해 한다. 흥미롭게도, 급여는 이러한 다른 요인들의 어떤 것보다도 덜 중요하다(Chou and Robert, 2008).

대부분의 노인들은 요양원 보다는 그들 자신의 집 혹은 생활지원시설에 사는 것을 선호한다. "공공정책에 대한 이슈: '수혜자추적재원' 프로그램 시범"("An Issue for Public Policy: The 'Money Follows the Person' Demonstration")은 요양원 거주자가 주거단지로 되돌아가는 실험적인 프로그램을 보여준다.

가정 돌봄은 노인들이 커뮤니티에서 살 수 있게 한다.

공공정책에 대한 이슈 : "수혜자추적재원" 프로그램 시범

2006년 의회는 주정부에게 요양원에 거주하는 메디케이드 수혜자가 자신의 집이나 지역사회로 다시 옮길 수 있도록 연방정부 보조금을 주는 법률을 제정했다. 요양원에 적어도 90일 동안 거주한 사람은 누구나 참여자격이 있다. 프로그램에 참여하는 사람들은 노인, 지적 발달과/또는 신체적 장애가 있는 사람, 정신 질환자, 다중 만성질환과 장애 상태를 진단받은 사람 등이다.

수혜자추적재원(Money Follows the Person program)을 이행하면서 각 주정부가 직면해 온 주요 과제는 안전하고, 저렴하며, 접근 가능한 주택을 찾고, 주정부의 운영 협약에 대한 승인을 얻는 것이다. 다른 문제들로는 이 기간 동안 열악한 경제 환경, 재가 및 지역사회기반 서비스의 취약한 네트워크, 그리고 요양원에서 다른 곳으로 이주하는 사람들에게 서비스를 제공할 수 있는 잘 훈련된 노동자들의 부족 등이 있었다.

2011년 현재 총 43개 주가 돈이 사람을 따르는 프로그램 시범 프로젝트에 참여하고 있다. 17,000명 이상의 요양원 거주자들이 지역사회로 돌아가는 이주를 했고 또 다른 5700명의 사람들이 지역사회로 돌아가는 과정에 있었다. 비록 돈이 사람을 따르는 프로그램이 아직 갈 길이 멀지만, 그 프로그램은 주정부의 돈을 절약했고, 요양원돌봄이 별로 필요하지 않은 수천 명의 사람들이 그들의 집과 지역사회에서 독립적으로 살 수 있도록 도와주었다.

어떻게 생각하는가?

1. 조금만 도와주면 자기 집에서 살 수 있는데 요양원에 살고 있는 사람을 알고 있는가?
2. 요양원을 나와 지역사회로 이사한 사람에게 어떤 서비스가 필요할 것으로 생각되는가?

2) 연속돌봄 은퇴주거단지

거의 백 만 명의 노인들이 계획된 은퇴 주거단지에서 거주한다(Shippee, 2009). 이들 중 많은 것들이 **연속돌봄 은퇴주거단지**(CCRCs)이며, 이들은 늙어가는 평신도와 성직자들을 돌보기 위한 종교집단들에 의해 발전된 생활 돌봄 개념으로부터 성장했다. 오늘날 전형적인 CCRCs는 독립적인 생활을 하다가 생활지원시설과 요양원으로 이주하는 일련의 과정에서 주거와 서비스의 연속성을 제공한다. 대부분의 CCRCs는 거주자들에게 선불로 비용을 지불하고, 지속적으로 월비용을 지불할 것을 요구하는데 이러한 비용들은 렌트, 유틸리티, 하루 한 끼 식사, 개인병원 이용과 교통수단에 대한 것을 포함한다. 비록 몇 몇 신형의 더 비싼 아파트들이 침실 한 두 개가 따로 있는 아파트를 공급할지라도 CCRC에서 전형적인 아파트는 욕실 한 개와 효율적인 부엌이 있는 방 한 개로 구성되어 있다. 많은 커뮤니티들이 한 면에는 여가 시설들과 사교 활동이 가능한 시설들도 갖추고 있다(Netting and Wilson, 1994).

독립생활 주거단지(independent living community)라고 불리는 새로운 유형의 CCRC는 보다 젊고 건강한 고객들에게 포커스가 맞춰진 활동들을 포함하며 다른 장기돌봄 주거단지(long-term care community)에 있는 것과 같은 많은 편의시설들을 제공하고 있다. 빙고, 브리지, 셔플보드(bingo, bridge, and shuffleboard) 게임과 같은 주요 놀이감 뿐만 아니라, 이들 커뮤니티는 스파, 운동실, 타이치 수업, 요가, 북클럽, 교육세미나를 제공하고 영화나 교향곡을 관람하러 가기도 한다(McKinnon, 2000).

은퇴 주거단지로 이주하는 것은 종종 어려운 결정을 시작하는 단계이고 소박한 새로운 살림집에 적응하는 것을 수반하는 큰 전진(big step)이다.

(1) 이주결정

어떤 사람들에게는 그들이 집중치료를 필요로 한다면 그 요구가 충족될 것이라는 알기 때문에 CCRCs가 매력적이다. 건강이 나빠짐에 따라, 그들은 독립적인 공간에서 주거단지를 떠나지 않고 더 서비스가 제공되는 공간으로 이주 할 수 있다. 다른 이들은 그들의 집에서 소외감을 느끼기 때문에 CCRCs를 선택한다. 단독주택에 사는 많은 노인들이 그들 집을 관리하고 유지하는 것이 꽤 어려운 일이라는 것을 알게 된다. CCRC로 이주를 촉발한 사건들에는 집안일과 정원을 가꾸는 일이 힘겹다고 느끼고, 동네를 돌아다니기 힘들거나 배우자 사망과 같은 재난들이 있다. 가게나 병원에 가는 교통수단이 없는 것도 많은 노인들의 중요한 문제이다(Young, 1998). 비록 노인들이 가족에 의해 이주를 강요받을 때도 있지만, 가족과 친구들과 문제점들을 논의한 후에 이주하기로 가장 자주 결심한다.

(2) 이주적응

이주는 생애 과정 중 어느 시점이라도 스트레스 사건이 될 수 있다. 이주는 주택을 상실하는 것뿐만 아니라 친구, 커뮤니티, 그리고 익숙한 환경에 대한 상실이 수반된다. 주택에서 CCRC로 이주하는 노인들에게, 이주는 일반적으로 삶의 공간이 줄어드는 것을 의미한다. 이것은 노인들로 하여금 그들이 삶을 통해 축적해왔던 많은 소유물들을 포기하도록 한다. 가지고 있는 것들을 정리하며 자세히 살펴보는 것은 신체적으로 아주 힘들고, 감정적으로 지치며, 시간이 걸리는 일이다. 이주를 준비하는 82세 한 여성노인은 그녀가 소유하고 있는 것들을 포기하는 것이 얼마나 어려운 가를 설명하고 있다.

> 나는 결국 어느 지점에 도달했어요…어떤 물건도 너무 오래 들여다보지 않기로, 그냥 그것을 그쯤해 두는 것으로…나는 우리가 그 집에서 살아온 이래 한 번도 열어 보지 않았던 우리의 결혼 선물 접시들을 지하에 놓아두었지요. 아름다운 접시들…그리고 나는 모든 식료품 자루(sacks)와 서류들을 보관해 왔어요…그리고 물론 모든 항아리들도. 나는 내 자신의 음식을 할 수 있었지요. 나는 상자에 그렇게 많은 것들을 갖고 있었어요. 사춘기 시절부터.(Young, 1998:157)

어떤 사람들은 이주에 아주 서툴게 적응한다. 존슨과 베어러(Johnson and Barer)는 85세 이상의 후기 고령자에 대한 연구를 수행했는데 그들 중 많은 이들이 어떤 유형의 공동주택에 살았다. 한 은퇴 해군남성은 그의 새 거주환경에 불만족한 것을 설명했다: "여기오기 전에, 나는 항상 바빴어요. 지금 여기서, 나는 할 일이 없기 때문에 무엇을 위해 살아야 할지 모르겠어요"(Johnson and Barer, 1997: 50). 그러나 대부분의 노인들은 빠르게 적응하고, 새로운 친구를 사귀고, 삶에서 회복된 만족감을 발견한다.

(3) 새로운 수준의 돌봄으로 이동

CCRC로 옮기는 것은 노인들의 삶에서 하나의 전환점이다. 그러나 중요할 수 있는 것은 돌봄 수준들 *간의(between)* 전환이다. 노인들은 종종 그들의 자율성을 보호하기 위해 CCRCs로 옮기는데 그러므로 자녀들은 그들을 위해 이주를 결정하지 않고, 돌봄 요구가 늘어난다면 잘 준비된 서비스를 이용하기 위해 이주한다. 그러나 그들은 종종 독립적으로 살다가 생활지원시설과 같은 높은 수준의 돌봄이 가능한 곳으로 이주해야만 한다. 이러한 전원(transition)에 대한 결정은 거주자의 교구들이 더 감독을 요구한다고 느끼는 관리자에 의해서 종종 내려진다. 그러한 상황에서, 거주자는 그들 자신이 선택할 수 있는 능력을 상실했다고 느낄 수 있다. 전원은 친구들과 덜 연락하는 것도 의미하며 이것은 고독과 소외를 낳는다. 가장 어려운 이주는 요양원으로 전원하는 것인데, 특히 전원하지 않을 수 없을 때 그렇다. 몇 가지 요인들이 불행을 초래한다. 종종 요양원 수준의 돌봄 환경으로 이주하는 것은 쇠퇴(decline) 때문이다. 정신적 신체적 건강에 있어, 다른 사람과 상호작용하는 능력이 감소한다. 요양원으로 이주한 거주자들은 자신들보다 신체기능과 정신건강이 나쁜 다른 거주자들과 사귀는 것을 선호하지 않을 수 있다. 더욱이, 죽음이 곧 닥칠 것이라고 믿는 요양원 거주자들은 다른 거주자들과의 관계에 시간과 에너지를 쏟는 것을 꺼려할 수도 있다(Shippee, 2009). 이러한 이유로, 돌봄의 한 수준에서 다른 수준으로의 재배치는 매우 스트레스 받는 사건일 수 있다.

(4) 연속돌봄 은퇴주거단지에서 친구관계

구조화, 비구조화된 다양한 활동들은 CCRCs 거주자들이 친구 관계를 형성하는 기회를 제공한다. 식사시간은 다른 거주자들을 만나는 가장 좋은 기회이다. 존슨과 베어러의 연구에서, 사람들은 그들이 식사할 때 친한 친구를 만들었다: "우리들 중 한 집단은 남자 한명 여자 세명이 아침식사 클럽을 만들었어요. 그것은 너무 재미있어요. 우리는 매일 아침 함께 앉아 아침식사를 해요. 우리는 그 시간 동안 살아 있음을 느껴요. 그것은 우리가 이후 각자 생활을 하지만 하루를 매우 행복하게 시작할 수 있게 해줘요."(Johnson and Barer, 1997:50). 마찬가지로, 남동 펜실베니아에 있는 리버데일 빌리지(Riverdale Village)에 대한 퍼킨슨과 락맨(Perkinson and Rockemann)의 연구에서 저녁 식사는 몇몇 거주자들에게 새로운 친구를 만드는 기회로 이용되는 중요한 사회적 이벤트였다:

> 우리는 항상 다른 사람들과 식사를 해요. 우리는 식당에서 소위 "리버데일 룰렛"이라는 것을 하죠. 그리고 당신이 들어와서 테이블을 시작하거나 테이블을 마무리합니다. 그리고 그런 식으로 당신은 많은 사람들을 만나죠.(Perkinson and Rockemaan, 1996:166)

다른 사람들은 매일 밤 같은 사람들과 앉아있었다:

> 남편과 나는 4명의 다른 여성들과 식사해요. 우리식사는 안정적으로 정해져 있구요, 매일 밤 체서픽 룸(Chesapeake Room)에서 여섯 개의 탑 테이블에서 일상적인 식사를 해요. 내 생각에는 내내 다른 커플들하고 앉아 있는 게 아니기 때문에 그게 친구관계를 제한하는 것 같아요.(Perkinson and Rockemann, 1996:166)

친구관계는 종종 결혼 상태에 의해 결정된다. 혼자 사는 여성은 다른 혼자사는 여성들과 친구가되는 경향이 있고, 결혼한 커플들은 다른 결혼한 커플들과 친구가 되는 경향이 있다. 리버데일 빌리지에서, 두 집단 간에 뚜렷한 사회적 구분이 구분이 존재한다. 한 여성이 다음과 같이 설명한다:

> 당신은 여기서 많은 커플들이 함께 다니고, 많은 싱글 여성들끼리 함께 다니는 것을 알게 될거에요. 나는 그게 당연한 거라고 생각해요... 나는 여전히 배우자가 있는 몇몇 여성들과 친하게 지내요. 그러나 그들의 나머지는 그들끼리 지내는데 그건 괜찮아요. 그들끼리 더 공통점이 있어요.(Perkinson and Rockemann, 1996:167)

CCRCs는 여러 돌봄 수준과 요청이 많은 서비스들을 제공하기 때문에 노인들에게 많은 혜택이 있다. CCRCs의 중요한 문제는 비용을 지불할 수 있는 노인이 반에도 못 미친다는 것이다. 노인들의 대다수에게는 입소 비용과 월별 유지비용이 너무 비싸다. 상대적으로 저렴한 CCRC에서, 입소비용이 35,000달러에서 50,000달러에 이르고 월 유지비용은 부가적이다. 따라서, 경제적 자원은 노년기 삶의 질에 중요한 영향을 미친다.

(5) 성소수자들에 대한 주택차별

많은 연구들이 게이, 레즈비언, 양성애자와 트랜스젠더(GLBT)들에 대한 주택차별의 증거들을 보고해왔다. 어떤 은퇴 주거단지들은 GLBT 커플들의 입소를 거부했으며, 공적 지원 주택에 입소할 때 성적 지향성을 근거로 차별받는 것에 대한 법적 보호는 거의 없다. 더욱이, 많은 GLBT 들은 레즈비언만 혹은 게이 남성만 있는 은퇴 주거단지에 이주하고 싶다고 말한다. 이러한 선호도를 표현하는 사람들의 주요 관심은 다른 거주자들의 판단이 개입되지 않는 환경에서 조화로울 수 있다는 것이다. 이들 주거단지들의 어떤 것들은 지난 수년에 걸쳐 생성되어져 왔다(Blevins and Werth, 2006).

85세 이상 노인 비율이 계속해서 증가함에 따라, 가장 중요한 건강돌봄 문제는 장기돌봄 제공이 될 것이다. 12장에서 우리는 다중 만성질환을 가지고 있는 허약한 노인들의 장기돌봄 욕구를 충족시키는 다양한 방법들을 논의할 것이다.

돌아보기

1. 확대가족의 주거형태는 다양한 세대의 변화하는 요구에 따라 어떻게 변화하는가?

자녀가 성장함에 따라, 그들은 종종 부모로부터 떨어져 나와 그들 자신의 가족을 구성하기 위해 이주한다. 부모도 또한 자녀들과 멀리 떨어진 은퇴 주택으로 이주할 수 있다. 부모가 아프거나 장애를 갖게 되면, 그들은 그들의 자녀에게 가까운 곳으로 일단 다시 이주한다.

2. 대부분의 노인들은 누구와 함께 살고 있나?

대부분의 노인들은 독립적으로 사는 것을 선호하고 대부분은 그들 자신의 집에서 거주한다. 노인들의 높은 주택소유 비율은 인종과 민족에 따라 모호한 차이가 나타난다. 아프리카계 미국인과 히스패닉 노인들은 백인들보다 주택을 덜 소유하는 경향이 있다. 성은 또한 주거형태에 영향을 미친다. 남성노인의 대부분은 배우자와 함께 살고 있으나 여성노인들은 더 혼자사는 경향이 있다.

미국에서 성인 자녀는 일반적으로 그들의 부모와 같이 살지 않지만, 대부분이 부모와 규칙적으로 연락을 자주 하고 있다. 이러한 관계는 부모의 신체적 정신적 건강을 위해 중요하다. 자녀들과 가까운 관계를 유지하는 부모들은 덜 우울하고 덜 외로움을 느끼기 쉽다. 그러나, 많은 다른 나라에서 자녀들은 그들의 나이든 부모들을 돌볼 것으로 기대된다. 그리고 문화 유형이 세대 간 가구유형을 좌우한다.

3. 노인들은 어떤 종류의 주택을 소유하고 있나? 그리고 그들이 직면한 주택문제는 무엇인가?

대부분의 노인들이 보기에도 저렴한 주택에 살고 있지만, 몇몇은 수리가 필요하거나 안전하지 않은 환경장벽이 있는 낡은 주택에 거주한다. 황폐한 생활환경은 신체적 정신적 건강에 부정적인 영향을 미칠 수 있다.

4. 공유주택, 식사 및 돌봄제공 가정, 그리고 생활지원시설의 혜택과 단점들은 무엇인가?

지원주택(suppotive housing)의 개념은 주택과 장기돌봄 서비스를 혼합한 대안적 주거 형태를 말한다. 지원주거형태는 품질과 경제성에 있어서 매우 다양하다. 공유주택은 주택을 필요로 하는 다른 사람들과 다양한 환경에서 함께 살게 하는 형태이다. 식사 및 돌봄제공 가정 거주자들은 종종 가난하고 때때로 진행성 장애를 가지고 있거나 심리적 문제들을 가지고 있다. 생활지원시설들은 식사 및 돌봄제공 가정과 유사한 많은 서비스들을 제공하지만 그들은 더 풍요로운 클라이언트들을 충족시킨다. 그들은 개인 욕실, 여가시설, 개별화된 돌봄을 갖춘 작은 아파트를 제공한다.

5. 연속돌봄 은퇴주거단지는 무엇인가? 그리고 노인들에게 그러한 주거단지에서의 삶은 어떠한가?

연속돌봄 은퇴주거단지는 독립생활에서 요양원돌봄에 이르기까지 대안적인 주거의 연속성을 제공한다. 사람들은 그들의 독립성을 유지하기 위해 CCRCs로 이주한다. 연구는 CCRCs 의 대부분 거주자들이 지역사회에서 살고 있는 노인들보다 빠르게 적응하고 더 건강하다고 보고한다.

고령화에 관해 생각하기

1. 만약 여러 세대가 함께 산다면 가족이 더 잘 살 수 있을까? 각각의 세대에 그러한 주거형태의 장점과 단점을 목록으로 만드시오.
2. 노인들은 홀로 사는 것이 더 건강한가? 어떤 건강 문제들이 홀로 살면서 더 악화될 수 있을까?
3. 주택을 수리하는 것 외에, 살던 곳에서 노후 맞는 노인들을 도울 수 있는 다른 조치들은 무엇이 있나?
4. 정부는 노인들이 노숙자가 되는 것을 방지하는 도덕적인 의무가 있는가?
5. 많은 노인들이 악화되는 건강수준에 그들의 주거형태를 맞추는데 너무 오래 기다린다. 무엇이 그들로 하여금 미리 계획하도록 도울 수 있을 것인가?

핵심용어

- 독립생활 주거단지(independently living community)
- 살던 곳에서 노후맞기(aging in place)
- 생활지원시설(assisted living facility, ALF)
- 싱글룸점용호텔(single room occupancy hotel, SRO)
- 연령친화적 지역사회운동(age-friendly community movement)
- 연속돌봄 은퇴주거단지(continuing care retirement community, CCRC)
- 이주흐름(migratory stream)
- 지원주택(supportive housing)

10장

일과 은퇴

1. 경제활동참가 추세
   1) 종신직 고용의 감소
   2) 남성들의 경제활동참가
   3) 여성들의 경제활동참가
   4) 경제활동참가의 인종적, 민족적 차이
   5) 경제활동참가의 국제적 추세
2. 노동에서 은퇴로의 이행
   1) 가교직업
   세계의 고령화 : 네덜란드에서의 퇴직 전 일로부터의 분리
   2) 단계적인 은퇴
   3) 임시직
   4) 고령근로자의 실업
3. 경제활동 철회에 영향을 미치는 요인들
   1) 경제적 인센티브
   2) 은퇴자 건강보험 혜택
   3) 연령차별
   4) 개인적인 결정으로서의 은퇴
   공공정책에 대한 이슈 : 고용에 있어 연령차별
   5) 은퇴의 미래 추세
   그들의 목소리 : 은퇴 후 일로의 복귀
4. 은퇴자의 삶
   1) 은퇴 만족
   2) 일상적 활동과 건강
   3) 자원봉사
   4) 종교활동 참여

더 많은 여성들이 60대에도 잘 일하고 있다.

미리보기

1. 일을 하는 미국인들의 비율이 시간이 지나면서 어떻게 변했는지, 그리고 근로자들의 성별, 나이 그리고 인종이나 민족 집단이 그들의 고용률에 어떻게 영향을 미치는가?
2. 고령근로자들의 고용가능성들은 어떤 것들이 있는지, 그리고 그것들은 연령차별로 인해 어떤 영향을 받는가?
3. 개인들은 언제 은퇴할지 어떻게 정하는가?
4. 개인이 은퇴에서 비교적 만족감을 느낀다면 어떠한 개인적인 요인들로 인해 그러한가?
5. 자원봉사가 은퇴자의 행복에 어떠한 영향을 주는가?

10장
일과 은퇴

2012년도에 56세 존 푸가지(John Fugazzie)는 A&P 슈퍼마켓에서 일을 하며 $125,000 연봉을 받고 있었다. 그는 '이웃을 돕는 이웃 USA'라는, 실업자들이 직장을 찾도록 도와주는 28개의 지부를 가진 단체에 속해있기도 했다. 그의 생일이 되기 직전인 10월 어느 날 푸가지는 실직되었고 건강보험도 잃고 말았다. 그는 400군데 이상의 일자리에 지원했지만 거의 1년 뒤에도 실직된 상태였고 그의 88세 어머니의 집에서 함께 살고 있었다(Winerip, 2013). 아쉽게도 푸가지의 경험은 많은 고령근로자들의 경험과 비슷하다. 고령근로자들은 젊은 근로자들에 비해 실직될 가능성이 적긴 하지만, 실직이 된 이후에는 재취직이 더 오래 걸리며 새로운 직장을 찾더라도 급여가 상당히 낮아지게 된다.

이 장에서는 노년기에 있는 사람들의 근로 패턴을 알아보고 은퇴로 향하는 다양한 경로들에 대해 알아보도록 하겠다.

우리는 먼저 노인들 사이에서의 경제활동참가 추세에 대해 살펴보고 노년기에 있어서의 고용의 성격에 대해 검토해본다. 그 다음에 은퇴로의 이행에 대해 논해본다. 마지막으로 은퇴의 경험들과 만족스러운 은퇴에 기여하는 요인들에 대해 배운다.

1 경제활동참가 추세

1) 종신직 고용의 감소

2008년, 세계에서 가장 큰 투자은행들 중 하나인 리먼 브라더스(Lehman Brothers)는 파산하였고 회사의 모든 직원들은 실직되었다. 그들 사이에는 리먼 브라더스에서 32년 동안 근무한 전 경리부장 빌(Bill)이 있다. 빌은 은퇴할 때까지 회사에 남아있을 계획을 가지고 있었다.

이제 그는 57세, 무직상태였고 어떤 가능성도 보이지 않았다.

2008년 은행파탄의 사건들이 나라와 경제에 거대한 충격이었지만, 금융계의 실직 사태는 더욱 전반적인 종신직 고용감소의 징후를 보여주는 일이었다. 사람들은 이제 중년부터 은퇴까지 같은 일을 할 수 없게 된 것이다. 종신직 고용의 감소를 더 직접적으로 보여주는 방법으로는, 경력의 끝을 바라보는 근로자 중 몇 명이 그들이 50세에 같이 일하던 상사와 아직도 함께 있는지 보는 것이다. 1983년도에 58세부터 62세까지의 남성들 중 70%가 여전히 같은 상사와 일하고 있었고 2006년도에는 숫자가 46%로 줄어들었다(Munnell and Sass, 2008:2). 다르게 말하면, "2006년도에 58세와 62세 사이의 노동인 남성들 중 46%는 그들이 50세에 모셨던 상사가 아닌 다른 상사와 함께 일하고 있었다는 것이다". 보통 이런 새로운 직장들은 더 낮은 임금을 주고, 연금혜택이나 의료보험 보상을 제공할 가능성이 더 낮다.

종신직 고용의 감소는 우리가 사람들로 하여금 더 오래 일하도록 격려하고 싶은 시점에 온다. 이장의 남은 분량에서는 경제활동참가의 추세를 검토하고 고령근로자들의 고용 전망에 대해 고려해보도록 한다.

우리가 사람이 '경제활동' 중에 있다고 말할 때, 우리는 그들이 일을 하고 있거나 구직활동 중 이라는 것을 뜻한다. 어떤 사람들은 꽤 나이가 들 때까지도 경제활동에 참여하고 어떤 이들은 상대적으로 젊은 나이에 경제활동을 그만두기도 한다. 전반적으로, 가장 최근의 추이는 고령근로자들 사이에서 두드러지는 증가를 보인다. 1993년부터 2010년까지, 60와 74세 사이 남성의 경제활동참가율이 33%에서 44%까지 늘어났다(Burtless, 2013). 같은 시기에 여성들의 경우, 62세와 74세 사이의 경제활동참가율은 1993년에 16.9%에서 28.1%까지 늘어났다(Johnson and Kkaminski, 2010). 상승된 교육이 노인들 사이에서 증가한 노동에 중요한 요인이 되었다. 교육을 더 받은 근로자들은 임금을 더 받고 더 많은 취업 기회를 얻게 된다. 앞으로의 절들에서는 일과 은퇴 추세에 대해서 논한다.

2) 남성들의 경제활동참가

거의 모든 30대와 40대 초반의 남성들은 경제활동을 하고 있다. 우리는 남성들이 일할 것을 기대하고 남성들은 그 기대에 맞게 일한다. 소수의 남자들만이 주로 건강상의 문제로 인해 40대 초반이나 50대 초반에 경제활동을 멈추지만 보통은 50대 초반까지도 계속 일을 한다. 이런 추세는 거의 반세기동안 비교적 안정적으로 유지되었다.

노인 남성들의 경제활동참가에는 더 큰 차이가 존재한다. 〈표 10-1〉에서 볼 수 있듯이, 남성들이 나이가 들수록 노동에 있어 점진적인 감소가 나타난다. 그러나 가장 중요한 추세는, 1990년부터 노인 남성들 사이에서 나타나는 경제활동참가의 증가다. 60세 이하의 남성들 사이에서는 작은 변화만 일어났지만 60대와 70대의 남성들 사이에서는 그들이 더 오래 일한다는 뚜렷한 추세를 볼 수 있다. 1990년도의 60세부터 64세까지의 남성들 중 55%가 경제활동 중이었고 2014년도에는 62%가 경제활동 중 이었다. 이런 변화는 60대 후반의 남성들 사이에서 더 극적으로 나타난다. 1990년도에 65세부터 69세까지의 남성들 중 26%만이, 2014년도에는 36%가 경제활동 중이었다. 70대의 남성들 사이에서도 노동이 늘어나는 비슷한 패턴이 보인다. 이장의 나머지에서 우리는 노인 남성들 사이에서 노동이 증가한 요인들에 대해서 논할 것이다. 그 요인들 중에는 사회보장프로그램 연금 대상자들의 연령 상향화 그리고 연금수입의 새로운 형태와 건강의 증진 등이 있다.

〈표 10-1〉 1990, 2000, 2014년도 연령과 성별에 따른 경제활동참가율

	1990년	2000년	2014년
남성			
45 to 54	90.7	88.6	85.6
55 to 59	79.9	77.1	76.8
60 to 64	55.5	55.0	61.9
65 to 69	26.0	30.3	36.1
70 to 74	15.4	18.0	22.8
75 to 79	9.5	10.7	14.5
여성			
45 to 54	71.2	76.8	73.8
55 to 59	55.3	61.4	66.4
60 to 64	35.5	40.2	50.2
65 to 69	17.0	19.5	27.5
70 to 74	8.2	10.0	15.6
75 to 79	3.9	5.3	12.0

3) 여성들의 경제활동참가

여성들의 노동의 역사는 남자들과는 많이 다르며 이러한 사실은 그들의 은퇴 양식에도 반영된다. 1990년도에는 55세와 59세 사이의 여성 중 55%만이 경제활동에 속해 있었지만 2014년도에는 66%로 증가했다. 이와 유사한 추세는 60대와 70대의 여성들 사이의 더 많은 노동에서 찾아 볼 수 있다. 1990년도에는 60세와 64세 사이의 여성들 중 35%만이 경제활동을 했지만 2014년도에는 50% 이상이 경제활동 중 이었다. 가장 흥미로운 사실은 1990년도와 2014년도 사이에 70세와 74세 사이의 여성들의 노동은 거의 두 배로 증가했다는 것이다.

이러한 여성들의 경제활동 증가를 일으킨 몇 가지 요인이 있다. 그중 하나는, 기혼여성의 경제활동참가가 압도적으로 증가했다는 점이다. 미혼여성은 늘 경제활동참가가 높았지만 1960년도에는 35세와 44세 사이의 기혼여성 중 36.2%만이 경제활동 중이었다. 그러나

2009년경에는 같은 연령집단 내 81%의 기혼여성이 취직을 하였다(U.S. Bureau Labor Statistics, 2012). 심지어 어린 자녀를 둔 여성들의 경제활동참가의 증가는 더 극적이다. 1970년도부터 2009년까지 어린 자녀를 둔 기혼여성들이 집 바깥에서 직업을 갖게 된 비중이 두 배로 증가했다. 2009년도에 6세 이하의 자녀를 둔 여성 중 62%가 경제활동 중이었다(U.S. Bureau Labor Statistics, 2012).

여성들은 남성들에 비해 더 간헐적인 패턴으로 경제활동에 참여하며 연령과 상관없이 파트타임(비상근)으로 일할 경우가 더 많다. 어떤 여성들은 교육과정을 마치는 동시에 직장생활을 시작하여 은퇴 때까지 일하지만 많은 여성들은 어린 아이들을 돌볼 시간을 만들기 위해 파트타임으로 일하거나 아예 퇴사를 하게 된다. 그러나 젊은 여성들은 경제활동 중에 누군가를 돌보기 위하여 공백시기를 갖는 일이 덜하며 인생 전반에 걸쳐 풀타임(상근)으로 일하게 될 가능성이 높다(Esping–Ansersen, 2009).

경제활동을 들락날락하는 여성들은, 나이가 들수록 그들을 힘들게 하는 불이익들을 경험하게 된다. 파트타임 근로자들은 풀타임 근로자들보다 낮음 임금을 받게 된다. 대부분의 파트타임들은 연금혜택이나 건강보험 등을 포함하고 있지 않다.

비록 전문직, 경영직, 기술직 등에 종사하게 될 요즘의 젊은 여성들의 앞날은 더 밝지만 수천 명의 중년여성들은 시장성이 있는 능력을 거의 가지지 못한 채 노년을 맞이한다.

4) 경제활동참가의 인종적, 민족적 차이

생애 과정에서 인종적, 민족적 차이들이 고용 역사 내에 존재하며 그것들은 노후의 다양한 노동 패턴들로 전환된다. 〈표 10–2〉는 남성과 여성의 경제활동참가율을 나이, 인종 그리고 히스패닉 출신별로 보여준다. 모든 연령대에서 남성들이 여성들보다 높은 경제활동참가율을 보였고 흑인남성들은 백인, 아시아계, 히스패닉계 남성들에 비해 낮은 경제활동참가율을 보였다. 어째서 흑인 노인 남성들은 노동을 덜 하는 걸까? 한 가지 요인은 장애에 대한 위험부담이 크기 때문이다. 흑인남성들은 백인남성들에 비해 고혈압, 순환기 장애, 비만, 신경쇠약 등에 걸릴 가능성이 두 배 이상이다. 다른 요인은 그들 직업의 성격이다. 흑인남성들은 만성건강문제가 생겼을 시에 계속 일하기 힘들거나 불가능할 정도로 육체적으로 힘든 일에 종사하게 될 가능성이 더 크다.

〈표 10-2〉 경제활동참가의 인종적, 민족적 차이

성별 및 연령	백인	흑인	아시아인	히스패닉
남성				
55-54	86.5	75.1	88.7	86.7
55-59	79.7	65.2	87.4	77.1
60-64	61.3	46.7	66.8	57.8
65세 이상	22.1	18.1	24.2	24.5
여성				
55-54	75.3	70.6	75.9	67.7
55-59	69.4	63.6	65.0	60.5
60-64	51.7	44.2	49.3	44.5
65세 이상	13.9	13.3	11.7	13.0

마지막으로 흑인남성들은 인종차별의 역사로 인해 노년에 들어서 실직될 가능성이 더 크다.

여성노인들의 노동추세는 남성들과는 다르다. 히스패닉계의 여성들은 대부분의 연령대에서 다른 여성들에 비해 경제활동참가율이 낮다. 백인여성들은 60대에 경제활동 중일 가능성이 크지만 65세 이상부터는 인종이나 민족 간에 큰 차이가 없다.

5) 경제활동참가의 국제적 추세

대부분의 유럽국가들은 1980년대에 남성노인들 사이의 경제활동참가가 감소하는 것을 경험했다. 이 추세의 큰 원인은, 젊은 근로자들의 실직을 줄이기 위해서 조기은퇴를 권장한 유럽국가들의 구체적인 정책들에 있었다. 프랑스와 같은 몇 국가들은 연금 프로그램의 수령 나이를 낮췄다(Taylor, 2005). 독일과 같은 국가들은 고령근로자의 퇴직을 돕기 위해 장애 프로그램을 확대했다.

〈표 10-3〉는 이러한 정책들의 효과들을 보여준다. 2002년도에 55세와 64세 사이의 독일 남성 47.1%, 이탈리아 남성 41.3%, 프랑스 남성 39.3%만이 고용되어 있었다. 노인 여성들의 경제활동참가 추세는 상당히 다르다. 이탈리아와 헝가리 같은 국가에서는 소수의 여성들만이 집밖에서 노동을 해본 경험이 있었고 여성들의 경제활동참가도가 비교적 높은 국가들도 있었는데 특히 폴란드와 영국이 그렇다.

공공의 프로그램 예산이 커질수록 유럽 국가들은 1980년대부터 권장된 이른 은퇴문화에 대한 우려가 커졌다. 1990년대에는 대부분의 유럽 국가들이 태세를 전환하여 근로자들이 계속 일하도록 하는 방법들을 찾기 시작했다. 어떤 국가들은 공공연금프로그램의 대상자 나이를 높였고 어떤 국가들은 고령근로자가 장애혜택과 실업혜택을 받기 어렵게 만들었다. 예를 들어, 프랑스는 55세 이상의 근로자들이 아예 경제활동을 그만두는 대신에 파트타임 일에 종사하도록 격려하는 정책들을 시행했고 조기은퇴자들의 공공연금혜택을 줄였다(Guillemard, 2003). 그러나 여전히 많은 장애물들이 남아있다. 고용주의 태도에 관련된 국제 연구에 따르면, 어떤 이들은 고령근로자가 가장 비용이 많이 들고 능력이 부족하다고 생각하여 고용하길 꺼려한다. 많은 고용주들은 고령근로자들에게 훈련의 기회나 파트타임 혹은 유동적인 근무시간을 가질 기회를 허락하지 않는다. 더 나아가, 캐나다 출신의 응답자가 말하길, "고령근로자들의 능력에 대한 많은 미신과 추측들은 바뀌어야한다. 고용주는 고령근로자가 일터에 가져오는 강점들과 기여하는 부분들을 발견할 수 있도록 도움을 받아야한다". 이와 비슷하게 영국의 응답자가 설명하길: "나이가 들면서 어떤 부분이 퇴화하고 어떤 부분은 퇴화하지 않는지에 대한 충분한 이해가 부족한 것 같다. 시력, 청력, 기운, 기억력은 퇴화하는 것들이지만 판단력(오히려 나이가 들며 발전할 수도 있다), 사회력(발전할 수 있다), 헌신, 일관성 그리고 회사에 대한 충성심은 퇴화하지 않는 것들이다."(Barusch et al., 2009:593) 이제 유럽의 정책 입안자들이 겪는 어려움은 일할 의지가 있고 성과를 낼 수 있는 고령근로자들에게는 진정한 기회를 주는 것과 동시에 더 이상 노동을 할 수 없는 고령근로자들에게는 은퇴할 기회를 만들어주는 것이다(Taylor, 2005)

〈표 10-3〉 2002년 유럽의 고령근로자 고용률

국가	고용률		
	전체	남성	여성
독일	38.4%	47.1%	29.9%
스페인	39.7	58.6	22.0
프랑스	34.8	39.3	30.6
이태리	28.9	41.3	17.3
폴란드	50.9	61.2	41.9
영국	53.5	62.6	44.7
헝가리	26.6	36.7	18.5
폴란드	26.1	34.5	18.9

2 노동에서 은퇴로의 이행

과거에는 은퇴를 단 하나의 사건, 즉 평생직장을 완전히 떠나는 것으로 바라봤다. 그러나, 갑작스럽게 일생의 직업을 떠난다는 식의 은퇴에 대한 오래된 정의가 부족하다는 생각이 점점 더 당연시 되고 있다. 은퇴란 그보단 더 복잡하고 장기간에 걸쳐 많은 변화들을 동반하는 과정이라고 보는 게 더 옳다. 흔히 많은 사람들은 일로부터 감정적으로 분리하기 시작한다. 풀타임으로 일하게 되더라도 그들은 정신적으로 분리되어있음을 느낀다. 한 설문조사에서는 주 공무원의 거의 2/3가 고령근로자들은 일에 대한 관심이 더 적어보였고 이런 분리는 문제였다고 답했다. 어떤 이유가 고령근로자들이 그들의 일을 대하는 태도를 바꾸는 걸까? 중요한 요인으로는 승진의 기회와 성장, 물질적 보상으로 급여인상을 받는 것 등이 있다. 자신이 침체되었다고 느끼는 근로자들이 가장 분리할 가능성이 많다. 인생의 노년에 들어 일로부터의 분리는 미국뿐만 아니라 세계를 통틀어 일어나는 이슈이다. "세계의 고령화"는 네덜란드에서 일어나는 이러한 현상에 대해 설명한다.

많은 노인들이 그들의 풀타임 직장을 떠날 때 경제활동을 완전히 그만두는 것은 아니다.

오히려 그들은 파트타임 일이나 가교직업을 선택함으로서 점진적으로 일로부터 분리한다.

1) 가교직업

노인 남성과 노인 여성 인원의 1/2~2/3 에 해당되는 인원이 경제활동을 완전히 그만두기 전에 가교직업을 갖는다(Mermin et al., 2007). 〈표 10-4〉에서도 보이듯이, 가교직업에 대한 선호도는 1990년대부터 꾸준히 늘어나는 추세였다(Cahill et al., 2006). 최근 자료는 노년기까지 풀타임으로 근무했던 대부분의 미국 노인들은 경제활동을 완전히 관두기 전에 다른 직장으로 옮겼다는 것을 보여준다(Giandrea et al., 2009).

가교직업을 갖는 사람들은 종종 그들의 평생직업과 같지 않은 직업이나 산업체를 택한다.

세계의 고령화 : 네덜란드에서의 퇴직 전 일로부터의 분리

네덜란드의 연구자들은 노년기의 일로부터의 분리에 대한 연구를 수행했다. 그들은 700명에 달하는 50세 이상의 공무원이거나 대기업에 종사했던 근로자들을 인터뷰했다. 응답한 근로자들은 2001년도에 설문조사를 마쳤고 6년 뒤에 다시 응답하였다. 그들은 그들의 직장에서 얼만큼 열심히 일했는지에 대한 질문들을 받았다. 질문들 중에는 "5년 전에 비해 내 분야의 최근 발전한 부분들에 대해 잘 따라가고 있지 못하다.", "나는 2년 전처럼 여전히 내 일에 동기화 되어있다.", "나는 일하는 시간을 줄이기 위한 모든 기회를 사용한다." 등이 포함되어 있었다. 그들은 새로운 직급, 승진 그리고 훈련의 기회에 대해서도 질문 받았다.

연구자들은 대부분의 근로자들이 어느 정도는 일로부터 분리를 했다는 것을 알아냈다. 더 나아가, 근로자들이 은퇴에 가까워질수록 그들은 일로부터 분리를 더 많이 했다. 전체적으로, 고령근로자들은 자신의 직업에 대해 부담스럽게 느꼈으며 은퇴에 대해 생각하고 말하고 읽는 일이 더 잦아졌다. 또 그들은 대부분 업무에 대한 의욕이 떨어지고 직장에 대한 투자를 줄였다(Damman et al., 2013).

어떻게 생각하나요?

1. 단계적인 은퇴가 고령근로자들로 하여금 직장에 대한 관심을 유지하는데 도움이 된다고 생각하는가?
2. 대부분의 고령근로자들이 젊은이들만큼 열심히 일한다고 생각하는가?

그들은 또한 파트타임으로 일하거나 자영업을 할 가능성이 더 많다. 파트타임 취업(주 35시간 이하로 일하는 것으로 규정된다)은 아주 젊은 근로자들(24세 이하)과 고령근로자들(65세 이상) 사이에서 가장 많이 나타났다. 흥미로운 추세는 65세 이상의 노인들 사이에서 풀타임이 증가한 것이다. 〈그림 10-1〉에 나오듯이, 1977년도부터 65세 이상 사이에서 파트타임 일은 감소했고, 풀타임이 증가했다.

미국노동부는 '자발적 파트타임 일'과 '경제적 파트타임 일' 사이에 차이를 둔다. 자발적 파트타임 일을 하는 사람들은 풀타임으로 일하기를 원하지 않는다. 경제적 파트타임 일을 하는 사람들은 풀타임을 구할 수가 없다. 65세와 69세 사이의 남성근로자들 중에 대략 5%만이 경제적인 이유로 파트타임으로 일하고 있으며 40% 정도는 자발적인 파트타임 일을 하는 사람이었다. 70세 이상의 남성 근로자들 중에서 반 이상이 자발적으로 파트타임 일을 선택했다. 모든 연령대에서 여성들은 남성들보다 파트타임으로 일을 하고 또한 자발적으로 파트타임으로 일 할 가능성이 더 크다. 이와 같이, 가교직업에서 일하고 있는 많은 사람들이 이러한 유형의 취업을 선택하였다.

2) 단계적 은퇴

고령근로자들은 단계적 은퇴를 선택할 수 있다. '단계적 은퇴'는 고령근로자들이 책임을 줄이고 천천히 완전한 은퇴를 할 수 있도록 하는 방식이다. 어떤 회사들은 직원들의 하루 중 근무시간을 줄이거나 주중 근무일을 줄이거나 근무량을 다른 직원과 나누도록 한다(Clark and Quinn, 2002). 단계적 은퇴는 고용주로 하여금 숙련된 근로자를 보유할 수 있는 이득을 주고, 노인들에게는 더 느슨한 속도로 꾸준한 기여를 할 기회를 준다.

사진 : 가교직업을 갖는 사람은 그들의 평생직업과는 다른 일을 시간제 또는 자영업으로 하게 된다.

〈표 10-4〉 1996년도와 2002년도의 성별 현재 고용 지위

	1996년			2002년		
	풀타임 평생직업	가교직업	모름	풀타임 평생직업	가교직업	모름
남성						
취업	42.4%	22.7%	0.7%	14.4%	27.8%	4.7%
비 취업	22.2	10.4	1.5	25.3	22.0	5.8
전체	64.6%	33.1%	2.2%	39.7%	49.8%	10.5%
여성						
취업	51.4%	18.7%	0.5%	17.4%	24.9%	5.2%
비 취업	19.2	8.8	1.3	27.7	20.4	4.4
전체	70.6%	27.5%	1.8%	45.1%	45.3%	9.6%

* 풀타임직으로 평생 직업을 가지고 있었던 적이 있던 사람들의 49세 이후부터의 직업 경험

〈그림 10-1〉 근무형태별 65세 이상 근로자, 1977-2007

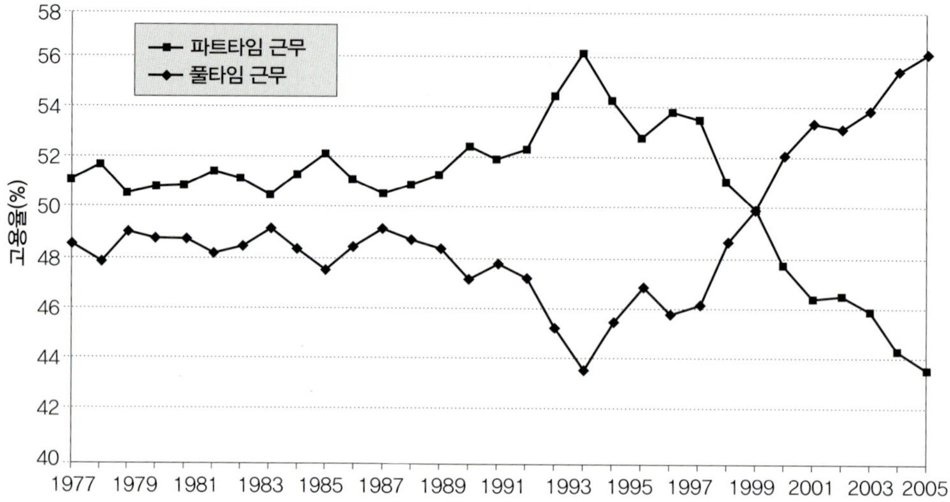

출처: U.S. Bureau of Labor Statistics (2008).

3) 임시직

어떤 고령근로자들은 임시직에 종사한다. 이것은 근로자들을 한시적으로 고용하여 특정 업무를 수행하도록 하는 방식을 말한다. 임시직의 이점은 몇 달 혹은 몇 주만 일하고 1년 중 나머지는 휴식을 취할 수 있도록 노인들에게 유연성을 제공한다는 것이며 또 이론적으로, 이는 은퇴로 쉽게 향하도록 하는 이상적인 가교직업을 제공하는 것이다. 또한 이는 고용주들이 영구적인 책무를 만들지 않고 숙련된 근로자들을 고용할 수 있도록 허락하는 방법이다. 그러나 노인들 사이에서의 가장 임시적인 일은 노동시장의 바닥(아동을 돌보는 종사자, 슈퍼마켓 계산원, 패스트푸드 직원)에서 생기며 고령근로자의 기술을 취하려는 대기업에서 생기는 일은 없다.

4) 고령근로자의 실업

노인들은 젊은이들보다 실직되는 경우가 훨씬 적다. 2010년도에 경제가 불황이었을 때 20세부터 24세 사이 남성의 18%와 같은 연령대 여성의 13%가 실직된 데에 반해 55세부터 64세 사이의 남성 8%와 같은 연령대 여성 6%만이 실직되었다. 고령근로자 사이의 실직률이 낮은 이유는 그들이 새로운 직장을 찾기 때문이 아니라 그들이 직장을 찾는 일을 그만뒀기 때문이다. 좌절한 근로자들, 일 찾기를 포기한 이들은 실직자에 해당되며 노인 남성과 여성들의 실직률은 급격히 증가한다(Schulz and Binstock, 2006).

실업이 주는 손해는 노년기에 더 크다. 고령근로자들은 다른 근로자들보다 새로운 직장을 찾는데 더 많은 시간이 걸린다. 실직 근로자 중에서 25세부터 54세까지의 근로자들은 평균적으로 새 직장을 찾는데 30주가 걸리는 데에 반해 55세 이상의 근로자들은 35주 이상이 소요된다(U.S. Census Bureau, 2014b). 많은 실직근로자들은 구직활동 기간 중에 본인들이 모은 돈을 소진할 수밖에 없지만 고령근로자들은 이로부터 회복할 수 있는 기간 또한 적다.

어쩌면 노년기 실직의 가장 큰 비용은 건강보험 상실일지도 모른다. 노인건강보험(Medicare)은 65세 후에야 효력이 있으므로 이 전에 직장을 잃는 근로자들은 보험에 들게 되지 못하는 위험부담을 안게 된다. 보험에 가입된 미국인의 거의 3/4이 고용인에 의해 건강보험을 취득한다(Quadagno, 2005). 자신의 보험을 직접 구매해야하는 실직근로자들은 보험비용이 급등한 것을 알게 되는데 이는 고용주들은 더 저렴한 그룹요금제의 혜택을 보기 때문이다. 그러나 건강보험을 구매할 수 있는 사람들은 운이 좋은 것인데, 왜냐하면 건강문제가 있는 실직자들은 사적 시장에서는 보험에 가입할 수 없는 위험에 처하기 때문이다. 상업적 보험회사들은 아플 것 같은 사람들에게는 단순히 보험을 팔고 싶어 하지 않는다.

실직자나 해직자들이 건강보험을 유지하도록 돕기 위해 의회는 1985년도에 통합옴니버스 예산조정법(Consolidated Omnibus Budget Reconciliation Act, COBRA)을 통과시켰다. 통합옴니버스 예산조정법은 20명 이상의 근로자를 둔 고용주로 하여금 해고된 근로자에게 그가 근무 중에 받았던 건강보험을 구매할 기회를 주게 하는 것이다. 통합옴니버스 예산조정법이 더 이상 같은 회사에서 근무하지 못하게 된 근로자들에게 보험을 유지하도록 도와주긴 하지만 이것이 실제로 문제를 해결하지는 못한다. 통합옴니버스 예산조정법 정책들은 고용주가 보험료의 일부를 부담하지 않기 때문에 보통 값비싸며 통합옴니버스 예산조정법은 소규모 회사의 근로자들에게는 해당 되지 않는다. 더 나아가 통합옴니버스 예산조정법의 효력은 오직 18개월까지만 유효하다. 18개월이 지난 후에는 근로자들은 통합옴니버스 예산조정법의 자격을 잃는다. 이 문제를 해결하기 위해, 의회는 건강보험의 양도와 책무에 관한 법(Health Insurance Portability and Accountability Act of 1996, HIPAA)을 제정하였다. 건강보험의 양도와 책무에 관한 법은 통합옴니버스 예산조정법의 자격을 소진해버린 근로자들에게 그들의 정책을 개인적인 보험으로 전환할 권리를 준다. 문제는 건강보험의 양도와 책무에 관한 법은 개인에 대한 정책은 합리적인 가격에 제공되어야 한다는 것이 명시되어있지 않다는 것이다(Quadagno, 2005). 그러므로 직장을 잃는 노인들은 여전히 자신의 건강보험을 잃을 위험에 처해있다.

3 경제활동 철회에 영향을 미치는 요인들

일로부터 은퇴로의 전환은 일을 여가로 교환하는 개인의 선호에 의해 일부 영향을 받지만 개인의 통제 밖의 힘에 의해 영향을 받기도 한다. 이번 장에서는 은퇴결정에 영향을 주는 다양한 요인들에 대해 생각해본다.

1) 경제적 인센티브

사회보장은 노인들의 노동행태에 큰 영향을 주었다. 1960년대부터 1990년대까지 남성과 여성 모두 조기은퇴 패널티 비용을 내더라도 연금을 처음 받을 수 있게 되는 62세에 보통 은퇴했다. 허나 최근엔 사람들은 더 오래 일하게 되었고 연금을 받기 위해 더 나이들 때까지 기다린다. 이장의 앞부분에서 봤듯이 지난 10년간 평균 은퇴나이는 2년 정도 증가했다. 그 이유는 사회보장연금이 70세까지 계속 늘어날 것이고 사람들이 이러한 인센티브에 반응하는 것은 명백하다.

어떤 증거는 여성들이 사회보장의 근로 유인책과 억제책에 반응을 덜 보인다고 제시한다. 여성들은 일을 할지 은퇴를 할지 여부를 가족들의 필요와 남편의 연금소득에 따라 정할 가능성이 많다(Flippen and Tienda, 2000). 더 많은 여성들이 본인의 근무이력에서 비롯된 완전한 연금을 받을 자격이 생기면서 그들의 선택 과정들도 바뀔 수 있지만 근래의 자료는 그들이 개인적인 선호 외에 다른 요인들을 고려한다고 시사한다.

장애보험은 사회보장제도의 일부이다. 연금을 받을 자격이 되는 사람들은 나이와 관계없이 매 달 사회보장과 같은 연금을 받는다. 많은 이들은 62세가 되기 전에 은퇴하며 그들은 계속 일할 수 없기 때문에 그렇게 하는 것이다. 장애보험은 장애인 근로자들이 일반적인 경우보다 더 빠르게 은퇴하면서 여전히 안전한 소득원천을 가질 수 있는 방법을 제공한다.

고령근로자들 사이의 경제활동참여 증가의 다른 이유는 확정급여제에서 확정기여제로의 이동이다(14장 참조). 확정급여제는 전통적인 연금이다. 근로자가 특정 나이가 되면 일정 금액을 지급한다. 확정급여제 아래서는 은퇴할 나이를 넘어서 계속 일을 해도 이득이 없는데 이는 근로자의 연금이 추가 년 수에 따라 늘어나지 않기 때문이다. 사실 확정급여제는 "제때" 은퇴하지 않은 이들에 대해서 엄중한 금전적 벌칙을 부과하는 것이 일반적이다.

1970년대부터 다른 종류의 연금제도가 갈수록 인기를 얻었다. 이 새로운 제도는 확정기여제며 기본적으로 세금 혜택이 있는 저축 제도이다. 고용주가 연금계좌로 근로자 연봉의 일정 비율을 납부하거나 근로자가 직접적으로 납부한다. 일반적으로, 근로자가 확정기여제에 더 오래 납부할수록 그들이 은퇴했을 때 더 많은 돈으로 먹고 살게 된다(Johbson, 2012). 그러나 많은 사람들이 이런 자금들의 큰 부분을 주식시장에 투자하기 때문에 늘 주시식시장의 급락과 예금을 잃을 위험이 늘 존재한다. 이에 대해서는 14장에서 더 자세히 논하기로 한다.

1981년도와 2010년도 사이에 확정급여제에 의해 보장되는 근로자들의 수는 58%에서 11%로 감소했지만 확정기여제에 의해 보장되는 근로자들의 수는 20%에서 59%로 늘어났다. 왜냐면 확정기여제는 은퇴 유인을 줄이기 때문에 확정기여제에 가입한 근로자들은 확정급여제에 가입한 근로자들보다 더 늦게 은퇴한다(Munnell et al., 2011). 한 연구에 의하면 확정급여제의 근로자들은 63.9세에 은퇴할 계획이지만 확정기여제의 근로자들은 65.2세에 은퇴할 생각이었다(Munnell et al., 2013).

2) 은퇴자 건강보험 혜택

은퇴자 건강보험 혜택의 침식 또한 사람들이 더 오래 일하도록 장려했다. 과거엔 많은 고용주들이 그들의 은퇴한 직원들을 위해 의료보험료를 지불했다(11장 참조). 지금은 소수의 고용주들이 이러한 비용들을 기꺼이 지불하려고 한다. 건강보험이 없다면 고령근로자들은 대부분 노인건강보험(Medicare) 수급연령인 65세가 될 때까지 일할 가능성이 더 크다(Johnson and Kaminski, 2010). 사람들은 또 건강보험을 취득하기 위해 은퇴 후에 직장으로 돌아가기도 한다(Kail, 2012).

요약하면, 따라서 노년에도 일을 하도록 격려하는 몇 가지의 경제적 유인이 존재한다. 노년기의 노동을 보상하지 않음으로서 이른 은퇴를 부추기는 확정급여제는 401k식의 확정기여제에 무너졌다. 고용주가 후원하는 은퇴자 건강보험들 또한 사라지고 있기에 노인건강보험 수급자격이 시작되기 전의 은퇴 비용이 증가하고 있다. 마지막으로, 만기은퇴연령을 67세로 높이고, 소득조사를 없애고 은퇴를 연기한 이들에 대한 좋은 점을 늘린 최근의 사회보장의 개혁들은 전부 일을 격려하는 것을 도왔다(Johnson, 2012).

3) 연령차별

많은 근로자들이 연령차별로 인해 실직되거나 그들의 현 직장에서 강압적으로 쫓겨난다면 새로운 직장을 찾을 수 없게 된다. 어째서 어떤 고용주들은 고령근로자들에게 편견을 갖는 걸까? 하나의 이유로 고령근로자들은 보통 높은 임금을 받고 회사들은 늘 비용을 절감할 방법들을 찾기 때문이다. 또한 고령근로자들은 젊은 근로자들에 비해 생산성이 낮다고 생각된다. "공공정책의 이슈" 에서 연령차별에 대한 문제와 정책적 해결의 결함에 대해 논한다.

4) 개인적인 결정으로서의 은퇴

경제적인 문제가 은퇴를 결정하는 데에 있어 가장 중요한 요인이었다면 수입이 더 많은 사람들은 더 일찍 은퇴하겠지만 현실은 그렇지 않다. 60대 후반과 심지어는 70대까지 일하는 이들은 가장 많은 부와 높은 소득을 가질 가능성이 가장 크다(Sass, 2016).

그렇다면 개인이 은퇴 결정을 내릴 때 무엇이 중요한 걸까? 은퇴연구 1세대는 보통 자발적과 비자발적 은퇴를 대비시켰다. 자발적 은퇴자들은 본인이 은퇴하고 싶다고 말한 사람들이다;

공공정책에 대한 이슈 : 고용에 있어 연령차별

나이든 남성과 여성 모두, 고용주들이 기꺼이 그들을 고용하고 그들이 은퇴할 준비가 될 때까지 일하도록 허락한다면 노동인구로 남아있을 수 있다. 1967년 고용상연령차별법(Age Discrimination in Employment Act of 1967, ADEA)은 40세부터 65세까지의 근로자들에 대한 차별을 금지했고 고용주들이 합당한 이유 없이 고령근로자를 해고하거나 강등시키거나 급여를 낮추는 행동을 금하였다(Bessey and Ananda, 1991). 그럼에도 불구하고 매년 2만 건 이상 연령차별을 당했다는 주장이 접수되고 그중 가장 많은 비중이 퇴직을 앞둔 나이의 근로자들에 의해 접수되는 것으로 보아 연령차별은 여전히 일어나고 있다(Schrader and Nazarov, 2015). 근로자에게 가장 문제가 되는 것은 차별이 있었다는 것을 입증하는 것이다. 보험대리인 론 하퍼(Ron Hopper)를 예로 들자. 그가 48세였을 때 Allstate는 다른 6,500명의 직원들의 일자리와 함께 그의 일자리를 없앴으며 그들 중 90%는 40세 이상이었다. 해고 이후에 Allstate는 기존 직원들을 독립 계약자로 재고용했다. 론은 Allstate가 은퇴 연금을 아끼고 근로계약법을 피하기 위해 그런 행동을 한 것이라 주장하며 고소했다. 판사는 모든 연령대의 직원들이 같은 대우를 받았기 때문에 Allstate가 연령차별을 한 것이 아니라고 판결 내렸다. 론은 이제 토마스 조지아에서 피자식당을 운영한다(Carpenter, 2004).

고용상연령차별법을 집행하기 위해 취해지는 대부분의 조치들은 본인이 불공평하게 해고되었다고 느끼는 근로자들과 관련되어있다. 그러나 근래 법원결정은 고령근로자들이 고용주를 불법해고로 고소하기 더 어렵게 만들었다. 법원들은 증거제시의 부담을 늘리고 자주 나이와 관련 있는 특정 증거 사용에 제한을 뒀다. 법원은 이제 고용주로 하여금 근로자가 단지 너무 높은 급여를 받거나 너무 많은 연금 크레딧을 쌓기 때문에 해고할 수 있도록 허용한다. 더 나아가, 연령차별로 고소하는 비용은 많은 근로자들이 법원에 고소장을 접수하는 것을 단념하게 한다.

또한 연령차별은 근로자들이 노동시장을 떠날 때보다 근로 중일 때 더 자주 일어난다. 그러나 어떤 사람이 나이 때문에 직장에서 거부당했다는 것을 입증하는 것은 어렵다. 대부분의 사람들은 타 취업지원자들이나 본인들의 자격조건들에 대해서 잘 알지 못한다(Shaw, 1996). 만일 그들이 한 직장에 지원하고 취직이 되지 않는다면 그들은 자신이 면접을 잘 못 봤거나 다른 지원자가 더 나은 자격조건들을 갖췄을 거라고 추측한다. 그러므로 고용주가 고령근로자들을 해고하는 것을 막는 것은 이 문제의 한 부분만 고치는 일이다. 더 큰 문제는 고용주들이 고령 취업지원자들을 공평하게 대하게끔 어떻게 설득하느냐에 있다. 비록 고용상연령차별법이 고용주들이 고령근로자들을 해고하기 약간 어렵도록 만들긴 했지만 고용에 있어서는 작은 영향만 있었다. 이러한 이유들로, 고용상연령차별법은 연령차별을 막는 데에 있어 완전히 효과적이지 않았다.

어떻게 생각하는가?

1. 사람들이 더 오래 일하도록 장려되는 지금, 연령차별법이 더 확장되어 65세 이상까지 포함해야한다고 생각하는가?
2. 당신은 근무지에서 차별당한 적이 있는가?

비자발적 은퇴자들은 직장을 잃었거나 혹은 좋지 않은 건강으로 인해 강압적으로 쫓겨난 것이다(Henretta et al., 1992). 의무적 은퇴는 폐지되었지만 비자발적 은퇴는 아직 없어지지 않았다(Quinn and Burkhauser, 1990).

블루칼러 노동자들 사이에서는 은퇴를 하거나 아니면 공장폐쇄와 같은 위협을 감수하며 계속 일할지 사이에서 결정해야 한다. 화이트칼러 매니저들은 더 낮은 임금을 받으며 남아 있을지 모르지만 다음 주에 합병이나 인수가 일어나 그들의 직장을 잃을지도 모른다. 이러한 선택사항들과 불확실성을 마주하며 다수의 근로자들은 연금 받을 자격이 되었을 때 직장을 떠난다. 그리고 다수가 노동시장을 떠난다. 그들의 은퇴는 자발적인 것인가? 그들이 연금을 받고 회사를 떠난다는 점에서는 그러하다. 계속 같은 연봉을 받으며 직장에 남는 것과 같은 더 마음이 가는 선택들이 사라졌다는 점에서는 그렇지 않다(Hardy and Quadagno, 1995).

사람들이 그들의 직장에 대해서 가지는 감정은 그들이 그 직장을 떠날 때 느끼는 감정에 영향을 미친다. 근로자들은 체력적 노력이나 좋은 시력을 요구하는 직장들로부터 더 빨리 은퇴하는 편이다. 개인적인 삶에 방해가 되는 스트레스가 많은 근무환경, 융통성 없는 근무조건 그리고 근무시간은 은퇴를 더 매력적으로 만든다. 직장에 나가는 것을 즐기는 사람들은 일하기에 좋지 않은 근무조건을 경험하는 이들보다 풀타임직 유지할 가능성이 더 높고 은퇴할 가능성도 더 낮다(Sass, 2016). 직장으로부터 본질적인 보상을 받는 전문가들은 흔히 은퇴를 미룬다. 늦은 은퇴자들은 자신들의 지식과 가치를 전수하거나 개인 성장을 하거나 정체성을 유지하거나 의미 있는 관계들을 유지하기 위해 계속 일한다(Sass, 2016). 반대로, 반복적이고 도전적이지 않은 일을 했던 사람들은 흔히 더 강렬히 은퇴하고자 한다. 그들에게 일의 목적은 다른 것들을 하기 위해 돈을 버는 것이다.

건강은 은퇴를 결정하는데 중요한 또 다른 요인이다. 나쁜 건강은 일을 하기 어렵거나 불가능하게 만들며 근로자들이 은퇴를 계획보다 빨리하도록 만든다. 건강이 좋지 않은 배우자를 둔 것 또한 더 빠른 은퇴를 부추기기도 한다(Van Houtven and Coe, 2010). 사람들은 또한 앞으로 얼마나 살지 스스로 예측하여 은퇴시기를 정하기도 한다. 자신이 앞으로 많은 해를 살 것 같다고 생각하는 사람들은 자신이 몇 년 못살 거라고 생각하는 사람보다 보통 더 늦게 은퇴한다(Khan et al., 2014).

건강이 은퇴의 가능성에 미치는 영향은 근로자들과 은퇴자들의 건강상태를 비교해보면 안다. 〈그림 10-2〉가 보여주듯이, 60세 이상의 사람들 사이에서 근로자들은 은퇴자들에 비해 자신이 좋은 건강상태라고 보고한 사람이 2배였고 자신의 건강이 보통이거나 나쁘다고 보고한 사람은 절반이었다(National Academy on an Aging Society, 2000).

〈그림 10-2〉 근로여부별 60세 이상 미국인의 자기 보고 건강상태

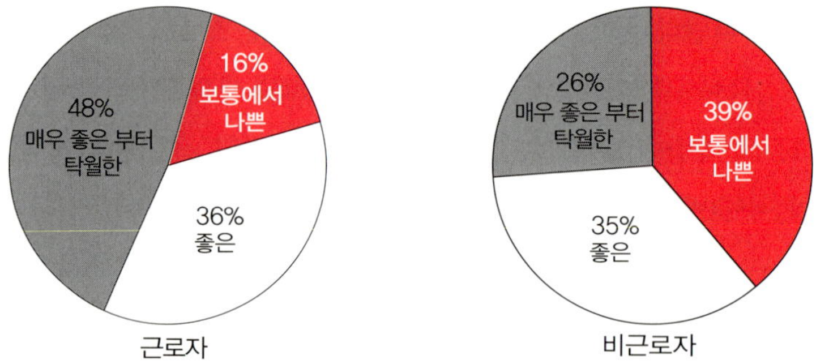

출처: National Academy on an Aging Society (2000).

나쁜 건강 때문에 은퇴시기를 선택하는 데에 있어 인종적 차이들도 존재한다. 앞에서 밝혔듯 평균적으로 아프리카계 미국인들은 보통 나쁜 건강으로 인해 백인들보다 더 빨리 은퇴한다. 장애연금이 그들이 노동시장을 떠날 수 있도록 소득을 제공한다(Hayward et al., 1996).

이 장을 통해서, 우리는 소득이 은퇴계획에 미치는 영향들을 강조했다. 대부분의 사람들은 은퇴하기 위해서 사회보장과 연금을 포함한 여러 출처의 소득이 필요하다. 충분한 소득 없이는 그들은 계속 일해야만 한다. 앞에서 보았듯이 65세부터 69세까지의 사람들은 계속 일하며 사회보장 만기 연금을 받는다. 미혼여성들은 기혼여성들보다 늦게 은퇴하는데 기혼자들이 미혼자들보다 상당히 더 높은 총수입을 갖기 때문이다(Ruhm, 1996).

지식과 계획은 은퇴할 능력을 갖출 때 중요한 요소이다. 은퇴 나이에 가까워지고 있는 사람들을 대상으로 한 설문조사에서 연금을 가지고 있는 상당수의 사람들이 몇 세에 급여를 받을 자격이 되며 은퇴를 했을 때 매 달 연금을 얼마나 받을지에 대해서도 알지 못했다(Ekerdt and Hackney, 2002).

훨씬 더 과거의 은퇴 시기 연구에서는 이를 개인의 다른 삶의 영역과 관련 없는 분리된 경험으로 취급했다(Szinovacz et al., 1992). 이 연구 뒤에 숨겨진 기본적 추측으로는 일은 남자의 삶에만 중요하며 노동의 세계와 가정은 별개의 영역이라는 것이다(Calasanti, 1996). 이런 일과 가정의 분리는 은퇴의 시기까지도 이어질 거라고 간주했다. 여성의 경제활동참가율이 높아지자 사회노년학자들은 가정과 은퇴 경험 사이에 무수히 많은 연결고리들을 찾아냈다. 예를

들어, 계속 일해 온 역사를 가진 여성들은 가정이 우선이라서 간헐적으로 취직했던 여성들보다 은퇴를 더 미루는 편이었다(Pienta et al., 1994).

또 다른 발견은 은퇴시기를 정하는 일이 부부의 경험이 되었다는 것이다. 남편과 아내는 은퇴를 계획할 때 서로를 고려하며 은퇴는 공동의 선택이 된다. 부부가 젊었을 때 자녀 양육에 대한 책임을 협상하고 집안일을 나눴었다면 그들이 은퇴를 공동으로 계획한다고 해도 놀랍지 않을 것이다. 은퇴 계획은 단순히 개인적인 일이 아니라 가족이 함께하는 결정에 더 가깝다(Ho and Raymo, 2009). 전 산부인과 간호였던 휘트니(Whitney) 부인은 그녀의 남편이 은퇴한 후에 은퇴해야겠다고 느낀 압박을 묘사한다:

> "저는 제가 원할 때 은퇴하고 싶었어요. 그런데 제 남편이 은퇴했을 때 남편 혼자 있게 할 수는 없다고 생각하여 저도 은퇴했죠. 저는 아직 완전히 준비가 되지 않았지만 이제는 우리가 그럴 나이가 된 것 같았어요. 저도 이제는 좀 쉬고 어차피 일도 오래 해왔으니 은퇴해도 괜찮다고 보여 졌어요. 하지만 은퇴를 한다는 실감이 나지 않고 꼭 다시 돌아갈 것만 같았죠. 그냥 휴가 중인 것 같았어요. 제가 진짜 은퇴를 했고 다시 일하러 돌아가지 않을 거라는 걸 믿기 힘들었어요. 다시 일하지 않을 거라는 걸 깨닫는데 시간이 걸렸어요."(Weiss, 2005:22).

맞벌이 부부는 같은 시기에 은퇴할 수 있으며 이는 동반은퇴라고 부른다; 아니면 그들은 순차적으로 은퇴할 수 있는데 남편이나 아내가 먼저 은퇴하고 남은 이가 계속 일하는 것이며 이런 패턴은 순차적 은퇴라고 한다(O'Rand et al., 1992). 게다가 아내가 일하고 있다면 남편들이 본인의 여가시간을 온전히 즐기지 못한다는 상당한 증거도 존재한다. 한 연구에 의하면 남성의 62%가 자신의 아내가 함께 은퇴해야만 본인도 즐겁게 은퇴할 수 있다고 말했다(Schirle, 2008). 그렇다면 여성들이 남편에게 맞춰 함께 은퇴하는 것이 가장 흔한 패턴이라는 것이 놀랍지 않게 된다.

어떤 아내들은 남편이 은퇴를 한 후에도 계속 일한다. 은퇴한 여성들에 비교하면 계속 일하는 여성들은 더 큰 가족이 있거나 아직 21세에 못 미친 자녀를 뒀거나 남편이 건강문제로 은퇴한 경우가 많다. 아내가 은퇴한 뒤에 남편이 계속 일하는 경우는 부모에게 의존하는 자녀가 같이 살 가능성이 높다. 이런 남성들에게 연상의 아내가 있는 경우도 있다(Ruhm, 1996).

공동은퇴는 부부가 여력이 될 때 하는 선택의 유형이다. 그리고 이는 결혼 초기에 일과 가족 역할을 분담한 부부에게서 더 흔한 일이다(Henretta et al., 1993). 순차적 은퇴는 사회경제적 지위가 낮은 편이고 수입이 불충분하기 때문에 남편이나 아내가 계속 고용된 상태여야 하는 가족들에서 많이 나타난다(O'Rand et al., 1992).

독신 여성들의 은퇴 결정도 가족 문제에 영향을 받는다. 미혼 여성이 은퇴를 할 가능성은 만일 집안에 나이든 부모가 하나 있으면 극적으로 높아지고 부모가 둘 다 나이가 많다면 더욱 그러하다(Weaver, 1994). 허나 나이든 부모를 돌보는 일은 추가적인 경제적 비용이 들며 다수의 독신 돌봄제공자들은 부모님을 돌보면서 추가적인 비용들을 대기 위해 계속 일해야만 한다(Ruhm, 1996).

근래의 합의는 일로부터의 은퇴는 단 하나의 사건이 아니라는 것이다. 호히려, 노년의 노동은 새로운 종류의 직업들과 일하는 시간의 축소를 수반하는 동적인 과정이다(Elder and Pavalko, 1993). 현대 삶의 과정을 세단계로 나눈 간단한 구성 즉, 교육(혹은 경제활동 준비)과 경제적 활동 그리고 은퇴, 이것은 더 이상 다수 근로자들의 노년기 패턴에는 맞지 않는다. 은퇴의 의미가 무엇인지에 대해 질문하는 대신, 사람들이 어떻게 일에서 은퇴로의 전환을 하는지 탐구하는 것이 더 적절하다. 71세의 카즈 후지모토(Kaz Fujimoto)는 2004년도에 은퇴한 뒤에 일로 복귀한 이유를 곧 나오는 "그들의 목소리"에서 설명한다.

5) 은퇴의 미래 추세

당신은 몇 세에 은퇴하고 싶은가? 55세에 은퇴할 생각이었다면 다시 생각해보라. 이 장에서 논한 추세는 미래에 사람들은 더 늦게 은퇴할거라고 제시한다. 늦은 은퇴에 기여하는 요인들 중 일부는 다음과 같다.

1. 노인들의 증진된 건강
2. 체력적으로 힘든 일들의 감소
3. 확정급여제의 감소

4. 은퇴자 건강 혜택의 감소
5. 70세까지 일할 시에 받는 사회보장 인센티브

동반은퇴는 부부 둘 다 동시에 은퇴할 때이다

그들의 목소리 : 은퇴 후 일로의 복귀

제가 65세가 되던 해인 2004년도에 사회보장 연금이 시작되었습니다. 41년 동안 소유했던 사진관을 팔고 은퇴했을 시기였습니다. 그렇지만 낚시나 골프를 즐기는 데에도 한계가 있죠. 그래서 저는 이제 운동용품 판매매장에서 풀타임으로 복귀하였습니다.

몇 가지 비용들을 갚고 나면 다시 은퇴하길 희망하고 있고, 그런 뒤에는 아내와 여행을 다니고 싶어요. 어쩌면 제 아내의 출신지인 동쪽, 디트로이트(Detroit)로요. 저희 사업은 좋은 시기도 있고 나쁜 시기도 있었기에 은퇴 비용을 많이 모아놓지 못했어요. 사회보장이 저희를 지지해줄 거라고 생각했어요. 그리고 지금 그것이 없다면, 상황이 많이 어려워질 거 에요.

출처: 후지모토(Fujimoto, 2011)

4 은퇴자의 삶

1) 은퇴 만족

중년의 대부분의 사람들에게 일이 중요하다는 점을 생각했을 때, 은퇴로의 전환은 개인의 사회적 영역, 인간관계 그리고 매일의 일상을 바꿔놓는 갑작스러운 적응을 포함한다. 긍정적으로 보았을 때 은퇴자들은 어린 시절 이래로 그 어느 때보다 더 많은 자유와 독립성을 갖게 된 것이다. 그러나 은퇴자들은 분명한 목표가 있는 구조화된 삶을 그리워할 수도 있으며 직업을 통해 갖게 되는 사회적 지위를 상실했다고 느낄 수 있다(Kin and Moen, 2001).

대부분의 경우, 은퇴의 행복은 좋은 건강과 관련이 있다(Angelini et al., 2012). 적절한 수입 또한 삶의 만족에 있어 중요한 예측변수이다. 앞선 계획은 은퇴의 만족에 기여한다. 자발적 은퇴자들은 은퇴에 있어 높은 만족도를 보고하는 반면 비자발적 은퇴자들은 가장 부정적인 전환을 경험한다(Szinovacz and Davey, 2004).

가족지위 또한 은퇴 만족에 중요한 영향을 미친다. 기혼자들은 미혼자들에 비해 은퇴에 대해 더 긍정적인 태도를 가지고 더 높은 만족과 더 나은 적응기를 갖게 된다. 아내의 사회적, 감정적 지지는 기혼 남성들에게 특히 더 중요하다(Szinovacz and Washo, 1992). 결혼이 은퇴 만족에 미치는 긍정적인 효과에도 불구하고 만일 부부 중 한사람만 먼저 은퇴하고 나머지 한사람은 일하게 된다면 대부분 결혼의 질은 떨어지게 된다. 남편과 아내가 같은 시기에 은퇴하게 되면 남편은 특히 결혼 생활에 더 행복감을 느낀다. 부부가 은퇴 생활에 적응을 할수록 결혼의 갈등은 줄어들고 결혼의 만족은 다시 높아진다. 분명히 은퇴는 다른 중요한 역할 전환들과 마찬가지로 중대한 적응들을 포함한다.

네덜란드에서 실시된 연구에서 발견된 흥미로운 점은 여성들이 남성들보다 은퇴에 적응하는데 더 어려움을 겪는다는 것이다. 하나의 이유로는 여성들은 은퇴 전에 가졌던 가정 내의 책임들을 은퇴 후에도 여전히 갖기 때문일 수 있다. 그렇기에 은퇴는 그들이 여가의 시기로 진입한다는 의미가 아니다. 다른 이유로는, 보통 여성들이 남성들보다 우울감이나 고통 혹은 다른 부정적 감정들을 느낀다고 인정하기 때문이다(Van Solinge and Henkens, 2005).

여가 활동들에 참여하는 것 역시 삶의 질에 긍정적인 영향을 준다. 19개 국가의 60세 이상을 대상으로 한 국제 연구에서 응답자들에게 아래 다섯 가지 중 포함되어있는 활동이 있는지 물었다: 자원봉사, 교육 프로그램, 사회적, 스포츠나 다른 종류의 동호회, 종교적 단체 그리고 정치적 혹은 지역사회 일. 여가 활동에 포함되어 있었던 사람들은 그렇지 않은 사람들에 비해 높은 삶의 질을 누린다고 답했고 삶의 질을 위한 여가 활동의 중요성은 나이가 들수록 더 커졌다(Nimrod and Shira, 2016).

마지막으로 은퇴 만족은 조기은퇴계획과 관련이 있다. 한 최근 설문조사에서 중년 근로자들의 76%가 은퇴를 위한 재정적 계획을 끝냈다고 했지만 소수만이 생활양식 계획도 함께 했다. 그렇지만 계획은 은퇴를 마주하는 긍정적인 자세에 대한 가장 큰 예측변수였다. 은퇴 계획은 경제활동을 떠날 때 생기는 긴장들을 줄일 수 있으며 그 뒤로도 적응하는 것을 도울 수 있다(Kim and Moen, 2001).

종합하면 충분한 소득과 좋은 건강을 가졌고 적절한 환경에서 살며 만족스러운 사회적 지원 체계에 접근할 수 있는 남성과 여성은 그렇지 못한 이들에 비해 은퇴에 대해 더 만족하는 경우가 많다. 지위적 요인들과 은퇴 만족 사이의 관계는 직설적이다: 재정적으로 안정적이기도 하고 즐길 거리도 많은 생활양식은 만족의 원천이다.

은퇴는 지위 변화의 의미뿐 아니라 과정, 즉 근로자에서 실업자로의 전환의 의미도 있다. 어떤 연구에서 만족의 정도는 전환 과정을 어떻게 경험했는지에 달려있다고 제시한다. 은퇴 단계에 대한 초기 연구들은 어떻게 비자발적 은퇴가 노년의 불만족을 만들어냈는지를 강조하였다. 자발적 은퇴에 절대적인 의미가 없다고 가정했을 때 조기은퇴 경험의 어떤 면들이 조기은퇴 만족에 가장 많이 기여할까? 하나의 요인은 언제 은퇴할지 정할 수 있는 것이다. 강제로 하는 은퇴는 은퇴의 불행과 연관되어 있다. 갑자기 해고된 어떤 남성이 말하길, "당황스러웠어요— 저에게도 큰 차질이었고 제 아내에게도 큰 차질이었어요. 마치 공평한 판결 없이 선고를 받은 기분 이었어요"(Weiss, 2005: 36)

그러므로 은퇴로의 전환에 관한 문헌들은 은퇴의 선택이 자발적인지 또는 비자발적인지 그리고 조기은퇴 주기의 일시적 측면에 관련된 경험들이 은퇴 후 만족을 만들게 된다고 제안한다.

2) 일상적 활동과 건강

스테판 네이단(Stephen Nathan)이 62세였을 때 그의 아내는 지역 대학에서 인력 개발 부장으로 일하던 그가 은퇴하도록 설득했다. 그는 이제 어느 때보다도 바쁘다. 자원봉사자 소방대원으로서 매 주 월요일 밤마다 훈련에 참석하고 자고 간다. 일주일에 하루나 이틀은 집을 떠날 수 없는 80대와 90대 노인들에게 식사배달을 한다. 그는 골프도 치고 YMCA에서 운동도 하며 전장들을 답사하고 군 역사 도서들도 수집한다(Greenhouse, 2013). 대부분의 은퇴자들은 바쁘고 활동적인 삶을 유지하고 그들의 가족과 지역사회 내에서 생산적인 역할을 한다. 어떤 이들은 쇼핑하기, 골프나 카드게임, 여행 그리고 사교활동 등 개인적 만족을 위하여 여가활동에 참여한다. 어떤 이들은 자신의 손주나 다른 가족 구성원들을 돌보거나 단체에 참여한다. 나이가 들면서 개인의 사회연결망 크기는 줄어들지만 대부분의 노인 남성과 여성은 이웃들과 사교하거나 자원봉사를 하거나 종교적 행사들에 참여함으로서 사회적 연결감을 유지할 수 있다(Cornwell et al., 2008).

놀랍지 않게, 여가시간 추구의 본질은 생애과정 동안 변한다. 연소 노인들은 테니스를 치거나 자전거를 타고, 초고령노인은 자연에서 산책하거나 골프를 치거나 경치를 즐긴다. 미국 노동통계국에 의한 시간 사용에 관한 연구에서 평균적인 날, 25세부터 34세 사이의 사람들은 여가활동을 하는데 있어 하루에 4.4시간을 사용하는 것에 비해 75세 이상의 사람들은 거의 8시간을 사용하였다는 것을 밝혔다. 노인들은 또한 그들의 여가시간을 어떻게 보내는지에 있어서 젊은 성인들과 달랐다. 75세 이상의 사람들은 평균적으로 주말에 하루에 한 시간 독서했고, 20분 동안 게임을 하거나 여가로 컴퓨터를 사용했다. 이와 반대로 15세와 19세 사이의 젊은 성인들은 평균적으로 주말에 하루 7분만 독서를 했고 한 시간 동안 게임을 하거나 여가로 컴퓨터를 사용했다(미국노동통계국, 2013). 당신은 보통의 날이나 주말에 시간을 어떻게 보내는가? 여가시간 활동들과 단체들에 참여할 때 가장 중요한 제약들은 경제적 자원의 부족과 나쁜 건강이다. 저소득 노인들은 기본적인 필수품들에 그들의 전 재산을 써야 한다; 그들에겐 여가 참여를 추구할 수 있는 재량 소득이 부족하다.

특히 고령빈곤자에게 해당되는 문제인 교통수단의 부재는 활동 참여를 막는 또 다른 장벽이다. 도시지역에서 좋은 지역 서비스들은 노인들이 계속 활동적이고 참여하도록 돕는다. 생활환경 또한 차이를 만드는데, 이는 9장에서 더 자세히 다룬 주제이다. 건강하지 않은 사람들은 건강한 이들보다 더 수동적인 활동들에 참여하는 경향이 있다; 가장 건강이 나쁜 사람들은 가장 비활동적이다(Cutler and Hendricks, 1990). 85세 이상인 다수의 최고령노인들은 그들의 이동성이 제한되며 자신의 건강 문제들을 중심에 두고 활동들을 조직해야한다. 이러한 사람들에게 일상의 기본적인 활동을 해내는 것은 시간 소모일 수 있다. 여성노인이 자신의 보통 날에 대해 묘사했다:

> 하루를 시작하기 전에 화장실에서 30분 정도는 거뜬히 씁니다. 그리고 저는 아침식사를 하고 신문을 읽어요. 여기까지 꽤 많은 아침시간이 소요되었고 점심을 만들고 먹는데 두 시간이 걸려요. 점심을 먹은 뒤에 저는 낮잠을 자야해요. 그렇지 않으면 저녁 전에 잠들고 말아요. 밤에는 저녁식사를 하고 뉴스를 보고 잠에 듭니다. 저희 같은 노인들에게 저녁 생활이란 없어요. 저흰 저녁엔 절대 밖으로 나가지 않습니다.(Johnson and NBarer, 1997:135)

비록 노인들은 그들이 젊었을 때 즐겼던 활동들을 계속해도 되지만 보통 그들은 타협을 한다. 이 88세의 전 희극연기자는 비록 그의 악화되는 건강에 맞추긴 해야 하지만 여전히 항상 즐겼던 활동들을 계속 즐긴다고 설명했다:

> 어제 저는 지붕위에 올라가서 홈통을 청소했어요. 정말 끔찍했죠—제가 밑으로 내려올 수 있도록 이웃을 불러야했어요. 가벼운 뇌졸증에 걸려본 적이 있고 두 번 넘어진 적도 있어서 예전에 하던 것들을 이젠 할 수 없어요. 그 모든 것들을 불구하고 저는 꽤 괜찮아요. 이제 수영도 트랙을 세 번만 반복해요. 제 기억력은 나빠져서 예전같이 새로운 노래들을 배울 수 없어요. 이 집을 치우는데 들어가는 모든 시간이 지겹게 느껴져서 러그들을 모두 버렸습니다.(Johnson and Barer, 1997:141)

흥미로운 발견은 노인들의 활동들은 다양한 환경에서 유사하다는 것이다. 독일 연구원들은 보통의 날에 노인들이 어떻게 시간을 보내는지 알고 싶었다. 그들의 베를린 고령화 연구는 70세와 105세 사이의 남성과 여성 516명을 포함했다. '어제 인터뷰'라는 측정도구를 사용하여 참여자들에게 연구원들과 인터뷰를 하기 전날 활동들의 종류, 소요시간과 빈도를 기록하도록 요청했다. 활동들은 여덟 개의 주요 범주로 나뉘었다: 기본적인 자기관리(먹기, 씻기, 이 닦기), 도구적 일상활동들(IADLs-집안일, 요금내기, 쇼핑하기), 수입이 있는 일, 타인과의 사교활동, TV 시청, 독서, 다른 여가활동, 휴식하기. 〈그림 10-3〉은 참여자들이 매일 하루 중 얼마의 시간을 각 활동에 쓰는지 보여준다. 그들은 도구적 일상활동을 하는데 가장 많은 시간을 썼고, 다음이 휴식하기, TV 시청 그리고 자기관리다. 90세 이상의 참여자들은 70대와 80대의 노인들에 비해 자기관리와 휴식하기에 상당히 더 많은 시간을 썼다.

전반적으로 대부분의 노인들은 많은 젊은이들에게는 벅차게 보이는 성가신 일들을 극복해낼 방법들을 찾고 일상의 일들을 성취감과 밝은 기운으로 해낸다. 미래에 초고령 노인들이 겪는 장애들마저 줄어든다면, 노인들은 그들의 대부분의 은퇴 기간 동안 활동적으로 살 수 있을지 모른다.

3) 자원봉사

1970년대부터 미국인들은 지역사회 프로젝트에 점점 덜 참여해왔다. 1975년도에 설문조사에 답한 성인 5명 중 2명이 지난해에 어떤 지역사회 프로젝트에 참여했었다고 말했다. 이렇게 답한 인원은 1999년도에는 3명중 1명도 되지 않았다. 그러나 1975년도부터 1대1 자원봉사는 늘어났다. 사람들은 학교나 큰 형(Big Brother), 큰 언니(Big Sister) 프로그램에서 혹은 수양 조부모로서 자원봉사를 한다. 최근의 연구는 베이비붐세대가 앞선 세대보다 자원봉사를 더 자주한다는 것을 발견했다. 이는 미래에 베이비붐세대가 나이들 수록 자원봉사자가 더 많을 거라는 것을 시사한다(Einolf, 2009).

타인에게 개인적인 서비스를 제공하는 새 자원봉사자들은 누구인가? 사실상 자원봉사 전체 증가는 60세 이상의 사람들 사이에 집중되어있다.

〈그림 10-3〉 독일노인들은 그들의 하루를 어떻게 보내는가

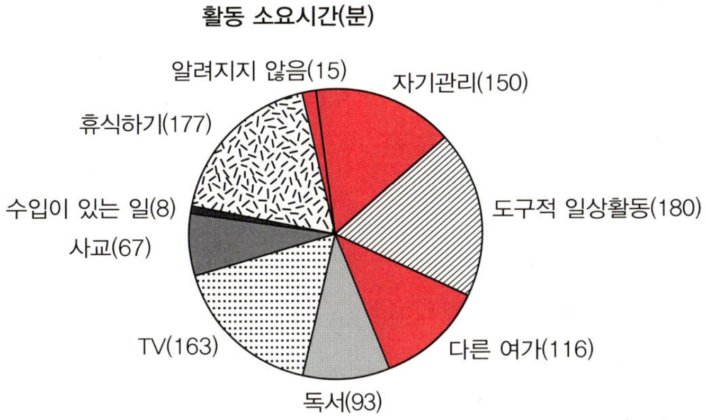

출처: Horgas and Baltes (1998).

20세기의 마지막 사분기에서 노인들의 자원봉사는 1년에 6번에서 12번으로 두 배 늘어났다. 75세 이상의 노인들 사이에서는 자원봉사 활동이 140% 늘었다(Putnam, 2000).

노인들 사이의 자원봉사 활동 증가의 원인은 무엇일까? 몇 가지 요인에 있다. 요즘의 노인들은 전 세대보다 건강도 훨씬 더 좋고 교육도 많이 받았으며 재정적으로도 안정적이다. 그들은 전 세대 사람들보다 더 길고 활동적인 은퇴 후 삶을 즐긴다. 시간일지는 지난 20~30년 동안 60세 이상의 노인들이 가지게 된 자유시간의 상당한 증가를 보여준다. 놀랍지 않게도 건강이 나쁘고 수입과 지출의 균형을 맞추려고 안간힘을 쓰는 사람들보다는 개인적, 재정적 자원을 가진 사람들일수록 자신의 시간을 들여 자원봉사를 한다. 그러나 사회학자들은 코호트 효과도 발견했다. 2차세계대전 때 태어난 남성과 여성은 그들의 전 세대나 후 세대의 사람들보다도 평생 동안 시민적인 일에 참여해왔다. 이제는 은퇴를 하며, 그들은 평생 동안의 훌륭한 시민의식을 지속한다.

자원봉사가 타인에게 이득을 주지만 자원봉사자 본인들에게도 이득을 준다(van Willigen, 2000). 고혈압의 위험을 낮춰주거나 장애를 늦춰주거나 사망률을 낮춰주는 식의 여러 건강 관련 이점이 있어 보인다(Carr et al., 2015; Kail and Carr, 2016). 자원봉사는 노인들을 역할 정체성의 상실로부터 보호해주고 행복감을 증가시킨다(Greenfield and Marks, 2004).

자원봉사와 행복의 관계에서 찾은 증거는 노화의 활동 이론을 뒷받침한다—생산적이고

사회적 네트워크를 유지한 노인들은 활동들로부터 자신을 분리한 노인들보다 인생에서 더 높은 차원의 만족감을 얻는다(Morrow-Howell et al., 2003). 86세인 하우지(Hauge)부인은 혼자 살면서 짧게 버스를 타고 갈만한 근처 YWCA와 노르웨이 클럽을 방문한다. 그녀는 큰 친구 네트워크와 다양한 관심사도 가지고 있다.

> 저는 YWCA에서 거의 살다시피 해요. 1주일에 세 번 그곳에 가서 브리지도 하고 운동도 하고 친구들도 만나요. 화요일에 YWCA를 다녀온 다음에는 친구와 놀러가요. 친구는 꼭 저와 같아요—항상 돌아다니고 싶어 하죠. 수요일에는 아직 운전을 할 수 있는 다른 친구가 있어요. 그녀가 저를 데리러 오면 저흰 쇼핑도 하고 점심도 먹으러 가요. 목요일은 노르웨이 클럽의 Golden Age Day예요. 노리에가(Noriega) 17번 버스가 저희 집 앞에 멈췄다가 바로 그곳으로 가요. 금요일 오후에는 센터에서 빙고가 있어요. 거기에서 저에게 관심을 갖는 남자가 저와 데이트를 하고 싶어 했는데 저는 그러기엔 너무 바빠요. 주말에는 제 작은 아들이 오면 저는 저녁식사를 요리해요. 그러고 나면 몇 주마다 한 번씩 집에 남아서 청소를 해요. 저는 사람들을 좋아하고 브리지 하는 걸 좋아하고 빙고도 좋아하고 친구들과 점심을 먹으며 앉아있는 것도 좋아해요. 아주 많이 놀러 다녀요. 노르웨이 클럽에서 춤도 많이 춰요. 제 또래 사람들과 함께 있는 게 좋고 특히 노르웨이 사람일수록 더 좋아요.(Johnson and Barer, 1997:116)

이 코호트가 사라진다면 시민의 삶은 어떻게 될까? 지금까지는 베이비 붐 세대의 사람들은 그들의 부모 세대보다 시민과 지역사회 문제에 참여하려는 경향을 훨씬 적게 보였다. 과거에 봉사활동 참여율은 노화와 함께 증가했으며 대부분의 50대와 60대의 사람들은 동호회나 시민단체에서 가장 활동적인 편이었다. 이러한 시민적 참여의 증가는 베이비 붐 세대의 사람들에게 아직 일어나지 않았다. 물론 모든 종류의 시민적 참여는 감소했고 가장 큰 이유로, 굉장히 시민적 의식이 강했던 세대가 그보다 의식이 덜한 세대와 교체됐기 때문이다. 그러나 20대의 젊은 미국인들은 몇 십 년 사이에 가장 시민 의식이 뛰어난 세대다. 그들이 보여준 자원봉사에 대한 전념은 미국이 어쩌면 시민재생의 시대로 들어가고 있음을 시사한다(Putnam, 2000).

4) 종교활동 참여

이미 보았듯이 노인들 사이에서 가장 흔한 형태의 봉사 활동은 종교단체에 참여하는 것이다. 노인 자원봉사자들의 거의 65%가 교회나 유대교 회당이나 회교 사원에 자신의 시간을 기부한다(van Willigen, 2000).

종교적 활동은 다양한 인구학적, 사회적 특성들에 연관되어있다. 여성들은 남성들보다 종교적 단체들에 포함되어있는 경향이 많고 기도는 그들에게 중요하다고 말한다. 모든 측정에서 그런것은 아니지만 일반적으로 나이가 들수록 신앙심은 더 커지는 경향이 있다. 예를 들어, 18세 이상의 아프리카계 미국인들의 국내 설문조사의 응답자들 사이에서 신앙심의 주관적 의미는 노인 응답자들 사이에서 더 강했다. 그러나 노인들은 조직 활동과 종교적 참여에 있어서 젊은이들과 다르지 않았다(Chatters et al., 1992).

예배에 참여하는 공적인 경험부터 기도를 하거나 TV에서 종교적 프로그램을 시청하는 등의 개인적인 활동들까지 사람들은 자신의 믿음을 수많은 방법으로 표현한다. 예배 참여는 흔히 사용되는 신앙심의 척도이지만 종교의 비조직적인 부분인 믿음과 영성은 똑같이 중요하다.

(1) 종교활동의 인종적 차이

대부분의 연구는 종교적 활동의 인종적 차이들을 기록했다. 아프리카계 미국노인들은 백인들보다 다양한 종교적 활동들에 속해 있는 경우가 많다. 그들은 교회 참여율이 더 높고 자신을 종교의식이 있다고 더 정의하는 편이고 종교적 가르침을 더 잘 받아들이며 자신의 문제들에 대해서 성직자와 이야기하는 경우가 더 많다(Levin et al., 1994). 아프리카계 미국노인들은 교회와의 관계에서 정서적 지지와 더불어 도구적 지지도 함께 받는다. 예를 들어, 자녀가 없는 흑인 홀아비는 그의 교회 집사로부터 꽤 큰 도움을 받았다:

> 그는 저를 교회에 데려가고 병원에도 데려가고 제가 필요할 때 볼일도 대신 봐줍니다. 그는 저를 위해 늘 봉사합니다. 가끔 차에 작은 문제가 생기면 그가 고쳐줍니다.(Ball and Whittington, 1995:101)

종교적 공동체의 참여는 그들의 인생 경험에서 의미를 찾을 수 있도록 틀을 제공하고 비슷한 가치와 자세와 신념을 가진 이들과 교류할 기회를 제공한다. 아프리카계 미국인의 전통에서 종교는 인종적, 경제적 차별을 극복할 수 있도록 중요한 개인적, 도구적 자원들을 제공하기도 한다. 르빈(Levin), 테일러(Taylor), 채터스(Chatters) (1994:137)가 설명하길 "아프리카계 미국인의 종교적 전통들의 탄력성은 그들의 치명적인 삶의 환경들을 맞서는 능력, 즉 자신들의 향상을 위한 대체 가능한 방법들을 얻고 그러한 경험들에서 다양한 의미를 찾기 위함에서 찾아볼 수 있습니다."

(2) 종교적 관여와 행복

노화의 적응에 대한 종교의 영향에 대한 연구는 종교가 건강을 개선하고 장애를 줄이며 자존감을 높이고 우울증의 증상들을 감소시키고 인생 만족도를 높인다고 밝혔다(Levin and Taylor, 1997). 한 연구는 우울증의 비율이 종교적 예배에 규칙적으로 참여하는 카톨릭교와 유대교의 노인들 사이에서 낮게 나타난다는 것을 밝혔다(Kennedy et al., 1996). 많은 사람들에게 종교는 고통과 상실 그리고 죽음에 대한 확신을 초월하도록 돕는 인생의 의미를 준다(McFadden, 1996).

종교가 평안과 지지를 제공한다는 증거는 상당하다. 수많은 연구들이 종교와 고혈압, 암과 같은 다양한 건강 지표들 사이의 긍정적인 관계를 보여줬다(McFadden, 1996). 노인의 정신건강에 대한 연구들 또한 종교적 신념이 행복에 긍정적인 영향을 미친다고 제시했다. 65세부터 80세 사이의 멕시코계 미국인을 조사한 연구에서는 종교적 예배에 자주 참여한 이들이 그렇지 않은 이들에 비해 더 높은 삶의 만족과 낮은 수준의 우울증을 가졌다는 것을 밝혔다(Levin et al., 1996). 그러나 장애가 증가하고 건강이 좋지 않으면 사람들이 종교적 활동에 참여하지 못할 수 있으므로 이러한 조사들의 결과를 해석할 때는 주의가 필요하다.

돌아보기

1. 일하는 미국인들의 비율은 시간이 흐르며 어떻게 변했고 근로자들의 성별, 나이 그리고 인종적, 민족적 집단은 그들의 취직률에 어떤 영향을 주었는가?

1970년도부터 1990년도까지 미국의 남성들 사이에서 꾸준한 경제활동참가의 감소가 일어났다. 지난 10년 동안 이런 동향은 중단되었고 노인 남성들 사이에서 약간의 노동 증가가 생겨났다. 여성들의 추세는 알아보기 더 어렵다. 어떤 노인 여성들은 일찍 은퇴하지만 어떤 여성들은 중년에 들어설 때 경제활동에 참여하여 충분히 노년기까지 일하기도 한다.

일생동안의 취업 이력에서 겪은 인종적, 민족적 차이들은 중년기와 노년기에 각각 다른 경제활동참가의 유형들을 만들어낸다. 백인 근로자들에 비해 높은 소수인종 근로자들의 실직률은 소수인종 근로자들의 이른 은퇴를 부추긴다. 그러나 히스페닉계 노인 남성들은 사회보장 급여의 자격이 되지 않기 때문에 계속 일하는 경우가 많다.

2. 고령근로자들의 취직 가망성은 어떠하고 연령차별로 인해 어떤 영향을 받는가?

어떤 고령근로자들은 풀타임직에 근무하길 선택 한다; 다른 이들은 자신의 일에 대한 노력을 낮추고자 한다. 가교직업은 평생직장에서의 풀타임 고용과 영구적인 은퇴 사이의 기간을 이어준다. 임시직 일의 확대는 고령근로자들에게 기회를 제공하지만 현재로선 이러한 직장들은 대부분 노동 시장의 밑바닥에 위치하며 고령근로자들의 특별한 기술들을 이용하지 않는다.

고용상연령차별법이 40세부터 65세 사이의 근로자들에 대한 나이 차별을 금지하긴 했지만 고용주들이 고령근로자들을 차별하도록 허락하는 많은 허점을 포함한다. 고용주들은 보통 낮은 임금을 받는 젊은 근로자들을 고용하길 선호한다. 어떤 고용주들은 고령근로자들이 젊은 근로자들에 비해 덜 생산적이라고 잘못 추측한다. 그러나 연구는 고령근로자들이 더 믿을 만하고 고용주에게 더 충성스럽다는 것을 보여준다.

3. 개인들은 언제 은퇴할지 어떻게 결정하는가?

경제에 의해 부과된 제약들 내에서 사람들은 일과 여가를 맞바꾸고자 하는 열망에 기초하여 은퇴시기를 결정한다. 은퇴 결정의 시기는 직장의 규율, 일의 의미, 건강, 예측되는 수입 그리고 배우자의 직장 계획과 같은 요인들로 인해 정해진다.

4. 개인의 상대적인 은퇴에 대한 만족은 어떠한 개인적인 요소들과 관련이 있는가?

은퇴에 대한 만족은 부분적으로 생활양식의 요소들에 달려있다. 적절한 수입과 좋은 건강 그리고 사회적 지지체계를 갖춘 사람들이 가장 은퇴에 만족할 가능성이 크다. 비자발적으로 은퇴하는 사람들은 가장 덜 만족할 가능성이 크다. 노화하는 부모나 병든 배우자를 돌봄과 같은 가족 문제로 인해 은퇴하는 여성들은 가장 불만족 한다.

5. 자원봉사가 은퇴자들의 행복에 어떻게 영향을 주는가?

자원봉사는 삶의 만족을 증진시키고 건강도 개선한다. 이는 또한 일을 그만두며 생길 수 있는 역할 정체성 상실로부터 지켜준다.

고령화에 관해 생각하기

1. 많은 노년 여성들이 아프거나 노화하는 친척들을 돌보기 위해 경제활동을 그만둔다. 그렇게 함으로서 나중에 사회보장 연금을 놓치게 된다. 정부가 이런 무보수 일을 하는 여성들에게 보상을 주어야 할까? 그렇게 하게 되면 어떤 실질적인 문제들이 있을까?
2. 직장과 건강보험을 잃었지만 은퇴할 만큼 나이가 들진 않은 고령근로자들을 정부가 도와주기 위해서 무엇을 할 수 있을까?
3. 정규직 근로자들과 동일한 혜택들을 받지 못하는 임시직 근로자들을 고용하는 추세에 대해 어떻게 생각하는가? 고령근로자들이 그렇지 않았으면 가질 수 없던 고용 기회들을 제공하는 것일까 또는 그들의 안녕을 약화시키는 것일까?

4. 당신의 가족 중에 그의 혹은 그녀의 나이 때문에 차별당한 적이 있는가? 그렇다면 어떤 상황이었는가?
5. 당신은 얼마나 빨리 은퇴하기를 희망하는가? 왜 그러한가?

핵심용어

- 1967 고용상 연령차별금지법(Age Discrimination in Employment Act of 1967, ADEA)
- 가교직업(bridge jobs)
- 경제적 파트타임 일(economic part–time work)
- 단계적 은퇴(phased retirement)
- 동반은퇴(joint retirement)
- 순차적 은퇴(sequential retirement)
- 임시직(contingent work)
- 자발적 파트타임 일(voluntary part–time work)
- 확정급여형(defined benefit, DB)
- 확정기여형(defined contribution, DC)

4부

노년의 건강적 측면

11장 건강과 건강돌봄
12장 허약한 노인을 위한 돌봄
13장 죽어감, 죽음 그리고 사별

11장

건강과 건강돌봄

1. 인생에 몇 년을 더할 것인가 몇 년에 인생을 더할 것인가?
1) 역학적 변천 단계들
2) 질병압축론
2. 건강에 대한 사회적 결정요인들
1) 건강생활양식
그들의 목소리 : 나이들수록, 쇠약해진다
세계의 고령화 : 유럽 여성의 폐암 사망율 유형
2) 사회적 지원체계들
3) 사회경제적 지위
4) 성
고령화 경험의 다양성 :
레즈비언, 게이, 양성애자, 그리고 트랜스젠더 노인들의 건강
5) 인종과 민족
3. 건강돌봄체계에서 노인들
1) 보건의료제공자들과 노인들
2) 건강돌봄조직
공공정책에 대한 이슈 : 2010년 환자보호 및 부담적정 보험법에 있어
노인을 위한 혜택

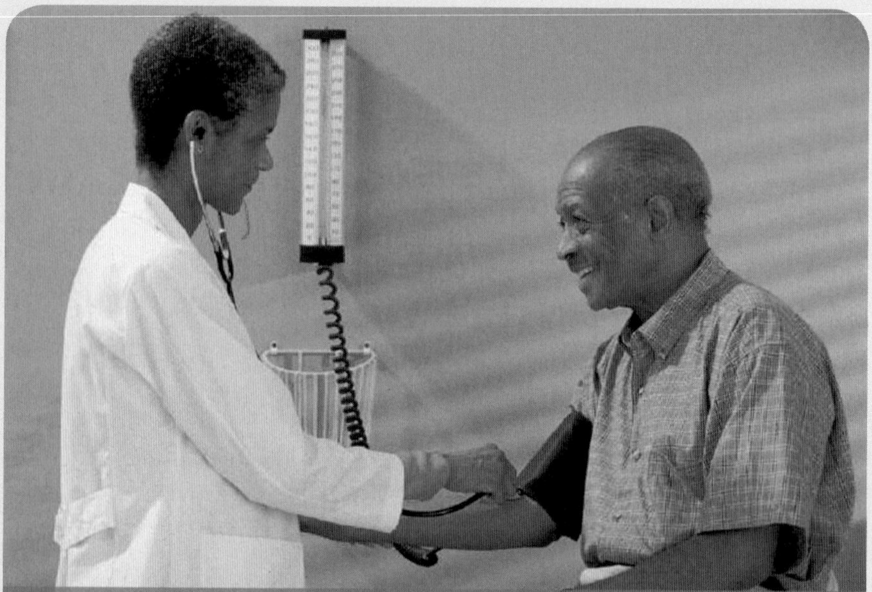

65세 노인 99% 이상이 건강보험을 가지고 있다. 메디케어(Medicare) 덕분이다.

미리보기

1. 왜 나쁜 건강은 노년기와 관련되어 왔고 건강돌봄에서 최근의 발전은 어떻게 그 연관성을 변화시키고 있는가?
2. 사람들의 생활양식과 사회적 지원체계는 노년기 그들의 건강에 어떠한 영향을 미치는가?
3. 노인들의 사회경제적 지위를 가장 잘 측정하는 도구는 무엇이며, 그리고 사회경제적 지위는 어떻게 개인의 건강에 연결되어 있는가?
4. 성, 인종 그리고 민족은 노인의 건강에 어떻게 영향을 미치는가?
5. 메디케어와 건강돌봄 산업에서 변화들은 미국노인들에게 어떠한 영향을 미쳐왔는가?

11장
건강과 건강돌봄

87세 헬뮤트 워즈(Helmut Wirz)가 가장 열정적으로 하는 취미는 높은 고도에서 뛰어내리는 번지 점프다. 은퇴 약사인 워즈는 75세에 번지점프를 시작했고 7년 동안 가장 나이든 번지점프하는 자로 세계기록을 보유했었다(Sadana et al., 2013). 워즈는 일반적인가? 글쎄, 80대인 대부분의 사람들은 취미로 번지점프를 하지 않지만 많은 사람들이 건강하며 계속해서 활동적으로 산다.

다른 사람들은 주로 앉아서 지내는 생활습관을 갖고 있고, 전생애에 걸친 활동이 노년에 더 나은 건강상태로 이끈다는 증거가 축적되고 있다. 건강이 좋다는 것은 어떤 의미인가? 우리가 종종 질환이나 병과 관련하여 건강을 생각할지라도 건강의 정의는 너무 광범위하다. 세계보건기구는 건강을 단지 질환이 없는 것이 아니라 완전한 신체적, 정신적, 그리고 사회적 안녕의 상태로 정의한다(Cockerham, 1995).

어느 정도까지는 사람들이 어떻게 나이들 것인가를 통제할 수 있다. 흡연, 음주, 그리고 운동과 같은 행동들은 질병 예방 전망을 향상시키거나 병과 장애를 촉진할 수 있다. 그러므로, 젊을 때 건강하지 못한 생활습관–흡연, 너무 많은 음주, 운동을 전혀하지 않는 것–을 가지고 있는 사람들은 그들이 나이들었을 때 심장병, 폐암, 혹은 기종과 같은 질병에 비용을 지불할 수도 있다. 노년기 좋지 못한 건강에 일조하는 다른 요인들은 사람의 통제를 넘어선다. 개인이 가지고 있는 자원들은 건강돌봄 접근성과 이용가능한 건강돌봄의 질에 영향을 미친다. 사회적 요인들은 사회가 건강 위험을 다루는 그들의 자원을 조직하는 방식과 의료 서비스를 제공하는 방식에 영향을 미친다. 문화적 정치적인 가치들은 건강돌봄 체계를 구성하는데뿐만 아니라 건강돌봄 서비스들을 위한 자금조달의 수준에도 영향을 미친다.

이 장의 전반부에서 우리는 노인들의 건강과 질병의 사회적 원인과 결과를 분석한다. 우리는 생활습관 요인들과 건강 간의 관계가 무엇인지 보여주고, 좋은 건강이 불평등하게 분포되는 요인에 대해 논의한다. 후반부에서는 미국 건강전달체계의 사회적 조직을 고찰하고 건강돌봄 전문가의 사회적 행동, 그리고 변화하는 건강돌봄 전달체계의 노인 치료에 대한 영향을 고찰할 것이다. 마지막으로, 우리는 증가하는 건강돌봄 비용문제를 기술하고, 공공영역과 사적영역 사이에서 건강돌봄 책임의 분배에 관련하여 우리가 미래에 직면할 정치적인 문제들을 논의할 것이다.

1 인생에 몇 년을 더할 것인가 몇 년에 인생을 더할 것인가?

1) 역학적 변천 단계들

4장에서 우리는 인구구조 고령화를 초래하는 높은 출산율과 사망률에서 낮은 출산율과 사망률로 변화되는 과정으로 인구학적 변천을 기술하였다. 인구학적 변천은 전염병에서 만성질환으로 사망의 주요 원인들이 변화하는 것을 의미하는 **역학적 변천**(epidemiological transition)이 수반된다. **건강행동**(health behavior)은 건강을 좋게 향상시키고 건강문제를 예방하기 위하여 개인에 의해 수행되는 활동을 말한다. 건강 행동에 대한 증가하는 관심은 역학적 변천에 의해 야기되는 사회적 변화들로부터 부각되었다.

역학적 변천의 뚜렷한 세 가지 단계가 식별될 수 있다. 첫 단계는 역병과 기근의 시대이다. 이시기는 만성적 영양실조로 인한 높은 사망율이 특징이며 전염병과 기근의 시기이다. 림프절 패스트가 2천 4백만명으로 추산되는 사람들을 사망하게 하고 14세기 서유럽을 휩쓸고 지나갔다. 그리고 나서 1700년대 부터 21세기 중반까지 몇 백만명이 천연두, 홍역, 말라리아, 디프테리아, 성홍열, 그리고 콜레라로 사망했다. 미국에서 전염병으로 인한 높은 사망율은 장티프스, 발진티프스 그리고 황열병으로 야기 되었다(Omran, 2005).

역학적 변천의 두 번째 단계는 유행병과 기근으로 부터 사망이 감소한 것으로 특징지어진다. 폐결핵, 폐렴, 그리고 인플루엔자와 같은 전염병은 사망의 주요 원인이 되었다. 공중위생학에 대한 지식이 증가함에 따라, 질병확산을 방지하기 위한 예방책이 강구되었다. 현대의학은 젊은 사람들의 사망율을 감소시키는데 기여한다. 마지막으로, 세 번째 단계에서는 전염병에서 만성질환으로 주요 사망 원인이 바뀌는데, 즉 보통 완치가 없이 그 상황이 유지되는 것이다(Omran, 2005). 만성질환은 노년기 삶의 질을 낮추고 결국 죽음에 이르게 한다. 미국에서 65세 이상 노인들의 주요 사망원인은 만성질환이다: 심장병, 암, 만성 호흡기 질환, 뇌졸중, 알츠하이머병, 그리고 당뇨병(U.S. Census Bureau, 2014b).

〈그림 11-1〉 선별된 만성질환을 가지고 있는 노인들의 %, 2009.

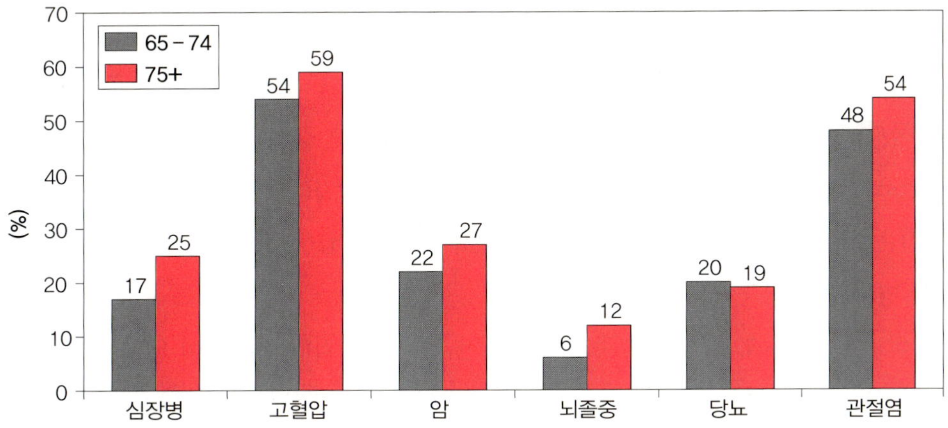

출처 : National Center for Health Statistics(2010).

만성질환의 증가는 나쁜 건강이 노년기와 연관되어 있음을 의미한다. 〈그림 11-1〉이 제시하듯이, 65세에서 74세까지의 사람들중 17%가 관동맥성심장병을 가지고 있고, 22%가 어떤 종류의 암, 그리고 48%가 관절염을 가지고 있다. 만성질환의 위험은 75세 이상의 사람들에게서 상당히 높아진다. 25%가 관동맥성심장병을 가지고 있고 59%가 고혈압, 27%가 암, 12%가 뇌졸중, 19%가 당뇨병, 54%가 관절염을 앓고 있다. 당뇨병 이환자가 줄어드는 것은 사망때문이다. 만성질환을 가지고 있는 것이 반드시 장애를 갖게 되는 것(일상생활을 수행할 수 없는)을 의미하지는 않는다. 노인들은 건강문제가 있다하더라도 충분히 활동적인 삶을 살아갈 수 있다.

2) 질병압축론

반세기 전에 사회학자 필립 하우저(Philip Hauser)(1953)가 말하길 "우리는 살 수 있는 기간을 늘리는데 성공해 왔다; 우리는 이제 단지 시간에 삶을 불어넣는 일로 전환하기 시작했다"(p. 162). 하우저의 말은 선견지명이 있었다. 왜냐하면 기대수명 연장이 무엇을 의미하는지 평가하려는 사회과학자들은 미래를 위한 두 시나리오들에 대해 실시간으로 논쟁해 왔기 때문이다. 하나는 제임스 프라이즈(James Fries)(2005)에 의해 제안된 유토피아적 시각이다. 프라이즈의 이론은 **질병압축론**(compression of morbidity thesis)으로 표현되는데 이는 두 가지 전제에 기초한다. 첫째, 인간 수명 즉 인간이 살 수 있다고 알려진 최장 년 수는 고정되어 있고 제한되어 있다. 둘째, 건강돌봄과 질병예방의 향상은 개인이 장애를 갖게 될 기간을 생애 마지막 몇 년 동안으로 압축할 것이다. 결국, 건강돌봄 자원에 대한 요구는 감소할 것이며 노인들의 삶의 질은 향상되고, 증가된 기대수명으로 인해 미래에 더 살 것이라고 기대되는 그 몇 년 동안 질병과 장애가 증가되지는 않을 것이다.

논쟁의 다른 측면에, 기대수명 증가가 전조인 것에 비관적인 사람들이 있다. 그들은 사람들이 활동적이고 건강한 시간이 아니라 단순히 아프고 장애가 있는 시간을 더 보내게 된다고 주장한다(Crimmins and Beltran-Sanchez, 2011). 결과적으로, 건강돌봄 비용은 증가하고 자원은 부담이 될 것이다.

논쟁은 여전히 격렬하다. 어떤 증거들은 질병압축론을 지지한다. 오늘날 더 많은 사람들이 더 오래 살고 과거에 그랬던 것 보다 더 나이들어서까지 더 좋은 건강상태를 유지한다. 그러나 후기 고령자들에게는 이동하지 못하게 되는 일들도 나타난다(Crimmins and Beltran-Sanchez, 2011). 더욱이, 어떤 집단에서 나타나는 장애 감소 현상은 심지어 인구 전체에 골고루 나타나지 않는다. 거의 모든 개선사항은 대학교육 받은 사람들에게서 나타난다. 교육수준이 낮은 사람들은 신체기능제한에서의 변화가 거의 없다(House et al., 2005).

사람들이 질병 때문에 그들의 일상활동이 제한되지 않는다면 긍정적으로 그들의 건강을 바라본다. 만성질환 진단과 장애 진단 사이의 차이는 그 안에 있다. 전자는 **진단조치**(diagnostic measure)이다; 후자는 **기능상태**(functional status)에 대한 조치이다(George, 1996).

기능상태는 일상생활활동(activities of daily life)에 있어서 개인이 경험하는 어려움의 정도를 말한다(Verbrugge and Jette, 1994). 더 구체적으로, "기능장애(functional disability)는 신체적이든 정신적이든 만성적 건강문제가 일상생활을 위해 필요한 일들을 수행하는 개인의 능력에서 행동적 변화를 낳아 결국 다른 사람의 도움을 요구하게 되는 정도이다"(Bould et al., 1989:52). 이러한 일들은 일반적으로 목욕하기, 식사하기, 옷입기, 그리고 대소변조절하기와 같은 개인적인 일상생활들을 포함하고 쇼핑하기, 식사 준비하기, 돈관리하기, 그리고 밖에 나가기와 같은 도구적 일상생활활동(instrumental activities of daily living)을 포함한다. 다중 만성질환을 가지고 있는 많은 사람들이 장애가 없다.

2 건강에 대한 사회적 결정요인들

1) 건강생활양식

유전과 생물학적인 요인들이 부분적으로 개인이 만성질환을 갖게 될 것인가를 결정할지라도 연구는 사회적 요인들이 중요한 역할을 하는 것을 보여준다. 장애를 초래하는 만성질환이 발현될 가능성은 부분적으로 개인의 **건강생활양식**(health lifestyle)의 역할이다. 건강 생활양식은 개인의 생활조건에 따라 사람들이 할 수 있는 선택과 옵션들에 의해 이루어지는 행동유형이다(Cockerham, 2011). 건강 생활양식은 흡연, 음식, 운동, 개인적인 위생, 알코올 사용, 그리고 무방비의 성행위와 같은 위험한 행위뿐만 아니라 건강검진을 하고 처방된 치료를 준수하는 것과 같은 건강관리에 직접적으로 영향을 미치는 행동들을 포함한다.

점점 쇠약해지는 것에 대한 경각심은 신체 질병만큼 웰빙에 부정적인 영향을 미칠 수 있다. "그들의 목소리"는 노인들이 생활지원시설로 이주함에 따라 허약함에 대한 인식이 증가됨을 보여준다.

(1) 흡연의 영향

흡연은 기대수명을 약 7-10년까지 감소시킨다. 사망의 세가지 중요한 원인-심장마비, 암, 그리고 뇌졸중-은 흡연과 연결되어있다(Glynn and Rosnerm 2005). 흡연은 치매, 골다공증, 당뇨병, 시력감퇴, 그리고 녹내장의 위험도 증가시킨다(U.S. Census Bureau, 2014b). 흡연은 단지 사망뿐만 아니라 장애와도 연관되어 있다. 흡연은 **만성 폐쇄성 폐질환**(chronic obstructive pulmonary disease, COPD)의 주요 원인이다. 두 가지 주요 COPDs 특징은 숨쉬기 어렵고 에너지 상실을 경험하는 것이다. 어떤 이들은 의자에서 일어나는 것조차 어렵다.

노인들이 젊은이들 보다 흡연을 덜한다 할지라도, 노인들 중에 흡연자는 더 심각한 건강 결과를 갖는다. 노인들은 일반적으로 더 긴 흡연역사를 가지고 있고 보통 골초이며, 종종 흡연과 관련된 질병과 같은 다른 건강문제를 종종 갖고 있다. 한 연구에서는 1919년과 1934년 사이에 태어난 1,658명의 백인 남성집단을 26년 동안 추적 조사했다. 모든 남성들은 1974년 연구가 시작될 때 건강했다. 그들은 흡연습관과 건강관련 삶의 질(health-related quality of life, HRQoL)에 대해 2000년에 다시 조사되었다. 흡연한 적이 없는 남성들은 골초들 보다 평균 10년 더 생존했다. 2000년에 생존자들중에, 비흡연자들은 HRQoL 모든 측정에서 높은 점수를 받았다. 차이는 흡연한 적이 없는 사람들과 골초들 사이에서 가장 크게 나타났다. 연구자들은 흡연 경험이 없는 사람들이 골초들보다 더 오래 살며, 그들이 더 오래 사는 동안은 더 좋은 삶의 질을 갖는 결론을 내렸다(Strandberg et al., 2008). 좋은 뉴스는 흡연노인의 수가 1980년대 이래로 천천히 감소하고 있다는 것이며, 특히 대학교육이상의 사람들에게서 나타났다. 2014년까지, 18세에서 64세까지 사람들의 17%가 넘는 현재 흡연자에 비해, 노인들 중9%보다도 적은 수가 흡연자였다(Center for Disease Control, 2014). 여성노인들은 과거 흡연 경험이 남성노인들에 비해 훨씬 더 낮은 경향이 있다(U.S. Census Bureau, 2014b). 〈표 11-1〉은 성, 인종, 그리고 히스패닉 출신에 따른 65세 이상 노인들의 흡연율을 보여준다. 여성 히스패닉 노인이 가장 흡연율이 낮은 경향이 있고 흑인남성노인이 가장 흡연율이 높은 경향이 있다.

〈표 11-1〉 성, 인종 그리고 히스패닉 출신에 따른 65세 이상 노인 흡연자 %, 2013

	백인	흑인	히스패닉
남성	9.5	15.4	12.4
여성	7.8	8.1	3.8

출처 : Center for Disease Control(2014).

그들의 목소리 : 나이들수록, 쇠약해진다

나이들어 쇠약해지고 3년 이상이 지난 후인 지금 나는 허약하고 천하무적이라고 느끼기 보다는 오히려 충분히...나는 정신적으로 신체적으로 점점 약해지는 것을 느끼죠; 나는 허약한 상태가 내 인생의 마지막 단계라는 것을 알아요. 나는 훌륭하고 긴 생애를 살아왔지만 그 시간 대부분을 보내버렸어요; 이제 세 번째 시기가 점차 오고 있어요. 나는 이제 더 이상 장거리 운전을 하지 않으며, 단지 인터넷을 통해서만 쇼핑하고, 걷는 것은 고른 표면 위에서 피트(in feet)로 측정되고, 나는 식사를 준비하지 않아요. 밤에 침대에서 심지어는 11시간을 있어도 나는 여전히 피곤해요. 나는 내 개인위생을 챙기지만 내가 가까운 시일안에 죽지 않는다면 그렇게 할 수 없을런지도 몰라요. 내 뇌가 기능하지만 내가 읽고, 이해하고 쓰는 능력은 느려졌어요. 나는 약처방을 받지 않아요...내 허약함은 일차적으로 노년기의 결과처럼 보여요...노래가 시작될 때, "친구들이여 옛날이 좋았었지, 우리는 그 시간이 끝나지 않을 것이라 믿었네." 그러나 끝나버렸죠.

출처: Crum(2014:6).

흡연율은 인종과 민족에 따른 차이가 있다. 모든 집단에서 흡연은 감소해 왔다. 현재 백인 남성과 여성들은 흑인 남성과 여성 보다 덜 흡연하며 히스패닉 여성은 가장 흡연을 덜 하는 경향이 있다(National Center for Health Statistics, 2012).

점점 더 많은 국가들이 흡연을 줄이기 위한 조치들을 취해왔다. "세계의 고령화"는 유럽 여성들이 폐암으로 사망하는 것을 감소시키는 데 교육 프로그램이 긍정적인 영향을 미친 것을 논의한다.

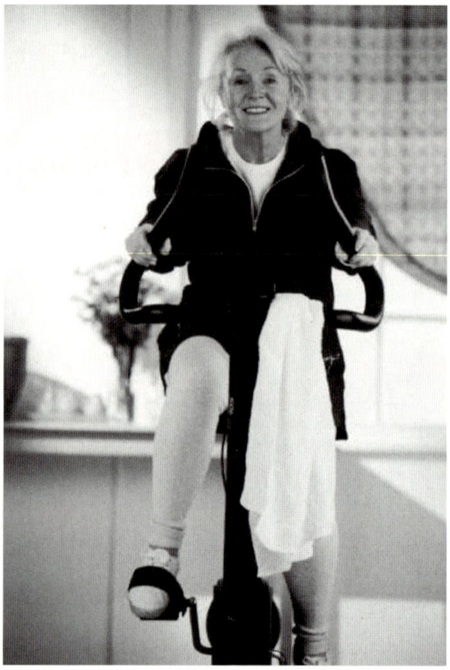
운동은 노년기 건강에 긍정적인 영향을 미친다.

(2) 운동의 영향

당신이 다음번 쇼핑여행에서 쇼핑 센터를 돌아다니면, 당신은 젊은이들이 "어슬렁거리(cruising)"고 노인들은 "파워워킹"하는 것을 쉽게 볼 것이다. 수마일에 걸친 복도가 있는 현대쇼핑몰들은 힘차게 걷는 사람들에게 이상적인 장소이다. 여름에는 에어컨이 나오고, 겨울에는 진창이 된 눈도 없으니 쇼핑몰은 노인들에게 최고의 예방약인-운동-을 할 수 있게 한다.

흡연 다음으로 운동은 노년기 건강에 영향을 미치는 두 번째로 중요한 생활습관이다.

세계의 고령화 : 유럽 여성의 폐암 사망율 유형

대부분의 유럽 국가에서, 남성의 폐암 사망은 1980년대 후반 이래로 감소해 왔다. 폐암 사망율이 남성보다 여성이 상당히 낮지만, 지난 20년에 걸쳐 대부분의 국가에서 천천히 상승하는 경향이 있었다. 여성 폐암 사망율은 1980년과 1990년 사이에 23.8%까지 상승했고, 2000년까지 16.1%까지 상승했다.

1990년대에 많은 유럽 국가들은 흡연의 위험성에 대해 젊은 여성을 교육하는 프로그램들을 시작했다. 결국, 여성 폐암 사망은 잉글랜드와 웨일즈(England and Wales), 라트비아(Latvia), 리투아니아(Lithuania), 러시아(Russia), 그리고 우크라이나(Ukraine)에서 감소했다. 여성 폐암사망이 여전히 대부분의 유럽국가에서 증가하고 있지만, 최근 몇 년 동안 몇몇 국가에서 나타난 긍정적인 경향은 흡연을 감소시키는 개입을 통해 폐암이 미국 수준까지 이르지 못하게 하는데 도움을 줄 수 있다는 것이다(Bosetti et al., 2005).

어떻게 생각하는가?

1. 젊은이들은 왜 흡연하는가?
2. 젊은이들이 흡연하는 것을 막기 위해 무엇을 해야하는가?

대부분의 젊은이들은 너무나 건강해서 그들이 하는 운동량의 변화가 아마도 건강에 거의 영향을 미치지 않을 것이다. 나이가 들어감에 따라, 운동하는 사람들은 앉아서 지내는 사람들 보다 더욱 더 신체가 단련되고, 몸무게를 계속해서 더 통제할 수 있으며, 등 통증과 관절 문제를 덜 겪는 경향이 있다.

수 많은 연구들이 활동적인 생활습관의 장점을 확인해 주었다. 한 연구는 신체적 활동이 20-64세의 성인들의 정신건강에 어떻게 영향을 미치는지 고찰했다. 연구자들은 모든 연령에서 신체적으로 활동적인 성인이 더 좋은 인지기능을 유지하는 경향이 있으며 덜 인지저하를 겪는 경향이 있음을 밝혔다(Bielak et al., 2014). 다른 연구는 주로 앉아서 지내는 사람들과 비교해, 규칙적으로 운동하는 사람들이 심장 건강과 기억력이 더 좋고, 장애를 덜 갖고 있음을 밝혔다(Middleton et al., 2010).

운동량과 운동 강도 중 무엇이 더 중요한가? 연구는 운동량이 운동 강도 보다 더 중요함을 보여준다. 한 연구는 혈중지방이 비정상인 40-65세의 앉아서 생활하고, 과체중이며 비흡연자인 환자 133명을 대상으로 상이한 운동 트레이닝 식이요법의 효과를 고찰했다. 모든 환자는 두 번의 심폐 검사를 받았는데, 연구가 시작되기 전 심폐 검사와 운동 훈련을 시작하고 7개월에서 9개월 후에 심폐 검사를 받았다. 결과는 12마일을 힘차게 걷거나 중강도로 한주에 125에서 200분 동안 운동한 사람은 그들의 유산소 운동능력이 의미있게 향상되었고 심장질환의 위험성은 감소했다(Duscha et al., 2005). 또 다른 연구는 중년에 신체를 단련한 사람은 수십년 후 전립선, 폐 혹은 직장암이 생겨 사망할 위험이 낮다고 보고했다. 이 연구에서, 라코우스키(Lakowski)와 그녀의 동료들은 50세 즈음에 예방건강검진의 하나로 심혈관 건강진단을 실시한 17,000명 이상의 남성을 평가했다. 남성들은 트레이드밀에서 걷는 데 있어서 가장 허약한 집단 부터 가장 신체가 단련된 집단까지 5개의 집단으로 나뉘었다. 트레이드밀 테스트에서 가장 신체가 단련된 사람들은 25년 뒤 폐암 위험이 68% 낮았으며 직장암 위험은 38% 낮았다. 전립선암 위험이 신체 단련과 함께 감소하지는 않았지만, 암으로 인한 사망 위험은 감소했다(Lakowski, et al., 2013).

활동 수준은 초고령자들의 사망에 대한 예측인자이기도 하다. 한 연구는 80-98세 사이의 지역사회 거주 노인들의 신체활동을 매일 측정했다. 연구자들은 24시간동안 참여자의 손목에 손목시계를 채우는 것처럼, 액티그래프를 부착시키고 활동 수준을 측정했다. 참여자들은 그 날 동안의 활동에 대해 인터뷰했다. 2년 뒤 추적 조사에서, 중간 혹은 강한 활동을 한 사람들은 초기 연구 동안 앉아서 지낸 사람보다 훨씬 덜 사망하는 경향이 있었다(Chipperfield, 2008).

(3) 알코올 소비의 영향

알코올 소비는 건강과 장수에 긍정적 영향과 부정적 영향을 모두 미친다. 주당 14번 혹은 그 이상 알코올 소비를 하는, 과음 하는 사람들은 간경병, 암들, 고혈압으로 더 고통 받기 쉽다. 과음은 높은 수준의 우울, 불안, 낮은 사회적 지위와도 관련이 있다(U.S. Census Bureau, 2014b). 그러나 저녁식사 때 가끔 와인 한잔을 마시는 사람들은 실제로 음주를 하지 않는 사람들보다 사망률이 낮다. 이는 적당한 알코올 소비가 심장병을 막는 듯 보이기 때문이다(Anstey et al., 2009). 한 연구에서 적당한 알코올 소비는 남성노인들의 뇌졸중 위험도 감소시키지만 그 효과는 그리 크지 않다(Rist et al., 2010). 여성노인들은 적당한 알코올 소비로 인해 비만위험이 낮아지고 전체적으로 생존율이 높아진다(U.S. Census Bureau, 2014b).

(4) 다이어트 효과

과체중은 장애 위험을 높이는 또 다른 요인이다. 비만인 사람들은 특히 그들이 늙어갈 때 심장병, 당뇨병, 관절염을 갖게 될 위험에 처한다. 정상 체중 사람들에 비해 비만 노인들은 2시간 혹은 그 보다 길게 앉아 있을 수 있는; 허리를 굽히거나, 무릎을 꿇거나, 웅크리는;

혹은 장시간 앉았다가 의자에서 일어나는; 혹은 무거운 물건을 미는 체력이 부족하다. 그들은 10파운드 이상의 꽉 찬 식료품 가방을 옮기거나, 탁자에서 10센트 짜리 동전을 줍거나, 혹은 머리 위로 팔을 들어 올리는 것과 같은 상체 기동성이 낮다. 그들은 옷입기, 목욕하기, 식사하기와 같은 일상생활활동을 잘 수행할 수 없다(Jenkins, 2004). 노인들은 여전히 향상될 여지를 가지고 있다. 현재, 65세에서 74세까지 사람들 중 71%, 75세 이상의 사람들 중 87%가 격렬한 신체활동을 전혀 하지 않는다(National Center for Health Statistics, 2010).

불안한 점은 남성노인과 여성노인의 비만 유병율이 지난 40년에 걸쳐 상당히 증가해왔다. 〈그림 11−2〉에서처럼, 1960년에 65세에서 74세 여성의 약 24%, 남성의 10%가 비만이었다. 2009년까지, 비만 노인은 30%를 넘어설 정도로 증가했다(National Center for Health Statistics, 2010).

건강 생활습관이 질병의 발병, 과정, 결과를 결정하는데 큰 역할을 하지만, 개인 생활습관을 강조하는 것은 사회적 책임에 면죄부를 준다. 건강과 장애는 성, 사회계급, 그리고 인종과 민족에 따라 상당한 차이가 있기 때문에 질병압축의 혜택은 사람들에게 공평하게 분배되지 않는다(Willson et al., 2007).

2) 사회적 지원체계들

8장에서 살펴본 것처럼, 강한 사회적 지원체계는 사기를 높이고, 우울을 낮추고, 수술로부터 회복력을 높일 수 있다. 사회적 지원은 심혈관계, 내분비계, 면역체계에 긍정적인 영향을 미친다(Uchino et al., 1996). 노인들에게 있어서, 감정적 지지는 더 나은 신체기능과 관계있고, 사망위험을 감소시킨다. 이러한 결과들은 미국뿐만 아니라 다른 나라들에서도 지속적으로 보고되고 있다.

예를 들면, 말레이시아에서 대부분의 사람들은 핵가족으로 살지만 가족구성원의 요구가 변함에 따라 가구 구성은 유동적이다. 대략 노인의 3/4이 젊은 가족구성원과 함께 살며 반 이상이 그들의 자녀와 손자녀에게 물질적 자원을 의존한다. 성인자녀가 부모와 동거하지 않을 때도 그들은 종종 가까운 곳에 살고 있다. 전통적으로, 가족은 강력한 사회적 지원을 노인들에게 제공해 왔다.

이러한 전통적인 가족 지원체계는 말레이시아 노인의 건강에 어떤 영향을 미치는가? 그것은 낮은 사회경제적 지위가 노인들의 건강에 해로운 영향을 미치는 것을 완화시킬 수 있는가? 이러한 질문에 답하기 위하여, 연구자들은 말레이시아 가족생활 조사(Malaysian Family Life Survey)에 관심을 가졌는데, 이 조사의 노인 표본은 말레이시아 노인인구를 대표한다. 자녀와 매일 연락하는 것이 말레이시아 노인들을 질병으로부터 보호한다는 것이 밝혀졌다. 자녀들은 부모들을 물품과 돈으로 돕고, 그들에게 동료애와 존경심을 보낸다. 이러한 유형 무형의 지원은 늙어가는 부모님의 건강을 향상시켰다(Wu and Rudkin, 2000).

〈그림 11-2〉 성과 연령집단에 따른 65세 이상 노인들의 비만 %, 1960-2009(선택된 년도들)

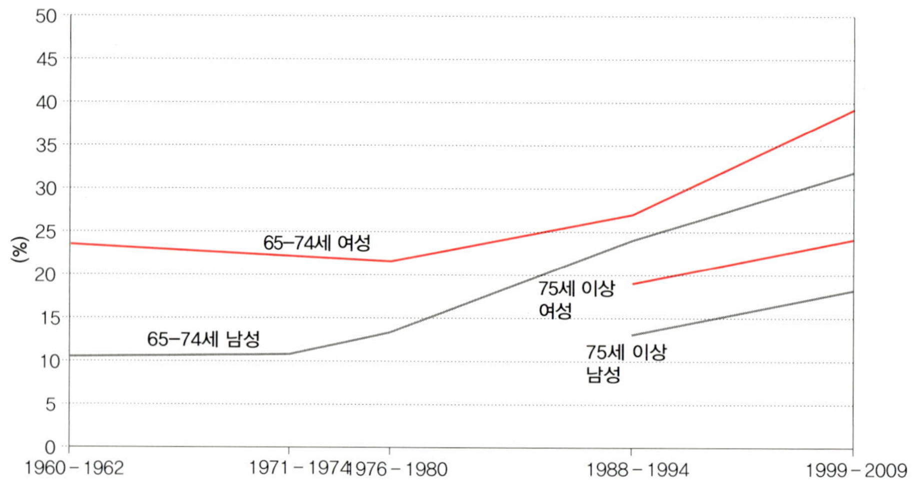

출처: National Center for Health Statistics(2010).

3) 사회경제적 지위

왜 어떤 사람은 노년에 매우 건강한 반면, 같은 연령의 다른 사람은 장애를 갖게 되는지 어떻게 설명할 수 있는가? 앞서 기술된 건강 생활습관은 확실한 요인들임에 틀림없다.

지난 40년에 걸친 연구는 사회 계급과 건강 간에 연관성이 있음을 끊임없이 밝혀왔다. 생애에 걸쳐, 사회경제적 지위(socioeconomic status, SES)에 따라 건강에 주요한 차이가 존재한다. 그리고 상류층과 하층계급 사이의 갭은 사람들이 50대에 이를 때 커진다. 사회경제적으로 상류층은 꽤 늦은 나이까지 상대적으로 좋은 건강상태를 유지하고, 장애를 갖게되는 비율이 낮다. 밑바닥에 있는 사람들은 나이가 들면서 건강이 나빠지는 것을 지속적으로 경험한다(Angel et al., 2003).

(1) 사회경제적 지위 측정

SES의 주요 지표는 직업, 소득, 그리고 교육이다. SES, 건강, 그리고 노화의 관계를 측정하는 것이 어려운 이유 중의 하는 이들 지표들이 노인들을 분류하는데 매우 잘 작동하지는 않는 다는 것이다.

직업은 중요한 지위 지표이다. SES 지표로 건강을 사용하는 데 있어 한 가지 문제는 급여를 지급받지 않고 고용된 사람들에게 전형적으로 가장 불이익이 있다; 그러므로, 단지 노동자들만을 포함하는 어떤 샘플들은 연속선상의 최하위에 있을 가능성이 가장 높은 사람들을 배제한다. 또 다른 문제는 직업이 고용되지 않은 사람들–은퇴자들, 급여를 받지 않는 가사노동자들 혹은 실업자들–을 제외한다. 사람들은 나이 듦에 따라 노동력이 감소한다. 소득은 보통 나이와 함께 감소하기 때문에 SES의 생애 측정도구로써 또한 부적절하다. 이러한 이유로, 교육은 SES의 대용으로 자주 선호되며, 특히 노인에 대한 연구에서 그렇다. 소득 혹은 직업과 비교해서, 교육 성취는 상대적으로 정해져있다. 더 많은 사람들이 학교로 돌아가고 있지만, 대부분의 개인들은 젊은 시절에 교육받는 것을 끝낸다. 로스와 위(Ross and Wu)(1996)는 "교육은 계층 체계에서 한 인간을 위치시키는 열쇠이다"라고 설명했다"(p. 105).

흡연은 미국에서 매년 400,000명의 사망에 기여한다.
복서 Laila Ali는 반흡연 캠페인의 일부로써 "갈망하는 사람(Craving Man)"과 싸운다.

(2) 누적적 불리이론 대 수렴이론

교육 및 건강과 노화의 관계에 대한 두 이론이 있다. 첫째, **누적적 불리이론**(theory of cumulative disadvantage)(3장에서 논의 되었던)은 더 많은 자원을 가지고 태어난 사람들은 그것들을 더 지속적으로 축적할 기회를 갖는 반면 적은 자원을 가지고 태어난 사람은 삶에서 더 뒤쳐지게 된다는 것이다(Ferraro et al., 2009). 이 관점에 따르면, 건강상태에서의 갭은 나이와 함께 커진다. 두 번째 이론인, 수렴이론(convergence theory)은 생애 초기단계에서 명백했던 불평등이 감소되어 노년기에는 평준화된다고 주장한다. 이 이론은 부자와 가난한자 간의 건강 차이가 나이와 함께 좁혀진다고 예측한다.

친구관계는 사람들이 노화에 대해 긍정적인 태도를 유지할 수 있게 도와준다.

연구결과들은 누적적 불리이론을 지지한다. 교육수준이 가장 낮은 사람들과 가장 높은 사람들 간의 건강 차이는 나이와 함께 계속 증가한다. 모든 사람들이 나이와 함께 건강이 저하될지라도, 교육수준이 높은 사람들은 일반적으로 고령까지 건강이 저하되는 것을 늦출 수 있다. 로스와 위(1996)에 따르면, "대학교육을 받을 사람들은 60대, 70대, 80대에 건강하고 신체기능이 좋다고 느끼는 반면 대학교육 미만을 받은 사람들은 그렇지 않다"(p.117). 고령의 나이에서 단지 격차가 줄어들기 시작하는데 아마도 건강이 나쁜 많은 사람들이 이미 죽었거나 요양원으로 옮겼기 때문일 것이다(Willson et al., 2007).

교육이 어떻게 건강에 영향을 미치는가? 대부분의 사회과학자들은 건강 결과가 심리사회적인 요인들과 환경적 요인들이 결합된 결과라는데 동의한다. 예를 들면, 한 집단에서 더 교육받은 사람들은 질병 위험을 줄이는 행동들을 한다. 그들은 교육수준이 낮은 사람들보다 더 운동하고, 음주와 흡연을 덜한다(Ferraro and Shippee, 2009).

그러나 더 교육받은 사람들이 덜 교육받은 사람들보다 왜 더 운동하는가? 그들이 그렇게 할 수 있는 더 많은 자원을 가지고 있는 것이 한 이유이다. 대학교육을 받은 사람들이 체육관이 있거나 운동할 시간을 제공하는 회사에서 일하는 경향이 있다. 더욱이, 그들이 일반적으로 대학교육을 받지 않은 사람들보다 더 돈을 많이 벌기 때문에, 그들은 스키를 타고, 테니스를 하고, 수영 혹은 등산을 할 수 있는 휴가를 갈 여유가 있다. 그들은 또한 걷거나 뛰기에 안전하고 테니스코트와 자전거도로가 있는 지역에서 거주한다(Ross, 1993).

더 잘 교육받은 사람들이 일터에서 더 적은 위험과 스트레스에 노출될 수 있기 때문에 건강에 영향을 미치기도 한다. 그들은 부상의 위험이 크거나 위험한 화학약품에 노출되는 힘든 육체노동을 덜 하는 경향이 있다. 나아가, 관절염과 같은 건강문제는 주로 앉아서 하는 일보다 육체적으로 고된 일로 더 건강을 해치게 된 것이다. 그런 일을 하는 사람은 조기 은퇴를 하게 될 수도 있고 그럼으로써 소득이 낮아진다. 요약하면, 높은 SES 집단은 낮은 계층의 집단들 보다 수많은 이점이 있다(Willson et al., 2007).

그럼에도 불구하고, 80세가 넘은 매우 고령의 노인들에게 장애의 갭은 줄어든다. 부분적으로 이것은 덜 건강한 사람들이 젊은 나이에 사망하거나 요양원에 들어가고 그럼으로써 조사에서 배제되기 때문일 수 있다. 노인들에게 건강관리 접근성을 부여하는 메디케어(Medicare)와 메디케이드(Medicaid)와 같은 정부 프로그램들은 생애 초기에 경험했던 불평등을 줄이고 그 충격을 완화시킬수도 있다. 사회 지원체계들과 SES 는 어디서나 사람들의 노년기 건강에 영향을 미친다.

일본인들은 출생 시 가장 높은 기대수명을 갖는다. 그리고 미국인들보다 암과 심장병으로 인한 사망률이 상당히 낮다. 전반적으로 일본인들은 미국인들보다 3년에서 6년까지 더 생존한다. 일본인들은 왜 그렇게 오래살까?

그들 가족에 의해 보호받는 것이 한 이유가 될 수 있다. 일본에는 자녀들이 노령의 부모를 책임져야 한다는 강한 믿음이 있다. 일본노인의 반 이상이 그들의 자녀와 함께 살며 자녀로부터 경제적 지원을 받는 비율이 높다. 그러므로, 그들은 강한 사회 지원체계에 기인한 장점을 경험하기 쉽다. 일본인들의 질병과 사망을 줄일 수 있는 또 다른 요인은 소득 불평등이 상대적으로 낮은 것이다. 일본에는 구성원들의 태도와 생활습관이 매우 유사한 거대한 중간계급이 있다(Liang et al., 2002). 그러므로, 사회경제적 지위는 미국에서 건강에 영향을 미치는 것보다 덜 영향을 미치는 경향이 있다. 마지막으로, 일본인들은 더 건강한 식사를 하는데, 그것은 심장질환과 어떤 암의 위험을 줄일 수 있다.

4) 성

여성은 남성보다 오래살지만, 노년기에 장애 위험이 높고 삶의 질이 낮아진다. 이러한 패러독스는 질병 유형에서 나타나는 성차의 결과이다. 남성은 젊었을 때 관동맥성심장병, 암, 뇌졸중, 기종, 간경변, 신장병과 같은 생명에 더 우협적인 만성질환을 갖게 된다. 그에 반해, 여성은 류마티스 관절염, 빈혈, 루프스 같은 심신을 쇠약하게 하는 질병 위험이 높다. 그러나 노년기에는 결국 남성 보다 여성이 더 관동맥성심장병으로 사망한다. 여성들은 우울 위험도 높은 반면, 남성들은 음주, 약물사용, 그리고 다른 개인적인 행동을 통해 그들의 감정들을 대처한다. 이러한 성차는 남성의 간경변 위험이 높은 것을 설명하는 데 도움이 된다(Rieker and Bird, 2005).

한 이론은 건강 성별차이를 생물학적 요인으로 돌린다. 남녀가 질병에 있어서 상이한 소인(predispositions)이 있을 수 있지만, 사회적 요인 또한 관련이 있다. 사회적 설명은 이환율에 있어서 성별차이를 도움추구행동(help-seeking behavior)에서의 차이로 설명한다. 여성은 남성보다 더 도움추구행동을 한다; 결국, 그들은 건강검진부터 병원입원에 이르는 모든 수준의 건강돌봄 체계와 더 접촉한다. 게다가 여성들은 남성들보다 일반적으로 그들이 건강에 대해 더 알고 있으며 그들 자신을 더 잘 보살핀다. 건강돌봄 제공자와 더 자주 연락하는 것은 여성들이 질병을 알리기 더 쉽다는 것을 의미한다(Read and Gorman, 2010). 여성들의 장애수준이 더 높은 것은 남성보다 더 오래 살고 그래서 사람들이 질병에 가장 취약한 노년기 시절을 더 경험하게 되는데 기인한다.

레즈비언, 게이, 양성애자 그리고 트랜스젠더(LGBT)들은 그들이 나이들면서 적절한 의료돌봄을 받는데 특별히 어려움을 겪는다. 그들은 장애위험, 신체적 정신적 고통과 차별을 더 크게 가지고 있고 종종 도움이 될 만한 건강서비스에 대한 접근성이 부족하다. "고령화 경험의 다양성"은 이러한 문제들을 논의한다.

고령화 경험의 다양성 :
레즈비언, 게이, 양성애자, 그리고 트랜스젠더 노인들의 건강

최근 조사에서, 50세 이상 중에 약 2%가 자신을 레즈비언, 게이, 양성애자, 혹은 트랜스젠더로 정의한다. 그것은 약 2백 만 명에 달하고 그 수는 2030년까지 두배가 될 것으로 예측된다. LGBT 노인들은 다양한 인구구성을 보여주는데 그들은 일반적으로 이성애자들에 비해 건강 문제를 더 경험한다. 47%가 장애를 가지고 있고 많은 사람들이 고혈압, 고콜레스테롤, 그리고 관절염을 포함한 건강문제를 가지고 있다. 레즈비언들과 양성애 여성노인들은 이성애 여성노인들 보다 더 높은 심혈관계 질환과 비만 위험이 있다. 게이와 양성애 남성노인들은 이성애 남성노인들 보다 더 나쁜 신체 건강상태를 보여준다. 양성애 남성의 1/5과 게이 남성 일곱 명 중에 한 명은 에이즈 바이러스(HIV)를 가지고 있다.

이러한 건강불평등은 LGBT 노인들의 생애 궤적을 반영한다. 그들은 살면서 그들의 성적 지향 때문에 82%가 넘게 적어도 한 번, 그리고 64%가 3번 이상 부당하게 괴롭힘을 당해왔다. 많은 이들이 또한 일자리와 주택을 구하는데 차별을 경험했다. 차별은 나쁜 건강 결과와 연관되어 있고 특히 우울과 관련있다; 그들은 살면서 거의 40%가 자살을 생각한 적이 있다.

트랜스젠더 성인들은 가장 드물게 연구된 집단들 중의 하나이다. 그리고 이들에 대해 더 연구가 필요하다는 요구가 있다. 우리가 알고 있는 것은 그들이 더 나쁜 신체건강, 더 큰 우울 위험을 가지고 있고, 그리고 다른 노인들보다 인지된 스트레스가 더 높다는 것이다.

노인들을 위한 서비스와 프로그램들은 많은 지역사회에서 이용될 수 있지만 그것들은 일반적인 사람들을 대상으로 한 것이고 LGBT 개인들의 특별한 환경을 고려하지 않는다. LGBT 인구집단에게 노화를 더 어렵게 만드는 몇 가지 요인들은 차별에 대한 두려움, 그들을 도와줄 자녀의 부재, 그리고 연금 및 건강보험 같은 어떤 혜택이 결여되어 있다는 것이다. 동성애자들끼리의 결혼이 현재 합법적이지만, LGBT 에 대한 차별은 많은 지역사회에서 여전히 심각한 문제로 남아있다(Fredrikson-Goldsen et al., 2011).

어떻게 생각하는가?

1. 당신은 동성애자들끼리 결혼의 합법화가 LGBT 개인들의 건강을 향상시키는데 도움이 될 것이라고 생각하는가?
2. 모든 소수집단 노인들의 건강은 어떻게 향상될 수 있는가?

5) 인종과 민족

인종과 민족도 건강상태와 일관되게 관련이 있다. 연구는 일반적으로 아프리카계 미국인, 히스패닉계 사람들과 아메리카 원주민들이 여러 측면에서 백인들 보다 건강이 더 나쁘며 나이들면서 그들은 더 심각한 질병이 발병하고 자신의 건강을 "형편없음"으로 평가하는 경향이 있다(Angel et al., 2003). 그들은 또한 폐기능, 악력, 걷기속도를 포함하는 다양한 신체수행 측정에서 나쁜 점수를 받는다(Haas et a., 2012).

예를 들면, 65세 이상 사람들에 대한 연구에서 백인의 50%가 건강이 좋다고 한 것과 비교해 아프리카계 미국인은 36%가 건강이 좋다고 대답했다. 건강문제에서 인종 차이가 존재했다. 아프리카계 미국인들은 당뇨, 고혈암, 뇌졸중을 더 갖기 쉬운 반면, 백인들은 심장병과 암이 더 발병하는 경향이 있었다(Kahn and Fazio, 2005).

어떤 연구자들은 건강에서 흑인과 백인의 차이는 인종 그 자체 때문이라고 한다–즉, 그것은 유전적, 생리학적 인종차이에 기인한다는 것이다. 그러나 대부분의 연구들은 흑인과 백인의 건강차이의 많은 부분이 사회적 요인으로 설명될 수 있음을 제시한다(Schoenbaum and Waldman, 1997). 고혈압 이환율이 아프리카계 미국인들사이에서 더 높은 이유에 대한 논의는 "고령화 경험의 다양성"를 참조하라.

과거에, 소수민족 노인들은 백인노인들보다 더 형편없는 건강돌봄을 받았다. 이러한 차별은 어떤 환경하에서 여전히 존재한다. 예를 들면, 2002년 65세 이상 아프리카계와 히스패닉계 노인들의 단지 40%만이 독감예방주사를 접종한 것에 비해 백인노인은 60%가 접종했다(National Center for Health Statistics, 2004). 다른 경우에, 치료에 있어 인종 차이는 감소해왔다. 현재 과거 2년안에 유방촬영을 했던 노인의 퍼센티지는 인종과 민족에 따른 차이가 없다(National Center for Health Statistics, 2004).

히스패닉계들은 또한 백인들보다 노년에 건강상태가 더 나쁘다. 이것은 부분적으로 건강돌봄에 대한 접근성에서의 차이에 기인한다. 모든 연령에서 히스패닉계들은 어떤 인종과 민족집단들 보다 건강보험을 가장 덜 가지고 있으며 히스패닉계 노인들이 메디케어 자격여건이 되는 경우가 가장 적다. 이것은 15장에서 논의될 주제이다. 히스패닉계 노인들은 또한 종종 낮은 소득 낮은 교육수준과 위험하고 어려운 직업을 갖고 있다. 결과적으로, 그들은 비히스패닉계 사람보다 당뇨병과 비만의 위험이 더 크고, 나쁜 주관적 건강상태와 일상생활 활동을 제한하는 장애를 더 갖는 경향이 있다. 그러나 흥미롭게도 히스패닉계 노인들은 또한 비히스패닉계 노인들보다 사망률이 낮은데 그것은 가족지지, 흡연유형들 혹은 선택된 이주, 즉 건강하지 못한 이주자들이 태어난 나라로 돌아가는 것과 같은 방어적인 요인들의 결과일 수 있다(Villa et al., 2012).

미국에서 5백 만 명 이상이 미국 원주민들이고, 인디언 건강 서비스(Indian Health Service, IHS)를 통해 모든 미국 원주민이 건강돌봄을 받을 권리가 있지만, 그들은 어떤 다른 집단들보다 수 많은 지표에서 건강이 나쁜 것으로 나타난다. 65세 이상 백인노인의 24%가 자신의 건강을 나쁜 것으로 평가하는 것과 비교해 미국 원주민은 38%가 넘게 자신의 건강을 나쁘다고 평가한다. 미국 원주민들은 다른 집단보다 신체적으로 장애를 가질 위험이 크고 기대수명은 낮으며, 암 검진을 덜 받는 경향이 있다. IHS 에 의해 건강 보험이 커버된다 하더라도 단지 미국 원주민의 40%만이 건강돌봄 시설에 접근성을 갖는다(Braun and LaCounte, 2014-15). 전반적으로, 아시아계 노인들은 다른 소수 민족들의 사람들 보다 더 건강하다. 그들의 건강이 더 좋은 것은 부분적으로 사회경제적 지위가 더 높은 결과이다. 왜냐하면 아시아계 사람들은 모든 소수 집단들 중 소득과 교육이 가장 높은 수준이기 때문이다. 차례로, SES는 건강행동에 영향을 미친다. 아시아계 사람들의 알코올 및 흡연과 연관된 질병으로 인한 사망 위험은 낮다. 가난한 사람들조차, 아시안계 노인들은 백인, 흑인, 혹은 히스패닉계 노인들 보다 더 바람직한 건강행위를 실행한다. 그러나 아시아계 미국인들이 미국 생활습관에 동화됨으로써, 그들은 심혈관질환, 당뇨병, 그리고 어떤 암들과 같은 질병이 증가했다(Yee and Weaver,

1994).

백인, 아시아계, 히스패닉계, 그리고 아프리카계 미국인들 간의 건강격차는 대체로 누적적 불이익이론에 의해 설명될 수 있다. 나쁜 건강행동들은 종종 스트레스 받는 환경과 자원 결핍에 대한 반응이다. 낮은 소득을 갖고 있는 사람들은 포만감을 주는 지방이 많은 값싼 음식을 사는 경향이 있다. 이들은 스트레스를 줄이기 위해 알코올을 섭취하거나 흡연을 한다. 범죄율이 높은 지역에서 거주하는 것은 고혈압도 연관되어 있다. 그러므로, 교육, 고용, 그리고 주택에서 인종차별은 나쁜 건강으로, 궁극적으로는 낮은 기대수명이 반영된 생애과정 결과들을 갖는다(Ferraro et al., 2009).

마지막으로, 나쁜 건강행동들의 위험에 관해 사람들을 교육시키는 공적 노력들은 그들이 대중매체를 통해 홍보되기 때문에 소수집단 노인에게까지 미치지 않는다. 소수집단 노인들은 교회 혹은 사회적, 형제간의 클럽들 같은 공동체 기관을 통해 전달되는 건강에 관한 메시지에 더 반응하는 경향이 있다. 그러나 그러한 메시지들은 이들 채널들을 통해 거의 전달되지 않는다(Yee and Weaver, 1994).

3 건강돌봄체계에서 노인들

미국 건강돌봄체계는 의료요원들, 단체들, 그리고 기관들의 집합체로 구성된다. 노인들이 받는 치료는 부분적으로 의사들과 다른 보건의료제공자(health care providers)들에 의해 영향을 받는다. 나이든 환자에 대한 의사의 태도는 그들이 어떻게 검진을 수행하고 어떤 치료를 권유하느냐를 결정한다. 차례로 노인들의 태도는 그들이 증상이 있을 때 의사를 만나러 갈 것인가 말 것인가에 그리고 그들이 치료를 따를 것인가 말 것인가에 영향을 미친다. 보건의료에 대한 접근은 받는 돌봄의 질에도 영향을 미친다. 예를 들면, 건강보험이 없는 개인은 암과 같은 질병이 치명적인 단계에 이를 때 까지 의사를 만나는 것을 미룰 수 있다.

1) 보건의료제공자들과 노인들

많은 의사들이 노인들에 대해 편견 혹은 진부한 관점을 가지고 있고 노인을 치료 하고 싶어하지 않는다는 것은 몇몇 연구들에서 밝혀졌다. 왜 의사들은 노인들 치료에 반대하는가? 이러한 태도의 근원을 이해하기 위하여, 한 연구팀이 20명의 개업의와 심층 면담을 수행했다. 대부분의 의사들은 노인환자들과 상호작용을 좋아한다고 말했으나 그들은 노인들을 돌보는 것에 대한 수많은 걱정도 표현했다. 어떤 노인환자들은 더 복잡한 건강문제를 가지고 있고 빨리 약해지는 위험이 있기 때문에 젊은이들 보다 돌보기 더 어렵다고 말했다. 의료 교육은 질병을 치료하는 것을 지향하기 때문에 그래서 의사들은 치료되지 않는 만성질환을 가지고 있는 노인들을 치료하는데 좌절감을 느낀다. 의사들은 노인들의 인지기능장애 혹은 청각문제 때문에 노인들과 의사소통하는 것이 더 어렵다는 것을 알게 되었다. 결국, 의사들은 그들의 시간을 너무 많이 소모했던 부담스런 메디케어 규정에 대해 불만을 토로했다.

메디케어 치료는 의사와 환자 간의 대화로 시작한다. 의사소통은 중요한데 환자들이 그들에게 가능한 치료 선택들을 이해할 수 있다. 한 연구는 유방암 진단을 받은 여성노인들의 의사-환자 의사소통의 질을 고찰했다. 연구자들은 613쌍의 외과의사와 그들의 노인환자(67세 이상)를 인터뷰했다. 그들의 외과의사가 치료선택사항들을 설명한 것을 보고했던 환자들은 다른 유형의 치료를 받았던 사람들보다 방사선치료와 함께 더 유방보존 수술을 받는 경향이 있었다. 의사가 의사소통을 처음 시작할 때, 환자들은 그들이 더 치료선택을 갖는다고 느끼고 수술 후 몇 달 동안 유방암 관리에 더 만족하는 경향이 있었다(Liang et al., 2002b). 의사소통의 효과성은 서로를 이해하는 그들의 능력에 달려있다. 진단에 관해 질문하기 쉽고, 의사가 왜 어떤 특정한 검사를 지시하는지 설명을 원하기 쉬운 젊은이들에 비해, 노인들은 의사와 소통하는데 더 수동적이고 의심 없이 의사의 진단을 받아들이는데 더 수동적인 경향이 있다. 의사와 노인환자들 간에 훌륭한 의사소통은 약과 관련해서는 특히 중요하다. 많은 노인들은 고혈압, 당뇨, 기종과 같은 다양한 만성 질병을 위해 여러 약을 복용한다. 의사가 얼마나 많은 약들을 복용해야 하는지 그리고 언제 복용해야 하는지 명백하게 설명하지 않는다면 환자들은 쉽게 혼란스러워진다(Mira et al., 2013).

종종 노인들은 중재자를 통해서 의사와 소통한다. 생활지원시설에 대한 한 연구는 의사들이 스탭과 노인거주자들의 가족에 의해 정보제공을 요청받을 때 부담을 느끼고, 사람들에게 치료방향을 반복해서 설명해야할 때 좌절감을 느낀다고 밝혔다. 가족과 스탭은 차례로 의사가 그들의 전화 혹은 메시지에 응답하지 않았다고 불평했다(Schumacher et al., 2005).

2) 건강돌봄조직

1950년대까지, 의사 개인이 개업해서 대부분의 환자를 치료했고 수술이 필요한 사람들은 작은 지역사회 병원으로 보내졌다. 가족을 담당하는 의사들이 중심 역할을 했고, 대부분의 사람들은 현금으로 치료비용을 지불했다. 환자에게 돌봄을 제공한 의사들에 대한 일차적인 결제방식은 **서비스 수수료**(fee-for-service)라고 한다. 의사들은 수수료를 정하고, 사람들은 그들이 병원을 방문했을 때 받은 치료에 따라 비용을 지불한다. 서비스 수수료 방식은 의사들에게 환자돌봄 과정을 결정하는데 커다란 자율성을 허용하지만 많은 서비스들과 절차들을 수행하는데 재정적인 우대를 주지 않는다. 의사가 더 많이 서비스 할수록, 그들이 받는 수수료는 더 많아진다.

1965년 메디케어와 메디케이드 통과는 노인과 가난한 사람들을 위한 두 개의 공적 건강보험 프로그램들을 낳았다(5장 참조). 그 이래로, 건강관리비용 증가를 공공의 이슈로 만들면서 건강관리에 대한 공적책임은 증가해 왔다. 1970년과 2011년 사이에, 건강관리에 들어간 국민총생산의 비율은 7.4%에서 17.9%로 증가했다(Moses et al., 2013). 비용 증가를 낳은 다른 요인들은 고령인구의 증가가 있다. 고령인구 증가는 건강관리 요구에 엄청난 영향을 미쳤으며, 값비싸고 첨단인 의료서비스를 증가시켰다.

최근 몇 년 동안, 비용통제 노력들은 공공에 의료서비스를 전달하기 위한 새로운 형태의 조직을 성장시켰다. **관리의료**(managed care)라고 불리기도 하는, **건강유지기관**(health maintenance organization, HMO)가 급격히 팽창했다. HMOs는 재무담당자가 운용하는 건강보험플랜이다. 의사집단은 HMOs의 구성원이고 의사에 의해 제공되는 서비스는 효율성을 달성하고 비용을 통제하는 관리자에 의해 추적 관찰된다. 서비스수수료 체계과 달리, HMOs는 의사들에게 무제한의 선택권을 제공하지 않는다; 오히려 사람들은 HMOs와 계약한 의사들 중에서 선택해야만 한다. 처음에는, 관리의료가 서비스수수료 방식보다 비용 통제에 더 효과적인 것처럼 보인다. 비용절감의 많은 부분은 **균일할당**(capitation)이라고 불리는 체계에 기인한다. 균일할당은 건강돌봄제공자들에게 선지급하는 상환방식이다. 균일할당 방식하에서, 어떤 서비스가 수행되는지와 상관없이, HMO는 시스템에 있는 각 환자들에게 월 고정 수수료(flat monthly fee)를 받는다.

HMOs 는 점차적으로 건강돌봄체계의 중심 구성요소가 되었고 많은 잠재적 이득을 제공한다. HMOs는 병원 입원을 감소시킬 수 있으며 병원에 머무르는 기간을 줄일 수 있다. HMOs가 환자에게 전문의를 만나기 전에 가족주치의를 먼저 만나기를 권유하는 것도 또 다른 비용절감 방법이다. 결과적으로, 그들은 불필요하다고 여겨지는 값비싼 장비 사용을 말린다. 의료돌봄이 점차적으로 HMOs의 관할권 하에 들어가게 되었다. 그러나 의사들은 의료 서비스 과정을 결정하는데 있어 많은 자율권을 상실하게 되었다; 그들은 의료서비스를 덜 해야하는다는 재정압박을 받고 있다. 의사–환자관계의 거의 모든 측면은 의사가 얼마나 많은 환자를 보는지, 그들이 환자들과 얼마나 많은 시간을 보내는지, 의사가 어떤 진단 검사를 지시하는지, 의사가 전문의에게 어떤 전원(referral)을 하는지, 환자를 입원시킬지 말지, 환자를 언제 퇴원시킬지, 그리고 심각한 질병에 대해 언제 치료를 포기할지에 영향을 받는다(D. Stone, 1997). 더욱이, 몇 몇 연구들은 HMOs가 환자돌봄에 대해 타협한다는 것을 알아냈다. 한 연구는 HMOs 내에서 만성질환을 가지고 있는 노인들의 신체적 정신적 건강 결과들을 서비스 수수료 방식 내의 만성질환 노인들과 비교했다(Ware et al., 1996). 결과는 HMOs 내에서 치료받은 65세 이상 노인들이 서비스 수수료 방식하에서 치료받은 노인들 보다 신체 건강에서 더 크게 감소함을 보여주었다. 또 다른 연구는 뇌졸중을 가지고 있는 HMOs의 환자들이 서비스 수수료 방식 내의 환자들 보다 재활시설에 덜 가는 경향이 있음을 밝혔다. 그들은 요양원에 더 가는 경향도 보였다. 그러나 생존율은 두 환자 집단이 동일했다(Retchin et al., 1997). 쇠약한 노인들은 비용절감 노력에 잠재적으로 가장 취약하고 HMOs는 재정절약이 돌봄 질의 비용으로 돌아오지 않는다는 것에 확신이 들도록 추적 관찰되었음에 틀림없다.

(1) 메디케어의 변화하는 인센티브들

건강관리 비용이 전체 경제에서 증가해왔던 것처럼, 메디케어 지출도 빠르게 증가해 왔다. 매해 정부는 메디케어 신탁기금(Medicare trust fund)에 입금되는 돈의 양이 약속된 혜택에 지불되기에 적절한지를 산출한다. 베이붐 세대가 85세에 이를 때, 메디케어 지출은 급증할 것이다. 2031년, 첫 베이비부머가 85세 될 것이다; 2040년 까지, 베이비 부머의 평균 연령은 85세가 될 것이다.

예를 들면, 메디케어는 고정된 수의 심장마비 환자들의 병원비용을 상환할 것이고 사전결정된 병원입원 날 수에 대해서만 비용지불을 할 것이다.

공공정책에 대한 이슈 : 2010년 환자보호 및 부담적정 보험법에 있어 노인을 위한 혜택

환자보호 및 부담적정 보험법 2010(Patient Protection and Affordable Care Act of 2010, ACA)은 1965년 메디케어와 메디케이드가 제정된 이래로 건강돌봄체계에서 가장 야심찬 변화였다. ACA는 건강보험회사들에 대한 규정을 증가시켰고 자녀들이 26세까지 그들의 노부모 의료보험에 유지되는 것을 허용했으며 모든 사람들이 건강보험에 의해 보장받아야 한다는 것을 구체적으로 강제했다.

ACA는 또한 메디케어에 중요한 변화를 만들었다. 중요한 개선점은 ACA 하에 모든 예방적 서비스들이 무비용으로 환자들에게 보장되도록 한 것이다(Blumenthal et al., 2015). ACA는 또한 메디케어 약처방 보장을 더 가능하게 만들었다. 우리가 5장에서 살펴보았듯이, 메디케어 현대화법 2003(Medicare Modernization Act 2003, MMA)은 노인들에게 파트 D(Part D)라는 선택적 약처방을 더했다. 그러나 "도넛 구멍"(donut hole)이라 불리는 연간보장갭(annual coverage gap)을 포함하고 있었다. 파트 D하에, 가입자들이 2천8백3십 달러까지 그들의 약 비용의 25%를 지불해야만 했다. 그런 다음, 그들은 도넛구멍 안으로 들어갔으며 그들의 총 비용이 6천4백4십 달러에 달할 때 까지 어떤 부가적인 약 비용의 전부를 지불해야만 했다. 그 후 메디케어가 모든 비용을 지불했으나 상한선이 없는 비용의 5%였다. 도넛 구멍의 결과로서, 많은 노인들은 그들의 의사가 처방한 약에 대해 수천 달러 지불해야만 했다. ACA는 점차적으로 도넛 구멍을 없앨 것이다. ACA는 또한 다양한 방법으로 돌봄의 질을 향상시키려 했다. 한 조항은 퇴원 후 재입원하는 환자수를 줄인 병원들에게 인센티브를 제공했다. 감염과 욕창과 같이 병원에서 걸릴 수 있는 질환 수를 줄인 병원에게 또 다른 보상을 했다. ACA는 또한 메디케어 어드벤티지(Medicare Advantage) 보험의 질에 대한 평가 시스템을 도입했는데 더 나은 평가를 받은 보험에 대해 더 높은 지불을 했다(Blumenthal et al., 2005).

질 나쁜 요양원돌봄은 지속적으로 관심의 대상이 되어왔고, ACA는 노인과 그들의 가족이 요양원의 질에 대해 더 잘 판단할 수 있도록 이용 가능한 정보를 확대했다. ACA하에서, 요양원들은 거주자 한명 당 스탭의 수, 각 거주자가 몇 시간이나 매일 돌봄을 받는지, 그리고 스탭 이직의 양에 대한 자료를 제공해야 한다. 그들은 또한 돌봄의 질에 대한 불만을 목록화해야 하고, 거주자 학대의 예를 기록해야 한다(Kaplan, 2011). 전체적으로, 그런 다음에 환자들에게 더 나은 정보를 제공함으로써, ACA는 약 비용을 낮추고, 혜택에 대한 비용을 줄이고, 병원돌봄과 요양원돌봄을 향상시키기 위해서 계획되었다. 불명확한 것은 2016년 선거가 ACA의 미래에 어떤 영향을 미칠 것인가이다.

어떻게 생각하는가?

1. 당신의 친척 중에 메디케어 보장을 받는 사람이 있는가? 그들은 약처방 비용을 지불하는데 문제가 있는가?
2. 정보를 더 많이 제공하는 것이 요양원에 친척을 입소시킬 때 사람들이 더 나은 결정을 하는데 도움이 될 것이라고 생각하는가?

메디케어 비용지불이 증가하는 것을 통제하기 위하여, 의회는 1997년 균형예산법(1977 the Balanced Budget Act, BBA)을 통과시켰다. BBA는 메디케어+Choice 프로그램을 만들어냈는데, 그것은 개인 건강플랜 수혜자의 선택을 확장시키는 것이었다. 2010년 환자보호 및 부담적정보험법(Patient Protection and Affordable Care Act of 2010, ACA)에는 메디케어 비용을 줄이기 위해 계획된 많은 특성들이 있다. 그것은 또한 어떤 혜택들을 확장하기도 한다. "공공정책에 대한 이슈"들은 부담적정 보험법(Affordable Care Act)의 혜택들을 기술하고 있다.

(2) 사적 영역의 역할

1996년 8월 26일, 팹스트 브루윙 회사(Pabst Brewing Company)는 750명의 은퇴자들을 위한 건강돌봄 혜택을 더 이상 제공할 수 없음을 발표했다. 은퇴자들과 그들의 가족들은 9월 1일부로 그들의 혜택이 상실될 것이라는 고지를 받았다. 42년 동안 펩스트에서 일했었던 74세 은퇴자인 로만 마카윅스(Roman Makarewicz)와 같은 이전 피고용인들을 위한 건강보험 혜택과 약처방에 대해 수십년 동안 펩스트는 전부 지불했었다. 고혈압과 무릎 관절염은 너무 심해져서 그는 거의 걸을 수 없었고 로만은 약을 먹기 위해 한달에 112불을 스스로 지불해야만 했을 것이다. 그는 등을 찔리는 느낌이었을 것이다. 펩스트에서 34년 일한 후 은퇴 한 85세 레옹 러비스키(Leon Rubitsky)는 또한 그의 아내가 약 처방을 받을 수 없는 것을 걱정했다. 희망없이 그는 "그들이 규정을 바꾸기 시작하면 당신 무엇을 할 것이요? 이 사람은 아무것도 할 수 없소" 라고 말했다(Causey, 1996:1).

의회가 메디케어를 통과시킨 후에, 많은 고용주들은 현재는 은퇴한 피고용인들에게 1960년대에 건강보험을 제공하기 시작했다. 연금과 결합된 은퇴자 건정보험은 연로한 노동자들이 은퇴하도록 부추켰다. 현재, 노인의 약 반 정도가 **메디갭정책**(Medigap policies)을 가지고 있다. 메디갭정책을 가지고 있는 사람들 중에서 반은 보험료를 그들 스스로 지불하고 반은 그들의 은퇴전 고용주가 지불한다(General Accounting Office, 2001). 이들 정책들은 메디케어에 의해 지불되는 것이 아니라 본인부담(out-of-pocket)으로 지불된다. 흑인노인의 48%, 히스패닉계 노인의 37%가 보조적인 개인 보험을 가지고 있는 것과 비교해 백인노인은 79%가 보조적인 개인 보험을 가지고 있다(National Center for Health Statistics, 2010). 그러나 최근들어 고용주들은 은퇴자 건강보험을 법적책임으로 간주하게 되었고, 많은 회사들은 이러한 혜택을 줄이거나 모두 제거해왔다.

고용주들이 은퇴자 건강보험을 지불하기 원하지 않는 데는 몇가지 이유가 있다.

- 은퇴자 건강보험 혜택 비용은 실질적으로 증가해왔다.
- 노동력의 고령화가 어떤 고용주들에게는 활동적으로 일하는 노동자보다는 은퇴자의 수가 더 늘어나는 것을 의미한다.
- 어떤 고용주들은 은퇴자들을 위한 건강보험 혜택을 지불할 것을 약속했지만, 그렇게 하기 위해 기금을 확보하지는 않는다. 그래서 연방정부는 현재 고용주들에게 은퇴자 건강보험 혜택을 제공하는 것에 대해 모든 추정된 비용을 보고할 것을 요구하고 있다. 문제는 어떤 회사에서는 미래 은퇴자를 위한 기금확보가 부적절하다는 것이다. 이것은 "재원 없는 책임성(unfunded liability)"이라고 하며 결국 회사의 주식가치를 낮추게 된다.

한 조사에서, 고용주의 거의 절반이 65세 이상의 은퇴자들을 위한 건강 보장 기여를 제한해 왔으며 20%는 그들이 3년 내에 은퇴할 은퇴자들을 위한 혜택들을 제거할 것 같다고 말했다(McArdle et al., 2004).

정부의 역할을 사적 영역으로 돌림으로써 연방정부의 지출을 줄이는 것에 대해 많은 논의가 있었다; 그러나 점점 더 기업들은 부가적인 책임을 지고 싶어 하지 않았고, 어떤 회사들은 그들이 과거에 제공했던 혜택들을 제거했다. 건강돌봄 비용이 증가하는 문제에 해답을 제시하기는 쉽지 않은 것처럼 보인다.

돌아보기

1. 나쁜 건강은 왜 노인들과 관련이 있는가, 그리고 건강관리에 있어서 최근 개선된 점들은 나쁜 건강과 노인들과의 연관성을 어떻게 변화시키고 있는가?

나쁜 건강은 역학적 변천 때문에 노인들과 관련되어 왔다. 역학적 변천은 전염병에서 민성질환으로 사망의 주요원인이 변화됨으로 정의된다. 건강관리와 예방에서 최근 개선된 점들은 대부분의 노인들이 상대적으로 좋은 건강을 유지할 것이며 장애의 기간이 삶의 마지막 노년기에로 압축되기 쉽다는 의미이다. 이것은 질병압축론으로 일컬어 진다.

2. 사람들의 생활양식과 사회적 지원체계는 노년기 그들의 건강에 어떠한 영향을 미치는가?

생활양식은 생애에 걸쳐 건강에 큰 영향을 미친다. 흡연하지 않고, 운동하며, 적당히 음주하고, 정상 범위에서 체중을 유지하는 사람들은 그렇지 않은 사람들 보다 덜 장애를 갖게 되는 경향이 있다. 건강한 생활양식이 점차 중요해지는 것은 약이 건강을 다루는 유일한 해결책이 더 이상 아니라는 것을 의미한다. 사회지원체계는 건강결과에도 역할을 한다. 강한 사회적 지원체계는 사기를 북돋으며, 우울의 위험을 감소시키고, 심지어 수술 후 회복을 향상시킨다.

3. 노인의 사회경제적 지위를 가장 잘 측정하는 것은 무엇인가, 그리고 사회경제적 지위는 개인의 건강과 어떻게 연결되어 있는가?

노인의 사회경제적 지위의 최고 척도는 교육이다. 노년기에 높은 SES를 가진 사람들이 낮은 SES를 가진 사람들 보다 건강이 더 좋은 경향이 있다. 한 가지 이유는 그들이 건강돌봄에 더 나은 접근성을 가지기 때문이다. 낮은 SES를 가진 사람들은 그들이 부상을 입을 수도 있는 스트레스가 있는 직장에서 더 일하는 경향이 있다. 높은 SES를 가진 사람들은 그들에게 긍정적인 건강 수칙들과 관련된 기회를 주는 더 많은 자원도 가지고 있다.

4. 성, 인종, 그리고 민족은 노인의 건강에 어떠한 영향을 미치는가?

여성들은 남성들 보다 건강상태가 나쁘고 장애 수준이 높다. 이것은 미국에서만아니라 다른 나라에도 해당된다. 생물학적 그리고 행동 요인 두 가지 모두 이 차이를 설명하는 것처럼 보인다. 소수집단 노인들은 몇 가지 측정에 있어서 백인들 보다 건강이 나쁜 것으로 나타났다. 그들은 나이 들어감에 따라 심각한 질환이 더 발병하는 경향이 있으며 그들의 건강을 "나쁜" 것으로 더 평가하는 경향이 있다.

5. 메디케어와 건강관리산업에서의 변화들이 미국노인들에게 어떠한 영향을 미쳤는가?

메디케어는 연방프로그램 중에 가장 빠르게 성장한 것 중의 하나이다. 비용은 베이비부머 세대가 은퇴 연령에 도달함에 따라 6배 증가할 할 것이다. 메디케어 지출을 줄이기 위한 정치적 압력이 증가함에 따라, 더 많은 노인들이 건강유지기관(HMO)에 가입된 주치의사에 의해 치료받게 되기 쉽다. 위험성은 비용을 절약하고자하는 노력이 돌봄의 질을 낮출 수 있다는 것이다. 2010년 환자보호 및 부담적정 보험법(Patient Protection and Affordable Care Act of 2010, ACA)이 2016년 선거에 이은 공화당의회에 의해 폐기되지 않는다면, 메디케어 비용을 결국 줄이도록 도와야 할 것이다.

고령화에 관해 생각하기

1. 최근 많은 돈이 젊은이들이 흡연을 시작하지 않도록 하는 반흡연 캠페인에 사용되었다. 당신은 이러한 캠페인들이 노년기 건강문제를 예방하는 효과적인 방법이라고 생각하는가? 만약 아니라면, 당신은 더 나은 방법을 생각할 수 있는가?
2. 주 공무원들은 흡연으로 건강에 해를 입은 소비자들을 대신해서 담배 회사에 성공적으로 소송을 제기했다. 알코올 제조사에는 왜 동일한 방법으로 접근할 수 없는가?
3. 건강한 생활양식을 홍보하는 정부 프로그램들을 기술하시오. 정부는 사람들이 건강한 삶을 살도록 충분히 권장하고 있는가? 다른 어떤 것들을 할 수 있는가?

4. 만약 한 사람의 사회경제적 지위가 건강을 예측하는 좋은 요인이라면, 정부는 교육 원조 프로그램들을 통해 건강을 더 좋게 향상시키는 시도를 해야하는가?
5. 메디케어는 노인의 생활양식과 상관없이 의료 비용청구에 대해 지불한다. 건강하지 못한 생활양식을 선택한 사람들은 -예를 들면, 흡연과 음주를 너무 많이 하는 사람들- 그렇지 않은 사람들 보다 메디케어 보험료를 더 많이 지불해야 하는가?

핵심용어

- 건강관련 삶의 질(Health related quality of life, HRQoL)
- 건강생활양식(health lifestyle)
- 건강유지기관(health maintenace organizations, HMOs)
- 건강행동(health behavior)
- 관리의료(managed care)
- 균일할당(capitation)
- 기능적 지위(functional status)
- 누적적 불리이론(theory of cumulative disadvantage)
- 만성 폐쇄성 폐질환(chronic obstructive pulmonary disease, COPD)
- 만성질환(chronic disease)
- 메디갭정책(Medigap policies)
- 서비스수수료(fee-for-service)
- 수렴이론(convergence theory)
- 역학적 변천(epidemiologic transition)
- 진단측정(diagnostic measures)
- 질병압축론(compression of morbidity thesis)

12장

허약한 노인을 위한 돌봄

1. 가족돌봄
    1) 돌봄제공 개요
    2) 돌봄제공에서 성별차이
    그들의 목소리 : 전 남편 돌봄
    3) 돌봄제공자의 부담
    4) 일과 돌봄제공
    5) 돌봄제공과 가족관계
2. 가정돌봄
    1) 재가 및 지역사회기반 서비스
    고령화 경험의 다양성 : 게이와 레즈비언의 돌봄 경험
    2) 인종, 민족, 그리고 장기돌봄
    3) 민영 장기돌봄 보험
    세계의 고령화 : 독일의 치매 돌봄제공자를 위한 새로운 기술
3. 요양원돌봄
    1) 요양원에서 스탭의 이직
    2) 요양원돌봄에 대한 접근성
    3) 총체적 기관으로서의 요양원
    공공정책에 대한 이슈 : 숨겨진 카메라들이 요양원에 허용되어야 하는가?

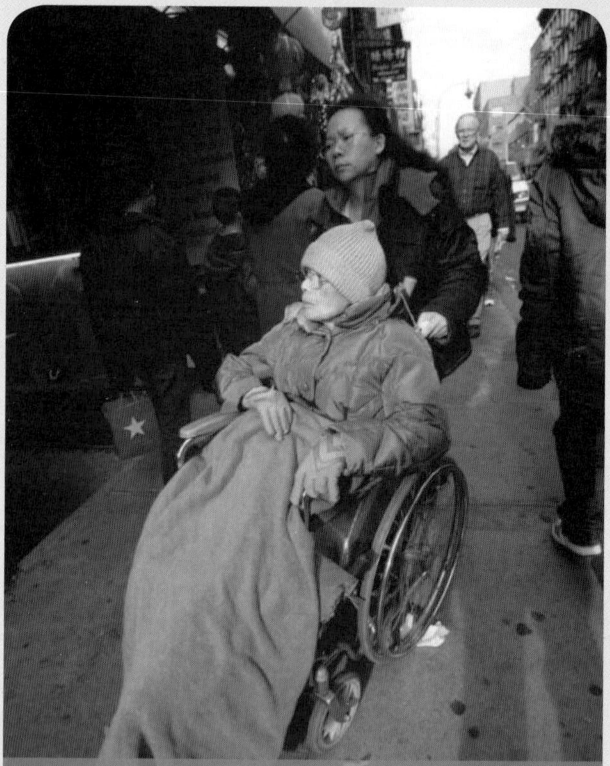

딸들은 고령의 부모를 지원할 수 있는 중요한 자원이다.

미리보기

1. 가족 구성원이 노인에게 제공하는 돌봄유형은 돌봄제공자의 성에 따라 어떻게 상이한가?
2. 돌봄제공의 책임은 가족구성원의 일과 개인 삶에 어떠한 영향을 미치는가?
3. 돌봄에 대한 노인의 요구가 가족 관계에 어떠한 영향을 미치는가?
4. 허약한 노인들은 어떤 종류의 재가 및 지역사회기반 서비스들을 이용할 수 있는가?
5. 민영 장기돌봄 보험은 가족들이 가족돌봄 비용과 부담을 관리하는데 도움을 줄 수 있는가?
6. 정부 규제들과 영리목적의 요양원 체인점들의 성장은 요양원돌봄의 유용성과 질에 어떠한 영향을 미치는가?
7. 허약한 노인들을 위한 요양원에서 삶은 어떠한가?

12장
허약한 노인을 위한 돌봄

수 밀러(Sue Miller)의 감동적인 소설 *귀빈(The Distinguished Guest)*에서, 72세의 오만하고 까다롭고 병든 릴리 메이나드(Lily Maynard)는 소원해진 아들, 알랜(Alan)과 그의 아내 가비(Gaby)의 집으로 이주한다. 그 방문은 오랫동안 묻혀있던 가족 갈등을 재개 시킨다. 알랜은 "어머니에 대한 그의 반응으로 놀랐고-당황했다. 그는 그녀와 결코 친한 척 하거나 가까운 관계인 척 하지 않았다. 그러나 이번 방문 전에, 그는 그들 간에 일종의 평화로운 균형에 이르게 되었다고 말하려고 했었다." 어느 날 저녁식사에서, 릴리가 "너의 자녀들에 대해 높은 기대를 하는 것 보다 비통함에 이르는 더 확실하거나 더 짧은 길은 없다"(Miller, 1995: 150)라고 잔인하게 말할 때, 긴장감이 표면위로 끓어올랐다.

알랜과 릴리간에 긴장 때문에 가비는 매일 밤 그녀의 시어머니가 잠자리에 들 수 있도록 침대를 준비하는 일을 맡았다. "그녀는 이런 서비스를 할 때 릴리에 대해 때때로 자애를 느끼는 그녀 자신에 대해 놀랐다." 가비가 꿇어 앉아 릴리의 신발을 풀고 벗기던 어느 날 밤, "그녀는 갑작스럽게 신성한 어떤 것, 어떤 진실한 방법으로 그녀가 *유용하다(of use)*고 느끼게 하는 어떤 것을 하는 센스가 있었다. 그녀의 무릎 위 두꺼운 스타킹에 볼품없는 발을 넣은 채로, 그녀는 연민과 사랑의 눈물이 핑 도는 것을 느꼈다"(p. 33).

모든 위대한 소설처럼, 슈 밀러의 책은 일반적인 인간에 관한 주제들을 설명하는 능력에 주목하지 않을 수 없다-노년기 변화시기에 초기 가족관계의 영향, 여성 가족구성원의 돌봄제공에 대한 책임감의 이전(transfer), 이러한 관계에서 여성들 간에 생성되는 유대감. 궁극적으로, 가족은 부담을 안고 있고 허약한 노인들에게 돌봄을 제공하는 것에 대한 보상을 얻어낸다. 이 장에서 우리는 허약한 노인을 위한 가족돌봄에 대한 연구들을 살펴본다. 우리는 돌봄제공 책임이 가족 구성원들사이에 어떻게 분배되는가를 기술하고, 왜 돌봄의 많은 부분이 여성들에 의해 제공되는가를 이론화하며, 돌봄제공 부담이 모든 친밀한 관계에 어떠한 영향을 미치는 가를 고찰한다.

가족 돌봄은 장애가 있는 사람이 자신의 집에 머물 수 있도록 하는 공식 서비스에 의해 종종 보완된다. 가정돌봄이 관리되기 어려울 때, 노인은 요양원으로 이주한다. 어떤 요양원들은 높은 수준의 돌봄을 제공하지만, 많은 요양원들은 종종 돌봄의 질을 희생하고 비용을 줄이는 것을 장려하는 이윤추구 사업이다. 이 장의 세 번째 절은 요양원 산업을 고찰하고 그곳에 거주하는 사람들의 요양원에서의 일상적인 삶을 기술한다.

이 장은 허약한 노인을 보호하는 데 있어 최소한의 공식적(가족 돌봄) 돌봄부터 최대한의 공식적 돌봄(요양원돌봄)까지 연속성이 존재하는 모델 중심으로 구성되었다. 그러나 가족구성원들이 그들의 연로한 혈족을 위해 책임을 포기하는 일은 거의 없으며 가족은 환경과 상관없이 돌봄제공에서 역할을 다 한 다는 것을 아는 것이 중요하다.

1 가족돌봄

1) 돌봄제공 개요

나이가 들어감에 따라 독립적으로 사는 것은 종종 도움을 수용하는 것을 배우는 것이다. 미국에서 65세 남녀의 대략 1/3이 장애를 가지고 있다. 어떤 장애들은 가벼운 것이지만 다른 장애들은 사람들이 개인적인 요구를 충족시킬 수 있는 원조를 받을 필요가 있게 한다. 많은 노인들이 식사하기, 목욕하기, 옷입기, 화장실이용하기, 침대에서 일어나 방밖으로 나오기, 그리고 걷기 와 같은 기본적인 기능수행에 대해 도움을 필요로 한다. 이들을 **일상생활활동**(activities of daily living ADLs)의 제한이라고 부른다. 사람들이 그들의 재정을 계속해서 관리하기 위해, 약을 복용하기 위해, 쇼핑하고, 전화를 사용하거나, 집안일을 하기 위해 도움을 필요로 할 때, **도구적 일상생활 활동**(instrumental activities of daily living IADLs)의 제한이라고 부른다. 〈그림 12-1〉은 일상생활활동에 제한이 있는 사람들의 퍼센티지를 보고하고 있다. 명백히, 도움 필요 가능성은 나이가 들어가면서 상당히 증가한다.

장기돌봄(long-term care)이라는 용어는 만성질환을 가지고 있는 사람들이 독립적으로 기능할 수 있도록 기능제한을 보충하게 디자인된 서비스들의 범위를 일컫는다. 가족 돌봄제공자들은 전통적으로 목욕하기, 옷입기, 식사하기뿐만 아니라 쇼핑하기와 재정 관리하기를 도와준다. 최근 몇 년 사이에, 가족돌봄제공자의 역할은 더 복잡한 의료 업무를 포함하는 것으로 확대되어왔다. 현재 가족구성원들은 병원과 요양원에서 훈련된 전문가들에 의해 행해지곤 했던 시술을 수행하고 있다. 한 전국 조사는 가족돌봄제공자의 거의 반이 보통의 일상생활활동(ADL)과 도구적 일상생활활동(IADL) 지원을 할뿐만 아니라 여러 약 복용을 관리하고, 상처를 치료하고, 다양한 유형의 관찰을 하고, 전문적인 의료 장비를 작동했다고 밝혔다. 이 조사에서 돌봄제공자들은 특히 상처치료 돌봄 혹은 수술 후 드레싱을 교체할 때 실수에 대한 두려움으로 걱정했다. 대부분의 돌봄제공자들은 그들이 이런 업무에 대해 거의 혹은 전혀 훈련을 받지 않았다고 말했고 69%가 그들의 가족 구성원은 건강돌봄 전문가들의 방문을 받은 적이 없다고 말했다(Reinhard et al., 2012).

허약한 노인을 돌보는 대부분의 장기돌봄은 그들의 가족, 특히 자녀들에 의해 제공된다. 〈그림 12-2〉는 가족구성원에 의해 허약한 노인에게 제공된 돌봄의 정도를 보여준다. 전형적인 가족돌봄제공자는 집 밖에서 일하는 49세 여성이고 가족구성원, 대부분 종종 그녀의 어머니를 돌보는데 일주일에 대략 20시간을 쓰고 있다(Williams et al., 2014). 자녀들은 고령화된 부모에게 돌봄을 제공하는 경향이 있다. 그 다음이 배우자가 돌봄을 제공한다. 심지어 손자녀들 조차 어떤 종류의 돌봄을 제공하고 있다.

〈그림 12-1〉 연령집단에 따른 일상생활활동에 제한이 있는 사람들의 %: 2010

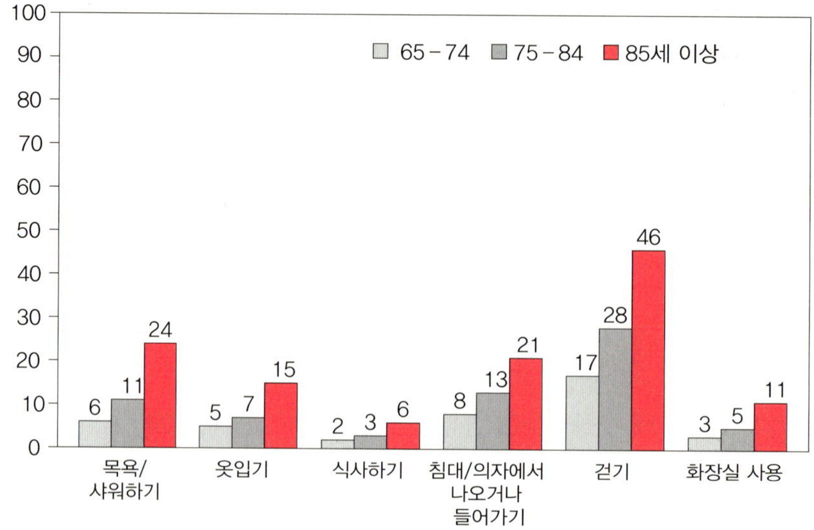

출처 : Administration on Aging(2012).

대부분의 고령부모를 돌보는 사람들이 그들의 성인자녀들이지만, 배우자들도 돌봄을 많이 제공한다. 유경험가족돌봄제공자연맹(League of Experienced Family Caregivers)은 그들의 경험을 자발적으로 공유하는 가족돌봄제공자들로 구성된다. 돌봄제공 연구에 참여한 523명의 구성원들 중에서, 243명이 그들의 노부모를 돌보는 자녀들이었고 280명은 아내 혹은 남편을 돌보는 배우자들이었다. 그런데 이 집단은 국가 평균보다 돌봄제공 배우자들이 다소 더 많았다. 성인자녀 돌봄제공자들의 평균연령은 52세 였고, 돌봄제공 배우자들의 평균연령은 63세 였다(Savundranayagam et al., 2011).

생애 과정의 한 국면으로써, 돌봄제공은 5년에서 7년까지 지속된다. 한 연구에서는 돌봄제공자들 중 5년 이상 친지에게 돌봄 제공한 사람들이 40%가 넘었다. 그들은 한 주에 약 20시간의 돌봄을 제공했다. 대부분 개인돌봄을 제공했고 집안일을 했지만, 의료돌봄을 제공한 사람들도 거의 40%에 달했다(Levine, 2004). 대다수의 돌봄제공자들은 그들의 건강을 매우 좋음 혹은 좋음으로 평가했지만 1/3은 그들 자신이 심각한 건강문제를 가지고 있다고 보고했다.

2) 돌봄제공에서 성별차이

돌봄제공자에 대한 거의 모든 연구들에서 여성이 전형적으로 병들고 장애가 있는 가족 구성원의 **일차적 돌봄제공자**(primary caregivers)임이 밝혀졌다. 유경험가족돌봄제공자연맹 연구에서, 예를 들면, 모든 돌봄제공자의 대다수는 여성이었다: 성인인 돌봄자녀들의 88%가 딸 혹은 며느리였으며 배우자의 76%가 아내들이었다(Savundranayagam et al., 2011). 어떤 경우에는 이혼한 여성이 심지어 전남편을 돌보기도 했다. 그들은 다양한 이유로 그렇게 한다. 어떤 여성들은 여전히 그들의 전남편을 사랑하기 때문에 그렇게 하고 다른 여성들은 그들 자녀들에 대한 걱정 때문에 혹은 그들 자신의 도덕적 가치 때문에 그렇게 한다. "그들의 목소리"에서, 전남편을 돌보는 여성들은 이런 역할을 하는데 애매모호한 감정을 느낀다고 말한다. 노부모의 일차적 돌봄제공자가 가장 적은 의무를 가지고 있는 보통 일하지 않거나 미혼인 딸이 되기 쉽지만, 많은 딸들은 그들의 다른 책임과 상관없이 돌봄제공자 역할을 한다(Bookwala, 2009). 노부모를 돌보는 딸들은 그들의 의무를 포기하지 않는다; 그들은 그들의 자유시간을 포기한다.

여성들이 불균형하게 부담을 짊어지는 여러 가지 이유가 있다. 한 이유는 돌봄제공이 보다 넓은 성별분업 노동임을 반영한다. 많은 노인남성들은 가족 내에서 가장으로 사회화되어 왔다. 그들은 그들의 가족을 위해 생계를 책임지는 것을 주요한 책무라고 보았으며 그들의 아내가 자녀에게든 노부모에게든 돌봄제공을 할 것이라는 것을 알고 있었다. 어떤 여성노인들은 그들이 가족을 부양할 때 고용이 되었다가 그만두거나 혹은 파트타임으로 일을 함으로써 노동력과는 아주 미약하게 연결되어 왔다. 그들의 일차적 책임은 무보수의 가사노동이었기 때문에 그들은 자연스럽게 돌봄제공자로 여겨져왔다. 돌봄은 그들의 정체성의 일부이고 그들 자신에 대한 스스로의 기대이기도 하다(Calasanti and King, 2007). 더 실용적인 측면으로, 여성들은 보통 남성보다 수입이 적었기 때문에, 아내들이 돌봄제공자로서의 책임을 다하기 위해 일하는 시간을 줄이거나 일을 그만두는 것이 가족 경제의 예산 측면에서 더 쉬운 일이었다. 2012년에, 전일제로 일하는 남성의 주당 중위 수입은 $854에 비해 여성은 $691 이었다(U.S. Bureau of Labor Statistics, 2013b). 그러나 젊은 여성들의 전 생애에 걸친 경제활동참여율이

〈그림 12-2〉 누가 허약한 노인을 돌보는가?

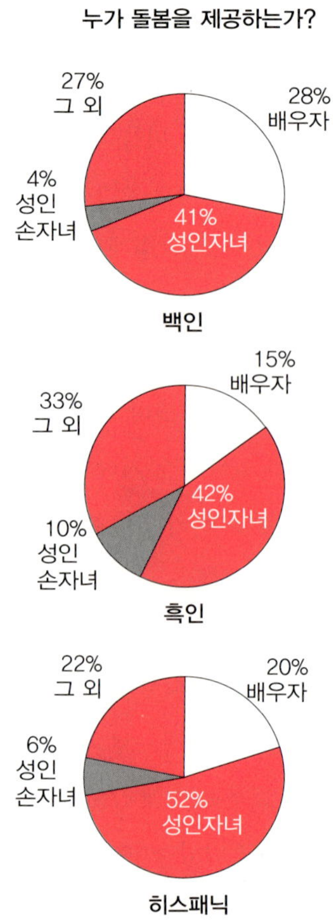

출처 : Angel(2001:11).

남성의 경제활동참여율에 거의 근접해 감에 따라 그리고 자녀를 돌보는 것이 아내들 뿐만아니라 남성들도 자신의 책임이라고 생각하면서 이러한 유형들은 변하고 있다.

돌봄제공자인 아들들은 딸들과는 다른 역할을 수행하는 경향이 있다. 남성과 여성 돌봄제공자들의 노동분업은 남녀의 성별분업과 유사하다. 딸들은 음식을 먹이거나, 옷입히기, 목욕시키기 혹은 배변실수 후 청소하기와 같은 직접적인 개인돌봄을 더 제공하는 경향이 있다. 아들들은 교통편과 사회서비스를 마련하고 집안수리, 정원을 돌보고, 재정을 관리하는 데 더 도움을 주는 경향이 있다. 그러나 아들들은 그들의 부모에 대한 의무감을 딸들과 마찬가지로 느낀다. 한 연구에서, 연구자들이 노부모를 돌보는 30명의 남성을 면담했다. 연구대상자들은 어머니를 집에서 10년 동안 돌본 32세 백인 주식중개인부터 어머니가 막 요양원에 들어간 71세 아프리카계 미국인 부동산중개인에 이르기 까지 연령과 배경에서 대표성을 가진다. 연구에 참여한 아들들의 1/3은 그들의 아버지를 돌보고 있었고 2/3는 어머니를 돌보고 있었다. 이 연구에 참여한 남성들은 돌보는 일을 기꺼이 책임진다고 말했다. 그들은 많은 여성 돌봄제공자들처럼, 사랑, 연민, 슬픔부터 화, 분노, 그리고 죄책감에 이르는 감정도 경험했다(Harris, 2000).

그들의 목소리 : 전 남편 돌봄

이혼한 여성들은 친구와 가족들이 왜 전 남편을 돌보는지 질문할 때 모호한 감정이 생긴다. 한 여성이 다음과 같이 말했다:

그들은 내가 어리석다고 단지 생각했어요....그들은 내게 와서 말하기를....어떤 사람들은 비웃었고 그것에 대해 농담을 했어요....나를 알고 나에 대해 걱정하는 사람들은 나를 이해했지만, 그러나....“당신 바보에요? 뭐지요? 왜 그러지요?”라고 말하는 감독관도 있어요.

돌봄제공자들은 그들의 선택에 대해 다른 사람들이 못마땅해 한다는 것을 느끼기 때문에 그 부담에 대해서 이야기하는 것을 피하는 경향이 있다. 결국, 그들은 그들 스스로를 덜 지지하게 된다. 한 여성이 말했다:

“당신은 단지 소외감을 느끼고 있어요. 음....소외감 그리고 무척이나 외롭지요.”

어떤 여성들은 전 남편의 질병 혹은 사망에 대해 강력하고 때로는 혼란스런 감정을 경험했다. 이십년간 결혼생활을 해왔던 한 이혼여성은 “나는 그가 그리 오래 살지 못한다는 것을 알고 있기 때문에, 나의 모든 감정들, 나의 나쁜 감정을 옆에 치워놓고 단지 그에게 집중하기 위해” 노력한다고 설명했다.

또 다른 여성은 그녀의 전 남편 사망에 대해 슬픔을 표현했다:

“시간이 걸렸고, 거의 1년이 다 되어가는데, 그에 대해 혹은 우리에 대해 생각하지 않는 날이 하루도 없다는 것에 놀라요....그것은 현실의 다른 영역일 뿐인데 마치 1톤 벽돌처럼 나를 때렸어요.”

출처: Cooney et al.(2014:90, 91, 94).

노동분업은 남편과 아내들이 서로를 돌보고 있을 때 허물어진다. 아내를 돌보는 남편들은 옷입히기, 목욕시키기, 배변 흘린 것을 청소하기를 포함하는 모든 형태의 개인적 돌봄을 수행한다. 이러한 어려운 일들을 해내면서 그들의 남성성을 유지하기 위해, 다양한 전략을 채택한다. 한 전략은 성취되어야 할 일로써 돌봄을 정의하는 것이다. 칼라산티와 킹(Calasanti and King, 2007:520)의 연구에서 한 남편이 설명했던 것처럼:

> 처음에...당신이 여성을 돌보기 시작할 때, 음, 당신은 그것을 어떻게 해야하는지, 여성을 어떻게 돌봐야하는지, 정확히 알지 못하죠...당신은 교환하는 것처럼 단지 그것을 해야만해요. 벽돌을 쌓는 것처럼 혹은 콘크리트로 마감하는 것처럼.

또 다른 남편은 아내가 혼동해서, 버리는 깡통에 소변을 본 것을 치우느라 많은 시간을 보냈다. 그는 말했다:

> 나는 청소해야 할 온갖 지저분한 것들이 있고 그녀는 때때로 더 안 좋은 행동을 해요...나는 그녀를 거기서 나오게 해서 침대로 가게 해요. 그리고 나는 마루와 지저분한 것들을 청소하죠. 그게 내 일이죠.

그 외에, 남성들과 여성들은 돌봄제공에 대해 상이하게 반응한다. 아들과 딸들 모두 돌봄제공과 다른 책임들 간에 정신적 중압감을 경험하지만, 딸들은 아들들보다 더 높은 수준의 스트레스와 죄책감을 느낀다(Gonyea et al., 2008).

3) 돌봄제공자의 부담

허약한 노인들을 돌보는 사람들은 많은 비용을 지불한다. 감정적 중압감이 있고, 익숙한 생활양식을 잃어버리는데 이것은 생활에 더 큰 제한이 있다. 그리고 계획이 틀어지기도 한다. 많은 돌봄제공자들의 고민은 가정돌봄 서비스, 건강관리, 요양원돌봄에 지불해야하는 비용과 관련한 재정 문제에 의해 악화된다. 그러나 돌봄제공과 관련된 긍정적인 측면들도 있다; 많은 돌봄제공자들은 사랑하는 사람의 요구에 부흥하는 것에서 만족감을 얻는다. 그러나 대부분의 연구는 보상이 아니라 돌봄제공의 심리적 비용에 집중해왔다(Roth et al., 2015).

연구자들은 **돌봄제공자의 부담**(caregiver burden)과 **돌봄제공자의 스트레스**(caregiver stress)를 구분한다. 부담은 전형적으로 업무관리를 말한다; 스트레스는 돌봄제공자가 느끼는 긴장감을 말한다. 돌봄제공자 스트레스는 돌봄제공자의 시간 및 에너지에 대한 요구와 그들이 마음대로 할 수 있는 개인적 재정적 자원간의 불균형에 의해 초래된다. 이 자원들은 가정 돌봄 종사자로부터의 전문적인 도움 뿐만아니라 가족과 친구들로부터의 지지를 포함한다. 돌봄제공자가 가지고 있는 스트레스의 실질적인 근원은 돌봄제공자가 허약한 노인을 위해 복잡한 건강돌봄 서비스 네트워크와 타협을 시도할 때도 증가한다. 사회노년학자들은 이것을 **구조적 부담**(structural burden)이라고 명명한다(Taylor and Quesnel-Vallee, 2016). 미국에서 구조적 부담은 어떤 서비스들이 메디케어 혹은 메디케이드로 비용이 지불될 것인가 그리고 어떤 건강보험에 의해서도 지불되지 않는 서비스들은 무엇인가에 관련한 혼란스러운 규칙 때문에 종종 초래된다.

돌봄제공자 스트레스는 수 많은 나쁜 건강 상태들과 연결되어 있다. 허약하고 장애가 있는 노인을 돌보는 가족 구성원은 신체적 소진, 나쁜 면역반응, 그리고 그들 자신의 건강상태 악화의 위험이 더 높다고 밝혀졌다(Bedard et al., 2000). 또 다른 연구는 장기간의 돌봄제공이 돌봄제공자들의 우울 증상을 증가시키고 이러한 증상들은 수년동안 지속된다고 보고했다. 돌봄제공자들이 혈압이 높아지고 웰빙이 낮아지는 것도 경험한다(Coe and Van Houtven, 2009). 위에서 언급했듯이, 성인 자녀는 그들의 노부모를 종종 돌보지만 배우자들도 서로를 돌보기도 한다. 배우자 돌봄제공자들은 성인자녀 돌봄제공자들 보다 심지어 더 높은 수준의 스트레스를 경험하고 더 우울증상을 보고한다. 그것은 그들이 같은 집에 살고 보통 돌봄제공에 더 많은 시간을 들이기 때문이다. 그들은 또한 돌봄제공 의무에서 벗어나 쉴 수 있는 기회가 더 적다(Pinquart and Sorensen, 2003). 장애있는 배우자들을 돌보는 것은 사망과 관상동맥성 심장병, 뇌졸중을 증가시키는 것과 관련이 있다. 남성들에게는 뇌졸중 위험이 가장 높고, 특히 아내를 돌보는 아프리카계 미국인 남성이 그렇다. 이러한 결과들은 남성 배우자

돌봄제공자들이 특별한 돌봄제공 지원을 필요로 할 수 있음을 제시한다(Haley et al., 2010).

부담감이 높은 돌봄제공자들은 또한 돌봄을 받는 사람들에게도 부정적인 영향을 미친다. 스트레스가 많은 돌봄제공자들은 그들이 돌보는 사람을 요양원에 보내는 것을 가장 고민한다(Savundranayagam et al., 2011).

돌봄제공이 돌봄제공자들의 건강에 왜 영향을 미치는지를 설명하는 하나의 메커니즘은 코티졸(cortisol), 신체가 계속되는 스트레스에 반응할 때 분비하는 호르몬,의 증가이다. 코티졸이 긴 시간에 걸쳐 높아지면, 면역체계는 더 이상 작동하지 않고, 바이러스와 박테리아가 침입할 수 있다(Lovell and Wetherell, 2011). 다른 말로 하면, 독감과 폐렴 같은 질병에 대항해서 신체가 항체를 만들어내는 것이 더 어렵다. 돌봄제공자 스트레스가 높을 때, 정신질환과 심혈관질환위험이 높은 것처럼 호흡기 감염위험이 증가한다(Roepke et al., 2011). 이 과정을 일컫는 과학적인 용어는 **알로스태틱부하**(Allostatic load)라고 하는데, 이 개념은 6장에서 더 자세히 논의했었다.

최근 연구에서는 알츠하이머 환자들의 돌봄제공자들과 비돌봄제공자들 간의 알로스태틱 부하 수준을 비교했다. 연구는 알츠하이머병(Alzheimer's disease)을 돌보는 87명의 배우자 돌봄제공자(CG)와 43명의 결혼한 비돌봄제공자(NC)를 포함하고 있다. 알로스태틱부하를 계산하기 위해 사용된 생물학적 측정은 혈압, 체질량(body mass), 그리고 콜레스테롤을 포함했다. 심리사회적 척도들은 개인의 자기 지배감에 대한 평가인 자기지배감척도(Personal Mastery Scale), 우울척도, 그리고 인지되는 부담수준을 평가한 역할과부하척도(Role Overload Scale)을 포함했다. 결과는 돌봄제공자들이 비돌봄제공자들과 비교해 의미있게 높은 알로스태틱부하를 나타냈다. 저자들은 알로스태틱부하는 스트레스가 건강문제로 전환되는 방법을 설명할 수 있다고 결론지었다(Roepke et al., 2011).

돌봄제공의 스트레스와 관련된 정신건강문제들의 가능성은 보편적이며, 미국 말고 많은 다른 나라들에서도 발생한다. 일본 오사카의 배우자돌봄제공자에 대한 연구는 남편들과 아내들 모두 우울의 위험에 처해있지만 남편을 돌보는 아내들은 아내를 돌보는 남편들보다 우울 점수가 더 높음을 밝혔다. 돌봄제공과 관련된 부담에 대처하기 위하여, 남편들은 가족 혹은 가정돌봄 서비스에 더 의존했다. 반면 아내들은 단순히 높은수준의 돌봄을 제공했고,

그들의 역할을 긍정적으로 받아들였으며, 돌봄제공을 공유하려하지 않았다. 오히려 아내들은 친구들과 가족에게 감정적 지지를 기대했다(Sugiura et al., 2009).

4) 일과 돌봄제공

나이든 가족에게 돌봄을 제공하는 것은 미국에서 가족 책무의 중요한 부분을 구성한다. 여성들이 일에 의해 방해받지 않기 때문에 돌봄을 제공할 수 있다는 전통적인 추정은 점차 전근대적인 것이 되었다. 여성 역할의 지속적인 혁명은 이전에는 당연한 것으로 여겼던 돌봄제공 책임을 각광받는 것으로 위치지운 것이다. 돌봄제공에 대한 여성 고용의 영향은 무엇인가? 유급 고용은 여성의 돌봄제공 양을 감소시켰는가? 혹은 돌봄제공은 여성이 직장에서 일하는 시간을 줄이는가 혹은 노동력으로부터 이탈하게 하는가?

돌봄제공 여성들의 대략 1/3이 직장을 그만두고 임금을 상실하는 것으로 그 대가를 치른다(Wakabayashi and Donato, 2006). 돌봄제공자에 대한 한 연구에서 돌봄제공 초기에는 여성의 주당 노동시간과 연수입이 실질적으로 감소했음을 밝혔다. 여성들은 덜 일했고 그렇게 한 것에 대한 대가를 지불했다. 그러나 그 영향은 여성들의 다양한 하위집단들에 따라 상이했다. 연령이 더 높고 기술은 더 없고 더 경쟁적인 역할을 하는 여성들이 더 높은 비용을 지불한 반면, 더 젊고 교육 받은 여성들은 수입이 덜 줄어드는 경험을 했다(Wakabayashi and Donato, 2005). 이와 같이 많은 여성들은 단순히 돌봄제공이라는 무급노동을 그들의 다른 책임에 추가했다.

돌봄제공은 노년기 경제보장에 대한 의미 있는 결과물을 갖는다. 위에서 언급했듯이, 일을 그만두는 것은 수입을 상실하고 저축한 돈을 소비한다는 것을 의미한다. 결국, 일을 그만둔 돌봄제공자들은 비돌봄노동자들 보다 나이들었을 때 훨씬 더 가난하게 살기 쉽다(Wakabayashi and Donato, 2006). 그러나 계속해서 일 해온 돌봄제공자들은 동일한 비용을 지불하지 않는다. 무엇이 돌봄제공자들이 일하는 것을 가능하게 하는가? 고용주 정책은 중요한 역할을 한다. 어떤 고용주들은 스트레스와 이직을 줄이고 노동자들의 부담을 완화하는 특별한 프로그램을 도입해왔다. 근로자들은 일반적으로 유연한 노동시간을 희망하고 어떤 회사들은 이러한 옵션을 제공한다. 노동시간이 유연하고 무급가족휴가와 유급병가가 있는 직장에 다니는 여성들은 이러한 혜택이 없는 직장에 다니는 여성들 보다 일을 더 지속하는 경향이 있다(Pavalko and Henderson, 2006). 그러나 이러한 선택들은 일반적으로 이용가능하고, 돌봄제공자들에 대한 차별은 근로자 불만 중에 가장 빠르게 커져가고 있다. 가족 책무로 인해 근로자들이 직장에 덜 전념할 수 있다는 잘못된 믿음 때문에 고용주가 돌봄제공 책임이 있는 근로자들을 다른 근로자들보다 덜 우호적으로 대할 때 차별이 발생한다. 1990년부터 2008년까지 차별불만에 대한 한 연구결과는 돌봄제공자들에 의한 소송이 400% 증가했음을 보고했다(Williams et al., 2014).

노부모로부터 멀리 떨어져 사는 자녀들은 자주 전화해서 걱정을 완화시킨다.

가족의료휴가법 1993(Family and Medical Leave Act of 1993)은 어느 정도까지 직장에 대한 중압감을 완화시킨다. 그것은 심각한 건강상태에 있는 부모 돌봄을 포함한 가족과 관련된 이유들로 12주까지 유급 혹은 무급휴가(고용주의 재량으로)를 갖는 것을 허용한다. 이 법은 일하고 있는 돌봄제공자에게 확실히 도움이 되지만, 노부모 가족돌봄과 관련된 딜레마를 완전히 해결하지는 못한다. 한 가지 문제는 그 법은 최소 50명 이상을 고용한 기업에만 적용되고 그래서 모든 작은 회사들은 제외된다는 것이다. 또 다른 문제는 많은 근로자들에게 무급휴가를 줄 수 없다는 것이다. 여전히 이 법제도는 근로자들이 직장상실의 위험없이 휴가를 가질 권리를 주지 않는다.

5) 돌봄제공과 가족관계

돌봄제공에 대한 1세대 연구는 다른 가족구성원들로부터 소외된 일차 돌봄제공자에 집중했다. 그러나 최근에는 전체 가족체계에 대한 강조로 변화되어 왔다(Beach, 1997). 새로운 연구는 돌봄제공이 돌봄제공자의 정서적 안녕에 영향을 미칠 뿐만 아니라 다른 가족관계에도 반향을 일으키는 결과를 제시한다. 돌봄제공자가 노부모 혹은 배우자가 외견상으로 다른 사람이 되어감에 따라 가슴아픈 상실을 경험할 수 있다(Rinquart and Sorensen, 2007). 형제자매들은 돌봄 제공 분업에 대해 다툴 수 있다. 그리고 결혼생활은 한쪽 배우자가 나이든 친인척을 돌볼 때 함께하는 둘만의 시간이 없어짐으로써 긴장될 수 있다. 그럼에도 불구하고, 공유된 목표를 달성하기 위해 친족들을 단합시킴으로써 각 구성원이 가족에 대한 헌신에 감사하게 함으로써, 그리고 수년에 걸쳐 약화되어 왔던 연결망들을 재구축함으로써, 가족돌봄은 가족관계에 또한 긍정적인 영향을 미친다.

(1) 부모-자녀 관계에 미치는 영향

돌봄제공자와 노부모간의 관계는 많은 형태로 나타날 수 있다. 한 연구에서 29쌍의 어머니와 딸들은 세 가지 유형으로 나타났다(Walker and Allen, 1991). 한 유형은 *상호관계*(*mutuality*)의 특징이 있는데, 어머니와 딸이 활동은 함께하고 최소한의 갈등을 갖는 보람있는 관계(rewarding relationship)이다. 예를 들면, 퇴행성 뼈질환이 있어 집에만 있는 어머니가 다음과 같이 말했다:

> 매일 나는 내 딸이 오기를 기다려요. 내 딸이 매일 올 필요는 없지요, 그러나 그냥 딸이 그렇게 해요. 만약 딸이 해야 할 다른 일들이 있다면 그리 오래 걸리지 않을 거에요. 딸은 항상 오니까요. 우리는 마치 자매 같아요.

그녀의 딸도 동의했다: "우리 엄마는 나의 베스트 프렌드에요. 우리는 예전보다 지금 훨씬 더 가깝게 지내요"(A. Walker and Allen, 1991:391).

연구자들에 따르면, 다른 어머니들과 딸들은 *양면적인(ambivalent)* 관계를 갖는다. 보람이 있지만 비용 또한 지불해야하고 관계는 때때로 긴장감이 흐른다. 마지막으로, 세 번째 유형은 갈등(conflicted)관계이다. 보람은 거의 없고 자주 비용을 지불해야 한다. 한 딸이 "나의 어머니는 매우 자기 중심적이에요; 제 시간을 소유하려고 하죠. 그녀는 다른 사람들에게 관대하고 자비롭지만 저에게는 안그래요" 라고 이야기하듯이 그렇다(p. 393).

아동 학대는 생애에 걸쳐 대인관계에 어려움을 낳을 수 있는 심각한 문제이다. 아동 학대에서 살아남은 사람은 다른 사람 보다 정신적 신체적 건강문제와 인지장애를 더 경험하기 쉽다. 그들은 다른 사람을 불신하고 낮은 자존감을 갖는 경향이 있으며 안정적인 애착을 형성하기 어렵다. 그러므로, 어린시절 학대는 전 생애에 걸쳐 파문을 낳는다.

학대 받은 어떤 아동들은 그들이 성장할 때 다른 사람과 접촉을 피함으로써 그들의 학대자들에 대한 양가감정을 해결하지만 다른 아동들은 관계를 계속해서 지속시킨다. 아이러니하게, "역기능적 부모-자녀 관계는 노년기에 수혜자와 돌봄제공자 관계로 바뀔 수 있다"(Kong and Moorman, 2015:658). 한 연구는 돌봄제공자에 대한 이러한 역할전환(role reversal)의 감정적 결과들에 대해 측정을 시도했다.

연구자들은 아동기 학대를 당했던 돌봄제공자들을 학대 혹은 방임의 경험이 없는 돌봄제공자들과 비교했다. 놀랍지 않게, 연구자들은 이전에 학대받았던 돌봄제공자들이 학대 혹은 방임의 경험이 없는 돌봄제공자들과 비교해서 우울증상을 더 갖는 것으로 보고했다. 이러한 결과를 어떻게 설명할 수 있는가?

- 한 가지 이유는 이러한 성인 생존자들이 어린 시절 트라우마로 대처 기술이 더 약할 수 있기 때문이다.
- 또 다른 이유는 노부모는 돌보기에 더 어렵고 여전히 성인이 된 자녀들을 학대할 수도 있기 때문이다.
- 마지막으로, 돌봄제공이 애착과 애정에 근거할 때가 의무감으로 할 때 보다 오히려 덜

스트레스이기 때문이다.

(2) 형제 관계에 대한 영향

돌봄제공은 일차적 돌봄제공자와 그들의 형제자매간에 긴장을 낳을 수 있다. 일차적 돌봄제공자들은 종종 형제자매가 그들의 부담을 공유하지 않고 그들의 노력에 고마워하지 않는다고 보고한다(Townsend and Noelker, 1987). 한 연구는 알츠하이머병을 가진 부모를 돌보는 여성들에 대해 스트레스의 가장 큰 근원은 그들의 형제자매임을 밝혔다(Suitor and Pillemer, 1993). 한 여성이 그녀의 어머니 돌보는 것을 도와주지 않는 형제에 대해, "나는 그것에 상처받았어요. 그는 아무 생각이 없는 것 같아요. 그는 어머니를 아무데도 모시고 나가려 하지 않죠. 그는 현재 가족이 있다고 말하지만 내 어머니가 여전히 그의 어머니이기도 하죠" 라고 말했다(Strawbridge and Wallhagen, 1991:775). 다른 유형의 형제자매간 갈등은 돌봄제공자에 따라 상이한 반응을 낳는다. 부모 돌봄 방법에 대한 불일치는 우울증을 초래할 수 있다. 형제자매들이 돌봄책임을 공정하게 나누는 것에 대해 의견이 일치하지 않으면 종종 더 화가 나게 된다(Semple, 1992).

형제자매 갈등이 돌봄제공자의 정신건강에 해롭고, 부담감을 증가시키고, 돌보지 않는 형제자매에 대해 분노와 적대감을 보이게 될 지라도, 돌봄제공은 또한 형제자매 관계에 긍정적인 영향을 미칠 수 있다. 허약한 노부모들을 돌보는 100명의 성인 돌봄제공자들에 대한 연구에서, 60%가 돌봄제공은 갈등을 초래하는 것이 아니라 오히려 형제자매간의 관계를 돈독히 했다고 보고했다. 한 돌봄제공자가 다음과 설명했다. "우리 각자가 가지고 있는 특별한 기술에 대해 더 배웠고 서로에게 더 감사하게 되었다"(Strawbridge and Wallhagen, 1991:776).

(3) 부부관계에 대한 영향

결혼도 돌봄제공 책임에 의해 영향받을 수 있다. 부정적인 측면으로, 돌봄제공은 남편과 아내가 서로 같이 보낼 수 있는 시간을 줄일 수 있다. 여성들은 돌봄제공 의무를 수행하느라 너무 지쳐서 남편과 귀중한 시간을 함께 보낼 수 없을 런지도 모른다. 그리고 돌봄제공 요구들이 그들의 결혼생활에 해가 되고 있다고 걱정할 수도 있다. 긍정적인 측면으로, 돌봄제공자로서 적절한 일을 하고 있다고 느끼는 딸들과 며느리들은 결혼만족도가 더 높았다(Bookwala, 2009). 어떤 관점이 더 정확할까?

북왈라(Bookwala)(2009)는 돌봄제공의 장기적인 영향에 관한 두 개의 가설을 검증했다. 첫 번째는 마모가설(the wear-and-tear hypothesis)인데 그것은 장기간 그 역할을 했던 경험있는 돌봄제공자들이 더 부정적인 결혼상태를 보여줄 것이라고 예측한다. 두 번째는 적응가설(the adaptation hypothesis)인데 장기간 돌봄제공자들과 이전에 돌봄을 제공했던 사람들은 최근 돌봄제공자와 비교하여 결혼생활이 질적으로 더 나을 것이라고 예측한다. 그녀는 마모가설이 더 정확하다고 보고했다. 그녀의 연구에서 경험있는 돌봄제공자들이 최근의 돌봄제공자들 보다 결혼생활이 덜 행복하고, 더 불공평한 부부역할을 수행하며 더 적대임이 밝혀졌다. 그러므로, 수년 동안 노부모를 돌보는 일은 한사람의 결혼생활에 큰 타격을 줄 수 있다. 매개요인(intervening factor)은 결혼생활의 질이다. 결혼 생활이 질적으로 높은 경우는 돌봄제공의 긴장에 대해 완충역할을 할 수 있다(Bookwala, 2005).

(4) 손자녀에 대한 영향

성인자녀들이 노부모를 돌볼 때, 그 자신의 자녀들이 종종 돌봄제공 연결고리의 일부분이 된다. 자녀들에 대한 어떤 영향은 부정적이다. 자녀들은 부모의 관심을 받기 위해 그들 조부모와 경쟁해야 할 수 있다. 그들은 또한 재정적 희생을 하거나 혹은 조부모가 그들 집으로 이사온다면 더 복잡한 집을 견디도록 강요될 수 있다. 그러나 몇몇 연구들은 가족 돌봄제공이 손자녀들에게 긍정적인 결과를 가질 수 있다고 보고했다.

한 연구는 알츠하이머병을 앓고 있는 조부모의 20명 청소년 손자녀들을 면담했는데, 이는 조부모와의 관계에 대한 감정과 다른 가족구성원에 대한 감정에 관한 것이었다(Beach, 1997). 대부분의 손자녀들은 돌봄제공 상황이 가족관계에 긍정적인 영향을 미쳤던 것으로 느꼈다. 그들은 돌봄제공이 그들의 형제자매, 특히 집에 더 이상 살지 않는 손위 형제자매들과 더 연락할 수 있게 해 준 것에 대해 더 감사하게 생각했다. 돌봄제공의 또 다른 긍정적인 측면은 돌봄제공이 그들의 조부모뿐만 아니라 노인들에 대해 더 공감하도록 만든다는 것이다. 십대 소년은 다음과 같이 설명했다:

나는 뇌졸중 혹은 어떤 것을 갖고 있는 사람들을 덜 부정적으로 바라보게 되었어요...그게 정말로 더 이상 내게 어떤 모습으로 다가 오지 않아요. 나는 그들을 다른 사람으로 생각하지 않아요. 나는 그들을 보살피는데 더 관심이 있어요.(Beach, 1997:235)

청소년들은 거의 항상 일차 돌봄제공자인 그들의 어머니와 가깝게 느낀다고 반복적으로 말했다. 그들이 도와준 것에 대해 어머니들이 칭찬할 때 그들은 보람을 느꼈고 그들의 어머니에게 감사하고 존경하는 것을 배우게 되었다. 결국, 청소년들은 주의 깊게 친구들을 선택했는데 이 친구들은 그들이 알기로는 자신의 상황을 민감하게 받아들이는 친구들이었다. 그리고 선택한 친구들과 그들은 더 높은 수준의 친밀감을 가지고 있다고 느꼈다.

현재 80대와 90대 노인들은 베이비부머들의 부모이다. 단지 10%만이 자녀가 없었다. 이러한 인구학적 사실들은 돌봄제공의 미래에 좋은 징조이다. 그러나 이 코호트의 많은 결혼생활이 이혼으로 끝이났다. 이혼 부모들 자녀의 돌봄제공 유형에 대한 연구가 거의 없지만, 부모와 연락하지 않는 사람들이 그 부모를 돌볼 책임을 거의 느끼지 않을 것이라고 추측할 수도 있다(Himes, 1992). 여전히 가족 규모가 큰 것이 돌봄 가능성의 측면에서 높은 이혼율을 보상할 것인지에 대해 결론지어져야 할 것이다.

HIV/AIDS 가진 사람들을 돌보는 것에 대한 연구와 별개로, 게이 남성과 레즈비언들의 돌봄제공에 대한 연구는 거의 없다. “고령화 경험의 다양성(Diversity in the Aging Experience)”은 만성질환을 가지고 있는 동일한 성 파트너들을 돌보는 심리적 감정적 부담을 이야기한다.

2 가정돌봄

1) 재가 및 지역사회기반 서비스

재가 및 지역사회기반 서비스(home and community-based services, HCBS)에 접근 가능하다면, 기

관에 입소해야만 할 수도 있는 많은 허약한 노인들이 그들 집에서 머무를 수 있다. 가장 일반적인 재가 및 지역사회기반 서비스는 (1) 목욕하기, 옷입기, 식사하기, 몸치장하기와 같은 개인돌봄; (2) 식사준비하기와 계획하기, 식료품 사기, 의료서비스를 받기 위해 교통이용하기, 청구서 결제하기를 포함하는 집안 살림 돌보기; (3) 사례관리. 사례관리는 보통 허약한 노인을 도와주는 사회복지사들과 노인들이 필요로 하는 의료, 사회, 그리고 개인 서비스를 받을 수 있도록 그들의 가족들에 의해 제공된다(Kitchener et al., 2005). 많은 공동체에서, 다른 서비스들이 이용가능하다. 그것들은 돌봄제공자에게 일시적인 안도를 제공하는 일시적 위탁(respite care); 여가와 사회적 자극, 그리고 때때로 어떤 의료적 혹은 재활 보호를 제공하는 주간보호(adult day care); 그리고 불치병을 가지고 있는 사람들을 지원하는 호스피스(hopice) 서비스를 포함한다(13장 참조). 방문간호사 같은 가정건강돌봄은 또한 일반적으로 제공되는 장기돌봄서비스다.

불필요한 기관입소를 줄이려는 최근의 노력은 노인통합돌봄프로그램(program of All-Inclusive Care for the Elderly, PACE)에서 나타난다. PACE는 요양보호를 받기 위해 주(state)가 제시한 기준을 충족시키는 노인들을 위한 선택적인 혜택이다. 그것은 다양한 환경에서 제공될 수 있는 포괄적인 의료 사회 서비스의 특징이 있다. PACE 서비스의 대부분의 수혜자들은 요양원으로 이주하기보다는 서비스를 받는 동안 그들 자신의 집에 머무를 수 있다. 31개 주가 2014년에 제정한 PACE 법률를 가지고 있었다. 그러나 모든 주가 이 프로그램을 실행하는 것이 아니였으며 어떤 주도 주 전체에서 이 프로그램을 운영하고 있지는 않았다(Medicaid.gov, 2014).

HCBS 선택을 확장하는 것에 대한 요구가 증가하고 있는데 이는 비용, 분배, 돌봄의 질에 관한 복잡한 문제들을 부각시킨다(Kitchener et al., 2005). 재가 및 지역사회기반 서비스를 확장하는데 많은 관심이 있는데 이는 요양보호 비용을 줄이기 위한 열망에서 나온다. 그러나 정책입안자는 만약 지불해야 하는 재가 및 지역사회기반 서비스가 확장된다면 가족과 친구들은 돌봄제공을 그만둘 것이고 대신 비용이 증가할 것을 우려한다. 이러한 우려는 현실적인가?

대부분의 연구는 재가 및 지역사회기반서비스가 제공될 때 가족들이 지원을 그만두는 것이 아니라 오히려 장애가 있는 노인들이 더 돌봄을 제공받게 될 것임을 보여준다(Wiener and Hanley, 1992).

사회복지사는 노인들과 그들의 가족이 필요로 하는 서비스를 찾도록 도울 수 있다.

고령화 경험의 다양성 : 게이와 레즈비언의 돌봄 경험

나이든 게이 남성들과 레즈비언들은 모든 돌봄제공자가 직면하는 것과 같은 도전에 직면하지만 또한 노년기 그들의 부담을 증가시킬 수 있는 어떤 독특한 문제들을 갖고 있다. 그들의 이성애 형제자매들은 종종 그들이 "결혼"하지 않거나 자녀를 갖고 있지 않기 때문에 그들은 노부모 돌봄제공자에 대해 가장 감사해하는 경향이 있다고 가정한다(Cahill et al., 2000). 그러나 그들은 자신이 돌봄제공 책임을 가지고 있는데 그 이유는 많은 게이 남성과 레즈비언들이 만성질환을 앓고 있는 동성의 파트너에게 일차적 돌봄제공자가 되기 때문이다. 한 연구에는 50세부터 77세까지 게이 남성과 레즈비언에 대한 심층면담이 포함되어 있다. 그들은 2년에서부터 34년에 이르기까지 어디에서든 그들의 파트너와 함께 있었고 4개월부터 22년에 이르는 긴 시간 동안 현재 모든 이들이 돌봄제공에 관여되어 있다(Hash, 2006).

모든 돌봄제공자가 그렇듯이, 응답자들은 신체적 감정적 긴장을 경험하고 돌봄제공과 사람을 고용하고 관리하는데 어려움을 경험했다. 동성파트너 돌보는 것을 더 어렵게 하는 것은 다른 사람들 혹은 사회서비스 기관의 부족한 공식적 비공식적 지원이다. 몇몇 사례에서, 가족, 친구 그리고 동업자들은 그 관계를 인정하는 것을 거부하거나 기혼자가 받을 지원 제공을 거부했다. 전 배우자와 성인 자녀들은 어떤 사례에서는 특히 적대적이다. 몇몇 응답자들은 "선택한 가족"을 대신했다. 그런데 그 선택한 가족은 돌봄제공 동안은 커플, 돌봄제공 이후에는 돌봄제공자를 지원했던 친구들과 가까운 가족 구성원들을 포함했다.

건강돌봄 전문가들의 공식적 지원은 돌봄제공 경험에도 영향을 미쳤다. 대부분의 전문가들이 동성애 혐오 태도를 솔직하게 표현하지 않았지만 의사들이 "가까운 친척(next of kin)"으로 그들을 인정하지 않았을 때 응답자들은 상처받았다. 그들은 특히 가정서비스 혹은 "이성애" 지원 집단에 참석하는 것에 대해 불안해 했다. 한 응답자가 다음과 같이 설명했다:

> 내가 부당하게 대우받지 않을지라도, 나는 그렇게 대우받을 수 있다는 두려움을 항상 가지고 있어요…당신의 마음속에는 항상 그들이 당신에게 해를 끼칠 수 있다는 위협이 존재해요.(Hash, 2006:131)

큰 중압감에도 불구하고, 많은 응답자들은 돌봄제공 경험의 긍정적인 측면을 보고했다. 돌봄제공은 개인으로서 성장하고 사랑과 헌신을 수반하는 관계를 확장시킬 기회를 제공했다. 한 응답자가 언급했듯이,"명백히, 가장 긍정적인 측면은 사랑이 무엇인지 발견하는 것이에요...사랑의 깊이를 발견하는 것이에요...참혹한 비극에 직면해서"(Hash, 2006:136).

결국, 나이든 게이 남성과 레즈비언들이 돌봄을 필요로 할 때 이용가능한 지원이 거의 없을 수 있음을 인식하는 것이 중요하다. 많은 사람들이 홀로 살고 있으며 돌봄을 제공할 자녀가 없을 수 있다. 더욱이 HIV/AIDS는 그들의 노부모에게 돌봄제공자로서 기여할 수 있었을런지도 모르는 수백만의 게이남성들의 목숨을 앗아갔다(Cahill et al., 2000). 게이 결혼의 법제화는 미래에 이러한 문제의 심각성을 줄일 수 있을 것이다.

가정 돌봄은 허약한 노인들이 가능한 한 그들의 집에서 머물 수 있게 도와준다.

그러나, 재가 및 지역사회기반 서비스가 비용 혹은 요양원 이용을 줄인다는 증거는 없다(Wiener and Illston, 1996). 많은 장애 노인들이 재가 및 지역사회기반 서비스를 원하지만 그러한 서비스를 사용하지 않은 채로 관리되고 있기 때문이다. 만약 재가 및 지역사회기반 서비스에 대한 접근이 확장되면, 요양원돌봄의 대체제로써 보다는 지역사회에서 충족되지 않은 요구를 채울 것이다. 그러면 심각한 장애노인이 여전히 요양원에 입소할 것이고 더 많은 사람들이 서비스를 받을 것이기 때문에 비용은 상승할 것이다. 비용통제에 대한 노력으로, 주정부들은 HCBS 지출액에 한도를 정했고 이용가능한 빈 자리(slots) 수를 제한했다. 결국, HCBS의 혜택을 받을 많은 사람들이 여전히 부적격자로 남아 있다(Weissert and Frederick, 2013).

또 다른 이슈는 돌봄의 질이다. 재가 및 지역사회기반 서비스가 항상 적절한 것은 아니라는 증거가 있다. 이러한 서비스를 제공하는 많은 종사자들은 거의 훈련받은 적이 없으며 낮은 임금을 받는다. 대부분의 가정 돌봄 종사자들은 중년 여성들이다. 45%가 백인, 28%가 아프리카계 미국인이고 18%가 히스패닉계 사람들이다. 가정 돌봄 종사자들의 1/4이상이 외국 태생이다. 2013년에 이 여성들의 평균 연소득은 단지 1만3천불이었다(Paraprofessional Healthcare Institute, 2015). 낮은 임금과 형편없는 근로조건은 가정 건강 도우미들의 높은 이직을 야기한다. 몇몇 도우미들이 훌륭한 돌봄을 제공할지라도, 노인들에게는 익숙하지 않고 믿을 수 없는 도움제공을 하는 개인들이 있는 것이다.

현재, 재가 및 지역사회기반 서비스에 대한 규정은 거의 없다. 그리고 그들이 요양원돌봄 보다 우위에 있는 것으로 가정될지라도 그 가정을 뒷받침할 만한 탄탄한 근거는 없다. 우리가 가지고 있는 증거는 돌봄의 질이 비용 절감 노력에 의해 타협될 수 있음을 제시한다. 무엇을 할 수 있을까? 하나의 해결책은 이 서비스를 수행하기 위해 더 잘 훈련된 사람들을 고용하는 것이다. 또 다른 해결책은 현재 이들 자리에 고용된 사람들에게 더 좋은 임금을 지불하는 것이다. 가정 돌봄의 질을 감시하는 최근 노력들은 서비스가 향상되고 있음을 제시한다. 한 조사 응답자의 90% 이상이 그들의 가정돌봄 종사자들이 그들의 일을 적절히 수행했고 친절하고 공손하게 임했다고 말했다(Coleman, 2000).

독일의 약 150만 명이 치매로 고통받고 있으며 그들의 2/3가 가정에서 돌봐지고 있다. 연구자들은 새로운 기술이 치매 있는 개인을 돌보는 사람들의 부담을 덜어줄 것인지를 밝히는데 흥미가 있었다. "세계의 고령화"특성은 그들 연구 결과를 기술하고 있다.

2) 인종, 민족, 그리고 장기돌봄

일반적으로 소수민족 노인들은 백인노인들 보다 나쁜 건강상태에 있을지라도, 그들은 재가 및 지역사회기반 서비스들을 다른 사람들 보다 덜 받는 경향이 있거나 심지어 요양원에 덜 입소하는 경향이 있다. 어떤 사람들은 문화적 선호가 이러한 차이의 원인이라고 주장한다. 예를 들면, 언어장벽 혹은 익숙하지 않는 음식으로 인해 히스패닉계 노인들이 장기돌봄 서비스를 사용하려는 의욕이 좌절된다. 어떤 소수민족 집단들에서, 노부모에 대한 자녀의 책임감에 관련한 문화 규범은 또한 영향을 미칠 수 있다. 흑인계 가족(black families)에서, 친밀한 확대가족 연결망은 나이든 가족 구성원들에게 비공식적인 돌봄을 제공하고, 그러므로 공식적인 가정 돌봄 서비스에 대한 요구를 지연시킨다(Cagney and Agree, 2005). 이것은 백인가족들에게는 덜 나타나는데, 그 결과 거주자와 스탭의 인종 구성 간에 차이를 낳는다. 미국에서, 요양원 거주자의 87%가 백인인 반면, 요양원 도우미의 39%는 흑인이다. 도우미들은 때때로 거주자들로부터 받은 인종적 모욕을 보고하고 가족구성원들에 의해 형편없는 대우를 받았다고 보고한다(Abrahamson et al., 2011).

그런데 흑인과 라티노(Latino) 노인들이 요양원입소를 고려할 때 백인들과 다른 걱정을 하는 것은 놀랄만한 일이 아니다. 한 연구에서 요양원 선택 경험이 있는 백인, 흑인, 그리고 라티노들로 구성된 표적집단(focus group)면접을 수행했다. 모든 집단들이 스탭이 거주자를 어떻게 대우하는지와 일반적인 돌봄의 질을 걱정한 반면, 흑인과 라티노 참여자들은 스탭의 인종 및 민족 배경에도 관심이 있었다. 라티노 참여자들은 스탭 구성원들이 스페인어를 하는지 부가적으로 알고 싶어 했다(Hefele et al., 2016).

또 다른 이유는 접근성의 결여인데, 소수민족 집단들의 구성원들이 백인보다 덜 빈번하게 요양원돌봄을 받는다는 것이다. 소수민족이 거주하는 지역에는 백인거주 지역보다 더 적은 요양원이 있고, 소수민족 노인들은 그들의 가족과 멀리 떨어진 요양원으로 기꺼이 이주하기를 원하지 않을 수 있다(Keith and Long, 1997). 정부정책도 악영향을 끼쳤다. 이 장의 뒷부분에서 우리는 메디케이드 보상정책의 최근변화가 어떻게 소수민족 노인들의 요양원 입소에 영향을 미쳤는지 살펴볼 것이다.

3) 민영 장기돌봄 보험

오늘날 메디케어도 메디케이드도 가정돌봄 서비스를 위해 많은 비용을 지불하지 않는다. 미래에 연방정부가 계속해서 장기돌봄 재정을 지배할 것 같지만, 심지어 더 많은 책임을 아마도 민간 영역에 돌릴 것이다. 이에 대한 대안은 무엇인가?

한 가지 옵션은 장기돌봄 보험을 통한 사금융화이다(Brown and Finkelstein, 2011). 1980년대 초, 사보험 회사들은 새로운 장기돌봄 보험을 제공하기 시작했다. 초기에 대부분의 정책들은 단지 요양원에서의 돌봄만을 포함했으나 점차 포함 범위를 생활지원시설과 가정 돌봄에서의 돌봄을 포함하도록 확장했다. 2003년까지 매해 60만개의 보험증서가 판매되었다. 그러나 그 후 판매성장이 갑자기 끝났고 많은 회사들이 장기돌봄 보험증서 판매를 중지했다(Cohen, 2014). 한 가지 문제는 보험업자들이 비용을 너무 적게 추산하고 그들이 제공하기로 약속한 돌봄을 제공할 수 없다는 것을 알게 된 것이다. 그들은 위험을 줄이기 위해서, 당뇨병 혹은 뇌졸중과 같은 질병을 포함하는 것을 거부했다. 보험회사는 그들의 보험료도 상승시켰다. 그런데 그것 때문에 대부분의 사람들에게 보험이 너무 비싸졌다. 또 다른 문제는 부도덕한 판매자들이 취약한 노인들에게 판매했던 보험의 혜택을 잘못 전달했던 널리 알려진 스캔들이었다. 현재, 장기돌봄 보험은 어떤 혜택들에 대해서 비용을 지불하고 있지만 너무 비싸다. 백인의 20%만이 장기돌봄 보험 증서를 가지고 있고 심지어 소수민족은 더 적다: 흑인의 12%와 히스패닉계의 단지 6%만이 가지고 있다(McGarry et al., 2014). 대부분 부유한 사람들만이 보험을 살 수 있다.

세계의 고령화 : 독일의 치매 돌봄제공자를 위한 새로운 기술

과학기술은 치매로 고통 받고 있는 노인에게 돌봄을 제공하는 사람들이 직면한 부담을 경감시킬 수 있을까? 이것은 독일 과학자들이 답을 찾고자 했던 질문이다. 그들은 돌봄제공자가 새로운 기술을 받아들일 것인지를 묻는 질문지를 개발하고 주로 배우자와 성인자녀로 구성된 105명의 가족 돌봄제공자들을 심층 면담했다. 면담의 일부분으로, 돌봄제공자들에게 돌봄제공을 도울 수 있는 기술 장치 목록이 제시되었다.

돌봄제공자들은 샤워기, 보행기, 휠체어의 쥘 수 있는 가로대 같은 보조 장치들에 익숙했다. 그러나 그들은 첨단 기술에 대해서는 거의 알지 못했다. 그런데 이러한 기술들은 가족구성원들을 보호하고 그들을 지원하는데 매우 도움이 될 수 있다. 예를 들면, GPS추적시스템은 치매있는 개인이 배회하는 것을 막을 수 있다. 인터넷 플랫폼은 돌봄제공자들이 그들의 경험을 서로 공유하고 유용한 정보를 찾을 수 있는 출구를 제공한다. 또 다른 새로운 형태의 기술은 생활공간의 감시를 통해 건강을 모니터링하는 것이다. 이러한 기술은 난로와 연기경보기의 열 센서뿐만 아니라 활동적이지 않고 의심스러운 행동들을 포함해서 어떤 특이한 활동도 추적할 수 있는 센서를 포함하고 있다. 모든 이러한 기술들은 돌봄제공자들을 돕는데 이용될 수 있다. 필요한 것은 정보의 격차를 좁히는 계획이고 그래서 돌봄제공자들이 그것들을 이용할 수 있게 되는 것이다. 경각심을 고취시키는 것이 필수적이다(Kramer, 2014).

어떻게 생각하는가?

1. 당신은 기술이 치매환자의 돌봄제공자들을 도울 수 있다고 생각하는가?
2. 당신은 치매돌봄에 있어서 기술을 사용하기 위해 어떠한 아이디어를 가지고 있는가?

3 요양원돌봄

과거에, 요양원은 허약한 노인들을 돌보는 가장 일반적인 장소였으나 지난 수십 년 동안 이러한 현상은 상당히 변화했다. 2000년과 2010년 사이에, 요양원에 거주하는 65세 이상 인구는 4.6%에서 3.1%로 떨어졌다. 2010년에는 75~84세 인구의 단지 3%만이 요양원에 거주했으며 85~94세 인구의 10%, 95세 이상 인구의 25%가 요양원에 거주했다(U.S. Census Bureau, 2014b). 이러한 감소에는 수많은 이유가 있으며 생활지원시설, 노인 돌봄 자금지원 방법에서의 변화들, 그리고 노인이 독립적으로 사는 것을 우선시하는 성향 같은 대안적인 돌봄형태의 이용가능성을 포함한다.

1) 요양원에서 스탭의 이직

시설돌봄의 쇠퇴에도 불구하고, 수백만의 초고령 노인들이 여전히 요양원에 거주하고 있다. 대부분의 거주자들은 여성이고 대부분의 돌봄이 여성에 의해 제공된다. 요양원 도우미의 91%가 여성이다. 그들은 불균형하게 소수민족 집단 출신이다; 30%는 아프리카계 미국인, 그리고 55%가 백인이다. 2015년에 그들의 년 평균 소득은 2만1천8백2십 달러였다. 이것은 가정돌봄 종사자들의 소득보다 약간 높은 수준이다. 일반적으로, 요양 보조 업무에 대한 훈련은 75~100시간으로 짧으며, 많은 직접 돌봄 종사자들은 전혀 훈련을 받지 않는다(R. Stone and Wiener, 2001).

요양원 도우미가 시작 당시에 보통 최소 임금을 받으며 그들은 건강보험 혹은 연금과 같은 부가 혜택을 거의 받지 못한다. 돌봄은 24시간 기준으로 요구되며, 그래서 많은 도우미들이 밤, 주말, 그리고 휴일에 일한다. 일은 자주 환자를 손으로 들어올리는데 도움을 필요로 하고 그것은 종종 허리부상을 초래한다. 매해 요양 보조원들은 광부, 건설노동자, 혹은 제철소 직공보다 업무에서 더 부상을 입는 경향이 있다. 대부분의 사례에서, 거주자들을 돌보는 계획을 수립하는데 참여하고 승진의 기회를 갖는 것은 거의 드물며, 관리자-근로자 관계는 나쁘다(Gregory, 2001). 모든 이러한 조건들은 높은 수준의 스트레스를 낳고 종사자들을 소진시킨다. 놀랍지 않게, 이 직업 종사자들의 이직율은 높으며 때때로 매년 100%를 초과하기도 한다.

스탭의 부족은 환자들이 가장 기본적인 신체기능을 수행하는 데에도 도우미들에게 너무 의존하기 때문에 돌봄의 질에 영향을 미친다. 요양원 환자의 47%가 식사하는데 도움을 필요로한다; 21%는 전혀 혼자힘으로 먹을 수 없다. 요양원에 스탭수가 부족하면, 도우미들은 환자를 빨리 먹으라고 강요함으로써 그들의 업무량을 조절할 수 있다. 어떤 사례에서, 도우미들이 한 숟가락 가득 뜬 음식을 환자들 입에 강제로 넣어 숨이 막히게 하는 경우도 있다. 천천히 먹는 환자들은 과부하 된 도우미들이 다른 환자에게 옮겨가기 때문에, 그들의 식사를 끝마칠 수 없다. 결국, 스탭 충원이 낮은 요양원들은 많은 환자들에게 영양문제가 발생하는 경향이 있다. 이러한 요양원들은 또한 많은 환자에게 욕창이 나타난다(Harrington et al., 2003). 쉽게 감염될 수 있고 근육과 뼈밑을 쉽게 손상시킬 수 있는 욕창을 예방하기 위하여, 와상 환자들은 두 시간 마다 몸을 돌리고 움직여 줄 필요가 있다(Collier and Harrington, 2008). 도우미들이 바쁠 때, 그들은 이러한 업무를 충분히 자주 수행할 수 없다. 도우미들의 높은 결석률은 문제를 악화시킨다. 한 연구에서는 요양 도우미들의 9% 이상이 일주일 만에 결석 했다. 높은 결석률은 신체 구속이 심하고 도뇨관 삽입을 많이 사용하는 것, 도우미들에게 통증관리를 전적으로 의존하는 것 그리고 환자 욕창 증가의 가능성과 관련이 있었다(Castle and Ferguson-Rome, 2015).

연방정부는 요양원 환자들이 요양 조력자로부터 매일 평균 2시간 돌봄을 받고 간호사들로부터 평균 하루에 12분 돌봄을 받을 것을 기준으로 삼는다. 이들은 최소한의 기준이지 최적 수준의 돌봄이 아니다. 현재, 요양원의 46%만이 심지어 이러한 기본적인 돌봄 수준을 제공한다; 요양원의 1/4 은 실제로 환자들에게 해를 끼칠 수 있을 만큼 혹은 심지어 부상이나 사망을 야기할 만큼 돌봄 시간이 부족하다. 요양원의 95%가 메디케어 혹은 메디케이드를 통해 연방정부의 재정지원을 받기 때문에, 요양원들은 이러한 규정을 따라야만 하거나 재정 지원을 포기해야만 한다. 그러나 요양원 산업 대표자들은 정부가 요양원 거주자 한 명당 지불비용을 증가시키지 않는다면 스탭을 추가로 고용할 수 없다고 말한다.

2) 요양원돌봄에 대한 접근성

2012년 요양원에서 준개인실(semi−private room)에 대한 평균 일년 비용은 8만1천 달러였다. 어떤 도시에서는 10만 달러를 초과하는 비용이 나오기도 했다(Feder, 2015). 그것은 가장 예외적인 사립대학에서 조차 실질적으로 지불해야하는 수업료, 방과 식사에 대한 비용 보다 더 비싸다. 메디케어는 이러한 비용의 작은 부분만을 단지 지불한다. 노인이 병원에서 퇴원해 전문요양시설로 이주할 때만, 정부는 요양원돌봄에 대해 지불할 것이다(Mellor, 2000). 그리고 정부는 심지어 처음 20일만 지불할 것이다(5장 참조). 메디케이드는 노인들과 장애인들을 위한 장기돌봄의 일차적 출처지만, 개인은 메디케이드 자격을 얻기 위해 집과 일생동안 저축한 돈 중 2천 달러를 제외하고 모두 사용해야만 한다.

주정부가 메디케이드 자격을 결정하기 위하여 상이한 소득 상한선을 정해 놓았기 때문에, 노인들이 돌봄에 거절될지 아닐지를 결정하는 것은 어려운 일이다. 예를 들면, 일리노이에서(Illinois), 메디케이드의 비용상승을 염려하는 정책입안자들이 삼년동안 요양원 비용 상환율을 동결시켰다. 비록 돌봄 비용이 계속해서 상승하더라도, 요양원이 메디케이드로부터 받았던 돈은 늘어나지 않았다. 결국, 많은 요양원들은 그들이 받아들일 메디케이드 환자들의 수를 제한하기 시작했다. 어떤 요양원들은 메디케이드 환자들을 받는 것을 완전히 멈추었으며 대신 돌봄의 전체 비용을 지불할 수 있는 민영 보험을 가지고 있는 환자들만을 입소시켰다. 한 요양원 관리자가 다음과 같이 설명했다:

> 많은 사람들이 이곳이 좋은 요양원이기 때문에 여기에 살기 원해요. 그러나 우리는 일상적으로

사람들을 내 보내죠...우리는 어떤 사람이 메디케이드를 받는다면 심지어 우리가 빈 병상이 있더라도 입소를 거부하죠. 그것은 예측되었던 위험이에요. 우리는 오히려 병상을 빈 채로 놔둘거에요. 우리는 개인급여로 지불하는 사람들에게 우선 순위로 입소허가를 해주죠. 나는 우리가 계속 해서 두 명의 대기자들이 유지되도록 입소를 허용해 주어야 해요. (Harrington Meyer and Kesterke-Storbaklen, 2000)

또 다른 문제는 많은 주에서 환자돌봄에 대해 메디케어가 메디케이드보다 거의 세 배의 비용을 지불하고 있다는 것이다. 결국, 요양원들은 메디케이드 환자들을 위해서는 더 적은 병상을 남기고, 메디케어에 의해서 지불되는 돌봄 거주자 수를 증가시키려고 시도해 왔다 (Street et al., 2003).

그러한 정책의 결과로서, 메디케이드 수혜자들은 많은 요양원으로부터 거절된다. 그들은 요양원입소를 위해 더 오래 기다리고 덜 선호되는 요양원에 들어가게 된다. 이러한 어려움을 경험한 많은 사람들이 소수인종과 소수민족 집단출신이다. 그러나 높은 돌봄 비용을 고려해 보면, 모든 인종 집단들이 영향 받는 경향이 있다.

메디케이드를 통해 요양원돌봄 비용을 지불하는 것은 노인들과 그들의 가족들을 어렵게 한다. 메디케이드는 궁핍한 사람들을 목표로 삼았지만 중간 계급 가족들 중 요양원돌봄의 비용을 지불할 수 있는 경우는 거의 없다. 결과적으로, 개인 급여 환자로서 요양원에 들어온 많은 사람들이 그들의 소득과 자산을 빠르게 사용하고 *고의적 자산 축소(spending down)* 라고 알려진 과정을 통해 가난하게 된다. 요양원 거주자의 약 60%가 개인급여자로 입소한다. 그런 다음 그들이 가지고 있는 자원들을 "고의적으로 축소"해서 충분히 가난해지고 메디케이드를 받을 자격이 된다. 거주자의 약 1/3이 그들이 입소할 때 자격이된다(Olson, 2010:137). 고의적 자산 축소과정 동안, 메디케이드 지원자는 단지 그들의 돌봄만이 아니라 어떤 것을 위해서도 그들의 돈을 사용하도록 허용된다. 그러나 그들이 공정시장가치 보다 낮게 자원을 팔거나 주는 것은 허용되지 않는다. 예를 들면, 그들은 2십만 달러의 가치가 있는 집을 자녀에게, 5만 달러라고 하고 더 낮은 가격으로 팔 수 없다. 메디케이드는 자산이 부적절하게 이전되었는지를 보기 위해 오년 **"검사기간"**("look back" period)을 가지고 있다. 검사 기간은 중산층 노인들이 그들의 자산을 메디케이드 자격을 얻기 위해 은폐하고 있다(의도적으로 자산을 숨기는)는 의혹 때문에 1993년 의회에 의해 제도화되었다. 초창기에 자산은 개인이 메디케이드에 지원하기 적어도 3년 전에 이전되어야만 했다. 그러나 2005년 적자감축법(Deficit Reduction Act of 2005)이 자산이전에 대해 검사 기간을 5년까지 늘렸다. 더욱이, 메디케이드가 노인들을 위한 요양원돌봄을 지불한다면, 연방법은 개인 사망 후 남겨진 재산으로부터 사망자에 대해 메디케이드가 지불한 비용을 되찾을 것을 요구한다.

인종 및 민족소수자들이 백인보다 빈곤율이 높기 때문에, 그들은 더 기꺼이 요양원 입소에 대한 메디케이드를 받아들인다. 1985년 전국 요양원 조사(National Nursing Home Survey) 자료를 사용해서, 해링턴 메이어(Harrington Meyer)(1994)는 백인의 32.7%에 비해, 모든 아프리카계 미국인과 히스패닉계 요양원 거주자의 56.2%가 그들이 입소할 때 메디케이드에 자격이 있었다고 보고했다. 사실, 히스패닉 노인의 33%는 1990년에 메디케이드를 받았다(Lacayo, 1993). 백인남녀는 개인급여 환자로서 요양원에 들어간 다음 그들이 자산을 고의적으로 축소했을 때 메디케이드로 전환되기 더 쉽다(Harrington Meyer, 1994).

3) 총체적 기관으로서의 요양원

요양원은 사회학자 어빙 고프만(Erving Goffman)(1961)이 총체적 기관(total institution)라고 명명한 것이다. 총체적 기관의 중심 특성은 삶의 중요한 영역–잠자기, 일하기 그리고 놀기–을 나누는 평범한 장벽이 붕괴된 것이고 관료조직에 의해 많은 인간의 요구들이 조정된다는 것이다. 관료적 관리는 일괄해서 사람들의 돌봄과 움직임이 이루어지고 그래서 그들은 감시가 주요 활동인 전문요원에 의해서 감독될 수 있다.

총체적 기관은 대략적으로 5개 범주로 분류될 수 있다(Goffman, 1961). 첫 번째 유형은 수도원 혹은 수녀원과 같이 세계로부터 떨어져서 서비스를 제공하도록 디자인 되었다. 또 다른 유형은 위험하다고 여겨지는 사람들로부터 지역사회를 보호하기 위해 조직되었다. 감옥, 포로수용소, 그리고 강제수용소들이 이러한 유형의 예가 될 수 있다. 총체적 기관의 세 번째 종류는 군대 막사 혹은 기숙학교와 같은 어떤 일과 같은 업무를 추구하기 위해 설립되었다. 네 번째 유형은 그들을 보살필 수 없고 지역사회에 위협이 된다고 생각되는 사람들을 돌보도록 디자인된 시설이다. 이러한 유형으로 정신병원과 결핵요양소가 있다. 다섯 번째 범주는 무능하고 해가 없는 사람들을 돌보기 위해 설립된 것들이다; 요양원은 총체적 기관 중 이 유형의 일차적인 예이다.

(1) 요양원에 적응하기

지역사회에서 독립적으로 살았던 사람들은 시설의 삶으로 변화하는 것이 어렵다는 것을 알게 된다. 몇 몇 요양원에서의 삶에 대한 참여 관찰 연구들은 사람들이 어떻게 적응하는가에 대한 내부자의 시선을 제공한다.

사회학자 제이버 구브리움(Jaber Gubrium)은 그가 머레이 마노(Murray Manor)라고 불렀던 큰 요양원에서 참여 관찰자로서 몇 달을 살았다. 그의 저서 머레이 마노에서의 삶과 죽음(Living and Dying at Murray Manor)에서, 구브리움(1975)은 그들이 생애동안 소유해왔던 것을 팔거나 주고 요양원으로 들어가는 사람들의 가슴 아픈 이야기를 자세히 말한다. 머레이 마노의 거주자들에 대해서, 이러한 이주는 사람들, 물건들, 그리고 익숙한 장소들과의 절연을 의미했다. 사람들은 때때로 소중한 가구 혹은 편안한 일상의 반복을 기억하며 눈물을 흘렸다. 가장 고통스런 일은 작은 즐거움으로 단순한 결정을 스스로 하는 독립성조차 상실하는 것이다. 이것은 커피 한 잔을 사고 주인과 수다를 떨기 위해 이웃 도넛가게 까지 걸어가거나 저녁식사를 위해 고기덩어리를 대신해 라자냐를 선택하는 것을 뜻한다. 한 거주자가 다음과 같이 설명했다:

> 여긴 집 같지가 않아요. 나는 자녀들과 함께 지내고 싶어요. 우리는 고양이가 있었고 나는 그 고양이가 너무 그리워요. 나는 내 작은 라디오가 그립고, 당신이 옆집 마당의 개를 볼 수 있는 창문이 그리워요. 때때로 나는 내 침대 옆에 있던 작은 카펫이 정말 그리워요. 내가 익숙했던 것들이에요.(Gubrium, 1975:87)

(2) 요양원에서의 일상생활

아마 총체적 기관 생활 중 가장 어려운 측면은 매일 반복되는 단조로운 일상일 것이다. 반복되는 일상은 거주자들의 기본적인 요구들을 충족시키기 위해 **요양원** 도우미에 대한 압박의 결과이다. 거주자들을 먹이고, 옷입히고, 목욕시키고, 잠자리가 준비되도록 해야만 한다. 요양원 그 자체도 깨끗하게 정돈된 채로 유지되어야 한다. 구브리움은 이러한 반복되는 일상을 "침대에서 하는 일(bed-and-body work)"이라고 불렀다.

일상생활은 아침식사를 위해 거주자들을 깨우는 일로 시작한다. 이것은 단순한 일처럼 들리지만, 많은 거주자들은 기상하고 화장실가고 큰 식당으로 가는데 여러 도움이 필요하다. 야간근무는 오전 7시 30분에 끝나기 때문에, 요양보조원은 가장 일어나기 어려운 거주자를 오전 5시 30분에 깨워야만 한다. 만약 요실금 환자가 젖어 있거나 지저분하다면, 갈아주고 침대를 다시 셋팅해 주어야 한다. 환자들에게 옷을 갈아입히고, 준비가 되었을 때 걸을 수 있는 사람들은 큰 식당에 스스로 간다. 마지막에 깬 환자들은 침대에서 식사를 하고 도우미들에 의해 먹여져야만 하는 "사육되는 사람들(feeders)"이다. 도우미들은 계속 급하다고 느끼고, 종종 이 모든 것을 할 시간이 충분치 않다고 불평한다(Gubrium, 1975).

요양원에서 참여 관찰한 한 연구는 시카고(Chicago)지역의 세 요양원에서 요양보조원으로 일했던 사회학자 티모시 다이아몬드(Timothy Diamond)에 의해서 수행되었다. 다이아몬드는 스탭과 거주자들이 당면한 통제를 경험하게 되었다. 노년을 금빛 찬란하게 만드는 것: 요양원 돌봄의 내러티브(*Making Gray Gold: Narratives of Nursing Home Care*) 라는 그의 저서에서, 다이아몬드(1992)는 낮은 급여를 받는 요양 보조원이 그들이 제공해야하는 돌봄을 그들이 주기를 원하는 돌봄과 고군분투하며 어떻게 타협하는지를 보여주었다. 그들은 따뜻한 물이 떨어진 뒤에도 오랫동안 샤워 순서를 지켜야했고, 허기진 거주자들에게 주는 식사 사이의 음식들을 거부해야 했으며, 만약 거주자의 차트에 없다면 아스피린이 아니라 진정제를 나누어 주어야만 했다.

다이아몬드는 너무 지루하게 반복되는 일상이 환자들에게 미치는 영향과 환자들의 요구에 응대하고 있는 박봉의 혹사당하는 간호보조원에게 미치는 영향을 논의했다. 매일 아침 식사 후에 와병상태가 아닌 거주자들은 주간 휴게실에 모였다. 다이아몬드는 심지어 30-40

명이 같은 방에 있을 때 조차도 눈이 띄게 대화가 없다는 것을 발견했다. 오히려 그들은 정해진 자리에 앉아 있었고, 어떤 사람들은 잠에 푹빠져 있었다.

어느 날 아침 다이아몬드는 헤이즐 모리스(Hazel Morris)를 샤워시키는 일을 할당받았다. 활동적인 여성인 헤이즐은 테니스화를 신은 채로 그녀의 방에서 주간 휴게실까지 복도를 왔다 갔다 하면서 온 마루를 돌아다녔다. 그는 여성을 샤워시키는 것은 곤란하다고 느꼈으며, 두 사람간의 성별 차이가 그들의 상호작용에 퍼져있음을 느꼈다. 다이아몬드는 다음과 같이 회상했다:

> 내가 얼굴을 붉히면서 계속 모리스(Morris) 여사를 도울 때, 그녀는 나의 당혹감을 아는 것처럼 보였고 "당신 여기 처음이지요? 당신은 이곳이 어떤가요? 걱정 말아요, 당신은 이 장소에 익숙해 질 거에요."(p.86)와 같은 질문들로 점잖게 응했어요.

한 남자가 여성들을 샤워시키는 것이 계획되어 있지 않을 때도, 남자가 샤워시켜서는 안 된다는 것도 계획되어 있지 않았다. 문제는 엄격하게 정해진 샤워 일정을 고수하고 있는 것이다.

다이아몬드는 어떻게 요양원들이 산업 기업체로서 작동하는가를 속속들이 알게 되었다. 그의 저서는 이윤추구 소유자들, 예산집행국가, 연방 행정관들의 목적이 어떻게 거주자의 개인적 요구들 보다 더 대단한가를 보여 주었다. 그의 연구는 거주자들과 근로자들의 정신, 신체건강이 장기보호 비용 최소화를 결정한 산업과 정부에 의해 어떻게 타협되는지 폭로한다.

(3) 돌봄의 질

요양원의 돌봄 질에 관한 염려는 가족구성원들, 일반국민, 그리고 정책입안자들 사이에 만연해 있다. 요양원 거주자들은 그들 자신의 돌봄에 대해 거의 발언권이 없는 허약한 노인들이다. 이것은 모든 사람이 제공된 돌봄의 결함을 인지하는 것과 취약한 사람들을 보호하기 위해 조심하는 것을 필수적으로 만든다. 요양원에서 제공되는 돌봄의 질에 영향을 미치는 수많은 요인들이 있다. 간호사 대 거주자의 비율이 높으면 더 나은 돌봄을 제공하므로 시설들의 스탭 중 주 정부 공인 간호사(registered nurses) 수는 매우 중요하다(Kim et al., 2009). 요양원이 영리 혹은 비영리기구에 의해 소유 되었는가는 돌봄의 질에 또한 중요한 영향을 미친다. 미국에서, 요양원의 2/3는 투자자 소유인 이윤 추구 기관이다. 900개 이상의 연구에서 분석결과는 비영리 시설들이 더 높은 질의 돌봄을 제공한다고 보고했다. 비영리기관들은 더 높은 수준의 스탭들을 가지고 있고 욕창이 덜 발생했다. 그들은 또한 환자에 대해 신체적 구속을 덜 하는 경향이 있으며 정부 규제 준수 측면에서 부족한 점이 적다. 그러므로 평균적으로 비영리 요양원들은 영리를 추구하는 요양원들보다 더 높은 질의 돌봄을 제공한다(Comondore et al., 2009). 마지막으로, 앞서 언급했듯이, 스탭 이직율은 돌봄의 질에 영향을 미친다. 요양 도우미들의 이직율이 높은 요양원들은 낮은 이직율을 보이는 요양원들 보다 일반적으로 더 형편없는 수준의 돌봄을 제공한다. 박봉과 혹사당하는 도우미들로 인한 스탭 이직은 돌봄 수준을 향상시키는데 큰 장애물이다(Collier and Harrington, 2008).

돌봄 질에 영향을 미치는 다른 요인은 거주자들의 인종 구성이다. 많은 요양원들에 인종차별이 있다. 인종차별은 지역차별의 결과로써 발생한다. 왜냐하면 허약한 노인들은 가족과 가까운 곳에 있는 요양원에 거주하기 쉽고, 많은 이들이 차별이 존재하는 지역사회에서 산다. 결과적으로 요양원 차별은 더 나쁜 돌봄 질을 낳는다. 인종차별적인 요양원은 돌봄 질에 있어서 더 심각한 결함, 스탭 대 환자의 낮은 비율, 그리고 심각한 재정적 어려움을 갖는 경향이 있다(Smith et al., 2007).

요양원에서 극단적으로 나쁜 돌봄의 질을 제공하는 것은 학대가 될 수 있다. 사실, 시설에서 노인 학대 정도에 대한 자료는 거의 존재하지 않는다. 방임되고 학대된 개인들의 삶의 질이 심각하게 위태로운 것을 감안하면, 요양원 학대가 어느 정도 만연되어 있는지에 대한 국가 연구가 없는 것은 큰 걱정거리이다. 동(Dong)(2005)이 주목한 것처럼, 학대 받은 거주자들은 신체기능상태가 더 나쁘며, 더 의존적이고, 나쁜 주관적 건강상태, 무력감, 사회적 고립과 스트레스를 가지고 있다. 더 나아가, 요양원학대에 대한 데이터는 관리자와 지원 스탭이 직접 작성한 돌봄 제공 보고서에 의존한다. 이것은 거주자 학대가 일반적으로 믿는 것 보다 심지어 더 광범위 할 수 있다고 추측할 수 있게 한다.

요양원돌봄의 질을 향상시키기 위한 많은 노력이 있어왔다. 그러나 환자 학대에 대한 염려는 지속되고 있다. 요양원 도우미들은 스트레스를 받을 수 있는 과중한 업무량과 가족문제, 신체적 감정적 소진, 약물남용, 혹은 어떤 경우에는 가정폭력의 역사와 같은 그들 자신의 개인적인 스트레스 요인들의 균형을 종종 맞추어야 한다. 더 나아가, 요양 보조원들은 종종 낮은 급여를 받고 근로의욕이 낮다(Schiamberg et al., 2011).

최근에, 어떤 요양원들은 치매가 심각해진 거주자들의 생애 마지막 치료를 위해 특별 돌봄실(special care units, SCUs)을 만들었다. 한 연구는 SCU에 있는 거주자들이 SCU에 있지 않은 거주자들보다 더 나은 돌봄을 받는지를 밝히기 위해 돌봄 질에 관한 다양한 척도들을 사용했다. 연구자들은 통증 치료, 욕창 유병률, 관급식(tube feeding) 사용, 정신병약 사용, 사전관리 계획, 그리고 거주자의 친척이 돌봄에 만족하는지 아닌지를 포함하는 생애 말기 돌봄의 질에 관련한 몇 가지 척도들을 활용했다. 그들은 SCU의 거주자들이 비SCU 거주자들에 비해 덜 병원에 입원하고 덜 관급식을 하는 경향이 있음을 밝혔다. SCU 거주자들의 친척은 또한 비SCU 거주자들의 친척보다 그들의 가족이 받았던 돌봄에 더 만족하는 경향이 있었다. 그러나, SCU 거주자들은 비 SCU 거주자들 보다 통증치료는 덜 받고, 욕창이 더 발병했으며 정신병 약으로 더 치료받는 경향이 있었다. 그러므로, SCU의 거주자들은 진행된 치매를 가지고 있는 요양원 거주자들에게 나타나는 모든 생애 말기 돌봄 지표들은 아니지만 몇몇 더 나은 생애 말기 돌봄 지표들과 관련이 있다(Cadigan et al., 2012).

폭력에서 노인들을 보호하는 것에 대한 필요성이 노인학대를 억제하려는 일련의 법 제정을 이끌었다. 이 법들은 미국노인법(Older Americans Act), 가정폭력방지서비스법(Family Violence Prevention and Services Act), 요양원개혁법(Nursing Home Reform Act), 그리고 시설생활자를 위한 시민권법(Civil Rights of Institutionalized Persons Act)이다. 게다가 요양원개혁법은 주 정부가 환자 학대 혹은 혹사 혐의를 조사함으로써 연방정부 메디케이드 기금을 받는 요양원의 노인학대를 방지한다. 오늘에 이르기까지, 모든 50개 주와 컬럼비아 특별구(the District of Columbia)는 학대가 의심되는 경우에 건강 전문가들이 의무적으로 보고 하는 법을 제정했다(Murphree et al., 2002). 그러한 법이 노인학대 보고를 증가시키지만, 사람들은 보고되지 않은 문제들이 여전히 광범위하게 존재한다고 믿는다(Schiamberg et al., 2011).

(4) 시설에 거주하는 노인의 가족들

노부모가 일단 요양원에 입소하면, 돌봄제공 의무가 끝나지 않는다. 가족 구성원들이 자주 찾아뵐 수 있고, 그들의 친척을 위해 빨래를 하고, 기본적인 요양원 요금에 포함되지 않는 과외의 비용을 지출할 수 있다.

돌봄제공자 스트레스는 노부모 혹은 배우자가 요양원에 입소한 후에도 종종 끝나지 않는다. 어떤 추가된 스트레스는 요양원에 왔다 가는 것, 방문을 위해 다른 활동을 포기하는 것, 혹은 기본 요양원 요금에 포함되지 않는 과외의 비용을 지불하는 것과 같은 요양원 그 자체와는 관련 없는 요인들에 의해 야기된다.

공공정책에 대한 이슈 : 숨겨진 카메라들이 요양원에 허용되어야 하는가?

도리스 라춰(Doris Racher)가 그녀의 96세 어머니를 위해 구입했던 작은 물건들이 어머니의 방에서 사라진 것을 알았을 때, 알람시계처럼 생긴 모션 작동 카메라를 설치했다. 그녀가 발견한 것은 소름끼치는 것이었다. 한 도우미가 그녀 어머니의 입에 라텍스 장갑을 쑤셔 넣고 다른 도우미는 무기력한 어머니를 조롱하다가 붙잡혔다. 그녀는 도우미들이 그녀 어머니를 휠체어에서 들어올려서 침대에 거칠게 내팽개치는 것도 보았다. 학대가 밝혀진 후, 한 도우미는 범죄사실을 인정했고 다른 도우미는 국외로 도망쳤다.

2013년 10월 1일에, 오클라호마(Oklahoma)는 요양원 거주자들이 그들의 방에 숨겨진 카메라를 허용한 세 번째 주가 되었다(Hoffman, 2013). 요양원 거주자들을 위한 변호인들은 카메라가 학대행동을 보고할 수 없는 취약한 개인들을 보호하는 유일한 방법이라고 주장한다. 그러나 스탭과 환자행동을 관찰하는 것은 또한 복잡한 윤리적, 법적 이슈들을 야기한다. 감시 관찰을 반대하는 측은 거주자와 스탭들 모두에 대한 사생활 침해라고 주장한다. 더욱이, 거주자들은 그들의 일상활동이 기록되지 않는 것을 선호하는 룸메이트가 있을 수 있다. 또 다른 주장은 기록이 부정확하게 해석될 수도 있다는 것이다. 예를 들면, 도우미들로 하여금 감시 관찰이 없다면 통제를 더 사용하게 함으로써 어떤 경우에 요양원 거주자들은 적대적이거나 전투적이 될 수 있다. 기억해야할 가장 중요한 것은 숨겨진 감시 관찰이 적절한 스탭 훈련을 대신할 수 없다는 것이다.

어떻게 생각하는가?

1. 당신은 요양원에 거주하는 친지 혹은 친구가 있는가? 만약 그렇다면, 당신은 돌봄의 질을 어떻게 평가하겠는가?
2. 당신은 숨겨진 카메라를 설치하는 것이 거주자들을 보호하는데 효과적인 방법이라고 생각하는가?
3. 감시 관찰이 진행중이라는 것을 스탭들에게 알려주는 안내문이 게시되어야 하는가?

요양 보조원들은 기술적인 돌봄을 제공한다. 그러나 그들의 빡빡한 스케줄로 인해 그들은 종종 거주자를 편안하게 할 수 있는 개인적인 돌봄을 수행하지 못한다. 결국, 가족구성원들이 스탭과의 갈등에서 중재자로 자주 행동하게 된다. 자신들의 사랑하는 사람의 모든 요구에 주의를 기울였던 돌봄제공자들이 이제 낯선 이에게 휘둘리게 된다는 것을 알게 될 때, 스탭과의 갈등이 그들의 스트레스에 추가된다. 요구가 충족되는지 아닌지는 끊임없는 걱정거리이다. 포너(Foner)(1994)는 가족들이 스탭이 특별한 요구에 주의를 기울이지 못하는 것에 대해 지속적으로 불평했다는 것을 밝혀냈다. 예를 들면, 버나드 여사는(Mrs. Bernard) 스탭과 가족구성원들간의 미팅에서 사람들에게 "나는 매일 더러운 빨래를 하려고 세탁 가방을 놔두었어요. 나는 그것을 도우미들에게 설명했고 커다란 쪽지를 놔두었어요. 당신들은 어떻게 생각하나요? 내가 왔을 때 세탁물은 가방에 없었어요" 라고 말했다(p. 117).

더 심각한 불평은 의사의 지시를 따르지 못하는 요양 보조원들에 대한 염려이다: 한 의사가 혈액순환 문제가 있는 한 환자를 위해 요청했던 특별한 스타킹을 신기지 않은 것; 잘못된 싸이즈의 요실금 팬티를 사용해서 발진을 일으키는 것; 환자의 식습관에 충분한 주의를 기울이지 않는 것.

몇몇 가족들은 스스로 문제를 해결했으며 나이든 친척의 방에 숨겨진 비디오 카메라를 설치했다. "공공정책에 대한 이슈"는 비밀 감시에 대한 찬반을 논의한다.

최근까지, 가족구성원들은 요양원이 허약한 친지를 위한 최고의 돌봄을 제공하는 것인지 결정하는데 그들의 직감에 의존해야만 했다. 그래서 어떤 연구자들은 가족이 요양원을 선택하는데 도움이 되도록 요양원 성적표를 개발했다. 성적표는 요양원의 수많은 결함과 요양원에 대한 불만 그리고 근로자의 이직율을 포함하는 등, 돌봄 질에 영향을 미칠 수 있는 다양한 요인들에 대한 정보를 담고 있다(Harrington et al., 2003). 요양원 성적표가 더 광범위하게 사용되면서, 돌봄의 질 지표가 나쁜 것으로 나타난 요양원을 가족들이 선택하지 않을 수 있기 때문에 요양원 성적표는 돌봄을 향상시키는데 도움이 될 것이다.

최근 몇 년 동안, 요양원에서 나타난 돌봄의 질이 형편없는 것에 대한 염려가 수많은 다른 개혁의 도화선이 되었다. 한 혁신적인 접근은 환경을 바꿈으로써 요양원의 문화를 변화시키려는 노력이다. 애완동물, 식물들, 그리고 지역에 살고 있는 자녀들의 계획된 잦은 방문 모두가 요양원을 더 집처럼 만드는데 도움이 된다. 몇몇 요양원들은 목욕, 식사 혹은 아침에 일어날 시간 같은 일상 활동에 대한 더 많은 선택권을 거주자들에게 주려고 시도해왔다. 그러한 노력들이 요양원 거주자들의 건강과 삶의 질을 향상시키는데 도움이 된 증거들이 있다(Shura et al., 2011).

미국의 장기돌봄체계는 가족돌봄, 가정돌봄, 그리고 요양원돌봄으로 구성된다. 돌봄의 각 수준에서 충족되지 않은 요구들이 있다. 종종 가족들은 수년간 집에서 장애가 있는 노인들을 돌보는데 서비스 부족과 고군분투한다. 만약 지원주택(supportive housing) 배정이 보통사람이 거주할 수 있도록 조정된다면 지원주택은 국가의 미래 장기돌봄 요구에 대한 유망한 해결책이 된다. 높은 질의 요양원돌봄은 아주 드물기 때문에, 요양원에 들어가는 것은 충분히 최후의 수단이 될 수 있다. 국가적 장기돌봄 요구에 대한 적절한 해결책을 찾는 고군분투하는 노력은 인구 노화에 따라 더 절박해진다. 중요한 이슈들은 누가 돌봄을 제공할 것인가, 누가 돌봄에 대한 비용을 지불할 것인가, 누가 돌봄의 질을 추적 관찰할 것인가에 집중될 것이다.

돌아보기

1. 가족구성원들이 나이든 친척에게 제공하는 돌봄유형은 돌봄제공자의 성에 따라 어떻게 상이한가?

남성과 여성 모두 그들의 노부모를 돌봐야 한다는 의무감을 느끼지만, 여성들이 더 그들의 허약한 노인들에게 일차적 돌봄제공자가 되고 엄청난 양의 돌봄을 제공하는 경향이 있다. 남성과 여성은 또한 다른 업무를 수행한다. 딸들은 전형적으로 먹이고, 입히고, 혹은 목욕시키는 것과 같은 직접 돌봄을 제공한다. 아들들은 집안일, 재정관리, 그리고 정원을 손보는 일을 돕는다.

2. 돌봄제공 책임은 가족구성원의 일과 개인 삶에 어떻게 영향을 미치는가?

대다수의 돌봄제공자들은 일을 하고 있지 않지만, 대략 이들의 1/3이 일하고 있다. 돌봄제공은 몇 가지 측면에서 일에 영향을 미친다. 비록 돌봄제공자들이 계속해서 전일제로 일을 할지라도, 돌봄책임으로 인해 그들은 더 적은 시간 일을 하고, 일정을 다시 조정하고, 그리고 휴가를 내게 된다. 만약 돌봄제공 책임이 그들의 일 수행과 갈등이 생긴다면 어떤 돌봄제공자들은 일을 그만두거나 계획했던 것 보다 일찍 은퇴한다. 돌봄제공자들에게 돌봄제공 업무에 대한 심리적 대가는 스트레스와 부담으로 측정된다. 놀랍게도, 집 밖에서 고용된 여성들이 고용되지 않은 여성들 보다 더 큰 부담을 갖고 있는 것처럼 보일지라도, 그들은 스트레스를 덜 받는다고 보고한다. 이중 역할에서 오는 더 큰 책임감에도 불구하고, 일에서 오는 만족감과 바깥세상과 연결되어 있다는 생각이 스트레스를 낮출 수 있다.

3. 돌봄에 대한 노인의 요구는 어떻게 가족관계에 영향을 미치는가?

돌봄제공은 가족관계에 부담일 수 있지만 가족관계를 향상시키기도 한다. 자녀는 노부모의 성격변화가 있을 때와 부모가 의존적으로 될 때 발생할 수 있는 역할 전환으로 인해 불안할 수 있다. 형제자매들은 돌봄제공 업무 분장에 대해 격론할 수 있다. 돌봄제공 부담으로 배우자와 함께하는 시간이 줄어들 때 결혼생활은 제한될 수 있다. 그러나 부담이 공평하게 공유될 때, 가족구성원들은 서로 감사해 할 수 있으며 가족 유대감이 강화된다고 느낄 수 있다.

4. 허약한 노인들은 어떤 종류의 재가 및 지역사회기반 서비스를 이용할 수 있는가?

재가 및 지역사회기반 서비스는 허약한 노인이 그들 자신의 집에서 머물 수 있게 도와준다. 가장 일반적으로 제공되는 서비스는 개인돌봄, 집안살림, 그리고 사례관리이다. 어떤 지역사회에서는 돌봄제공자를 위한 일시적 위탁(respite care), 주간돌봄, 의료 혹은 재활 돌봄, 그리고 호스피스 서비스도 제공한다.

5. 민영 장기돌봄 보험은 가족들이 돌봄제공에 대한 비용과 부담을 감당하는데 도움을 줄 수 있는가?

현재 미국에서 장기돌봄 비용의 단 2.5%만이 민영보험으로 지불되고 있지만, 이 퍼센티지는 정부가 대부분의 서비스를 지불하지 않는다는 것을 사람들이 알게 됨에 따라 증가하고 있다. 그러나 장기돌봄 보험이 대부분의 미국인들을 위한 장기돌봄 요구를 충족시키기 전에 많은 문제들이 해결되어야 한다. 한 가지 문제는 많은 노인들이 장기돌봄 보험의 보험료를 지불할 수 없는 것이다. 많은 사람들이 그들의 정책이 흐지부지 되도록 내버려두었고 수천 불을 잃어버렸다. 또 다른 문제는 민영보험 회사가 중요한 건강문제를 가지고 있는, 가장 보험을 필요로 하는 사람들을 거부한다는 것이다.

6. 정부 규정들과 영리 요양원 체인점들의 증가는 요양원돌봄 이용과 돌봄의 질에 어떻게 영향을 미치는가?

미국과 다른 국가에서 시설을 운영하면서 영리 추구 다국적 체인망을 가지고 있는 요양원이 증가하고 있다. 이러한 체인점들은 이윤을 추구함으로써 주주들을 책임지는 사업이다. 최고의 돌봄은 비영리 요양원들, 특히 종교집단에 부속된 요양원들에 의해 제공된다는 것을 연구결과들이 보여준다.

7. 요양원에서 허약한 노인들의 삶은 어떠한가?

사람들은 요양원으로 이주하는 것을 몹시 두려워한다. 그리고 시설에서의 생활에 적응은 어렵다. 관료적 절차로 단조롭게 반복되는 일상은 거주자의 삶의 질을 낮추고 돌봄을 제공하는 도우미들에게 압박감을 준다. 거주자들은 비인간적인 일정을 수행해야 하는 도우미들에 의해 삶을 가치 있게 해주는 작은 기쁨들이 종종 거부된다. 환자 학대는 요양원에서 지속적으로 염려되는 점이다. 비록 신체적 학대가 드물지만 심리적 학대는 불행히도 더 흔하다. 그다지 큰 의도가 없었던 학대는 과로와 박봉을 받는 도우미들의 좌절감에 기인한다.

고령화에 관해 생각하기

1. 어떤 종류의 사회적 지원이 스트레스를 받고 있는 낀 세대 돌봄제공자들에게 도움이 될 것인가?
2. 관심 있는 시민과 사회복지사로서, 당신은 노인들을 위한 가정 기반 서비스에 대해 정부 지원을 더 많이 해달라고 어떤 방식으로 주장할 것인가?
3. 장기돌봄 보험은 건강상태와 상관없이 모든 사람에게 이용될 수 있어야 하는가?
4. 요양원돌봄에 대한 연방 정부 표준은 종종 연방정부 상환 한도와 모순된다. 이러한 모순의 근원은 무엇이고 어떻게 해결될 수 있는가?
5. 많은 사람들이 그들이 일생을 요양원에서 마치는 것을 두려워한다. 당신의 관점에서, 총체적 기관에서 최악의 삶은 어떤 것인가? 만약 당신이 요양원 운영자라면, 당신을 그것을 어떻게 이야기할 것인가?

핵심용어

- 검사기간("look back" period)
- 구조적 부담(structural burden)
- 노인통합돌봄프로그램(Program of All-Inclusive Care for the Elderly, PACE)
- 도구적 일상생활활동(instrumental activities of daily living, IADLs)
- 돌봄제공자 부담(caregiver burden)
- 돌봄제공자 스트레스(caregiver stress)
- 알로스태틱부하(Allostatic load)
- 역할전환(role reversal)
- 요양원(nursing home)
- 일상생활활동(activities of daily living, ADLs)
- 일차적 돌봄제공자(primary caregivers)
- 장기돌봄(long-term care)
- 재가 및 지역사회기반 서비스(home and community-based services, HCBS)
- 총체적 기관(total institution)

13장

죽어감, 죽음, 그리고 사별

1. 죽음에 대한 비교 문화적 및 역사적 관점
   1) 비서구권 문화에서의 죽음
2. 죽음을 준비하다
   1) 죽음에 대한 단계 이론
   그들의 목소리 : 완화 의료를 선택한 사람의 이야기
3. 죽음을 관리하다
   1) 죽을 권리
   공공정책에 대한 이슈 : 중환자실에서 내리는 생애 말기 의사결정
   2) 호스피스 돌봄
4. 사별
   1) 배우자를 떠나 보낸 삶
   세계의 고령화 : 프랑스의 생애 말기 돌봄 서비스
   고령화 경험의 다양성 : 동성 파트너의 죽음
   2) 부모의 죽음

멕시코에서는 매년 전통 축제인 망자의 날(El Dia de los Muertos)을 통해 죽은 이를 기린다.

미리보기

1. 시간이 흐름에 따라 죽음에 대한 문화적 태도는 어떻게 바뀌었는가?
2. 사람들은 어떻게 죽음을 준비하는가?
3. 죽어가는 사람들을 돌볼 때 어떤 도덕적, 법적 문제가 발생하는가?
4. 호스피스란 무엇이며, 호스피스 환자는 어떤 돌봄을 받는가?
5. 고령자의 죽음은 가족에게 어떤 영향을 미치는가?

13장
죽어감, 죽음, 그리고 사별

엘리자베스 퀴블러 로스(1970)는 그의 저서 『죽음과 죽어감(On Death and Dying)』에서 유년기 한 장면을 회상한다.

"어렸을 때 보았던 어느 농부의 죽음을 나는 아직도 기억하고 있다. 나무에서 떨어진 그 농부는 살 가망이 없었다. 집에서 죽기를 원했던 그의 요구는 아무 조건 없이 받아들여졌다. 그는 딸들을 침대 머리맡으로 불러 각각 몇 분씩 대화를 나누었다. 극심한 고통 속에서도 그는 자신의 죽음을 차분하게 준비했다. 친구들에게도 작별 인사를 나누기 위해 집으로 한 번 더 찾아와달라고 부탁했다… 마침내 눈을 감는 순간, 그는 자신이 손수 지은 집에서 친구와 친지들에게 둘러싸여 있었다. 자신이 사랑했던 보금자리, 오랫동안 살아온 그곳에서 꽃들에 둘러싸여 있는 그의 마지막 모습을 모두가 지켜보았다."(P. 3)

가족과 친구들에게 둘러싸여 자신의 집에서 죽음을 맞이하는 관습은 찾아보기 힘들다. 요즘은 복잡한 기계로 뇌파, 심장박동, 맥박, 혈압을 측정하는 병원이나 양로원에서 죽음을 맞이한다. 과거에 평화롭게 삶을 마감했을 사람도 오늘날 정맥용 항생제나 인공호흡기로 연명할 수 있다. 생명을 무한정 연장할 수 있게끔 해주는 기술에는 법적인 문제와 윤리적 문제가 동반된다. 생명을 얼마나 연장해야 할까? 불치병으로 고통받는 사람들은 죽을 권리를 가져야 할까? 의료진이 그 과정에서 합법적으로 도움을 줄 수 있을까? 누가 우선적으로 값비싼 신기술을 사용해야 할까? 현대 사회에서 이러한 질문들은 고령자와 그 가족에게 특히나 중요하다.

이번 장에서는 죽어감, 죽음, 그리고 사별을 사회적 현상으로써 분석한다. 먼저, 죽음에 대한 시각이 지난 세기 동안 미국에서 어떻게 변화했는지 추적해 보고 역사적, 비교 문화적 측면에서 죽음에 관한 믿음과 관습을 살펴본다. 개인들과 가족들이 겪는 인생의 주요 경험 중 하나는 바로 죽는 것이다. 이 죽음의 과정을 설명한 후, 변화하는 죽음의 본질이 죽어가는 과정에 어떤 영향을 미쳤는지 분석하려고 한다. 여기에는 안락사와 죽을 권리에 대한 논쟁에서 언급되는 법적, 도덕적 문제에 대한 분석도 포함되어 있다. 후반부에서는 안락사의 주요 대안으로 꼽히는 호스피스 돌봄에 대해 다룬다. 마지막으로, 죽음이 배우자와 다른 가족 구성원들에게 미치는 영향을 살펴보며 사별의 과정을 탐구해 보고자 한다.

1 죽음에 대한 비교 문화적 및 역사적 관점

우리의 행동이 전 생애에 걸쳐 문화에 의해 형성되는 것처럼 죽음에 대한 시각도 우리가 속한 사회의 가치, 믿음, 제도적 기반에 영향을 받는다(V. Marshall & Levy, 1990). 물론 죽음은 인류의 보편적인 경험이지만, 죽음에 대응하는 사회적 방식은 기존 태도와 믿음에 따라 상이하다. 죽음을 받아들이고 슬픔을 표현하는 방식은 문화마다 큰 차이를 보인다.

1) 비서구권 문화에서의 죽음

동양 사상은 명백히 모순되는 현상의 기저에서 통일성을 찾으려 한다. 서구권 사람들이 자아(自我)라 부르는 것은 동양 문화에서 실체가 없고, 거듭 변화하는 과정의 일부로 간주한다. 힌두교의 두드러지는 특징 중 하나는 바로 윤회 사상을 믿는다는 점이다. 즉, 죽음을 맞이할 때 한 육체에서 다른 육체로 영혼이 윤회하며 죽음과 환생을 수차례 반복한다는 것이다. 죽음은 영구적이며 실체가 있는 자아가 없다는 것을 상기시켜 준다.

14세기에서 18세기 사이 힌두교에서는 죽은 남편과 함께 아내를 생매장하거나 화장하는 풍습이 있었다. 고대 스칸디나비아, 그리스, 이집트, 중국, 핀란드에서도 과부를 희생시키는 관습을 따랐던 기록이 있다. 가장 최근까지 과부를 희생시킨 관습은 '사티(suttee)'로 알려져 있는데, 과부나 그의 장남이 불을 붙여야 했다. 과부는 화장용 장작더미까지 걸어가며 사람들에게 금품을 나눠주었고, 대중의 관심 대상이 되었다. 남편에게 헌신적이지 못한 여성은 '사티(sati, 희생당하는 미망인)'가 될 수 없었기 때문에 사티는 아내의 정조를 증명하는 풍습이었다. 정해진 운명을 따르지 않는 여성은 참회하는 죄인으로 평생 망신을 당해야 했다.

정통 힌두교에서는 과부가 남편의 죽음에 책임이 있다고 믿었기 때문에 '사티'라는 풍습이 합리화 되었다. 일반적으로 여자가 먼저 죽기 때문에 아내가 현생 혹은 전생에 죄를 지어서 남편이 먼저 죽었다고 간주했다. 과부를 같이 화장시킴으로써 과부와 그의 가족은 낙원에 갈 수 있다고 믿었다. 보다 더 실용적인 관점에서 보면, '사티'라는 관습을 통해 남편의 가족은 무조건 남은 자녀의 후견인이 되어야 했고, 과부는 남편의 모든 재산에 대한 권리를 포기했다.

영국 통치와 서구의 영향력이 확대되면서 '사티'에 대한 극심한 반발이 일어났고, 특히 영국 선교사들 사이에서 반발이 거셌다. 영국령 마드라스에서 1830년 사티가 폐지되었고, 점진적으로 인도 전역에서 금지되었다. 합법적으로 진행된 마지막 화장은 1861년이었지만 오늘날까지 사티에 대한 보고가 이어지고 있다(Yang, 1989).

캄보디아에서 가장 지배적인 종교는 불교다. 캄보디아 불자들은 죽어가는 것은 삶의 불가피한 부분이며 선한 삶을 살고 타인을 위해 공적을 쌓으면 후생에서 보상을 받는다고 믿기 때문에 죽음을 두려워하지 않는다. 캄보디아에는 화장터가 드물어서 밭에서 고인의 시체를 화장한다. 유골은 사원에 보관한다.

1970년대 150만 명 이상을 학살한 크메르루주 공산당 정권을 피해 많은 캄보디아인이 미국으로 이주했다. 그때 이주했던 캄보디아인들은 나이가 들어 삶의 끝자락에 다다르고 있다. 많은 이들은 사랑했던 사람의 죽음을 지금까지 애도하고 있고, 그들이 목격한 고통을 이해하려고 애쓰고 있다.

이들 대부분은 캄보디아에 대한 향수에 젖어있고, 고국에 돌아가서 죽음을 맞이하고 싶어 하지만 꿈을 실현하기에는 금전적 한계가 있다. 이들은 여전히 자신들의 전통 풍습을 따르며 미국에서 죽음을 맞이할 가능성이 더 높다.

누군가 죽으면 그의 영혼을 천국으로 인도할 수 있도록 가까운 남성 친척이 하루 동안 명에 수도승이 된다. 사망 후, 첫 토요일에 있을 장례를 치를 때까지 사원에서 수도승이 매일 방문한다. 장례식에 참여한 모두가 관에 꽃을 올리고 고인을 위해 기도를 올린다. 이후 고인의 시신을 화장한다. 장례 후 100일이 지나면 영혼이 해를 가하지 않도록 수도승이 돌아와 유가족과 함께 기도를 드린다(Becker, 2002).

(1) 미국에서 죽음의 변화

19세기 이후 미국에서는 죽음을 바라보는 시각과 죽어가는 사람을 치료하는 방식이 급진적으로 바뀌었다. 이러한 변화의 한 가지 원인은 인구구조가 변화했기 때문이다. 1900년에 보고된 사망자 중 절반 이상은 14세 이하의 아동이었다. 상당수의 아기들이 사산되었다. 백일해, 디프테리아, 소아마비와 같은 영유아 질환으로 많은 아이들이 목숨을 잃었다. 시간이 지남에 따라 평균 기대수명이 증가했고, 아동 및 청년기 사망률은 현저히 낮아졌다. 오늘날 14세 이하 아동의 사망률은 3%도 되지 않는다. 대신 대부분의 사망자는 노인이다. 2009년 전체 사망자 중 72.3%는 65세 이상이었고, 30.1%는 85세 이상이었다(National Center for Health Statistics, 2010). 사망자 비율이 아동 인구보다 고령 인구에서 더 많아지는 현상을 역학 변화(epidemiologic transition)라고 한다(11장 참조).

아동 인구와 고령 인구의 사망자 수가 재분배되는 것뿐 아니라 죽음을 초래하는 질병의 유형이 바뀌는 점도 역학 변화의 특징이다. 과거에는 디프테리아, 결핵, 폐렴 같은 급성질환이 발생하면 바로 사망으로 이어졌다. 오늘날 65세 이상 인구의 주된 사망 원인은 만성질환이며, 심장질환과 암이 가장 두드러진다. 심장마비로 급작스러운 죽음을 맞이할 수는 있지만, 대개 심장질환과 암은 점진적으로 진행되는 특성이 있으며 오랫동안 아프고 쇠약해진 후에 죽음에 이른다(National Center for Health Statistics, 2011).

죽음은 또한 점점 비가시적인 현상이 되었다. 백 년 전 대부분의 사람들은 자신의 침상에서 죽었고, 죽음을 직접 볼 수 있었다. 하지만 이제 많은 사람들은 생명 연장을 위해 고안된 기계들에 둘러싸인 채 시설에서 죽는다. 이러한 현상은 다른 여러 국가에서도 발생하고 있다. 점점 더 많은 사람들이 병원이나 양로원에서 생을 마감하고 있는 것이다(Seale, 2005).

죽음이 삶의 일부로 받아들여지면서 죽음이라는 주제는 금기시되어왔다. 이제는 생명을 연장하는 것뿐만 아니라 때로는 생명이 언제 끝나는지에 대한 정확한 정의를 묻는 기술적인 절차가 죽음의 풍습을 대체하고 있다.

2 죽음을 준비하다

여러 연구에 따르면 죽음에 대한 태도는 인생을 살아가며 계속 바뀐다고 한다. 죽음은 어린 아이들이 이해하기 힘든 추상적인 개념이다. 유년기의 중간쯤 대부분 아이는 죽음으로 신체 기능이 정지하고, 죽음은 불가역적이며, 일반적이고, 사랑하는 사람들이 결국 죽는다는 것을 이해하기 시작한다(Neimeyer and Werth, 2005). 애완동물이나 가족이 죽고 나서 비로소 이해하게 될 수도 있다. 청년기에는 죽음이 피할 수 없지만 먼 이야기라고 생각한다. 대부분의 청년층은 지인 중에 죽은 사람이 없으며 죽음에 대한 생각을 기피한다. 교통사고나 희귀병으로 인한 죽음을 목격했을 수는 있지만, 이들에게 죽음은 상대적으로 추상적이다. 중년기에 들어서면 자신이 살아온 날 보다 살 날이 더 짧기 때문에 생각이 많아진다. 죽음을 일반적인 현상보다는 개인적인 문제로 받아들이기 시작한다. 그들의 부모가 죽는 경우가 많기에 이제 자신의 차례가 왔다는 사실을 인지한다. 사람들은 나이가 들면 죽음에 대해 더 많이 생각하고 이야기한다. 친구가 죽거나 배우자를 잃은 경우가 있을 수도 있다.

사람은 나이가 들면 죽음이 다가오고 있다는 것을 깨닫게 된다.

죽음에 대한 두려움은 줄어들지만, 노인들은 고통스럽게 죽는 걸 두려워하며 사랑하는 이들이 슬퍼할까 걱정한다. 건강이 악화되며 죽음에 대한 불안은 더 심해진다. 시설에 거주하고 있는 사람의 경우는 더 심각하다. 양로원에 사는 사람들은 자기결정권에 대한 상실감과 가족으로부터의 소외감 때문에 우울해질 수 있다(Neimeyer and Werth, 2005). 이 사람들은 또한 매주 죽음을 목격한다.

죽음이 가까워질수록 사람은 자연스럽게 자기 자신이나 사랑하는 사람이 받을 고통에 대해 걱정한다. 존엄성이나 자율성을 잃고 가족에게 짐이 되는 등 심리적인 문제에 대해 걱정하는 사람도 많다. 노인 의료 전문가인 에이미 버먼(Amy Berman)은 2010년 유방암 진단을 받았다. 적극적으로 화학요법 치료를 받으라는 의사의 권고를 따르는 대신 에이미는 최대한 열심히 살기로 했다. 계속해서 일을 했고, 중국에 만리장성을 보러 여행도 갔다. "경험 사례" 부분에서 에이미는 삶을 연장하는 것보다 삶의 질에 초점을 맞추기로 한 이유를 설명한다. 다음 부분에서는 사람이 죽음에 어떻게 다가가는지 설명하는 한 이론에 대해 살펴보고자 한다.

1) 죽음에 대한 단계 이론

엘리자베스 퀴블러 로스 의사는 여러 단계에 걸쳐 다가올 죽음을 인식하는 자연스러운 죽음의 절차가 있다고 말했다. 죽어가는 환자들을 상대로 진행한 연구를 토대로 퀴블러 로스는(1970) 죽어가는 사람이 자신의 상황에 대해 여러 정신적인 반응을 하며 앞으로 나아간다고 판단했다. 그의 연구 모델에 따르면 사람은 부정, 분노, 협상, 우울, 수용으로 나뉘는 죽음의 5단계를 거친다.

곧 죽는다는 사실을 처음 직면하면 사람들은 그 사실을 피하거나 부정한다. 그 정보를 억압하거나 의식하지 않는 경향이 있다. 이러한 반응은 반갑지 않은 현실을 피할 수 있도록 도와주는 대응기제다. 종종, "설마, 나는 아닐 거야. 다른 사람의 검사 결과겠지"와 같은 반응을 보인다. 죽음을 피할 수 없다는 사실을 인지하면 반응은 분노로 바뀌고, 이는 적대심으로 표출될 수 있다. 간병인이 화풀이 대상이 될 수도 있고, 음식이나 돌봄 서비스의 질에 대한 불평을 표출할 수도 있다.

그들의 목소리 : 완화 의료를 선택한 사람의 이야기

처음 진단받고 나서 뭘 할 수 있을지, 저에게 무엇이 가장 중요한지 깨닫게 됐어요. 저에게는 삶의 목적과 삶의 질, 그리고 가능한 한 오래 좋은 삶을 사는 것이 중요해요… 제 블로그를 보면 제가 제트스키 타는 모습을 볼 수 있습니다. 만리장성을 오르는 모습도 있어요. 저는 열심히 일하고, 열심히 놀고, 좋은 시간을 보냅니다. 제가 다른 선택을 내렸다면 3년간 불행한 시간을 보냈을 겁니다. 제가 진단받은 암은 치료제가 없습니다. 그럼에도 불구하고 적어도 남은 시간 동안 옳은 방향으로 관리 한다면 삶의 질을 최대화시킬 수 있습니다. 그게 바로 제가 하려는 겁니다.

출처: Pollack(2013)

퀴블러 로스는 그 다음 단계를 협상이라고 설명한다. 이 시점에는 죽어가는 사람이 신과 협상을 맺으려 할 수 있다. 피할 수 없는 죽음을 미루고자 계약을 하는 것이다. 신이 삶을 연장해준다는 희망을 품고 일종의 '선행'을 약속한다. "손주가 고등학교 졸업하는 걸 볼 때까지 살 수 있으면 금연할게요."와 같이 두려운 결과를 미루는 하나의 방법은 협상이다.

퀴블러 로스 의사에 따르면 궁극적으로 몇몇 환자들은 자신의 상황을 받아들이게 된다. 심각하게 아픈 상태라는 점을 인식하고 자신이 마주한 문제를 마지못해 살펴본 후, 삶의 변화에 대응할 수 있는 생산적인 방법을 찾아본다. 수용하는 것은 포기를 뜻하는 것이 아니라 오히려 위기를 해결함으로써 개인적으로 만족스러운 적응을 하는 것이다.

죽음에 단계가 있다는 생각은 상당한 비판을 받아왔다. 이 이론이 비난받은 가장 큰 이유는 각 단계가 정해진 순서대로 발생하지 않기 때문이다. 몇몇 사람들은 거부 단계에서 나아가지 못한다. 또 일부는 몇몇 단계는 겪더라도 죽음을 피할 수 없다는 사실을 받아들이지 못한다. 누군가는 분노, 슬픔, 혐오와 같은 다양한 감정을 동시에 느끼거나, 처음에는 죽음이 불가피하다고 수용했던 사람이 그 사실에 분개하며 사망할 수 있다. 사람이 죽음에 대응하는 방식은 살아오면서 다른 스트레스에 대응했던 방식과 비슷한 경향이 있다(Feifel, 1990).

3 죽음을 관리하다

1) 죽을 권리

BC 5세기 그리스 의학자 히포크라테스가 작성하고 현대 의사들이 아직도 따르고 있는 히포크라테스 선서의 전통적인 이해에 따르면 의사는 해를 끼쳐서는 안 된다. 히포크라테스 선서에는 의사들이 극단적인 조치를 통해 생명을 연장해서는 안 된다는 내용이 포함되어 있다. 오늘날 많은 의사는 히포크라테스 시대에 전례가 없던 과학적, 경제적, 사회적 변화가 일어났기 때문에 히포크라테스 선서가 현실에 적합하지 않다고 본다(Tyson, 2001). 실제로 기존에는 많은 의사가 말기 환자가 힘들고 고통스러운 치료를 받지 않고 평화롭게 죽을 수 있도록 해왔다. 하지만 최근 의사들은 무슨 수를 써서라도 환자를 생존하게 하는 현대 기술에 점점 더 의지하고 있다. 생명을 연장하는 능력은 죽어가는 과정을 연장하는 것이나 인간 존엄성 보존과 같은 윤리적인 문제를 수반한다.

죽어가는 이와 그 가족에게 큰 영향을 미치는 문제를 가져오며 의사들도 새로운 도덕적 문제와 법적 책임을 떠안게 된다. 언제까지 환자를 돌봐야 할까? 죽고 싶어하는 말기 환자를 의사가 도와야 할까? 환자의 바람을 알 수 없을 때는 어떻게 해야 할까? 치료를 받을 때 환자의 나이, 인종, 소득에 상관없이 가능한 한 최선의 윤리적 기준을 어떻게 보장받을 수 있을까?

(1) 인종별 생애 말기 돌봄에 대한 태도 차이

사람이 위독할 때 받는 치료에 대해 느끼는 감정은 인종에 따라 다를까? 이에 대한 답을 찾기 위해 연구진들은 70세 이상 고령자를 대상으로 전국 조사를 통해 AHEAD(**Asset and Health Dynamics** Among the Oldest Old) 연구에 참여한 540명의 사망자 유가족과 면담을 했다. 흑인과 백인 응답자 모두에게 생애 말기에 어떤 돌봄을 받고 싶은지 물어봤다. 백인 참가자는 흑인 참가자보다 사망 전 선호하는 치료에 대해 논의하고, 존엄사유언장을 작성하고, 친인척에게 위임장을 줄 확률이 높았다. 돌봄을 받고자 하는 응답자 중에서는 백인들이 특정 조건에서 돌봄을 제한하고 말기에는 치료를 거부할 확률이 더 높았다. 흑인들은 생명을 연장하기 위해 가능한 모든 돌봄을 요청할 가능성이 컸다(Hopp and Duffy, 2000).

연구 결과는 사전 돌봄 계획이나 생애 말기 의사결정에 인종별 차이가 있음을 나타낸다. 이러한 인종별 차이를 어떻게 설명할 수 있을까? 미국 흑인의 지속적인 의료보건 체계에 대한 불신이 한가지 설명이 될 수 있다. 과거 의사나 병원이 항상 윤리적으로 흑인들을 대한 것은 아니었다. 예컨대, 터스키기 매독 연구에서 매독에 걸린 흑인 남성은 치료제가 있었음에도 20년간 치료를 받지 않았다(Freimuth et al., 2001). 또 다른 설명은 죽음이나 죽어가는 것에 종교 및 문화적 차이가 있어서 생애 말기 의사결정을 내릴 때 인종마다 차이가 있다는 것이다. 몇몇 연구에 따르면 백인 고령자는 혼자 죽거나 통제할 수 없는 고통 속에서 죽는 것을 더 두려워하는 반면, 흑인 고령자는 사후에 받을 벌이나 보상에 대한 두려움이 더 컸다(DePaola et al., 2003). 원인이 어찌 되었든 의료진은 환자가 생애 말기 결정을 내릴 때 인종 차이에도 신경을 써야 한다.

공공정책에 대한 이슈 : 중환자실에서 내리는 생애 말기 의사결정

대부분의 사람은 불치병을 앓게 되면 목숨을 유지하기 위해 특단의 조치를 취하고 싶어하지 않는다. 생명유지장치나 피딩 튜브의 도움을 받아 살아가는 것을 원치 않는다. 하지만 대부분의 생애 말기 의사결정은 중환자실에서 내려진다.

중환자실 환자들은 건강이 악화되어 스스로 의학적인 결정을 내릴 가능성은 가장 희박하다. 결국, 환자가 존엄사유언장을 가지고 있더라도 환자의 대리인인 가족이 중환자실에서 생애 말기 의사결정을 내린다. 환자가 임종 돌봄을 받을지, 특단의 조치를 내릴지, 환자의 바람을 들어줄지 말지는 대리인이 결정한다.

가족이 임종 돌봄만 제공하는 선택지를 선택하기는 쉽지 않기 때문에 마지막 몇 개월간 환자는 불필요하고 원치 않는 돌봄을 받게 된다. 원하지 않는 돌봄을 받게 되면 죽어가는 환자의 삶의 질이 떨어질 수 있고 사회적 비용이 증가할 수 있다. 한 연구에 따르면 메디케어 대상자의 59%가 죽기 전 마지막 6개월을 중환자실에 입원했다(Angus et al., 2004). 전체 메디케어 지출 1/3이 동일 기간에 발생한다(Goodman et al., 2011). 환자의 선호를 존중하는 정책이 도입된다면 메디케어 지출을 절감할 수 있을 뿐 아니라, 환자들도 원치 않는 치료를 받지 않고 생애 마지막 몇 주를 보낼 수 있다.

현대 의학이 생명을 연장할 수 있게 되면서 **안락사**에 대한 사회적 담론의 본질도 바뀌었다. 안락사는 아프거나 다친 환자가 가망이 없으면 고통 없이 자비로운 방식으로 죽거나 죽는 것을 허락하는 행위이다. 영어로 자비로운 죽음(mercy killing)이라고도 불린다. 안락사에는 **소극적 안락사**와 **적극적 안락사** 두 가지 방법이 있다.

(2) 소극적 안락사

소극적 안락사는 수십 년간 알려져 왔다. 병원, 양로원 및 여타 의료 돌봄 시설에서 활용해 왔다. 가망이 없는 환자에게 단순히 약물 투여를 보류하거나 중단하는 방법이다.

과거에 의사들은 전문적인 판단을 내려 생명 연장 조치나 치료를 중단할 시기를 결정했다. 최근에는 이러한 결정에 반박하는 법정 소송이 많아지면서 의사와 병원 측은 치료 중단에 대한 소송을 우려하고 있다. 그렇기에 이제는 명백하게 법적 보호를 받지 않는 이상 중단 결정을 내리지 않는다(Touyz and Dent, 2011).

법정 소송에서는 의료진의 치료 보류나 중단할 권리를 규정하기 위해 두 개의 쟁점을 다룬다. 첫 번째는 말기 환자가 원하는 의료 돌봄 서비스의 종류, 두 번째는 치료를 중단하여 죽으려는 환자들의 요청이다. 치료는 죽는 과정을 미루기만 할 뿐이라고 생각할 때 이러한 요청이 이루어진다. 이런 쟁점을 해결하기 위해 의료진에게는 **존엄사유언장**을 존중할 권리가 있다는 판결을 내렸다.

사람들은 위독해질 경우 어떤 치료를 받고 싶은지 존엄사유언장에 구체적으로 설명한다. 인공호흡기, 투석기, 피딩 튜브, 정맥주사 등을 사용할지에 대한 지시 사항이 포함되어 있을 수 있다. 심폐소생술 거부 지시를 따를지 말지도 명시할 수 있다(Cartwright and Steinberg, 1995). 더는 돌봄 의사 결정에 참여할 수 없는 사람이 존엄사유언장을 통해 자기결정권을 연장하는 것이다. 말기 환자의 운명을 누가 정해야 할까? "공공정책 이슈"에서는 사랑하는 사람이 중환자실에 있는 가족은 어떤 어려운 결정을 내리는지 살펴본다.

모든 주는 법적 구속력을 지닌 존엄사유언장을 허용하는 법을 제정했고, 환자의 사전의료의향서나 위임권을 지닌 선정 대리인의 결정을 모두 인정한다. 환자가 입원할 때 사전의료의향서 작성 기회를 제공하도록 정부의 후원을 받는 모든 의료종사자에게 요구하는 미국 연방정부의 환자 자기 결정법도 있다(Cartwright and Steinberg, 1995).

캐나다, 미국, 호주 연구에 따르면 대부분의 사람은 어떤 형태로든 존엄사유언장을 준비할 기회가 있길 바란다(Cartwright and Steinberg, 1995). 하지만 불치병이나 연명 치료를 정의하는 것이 더 어려워졌기 때문에 존엄사유언장을 해석하는 데 문제가 생긴다. 또한, 연명 치료의 중단 시기가 명백한 경우도 드물다.

(3) 적극적 안락사

안락사의 두 번째 종류인 적극적 안락사는 보조자살이라고도 알려져 있다. 의료진, 친한 친구, 혹은 친인척이 아픈 사람이나 장애인이 죽을 수 있도록 돕는 것을 보조자살이라고 하며, 죽음을 앞당기는 행동을 일컫는다(Touyz and Dent, 2011). 적극적 안락사와 보조자살 간의 법적 구분은 없지만(Wekesser, 1995), 보조자살을 할 때는 환자와 돕는 사람의 계획과 협력이 더 많이 필요하다는 게 일반적 통념이다. 하지만 적극적 안락사와 보조자살 간의 구분은 모호하기 때문에 두 용어를 혼용하겠다.

조사에 따르면 정신이 안정적인 환자는 극심한 고통을 느끼거나 감각을 잃고 죽는 게 나을 만큼 쇠약해진 경우 의료진의 도움을 받아 자살하는 것을 선호하는 여론이 크다. 고령층의 의견은 엇갈렸다. 1992년 갤럽이 임의로 선택한 60세 이상 남녀 응답자 802명을 대상으로 자살과 보조자살에 대한 견해를 조사했다. 대부분의 응답자는 자살에는 반대했지만 의료진이 보조하는 자살이 합법화되어야 하는지에 대해서는 반반으로 나뉘었다. 신앙심이 깊지 않고 가족 관계가 원만하지 않으며 건강이 악화하고 있는 백인 남성이 보조자살 합법화를 가장 많이 찬성했다(Seidlitz et al., 1995).

의료진들은 더 복잡하고 미묘한 태도를 보인다. 한 국가 조사에서 2천 명의 의사를 대상으로 PAS(의사 보조자살), TS(말기 진정제 투여), WLS(생명유지장치 제거)에 대한 의견을 물었다. 전반적으로 69%의 의사들은 PAS에 반대하고, 18%가 TS에 반대하며, 5%가 WLS에 반대했다. 신앙심이 깊은 의사들은 그렇지 않은 의사에 비해 PAS와 TS에 반대할 확률이 높았다. PAS나 TS에 반대하는 사람은 아시아계, 힌두교와 관련된 경우가 있었고, 죽어가는 환자를 돌본 경험이 더 많았다(Curlin et al., 2008). 또 다른 연구에서 정신과 의사는 다른 분야 전문의보다 안락사에 대해 더 보수적인 경향이 나타났다. 비슷하게 여성 의사도 남성 의사보다 안락사에 반대할 확률이 높았다(Levy et al., 2013). 생애 말기에 도덕적인 문제와 관련해 죽어가는 환자가 어떤 돌봄을 받을지는 의사의 종교 특성, 인종, 경험에 따라 달라진다는 점을 시사한다.

보조자살은 법적 중립상태이다. 1997년 연방 대법원은 환자가 보조자살권을 갖지 못한다는 판결을 내렸지만, 특정 상황에는 주 정부가 보조자살을 합법화할 수 있다는 가능성을 남겨두었다. 그 후 캘리포니아, 몬태나, 버몬트, 오리건, 워싱턴 다섯 개 주에서 다양한 상황에 따라 보조자살을 합법화했다. 예를 들어, 캘리포니아 주에서는 환자가 불치병을 진단받아 생존기간이 6개월 이하일 때 보조자살을 할 수 있다. 몬태나 주의 법은 의사가 형사 고발당하는 것으로부터 보호한다. 보조자살이 불법인 주의 처벌은 다양하다. 애리조나 주에서는 보조자살에 관련된 의사는 과실치사죄 혐의를 받을 수 있고, 매사추세츠 주에서는 1급 살인 혐의를 받을 정도로 심각하다(ProCon.org, 2015).

적극적 안락사를 찬성하는 사람들은 지속적으로 고통 받는 말기 환자의 고통을 연장하는 것이 비인간적이라고 주장한다.

안락사는 말 그대로 '안락한 죽음'을 뜻한다는 사실을 지적하며, 돌봄 사회에서는 가망이 없는 환자에게 사랑을 베푸는 행위로 안락사를 허용해야 한다고 주장한다(Humphry, 1995). 보조자살을 찬성하는 의견이 나올 때마다 반대 측에서는 안락사가 살인과 같아서 도덕적으로 정당화될 수 없다고 반박한다(Rawls et al., 2009). 나치가 신체 및 심신 장애자, 유대인, 동성애자, 집시족을 몰살하기 위해 도입했던 프로그램과 비슷하다고 주장한다. 양측 모두 반발이 거세기 때문에 안락사 문제가 이른 시일 내에 해결되지는 않을 것이다.

여러 생애 말기 의사결정은 중환자실에서 내려진다. 그 때문에 발생하는 딜레마를 "공공정책 이슈"에서 살펴보자.

(4) 노인자살

대부분의 선진국에서 자살률은 연령대가 증가할수록 높아진다. 주로 고령 남성의 자살률이 높기 때문이다(Manthorpe and Iliffe, 2011). 고령 백인 남성은 교통사고보다 자살로 죽을 확률이 높은 유일한 집단이다.

연령이 증가할수록 자살률이 높아지는 현상에는 다양한 원인이 있다. 고령자는 사회적 고립, 권태, 스스로가 쓸모 없다는 기분, 재정적 어려움, 여러 친인척의 사망, 만성질환 및 고통을 겪을 수 있다. 또한, 고령자는 가족에게 부담되는 것을 두려워한다. 알츠하이머병 환자와 같이 정신적으로 쇠퇴해가는 사람들은 절망감을 느끼고, 다른 이들에게 짐이 되거나 정신능력이 저하되어 품위를 잃을까 두려워한다.

품위 있게 죽는 유일한 방법은 현명한 결정을 내릴 수 있는 능력을 잃기 전에 세상을 뜨는 것으로 생각한다. 자살 발생 추세에 대한 근거는 확실하지는 않지만, 일반적으로 청년층 자살과 고령층 자살에 차이가 있다고 알려져 있다. 고령자가 자살기도를 하면 성공할 확률이 더 높고, 실패할 경우 도움의 손길에 잘 반응하지 못한다(Manthorpe and Iliffe, 2011).

고령층에서 가장 흔한 정신질환은 우울증이며, 이 때문에 자살률이 가장 높다. 자살하는 노인은 젊은 사람보다 혼자 살거나 사회적으로 고립되어 있고, 주위에 죽은 사람이 많거나 만성적 고통, 질병, 우울증을 앓고 있을 확률이 높다(Manthorpe and Iliffe, 2011). 고령자가 자살에 성공하는 이유 중 하나는 주위에 경고를 하지 않아서 자살을 막을 기회가 적기 때문이다. 21세 이상 92세 이하 자살 희생자를 대상으로 한 연구에 따르면 나이가 많은 희생자일수록 자살을 계획하고, 덜 폭력적인 방식을 사용하고, 자신의 의도를 알리지 않을 확률이 높았다(Conwell et al., 1998). 자살기도를 조사한 다른 연구에 따르면 자살 성공률은 85세 이상에서 가장 높았다(Purcell et al., 1999). 〈그림 13-1〉은 연령, 성별, 혼인 여부에 따른 자살률을 보여준다.

〈그림 13-1〉 연령, 성별, 혼인 여부에 따른 자살률

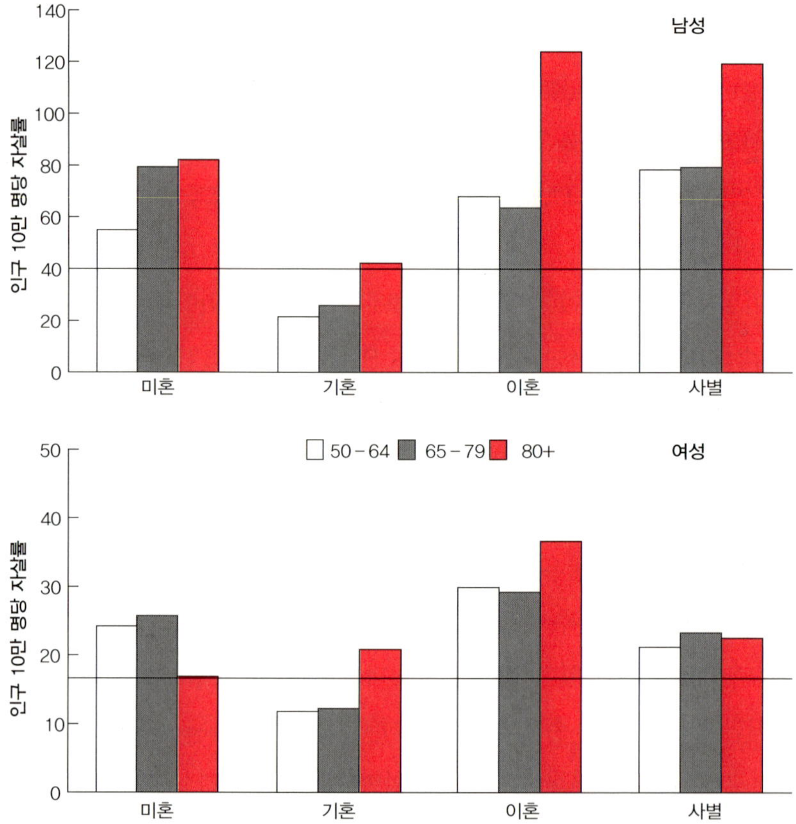

*가로줄은 50세 이상 모든 인구 중 평균 자살률을 나타낸다(남성은 10만 명당 39.7, 여성은 10만 명당 18.5).
출처: Erlangsen et al.(2003).

2) 호스피스 돌봄

아픈 환자에게 고통받으면서 죽거나 안락사로 고통에서 벗어나는 두 가지 극단적인 방법만 주어지는 것은 아니다. 호스피스 운동의 목적은 말기 환자가 편하고 평화롭게, 고통 없는 죽음을 자신의 집, 병원의 특별 병동, 혹은 호스피스 시설에서 맞이하도록 하는 것이다(Saunders, 1980).

(1) 호스피스 운동

'호스피스'라는 단어는 타인 혹은 주인이라는 뜻이다. 중세 유럽에서 유래한 단어이며, 여행객에게 쉼터를 제공하는 장소나 아프고, 지치고, 죽어가고, 버려진 사람들을 돌보는 장소를 일컬었다(Siebold, 1992). 최초의 호스피스는 1967년 런던에 설립된 성 크리스토퍼 호스피스다(Saunders, 1980). 호스피스에서는 죽음과 관련된 어려움을 이해하고 "삶의 끝자락에 다가가는 사람들의 여정을 더 편하게 만들고자 노력"한다(Hayslip and Leon, 1992:1). 호스피스 옹호자들은 삶의 양보다는 질을 강조하며 삶이 끝나갈 때 사람 간의 신체적, 정신적 접촉이 모두 중요하다고 본다.

호스피스를 찬성하는 사람들은 품위있는 죽음이 지나치게 과학적이고 의학적인 죽음을 대체할 수 있다고 본다. 호스피스 철학의 중요한 부분은 바로 고통을 관리하는 것이다. 만성통증은 그 자체로 질병으로 간주하고 개별 환자의 필요에 따라 치료한다. 따라서 환자의 상황에 따라 약물을 조절한다. 긴장감을 느껴서 고통이 심해지고, 더 많은 약을 복용해야 하는 악순환을 방지하기 위해 약을 주기적으로 투여한다. 호스피스 철학에 따르면 만성통증을 치료하는 최고의 방법은 예방하는 것이다.

성 크리스토퍼 호스피스의 일화를 보면 호스피스 옹호론자들이 왜 모든 형태의 안락사를 반대하는지 알 수 있다. 뇌졸중으로 중증 장애를 앓고 있는 한 고령 여성이 성 크리스토퍼 호스피스에 입원했다. 그 여성은 깊은 우울감에 빠져 있었고, 자신의 첫째 딸과 다른 환자에게 자살하고 싶으니 약을 달라고 부탁했다. 1년간 적절한 돌봄을 받은 후 "그녀는 생각이 바뀌었다. 이제 걷기도 하고… 코바늘 뜨개질도 한다. 더는 죽고 싶지 않아 하며, 관점 자체가 바뀌었다(Saunders, 1980:554)."

미국의 호스피스 운동은 1974년 코네티컷주 브랜퍼드에서 시작됐다. 죽음에 동정하는 여론이 확산되며 호스피스 운동도 확대되었다. 1991년에는 미국에 1,700개 이상의 호스피스가 설립됐다.

(2) 호스피스 돌봄의 구조

미국 호스피스는 다음 네 개의 모델 중 하나를 따른다.

- 방문 간호사, 교육받은 자원봉사자, 가족이 가정 기반의 돌봄을 제공한다.
- 호스피스 돌봄은 때로는 별도의 호스피스 시설에서 제공된다.
- 일부 병원은 호스피스 환자를 위해 특별 병동이나 병실을 마련한다.
- 몇몇 양로원은 죽어가는 환자들에게 호스피스 돌봄 서비스를 제공한다. 1996년 양로원 호스피스 수당을 메디케어에 포함한 판결이 내려진 후 양로원 호스피스 돌봄은 빠르게 증가하는 추세다(Miller et al., 2010).

처음에 일부 양로원 관계자는 호스피스 돌봄이 침해라고 생각하며 부정적으로 받아들였다. 양로원에서 이미 제공하고 있는 돌봄 서비스 때문에 호스피스에 대한 변제를 해줘야 한다고 생각했다. 또한, 양로원 직원이 죽어가는 사람에게 제공해야 하는 돌봄 서비스에 자원봉사자가 불만을 품을 것이라 믿었다.

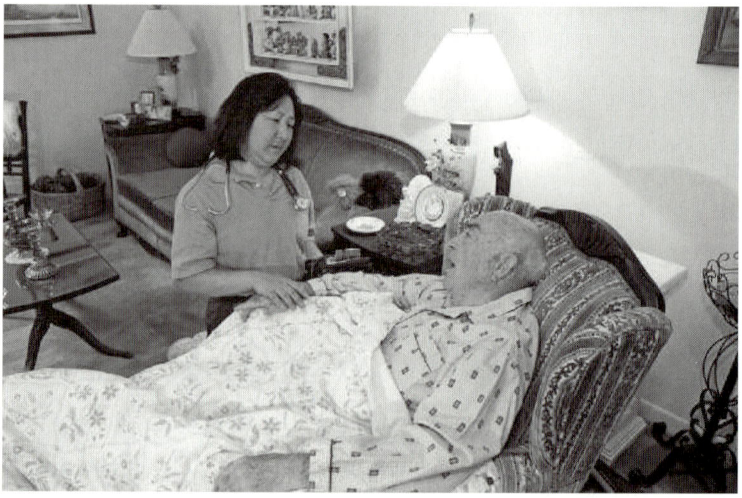

호스피스의 목적은 생애 말기의 통증을 완화하는 것이다.

이제 대부분 관계자는 양로원에서 호스피스 돌봄을 제공하는 것에 이점이 있다는 것을 이해한다.

생애 말기 돌봄의 일종으로 호스피스를 인정하는지는 인종마다 다르다는 증거도 있다. 양로원 거주 노인의 사망을 주제로 한 연구에 따르면 백인이 호스피스에서 죽음을 맞이할 확률이 높았고, 흑인은 병원에서 죽을 확률이 높았다. 즉, 흑인 노인은 백인 노인보다 호스피스 돌봄을 못 미더워하거나, 생애 말기 돌봄에 대한 선호는 인종별 문화적 차이를 나타내는 것일 수 있다. 혹은 소수 민족의 경우 형편없는 양로원에 거주해서 생애 말기 의사결정을 내릴 때 모든 선택지를 제공받지 못할 수도 있다(Kwak et al., 2008).

한 연구에서는 다음과 같은 이유로 양로원 호스피스 돌봄이 항상 효과적이지는 않았다고 밝혔다.

- 호스피스 자원봉사자는 양로원 환자를 일주일에 몇 번만 방문하여 환자에게 미치는 돌봄의 영향이 미미했다.
- 가장 직접 환자를 돌보는 봉사자를 비롯한 호스피스 자원봉사자와 양로원 직원 간의 소통이 부족했다. 이미 자신의 책무가 버거웠던 봉사자들은 더 많은 부담을 지고 싶지 않았다.
- 실제로 지시사항을 따랐는지 확인하는 후속 조치가 부족했기 때문에 호스피스 직원이 죽어가는 환자에게 통증 완화 조치를 취할 것을 권고해도 무시당하는 경우가 있었다(Parham, 2002).

동일한 연구에서 양로원에서 제공하는 호스피스 돌봄에 많은 문제가 있다고 지적했다. 호스피스의 목적은 생애 마지막 몇 개월간 통증을 완화하는 것이지만, 죽어가는 양로원 거주자에게 미치는 영향은 크지 않았다. 결과적으로 죽기 전 몇 달간 통증을 완화하고자 했던 양로원 환자들은 불필요한 고통을 계속해서 겪었다.

어떤 모델을 채택하는지에 따라 호스피스도 저마다 다르지만, 기본적으로 제공하는 서비스는 약물 치료, 재활, 정서적 · 사회적 · 정신적 도움이나 실질적인 지원 등으로 비슷하다(Smith et al., 2008).

〈표 13-1〉 주요 호스피스 자금원, 1995

자금원	자금원 비중
메디케어	65%
메디케이드	8
민간 의료 보험	12
저소득층 보험	4
기타	11

출처: National Hospice and Palliative Care Organization(2000).

호스피스를 통해 전문 상담을 받을 수 있고, 가족이 죽기 전 간병을 맡길 수도 있고, 사망 후 1년간 후속 돌봄 서비스를 받을 수 있다. 면허 간호사, 사회복지사, 의사, 성직자, 가정 간병인으로 구성된 팀이 서비스를 제공한다. 하루 24시간, 매일 서비스를 제공하는 것이 이상적이다. 돌봄 계획의 초점은 불치병 환자를 치료하는 것이 아니라 통증을 관리하는 것이다. 말기 환자와 환자 가족의 신체적, 정서적, 영적, 경제적 요구에 따라 고유한 맞춤형 계획을 제공한다(Pepper Commission on Aging, 1990).

가정 호스피스 돌봄의 문제는 가족 중 간병인이 존재하고 매일 환자를 돌보는 책임의 대부분을 맡을 수 있다고 간주한다는 점이다. 이혼율이 점점 높아지며 편부모 가정과 소규모 가족이 증가하고, 여성이 일을 하는 가정이 많아지면서 죽어가는 친인척을 돌볼 가족 구성원이 없을 수도 있다.

(3) 호스피스 돌봄 비용

호스피스 서비스 비용을 지불하는 방법은 메디케어, 메디케이드, 민간 의료 보험, 개인 부담, 자선 기부금 등 다섯 가지다. 메디케어와 메디케이드가 가장 흔하다. 만약 의료보험 보장 기간보다 환자가 오래 살 경우에는 민간 자금이나 자선 기부금으로 비용을 충당한다. 〈표 13-1〉은 호스피스 지불 방법과 각각이 차지하는 비율을 보여준다.

1982년 의회에서 65세 이상 인구를 위한 건강보험 메디케어로 호스피스 돌봄 비용 지불을 허용하는 법안을 통과시켰다. 정책 입안자들은 병원 간호보다 호스피스 돌봄이 저렴할 것이라 생각했지만, 사실이 아닌 것으로 밝혀졌다. 개인의 입장에서는 병원보다 집에서 죽음을 맞이하는 것이 좋겠지만, 비용이 크게 줄지는 않는다. 메디케어 예산의 한 부분(병원 돌봄)에서 다른 부분(의사 및 가정 돌봄 서비스)으로 비용이 이전되는 것뿐이다. 2005년부터 2009년까지 호스피스 돌봄에 사용된 메디케어 지출은 70% 상승해 43억 1천만달러를 기록했다(Kennedy, 2011).

비용 감축을 공공정책의 주 목적으로 삼아야 하는지, 아니면 다른 목표가 더 중요한지를 결정하는 것이 호스피스 돌봄의 실질적인 문제다.

프랑스는 생애 말기 돌봄에 매우 색다른 접근을 취하고 있다. "세계의 고령화" 파트에서는 프랑스가 어떻게 불치병 환자들을 돕는지 살펴본다.

4 사별

1) 배우자를 떠나 보낸 삶

기혼인 사람은 이혼하지 않고 자신이 먼저 죽지 않는다면 언젠가 배우자가 죽는다는 사실을 깨닫고 충격에 빠진다. 65세 이상 미국인 중 거의 절반가량의 여성과 20%의 남성이 배우자를 잃었다. 65세 이후 1년이 지날 때마다 삶의 동반자를 잃을 위험은 더 커진다. 여자는 주로 남편보다 나이가 어리기 때문에 남편보다 오래 살아서 과부가 될 확률이 높다(Carr and Bodnar-Deren, 2009).

미망인이나 홀아비가 되는 것은 대부분의 사람에게 정신적, 신체적으로 치명적이다. 배우자의 사망은 특히 애도 기간에 질병 및 사망 위험의 증가와 연관 되어있다(Bisconti et al., 2004).

사별과 질병은 어떤 관련이 있을까? 정확한 답은 아무도 모른다. 우리를 해로운 미생물로부터 보호하고 암세포를 퇴치해주는 면역체계의 기능에 사별로 인한 스트레스가 부정적인 영향을 미친다고 주장하는 이론도 있다(면역체계에 대한 논의는 6장 참고). 하지만 그 이론은 입증되지 않았다.

(1) 과부로 살아가는 여성

과부의 삶에 적응하는 과정을 탐구한 연구가 다수 진행되었다.

미망인이 되기까지의 준비 기간은 사람마다 편차가 크다. 몇몇 경우 배우자가 예고 없이 갑작스레 죽기도 한다. 다른 경우엔 불치병을 앓는 환자가 몇 주, 혹은 몇 달간 살며 배우자가 슬퍼하고 죽음을 준비할 기회가 생긴다. 오랜 기간 병을 앓은 후 죽는 경우 환자의 가족은 물리적 간호와 재정적 문제의 부담을 지게 된다. 이러한 경우 환자가 죽으면 안도의 감정을 느끼며 슬픔이 누그러진다. 여성이 슬픔과 남편의 임박한 죽음을 예상해 미망인 신세가 될 것에 준비했더라도 그렇지 못한 아내에 비해 슬픔이 덜한 것은 아니지만, 장기적으로 봤을 때 자신의 상황에 적응을 더 잘한다.

의학적인 상황에 상관없이 배우자를 잃는 것은 힘들다. 배우자를 잃은 고령 남성과 여성은 사별 2개월 후 극심한 우울증, 스트레스, 외로움으로 고통받는다. 처음에는 살 가치가 없다고 느낄 수 있다. 사별 후 몇 주 동안 가족과 친구들이 위로를 해주지만, 결국에는 혼자서 자신의 슬픔을 마주하게 된다. 1년 반 정도 지나면, 특히 친구들이 강력하게 지지해주었을 경우, 외로움이 줄어든다(Utz et al., 2014). 슬픔과 애도의 기간이 끝나거나 줄어들었을 때, 일부는 새롭게 주어진 독립이나 자유시간, 줄어든 집안일을 즐기기도 한다. 계속 바쁜 생활을 하며 새로운 역할을 맡고 친구와 가족을 자주 만나는 사람이 가장 잘 적응한다(Ha, 2008).

여성은 남편과 어떤 관계였는지에 따라 남편의 죽음에 다르게 반응한다. 일부 여성에게 남편의 죽음은 자신이 유일하게 사랑했던, 다차원적 동반자를 잃는 것과 마찬가지다. 이 경우 남편이 죽으면 아내는 극심한 외로움을 느끼게 된다. 또 몇몇에게는 혼인 상태가 바뀌고, 사회적 지위를 잃고, 더는 부부 위주의 삶을 살지 못한다는 의미이기도 하다.

결혼생활의 질이 미망인이나 홀아비의 우울증 및 불안에 어떤 영향을 미치는지 조사한 연구가 있다. "고령 부부의 변화하는 삶에 대한 연구"에서 연구진들은 최근 사별한 65세 이상의 여성과 남성 319명을 사별하지 않은 사람들과 비교했다.

세계의 고령화 : 프랑스의 생애 말기 돌봄 서비스

프랑스의 생애 말기 정책의 특징 중 하나는 사람들에게 죽을 권리가 있다고 믿는 점이다. 프랑스의 고령 인구는 중증 질환에 걸렸을 시 생의 마지막 6개월 동안 치료를 받을 때 미국인보다 적극적이지 않은 모습을 보였다. 또 다른 특징은 바로 해당 노인이 자신의 집에 가능한 오래 머물 수 있도록 서비스를 지속적으로 제공하는 데 방점을 둔다는 것이다(Peretti-Watel et al., 2003). 이 목표를 달성하기 위해 프랑스는 집이나 은퇴자 거주 단지에 있는 사람들에게 직접 찾아가는 서비스를 제공하고 있다. 노인들은 공공 기금을 활용해 장보기나 청소와 같은 집안일을 하는 도우미를 고용할 수 있다. 또한, 프랑스의 공공 의료 보건 프로그램은 샤워나 약물 복용 등 일상에 필요한 활동비도 지원한다(Kellehear, 2005). 프랑스의 지방에는 배우자가 죽었거나 가까이 사는 가족이 없어 고립된 노인에게 일종의 공동 주택을 제공하고 있다.

고령자가 너무 노쇠하여 지원을 받아도 집에서 더 거주할 수 없다면, 생활 지원 시설인 노인복지주택(foyer-logement)에 입주한다. 더욱 집중적인 의학적 치료가 필요한 노인은 양로원과 비슷한 장기 돌봄 시설(initės de soins de longue duree)로 이동한다.

중요한 점은 생애 말기 돌봄의 기본적인 요소는 프랑스와 미국 모두 비슷하다는 것이다. 차이점이 있다면 어떤 돌봄을 제공해야 할지, 돌봄 비용을 어떻게 충당하는지, 각 돌봄 서비스가 얼마나 지속되는지에 대한 철학적인 관점이다.

어떻게 생각하는가?

1. 아픈 노인들은 적극적으로 의학 치료를 받아야 하는가?
2. 미국의 생애 말기 돌봄은 어떻게 개선되어야 하는가?

배우자를 떠나 보낸 참가자들은 비교군보다 우울증을 앓을 확률이 상당히 높았지만, 결혼생활의 질이 감정에 큰 영향을 미쳤다. 배우자와 가까운 관계를 정서적으로 즐거워했고, 일상적인 업무를 처리할 때 배우자의 도움에 의지했던 사람은 결혼생활 중 갈등을 겪었던 사람보다 사별 후 적응에 어려움을 겪었다(Carr et al., 2000). 심층 분석 결과에 따르면 배우자가 죽기 전에 좋은 관계를 유지했던 사람은 그리움은 컸지만, 사별에 대한 분노는 적었다. 배우자가 고통스럽게 떠나간 사람은 불안감과 그리움을 크게 느꼈지만, 의사의 과실이 크다고 생각한 사람은 분노했다. 연구 결과는 사람이 평화롭게, 품위 있게, 고통받지 않고 죽도록 돕는 것이 중요하다고 강조한다(Carr, 2003).

연구에 따르면 가까운 친인척을 잃은 노인 중 성인이 된 자녀와 친밀한 관계를 맺고 있는 사람이 더 오래 살았다.

관습이 바뀌고 있기는 하지만 인도에서 미망인들은 낙인이 찍힌 채 살아간다.

배우자를 잃은 사람은 자녀와의 친밀한 관계 덕분에 더 안심하게 되고, 부모의 신체적인 문제도 자녀들이 돌봐준다. 사별 후 자녀나 여타 친척과 연락하는 빈도는 인종과 민족마다 다르며, 아시아인이나 백인보다는 흑인과 히스패닉계 사람이 더 자주 연락하는 것으로 나타났다(Ha, 2008). 특히 멕시코계 미국인은 강력한 사회적 지지 체계와 주기적인 예배 참석으로 사별 후 우울증을 앓는 수가 적었다(Monserud and Markides, 2016).

(2) 배우자를 잃은 남성

대부분 노인 남성은 결혼했기 때문에 신체 장애가 생기면 자신을 돌볼 배우자가 있을 확률이 높다(Arber and Ginn, 2005). 대개 아내보다 남편이 먼저 죽어서 남자가 사별을 겪는 경우는 흔치 않다. 많은 고령 남성은 아내가 먼저 죽을 것이라 예상하지 못하기 때문에 홀아비가 될 준비를 하지 못한다. 또한, 성인이 된 이후 대부분 아내의 돌봄을 받았기 때문에 실제로 살아가며 필요한 것에 스스로 적응하기 힘들어한다. 예를 들어, 많은 남성은 식사를 준비해 본 적이 없다. 요리할 줄 모르기 때문에 통조림 음식을 먹거나 끼니를 거르게 되고, 결국 건강이 악화한다. 반면 과부들은 계속해서 주기적인 식사를 하고 건강을 유지한다.

전통적인 남성의 역할은 독립성을 강조하기에 홀아비의 문제는 더 커진다. 남성성에 대한 편견 때문에 남성은 늙거나, 허약하거나, 문제에 대처하지 못하는 모습을 보일 수 없다. 한 연구에서 반 덴 후나드(2010)는 60세 이상 홀아비 26명과 면담을 했다. 많은 참가자들이 가족의 도움을 필요로 하고 받아들이는 것에 대해 복잡한 심정을 토로했다. 무엇보다 딸의 도움을 받는 것에 대해 양면적인 모습을 보였다. 아내가 기존에 맡았던 집안일이나 책임을 딸이 대신해 주길 바랐지만, 딸이 주도권을 잡으려 하면 기분이 상했다. 일부 응답자는 자녀에게 도움을 요청하기를 주저했지만, 자녀가 스스로 돕겠다고 연락하지 않으면 상처받았다.

고령화 경험의 다양성 : 동성 파트너의 죽음

남자나 여자가 배우자를 잃으면 가족과 친구를 포함한 여러 지인이 모여 정신적, 신체적 도움을 준다. 그러나 동성 관계의 경우 사회적 인식이 부족하기 때문에 남성 및 여성 동성애자는 파트너가 죽더라도 그러한 도움을 받지 못한다. 하지만 여느 부부가 느끼는 슬픔과 다를 바 없는 감정을 느낀다. 2년 이상 34년 이하의 기간 동안 동성 파트너가 있었던 남녀 동성애자를 대상으로 진행된 연구가 있었다. 참가자들의 파트너가 죽었을 때, 응답자들은 상실감, 외로움, 우울감을 표현했다. 많은 응답자는 또한 더는 돌볼 사람이 없다는 사실에 적응하는 것을 힘들어했다. 이들은 매일 간병인 역할을 하기 위해 수개월, 혹은 수년간 정신적, 신체적 고통을 견디며 파트너를 돌봤다. 몇몇 응답자는 돌봄을 중단한 후 '추락'한 것 같다고 말했다. 한 응답자는 "제임스를 돌보며 스스로 느꼈던 만족감이 그리워요. 제가 좋아하고, 믿고, 중요하다고 생각하는 일에 제 모든 정신적, 신체적, 감정적 자원을 활용해서 완전히 전념했어요. 제임스가 죽고, 큰 공허감이 생겼어요. 저 자신에게 항상 느껴왔던 만족감이 사라졌습니다." 라고 답하기도 했다(Hash, 2006: 132). 하지만 애도의 시간을 가진 후, 응답자들은 신체 건강이 나아지고, 사회적 교류가 활발해지며, 자신이 필요한 일을 할 수 있다는 점에 즐거워했다. 동성 결혼 합법화로 이들의 공허감이 줄어들 것이며, 동성 커플에 대한 사회적 지지도 높아질 것이다.

어떻게 생각하는가?

1. 동성애자에 대한 사회적 지지를 강화하기 위해 무엇을 할 수 있을까?

2. 주위에 사별을 겪은 동성애자가 있는가?

남자는 성별에 대한 전통적 기대치나 행동에 얽매여 있어서 중요한 사람과 좋은 관계를 유지하는 것을 어려워했다. 미망인을 위한 지원 단체는 흔하지만, 홀아비 지원 단체는 흔치 않다. 또한, 젊은 남자는 대부분 재혼을 할 수 있지만, 나이가 많을 경우 그렇지 않다. 따라서 나이가 많은 홀아비는 자연스럽게 운이 없었다고 생각할 것이다.

(3) 배우자사별효과

배우자의 사별과 관련된 한 가지 의문점은 남아있는 남편이나 아내가 죽을 확률이 높아진다는 점이다. 이러한 현상을 **배우자사별효과**라고 부른다(Elwert and Christakis, 2006). 배우자가 죽으면 사망률이 48%정도 상승했다(Sulivan and Fenelon, 2014).

배우자의 사망이 사망 위험을 높이는 이유에는 여러 가지가 있다. 부부는 아플 경우 정신적 지지와 직접적인 돌봄을 바로 받을 수 있다. 배우자 중 특히 아내는 건강한 식습관과 규칙적인 수면 습관을 장려하며, 약을 챙겨주고 과음이나 흡연을 막는 등 건강한 삶을 추구한다. 배우자가 죽으면 이러한 혜택도 사라질 수 있다. 배우자와 사별한 사람은 결혼한 부부보다 건강하지 않은 삶을 사는 것으로 밝혀졌다. 특히 아내를 잃은 남성은 흡연자일 확률이 높고 신체 활동을 하지 않으며, 친구나 가족 등 도움을 줄 수 있는 주변인에게 연락을 취할 가능성이 적었다.

남녀 동성애자는 파트너가 죽으면 그들만의 문제를 마주하게 된다. “고령화 경험의 다양성”에서는 이러한 문제들을 논의한다.

2) 부모의 죽음

부모의 죽음은 살면서 누구나 겪는 자연스러운 현상이다. 대부분의 사람은 50대에 부모 중 한 명을 떠나보낸다. 대다수 부모와 성인 자녀가 연락을 자주 하고 지원과 교류를 아끼지 않기에 부모는 성인이 된 자녀의 삶에 중요한 부분을 차지한다. 성인 자녀의 부모가 사망하는 일은 심리적 안녕감에 중요한 장기적 관계를 잃는 것과 마찬가지다. 사람이 살며 오랜동안 유지하고 가장 정서적으로 중요한 유대가 끊기는 것이기에 부모의 죽음은 대부분의 성인에게 고통스러운 전환점이 될 수 있다. 부모의 사망 때문에 중년 자녀는 자기 죽음을 직면하고 자신의 삶과 가족 내의 역할을 진지하게 재고하게 된다. 고령 부모는 종종 오랜 기간 병을 앓다가 죽는데, 그 동안 성인 자녀가 간병을 하며 생명을 연장하거나 치료를 보류할 때 어려운 결정을 내려야만 한다(Khodyakov and Carr, 2009).

모든 죽음은 자신의 죽음을 상기시켜 주지만, 부모가 죽으면 가족은 어쩔 수 없이 죽음에 대해 생각하게 된다. 부모가 살아있을 때 자식은 도움을 줄 부모가 항상 있다는 인식을 하고 있다. 부모 중 한 명이라도 죽게 되면 그 안정감이 사라지고, 양 부모가 모두 세상을 떠날 경우 더욱 심하다.

일부 연구에 따르면 어머니를 여의는 것이 아버지를 여의는 것보다 더 슬프다고 한다. 주로 어머니가 가족의 유대관계를 유지하기 때문일 가능성이 있다. 하지만, 이 결과는 통계자료 때문에 발생한 인위적인 결론일 수 있다. 보통 어머니보다 아버지가 먼저 사망하기 때문에 어머니가 죽으면 부모를 모두 여의게 되는 상황이라 슬픔이 증폭될 수 있기 때문이다.

부모가 죽은 이후 느끼는 슬픈 정도에는 여러 요소가 영향을 미친다. 일부 연구는 부모 중 한 쪽과의 관계가 원만하지 않았던 자녀는 죄책감을 느끼고 가장 슬퍼한다고 주장한다. 또 다른 연구에 따르면 부모 중 한 쪽과 사이가 좋았던 자녀는 부모의 사망으로 더 심한 타격을 입게 된다고 한다. 유년기에 부모와 좋지 않은 추억이 있으면 부모의 사망 이후 스트레스를 덜 받는 것으로 나타났다. 가족 관계가 소원했던 사람은 부모가 죽으면 안도의 감정을 느낄 수 있다는 점을 시사하는 것이다(Umberson and Chen, 1994).

아들과 딸은 부모의 사망에 각기 달리 반응한다. 성인 자녀와 부모 간 관계는 성별에 따라 상당한 차이가 있으므로 놀라운 일은 아니다(Umberson, 1992). 대개 아들이 아버지의 죽음에 대응하는 방식은 아버지가 스트레스에 대응했던 방법과 유사하다. 만약 아버지가 알코올 중독이었다면, 아버지가 사망한 후 아들의 알코올 섭취가 늘어날 가능성이 크다. 마찬가지로, 아버지가 정신적 문제가 있었다고 생각하는 아들은 심리적으로 더 괴로워했다. 딸의 경우는 달랐다(Umberson and Chen, 1994).

어머니가 죽으면 딸은 보통 사회적인 의무와 죽음의 필연성 때문에 고통스러워 한다. 한 연구는 107명의 기혼 중년 여성을 대상으로 어머니의 죽음에 대해 질문했다. 거의 모든 응답자가 슬픈 감정을 부분적으로 조절하거나 통제했던 과정을 겪었다고 답했다. 예를 들어, 자신의 고통을 보며 부담을 느낄 아이들을 보호했다고 언급했다. 부모의 편애를 받았다고 생각해 형제나 자매가 자신을 질투할까 봐 지나치게 슬픈 감정을 표현하지 않은 응답자도 있었다.

어머니가 오랫동안 질병을 앓다가 죽으면 딸은 흔히 '예기 애도'라는 현상을 겪었다. 한 여성은 자신의 어머니가 알츠하이머병을 진단받았을 때의 심정을 토로했다. "저희 어머니는 5년 전부터 죽음에 가까워졌고, 저는 그때부터 슬퍼했습니다. 마음이 너무 아팠습니다… 어머니가 살아 계실 때부터 애도를 했어요(Klapper et al., 1994:36)." 어머니의 죽음뿐 아니라 어머니가 점점 정신을 잃어가는 모습에 딸은 슬퍼했다.

'이기적인 애도'는 또 다른 형태의 애도이다. 딸이 자신의 어머니가 살아있길 바라지만 어머니의 고통을 연장하는 것은 이기적이기 때문에 자신의 바람을 억누르는 것이다. 한 여성은 어머니의 장례식에서 모순되는 감정을 느꼈다고 밝혔다. "어머니가 평온하게 누워계신 걸 보면서 마침내 어머니가 평화롭다는 것을 깨달았습니다. 하지만 결국, 다시는 볼 수 없다는 생각이 들었습니다(Klapper et al., 1994:36)." 고령 부모를 간병한 딸은 부모가 죽음에 가까워지면 점점 더 우울해질 가능성이 크다. 부모가 죽은 후, 우울증은 사그라진다(Li, 2005).

죽음에 대한 풍습과 관행이 사회적으로 결정되는 것처럼, 예상되는 개인의 반응도 사회에서 결정된다. 성별에 따른 행동 차이는 살면서 잘 나타나고, 이러한 차이가 슬픔을 표현하는 방식에도 영향을 미친다.

현대 기술은 죽는 과정을 바꾸어 놓았다. 언제 삶이 끝나는지, 어떻게 불치병 환자를 불필요하고 비인간적이며 품위를 떨어뜨리는 절차로부터 보호할지, 죽어가는 사람과 그 가족의 정서적 욕구를 어떻게 충족시킬 수 있는지 등에 대한 윤리적인 문제가 야기된다. 인구 고령화 추세와 대부분의 사망자가 고령인 점을 감안하면 이러한 문제는 미래에 더욱 심해질 것이다.

돌아보기

1. 시간이 흐름에 따라 죽음에 대한 문화적 태도는 어떻게 바뀌었는가?

죽음을 대하는 태도는 사회마다 차이가 크다. 일부 사회는 죽음을 회피하며, 또 다른 사회에서는 산 자와 죽은 자 간의 교감을 기린다. 미국에서 죽어가는 과정은 19세기부터 현재까지 엄청난 변화를 거듭했다. 부분적으로는 평균 사망 연령이 바뀌고 사망과 고령의 연관성이 커졌기 때문이다. 또한, 사망 원인이 달라졌다는 요인도 작용했다. 과거에는 대부분 급작스럽게 찾아온 치명적인 질병 때문에 사망했다. 오늘날은 만성질환으로 천천히 죽음을 맞이할 확률이 높아졌다. 죽는 환경도 바뀌었다. 과거 대부분의 사람은 자신의 집에서 죽었다. 이제는 병원이나 양로원 같은 시설에서 죽음을 맞이한다.

2. 사람들은 어떻게 죽음을 준비하는가?

일부 사람들은 자신의 일생을 회고하며 죽음을 준비한다. 과거 경험을 회상하며 의미를 부여하는 과정이다. 자신이 성실하게 살았다고 생각하는 데 도움이 된다.

3. 죽어가는 사람들을 돌볼 때 어떤 도덕적, 법적 문제가 발생하는가?

현대 의학 기술로 생명을 무기한 연장할 수 있게 됨에 따라 사람들은 죽을 권리에 대한 윤리적이고 법적인 문제를 마주한다. 가장 큰 논란을 일으킨 주제는 바로 안락사다. 안락사에는 총 두 가지 종류가 있다. 그 중 논란의 여지가 적은 안락사는 치료를 보류하거나 중단하는 소극적 안락사다. 보조자살이라고도 알려진 적극적 안락사는 법적 중립 상태에 놓여있다. 이는 서구권 국가 대부분에서는 불법이지만, 특정 상황에서는 허용해야 한다는 여론이 높다.

4. 호스피스란 무엇이며, 호스피스 환자는 어떤 돌봄을 받는가?

호스피스의 목표는 사람들이 품위 있게, 고통받지 않고 죽도록 돕는 것이다. 메디케어로 호스피스 돌봄 비용을 지급할 수 있게 된 후 미국에서는 호스피스가 확대되고 있다. 호스피스 비용으로 공공 지출이 줄어드는 것은 아니지만, 생애 말기에 고품격의 돌봄을 제공한다는 목표는 충족할 수 있다. 호스피스 돌봄은 병원, 양로원, 혹은 개인의 집과 같은 다양한 환경에서 제공될 수 있다.

5. 고령자의 죽음은 가족들에게 어떤 영향을 미치는가?

이혼하지 않거나 배우자보다 먼저 죽지 않는 모든 기혼자는 언젠가 사별하게 된다. 배우자를 잃으면 스트레스를 많이 받아 질병에 걸리거나 죽을 확률이 증가한다. 부모의 죽음은 중년기에 자연스레 겪는 현상이고 중년층은 독립적인 삶을 살지만, 부모의 죽음은 중요한 상징적 의미를 지니며 본인의 노화를 상징하는 개인적인 상실로 이어지기도 한다. 부모의 죽음에 대한 딸과 아들의 반응은 성 고정 관념의 영향을 받는다. 아들의 경우 아버지가 스트레스에 대처한 방식을 모방할 확률이 높다. 딸은 적절한 애도의 표현을 할 때, 타인의 감정을 고려하고 자신의 행동을 사회적 기대치에 비추어 평가할 가능성이 크다.

고령화에 관해 생각하기

1. 집에서 죽음을 맞이하는 전통적인 방식과 의료기관에서 죽는 현대 방식 중 어느 것이 나은가? 여러분의 답변을 통해 여러분이 속한 문화에 대해 어떤 점을 알 수 있는가?
2. 퇴행성 질환으로 노년기에 쇠약해지는 것보다 젊을 때 죽는 것이 낫다고 생각하는 사람이 많다. 어떻게 생각하는가?
3. 삶을 끝내고 싶어 하는 불치병 환자에게 어떤 말을 건네겠는가?
4. 연명 의료기술은 매우 값비싸다. 사람의 나이에 따라 제한되어야 할까? 왜 그렇게 생각하는가?
5. 만약 여러분이 죽어간다면 어디서 어떤 돌봄을 받겠는가? 연명치료를 거부할 것인가? 삶을 끝낼 수 있도록 도움을 받겠는가?

| 핵심용어

- 배우자사별효과(widowhood effect)
- 사티(suttee)
- 소극적 안락사(passive euthanasia)
- 안락사(euthanasia)
- 적극적 안락사(active euthanasia)
- 존엄사유언장(living wills)
- 죽음의 단계(stages of dying)
- 중환자실(intensive care unit)
- 호스피스(hospice)

5부

고령화와 사회

14장 고령화의 경제학
15장 빈곤과 불평등
16장 고령화의 정치

14장

고령화의 경제학

1. 고령화 정책과 경제
2. 노인들의 변화하는 경제적 지위
   1) 오늘날의 노인세대
   2) 노년기의 소득 불평등
   3) 베이비붐 세대의 고령화
   공공정책에 대한 이슈 : 은퇴보장에 대한 학생부채의 결과
3. 공적 소득원천
   1) 사회보장의 지위
4. 신탁펀드의 미래
   1) 신탁펀드 회복시키기
   2) 은퇴나이 올리기
   3) 연금 줄이기
   4) 수익 늘리기
   5) 자산조사
   6) 민영화
5. 노년의 사적 소득원천
   1) 고용주연금
   고령화 경험의 다양성 : 왜 저소득 근로자들은 연금이 없을까?
   세계의 고령화 : 이스라엘의 사적연금들은 충분한 소득안정을 제공하는가?
   2) 개인 저축
   그들의 목소리 : 장기적인 계획을 통한 안전한 은퇴

집은 대부분의 미국인들에게 가장 중요한 단 하나의 자산이다

미리보기

1. 최근 몇 십년동안 노인들의 경제적 지위는 어떻게 변화하였는가?
2. 사회보장 시스템의 현재 지위는 무엇이고 그것의 미래는 무엇인가?
3. 미래세대를 위한 사회보장 시스템의 생존을 보장하기 위해 어떤 조치들이 취해질 수 있는가?
4. 확정급여제와 확정기여제 간의 차이점은 무엇인가?
5. 개인저축이 노인 지원에 어떻게 기여하는가?

14장
고령화의 경제학

에글스턴 부부(Tammi and Charles Eggleston)는 클리브랜드(Cleveland) 교외에 그들의 쌍둥이 딸 시드니(Sydney)와 셸비(Shelby)를 키우려고 계획한 멋진 방 세 개짜리 집을 소유하고 있다. 비록 그들은 감당할 금액 이상으로 돈을 빌리진 않았지만 서브프라임 모기지 사태(subprime mortgage crisis)의 2차 희생자들이다. 문제는 은행들이 과거 신용이 아주 조금 있거나 아예 없는, 계약금조차 갚을 능력이 없는 대출자들에게 융자를 내주며 시작되었다. 갚을 능력 이상의 돈을 빌리지도 않았고 단 한 달의 요금도 밀려 본 적 없는 에글스톤 부부는 위 경우에 해당되지 않았다. 그들의 이웃들 중 다수는 운이 없었고 담보 대출금을 지불하지 못했다. 그들이 사는 거리에서 집들이 하나 둘씩 은행이 담보권을 실행하여 빈 집이 되자 에글스턴 부부는 메이플 하이츠(Maple Heights)가 더 이상 가족이 살 곳이 아니라고 판단했다. 비록 그들은 이사하고 싶었지만 그들이 지불했던 금액보다 가치가 낮아진 집을 팔 순 없었다. 아내는 계속 걱정 한다: "매번 운전해서 거리를 지나갈 때마다 또 다른 매물표시를 보면 마음이 겁에 질려요. 이 거리의 어떤 사람들은 비용을 지불할 수 없어서 그냥 떠났어요. 집을 팔기 위한 경쟁은 정말 말도 안돼요"(Schwartz, 2007).

이런 모습이 미국의 도시와 마을들에서 반복적으로 보이자 대부분의 뉴스는 집을 잃은 가족들의 당장의 결과에 집중했다. 이 경제위기는 평범한 미국 가정의 재산에 어마어마한 영향을 미쳤다. 2007년도와 2010년도 사이에 평균 가족의 순자산은 대부분 주택 가격으로 인해 126,400달러에서 77,300달러로 감소했다. 같은 시기에 가족소득의 중앙값은 49,600달러에서 45,800달러까지 떨어졌다(Federal Reserve, 2012).

소득과 자산의 이러한 상실은 인생 전반에 걸쳐 반향을 불러일으키는 영향을 가지며 사람들이 은퇴 비용을 대고 노년에 안정적인 소득을 얻는데 어려움을 준다.

은퇴를 위해 저축하는 것은 얼만큼 중요할까? 그러한 예금을 보존하기 위한 가장 좋은 전략은 무엇일까? 이 장은 노인들이 직면하는 핵심 경제 이슈들에 대한 소개를 제공한다.

첫 번째 부분에서 우리는 기본적인 경제의 원칙들을 논하고 노인을 위한 정책들의 중요함에 대해 짚는다. 그런 뒤에 우리는 역사적인 맥락위에 대중들의 현재 논쟁을 놓는다. 인생 전반의 경제적 안녕에 대한 세대적 차이들을 검토하고 엄청난 사회적 변화를 초래한 영향력들에 대해 설명한다. 이장의 세 번째 부분에서는 공적 소득원천 구조의 더 넓은 틀의 맥락에서 사회보장 구조조정에 대한 제안들을 검토한다.

사회보장 구조조정은 발생한다면 진공상태에서 일어나지 않을 것이다. 퇴직 소득 지원을 제공함에 있어 공공 부문의 줄어든 역할은 궁극적으로 민간 부문에 대한 역할 확대를 의미한다. 이 장에서 우리는 퇴직소득 제공에 대한 민간 부문의 역할을 분석하고 혜택에 접근하는 추세에 대해 논한다. 마지막으로 이 장은 개인들의 저축 비율을 검토하고 젊은 세대들이 자신들의 은퇴를 위하여 충분히 저축하고 있는지 생각해본다.

1 고령화 정책과 경제

비록 정치, 사회, 문화 그리고 철학적 이슈들이 보통 저녁 뉴스가 되지만, 그날의 가장 강렬한 문제들은 주로 경제적 이슈다. 경제적 문제들은 가용자원의 결핍으로 인해 일어난다. 사회의 자원들은 땅, 숲 그리고 광물과도 같은 자연의 선물, 정신적, 신체적 인력 자원, 그리고 도구, 기계나 건물을 포함한 인간에 의해 만들어진 자원들로 이루어진다. 이러한 자원들은 물품을 제작하는데 쓰이고 그것들은 자동차나 신발 같은 유형의 상품이나 건강관리나 미용과 같은 서비스로 나뉜다. 생산은 상품이나 서비스를 만드는 행위이며 소비는 욕구와 요구를 만족시키기 위해 물건과 서비스를 사용하는 것이다.

자원이 부족하기 때문에—즉 양이 한정되어있다—모든 사회는 무엇을 생산할지 또 구성원들 사이에서 생산량을 어떻게 나눌지 결정해야한다. 미국의 경제가 중국이나 스웨덴과 다른 점 중 하나는 정부가 이러한 선택들에 대해 가지는 영향력의 정도다. 우리의 정부와 같은 정부들은 경제에 최소의 관여만 하는 편이다. 중국이나, 그보다 정도는 덜하지만, 스웨덴과 같은 정부들은 더 큰 통제력을 발휘한다. 정책결정자와 대중이 해야 하는 핵심 결정은 정부가 무엇을 해야 할지 민간 부문에 무엇이 남겨져야 할지 결정하는 것이다. 어떤 이들은 미국이 자동차나 전기 깡통따개와 같은 민간이 생산한 제품들로 인해 경제가 포화되어있는 현실에 의료비나 교육처럼 중요한 상품들에는 비용을 너무 아낀다고 주장한다. 어떤 이들은 민간부문에서 더 잘할 수 있는 것들을 정부가 잘못하고 있다고 주장 한다(Garfinkel et al., 2010).

정부의 주된 정책 무기는 세금을 매길 수 있는 권력과 소비할 수 있는 권력이다. 세금의 주목적은 정부의 지출들에 비용을 대기 위해 돈을 걷는 것인데 지출의 예를 들면, 환경, 공공 고속도로, 국방, 그리고 사회보장이다. 그러나 세금에는 다른 영향들도 있다. 다른 집단보다도 한 집단으로부터 더 걷음으로서 세금은 소득의 분배를 바꿀 수 있다. 예를 들면 가난한 사람들보다 부유한 사람들에게 더 무겁게 세금을 부과하는 누진소득세는 사회계층을 건너 소득을 재분배한다. 사회보장과 메디케어 비용을 대는 지불 급여세는 은퇴자들의 혜택을 지불하기 위해 근로자들의 소득을 이용한다. 이렇게 하여, 그들은 세대를 건너 소득을 재분해한다.

중심을 차지하고 있는 경제 논쟁의 많은 부분은 사회의 자원들을 여러 세대들에 걸쳐 어떻게 가장 잘 분배할지에 대한 이슈들이다. 다음 부분에서 우리는 경제적 기회에 대한 세대 차이에 대해 논하겠다.

2 노인들의 변화하는 경제적 지위

60년 전 노인들은 미국에서 가장 적은 특권을 가진 집단이었다. 노인들은 평균적으로 젊은 사람들보다 낮은 소득을 벌었고 가난해질 위험이 훨씬 더 컸다.

1960대년부터 오르는 소득과 낮아지는 빈곤률과 함께 노인들의 경제적 위치에 엄청난 개선이 있었다. 2014년도에 65세 이상의 노인들은 18세와 64세 사이 사람들의 14퍼센트, 어린이의 22퍼센트에 비해 어떤 연령집단보다도 가장 낮은 9퍼센트의 빈곤률을 나타냈다(U.S. Census Bureau, 2015b). 노인들의 경제적 지위의 이러한 향상을 무엇으로 설명할 수 있을까?

1) 오늘날의 노인세대

오늘날의 노인들은 제2차 세계대전 후 시대의 번영의 밀물로부터 혜택을 받았다. 1945년부터 1973년까지 교육 수준이 낮은 사람들까지도 평균 생활수준이 크게 향상되었다. 가족 소득의 중앙값은 1949년에서 1959년 사이에 42%, 1959년에서 1969년 사이에 38% 증가했다(F. Levy, 1988). 이 세대의 작은 인구수는, 특히 번창하는 경제에서, 일자리가 풍부하다는 것을 뜻했다. 경제적 번영은 가정의 안정과도 관련이 있었다(Easterlin et al., 1993). 1950년대에 성인이 된 이 코호트는 높은 결혼률, 높은 출산율 및 낮은 이혼율을 나타냈다. 미국 역사상 다른 어느 때보다 두 부모가 있는 가정에서 자란 아이들이 많았다(Cherlin and Furstenberg, 1988). 1970년 이후 매년 65세가 된 사람들은 더 높은 수준의 교육, 더 안정적인 직업 이력 및 더 높은 은퇴 전 소득을 가졌다(Schulz and Binstock, 2006). 따라서 이 코호트는 평생 동안 더 나은 기회, 안정적인 가정생활 및 상향적 이동을 누리며 나이 들었다.

이 시기의 사회보장연금의 개선들 또한 노인들의 경제적 복지 향상에 기여했다. 1969년에서 1972년 사이에 연금은 크게 증가했고 물가상승에 자동으로 맞춰지도록 조정되었다. 생활비가 상승함에 따라 사회보장 지불금도 증가했다. 사회보장연금과 생활수준 향상의 결과로, 과거에는 노년에 수반되었던 퇴직 후 소득 감소가 상당히 줄어들었다.

나이의 혜택은 재산과 관련해 더 분명하다. 부는 보통 순자산으로 측정된다. 순자산 중앙값은 빚을 제외한 모든 자산의 총 가치다(집, 기타 소유물, 개인저축). 〈표 14-1〉이 보여주듯이, 갓 경력을 시작한 젊은이들 사이의 순자산 중앙값은 낮으며 65세가 될 때까지 꾸준히 오른다. 그 후 사람들이 의료비와 생활비를 지불하기 위해 예금을 지출하면서 감소하기 시작한다. 빚 또한 순자산의 추정치에 포함된다. 빚이란 개인이 퇴직을 할 때 수반하는 재정적 책무의 금액이다. 대부분의 가정에서 가장 큰 두 가지 부채의 원인은 주택담보대출에 대한 주택 부채와 신용카드 부채다. 노인들의 재산은 대부분 그들의 집에 묶여있다. 일단 주택 가치가 계산에서 제외되면 이 집단의 순자산은 떨어진다. 예를 들어, 순자산이 450,000달러인 부부를 생각해보라.

지금 노화하고 있는 사람들은 그들의 부모보다 더 부유하지만 이런 추세는 미래 세대에게 지속될 것 같지는 않다.

〈표 14-1〉 2015년 가족 순자산 중앙값

가장의 나이	순자산 중앙값
35세 미만	$14,200
35 – 44	69,400
45 – 54	144,700
55 – 64	248,700
65 – 74	190,100
75세 이상	163,100

출처: Federal Reserve (2016).

그들 자산 중 일부는 퇴직저축에서 비롯되지만 주택 가치는 200,000달러다. 주택 가치가 제거되면 순자산은 250,000달러로 감소한다.

노인들의 순자산 중 상당 부분이 주택자산이기 때문에 일부 은퇴자들은 은퇴 생활비를 대기 위해 주택자산을 사용하기 시작했다. 둘 다 80세인 조지(George)와 몰리 와이너(Mollie Weiner) 부부를 예로 들겠다. 와이너 부부는 월 1,800달러의 사회보장연금과 그들의 개인은퇴계좌로부터 들어오는 월 100달러의 비용으로 간신히 생활하고 있었다. 그러나 그들은 1997년에 구입한 이래 가치가 두 배 이상 뛴 플로리다(Florida) 탬파(Tampa)에 있는 아파트를 소유하고 있었다. 그리하여 와이너 부부는 월 주택대출 상환금을 내지 않아도 되는 대출인 "역주택담보대출(역모기지)"을 받았다. 이제 그들에겐 생활비용들과 여러 가지 지출을 위해 쓸 수 있는 100,000달러가 생겼다(M. Rich and Porter, 2006). 그러나 여전히, 역주택담보대출은 위험부담이 있고 구매자들은 그들이 지불하고 있는 비용들에 대해 인지해야한다.

앞으로 올 젊은 세대들의 경제적 안정은 그들이 나이가 들어가면서 계속 개선될까? 커져가는 증거가 제시하는 답은 그렇지 않다는 것이다. 미래의 노인들이 지금의 노인들보다 더 적은 경제적 안정을 누릴 것이라는 데에 대한 몇 가지 이유가 있다.

- 첫번째로, 은퇴를 위해 저축하는 사람들이 줄어들었다. 2000년도에 미국인의 78%가 퇴직 저축을 한데에 비해 2013년도에는 오직 66%만이 했다(Helman et al., 2013:17). 이것은 34%의 사람들이 퇴직을 위해 저축하지 않았다는 것을 의미한다!
- 두번째는 가구부채 평균의 증가이다. 1992년에서 2010년 사이에 중산층 가구들의 부채 평균 금액은 33,726달러에서 75,082달러로 늘어났고 주택대출을 갚지 못한 채 은퇴를 바라보는 사람들의 비율도 늘었으며 주택부채는 45%에서 54%로 늘어났다(Copeland, 2013a).
- 세번째로, 집값의 감소로 인하여 적정한 퇴직저축을 하는 사람이 줄었다. 2007년부터 20103년 사이에 국내 몇몇 지역의 집값은 50% 이상 떨어졌다. 그 결과로, 어떤 가족들은 그들 집의 가치 이상의 빚을 지고 있고 주택대출 상환금을 갚거나 집을 팔 수 없게 되었다.

• 네번째로, 성인 자녀들이 그들의 부모들을 앞질렀던 1970년대부터 크게 감소해 30세의 겨우 절반만이 그들의 부모보다 많이 번다.

퇴직저축 부족은 주택대출 상환금을 갚지 못하는 가족들이 퇴직저축의 일부를 현금으로 이용하는 일이 많기 때문에 더 악화된다. 한 연구에 따르면, 주택대출 상환금이 밀렸거나 밀릴 거라는 예상이 퇴직저축금을 현금화할지를 정하는 가장 강한 예측변수다. 수백만 명의 미국인들이 2012년까지 주택대출 상환금이 밀렸기 때문에 이 추세는 그들의 미래 소득 보장에 있어 불길하다. 일찍 현금화하는 사람들은 인출로 인한 불이익에 더해 퇴직 시 감소된 부에 직면하게 된다(Smith, 2011. 이 추세는 노인들이 주택자산을 이용하여 은퇴자금을 조달할 수 없게 할 것이다.

마지막으로, 보통 무시되는 은퇴보장의 요소인 개인의 부채 문제도 있다. 부채는 가족이 은퇴로 가져오는 재정적 책무의 금액이다. 최근까지 가족들의 가장 큰 빚의 원인들은 주택부채와 신용카드 부채였다. 지난 20년간 55세 이상의 가장을 둔 가구들의 평균적인 부채 금액은 1992년도에 33,726달러에서 2010년도에 75,082달러까지 증가했다. 같은 시기에 주택부채를 안고 은퇴를 향하는 사람들의 비율도 증가했다. 1992년도에 55세 이상의 가장을 둔 가구들의 45%가 주택 부채를 갖고 있었고 이에 비해 2010년도에는 54%만이 그러하였다(Copeland, 2013a). 가족들의 커지는 걱정은 학생부채가 폭발적으로 오르는 일인데 이는 많은 가구들의 신용카드 부채를 초월했다. "공공정책에 대한 이슈"는 학생부채가 미래 세대들의 은퇴보장에 미치는 영향에 대해 논한다.

2) 노년기의 소득 불평등

비록 노인들은 집단으로서 재정적으로 형편이 좋지만 가장 빈곤한 사람들과 가장 부유한 사람들 사이에는 큰 차이가 존재한다. 노년기의 소득 불평등의 일부는 평생 낮은 임금을 받아 누적된 영향이다. 젊은 시절에 가난한 사람들은 노년기에도 가난할 가능성이 높다(Social Security Administration, 2012). 배우자를 잃거나 질병이 계속되는 등의 인생의 부정적인 사건들은 소득의 급격한 감소를 초래한다.

저소득 노인들을 부유한 노인들로부터 가장 분리시키는 것은 자산이다. 다수의 미국인에게 자산은 사회보장 다음으로 가장 중요한 소득원이다(Choudhury, 2001-02). 자산은 저축 계좌, 예금 증서, 주식, 채권, 401(k)와 같은 개인은퇴계좌 그리고 임대자산을 포함 한다. 자산 수입이 있는 사람들은 가장 높은 소득을 가지고 있다; 자산 수입이 없는 이들은 가장 낮은 소득집단에 집중되어있다. 주식자산은 가장 많이 편향되어 있다. 상위 1%의 사람들만이 주식의 부의 거의 50%를 소유한다.

사람들은 노년에 어떻게 상당한 자산을 축적하는가? 어떤 이들은 그들의 부모로부터 자산을 물려받고 어떤 이들은 일하는 동안 저축한다. 그러나 같은 저축률로 저축을 하더라도 어떤 투자 선택을 했는지에 따라 사람들은 노년기에도 여전히 다른 자산을 갖게 된다. 투자할 금액이 조금밖에 되지 않는 이들은 당좌예금이나 부동산과 같이 비교적 안전한 자산을 선호하며 뷰유한 가구들은 주식을 선호한다. 주식은 더 위험한 투자이지만 장기적으로는 더 높은 수익을 제공한다. 그러므로, 노년기의 소득 불평등은 사람들이 살아오는 과정에서 갖는 기회들과 선택들에 따른 결과다.

3) 베이비붐 세대의 고령화

베이비붐 세대 집단의 구성원들은 그들의 부모들만큼 기회를 갖지 못했다. 한 이유는 치열한 경쟁에 있다. 베이비붐세대가 일할 나이가 되자 젊은 근로자들의 공급의 증가는 임금과 취직률과 상향 직업 이동성에 부정적인 영향을 주었다(Easterlin et al., 1993).

한 세대로서 베이비붐세대는 이러한 추세의 부정적인 영향을 어느 정도 완화시킬 결정들을 내렸다. 그들의 부모보다 더 늦게 결혼하고 더 늦게 자녀를 갖고 자녀수도 줄였다. 비록 남성들의 소득능력은 줄었지만 이는 1968년부터 2010년 사이에 일하는 여성의 비율과 년간 평균 근무 주수에 있어 계속 증가된 기혼여성들의 경제활동참여 증가로 인해 상쇄되었다. 아내의 수입에 해당하는 가족 수입의 몫이 증가하면서, 여성의 소득은 가정 안정에 결정적인 역할을 했다. 게다가 베이비붐 세대 여성들은 평균적으로 그들의 어머니보다 상당히 더 높은 소득을 벌었기 때문에, 전반적으로 이 세대는 그들의 부모들이 같은 나이 일 때만큼 또는 그 보다 더 잘 하고 있다. 그러나 여성의 소득은 남성의 소득보다 낮다. 2010년 기준으로 평균적으로 풀타임 여성 근로자는 남성 소득의 81%만 벌었다(U.S. Bureau of Labor Statistics, 2010).

걱정되는 추세는 베이비붐세대는 빚을 더 떠안았고 그러므로 미래에 더 많은 재정적 불안을 마주할거라는 점이다. 가장 큰 이유는 베이비붐세대는 비교적 적은 주택 구입 대금(다운페이먼트)으로 비싼 집을 구매했기 때문이다. 그들은 또한 그들의 부모 세대보다도 더 많은 돈을 빌렸다. 그러므로 그들은 집과 신용카드로 구매한 다른 물건들에 대해 더 많은 빚을 지면서 은퇴 나이를 맞게 될 것이다(Lusardi and Mitchell, 2013).

공공정책에 대한 이슈 : 은퇴보장에 대한 학생부채의 결과

그들의 부모 세대와 비교하여 밀레니얼세대는 사실상 과거에는 들어본 적 없는 막대한 재정적 부담을 짊어진 채 성인기에 들어설 것이다. 더 많은 학생들이 대학 비용을 대기 위해 대출을 받을수록 그들은 엄청난 빚을 진 채로 학교를 떠나게 된다. 2003년도에 전반적인 학자금 대출 부채는 0.2조 달러였고 2015년도에는 1.2조 달러가 되었다. 학자금 대출은 주택담보대출 외 가구 대출의 1/3에 해당하고 이는 이제 신용카드 부채보다 크다. 보통의 대학교 졸업생은 31,000달러, 혹은 더 높은 학위를 취득했다면 그 이상의 빚을 진 채로 학교를 떠난다.

학생 부채 증가에는 많은 이유가 있다. 더 많은 사람들이 대학에 진학한다는 점과 상승한 학비가 하나의 요인이다. 게다가 많은 부모들이 자녀들을 돕기 위해 대학 학비 대출을 받았기에 학자금 대출 부채는 가족 전체를 힘들게 할 수 있다. 21세와 29세 사이의 55%가, 31세와 39세 사이의 거의 40%가 학자금 대출 부채를 가지고 있다.

학생부채의 폭발적인 증가의 장기적인 결과들은 무엇일까? 그중 하나는 학자금 대출을 받은 이들은 집을 구매하기 더 힘들 수도 있다는 것이다. 대학 부채 상환금을 내야한다면 집 계약금을 저축하기 힘들 수 있다. 더 나아가, 은행들은 큰 액수의 빚을 진 주택담보대출 신청자들을 거부할 수 있고 특히나 연체된 학생부채라면 더 그러하다. 2012년도에 20세의 대략

16%가 미납하고 있었다. 집을 소유한 30대의 감소에 대한 증거는 이미 존재 한다(Munnell et al., 2016).

집 소유의 감소는 노년의 소득보장에 큰 우려라고 할 수 있다. 집 사기를 미루는 사람들은 은퇴하기 전 주택담보대출을 갚기 더 어려울 수 있다. 어떤 사람들은 평생 집 살 형편이 안 될 수도 있다. 어떤 사람들은 빚이 없는 또래들에 비해 값이 떨어지는 집을 사게 될지도 모른다. 집은 대부분의 미국인들에게 가장 큰 단 하나의 자산이기 때문에 주택자산의 상실은 거대한 미래 결과들을 초래한다.

또 다른 문제로 학생부채는 사람들로 하여금 세제 혜택이 있는 저축 수단인 IRA 나 401K에 기여하기 더 어렵게 만든다. 은퇴를 위해 저축을 시작하기 가장 좋은 나이는 20대지만 미래 세대들은 학생부채를 갚고 있을 것이고 집 주택 구입 대금(다운페이먼트)을 마련하기 위해 저축하고 그들 자녀들의 대학 등록금을 마련하기 위해 노력하고 있을 것이다. 그들은 노년기를 위해 저축할 수 있는 시간이 얼마나 될까?

학생부채 위기에 대한 해결방안들이 있는가? 어떤 정치 지도자들은 젊은이들이 지역 봉사활동을 통해서 학자금대출 빚을 갚도록 허락하자고 제안하기도 했다. 어떤 사람들은 공립대학들의 학비를 무료로 하자고 제안했다. 하지만 지금까지는 누구도 행동으로 실천하지 않았다. 중요한 것은 생애 전반을 아우르는 소득보장의 개선 방법을 논하는 토론에 대학 비용에 대한 내용이 포함 되어야한다는 것이다.

어떻게 생각하는가?

1. 당신은 학생대출을 받은 적이 있는가?
2. 은퇴를 위해 얼마나 저축할 수 있을 것 같은가?
3. 학생대출 빚 문제를 줄이기 위해 정부가 할 수 있는 일은 무엇인가?

3 공적 소득원천

1) 사회보장의 지위

1935년도부터 사회보장은 두드러지게 잘 작동되어왔다. 연금은 언제나 신속하게 전달되었고 자동적인 생활비 증가는 물가상승으로부터 연금을 보호했으며 이 프로그램은 굉장히 효과적으로 운영되어왔다. 사실 관리 비용은 단지 연금의 1%밖에 되지 않는다(Schulz and Binstock, 2006). 더 큰 의미에서, 이 프로그램은 많은 사람들을 빈곤에서 꺼내고 예전의 경우들보다 은퇴를 한 뒤 더 풍족한 삶을 누리게 해줬다. 80년이 넘는 역사 속에서 사회보장은 미국 복지 중에서 가장 성공적인 프로그램으로 입증되었다.

2000년과 2010년 사이에 태도는 미국이 사회보장에 너무 많은 비용을 쓴다는 관점으로 약간 기울었고 심지어 여성들이나 노인들처럼 기본적으로 사회보장을 지지했던 집단들 사이에서도 그러하였다. 이러한 변화되는 태도에도 불구하고 미국 시민의 압도적인 대다수는 정부가 사회보장에 너무 적게 혹은 딱 적당한 양을 지출하고 있다고 믿는다(Quadagno and Pederson, 2012).

사회보장은 프로그램이 파산하려고 한다는 우려를 초래하면서 많은 관심을 받았다. 이는 단순히 사실이 아니다. 몇 가지 변화가 필요하나, 그것은 현재의 연금이 미래 세대들에게도 안전히 주어지도록 분명히 하는 것이다. 다음 부분에서는 사회보장 재정과 개혁의 다양한 선택 사항들에 대해 논할 것이다.

4 신탁펀드의 미래

현재는 사회보장연금 지불을 위해 필요한 것 보다 신탁 자금에 더 많은 크레딧이 있다. 그러나 2033년경에 신탁펀드로 들어오는 수익이 지급되는 사회보장연금보다 낮아질 것이며 수입은 지불해야하는 연금의 75%정도만 보장할 것이다(Reno and Walker, 2012). 이는 약속한 모든 연금을 지불하기 위해서는 급여세에서 들어오는 돈이 충분하지 않을 것이라는 것을 의미한다.

몇 가지 사회적 변화들이 이 문제에 기여했다.

- 하나의 변화는 베이비붐 세대의 노화다. 베이비붐 세대가 사회보장 수급자격이 되는 나이에 도달하면서 일하는 사람은 줄고 사회보장연금을 받는 이들은 늘어날 것이다.
- 또 다른 변화는 1960년 이후로 출산력이 감소하면서 인구 성장이 느려졌다. 이에 대한 결과로 은퇴자들이 많아지고 신탁펀드에 기여하는 근로자들은 적어졌다.
- 세번째 변화는 사람들이 노년기에 더 오래 산다는 것이다. 4장에서 보았듯이 85세 이상의 사람들은 가장 빠르게 커지는 인구집단이다.

기대수명 증가와 출산 감소가 짝을 이루면 더 작은 세대의 노동자들이 더 큰 규모의 은퇴자들의 연금을 위해 비용을 지불한다는 것을 의미한다. 1960년에는 한 명의 은퇴자 당 다섯 명의 근로자가 있었다. 2025년까지 이 비율은 2.2로 떨어질 것이다(〈그림 14-1〉 참조). 정책입안자들이 마주한 도전은 이 문제를 어떻게 풀지 결정하는 것이다. 핵심 이슈는 해결 방안이 사회보장의 사회보험 프로그램으로서의 기본적인 틀을 보존할지에 대한 것이다.

다음 절에서 우리는 사회보장 개혁들에 대한 찬성안과 반대안에 대한 논쟁을 공적 소득원의 구조를 어떻게 바꿔놓을지에 대한 맥락 안에서 논하겠다. 이 논쟁들은 〈표 14-2〉에 요약되어있다.

1) 신탁펀드 회복시키기

5장에서 봤듯이 사회보장의 원칙은 누구든 일하던 시기에 사회보장에 기여했다면 은퇴 후에 연금을 받을 수 있다는 것이다. 일반적으로 말하면, 사회보장 신탁기금의 추계된 부족분에 대해 수령자격을 지킬 수 있는 장기적인 해결책은 세 가지 범주로 나뉜다: 은퇴 나이를 높이거나 연금을 줄이거나 수익을 늘리는 것이다. 사회보장의 본질을 근본적으로 변화시킬 수 있는 것은 자산조사와 민영화다.

2) 은퇴나이 올리기

사회보장이 1935년도에 제정되었을 때, 연금수령나이인 **만기은퇴연령**은 65세로 정해졌었다. 처음으로 미국은 노인의 나이에 대한 준 법적인 국가적 정의를 갖게 됐다. 1956년도에 여성들은

〈그림 14-1〉 사회보장 수혜자당 근로자 수, 1960-2075(추계된)

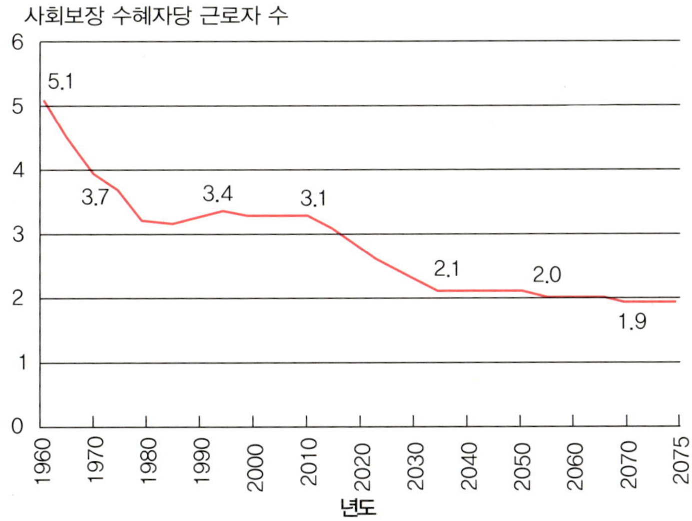

출처: Social Security Advisory Board (2001b).

62세에 은퇴하도록 허락되었지만 연금은 20% 삭감되었다. 이와 같은 원칙은 1962년 남성들에게도 적용되었다. **조기은퇴연령**을 62세로 맞춰놓은 의도는 은퇴를 장려하고 그리하여 젊은 근로자들에게 취업의 기회를 더 만들어주는 것이다. 사회보장은 기대했던 효과가 있었고 근로자들이 연금을 받을 자격이 되자 남성과 여성 사이의 경제활동 참여율이 상당히 떨어졌다.

지금은 사회보장의 재정적 적자가 추계되면서 많은 사람들이 근로자들을 62세에 은퇴하도록 장려하는 것이 어리석다고 느낀다. 오히려 근로자들은 더 오래 일하도록 장려되어야 한다. 어느 정도는 이미 그렇게 되었다. 1983년 사회보장법 개정은 만기은퇴연령을 65세에서 67세로 올렸고 조기은퇴에 대한 불이익을 20%에서 30%로 늘렸다. 게다가 **은퇴연기크레딧**(5장에서 이야기한) 때문에 근로자들은 67세가 되어도 은퇴 저해 요소를 가진다. 은퇴연기크레딧은 1972년도에 처음 소개되었다. 만기은퇴연령이 지날 때까지 연금 수령을 기다린 사람들에게는 연금을 늘렸다. 이 시기에 만기은퇴연령은 65세였고 은퇴를 미룬 사람들은 65세까지 매년 근무를 연장할 때마다 연금의 1%를 인상 받았다. 은퇴연기크레딧은 꾸준히 증가하였고 사회보장연금은 근로자가 70세가 될 때까지 매해 8% 오른다. 매해 8%의 인상을 받는 것이 무엇을 의미하는지 생각해보라! 그래서 근로자들은 은퇴를 미룰 유인이 있고 많은 이들이 지금 그렇게 하고 있다.

더 오래 일하도록 격려하는 데에는 몇 가지 그럴듯한 주장들이 있다. 1935년 사회보장법이 통과되었을 때 평균 기대수명은 고작 61세였다. 2014년도에는 79세 이상으로 올랐다. 사회보장 체계가 설계될 때의 사람들보다 요즘의 노인들은 더 부유하고 건강하고 더 고학력이라는 점을 고려하면 그들이 더 오래 일하지 않아야할 이유는 무엇인가? 사람들이 더 오래 일하도록 격려했을 때 생기는 문제점이 있는가?

사회보장 수령 나이를 올릴 때 생기는 문제 하나는 62세에 은퇴하는 사람들의 연금이 더 많이 깎인다는 점이다(Olshansky et al., 2015). 자신의 잘못이 아닌 다른 이유로 직장을 잃은 60대 초반 노인들의 소득의 감소로 결과가 나타날 것이다. 62세 무직 여성 클레어 키니(Clare Keany)는 캘리포니아(California)의 작은 이동식주택에 산다. 그녀는 은퇴자금을 모으기 위해 70대까지도 줄곧 일할 줄 알았다. 그러나 그녀는 광고회사의 비서직을 잃어버렸다. 소득도 없이 직장을 알아보던 중, 그녀의 실업수당은 종료되었고 생존하기 위해 조기 사회보장연금을 신청해야했다. 그녀는 계속 일했더라면 받았을 금액보다 훨씬 적은 사회보장에서 받는 부족한 월 1,082달러를 가지고 살아간다. 그녀는 남은 평생 감소된 금액을 받을 것이다(Rich, 2012). 60대에 직장을 잃은 사람들은 보통 새 직장을 찾는데 어려움을 겪는다. 연령차별이 불법이긴 하지만 아직 없어지진 않았다.

〈표 14-2〉 사회보장 개혁 대안

이슈	선택들	찬성	반대
신탁펀드 회복시키기	사회보장연금의 만기 은퇴연령을 올린다.	요즘 사람들은 사회보장법이 제정되었을 당시보다 더 건강하고 더 오래 산다. 사회보장연금은 이미 70세에 최고점이다.	어떤 노인들은 연령차별 때문에 직장을 구할 수 없다. 젊은 근로자들의 임금을 떨어뜨리면서, 일자리 경쟁이 커질수도 있다. 소수자 노인들은 은퇴를 가장 빨리 할 가능성이 높기 때문에 연금 삭감을 보게 될 것이다.
	고소득자들만의 사회보장을 삭감하거나 모두에 대해 일률적으로 삭감한다.	신탁펀드의 장기적인 지불능력을 복구하는데 도움이 될 것이다.	고소득자들은 이미 그들의 급여세에서 적은 환급액을 받는다. 가장 가난한 노인들이 일률적인 연금 삭감에 의해 가장 고통 받을 것이다.
	COLA*를 줄인다.	가장 티나지 않게 임금을 줄이는 방법.	사회보장은 물가상승률을 따라갈 수 없을 것이다.
자산조사 하기	부유한 노인들의 연금을 없앤다.	고소득자들은 사회보장연금이 필요하지 않다.	사람들이 퇴직 후에 연금을 받을 수 없게 된다는 사실을 알게 되면 자산조사는 사회보장에 대한 대중의 지지를 축소시킬 수 있을 것이다. 이는 또한 사람들이 노년을 위해 저축하는 것을 약화시킬 수도 있다.
민영화	급여세의 일정부분을 사적인 개인계좌로 우회시킨다.	사회보장에 기여해서 받는 금액보다 개인적인 투자로 부터 돌려받는 이율이 더 나을 수도 있다.	노년의 불평등은 저소득의 근로자들이 투자할 돈이 더 적기 때문에 증가할 수 있다. 어떤 이들은 투자를 잘못하여 노후자금을 다 잃을 수도 있다.

*COLA(Cost of Living Adjustment) : 물가인상률에 맞춰 매년 연금액수를 조정하는 제도.

사회보장 수급연령을 늘리면 모든 연령층의 근로자들에게 취업시장이 더 치열해질 수도 있다. 노동시장이 일자리를 찾는 고령근로자들로 넘쳐난다면 젊은이들의 일자리는 더 줄어들 것이다. 베이비붐 세대가 취업시장을 강타했을 때처럼 임금이 줄어들 수도 있다. 실직과 복지 수혜자 명단이 증가한다면 은퇴연령을 올리는 것도 문제를 해결해주진 않을 것이다.

은퇴 연령을 올리는 것 또한 인종적 민족적 소수자들에게 불균형의 영향을 줄 수 있다. 소수자들은 백인들보다 좋지 않은 건강으로 인해 보통 은퇴를 더 빨리한다(10장 참조). 게다가 소수자들은 백인들보다 노인들이 수행하기에 어려운 신체적으로 힘든 직업들을 갖는 경우가 많다. 그러므로, 조기은퇴 나이를 늘리는 것은 미국 노인들 중에서 인종적 민족적 불평등을 더 악화시킬 수 있다(Kail et al., 2009).

이러한 위험들에도 불구하고 은퇴나이를 올릴 생각을 하는 것은 미국만이 아니다. 노령화 인구와 증가하는 공공예산과 같은 비슷한 문제를 직면한 다른 국가들도 이 방법을 선택했다. 2010년도에 프랑스는 연금수령 최소 나이는 60세에서 62세로, 만기연금의 정상적인 나이는 65세에서 67세로 올렸다(Pederson and Quadagno, 2011). 은퇴나이를 올린 다른 국가들로는 아르헨티나, 콜럼비아, 독일, 일본, 호주, 포르투갈, 스웨덴, 터키 그리고 영국이 있다. 이 국가들이 미국과 다른 점은 개혁 전 은퇴나이가 65세 미만이었다는 것이다(Kollman, 1995). 이 국가들 중 대부분은 겨우 62세까지 올렸다. 사람들이 사회보장을 수령하는데 있어 기다리게 하는 것은 예상되는 재정적 부족분에 대한 해결방안의 일부분이며 변화를 위한 전체 프로그램 중 하나일 뿐이라는 것을 인지하는 것은 중요하다.

3) 연금 줄이기

사회보장신탁펀드의 장기적 결핍을 없애는 또 다른 방법은 연금을 줄이는 것이다. 연금 삭감은 다양한 형태를 띨 수 있다(물론 은퇴 나이를 올리는 것 또한 연금 받을 년 수가 줄어들기 때문에 연금 감축이지만 이 선택은 이런 용어들로 논의되지는 않는다.). 연금을 줄이는 한 가지 방법은 사람들이 수령할 연금의 계산법을 손보는 것이다. 이는 만기연금을 받기 위한 근무연수를 늘리거나 부유한 사람들이 수령할 금액을 줄이는 것이다. 많은 국가들은 연금 계산법을 수정했다.

프랑스는 이런 식으로 점점 연금을 줄여가고 있고 이탈리아, 영국, 독일 그리고 스웨덴도 마찬가지다(Bonin, 2009; Pederson and Quadagno, 2011).

연금을 삭감할 또 다른 방법은 생활비 인상을 줄이는 것이다. 이렇게 할 시에 연금은 그대로지만 물가상승으로 인해 점점 가치가 떨어진다. 남미와 동유럽의 어떤 국가들은 이러한 접근을 택했다. 일괄적으로 연금을 삭감할 때의 문제는, 이 영향은 삭감을 감당하기 가장 어려운 사람들에게 가장 해롭다는 것이다. 왜냐면 사회보장은 고소득 노인들보다 저소득 노인들에게 훨씬 더 중요하기 때문이다. 가장 낮은 소득의 노인들은 그들 전체 소득의 81%를 사회보장에서 얻지만 부유한 사람들은 그들의 소득의 22%만 사회보장에서 얻는다. 연금 감축의 공평한 안은 가장 취약한 사람들에게 가는 악영향을 최소화해야 한다.

4) 수익 늘리기

신탁자금이 지불능력을 갖추도록 미국은 현재 급여세를 올릴 수 있다. 현재 근로자들은 그들 소득의 6.2%를 사회보장에 내고 고용주들도 같은 금액을 낸다. 20년 동안 세율이 1%까지 점진적으로 6.2%에서 7.2%까지 올랐다면 자금결핍을 상당히 줄일 수 있었을 것이다. 연봉 50,000달러인 근로자는 주당 50센트를 더 내는 것이다. 이는 인기 있는 방법으로 보인다. 2,013명의 성인을 상대로 진행한 설문조사에서 83%가 이 방법을 지지했다(Tucker et al., 2013).

똑 같이 인기 있는 방법은 소득의 과세상한을 제거하는 것이다. 2016년도에 근로자들은 소득의 첫 118,500달러에 대한 급여세를 냈고 그 이상에 대해서는 내지 않았다. 그러므로 고소득자들은 118,500달러를 넘는 액수에 대해서는 급여세를 내지 않는다. 과세상한이 모든 소득을 포함하도록 인상되었다면 기금 결핍을 줄이는데 도움이 되었을 수 있다(Tucker, 2013; Tucker et al. 2013).

5) 자산조사

자산조사는 더 극적인 해결책이다. 고소득 은퇴자들의 연금을 완전히 없애는 방법이다. 예를 들면, 하나의 안은 수입이 110,000달러 보다 많은 개인과 165,000달러보다 높은 부부의 사회보장은 없애는 것이다,

미국이 자산조사를 시행해야할까? 가장 큰 우려는 저축에 대한 의욕을 꺾을 수도 있다는 것이다. 일하던 시절에 상당한 부를 쌓은 사람들은 노년에 연금을 받을 수 없어 부당한 처사를 받게 된다. 같은 회사에서 같은 연봉을 받은 두 사람이 있다고 생각해보자: 샌디(Sandy)는 씀씀이가 컸다. 그는 부유한 동네의 큰 집을 구매했고 벤츠를 타고 자녀들을 사립학교에 보내고 유럽에서 휴가를 보냈다. 반대로 그의 친구 버니는 평범한 집을 소유했고 포드 차를 몰았으며 자녀들을 동네 학교에 보내고 휴가 때는 보통 부모님 집을 방문했다. 버니는 검소하게 살았기 때문에 소득의 상당 부분을 임대 자산에 투자할 수 있었다. 사회보장이 자산조사를 한다면, 버니는 평생 동안 지킨 검소함에 대한 비용을 지불해야할 것이다. 임대 자산에서 얻은 저축과 소득 때문에 사회보장 자격이 없을 것이고 씀씀이가 큰 샌디는 저축이나 투자를 하지 않았기 때문에 연금을 받을 자격이 있었을 것이다. 이러한 인센티브들은 거의 모든 이가 소득을 숨기고 연금을 받을 수 있는 방법을 꾀하는 사기 투성이인 제도가 될 가능성이 높다.

미국은 1983년 소득과 자산을 바탕으로 한 자산조사를 하는 노령연금프로그램을 시행했던 호주의 경험으로부터 배울 수 있다. 그 해 부터 매년 자격조건은 더 까다로워졌다. 결과적으로 매년 연금 자격이 있는 사람이 줄었다. 긍정적인 측면으로는, 호주는 선진국들 중에 공공연금에 가장 적은 비용을 지불한다. 그러나 비평가들은 호주의 시스템은 너무 복잡하고 비효율적이라고 주장한다. 이 방법은 샌디와 버니의 경우에서도 추측할 수 있는 것처럼 노년의 노동과 퇴직을 위한 저축에 대한 의지를 저하시킨다고 보여진다(Chomik and Piggott, 2015).

이러한 이유들로 인해 자산조사는 보통 미국의 보수주의자들과 진보주의자들 모두에게서 큰 지지를 받지 못한다. 한 설문조사에서 공화당 64%, 민주당 60%, 무소속 56%를 포함한 다수의 응답자들이 이 해결책에 대해 반대했다(Tucker et al., 2013). 사람들은 일하는 동안 사회

보장을 냈던 모든 사람들은 퇴직 후에 연금을 받아야한다고 여전히 믿는다.

6) 민영화

민영화는 사회보장의 또 다른 극단적인 해결방안이다. 사회보장의 민영화를 지지하는 이들은 민간 부문에 투자된 계좌들이 미래의 사회보장연금의 가치를 능가할 것이라고 믿는다(Koitz, 2000). 민영화는 다양한 방법으로 수행될 수 있지만 가장 기본적인 생각은 정부 보다는 사람들이 그들의 은퇴소득에 대해 책임을 많이 갖도록 하는 것이다. 모든 민영화 제안들은 노년 보장 책임의 일부분을 사회보장에서 개인에게로 이동 하는 것이다. 그중 한 가지 제안은 사회보장연금을 사적인 개인 저축계좌와 완전히 바꾸는 것이다. 또 다른 부분적 민영화 제안은 소득세의 일부분, 말하자면 2%를 사적인 저축계좌로 옮기는 것이다(Beland, 2010).

민영화가 효과가 있긴 할까? 1981년에 칠레는 사회보장 프로그램을 의무적인 저축제도로 대체했다. 칠레의 시스템은 세 개의 기둥으로 이루어진다. 첫 번째 기둥은 자산조사를 하여 노년의 빈곤을 막고자 하는 것이다. 두 번째 기둥은 의무적으로 소득의 10%을 사적으로 관리되는 개인 계좌로 넣는 것이며 세 번째는 근로자들이 추가적인 저축을 개인적으로 관리하는 계좌에 하는 것을 허락하는 자발적인 계획이다(Arenas de Mesa et al., 2008).

칠레의 민영화 프로그램은 얼마나 잘 시행되고 있을까? 긍정적인 측면으로, 이 프로그램 아래 처음 지급된 연금은 적어도 예전 시스템 때보다 50% 높아졌다. 부정적인 측면으로는, 한 설문조사가 인구의 60%가 이 새로운 시스템에 대한 신뢰가 별로 없다고 밝혔다는 것이다. 실제로 칠레의 근로자 거의 절반은 소위 이 의무적이라는 제도에 돈을 붓지 않는다. 또 다른 문제는 근로자들이 기금들을 자주 바꿔가며 매매수수료에 돈을 너무 많이 낭비한다는 것이다. 게다가 1994년부터 1997년까지 이러한 사적인 기금들의 환급금은 평균적으로 단지 2.5%부터 4.7%이었다. 1998년 칠레의 주식시장은 그들 가치의 25%를 잃었고 연금 기금은 평균적으로 5% 감소했다(Gilbert, 2002). 대부분의 사람들은 그들의 노후자금에 너무 많은 위험부담을 주는 제안에 반대할 것이다.

사회보장을 개혁하는 가능한 방법들 중에서 가장 많은 사람들이 선호하는 방법은 무엇일까? 확실히 대다수는 부유한자들이 더 많은 소득세를 내야한다고 생각한다. 그러나 아마도 실제 개혁의 결과는 적절한 세금인상과 연금축소를 합쳐놓은 모습으로 나타날 가능성이 크다.

5 노년의 사적 소득원천

앞에서 보았듯이 은퇴자금의 유일한 원천이 사회보장일 경우는 드물다. 사람들은 그들의 사회보장 소득을 고용주연금, 민간저축 그리고 기타 소득들과 함께 받는다. 개인연금에서 비롯된 몇 가지 문제들은 사회보장 개혁 제안들을 평가하는데 유익하다.

1) 고용주연금

(1) 확정급여형

첫 고용주연금은 대부분 확정급여제였다. 이 연금들은 제철이나 자동차 제조업체와 같은 중공업에서 노동자와 고용주 사이에서 처음으로 타결되었고 추후에 다른 업종의 근로자들에게도 확장됐다(10장 참조). 확정급여제는 보통 은퇴한 근로자에게 근무 년 수와 이전 소득에 근거한 연금 금액을 월별로 지급 한다(Gendell, 2008).

확정급여제가 많은 근로자들로 하여금 보장된 소득을 약속받고 은퇴하도록 허락했지만 이런방식의 연금에는 몇 가지 문제가 있다. 한 가지 문제는 접근성이다. 많은 근로자들은 연금을 받지 못하는 직장에 다니며 특히나 여성과 히스패닉계열의 사람들은 더 그러하다. 또 다른 문제는 연금수급권 규정과 관련된 것이다. 연금수급권 규정이란 근로자들이 연금을 받을 자격을 갖추기 전까지 회사에 고용되어 있어야 하는 시간의 길이이다. 과거에는 고용주들은 근로자들이 연금을 수급하기 전에는, 긴 근속기간을, 가끔 30년이나, 자유롭게 설정할 수 있었다. 직장을 잃었거나 이직한 근로자들은 그들의 모든 연금 크레딧을 잃었다. 세 번째 문제는 많은 확정급여제들이 물가상승을 포함하지 않는다는 것이다. 생활비는 올라가고 연금의 가치는 떨어지면서 사람들은 나이가 들면서 더 가난해진다.

그러나 가장 큰 문제는 기금들 그 자체에 있다. 파산신청을 한 대부분의 회사들은 이제 자금부족을 겪고 있다. 이는 회사가 약속했던 연금을 충당할 만한 충분한 자금을 가지지 못했다는 것이다(Hawthorne, 2008). 최근의 예는 몇 천 명의 은퇴한 트럭기사들에게 연금을 지급한 팀스터즈 조합 연금기금(Teamsters Union Pension Fund)이다. 비록, 현재 은퇴자들의 연금혜택을 50% 삭감하자는 2016년도의 제안이 거절됐지만 연금기금은 10년 안에 고갈될 수 있다(Martin, 2016). 또 다른 문제는 회사들이 합병하거나 다른 회사에 인수됨으로 인해 발생한다. 어떤 경우에, 연금제도는 종료되고 근로자들은 보장받았다고 생각한 연금을 잃게 된다.

확정급여제에 관련된 몇 가지 문제들을 다듬기 위해 의회는 1974년에 **근로자퇴직소득보장법**(Employee Retirement Income Security Act, ERISA)을 통과시켰다. 근로자퇴직소득보장법은 회사들이 최소한의 연금 수령권 기준들을 세우고 더 엄중한 기금 필수사항을 정하여 회사들이 약속한 연금을 지급할 수 있도록 충분한 돈을 비축하도록 하며 근로자들에게 보험급여와 재정을 보고하는 더 나은 방법을 수립하도록 요구했다(Schulz, 1995). 근로자들을 더욱 보호하기 위해, 의회는 **연금지급보장공사**(Pension Benefit Guaranty Corporation, PBGC)를 만들었다. 합병이나 인수로 인해 연금제가 종료되고 근로자들의 연금을 지불할 자금이 없어진다면 연금지급보증공사가 그 책임을 떠맡게 된다. 연금지급보장공사가 만들어진 이래로 몇 천 건에 해당하는 연금제에 대한 책임을 떠앖았다(Schulz and Binstock, 2006).

다양한 이유로 인해 회사들은 새로운 확정급여제를 설정하길 꺼려했다. 한 가지 이유는 전통적으로 이런 종류의 제도를 제공했던 제철, 섬유, 자동차나 비행기 산업군의 회사들은 재정적으로 문제를 겪고 있고 더 이상 은퇴한 근로자들의 연금지불에 대한 책임을 맡고 싶어 하지 않았다. 확정급여제가 사라지고 있는 또 다른 이유는 노동조합의 힘이 약해졌다는 것이다. 망해가는 산업들은, 노동조합들로 하여금 은퇴한 근로자들의 연금을 포기하거나 근무 중인 근로자들을 해고하도록 하는 식으로 노동조합들로 하여금 어려운 결정을 내리도록 강요한다. 결과적으로 1990년과 2008년 사이에 확정급여제에 속한 근로자들은 35%에서 20%로 줄었다(Hawthorne, 2008). 회사들은 근로자들은 완전히 버린 것이 아니다. 오히려 확정급여제에서 확정기여제로 바꾼 것이다.

(2) 확정기여형

1980년대부터 확정급여제에서 확정기여제로 점진적인 이동이 있었다. 이런 추세는 〈그림 14-2〉에서 볼 수 있듯이 1990년대와 2000년대에 크게 증가했다. 이러한 제도들 사이에는 어떤 차이가 있을까? 회사들은 왜 변경을 했는가?

확정기여제는 근로자와 고용주 사이에 다른 계약상의 협의를 대변한다. 확정기여제는 간단히 말해 세금 혜택이 있는 저축제도다. 근로자와 고용주가 함께 혹은 근로자 혼자서 근로자를 위해 만든 계좌에 정해진 금액을 넣는다. 가장 흔한 확정기여제는 401(k)제도라고 부른다. 퇴직때 받는 연금은 곧 단순히 은퇴 전에 계좌에 축적한 금액이다. 그러므로 연금은 고용주와 취업자가 기여한 만큼의 금액이며 근로자의 투자 결정들의 결과다(Even and MacPherson, 2006).

확정기여제의 한 가지 문제는 근로자들이 은퇴 전에 자금을 뺄 수도 있다는 것이다. 조기해약에 대한 가산세가 있긴 하지만 가정 자원에 위기가 생기면 많은 사람들이 조기해약을 택한다.

최근 추산에 따르면 대략 고용주들의 2/3가 풀타임 직원들에게 은퇴연금제를 제공하지만 자격이 되는 근로자들의 절반 정도만이 이에 참여한다. 어떤 근로자들은 그들이 나이를 더 먹어 분담금을 낼 수 있을 때까지 기다리지만 젊었을 때 시작했으나 정기적으로 납부하지 않는 사람들은 노년에 들어 불충분한 은퇴소득을 갖게 된다(Munnell and Bleckman, 2014). 이것은 특히 저소득 근로자들에게 문제다. "고령화의 다양성(Diversity in the Aging Experience)"은 왜 저소득 근로자들이 고용주가 확정하는 기여연금제에 참여할 가능성이 더 적어지는지 설명한다.

〈그림 14-2〉 확정기여와 확정급여 연금제도의 참여

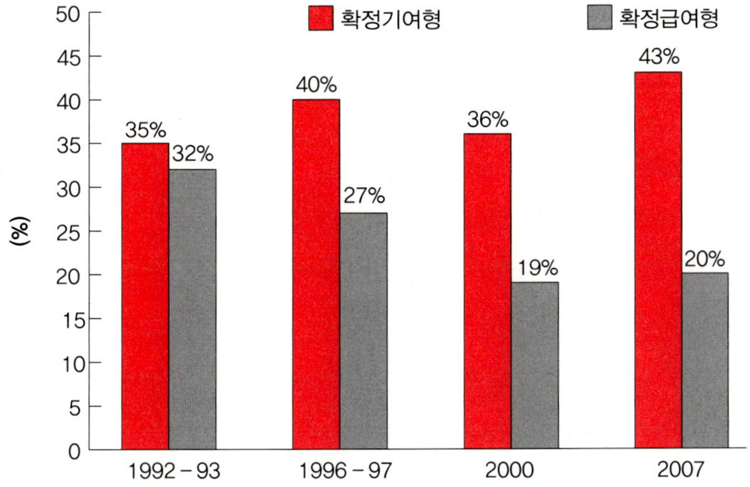

출처: U.S. Bureau of Labor Statistics (2008).

고령화 경험의 다양성 : 왜 저소득 근로자들은 연금이 없을까?

많은 근로자들이 확정기여연금제도에 들 수 있도록 기회가 주어지지만 모두가 은퇴를 위해 저축할 수 있는 이 기회를 이용하지는 않는다. 어떤 것들로 인해 개인은 이런 제도에 참여하게 될까? 확정기여연금제도에 관련된 여러 가지 단계들이 있다. 우선, 물론 개인이 직장을 갖고 있어야 한다. 두 번째로, 고용주가 연금제도를 제공해야한다. 세 번째로, 개인은 제도에 들 수 있는 자격을 갖춰야 하며 네 번째로, 개인이 참여하겠다고 결정해야한다. 저소득자들이 제도에 참여할 가능성을 줄이는 두 가지 이유가 있다. 첫 번째는 꾸준한 고용인데, 다수의 저소득 근로자들이 직장을 관두거나 파트타임과 풀타임 고용 사이에서 이동하기 때문이다. 두 번째 문제는 다수의 저소득 근로자들이 연금 선택을 제공하는 고용주 밑에서 일하지 않기 때문이다(Wu et al., 2014).

어떤 정책전문가들은 근로자들이 자동으로 고용주연금에 들도록 하면 연금가입율이 증가할 수 있다고 제안한다. 그러나 저소득 근로자들의 큰 비율이 연금을 제안하는 회사들에 고용되어있지 않기 때문에 이런 해결책은 별 차이를 만들지 못할 것이다. 문제를 진정 개선할 수 있는 것은 모든 근로자들이 임금을 잘 주는 풀타임 일에 접근할 수 있게 되는 것이다(Wu and Rutledag, 2014).

어떻게 생각하는가?

1. 은퇴를 위해 저축하는 것에 대해 생각해봤는가?
2. 당신의 고용주가 확정기여연금을 제안한다면 참여하겠는가?

확정기여제의 또 다른 문제는 참여가 자율적이라는 것이다. 연금제도에 참여하는 미국인들은 대부분 43세와 57세 사이의 고소득 남성들일 가능성이 크다. 나이와 소득이 감소함에 따라 참여율도 함께 내려간다(Munnell and Sunden, 2004).

확정기여제의 세 번째 문제는 큰 변동에 취약하다는 것이다. 주식금액이 오르면 근로자들에게는 굉장히 큰 이득일 것이다. 주식금액이 크게 추락하면 퇴직에 가까운 근로자들은 손실을 회복할 기회가 없을지도 모른다.

확정기여제의 네 번째 문제는 근로자들이 가끔 모든 분담금을 회사주식에만 하도록 권장받거나 의무적으로 그렇게 해야 한다는 것이다.

확정급여형의 감소와 확정기여형의 증가는 고용주가 "우리 몫은 할게요."부터 "우리가 할 수 있는 건 할게요"와 같은 말을 하듯, 고용주로부터 근로자에게로 이동한 책임들을 반영한다.

세계의 고령화 : 이스라엘의 사적연금들은 충분한 소득안정을 제공 하는가?

이스라엘은 1940년대에 설립된 사적연금들로 혁신을 이뤘다. 2000년대에 들어 대기업이나 정부를 위해 일하는 대부분의 사람들은 연금에 접근할 수 있었다. 현재 이스라엘의 퇴직한 노인들의 절반 정도가 연금소득을 갖는다. 그러나 상대적으로 연금 적용 범위의 높은 비율에도 불구하고 이스라엘 노인들의 1/5이 가난 속에 산다. 다수의 선진국에선 6%만이 가난하고 미국에선 10% 이하가 그러하다. 이스라엘의 노인들은 왜 더 가난한 걸까?

이스라엘 노인들 가운데 비교적 높은 빈곤률에 대한 하나의 이유는 낮은 소득 근로자들은 연금제도에 거의 기여를 못한다는 것이다. 낮은 임금을 받는 근로자들 가운데 일하는 남성의 1/5과 일하는 여성 1/3만이 연금에 투자한 반면에 거의 모든 높은 임금 근로자들은 연금제도에 투자되어있다. 사적연금 적용률은 아랍계의 이스라엘 여성 그리고 이민자들 사이에서 특히 낮다. 그러므로 사적연금은 빈곤층과 부유층 사이에 엄청난 차이를 만들어낸다. 은퇴자들 중에 높은 빈곤률에 대한 또 하나의 이유는 이스라엘이 노인에게 제공하는 정부지원이 상대적으로 적다는 점이다. 이스라엘은 사회보장과 같은 공공 연금 프로그램을 가지고 있지만 대체율은 낮다. 갓 노동시장에 참여한 평균 이스라엘 남성 근로자는 그의 소득의 22%에 해당하는 금액만을 은퇴했을 때 정부로부터 받게 된다.

2008년에 이스라엘은 모든 수입노동자들이 그들 소득의 17.5%를 연금제도에 기여하라고 명령했다. 이 규정이 효과를 내면서, 2010년경에 모든 근로자의 76%가 사적연금에 가입했다. 이 결정은 미래에 이스라엘 노인들의 빈곤을 줄일 것이다(Bowers, 2014).

어떻게 생각하는가?

1. 당신 혹은 당신의 부모님들은 사적연금을 갖고 있는가?
2. 당신은 은퇴를 위해 저축할 형편이 되는가?

이는 또한 근로자에 대한 고용주 가부장주의의 감소와 개인의 소득안정에 대한 책임의 증가를 반영한다. 확정기여제가 더 개인에게 의사결정과 위험부담을 주기 때문에, 근로자들은 점점 더 적극적으로 그들의 미래의 재정을 결정하는데 적극적인 역할을 맡게 된다(Hacker, 2006). 그러나 가끔, 이러한 선택들은 그들의 통제밖에 있다.

다수의 타 국가들은 미국보다 평범한 사적연금 시스템을 갖추고 있다. 예외적으로 이스라엘은 1940년대부터 고용에 기초한 연금을 갖고 있었다. "세계의 고령화"는 이스라엘의 사적연금 시스템이 노인 빈곤을 감소시키는 데에 있어 어떻게 작용하는지 검토해본다.

2) 개인 저축

사적인 저축은 은퇴소득에 있어 세 번째 요소다. 사람들은 **개인은퇴계좌**(Individual Retirement Accounts, ITRAs)라고 불리는 특별한 은퇴계좌에 돈을 넣도록 허락하는 세금 규정 때문에 퇴직을 위해 저축하도록 장려된다. 개인은퇴계좌에는 몇 가지 종류가 있다. **전통적인 개인은퇴계좌**(Traditional IRA)는 세금을 내기 전에 돈이 기금으로 입금되고 은퇴 때 인출하는 돈은 소득으로서 세금이 매겨 진다. **로스 개인은퇴계좌**(Roth IRA)의 경우는 개인들이 그들의 세금을 지불한 뒤에 기여할 수 있고, 은퇴한 뒤에는 출금액에 대한 세금이 붙지 않는다. 세 번째 종류는 **SEP 개인은퇴계좌**(SEP IRA)는 고용주가 전통적인 개인은퇴계좌에 기여하도록 하며 근로자의 이름으로 개설되는 것이다. 이는 회사의 이름으로 연금 기금에 기여하도록 하는 것이다. **SEP 개인은퇴계좌들**은 보통 영세업자나 자영업자들이 이용한다. 2013년에 개인은퇴계좌에서 허락된 최대 기여금액은 50세 미만은 5,000달러, 50세 이상은 6,000달러였다. 젊은이들은 노인들보다 은퇴자금을 위해 보통 로스 개인은퇴계좌를 선택하는 편이다(Copeland, 2013b).

일찍 저축하는 것은 많은 이점이 있다. 이 어린이들은 그들의 돈을 저축하는 것을 배우고 있다.

다수의 미국인들은 은퇴를 위해 저축해야한다고 알고 있고 모든 근로자의 2/3가 은퇴 후에 필요한 만큼의 충분한 소득이 있을 거라고 자신한다. 그러나 국민 저축율이 1950년도 소득의 8%에서 2004년도에는 2%이하로 내려갔다(Munnell et al., 2005). 이는 사람들이 은퇴를 위해 충분히 저축하지 않고 있다는 것을 시사한다. 그들은 얼마큼 저축하고 있는가? 2011년에 개인은퇴계좌 평균 잔액은 70,915달러였다. 남성은 114,745달러의 평균잔액을, 여성은 단지 66,529달러의 평균 잔액을 가지고 있었다(Copeland, 2013b).

그들의 목소리 : 장기적인 계획을 통한 안전한 은퇴

나는 일할 때 은퇴 생활을 위해 계획하는 것은 중요하다고 생각합니다....은퇴하기 21년 전 저는 공인중개사이자 중개인이 되었습니다. 그 뒤로 다른 자격증들을 땄고 공인 주택담보대출 중개인과 주택상담전문가가 되었습니다. 이 모든 것은 수익 창출을 위한 것이라는 거죠. 제가 좋아하는 일은 여행하기입니다. 돈 걱정 없이 몇 개의 대륙과 수많은 국가들을 방문했습니다. 이 습관을 지지하기 위해서 매 달 여행과 호화로운 욕구들을 위한 특별계좌로 자동이체를 시킵니다. 제 일상의 습관 중 하나는 쿠폰과 노인우대 할인 날과 시간을 찾아보는 것입니다. 이런 활동은 재미있고 경제적으로도 보상이 있습니다.

출처: 포드(Ford: 2011:71)

이는 꽤 큰 액수처럼 들리지만 사실은 은퇴 후 20년 혹은 30년을 버틸 만큼 충분하지는 않다. 게다가 미국 사람의 45%는 은퇴자금을 전혀 갖고 있지 않다(Rhee, 2013a).

충분한 은퇴자금을 갖는데 있어 가장 중요한 요소는 젊었을 때부터 저축을 시작하는 것이다. 일찍 저축하는 것의 장점들은 대단히 크다. 30주년 대학 동창회에서 만난 매리(Mary), 조(Joe), 리타(Rita) 세 명의 동료들이 경험을 놓고 보자. 세 명 모두 같은 대학을 졸업하고 같은 학군에서 교육을 받았었다. 매리가 30세가 되었을 때 그녀는 고용주연금제도를 통해 저축을 시작했다. 25년 동안 매해 3,000달러를 투자하여 55세에 그녀는 236,863의 저축을 가지게 되었다. 조는 40세가 될 때까지 은퇴를 위해 저축하지 않았다. 그가 15년 동안 매년

3,000달러를 부은 금액은 87,973달러로 불었다. 이혼하여 아이 셋을 키워야하는 미혼모가 된 리타는 저축할 형편이 안됐고 3,000달러씩 저축하여 단지 19,008달러가 되었다(VALIC, 1996). 곧 나오는 "그들의 목소리"에서 클리니타 포드(Clinita Ford)는 은퇴 후 편안한 삶을 감당할 수 있는 재정적 안정을 위해 어떻게 계획했는지 그리고 은퇴자로서 어떻게 계속 저축을 하는지에 대해 설명한다.

은퇴저축을 계획할 때 문제 중 하나는 누구도 미래를 예측하지 못한다는 것이다.

- 앞으로 얼마나 살지 모른다는 점이 은퇴 후 얼마큼의 돈이 필요한지 알기 어렵게 한다.
- 노동 시장으로 인해 또 다른 불확실함이 생겨난다. 예상치 못한 실업 기간이 은퇴자금을 급속히 약화시킨다(Quadagno et al., 2001).
- 건강은 또 하나의 불확실성이다. 고액의 소득을 가진 사람들도 만성적 질병이나 요양원 비용 때문에 자금이 급격히 고갈될 수 있다.
- 이혼 또한 예측불가능하고 남편과 아내, 특히 아내의 가구소득을 낮춘다.
- 은퇴나이 역시 불확실성이다. 65세 이후에 은퇴하길 계획하는 이들은 그 전에 실직될 수도 있다.
- 마지막으로, 미래의 물가상승률을 예측할 수 있는 사람은 아무도 없다. 충분하다고 생각했던 소득은 물가가 오르며 급격히 가치가 떨어질 수 있다(Schulz and Binstock, 2006).

긍정적인 측면으로, 은퇴자들은 생활수준을 유지하는데 근로자들만큼 돈이 필요하지 않다. 세금도 더 적게 내고 사회보장이나 메디케어에 더 이상 기여하지도 않으며 사회보장연금의 일정부분만 세금이 적용될 뿐이다. 또한 그들은 퇴직을 위해 저축하지 않아도 되고 교통비나 의복비와 같은 직장 관련 지출 또한 없다(Munnell et al., 2011).

저축을 하는 사람들 사이에서도 모두가 현명하게 투자를 하는 것은 아니다. 모든 투자상담사들은 사람들이 퇴직저축을 더 분산투자하여 투자 항목 하나가 잘못되더라도 큰 손실을 보지 않도록 해야 한다고 말한다.

노인들 중에 저축률이 낮은 이유는 그들의 소득을 기본적인 필수품에 쓰기 때문이다. 기

핵심용어

- SEP 개인은퇴계좌(SEP IRA)
- 개인은퇴계좌(Individual Retirement Accounts, IRAs)
- 근로자퇴직소득보장법(Employee Retirement Income Security Act, ERISA)
- 로스 개인은퇴계자(Roth IRA)
- 만기은퇴연령(full retirement age)
- 민영화(privatization)
- 순자산 중앙값(median net worth)
- 연금수급권 규정(vesting rules)
- 연금지급보증공사(Pension Benefit Guaranaty Corporarion, PBGC)
- 은퇴연기크레딧(Delayed Retirement Credit)
- 전통적 개인은퇴계좌(Traditional IRA)
- 조기은퇴연령(early retirement age)
- 확정급여형(defined benefit)
- 확정기여형(defined contribution)

15장

빈곤과 불평등

1. 고령화와 사회계층
   1) 누적적 불리이론
   2) 소득과 빈곤
2. 노년의 성불평등
   1) 성불평등의 유형
   그들의 목소리 : 성별화된 가사노동의 분화
   2) 사회보장소득의 불평등
   공공정책에 대한 이슈 : 사회보장과 이혼
   세계의 고령화 : 성평등을 위한 복지국가의 구조조정
   3) 보충적 보장소득의 불평등
   4) 고용주연금 적용의 불평등
3. 인종, 민족, 불평등
   1) 빈곤의 인종적 및 민족적 차이
   2) 노인들의 인종적 및 민족적 차이
   고령화 경험의 다양성 : 유색인을 위한 은퇴보장

노인들이 젊은 사람들에 비해 덜 가난한 경향이 있지만,
노인들 사이에는 여전히 큰 소득불평등이 있다.

미리보기

1. 누적적 불리이론은 무엇이며 또한 이 이론이 노인들의 물질적인 복지에서 나타나는 성적, 인종적, 민족적 차이를 어떻게 설명하는가?
2. 성과 혼인상태는 개인의 사회보장급여 자격에 어떻게 영향을 미치는가?
3. 배우자를 위한 사회보장급여는 어떻게 운영되는가?
4. 성과 혼인상태는 개인의 고용주연금 자격에 어떻게 영향을 미치는가?
5. 인종 및 민족집단은 노인의 경우 경제적 보장에 있어 어떻게 차이나는가?

15장
빈곤과 불평등

예순네살의

에설 로버츠(Ethel Roberts)는 20대에 앨라배마의 고향에서 워싱턴DC로 이주해왔다. 그녀는 노인들을 돌보는 일을 몇 년간 하다가 결혼해서 가사에 전념하는 두 자녀의 어머니가 되었다. 지금 그녀는 이혼해서 밤에 기독교공동체집단가정(Christian Community Group Home)에서 시간당 $8.5를 받으며 야간 일을 한다. 이러한 빈약한 봉급으로 그녀는 월 $390의 집세를 내고 식품비로 월 $100를 추가로 지출한다. 그녀는 도저히 전화료를 지불하거나 형제를 방문할 수가 없다(Shulman, 2006).

네이트와 셀머 피스커(Nate and Selma Fiske)는 피한객(snowbird)이다. 이들은 플로리다의 포트로더데일(Fort Lauderdale)에 있는 콘도미니엄단지에서 겨울을 보내고 여름에는 매사추세츠의 스프링필드에 있는 고향에서 지낸다. 네이트는 은퇴한 회계사이고 셀머는 은퇴한 경리원이다. 이들은 네이트의 펜션, 투자소득, 사회보장급여로 편하게 산다. 이들 두 사람은 골프와 브리지게임을 같이 하는 자신들과 비슷한 친구와 은퇴자로 이루어진 큰 네트워크를 가지고 있고, 동네식당에서 조조할인을 받으며, 자녀와 손자의 방문을 즐긴다.

아프리카계 미국인인 엠머와 새뮤얼 톰슨(Emma and Samuel Thompson)은 40년간 부부이다. 둘은 60대 후반이며 여전히 상근으로 일한다. 이 부부는 두 명의 손자인 7살의 일라이셔(Elisha)와 5살인 마턴(Martin)을 키우고 있다. 엠머는 큰 주립대학교에서 청소부원으로 일한다. 그녀는 근무가 오전 5시에 시작되기 때문에 오전 4시에 졸린 손자들을 깨운 다음 이들에게 건강한 아침식사를 먹이고 등교준비를 시킨다. 그녀가 출근하면, 일라이셔와 마턴은 허드렛일을 하고서 부엌의 시계알람이 오전 7시 20분에 학교버스가 자신들을 태우는 모퉁이에 나가도록 알려줄 때까지 TV를 시청한다. 새뮤얼은 건설현장에서 할 수 있는 일은 아무것이나 한다. 새뮤얼과 엠머 둘 다 은퇴하길 원하지만 그렇게 할 수가 없다. 이들에게는 키워야 할 또 다른 세대가 있다.

앞의 세 가지 사례들이 보여주듯이 65세 이상의 사람들은 인종, 성, 사회계급, 지리적 분포, 거주형태에 있어 20대나 30대의 사람보다 더 유사하지는 않다. 겨우 먹고 살기 위해 발버둥치는 사람들도 있고, 편하게 사는 사람들도 있고, 부유한 아주 소수의 사람들도 있다.

이 장에서는 소득, 부, 위세, 권력의 분배에 있어 나타나는 노인들 간의 불평등을 살펴볼 것이다. 이 책 전체를 통해 노년의 일(10장), 건강(11장), 허약노인의 돌봄(12장)과 같은 주제와 관련해서 인종, 성, 민족에 기초한 불평등의 이슈를 제기해왔다. 사회계급이 어떻게 가족관계(8장)와 소득분배(14장)에 영향을 미치는가도 알아보았다. 이 장에서는 주로 노인들 간의 경제적 계층에 초점을 둔다. 먼저 노인들의 성불평등을 낳는 사회적 및 정치적 과정을 분석한다. 다음으로 노인인구의 인종적 및 민족적 특성을 검토하고 마지막으로 소수민의 지위가 노년에 어떻게 소득, 부, 건강돌봄에 대한 접근에 영향을 주는가를 기술한다.

1 고령화와 사회계층

계층에 대한 기본적인 사회학적 접근은 불평등을 개인들 간의 타고난 차이가 아니라 사회적 과정의 산물로 바라본다. 모든 인간사회는 사람들을 사회적 역할에 배정하고 개인들을 위계적으로 서열화하기 위해 성, 나이, 혈연을 사용한다. 예를 들어, 노인은 보통 젊은이보다 그리고 남성은 여성보다 많은 권위를 갖는다. 이러한 서열화는 가장 기본적인 불평등 형태를 만들고 그런 다음으로 가장 단순한 사회계층 유형을 형성한다. 사회가 노동분화에 있어 점차 복잡해지면서 보다 복잡한 유형의 사회계층이 나타난다.

계급계층은 성장하는 경제를 가진 사회에서 나타나는데, 여기서는 직업체계 내의 서열화를 창조하는 전문화된 지식을 필요로 한다. 사회적 계급의 차원은 소득과 부와 같은 경제적 변수, 주관적인 서열화를 이야기하는 위세 변수, 정치적 참여와 정의의 분배와 같은 권력 변수를 포함한다. 완전한 계층체계가 자리 잡으면, "사회적 위치는 중요도에 따라 서열이 매겨지고, 상이하게 보상이 주어지며, 개인들(그리고 가족들)에 의해 획득되고, 세대에 걸쳐 전달된다"(Rossides, 1997:12). 불평등에 관한 연구는 사회계층에 관한 연구이다. 계층에 대한 연구에 있어 주된 질문은 사회계층이 어떻게 생겨나고, 유지되며, 세대에 걸쳐 전달되는가이다.

1) 누적적 불리이론

누적적 불리이론(theory of cumulative disadvantage)은 노인들의 계층체계를 분석하기 위한 생애과정 틀(life course frame)을 제공한다. 이 이론에 따르면 불평등은 정적인 결과가 아니라 생애과정에 걸쳐 펼쳐지는 누적적인 과정이다(O'Rand, 1996a). 이 이론의 주된 전제는 사람들이 사회적 계단을 올라가기도 하고 내려오기도 하지만 일반적으로 보다 많은 자원을 가지고서 인생을 시작하는 사람이 추가적인 자원을 획득할 기회를 더 가지며, 적은 자원을 가지고 인생을 시작하는 사람은 자꾸 뒤처진다는 것이다. 불평등은 노인들에게 무작위적이지 않다. 오히려 누가 체계적으로 불리하고 누가 체계적으로 유리한가에 대한 유형이 존재한다. 사회보장과 메디케어가 수백만의 노인들에게 완충적인 지원을 제공하기는 하지만 불평등을 줄이지는 못한다(Hudson, 2016). 그러므로 생애과정에 걸친 기회에 있어 유형화된 차이의 원인은 오직 역사적인 맥락에서 이해될 수 있다.

2) 소득과 빈곤

노인의 30%이상이 가난하던 1960년대 이후로 65세이상 노인들의 경제적 상황은 상당히 개선되어 왔다. 그러나 모든 노인들이 이러한 이득을 똑같이 받지는 못했다. 소수계 노인은 백인보다 더 가난하며, 나이 든 여성이 나이 든 남성보다 더 가난한 경향이 있다(Sullivan and Meshchede, 2016).

〈그림 15-1〉 2012년 혼인상태별, 미혼자 성별, 인종별 빈곤지위

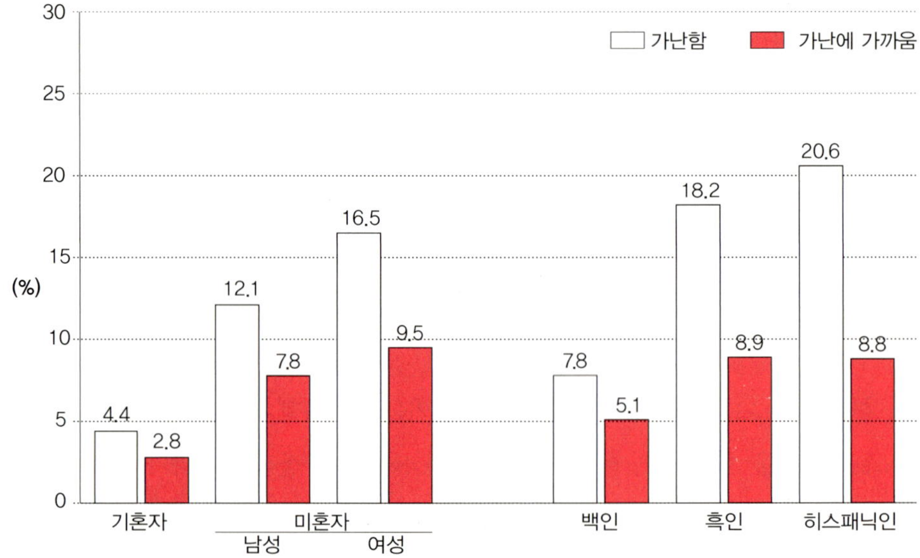

출처: Social Security Administration(2014d).

빈곤율은 빈곤선 아래에 놓인 사람의 비율이다. 전체적으로 노인인구의 빈곤율은 다른 연령집단 사람들에 비해 더 낮다. 2014년에 65세이상 미국인들 가운데 10%가 빈곤선 아래의 소득을 얻었는데, 이는 전체 인구집단보다 약간 낮은 비율이다(U.S. Census Bureau, 2015d). 그러나 노인들 가운데 일부 하위집단은 매우 높은 빈곤율을 가졌다. 〈그림 15-1〉이 보여주는 것처럼 기혼부부는 독신노인보다 더 잘살고, 히스패닉과 흑인 노인은 백인보다 더 못산다. 하지만 모든 인종집단들에 있어 여성이 남성보다 더 높은 빈곤율을 가지고 있다(Social Security Administration, 2014d).

인종별 및 민족별 소득격차는 부분적으로 소득원이 다르기 때문에 생긴다. 사회보장은 다른 소득원을 가질 가능성이 더 많은 백인보다는 소수민에게 전체 소득에서 더 많은 부분을 보충해준다. 〈그림 15-2〉는 인종별 및 민족별 65세이상 사람들의 소득원을 보여준다. 인종별 차이의 가장 큰 원천은 주식, 채권, 임대재산 등과 같은 자산으로부터의 수입이다(Social Security Administration, 2014d). 2014년에 노인들 가운데 아프리카계 미국인의 39%와 히스패닉계 미국인의 33%가 이러한 소득원으로부터 소득을 얻은 데 비해 백인은 65%가 이러한 소득을

얻었다. 아시아계는 다른 소수민보다 더 많은 자산소득을 얻었다. 백인은 또한 아프리카계 미국인, 아시아계, 히스패닉계보다 연금으로부터의 소득이 더 많은 경향이 있었다. 이러한 차이의 결과로 사회보장급여는 백인보다 소수계 노인의 소득에 있어 훨씬 더 중요한 부분을 차지한다. 여성과 소수민이 백인 남성보다 소득에 있어 사회보장급여에 더 의존할지라도 이들이 받는 혜택은 〈표 15-1〉이 보여주는 것처럼 더 낮다.

〈그림 15-2〉 2014년 인종별 65세 이상 사람의 소득원

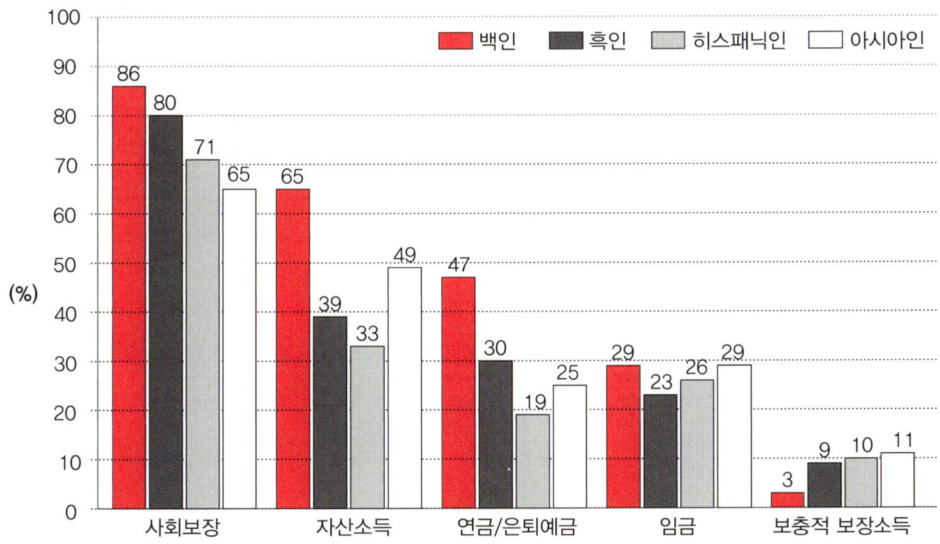

출처: Social Security Administration(2014d).

〈표 15-1〉 2009년 성별, 인종별 은퇴노동자의 평균 사회보장급여

	백인	흑인	기타
남성	$1,348	$1,120	$972
여성	$1,025	$960	$836

출처: Social Security Administration(2010).

여성은 남성보다 개인연금에서 오는 소득을 받을 가능성이 더 작다. 〈표 15-2〉가 보여주

는 것처럼 2002년에 65세이상 백인 남성의 30%가 연금으로부터의 소득을 얻은 데 비해 백인 여성은 23%만이 이러한 소득을 얻었다. 비슷한 유형은 아프리카계 미국인과 히스패닉인에게 존재한다. 게다가 연금을 받는 여성과 소수민은 백인 남성에 비해 더 낮은 급여를 받는다. 인종과 민족에 상관없이 여성은 남성보다 연금을 받을 가능성이 더 낮고 또 받는 연금소득액도 더 적다.

이러한 수치는 노년의 불평등이 무작위적이 아니라 지속적인 유형이라는 것을 명백히 입증해준다. 그렇다면 이러한 유형을 어떻게 설명할 수 있는가? 답은 생애과정에 걸친 고용유형과 연관된 누적적 불이익 과정에 놓여 있다. 크게는 개인의 경력이 노년의 소득보장을 결정한다.

〈표 15-2〉 2002년 성별 및 인종별 연금소득을 얻는 65세이상 사람의 비율

	백인	흑인	기타
남성	30	17	10
여성	23	14	9

출처: Social Security Administration(2005).

2 노년의 성불평등

1) 성불평등의 유형

노년의 성불평등은 가구내 성별 노동분화의 결과와 여성의 경력 유형에 대한 가족적인 책임의 영향을 반영한다. 여성들이 가정에서 항상 대부분의 무급노동을 수행해왔지만 지난 반세기 동안 여성들이 수행한 유급노동의 양은 극적으로 증가해왔다. 1960년과 2009년 사이에 기혼여성의 경제활동참가율은 30.5%에서 70%로 상승했다. 똑같이 놀랄만한 것은 유자

녀 어머니의 취업 증가이다. 1950년에는 6세미만 자녀를 가진 어머니의 13.6%만이 경제활동을 했다. 이와 대조적으로 2009년에는 6세미만 자녀를 가진 어머니의 62% 그리고 6세에서 17세까지의 자녀를 가진 어머니의 77%가 경제활동을 했다(U.S. Bureau of Labor Statistics, 2010). 이것은 엄청난 변화이다. 고용에서의 이러한 성과에도 불구하고 임금불평등은 시급한 이슈로 남아있다. 지난 40년에 걸쳐 여성의 벌이는 남성의 벌이에 비해 상대적으로 개선되어 왔다. 그렇지만 여전히 큰 임금격차는 남아있다. 2014년에 1년 내내 전업으로 일한 여성은 남성이 벌어들인 소득의 79%만 얻었다. 여성의 중위소득은 $39,621인 데 비해 남성의 중위소득은 $50,383이었다(Hill, 2014).

1965년 이후 여성은 가사노동시간을 반 정도 줄인 데 반해 남성의 가사노동시간은 같은 기간에 두 배 정도 늘어났다(Bianchi et al., 2000). 하지만 여성은 여전히 남성보다 집안일을 더 많이 한다. 물론 대부분의 이혼했거나 미혼인 어머니는 가사노동의 모든 짐을 진다. "그들의 목소리"에서 두 여성이 일의 책임과 가족의 요구를 조정하기 위해 노력하는 자신의 일과표를 기술한다.

그들의 목소리 : 성별화된 가사노동의 분화

많은 기혼여성은 두 가지 일을 하는데, 하나는 유급 고용직이고 다른 하나는 가족을 돌보는 무급 가사노동이다. 시실(Cecile)과 애니(Annie)는 집밖에서 전업으로 일하면서 대부분의 가사업무 책임을 도맡은 세월을 기술한다.

시실: 집에 돌아오면 나는 너무 피곤해서 아무것도 할 수 없을 것 같아요. 물론 나는 25년간이나 일했고 또 다섯 아이를 키웠지요. 그리고 당연히 온종일 일했고 또 아이들이 어릴 때는 점심때도 집에 와 고기나 다른 거를 오븐에 넣었고 또 들어와서는 아무데서고 저녁준비를 했었어요. 딸들이 커서 그런 것을 하기 전까지 말이에요.... 그리고 집에 오면 끝까지, 다시 말하면 잠잘 때까지 계속 움직였어요.

애니: 일을 하는 게 중요했고 그래서 그게 제일 먼저여만 했고 나머지는 그 주변에 있는

거지요.... 매일 해가 뜨는 이른 아침에 일어나서 아이들은 학교에, 남편은 일터로 보내고, 그다음 일하러 갈 준비를 해요. 그리고 내 일을 하고. 집으로 돌아오는 길에 식품점에 들르고, 집에 와서는 저녁을 준비하고, 설거지를 하고, 세탁기를 두세 번 돌리고, 청소하고 뭐든지 해야 할 일을 했지요.... 정신없었지요. 내가 도대체 이것을 어떻게 했는지 모르겠어요.

출처: Calasanti and Slevin(2001:128-9).

많은 여성들은 전업으로 일하고 또 가사를 돌보는 주된 책임도 맡고 있다.

여성들이 불균형한 가사노동의 몫을 책임지고 있기 때문에, 이들의 가족적인 책임은 취업을 빈번히 방해한다. 오늘날 65세이상의 여성 대부분은 자녀와 늙은 부모를 돌보기 위해 경제활동에 참여했다가 그만둔다. 젊은 여성이 나이 든 여성보다 경제활동참가를 지속할 가능성이 훨씬 더 높지만, 모든 연령의 여성들은 여전히 남성들보다 경제활동을 그만둘 가능성이 더 높다(U.S. Bureau of Labor Statistics, 2009).

결혼은 노년기 여성의 재정적인 상황에 긍정적인 영향을 주지만, 나이 든 여성들의 다수는 사별이나 이혼으로 인해 남편 없이 수년을 지내게 된다. 〈그림 15-3〉이 보여주듯이 소득은 혼자 사는 여성이 가장 낮다.

〈그림 15-3〉 2014년 가구유형별 및 가구주 연령별 중위 가구소득

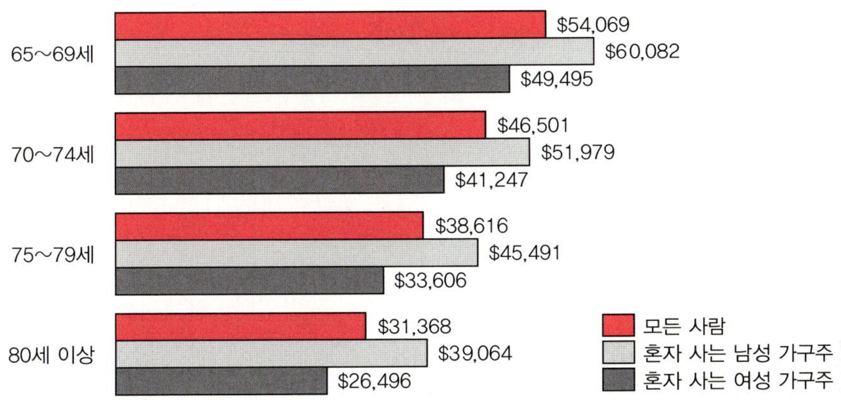

출처: Social Security Administration(2014d).

혼자라고 하는 것은 여러 가지 이유로 나이 든 소수민 여성의 경제적 안전에 매우 심각한 위협을 준다. 많은 흑인과 히스패닉 여성들은 직업경력이 짧고, 모아둔 돈이 적으며, 개인연금도 없다. 이들은 또한 백인 여성들보다 저소득과 적은 연금혜택을 가진 남성과 결혼할 가능성이 더 크다. 사별하거나 이혼한 모든 여성은 순소득에 있어 상당한 감소를 경험하지만, 이러한 감소는 백인 여성보다 흑인 및 히스패닉 여성한테 더 크다(Angel et al., 2007).

불규칙한 직업경력의 비용은 클 수가 있는데, 왜냐하면 가족을 돌보기 위해 경제활동을 하다가 그만두는 여성은 사회보장급여의 수준과 개인연금에 대한 접근을 결정하는 규정에 의해 불이익을 받기 때문이다. 그러므로 생애과정에 걸친 여성의 가족적인 책임은 노년기에 경제자원의 분배에 반영된다.

2) 사회보장소득의 불평등

여성은 두 가지 방식으로 사회보장급여를 받을 권리를 얻는다. 첫 번째는 유급 직업경력을 통해서이고 두 번째는 남성 가구주의 부양가족으로서 무급 가사노동을 통해서이다(Williamson and Rix, 2000).

(1) 유급 일과 사회보장을 받을 자격

사회보장은 여성에게 매우 중요한 프로그램이다. 사회보장급여를 받는 62세이상 사람들 가운데 58%는 여성이며, 85세이상 수급자의 71%는 여성이다(Social Security Administration, 2005). 5장에서 보았듯이 평생 가장 많이 번 사람이 가장 많은 급여를 받는다. 역사적으로 여성은 남성보다 수입이 더 적다. 1959년에 여성의 수입은 평균적으로 남성 수입의 60%였다. 이러한 비율은 계속 개선돼 2009년에 20~24세의 젊은 여성은 같은 또래 남성 수입의 93%를 벌었고, 25~34세의 여성은 같은 또래 남성 수입의 88%를 벌었다. 전체적으로 여성의 수입에 있어 상당한 개선이 있었다(U.S. Census Bureau, 2011a). 수입 격차의 감소는 젊은 여성의 경제적 안전을 개선해줄 것이지만, 여성은 여전히 남성보다 적게 번다.

사회보장은 안정된 직장경력을 가진 사람에게 보상을 해주기도 한다. 급여는 노동자가 40년에 걸쳐 번 것에 기초하며, 가장 적게 벌은 5년이나 벌이가 없는 5년은 제외한다. 중간에 끊김이 없이 계속 일한 사람은 일을 안한 기간이 있는 사람보다 더 많은 급여를 받는다. 가족적인 책임 때문에 35년 동안 꽉 채워 사회보장에 기여한 여성 노인은 상대적으로 별로 없다. 현재 사회보장급여를 받는 사람들 가운데 평균적으로 남자는 35년에서 1년의 무소득, 여자는 12년의 무소득이 있다(Harrington Meyer and Herd, 2010).

여성의 직업경력을 고려해서 사회보장급여를 계산하기 위해 제안된 선택들은 매우 많다. 주요 접근은 **성인식**(gender recognition) 전략에 기초한다. 이러한 접근은 성평등이 남성과 여성 간의 차이를 고려하고 불리한 성에게 보상하는 조처를 취함으로써만 달성될 수 있다고 생각한다(Sainsbury, 1996). 이러한 접근에 기초한 어떤 제안은 사회보장급여 수준을 계산하는 데 있어 자녀를 돌보는 기간이 빠짐으로써 어머니가 자녀를 돌보기 위해 일을 그만두어 받게 되는 벌점을 없애고자 한다. 또다른 제안은 특별한 최저 급여로서 자녀돌봄 크레딧(child care credit)을 제공하고자 한다(O'Rand, 1996b).

자녀돌봄 책임에 대한 보상으로 부모에게 세금공제를 해주는 생각은 너무 복잡해서 관리할 수가 없다는 이유로 비판받지만 다른 나라들은 그럭저럭 잘 시행하고 있다. 독일의 경우, 1986년의 연금개혁(Pension Reform of 1986)은 부모에게 키우는 자녀 1인당 1년간 평균소득의 75%를 공제해준다. 1992년에는 공제받는 자녀돌봄의 연수가 자녀 1인당 3년으로 늘었다. 프랑스에서는 자녀를 돌보기 위해 집에 머무는 부모는 자녀 1인당 2년의 유급 경제활동 참가 혜택을 받는다. 캐나다에서는 7세미만의 자녀를 돌보기 위해 집에 머무는 연수는 최종연금급여의 계산에서 빠진다. 이러한 나라들에서 가족 돌봄제공자한테는 미국에서처럼 자신의 전체 연금 기여 가운데 전혀 기여하지 않는 해가 있는 일은 없을 것이다(O'Grady-LeShane, 1993).

오늘날 젊은 여성은 이전세대 여성보다 더 지속해서 일하기 때문에 사회보장급여의 성별 격차는 미래에 줄어들 것이다. 하지만 2030년이 되어도 여성의 40%만이 35년을 꽉 채워 사회보장에 기여할 것이다.

(2) 무급 일과 사회보장을 받을 자격

여성은 남성 가구주의 부양가족으로서 무급 노동(unpaid work)을 통해 사회보장급여에 대한 접근을 얻을 수도 있다. 의회가 1935년에 사회보장법(Social Security Act)을 통과시켰을 때 부인과 사별자에 대한 조항은 없었다. 결과적으로 은퇴한 기혼 남성은 두 사람을 부양하기에는 불충분한 급여를 받으며, 그리고 만약 은퇴한 남성이 사망하면 그의 부인은 아무것도 받지 못한다. 이러한 문제를 시정하기 위해 의회는 1939년에 사회보장법을 수정하여 배우자급여와 유족급여를 추가했다. 오늘날 사망한 노동자의 생존 배우자는 60세가 되면 감소된 급여를, 66세가 되면 전체 급여를 받을 자격이 있다(Harrington Meyer and Herd, 2010).

처음에는 부인만 배우자급여나 남편사별인급여를 받을 자격이 주어졌는데, 최근에 개선된 사회보장체계는 **성중립성**(gender neutrality)을 강조한다. 1972년부터 남편은 부인이 은퇴하면 **배우자급여**(spouse benefit)를, 부인이 사망하면 **유족급여**(survivor's benefit)를 받은 자격을 갖게 되었다. 하지만 실제에 있어 배우자와 유족급여를 받는 사람의 99%는 여성이다(Harrington Meyer and Herd, 2010).

현재의 법에서 65세에 은퇴한 노동자와 최소한 1년이상 결혼생활을 한 여성이나 남성은 62세에 배우자급여를 받을 수 있다. 배우자급여는 노동자급여의 50%이다.

집 밖에서 임금을 받기 위해 일을 하면서 또 배우자로서 급여를 받을 자격이 있는 사람은 이중적으로 사회보장을 받는다. **이중 사회보장**(dual entitlement)에 대한 규정하에서 개인은 노동자로서의 급여와 여기에 더해 만약 노동자급여가 배우자급여보다 적으면 부가금액을 받는다(Harrington Meyer and Herd, 2010). 만약 은퇴한 노동자가 사망하면 그의 유족은 배우자급여를 못받고 대신 유족급여를 받는다. 유족급여는 노동자급여의 100%이다. 〈표 15-3〉은 노동자의 배우자와 사별자를 대상으로 사회보장급여가 어떻게 계산되는지를 보여준다.

〈표 15-3〉 은퇴한 노동자, 배우자, 사별자에 대한 사회보장급여 계산

수혜자 유형	사회보장급여	월평균급여(2005년)
은퇴 노동자	노동자로서의 본인 급여나 배우자급여의 50% 가운데 많은 것을 받음(즉, "이중 사회보장")	$1,357
은퇴한 노동자의 급여를 받을 자격이 없는 배우자(즉, 급여가 있는 일터에서 충분히 일하지 않은 경우)	배우자급여의 50%를 받음	$862
사별자	사망한 배우자의 은퇴노동자 급여나 노동자로서의 본인 급여 가운데 많은 것을 받음.	$1,150

출처: Social Security Administration(2006b).

현행법은 남편이 유일한 수입원인 전통적인 가족에게 유리하다. 대체율(replacement rate)은 사회보장이 은퇴자를 위해 대체하는 은퇴전 소득의 비율이다. 〈표 15-4〉는 상이한 소득경력을 가진 세 부부의 대체율을 보여준다. 각 가족은 남편의 평균소득이 $4,774로 같지만, 부인의 소득이 다르다. 부부A는 부인이 집 밖에서 임금을 벌려고 일한 적이 한번도 없다. 남편은 65세에 월 $1,910의 사회보장급여를 받을 자격을 얻고 부인은 남편 급여의 50%인 $955를 받을 수 있다. 부부A의 총 대체율은 60%가 된다. 부부B는 부인의 월평균 소득이 남편이 버는 소득의 반 정도인 $2,387이다. 부인은 $1,195의 사회보장급여를 받을 자격이 있고 이렇게 되면 부부B의 총 대체율은 43.4%가 된다. 부부C는 남편과 부인이 같은 경력과 평균소득을 갖고 있으며 각자는 같은 사회보장급여를 받는다. 이들의 급여를 합산하면 40%의 대체율이 된다. 그러므로 가장 수입이 많은 부부C는 금액으로는 가장 많은 급여이지만

대체율에 있어서는 가장 낮은 급여를 받는다(Wu et al., 2013). 그러므로 기혼부부는 지난 수십 년간에 걸친 여성의 경제활동참가 증가로 사회보장금액의 측면에서는 혜택을 보았지만, 대체율은 실제에 있어 홑벌이 가구에 유리했다.

〈표 15-4〉 부부의 대체율에 대한 부인 소득의 영향

부부	남편의 소득	부인의 소득	남편의 사회 보장급여	부인의 사회 보장급여	총 사회보장 급여	부부 대체율
A	$4,775	$0	$1,910	$955	$2,865	60.0%
B	$4,775	$2,387	$1,910	$1,195	$3,105	43.4%
C	$4,775	$4,775	$1,910	$1,910	$3,820	40.0%

출처: Wu et al., 2013.

배우자급여의 상실은 기혼여성이 사별자가 될 때 기혼여성의 소득이 떨어지는 한 가지 이유이다. 사별자가 된 기혼여성은 자신과 남편이 부부로서 받았던 사회보장 소득의 3분의 1을 잃는다. 여성의 빈곤위험은 이혼할 경우 훨씬 더 증가한다. 사회보장규정에 따르면 전배우자는 최소한 60세이고, 최소한 10년간 결혼했고, 현재 기혼이 아니면 배우자급여를 받을 자격이 있다. 이혼할 경우 배우자급여가 어떻게 시행되는가에 대한 예가 있다. 또다른 평균적인 부부인 새비치(Savich)부부를 생각해보자. 만약 이들이 이혼한다면 부인 새비치는 $432의 배우자급여만 받지만, 남편 새비치는 자신의 은퇴노동자급여 $864를 받는다. 만약 전남편이 은퇴할 때 부인 새비치가 57세밖에 되지 않았다면 그녀는 전남편 새비치가 이전 결혼생활의 유일한 부양인이라고 하더라도 60세가 될 때까지 사회보장으로부터 아무런 급여를 받을 수 없다. 이혼한 배우자의 급여에 대한 비판에 관해서는 "공공정책에 대한 이슈"를 보라.

공공정책에 대한 이슈 : 사회보장과 이혼

사회보장체계가 1935년에 설계되었을 때 이혼은 흔하지 않았다. 그래서 1939년에 의회가 은퇴한 노동자의 부인과 사별자를 위한 급여를 추가했을 때, 의원들은 이혼한 여성의 필

요성에 대해서는 별다른 주의를 기울이지 않았다. 1960년대에 이르러 이혼은 더욱 일반적으로 되었다. 은퇴할 때 많은 여성들은 전남편의 사회보장급여에 대한 권리가 없음을 발견하였다. 이혼한 배우자를 보호하기 위해 1965년에 정책결정자들은 이혼한 부부 중 저소득자가 최소한 20년간의 결혼생활을 유지했다면 배우자급여(기본 노동자급여의 절반)를 계속 가지게 해주는 규정을 추가했다.

이 규정이 지니는 문제는 거의 대부분이 부인인 저소득 배우자가 18년이나 19년간 결혼생활을 했더라고 배우자급여를 받을 자격이 없다는 것이다. 그러므로 이혼한 많은 여성들은 여전히 노년기에 소득이 거의 없거나 전혀 없었다. 1997년에 의회는 이혼한 나이 든 여성들이 여전히 극심한 가난의 위험에 처해 있다는 것을 인정하고, 10년간 결혼생활을 한 여성에게까지 배우자급여를 받을 수 있는 자격을 확대했다. 만약 주된(primary) 노동자가 재혼하면 이혼한 배우자는 여전히 배우자급여를 받을 수 있다. 그러나 만약 이혼한 배우자가 60세가 되기 전에 재혼한다면 배우자급여에 대한 권리를 상실하게 된다. 60세 이후의 재혼은 배우자급여의 자격에 영향을 주지 않는다(Social Security Administration, 2016a). (이혼한 남자와 여자 모두 배우자급여를 받을 자격이 있지만, 실제로 그 급여를 받는 남자는 별로 없고 수혜자 대부분은 여자이다.)

오늘날, 정책결정자들이 이전에 기대했던 것보다 더 많은 여성들이 이혼규정에 의해 영향받는다. 결혼한 부부 10쌍 가운데 4쌍이 이혼할 가능성이 있으며, 지금은 이혼한 사람들이 더 적게 재혼한다.

이혼 후에 사회보장급여를 지급하는 기준은 약간 이상한 결과들을 낳았다. 다음과 같은 뜻밖의 일을 생각해보라.

- 전배우자의 사망은 이득을 줄 수 있는데, 왜냐하면 전배우자가 사망할 경우 배우자급여가 유족급여(주된 노동자 급여의 100%)가 되기 때문이다.
- 이혼한 여자를 보호하는 것이 반드시 가장 어려운 여자를 보호하는 것은 아니다. 집 밖에서 일한 적이 한 번도 없지만은 고소득자와 결혼한 이혼경력의 여성은 일한 적이 있고 아이를 키우면서 사회보장에 기여했던 저소득 한부모 어머니보다 더 많은 사회보장

급여를 받을 수 있다.

사회보장의 개선을 위한 제안들 가운데 이혼한 사람에게까지 급여를 확대해줌으로써 생겨난 잘못된 인센티브를 지적하는 것은 별로 없다. 가족의 변화를 반영하기 위해 자격기준이 개정되어야 하는가? 고려되고 있는 한 가지 제안은 어느 노인도 빈곤에 떨어지지 않도록 보편적인 최저급여를 설정하는 것이다. 비록 이혼한 여성에게 보장이 필요하더라도, 정책결정자들은 현재 시행되고 있는 것보다 더 나은 기준을 설정할 수 있어야 한다.

어떻게 생각하는가?

1. 당신이 알고 있는 사람이 받는 사회보장소득액에 대해 이혼이 제한을 둔 적이 있는가? 그렇다면, 설명하라.
2. 배우자급여의 분배와 관련된 불평등을 제거하기 위해 사회보장을 개선하는 것을 찬성하는가? 그렇다면, 어떤 종류의 해결책을 제시할건가?

이러한 예들이 분명히 해주듯이, 사회보장은 남편이 유일한 소득자이고, 부인은 가정주부이며, 결혼생활이 끝까지 유지되는 전통적인 가족인 특별한 가족유형에 맞춰 설계되었다. 이 모델은 여성의 22%만이 일을 하고 이혼율은 오늘날보다 훨씬 낮은 1935년의 전형적인 가족에 들어맞는다.

2010년의 전형적인 가족은 이제 더는 남자 소득자와 여자 주부로 이루어져 있지 않았다. 다수의 기혼여성은 경제활동에 참가하고 있어서 보다 많은 여성들이 배우자보다는 자신의 수입력에 기초해서 사회보장급여를 받을 자격을 갖고 있다. 그러나 많은 직업여성들은 집밖에서 임금을 벌기 위해 일한 적이 없는 기혼여성보다 급여를 더 받지는 못한다. 이러한 격차는 사회보장이 직업여성에 불공정하다는 비난을 이끌었고, 또한 일부 비판자들이 배우자급여의 가치에 의문을 제기하도록 만들었다(Harrington Meyer and Herd, 2010).

그러나 배우자급여는 나이 든 여성에게 소득을 제공해주는 데 있어 중요하다. 이것은 가족의 돌봄제공이 가치가 있고 또한 여성이 가정에 머무르고 또 원한다면 자녀를 돌볼 수 있게 해준다. 배우자급여와 남편사별인급여가 없다면, 많은 나이 든 여성들은 가난해질 것이다. 대안적인 해결책은 저소득 맞벌이 가족의 유족연금을 2분의 1에서 홑벌이 가구와 똑같은 3분의 2로 올리는 것이다. 변화하는 여성의 노동유형과 가족구성을 고려할 때, 이러한 급여를 어떻게 분배할 것인가에 대한 재평가는 정당하다고 여겨진다. 정확한 해결책은 논쟁의 주제로 남아 있다(Fitzpatrick and Entmacher, 2000). 많은 나라들은 일하는 여성을 생애과정에 걸쳐 지원하는 새로운 정책을 실험하고 있다. "세계의 고령화"는 유럽국가들에서 채택되고 있는 일부 정책들을 논의한다.

세계의 고령화 : 성평등을 위한 복지국가의 구조조정

증가하는 공공예산은 모든 서방국가들이 직면하는 도전만이 아니다. 오히려 산업경제와 남성 주소득자 가족유형을 위해 설계된 복지국가는 맞벌이와 여성 가구주가 규범이 되고 있는 서비스지향 경제를 위해 개편하고 있다(Esping-Andersen, 2009). 더욱이, 증가하는 이혼율과 늘어나는 사생아 및 한부모 가구 또한 새로운 필요성을 낳았다(Castles et al., 2010). 변화하는 가족구조와 증가하는 여성의 경제활동참가와 관련된 새로운 필요성에 대응하기 위해 일부 국가들은 직업여성의 전 생애를 위한 지원체계를 개선하는 사회프로그램을 구조조정하기 시작했다.

대부분의 유럽에 걸쳐 여성의 학력은 이제 남성을 넘어섰고 여러 나라들에서 여성의 경제활동참가는 어린 자녀가 있는 어머니에게서조차 가파르게 증가했다. 예를 들어, 스웨덴에서는 1960년대초에 어린 자녀를 가진 어머니의 38%만 취업을 했는데 1980년대는 이 비율이 82%가 되었다. 1960년대 후반부터 스웨덴은 기혼부부에 대한 분리과세, 넉넉한 육아휴직, 보편적인 국립 보육원, 아버지가 자녀양육에 보다 적극적으로 참여하도록 권장하는 정책을 도입하면서 의도적으로 맞벌이 국가로 이동해갔다. 스웨덴은 또한 연금크레딧(pension credit)을 군복무, 질병휴가, 실업, 장애뿐만 아니라 자녀양육으로부터도 얻을 수 있도록 일에 대한 정의를 확대하였다(Andersen et al., 2008). 대부분의 임시직 스웨덴 여성들은 아이가 어린 경우 전체 급여와 업무시간의 4분의 3을 일할 권리를 갖는다. 그러므로 스웨덴 여성은 공적 연금체계의 완전한 참여자로 남아있다. 전체적으로 북유럽에서 전업주부는 기본적으로 출산과 상시고용 사이의 다리 역할을 하는 임시직과 함께 사라졌다(Esping-Andersen, 2009). 프랑스 또한 맞벌이 가족을 지원하기 위한 일련의 서비스와 보조금제를 갖고 있다.

일부 국가들은 여성이 돌봄일로 연금크레딧을 얻을 수 있게 해주지만, 이러한 수단은 성평등을 보장해주기에 불충분하다. 오히려, 일하는 어머니를 지원하고 남자가 보다 적극적으로 가족적인 역할을 수행하도록 권장하는 가족정책은 여성이 돌봄제공 책임 때문에 져야 하는 불이익을 줄여준다. 이러한 정책은 대부분의 여성들에 있어 안전한 은퇴소득을 갖추는 능력은 생애과정 초기의 개입에 달려있음을 인정한다.

3) 보충적 보장소득의 불평등

노년의 빈곤을 덜어주는 프로그램은 이미 존재해 있다. 그러나 이것은 이론적으로만 성공했다. 5장에서 살펴보았듯이 보충적 보장소득(Supplemental Security Income), 즉 SSI는 노인, 시각장애인, 기타 가난한 장애인에게 소득을 제공해준다. 자격이 되기 위해 개인은 65세 이상이고 시각장애나 기타 다른 장애가 있으며 그리고 소득이 일정 수준 이하여야 한다.

SSI급여를 받는 노인의 74% 정도는 여성이며, 3분의 1이상은 80세가 넘는 고령자이다. SSI가 지니는 문제는 월평균 급여가 너무 적다는 것이다. 2016년에 사회보장국(Social Security Administration)이 SSI수급자에게 지급한 금액은 단지 월 $733였다. 기혼부부에 대한 급여는 $1,100였다. 일부 주들은 어느 정도 금액을 증가시켜주는 보조금을 더 준다. 만약 잠시라도 임대료, 공과금, 식품비를 생각한다면, 한달에 $700이하로 산다는 것은 매우 힘들다는 것을 알 수 있다. 물론 모든 사람은 의류비, 교통비, 의료비와 같은 다른 지출을 가지고 있다. 낮은 SSI수준은 미국에서 독거 여성 노인이 왜 그렇게 높은 빈곤위험에 처해 있는가를 설명해준다. 안전망은 여기서 큰 구멍을 갖고 있다.

다른 서방국가들에서 나이 든 여성의 빈곤은 그다지 큰 문제가 아니다. 미국만 혼자 사는 여성 노인의 빈곤율이 다른 노인 부부에 비해 더 높은 나라이다(Garfinkel et al., 2010). 이러한 상황에 대한 이유는 안정망이 구축되는 방식에 놓여 있다. 미국에서 가난한 노인을 위한 안전망은 SSI, 사회보장, 식량배급표(food stamp)로 이루어져 있다. 세 가지 모두의 혜택을 받을 자격이 있는 노인은 여전히 빈곤선 아래의 소득을 가진다. 이와 대조적으로 스웨덴의 노인들 가운데 빈곤한 사람은 실제 아무도 없으며, 네덜란드의 노인은 낮은 수준의 빈곤위험만 경험한다(Garfinkel et al., 2010). 이러한 나라들은 모든 나이든 사람들에게 보편적인 기본연금을 빈곤선보다는 훨씬 많게 제공함으로써 나이 든 여성들이 빈곤에 처하지 않도록 해준다.

SSI에서 나이 든 여성이 높은 비율을 차지하는 상황에서, 빈곤을 제거하기 위한 한 가지 단순한 방법은 SSI급여를 빈곤선 이상으로 올리는 것이다. 대부분의 SSI수급자들은 몹시 가난한 처지에 있다.

4) 고용주연금 적용의 불평등

사회보장은 노년을 위한 적당한 수준의 보호를 제공하지만 은퇴기간을 위한 충분한 소득보장을 제공하도록 결코 설계되어 있지는 않다. 오히려 이것은 개인저축과 고용주에 의해 제공되는 연금도 포함하는 세 다리 의자의 다리 하나이다. 대부분의 사람들은 고용주연금, 개인저축, 약간의 투자만 가지고 있다면 은퇴 후에도 이전의 생활수준을 유지할 수 있다.

(1) 연금급여

연금에 대한 접근을 결정하는 주된 요인은 개인의 직업이며, 그리고 역사적으로 여성은 연금 적용이 제한된 직업에 종사해왔다. 보다 최근의 통계는 다른 이야기를 해준다. 베이비붐 세대들 중에 남자와 여자는 고용주연금제에 똑같이 포함될 가능성을 지니고 있다(Wright, 2012). 이것은 이전세대와 다른 현저한 변화이다.

젊은 여성이 연금 적용의 측면에서 남성을 따라 잡아가고는 있지만, 대부분의 나이 든 여성들은 지급받는 연금소득액에 있어 뒤처져 있다. 총 취업년수가 적을수록 그리고 고용이 자주 중단될수록 연금급여는 줄어든다. 이것은 여성이 대부분의 무급 가사노동을 수행함으로써 지불하는 불이익이다. 2003년에 여성의 연평균 연금급여는 $4,161인데 비해 남성의 연평균 연금급여는 $7,678였다(U.S. Bureau of Labor Statistics, 2003).

(2) 유족급여

은퇴자가 살아있는 동안에 배우자급여를 지급하는 사회보장과 달리 개인연금제는 노동자에게만 급여를 지급한다. 노동자가 사망하면 유족은 유족연금을 지급받을 수 있지만 필연적이지는 않다. 1984년까지 남편은 부인에게 알리지 않고 유족연금에 대한 부인의 권리를 보류시킬 수 있었다. 많은 사별자들은 남편이 자신의 권리를 배제하는 서명을 하여 유족연금을 받지 못한다는 것을 발견하고는 놀랐다. 이혼한 여성들 또한 남편의 개인보험에 대해 일정의 몫에 대한 법적 권리가 없음을 발견하였다.

1984년의 **은퇴공평법**(Retirement Equity Act of 1984, REA)은 사망이나 이혼의 상황에 처한 배우자를 보호하였다. 결혼한 피고용인의 연금은 **동반 및 유족 연금수령**(joint and survivor annuity)이어야 한다. 이것은 노동자가 평생 줄어든 연금을 받아야 하며, 남편과 부인이 서면으로 각각 자신의 유족연금을 보류한다고 동의하지 않는 한 배우자는 유족연금의 50%를 받아야 한다는 것을 의미한다(American Association of Retired Persons, 1994; ssa.gov, 1984). 남편은 부인에게 알리지 않고 유족연금에 대한 부인의 권리를 배제하는 서명을 더는 할 수 없다.

대개 유족연금을 보류하는 결정은 경제적인 동기로 이루어진다. 유족연금의 수급을 선택한 부부는 남편이 살아있는 동안에는 보다 적은 급여를 받는다. 예를 들어, 62세의 부인이 있는 65세의 남자는 평생 월 $1,000의 연금급여를 보장받을 수 있다. 만약 그와 그의 부인이 유족연금을 보류시키면 부인은 그가 죽으면 아무것도 받지 못한다. 만약 이들이 유족연금을 선택하면 이들은 월 $890만 받지만, 그의 배우자는 그가 죽은 후 $445의 유족급여를 받을 것이다(Donovan, 1985).

은퇴공평법은 또한 **연금분할**(pension-splitting)을 이혼판정의 일부가 되게끔 해주었다. 이제 연금은 재산정리의 일부로 간주된다. 이혼후 부인은 남편 연금급여의 반을 받을 권리가 있으며 그 반대의 경우도 마찬가지다.

하지만 많은 사별자들과 전부인들을 위한 보호에 있어 존재하는 격차는 여전히 유효한데, 왜냐하면 은퇴공평법이 민간부문의 노동자에게만 적용되기 때문이다. 주연금제(state pension plan)는 연방법에서 제외되어 있기 때문에, 모든 주 및 지방정부 공무원이 은퇴공평법에 의해 관리되지는 않는다. 현재 11개의 주만이 유족연금을 보류하기 위해 배우자의 승낙을 요구하는 규정을 갖고 있다. 그러므로 여전히 일부 사별자들은 사망한 남편의 급여에 대한 연금 권리가 없음을 발견하고 크게 당황한다. 미래에는 여성들이 자신의 이름으로 된 연금보장을 받을 가능성이 어느 정도는 더 많겠지만, 수천 명의 주와 지방정부 공무원의 부인들은 주가 은퇴공평법의 보호막을 자신들에게까지 확대할 때까지 노년기의 빈곤에 취약한 상태로 남아있을 것이다.

이전의 논의에서 분명히 했듯이, 빈곤으로의 추락에 있어 불평등하게 편재된 위험성은 단지 운명적인 일은 아니다. 오히려 그것은 생애 초기의 선택에 있어 여성에게 불이익을 주는 제도적 메커니즘과 제한된 경제활동의 기회를 만드는 자격규정에 대한 정치적 결정의 결과이다.

3 인종, 민족, 불평등

미국에서 사회계급은 명백히 규정된 층을 형성하고 있지 않으며, 오히려 여기에는 복합적인 불평등의 차원이 존재한다. 사람들의 삶에 있어 운과 기회는 부분적으로 인종적 및 민족적 배경에 의해 결정된다.

1) 빈곤의 인종적 및 민족적 차이

히스패닉인과 흑인에 비교할 때 백인의 빈곤율에는 현저한 차이가 있다. 2012년에 비히스패닉계 백인의 9.7%(1,890만명)가 가난하게 사는 데 비해 히스패닉인의 4분의 1이상(1,360만명)과 흑인의 27.2%(1,090만명)가 가난하게 살았다. 이러한 숫자들은 심각한 빈곤상태(deep poverty)의 비율을 보면 더 비참해진다. 백인과 비교할 때, 히스패닉인은 심각한 빈곤상태로 살아갈 가능성이 2배이상 많으며, 흑인은 거의 3배 정도 많다. 2012년에 흑인의 12.7%, 히스패닉인의 10.1%, 비히스패닉 백인의 4.3%가 심각한 빈곤상태로 살고 있었다(U.S. Census Bureau, 2014a). 이렇게 생애 초기에 가난에 처하게 되는 위험성의 차이는 노년기 빈곤율의 차이로 이어진다. 2012년에 노인들 가운데 빈곤선 아래의 소득을 가진 인구의 비율은 백인이 7.7%인데 비해 흑인은 18%, 아시아인은 15%, 히스패닉인은 18%였다(U.S. Census Bureau, 2014a).

재산은 빈곤의 위험성에 대응하는 완충기의 역할을 한다. 저축, 부동산, 투자 형태의 재산을 가진 사람들은 이러한 재산이 제공하는 경제적 자원으로 소득을 보충한다. 재산에 있어 인종적 및 민족적 차이는 빈곤 위험성의 차이를 보여준다. 2013년에 백인가구는 약 $141,900의 자산을 가진 데 비해 아프리카계 미국인과 히스패닉인의 자산은 각각 $11,000와 $13,700였다(Sullivan and Meschede, 2016). 다음 절에서 이러한 차이의 원인에 대해 검토한다.

2) 노인의 인종적 및 민족적 차이

노인들의 경제적 안전에 있어 소수집단들 간에 그리고 소수집단의 개인들 간에도 큰 차이가 있다. 다음 절에서 노인들에게 비슷한 결과를 낳은 다양한 소수집단들의 독특한 역사적 유형을 분석한다.

(1) 아프리카계 미국노인

아프리카계 미국인은 미국에서 가장 큰 소수집단이다. 오늘날 흑인 노인의 경제적 위치는 누적적 불이익에 대한 생애과정의 관점에서만 이해될 수 있다. 인종차별로 인해 아프리카계 미국인은 항상 백인보다 더 높은 실업률, 더 불안정한 고용, 더 낮은 임금을 경험해왔다. 1960년에 흑인 남성은 백인 남성이 얻은 수입의 58%만 벌었고 대부분의 흑인 여성은 가정부로 고용되어 있었다(10장을 보라). 아프리카계 미국인은 같은 일자리에서 나란히 일하지 않으며, 같이 일하더라도 동일한 임금을 받지 못한다(Farley, 1996). 임금에 있어 여전히 상당한 차이가 존재한다. 2014년에 비히스패닉계 백인의 중위 가구소득은 $56,866인 데 비해 흑인의 중위 가구소득은 $35,398였다(U.S. Census Bureau, 2015). 일하는 기간의 낮은 임금은 은퇴후의 낮은 사회보장급여를 의미한다. 불안정한 고용 또한 개인연금체계에 들어갈 기회가 적고 연금저축을 늘릴 기회가 적음을 의미한다.

인종차별은 또한 흑인의 재산축적을 방해한다. 2013년도의 평균 순자산은 백인이 $141,900인데 비해 흑인은 $11,000에 지나지 않았다(Veghte et al., 2016). 이것은 1983년 이후로 증가한 흑백 간의 재산격차를 나타낸다. 인종적인 재산격차의 일부는 주택소유의 차이에 기인한다. 집은 대부분의 미국인에 있어 첫 번째로 가장 중요한 자산이다. 주택소유율이 지난 10년간 모든 사람에게 있어 증가해왔지만, 주택소유에 있어 큰 인종적 및 민족적 차이는 상존한다. 〈표 15-5〉가 보여주는 것처럼, 2016년에 비히스패닉계 백인의 74%가 자신의 집을 소유한 데 비해 아프리카계 미국인의 41%, 아시아인의 59%, 히스패닉인의 45%가 자신의 집을 소유했다(U.S. Census Bureau, 2016). 흑인과 히스패닉인이 소유한 집의 가격 또한 더 낮았다.

〈표 15-5〉 인종별, 민족별 주택소유율, 1996-2016

	1996년	2016년
비히스패닉계 백인	72%	74%
아프리카계 미국인	44	41
아시아인	51	59
히스패닉인	43	45

출처: U.S. Census Bureau(2016).

아프리카계 미국인의 주택재산은 왜 그렇게 많이 낮은가? 답은 부동산중개업자, 백인 이웃, 연방정부에 의한 인종차별의 유산에 놓여 있다. 20세기 대부분에 걸쳐 아프리카계 미국인은 인종적으로 분리된 지역에 내쳐졌다. 인종분리는 의회가 사람들이 주택담보 대출의 불이행에 대비하여 은행에 보험을 들어 집을 살 수 있도록 하기 위해 연방주택청(Federal Housing Authority, FHA)을 설립한 1934년에 공식적인 연방주택정책의 일부가 되었다. 연방주택청의 정책은 **특정경계지역지정**(redlining)을 부추겼다. 특정경계지역지정은 경제적이거나 인종적인 이유로 대출이 위험하다고 간주되는 도시의 특정 지역 둘레에 문자 그대로 지도상에 선을 긋는 것이다. 특정경계지역지정은 대부분의 흑인가족이 연방정부가 보증하는 대출을 받을 자격이 없음을 의미했다. 1949년까지 연방주택청은 아프리카계 미국인, 아시아인, 히스패닉인, 일부 유대인과 천주교인이 개신교인과 이웃하는 것을 막는 **제한약관**(restrictive covenants)의 사용도 권장했다. 연방주택청은 이외에 인종통합지역에 대한 대출보증도 거부했다(Conley, 1999). 현재 노인인 많은 흑인들과 다른 소수민들은 이러한 관행의 희생자들이었다.

지금은 불법이지만 주택에 대한 접근에서의 인종차별은 민간 임대업자의 관행에 내재된 채로 남아있다(Myers and Chung, 1996). 주택산업에서의 최근 위기에서도 인종적 및 민족적 차별이 발생했다는 증거가 있다. 2010년에 뱅크오브아메리카(Bank of America)가 소유한 칸츄리와이드파이낸셜(Countrywide Financial)은 인종에 기초해 차별받은 20만 명 이상에게 3억3천500만 달러를 지불하라는 명령을 받았다. 법무부(Department of Justice)는 2004년과 2008년 사이에 칸츄리와이드파이낸셜이 아프리카계 미국인과 히스패닉인에게 높은 이자율을 부과하고, 위험성이 높은 대출로 회유한 사실을 발견하였다.

대출관행에 있어 연방주택청의 정책과 계속된 인종차별은 아프리카계 미국인의 재산증대에 지속적으로 영향을 미쳤다. 이미 지적한 바 있는 한 가지 결과는 보다 적은 수의 흑인이 집을 소유한다는 것이다. 또다른 결과는 집을 구입하는 대부분의 흑인들은 주거분리로 인해 도심에 있는 집을 구입한다는 것이다. 부동산가격이 극적으로 오르던 1980년대의 주택가격 폭등으로 혜택을 입는 대신에 흑인들이 투자한 부동산의 가치는 종종 떨어졌다(Oliver and Shapiro, 1995).

불평등한 부의 분배는 누적적 불이익을 지속시킨다. 나이 든 아프리카계 미국인들은 백인보다 적은 재산을 갖고 있기 때문에, 대부분은 노년기를 위한 소득보장이 약하고 만약 위급한 경우에 자산을 다 써버리면 실패보장체계(fail-security system)도 없다. 이들은 또한 자식에게 물려줄 재산도 더 적게 가지고 있다. 결과적으로 재산증대에 있어 인종불평등은 다음 세대에 전달된다.

1965년 이후로 여러 측면에서 아프리카계 미국인의 경제적 및 사회적 지위에 상당한 진전이 있었다. 민권법이 인종차별을 종식시키면서 대학에 다니는 흑인과 백인의 숫자는 거의 같은 비율에 도달하였고, 선출직 공직자의 흑인 수는 증가했으며, 전문직에 종사하는 흑인 남성과 여성의 수도 크게 증가했고, 흑인과 백인의 소득격차는 줄어들었다(Conley, 1999). 이러한 성과에도 불구하고 백인 노인에 대한 흑인 노인의 중위소득은 1967년의 70%에서 2000년의 60%로 실제에 있어 지난 수십년 동안 떨어졌다(Hudson, 2002). 생애과정에 걸친 지속적인 기회의 불평등은 지속적인 노년기의 불평등을 의미한다.

(2) 히스패닉 노인

히스패닉(Hispanic)이라는 용어는 자신을 스페인인 계통이라고 인식하는 사람을 일컫는다. 히스패닉인들은 멕시코, 쿠바, 푸에르토리코(미국령), 중남미, 유럽에서 미국으로 이주해왔다. 미국에 있는 5,500만명 이상의 히스패닉계 사람들 가운데 가장 많은 세 집단은 멕시코, 푸에르토리코, 쿠바 출신이다(Pew Research Center, 2016). 그러므로 히스패닉이라는 용어는 문화적 믿음, 인종, 학력, 소득에 있어 매우 상이한 사람들을 포함한다는 것을 인식하는 것이 중요하다.

많은 멕시코 출신 사람들은 미국에서 수세기 동안 살아왔다. 이들의 조상은 1850년에 미국이 합병하기 전까지 멕시코에 속해 있던 영토에서 살았다. 다른 사람들은 제2차세계대전 이후에 외국인노동자를 데려오는 프로그램을 통해 왔다. 가장 최근의 멕시코인 이민자들은 상대적으로 젊으며, 특히 캘리포니아와 텍사스와 같은 일부 주에 몰려 있다. 많은 멕시코계 미국인들은 들판에서 힘들게 일하고 일자리를 옮겨 다니며 혜택을 받지 못하는 이주노동자로 일해오고 있다.

쿠바계 미국인은 두 차례의 주기에 걸쳐 미국으로 이주해왔다. 첫 번째인 1960년대는 피델 카스트로(Fidel Castro)의 공산주의 정권을 피하려는 사람들의 정치적인 이민이었다. 이러한 초기 이민자의 대부분은 쿠바의 중상위계급 출신이었고, 고학력, 고급 기술, 많은 자본을 지니고 입국했다. 이들 쿠바인은 특히 마이애미와 같이 자신들이 도착한 도시에 잘 결집된 쿠바인 소수민족거주지(enclave)를 형성하였다. 이들은 사업을 일으키기 위해 가져온 재산을 사용하였으며 그리고 많은 사람들은 성공했다. 두 번째 주기의 쿠바인들은 피델 카스트로가 작은 배의 선단이 마리엘항에서 떠나는 것을 허용한 1980년에 도착했다. 마리엘 쿠바인들은 첫 번째 주기의 사람들보다 덜 교육 받았고, 낮은 사회계급 출신이고, 잘살지도 못했다.

히스패닉 출신의 모든 집단들 가운데 푸에르토리코인 가족들이 가장 불리한 처지에 있다. 푸에르토리코를 떠나 미국본토로 온 많은 사람들은 대도시의 격리된 소수집단 거주지에 살고 있다. 이들은 매우 가난해서 푸에르토리코를 떠났지만 도착해서는 좋을 일자리와 집을 찾을 수가 없었다. 모든 히스패닉 집단들 가운데 이들은 가장 낮은 경제활동참가율과 학력을 지니고 있다(Sandefur and Tienda, 1988).

히스패닉계 집단들 간의 차이는 소득에서 나타난다. 하나의 집단으로서 쿠바인들은 히스패닉계로 분류된 다른 집단들보다 소득이 더 많다. 2005년의 중위소득은 쿠바출신이 $43,621인데 비해 멕시코출신은 $23,296, 푸에르토리코출신은 $23,296였다. 히스패닉인의 빈곤율은 이들 세 집단의 소득유형을 따라간다. 2005년에 빈곤율은 푸에르토리코인이 32%로 가장 높고, 다음으로 멕시코인이 22%이며, 쿠바인은 10.9%로 가장 낮았다(U.S. Census Bureau, 2005a). 전체적으로 2014년에 히스패닉 가구의 중위소득은 $42,200인데 비해 비히스패닉 백인 가구의 중위소득은 $61,317였다(Pew Research Center, 2016; U.S. Census Bureau, 2014b). 백인과 히스패닉인 간에 상당한 부의 격차도 있다. 2013년에 히스패닉 가구는 평균적으로 $13,700의 재산만을 가졌다(Veghte et al., 2016).

많은 히스패닉 노인들은 사회보장이 적용되지 않는 직업에 종사했기 때문에 메디케어를 받을 자격이 없다. 많은 멕시코계 미국인들이 사회보장에 가입하는 것을 막는 장애물은 이들이 미국에서 수십년간 살았고 또 일했음에도 불구하고 합법적인 미국주민이 되지 못했다는 것이다(Angel, 2003). 히스패닉출신의 많은 젊은이들은 나이 든 히스패닉인이 메디케어의 자격이 없는 것과 같은 이유로 건강보험이 결핍되어 있다. 2014년에 히스패닉인의 20%가 건강보험이 없는 데 비해 아프리카계 미국인은 12%, 아시아/태평양군도인은 9%, 백인은 8%가 건강보험이 없었다(U.S. Census Bureau, 2015e). 보다 긍정적인 신호로, 2010년에 환자보호 및 부담적정 보험법(Patient Protection and Affordable Care Act, ACA)이 통과되면서 건강보험 적용이 모든 집단들에 있어 개선되어왔다는 것이다.

나이 든 히스패닉인과 아프리카계 미국인은 대개 해고가 보통이거나 일자리가 계절적인 노동력 부문에서 일했기 때문에 불규칙적인 유형의 일자리를 가져왔다. 일시적인 작업유형, 높은 이직률, 저임금으로 특징되는 낮은 지위의 일자리에서 평생의 일은 나이 든 소수민에게 연금소득을 희생하도록 만들었다. 불안정한 저임금의 일자리는 나이 든 아프리카계 미국인과 히스패닉인에게 있어 개인연금에 대한 접근의 감소로 직접 이어진다. 이것은 이들의 소득 가운데 임금이 차지하는 비율이 왜 백인보다 더 높은지를 설명하는 데 도움을 준다. 연금급여의 부족은 종종 소수집단 사람에게 65세가 지나서도 일을 계속하게끔 만든다.

(3) 아시아계 노인

아시아인은 미국에서 가장 빠르게 커가는 소수집단이다. 이들은 소득이 가장 많고 학력도 가장 높다. 2011년에 아시아계 미국인으로 분류된 사람은 18,205,898명이었다(Pew Research Center, 2015b). 히스패닉인처럼 이들은 베트남, 중국, 일본, 필리핀, 한국, 하와이, 태평양군도를 포함한 많은 다양한 나라들에서 온다.

나이 든 아시아인들 가운데 철도를 부설하기 위해 20세기초에 서부해안지역에 이민온 소수의 중국인 남성 생존자들이 있다. 당시 여성 이민자들이 거의 없었기 때문에 이들 남성 상당수는 평생 결혼을 못했다. 결과적으로 이들은 아무런 가족지원체계가 없는 노년에 직면하게 되었다. 오늘날 아시아계 노인의 일부는 이들 첫 번째 이민세대의 자녀이다. 이들은 나중의 아시아계 이민자들보다 덜 교육받았고 경제적으로 더 박탈된 경향이 있었다. 중국계 이민자들이 미국에 도착했을 때 서부해안지역에 살던 백인들은 이들의 문화를 두려워했고 그래서 중국인이 더 들어오지 못하도록 로비했다. 1917년에 미국은 아시아계 이민자들에게 국경을 폐쇄했다.

지금 나이가 든 많은 일본인들은 포로수용소에 갇혔던 제2차세계대전 동안 모든 재산을 잃었다. 아시아로부터의 이민에 대한 오랫동안의 금지가 중국과 일본에 연간 총 100명의 이민만 허용하는 할당제와 함께 해제된 1952년에 많은 숫자의 아시아인들이 도착하기 시작했다. 이들 이민자는 부동산을 구입하거나 공공기관의 일자리를 얻지 못하게 하는 법의 적용을 받았다. 민권운동의 결과로 1965년에 의회는 비록 한 나라에서 2만명 이상은 안되지만 매년 29만명의 이민자들이 미국에 들어오는 것을 허용하였다. 이렇게 아시아계 이민자에 대한 이민제한이 풀리면서 새로운 물결이 들어오기 시작했다. 베트남과 캄보디아에서 많은 사람들이 정치적 난민으로 들어왔다. 보다 최근에는 이민자들이 교육을 위해 중국, 일본,

한국에서 들어왔다. 많은 사람들이 고급 학위를 받았다(Farley, 1996).

자신들에 대한 차별의 역사에도 불구하고 아시아계 미국인들은 자신들 앞에 놓인 장애물을 넘어왔다. 2011년에 아시아계 미국인의 중위소득은 $62,000인데 비해 나머지 사람들의 중위소득은 $49,800였고(Pew Research Center, 2015b), 주택소유율은 54%였다(U.S. Census Bureau, 2011b). 이들의 번영은 부분적으로 많은 사람들이 교육에 높은 가치를 둔 것에 의해 설명될 수 있다. 아시아인은 소수민들 가운데 학교에 가장 오랫동안 남아있으며 학사학위와 전문학위를 받는 사람들 중에 비율이 과도하게 높았다(U.S. Census Bureau, 2011b). 최근의 아시아계 이민자들 가운데 61%가 학사학위를 가지고 있다(Pew Research Center, 2015b). 이러한 모든 요인들로 인해 전체적으로 아시아인들은 다른 어느 소수집단보다도 낮은 빈곤율을 가지고 있다. 사실 나이 든 아시아계 여성은 나이 든 백인 여성보다도 낮은 빈곤율을 갖고 있다.

(4) 미국 원주민 노인

2014년에 미국에는 미국 인디언이나 에스키모인으로 분류된 사람의 숫자가 500만명이 조금 넘었다(Peralta, 2014). 내림차순으로 가장 큰 미국 원주민 집단은 체로키족(Cherokee), 나바호족(Navajo), 치페와족(Chippewa), 라코타족(Lakota)이다. 2005년에 이들 중 51%가 보호구역에 살았고 나머지는 농촌과 도시지역에 살았다(U.S. Census Bureau, 2005a).

미국 원주민은 소수민들 가운데 가장 높은 실업률과 사망률을 가지고 있다. 2014년에 미국 인디언의 4분의 1이상이 빈곤선 아래에서 살았고(Peralta, 2014), 상시직 종사자의 중위 가구소득은 다른 집단에 비해 상당히 낮았다. 나이든 미국 원주민의 높은 빈곤율은 백년이 넘는 토착민에 대한 연방정책의 결과보다도 더 많은 것을 반영한다. 19세기 후반에 연방정부는 오지나 가난한 지역에 보호구역을 만들었는데, 이러한 지역에서 원주민 부족들은 고립되고 발전이나 경제성장의 가망성이 거의 없어 쇠락했다. 원주민에 대한 교육은 연방정부의 책임으로서, 연방정부는 19세기에 보호구역에서 주간학교를 운영하였고 20세기에는 원주민을 지배사회에 사회화시키기 위해 원주민 청소년을 위한 기숙학교를 설립하였다(Nagel, 1996). 이들 학교 가운데 많은 곳은 시설이 빈약한 채로 부실하게 운영되었다. 결과적으로 미국 인디언은 모든 소수집단들 가운데 가장 빈약하게 교육받은 사람이다. 2005년의 센서스에 따르면 모든 미국 원주민들 가운데 7%만이 학사학위를 받았다.

나이 든 많은 미국 원주민들은 아무런 건강보험 없이 산다.

제2차세계대전 동안 많은 미국 원주민들은 보호구역을 떠났고 또 영구히 살기 위해 돌아온 사람은 그리 많지 않았다. 1950년대와 1960년대에 설립된 연방 인디언고용 및 도시 재정착 프로그램(Federal Indian employment and urban relocation program)은 보호구역시대를 종료하고, 임금을 주는 일자리를 위해 인디언을 훈련시키고, 훈련생을 도시지역에 재정착시키게끔 설계되었다. 1952년과 1972년 사이에 10만명이상의 미국 원주민들이 도시지역에 재정착하였다. 일부는 보호구역으로 되돌아왔지만 많은 사람들은 도시에 머물렀다. 젊은이들의 유출로 많은 인디언 노인들은 보호구역에 고립된 채 남아있었다.

1970년대와 1980년대에 연방정부는 이전에 몰수했던 땅에 대한 수백건의 민원을 해결하였다. 일부 부족들은 $400억 만큼이나 받았다. 이 새로운 자산은 그들 인디언의 유산을 주장하는 사람들의 부활을 낳았다(Nagel, 1996). 비록 토지민원의 해결과 합법적인 도박이 일부 부족들을 부유하게 만들었지만, 혜택은 고르게 분배되지 않았다. 많은 보호구역들에서 노인은 가난한 채로 남아있다.

2000년에 미국 원주민 가운데 7.2%라고 하는 소수만이 65세이상이었다(U.S. Census Bureau, 2011b). 높은 사망률은 기대수명을 감소시켰고 노년기까지 생존하는 미국 원주민의 숫자를 줄였다. 연방정부는 부족의 사회조직 회원이거나 부족과 연결된 모든 미국 원주민들에게 건강보험을 제공할 책임이 있다. 인디언건강관리청(Indian Health Service, IHS)의 법적인 기초는 미국 원주민들로부터 빼앗은 부족 토지에 대한 배상으로 미국 원주민들에게 건강보험을 무료로 제공해야 한다고 명시한 연방협정의무(federal treaty obligation)에 규정되어 있다. 건강보험이 연방정부의 책임이 된 이래로 다수 미국 원주민들의 일반적인 건강은 좋아졌고, 기대수명은 증가했으며, 사망률은 떨어졌다. 부정적인 측면으로, 인디언 노인을 위해 인디언건강관리청이 지원하는 서비스에는 만성적이고 장기적인 돌봄서비스가 거의 포함되어 있지 않다. 또다른 문제는 보호구역이나 그 인근에 사는 나이 든 많은 미국 원주민들은 교통수단이 부족하기 때문에 건강돌봄을 정기적으로 받을 수 없다는 것이다(Boccuti, 2015). 메디케어 자격이 있는 사람들도 종종 메디케어가 적용되지 않는 직접비를 지불할 수가 없다. 그러므로 미국 원주민 노인이 필요로 하는 건강돌봄의 많은 것들은 시행되지 않은 채로 남아있다.

유색인들이 생애과정에서 직면하는 누적적 불이익은 이들의 은퇴준비를 더욱 어렵게 만든다. "고령화 경험의 다양성"에 소개된 내용은 왜 소수민이 백인보다 노년기에 재정적으로 덜 보장되어있는지를 설명해준다.

고령화 경험의 다양성 : 유색인을 위한 은퇴보장

연금에 대한 접근성을 가지고 생애 초기에 은퇴를 위한 저축을 할 수 있다는 것은 노년의 소득보장에 있어 결정적이다. 그러나 유색 노동자들, 특히 라틴계는 백인 노동자들보다 확정급여제(defined benefit plan)나 확정기여제(defined contribution plan) 중 어느 유형의 고용주 지원 사회보장제도도 적용받지 못할 가능성이 더 크다. 2012년에 25~64세의 흑인과 아시아계 종업원의 54%, 라틴계 종업원의 38%만 고용주지원 연금제의 적용을 받았다. 이에 비해 백인 종업원의 62%가 고용주지원 연금제의 적용을 받았다. 은퇴계획을 가진 소수민은 백인보다 종신은퇴소득을 보장하는 확정급여제를 받을 가능성이 더 적은 경향이 있다.

개인저축 또한 노년기 소득보장의 원천인데, 소수민은 동년배의 백인보다 은퇴저축을 가질 가능성이 훨씬 더 적다. 다수 흑인(62%)과 라틴계(69%) 노동연령 가구는 은퇴계좌에 자금이 없는데, 이는 같은 유형의 백인가구(37%)와 대조된다. 은퇴를 위해 돈을 모아둔 소수민은 백인보다 저축액이 훨씬 적다. 25~64세의 흑인가구 75%와 라틴계 가구 80%는 $10,000보다 적은 은퇴저축을 갖고 있다. 은퇴에 가까운 사람들(55~64세) 중에 흑인은 단지 평균 $33,000를 저축해놓은 데 비해 백인은 평균 $206,000를 저축해놓고 있다(Rhee, 2013b). 〈표 15-6〉은 연령별, 인종/민족별 평균 저축액을 보여준다. 연금설계에 대한 접근성의 부족과 은퇴저축의 어려움은 노년의 불평등을 영속화시킨다.

어떻게 생각하는가?

1. 은퇴를 위한 저축을 하기 시작했는가?
2. 연금급여를 제공하는 일자리를 갖는 것은 얼마나 중요한가?

〈표 15-6〉 노동연령 가구의 평균 은퇴저축액(인종별 및 연령집단별, 2010)

가구주의 인종	가구주의 연령				
	ALL 25-64	25-34	35-44	45-54	55-64
백인	$111,749	$17,771	$57,822	$129,500	$206,400
흑인	$20,132	$4,792	$16,508	$24,606	$34,365
라틴계	$17,00	$5,330	$12,048	$29,651	NA

출처: Rhee(2013b).

(5) 캐나다와 유럽의 소수민

인종과 민족에 의한 노년의 불평등은 미국에만 국한되지 않는다. 다른 나라의 소수민 또한 누적적 불이익의 결과를 겪는다.

영국의 경우, 이민의 물결은 각 민족집단별로 서로 다른 시기와 서로 다른 상황에서 발생했다. 최대의 이민 시기는 1950년대였다. 그러므로 이제 점차 민족적 소수민들은 영국출생자들이다. 1960년대초에는 카리브인, 1970년대초에는 인도인과 파키스탄인, 1980년대에는 방글라데시인과 홍콩인의 유입이 있었다. 2000년대의 중동전쟁은 세르비아, 이라크, 기타 다른 무슬림 국가들로부터의 이민자 유입을 가져왔다. 소수민족집단의 나이 든 남성과 여성의 소득은 이들이 영국에 도착한 이후의 고용과 수입을 반영한다. 이들 소득의 주요 원천은 정부연금, 임금, 개인연금, 저축이자, 투자이익이다. 소수민 노인은 백인 노인보다 소득에 대한 자산조사급여(means-tested benefits)에 더 의존하며 또한 개인연금으로부터의 소득을 더 적게 받는 경향이 있다. 연금으로부터의 소득이 인종집단에 따라 다르지만, 영국의 모든 인종적 및 민족적 소수민들은 백인보다 더 적은 연금보장과 연금소득을 가진다(Ginn and Arber, 2000).

계층체계를 분석하는 데 있어 연구대상은 특정 집단에게 한정된 범위의 선택과 제한된 기회를 통해 불이익을 주는 사회제도이다. 결과적인 불평등은 무작위이거나 우연이 아니다. 오히려 이것은 다른 사람에게 기회를 제한하는 권력을 가진 일부 사람들이 만든 정치적 결정의 결과이다.

돌아보기

1. 누적적 불이익이론은 무엇인가, 그리고 이 이론은 노인의 물질적 복지에서 나타나는 성적, 인종적, 민족적 차이를 어떻게 설명하는가?

계층에 대한 기본적인 사회학적 접근은 불평등이 개인들 간의 타고난 차이가 아니라 사회적 과정의 산물로 바라본다. 계층연구에 있어 중심이 되는 질문은 사회적 불평등이 어떻게 생산되고, 유지되고, 다음 세대로 전달되는가이다. 누적적 불리이론에 따르면 불평등은 정적인 결과가 아니라 생애과정에 걸쳐 펼쳐지는 누적적 과정이다. 여성과 인종적 및 민족적 소수민은 초기의 경험과 기회로 인해 백인보다 노년에 더 적은 소득과 더 높은 빈곤율을 가진다.

2. 성과 혼인상태는 개인의 사회보장급여 자격에 어떻게 영향을 미치는가?

사회보장은 거의 모든 노인들에게 중요한 소득원이다. 소득분배에 있어 최하위에 위치한 사람들(여성과 소수민) 대부분은 이 프로그램에 의존하지만, 이들의 평균 급여는 백인보다 적다. 여성과 소수민은 백인보다 낮은 사회보장급여를 받는데, 왜냐하면 자격규정이 연속적인 일자리 경력과 고임금 일자리를 가진 노동자에게 보상을 주기 때문이다. 여성과 소수민은 백인보다 더 불안정한 경제활동참가 기록을 갖고 있으며 더 낮은 임금을 받는다. 결과적으로 이들의 급여는 더 낮은 경향이 있다. 사회보장 급여의 성별 격차는 미래에 살아질지 모른다. 한가지 이유는 여성들이 과거보다 더 꾸준히 일하고, 그로 인해 이들이 은퇴할 때 보다 연속적인 일 경력을 갖게 된다는 것이다. 또다른 이유는 백인 남성의 직업안정성이 떨어지고 있다는 것이다. 또한, 젊은 남녀 간의 임금격차도 줄어들고 있다.

3. 배우자를 위한 사회보장급여는 어떻게 운영되는가?

배우자급여는 은퇴한 노동자의 급여 중 반을 제공함으로써 기혼부부의 은퇴소득을 보충해준다. 노동자가 사망하면 사별자는 배우자급여를 받지 못하는 대신 노동자의 급여

100%에 해당하는 유족급여를 가진다. 전배우자는 60세이후부터 노동자의 급여 가운데 반을 받을 자격을 가진다.

4. 성 및 혼인상태는 개인의 고용주연금 자격에 어떻게 영향을 주는가?

여성과 소수민의 사회보장급여를 낮추는 똑같은 요인이 고용주연금에 대한 접근에도 영향을 미친다. 저임금과 불안정한 일자리 경력은 많은 사람들에게 고용주연금을 받지 못하도록 만든다. 하지만 사회보장의 장점은 노인의 99%(5장에서 언급했듯이)가 이것으로부터 약간의 소득을 얻는다. 이와 대조적으로 은퇴자들 가운데 절반도 안 되는 사람만이 고용주연금으로부터의 소득을 얻는다.

5. 노년기 경제적 안정의 측면에서 인종 및 민족집단들은 어떻게 다른가?

백인과 비교할 때 아프리카계 미국인은 보다 높은 실업률, 불안정한 고용, 낮은 임금을 가진다. 일하는 기간 동안의 낮은 임금은 은퇴시기의 낮은 사회보장급여를 의미한다. 불안정한 고용 또한 개인연금에 가입하고 연금저축액을 늘릴 기회가 더 적음을 의미한다. 주택매매에 있어 과거와 현재에도 계속되고 있는 차별로 인해 나이 든 흑인과 히스패닉인은 집을 소유할 가능성이 백인보다 더 낮다. 더욱이, 분리된 거주유형 때문에 흑인이 소유한 집은 백인의 집보다 가격이 더 낮다.

히스패닉 노인들의 빈곤율은 출신국가에 따라 다르다. 빈곤율은 푸에르토리코인이 가장 높고, 멕시코인이 상대적으로 높으며, 쿠바인이 백인보다 약간 높다. 아시아계 미국 노인은 이민자들 가운데 가장 부유한 집단이다. 이들은 가장 높은 중위 가구소득, 가장 낮은 빈곤율, 가장 높은 주택소유율을 가지고 있다. 미국 원주민은 모든 소수민들 가운데 가장 높은 실업률과 사망률을 가지고 있다. 미국 원주민 노인의 높은 빈곤율은 백년이 넘는 토착민에 대한 연방정책의 결과를 반영한다. 연방정부는 미국 원주민들에게 건강돌봄을 제공하는 책임을 갖고 있으며, 이들 집단을 위한 건강돌봄을 개선해왔다.

고령화에 관해 생각하기

1. 성, 인종, 민족 가운데 어느 것이 나이 든 사람의 경제적 안녕에 더 큰 영향을 미친다고 생각하는가?
2. 순전히 경제적인 관점으로 볼 때, 젊은 여성은 결혼할 경우와 독신으로 일할 경우 어느 것이 노년에 더 좋을 것인가?
3. 여성조직이나 은퇴자협회는 왜 여성노인의 빈곤문제를 우선시하지 않는가? 이들은 이 문제를 해결하기 위해 더 노력해야 하지 않은가?
4. 소수집단 구성원의 노년기 경제적 안정성을 높이기 위해 정부는 무엇을 할 수 있는가?
5. 정부정책에 포함되지 않은 소수집단 노인의 복지를 증진시키는 방법에 대해 생각해 볼 수 있는가?

핵심용어

- 1984년 은퇴공평법(Retirement Equity Act of 1984, REA)
- 동반 및 유족 연금수령(joint and survivor annuity)
- 배우자급여(spouse benefit)
- 성인식(gender recognition)
- 성중립성(gender neutrality)
- 연금분할(pension–splitting)
- 유족급여(survivor's benefit)
- 이중 사회보장(dual entitlement)
- 제한약관(restrictive covenants)
- 특정경계지구지정(redlining)

16장

고령화의 정치

1. 노인의 정치적 활동주의
    1) 투표하기
    공공정책에 대한 이슈 : 사회보장을 위한 지원은 감소해왔는가?
    2) 이익집단 정치
    3) 사회운동 정치
    세계의 고령화 : 은밀한 정치- 프랑스의 공적 연금 축소
    4) 정치적 공직자로서의 노인
    그들의 목소리 : 고령화를 재규정하는 빨간 모자
    5) 정치적 참여의 다른 형태
2. 노인에 관한 정치적 논쟁
    1) 자격있는 노인
    2) 세대적 공평성 논쟁
    3) 사회보장위기
    4) 소유권사회

2008년 미국 대통령선거에서 젊은 사람들은 압도적인 차로 버락 오바마에게 투표하였다.

미리보기

1. 미국 노인들의 투표 유형과 선호는 어떤가?
2. 미국 노인들을 대표하는 주요 이익집단은 무엇이며 또한 이들 집단은 무엇을 성취했는가?
3. 미국 노인들은 어떤 사회운동에 참여해왔는가?
4. 노인 관련 정부지출에 대한 논쟁에서는 어떤 개념이 사용됐는가?

16장
고령화의 정치

2016년의 예비선거 유세에서 지금까지 대통령선거에 출마한 사람들 중 가장 나이 많은 사람이라고 할 수 있는 74세의 버니 샌더스(Bernie Sanders)는 젊은이들의 표를 매우 큰 차이로 차지하였다. 그는 다른 어느 후보자보다도 30세미만의 사람들로부터 많은 표를 얻었다. 비록 힐러리 클린턴(Hillary Clinton)에게 민주당 대선후보 지명자 자리를 잃었지만, 그는 투표자의 선호를 결정하는 데 있어 나이가 꼭 주요 요인일 필요가 없음을 입증했다. 이 장에서는 나이가 투표행위와 정치참여에 어떻게 영향을 미치는가를 검토한다. 그런 다음 나이에 관한 논쟁이 공공정책을 형성시키는 방식에 대해 탐구한다.

소위 세대적 공평성 논쟁(generational equity debate)이라고 하는 것과 노인에 대한 사회인식이 변하는 배경에 반하는 사회보장위기(entitlement crisis)에 대해서도 고려해본다.

1 노인의 정치적 활동주의

미국헌법 전문은 "우리, 미국인"이라는 말로 시작한다. 다른 어느 나라보다도 미국은 통치의 권한을 시민들에게 부여한다. 일반인은 대통령으로부터 의회, 판사, 심지어는 보안관에 이르는 모든 수준의 공직자를 선출할 권리를 요구해왔다. 다른 어느 근대 국가와 비교하더라도 미국은 선출식 공직을 더 많이 갖고 있으며 또한 선거도 더 자주 치른다. 미국의 주와 지방정부 또한 많은 법안, 공채발행, 헌법수정안을 일반투표에 부치는데, 이는 다른 민주적인 정부들이 좀처럼 하지 않는 것이다. 그리고 시민들은 다른 나라에서는 좀처럼 찾아보기 힘든 권리로서 주도적인 청원을 통해 법률을 제안할 수 있다(Lipset, 1996). 서구세계에서는 독특할 정도로 미국시민은 정치에 영향을 미칠 수 있는 수많은 기회들을 갖고 있다. 미국시민은 지역 조직에 관여함으로써 정치에 직접 참여할 수 있고, 고위공직에 출마할 수 있고, 거리로 뛰쳐나가 시위를 할 수 있고, 투표를 할 수 있다.

1) 투표하기

민주적 정체의 기본 권리인 투표는 정치적 참여의 가장 공통된 형태이다. 사람들은 여러 가지 이유로 투표한다. 일부는 좋은 시민이 되길 원해서 투표한다. 또한 사람들은 자신들이 동의하는 방식으로 행동하는 정치가와 정당에게 보상을 하거나 아니면 동의하지 않는 정당이나 개인 후보자를 응징하기 위해 투표권을 사용한다.

(1) 투표율에 있어 연령과 코호트 차이

2012년 대통령선거에서 투표한 사람의 22.3%가 65세이상이었는데 1964년에는 이 비율이 단지 14.0%였다(U.S. Census Bureau, 2015c). 그런즉, 지난 50년 동안 노인 유권자의 중요성은 증가해왔다.

노인은 젊은이보다 선거인 등록을 하고 또 실제로 투표할 가능성이 더 높다. 2000년 대통령선거에서 18세에서 24세의 젊은이들 가운데 36%가 투표한 데 비해 65세에서 74세의 사람은 72%가 투표했다. 2004년에는 18~24세의 투표율이 47%로 증가했다(Lopez et al., 2005). 2008년 선거에서 젊은층의 투표율이 다시 52%로 증가했는데 이는 이들 연령층에 있어 역대 최고였다. 이 선거에서 나타난 젊은이들의 투표율 증가는 버락 오바마(Barack Obama) 선거운동의 저변확대 노력에 기인한 바가 크다. 높은 투표율에 기여한 또다른 요인은 선거구에 상관없이 아무 데서도 투표할 수 있게 허용한 사전투표 운동이었다. 이는 대학생들에게 큰 영향을 미쳤다.

젊은이의 정치적 열의는 2012년 선거에서 줄어들었다. 〈표 16-1〉은 2012년 연령별 유권자 등록과 실제 투표자를 보여준다. 18~24세의 54%가 유권자 등록을 했지만 실제로는 41%만 투표했다. 노인들은 훨씬 높은 비율이 유권자 등록을 했고 또 대부분은 투표했다. 젊은이들은 노인들보다 훨씬 적게 투표하기 때문에 정치지도자의 결정에 영향을 덜 미친다. 그러나 2016년 선거에서 젊은이들은 민주당 예비선거 후보자인 버니 샌더스를 지원하기 위해 떼를 지어 나타났다. 하지만 선거과정에서 이들의 투표는 그에게 승리를 안겨주기에 불충분했다.

초고령자의 투표율은 왜 약간 줄어드는가? 나이와 결부된 건강이 투표 가능성에 영향을 준다는 증거가 있다. 700명의 장애인이 포함된 1,240명을 대상으로 이루어진 한 조사는 장애인의 투표율이 비슷한 유형의 비장애인보다 20%포인트 더 낮은 것을 발견했다. 장애인 대상자들에게는 큰 차이가 있었다. 낮은 투표율은 무직이거나 65세이상 그리고 비록 부재자투표가 가능하지만 혼자서는 밖으로 나가기 어려운 장애인들에 집중되어 있었다. 저자들은 장애가 주류사회에 대한 일체감의 감소를 통해 투표율을 떨어뜨리는 사회적 및 심리적 효과를 가지고 있는데, 이런 특성은 특히 노인들에게 크게 나타난다고 결론지었다(Schur et al., 2002).

〈표 16-1〉 2012년 연령별 투표율

연령	유권자 등록률(%)	투표율(%)
18~24	54	41
25~44	69	57
45~64	75	68
65~74	80	73
75 이상	79	70

출처: U.S. Census Bureau(2012).

1장에서 기술한 것처럼, 연령에 따른 투표유형은 연령, 시기, 코호트(cohort)의 각 효과를 분리하는 것이 어렵다는 고전적인 예를 나타낸다. 만약 *연령*효과(age effect)가 작동한다면, 사람들은 나이가 들면서 투표를 할 가능성이 더 높아질 것이라고 결론지을 수 있다. 그러나 노인들의 투표율 증가는 *코호트효과*(cohort effect)에 기인할 수 있다. 이 경우, 결론은 현재의 나이 많은 사람들은 항상 투표권을 행사하려는 경향이 있다가 될 것이다. 18~64세 사람들의 유권자 등록 감소는 미국인들이 시간이 가면서 정치와 정치인에 대해 더 냉소적으로 되어 투표를 덜 하게 되는 *시기효과*(period effect)에 기인한 것이라고 결론지을 수 있다. 그러나 노인의 투표율은 모든 선거에서 일관되게 높았으며, 선거 때마다 투표율은 나이에 비례해 증가했는데, 이는 고령화효과가 작동하는 것을 제시해준다. 사람들은 나이가 들면서 정치를 더 잘 알게 되는 것처럼 보인다. 하지만 코호트효과도 작동할지 모른다. 정치에 냉담한 젊은이들은 결코 더 활동적으로 되지는 않는다.

(2) 연령과 투표 선호도

높은 투표율에도 불구하고 노인들은 블락(block)으로 투표할 때만 선거의 결과를 움직이고, 그래서 정치인의 행동에 영향을 줄 수 있는 잠재력을 가진다. 사람들이 나이에 기초해서 사회보장급여(Social Security benefits)의 삭감을 막는 것과 같은 어떤 약속을 하는 후보자에게 투표를 하거나 또는 급여를 삭감하는 것과 같은 어떤 행위를 하는 후보자에게 반대하는 투표를 할 때에만 노인들의 투표블락이 존재한다.

대부분의 미국인들처럼 노인들은 블락투표에 참가하지 않는다. 사실 대부분의 노인들은 블락으로 투표할 수 없는데, 왜냐하면 대부분의 미국인들처럼 이들 노인은 자신들의 대표자가 대부분의 이슈들에 대해 어떻게 투표하는지를 모르기 때문이다. 대중매체로부터 이들이 듣는 것은 의회 위원회의 혼란스러운 말, 의회의 표결, 대통령의 거부권, 행정규칙에 의해 모호해진다(Walker and Allen, 1991). 또한, 다른 모든 연령층과 마찬가지로 노인들도 소득, 사회계급, 교육, 건강 그리고 기타 거의 모든 다른 기준에 있어서 매우 다양하다. 이처럼 노인들은 이질적인 집단이기 때문에 선거에서 이들의 선택은 좀처럼 연령집단적 이익에 기초하지 않는다(Binstock and Day, 1996). 그리고 이것은 이해하기 어렵지 않은가? 천주교도이고 대졸인 히스패닉 여성과 개신교도이고 고졸인 백인 남성이 둘다 70세라는 우연적 이유로 똑같게 투표해야 하는가?

노인과 관련된 것까지 포함한 대부분의 정책이슈들에 있어서 노인들은 젊은이들과 거의 구분되지 않는다. 최근에 중요한 예외가 있다. 2010년 하원의원선거에서 노인 유권자들은 사회보장과 메디케어(Medicare)가 법제화된 이후에 처음 블락으로 투표하여 다수가 공화당쪽으로 움직인 것처럼 보인다. 전통적인 투표유형을 바꾼 이 선거에서 무엇이 일어났는가? 노인 유권자들이 민주당 후보 대신에 공화당 후보자를 선택한 주된 이유는 '2010년 환자보호 및 부담적정 보험법(Patient Protection and Affordable Care Act of 2010, ACA)'으로 제정된 오바마대통령의 건강보험개혁 노력에 대한 우려 때문이었다. 대통령의 메시지들 중 하나는 개혁의 비용은 메디케어의 축소에 의해 상쇄될 것이라는 내용이었다. 또 다른 제안은 존엄사유언장(living will)과 위임장(power-of-attorney)을 준비하는 것과 같이 생애말기 계획(end-of-life planning)에 대해 의사와 상담하는 비용을 부담하는 조항을 포함했었다. 공화당은 대통령이 '할머니들에 대한 지원을 중단(pull the plug on granny)하려는' '죽음위원단(death panels)'을 제안한다고 비난하였다(Binstock, 2012:412). 죽음위원단을 만들려는 어떤 계획이 전혀 없었음에도 세간의 평판은 유권자에게 부정적인 영향을 주었다. 선거에서 메디케어 자격이 있는 65세이상 사람의 59%가 공화당 후보자에게 투표하였다. 연구는 또한 노인들이 사회보장에 관한 뉴스에 대해 젊은이들보다 훨씬 더 관심이 많다는 것을 보여준다(Campbell, 2003). 2000년과 2010년 사이에 사회보장에 대한 태도에 있어 약간의 변화가 있었다. "공공정책에 대한 이슈"에서 이러한 변화를 기술한다.

노인들이 가끔은 자신의 이익에 기초해서 투표한다는 규칙의 한 예외는 노인 유권자가 선거구의 약 40%를 차지하는 플로리다주에서 발생했다. 한 지방선거에서 노인들은 여러 카운티의 학교에 비용을 지급하기 위한 일련의 세금인상을 좌절시키는 데 역할을 했다(MacManus, 1998). 그러나 전체적으로 연구는 노인들이 정치적 선호에 있어 다른 사람들보다 자신의 이익에 의해 더 움직인다는 주장을 논박한다.

공공정책에 대한 이슈 : 사회보장을 위한 지원은 감소해왔는가?

사회보장에 대한 지원의 경향을 검토해온 이전의 연구들은 혼동된 결과들은 발견하였다. 1980년대 후반에 시행한 조사는 미국민의 3% 정도만 사회보장급여의 삭감을 지지했다는 것을 발견했다(Gilens, 1995). 1990년대 초반에는 정부가 사회보장에 대해 너무 적게 지출한다고 이야기하는 사람들의 비율이 줄었다. 그런 다음 1990년대 중반에 지출확대에 대한 지지가 증가했다가 다시 2000년에는 1987년 수준으로 떨어졌다(McCall and Kenworthy, 2009). 그 이후로 일반인의 지지에는 어떤 일이 일어났는가?

1990년대초 이후 사회보장을 민영화하려는 보수주의자들은 사회보장프로그램을 연방예산 적자에 책임이 있으면서 재원이 부족하고 제어가 안되는 사회보장이라는 틀을 지우려고 노력해왔다(Beland, 2007). 이러한 논쟁은 어떻게 사람들의 태도에 영향을 미쳤는가? 일반사회조사(General Social Survey) 자료를 활용해서 쿼다그노와 페더슨(Quadagno and Pederson, 2012)은 사회보장에 대한 태도가 〈표 16-2〉가 보여주듯이 2000년과 2010년 사이에 안정적이지 않았음을 발견하였다. 오히려 사람들은 사회보장에 대한 지출이 너무 많다고 점점 더 믿는 경향이 있었다. 이러한 시각으로의 변화는 젊은이와 작은 정부를 선호하는 사람들에게서 가장 컸다. 하지만 전통적으로 사회보장을 지지하던 집단들도 지출은 감소해야 한다고 더 느끼게 되었다. 이러한 결과는 사회보장, 신탁펀드, 적자에 관한 지난 10년간의 논쟁이 여론에 부정적인 방향으로 영향을 주었음을 제시한다. 비록 미국이 사회보장의 주요 개혁에 저항했음에도 불구하고, 이러한 논란은 어느 정도 지지를 약화시킨 결과를 낳은 것으로 보인다. 그러나 여전히 모든 집단의 90% 정도가 사회보장에 대한 지출은 옳다고 믿는다는 사실을 인식하는 것은 중요하다.

어떻게 생각하는가?

1. 당신 가족 중에 사회보장급여를 받는 사람이 있는가?
2. 사회보장에 대한 지출을 유지하는 것을 지지하는가?

〈표 16-2〉 사회보장 지출에 대한 태도, 2000년과 2010년

	너무 적음		적당함		너무 많음	
	2000 (%)	2010 (%)	2000 (%)	2010 (%)	2000 (%)	2010 (%)
성						
여성	66.54	60.88	30.31	33.14	3.15	5.98
남성	53.40	52.75	40.17	37.77	6.44	9.48
연령(세)						
18-34	59.77	52.78	35.26	35.32	4.97	11.90
35-54	62.76	66.86	31.75	26.00	5.49	7.14
55-64	65.97	59.94	30.90	35.24	3.12	4.82
65-74	56.36	48.31	40.25	48.31	3.39	3.38
75+	52.11	39.79	45.54	54.66	2.35	5.59
인종						
백인	57.69	54.68	37.56	37.61	4.75	7.71
흑인	77.27	73.26	19.23	22.34	3.50	4.40
기타	60.68	52.86	34.19	35.71	5.13	11.43
사회계급						
노동층	66.39	63.40	29.02	30.10	4.60	6.51
중간층	54.00	45.62	40.63	44.72	5.33	9.66
상층	49.32	43.75	43.84	50.00	6.85	6.25
학력						
고졸이하	64.62	62.77	31.13	31.42	4.25	5.81
2년제 대졸	67.01	68.42	30.46	25.56	2.54	6.02
4년제 대졸 이상	48.91	44.62	43.19	44.09	7.90	11.29
정당지지						
민주당	68.80	62.66	29.02	32.95	2.18	4.38
공화당	51.69	51.85	42.37	37.04	5.93	11.11
무소속	59.84	56.21	34.81	36.44	5.35	7.34
기타	46.43	50.00	35.71	27.78	17.86	22.22
정부책임						
더 많은 책임	68.48	62.89	27.90	32.58	3.62	4.53
보통	62.35	58.64	34.29	35.10	3.36	6.26
더 적은 책임	52.22	50.71	39.33	36.19	8.44	13.10

장애노인들의 투표율은 줄지만, 노인들이 투표를 가장 많이 하는 경향이 있다.

사회보장과 메디케어에 대한 지지를 예측하는 데 있어 나이보다 훨씬 더 중요한 것은 성, 인종, 소득, 학력이다. 여성, 아프리카계 미국인, 히스패닉인, 저소득자, 고졸미만 학력자들이 정부가 노인들을 대해 예산을 충분히 지출하고 있지 않다고 이야기할 가능성이 가장 크다. 이 사람들은 또한 대부분 정부프로그램에 의존하는 사람들이다(Day, 1990).

기본적인 믿음과 가치에 있어 노인들이 젊은이들과 큰 차이가 나지 않음에도 불구하고 연령은 투표선호에 영향을 준다. 2008년과 2012년에 젊은 유권자들은 버락 오바마를 상대 후보자들보다 훨씬 더 지지했다. 2016년에는 이와 대조적으로 젊은 유권자들은 노인 유권자들과 거의 같은 비율로 도널드 트럼프보다 힐러리 클린턴은 지지하였다. 〈표 16-3〉에서 보여주듯이 18~29세의 55%는 클린턴에게 투표했는데, 이러한 수치는 65세이상인 사람의 투표율 53%와 비교된다. 젊은 유권자들은 왜 일반적으로 민주당에 투표하는 경향이 있는가? 젊은 유권자들은 나이든 유권자들보다 인종적으로나 민족적으로 더 다양하며 또한 종교적 지향에서도 더 세속적이다. 이러한 특성은 이들로 하여금 민주당에 가깝게 만들 뿐만 아니라 적극적인 정부에 대한 강한 지지와 자신들을 자유주의자로 표현하려는 강한 의지를 갖도록 하였다. 2016년까지 나이든 백인 유권자들은 빌 클린턴에게 투표한 1992년을 제외하곤 모든 선거에서 공화당 대통령후보를 지지하였다. 그러므로 2016년은 이전의 경험에서 벗어난 흥미로운 출발이었다.

2016년 선거에서 트럼프가 젊은 유권자들로부터 37%의 지지만 받았다는 것은 흥미로운 사실이다. 더욱이 젊은이들의 26%만 자신을 보수적이라고 답하였다. 이러한 경향은 미래에 있어 보수적인 정치 어젠더에 대한 지지의 감소를 제시한다(CIRCLE, 2016).

〈표 16-3〉 2016년 선거의 연령별 유권자 선호

연령	클린턴(%)	트럼프(%)	기타(%)
18-29	55	37	8
30-44	42	50	8
45-64	53	44	3
65세 이상	53	45	2

출처: USA Today, 2016.

2) 이익집단 정치

미국 정부가 행정부, 입법부, 사법부의 세 기관으로 나누어져 있기 때문에 특별한 이익 및 로비조직은 통합된 의원내각제 국가에서보다 더 큰 영향력을 행사한다. 미국에서 의원 후보자는 대개 혼자이다. 정당은 후보자를 지명하거나 선출하는 것과 별로 관계가 없다. 후보자는 자신의 노력으로 자신의 선거운동에 자금을 조달하기 때문에 자신을 위해 돈과 선거운동원을 조달해주는 개인과 조직의 영향에 의존하고 또 취약하다. 결과적으로 미국의 정치인들은 특별한 이익에 특히 민감하다(Lipset, 1996). 헌법구조는 시민들에게 자신들의 이익을 공직자가 관심을 가지도록 하는 수많은 기회들을 제공하며, 또한 정치인의 자금과 지원에 대한 필요성은 정치인이 기꺼이 거래와 타협을 하도록 만든다.

이익집단(interest group)은 정치인들에게 어떤 행위를 취하도록 로비하고 또 대안적인 제안을 제시함으로써 사람들을 대표하는 조직이다. 또한, 이익집단은 자신의 구성원들에게 어떤 후보자가 그들의 중요한 이슈에 대해 찬성하는지 또는 반대하는지를 알리고 그것에 맞게 투표하라고 독려함으로써 후보자들을 지지할 수 있다(Street, 1996). 이익집단이 제안한 법안은 자동으로 법제화되지 않는다. 이익집단이 구성원들의 이익에 반대되는 법률제정을 항상 차단할 수도 없다. 예를 들어, 미국의학협회(American Medical Association)가 상당한 영향력을 발휘해 왔지만, 메디케어는 이 조직의 심한 반대에도 불구하고 통과되었다(Quadagno, 2005). 이와 유사하게 전국총기협회(National Rifle Association, NRA)도 수십년간 총기규제안의 법률제정을 막아 왔지만 공격용 무기는 이 협회의 격렬한 반대에도 불구하고 금지되었다. 어떤 이슈가 주어지든 항상 적극적으로 로비하는 경쟁적인 이익집단들이 있다. 누가 이기고 질 것인가는 일반적으로 누가 후보자의 캠페인에 기부하는 돈을 가장 많이 가지고 있는가, 누가 공직에 있는 정치인에 가장 많이 접근하는가, 미국민이 지지할 것인가와 같은 요인에 의존한다.

(1) 노인로비의 성장

1960년대까지 노인들의 이익을 대변하는 조직은 별로 없었다. 1970년대 시작해서 1980년대에 확산된 엄청난 조직적인 물결이 미국 역사에 있어서 거의 전례가 없던 규모로 일어났었는데, 이는 **노인로비**(gray lobby)라고 불리는 것을 낳은 현상이다(Pratt, 1993).

무엇이 이러한 노인 이익집단의 놀라운 성장에 기여했는가? 한 가지 요인은 노인들을 위한 건강보험에 관련된 대결이었다. 1960년대초에 미국노동총연맹-산별노조회의(AFL-CIO)는 건강보험법의 제정을 로비하기 위해 은퇴한 노동조합 회원의 조직으로서 전국노인위원회(National Council of Senior Citizens, NCSC)를 만들었다. 1965년에 1,400명의 NCSC 회원들은 의회의 개회식에 참석했었는데, 그 해에 메디케어는 미국의학협회의 거센 반발에도 불구하고 통과되었다. 이때 미국의학협회는 메디케어를 저지하기 위해 $2,000만의 로비자금을 썼다(Marmor, 1973). 전국노인위원회는 이제 **은퇴미국인동맹**(Alliance for Retired Americans)으로 불린다.

노인로비의 확산에 기여한 또다른 요인은 1961년에 처음 개최된 **고령화에 대한 백악관회의**(White House Conference on Aging)의 모임이었다. 첫 번째 고령화에 대한 백악관회의는 노인 옹호자들을 정부조직에 들어가도록 했는데, 이는 공식적으로 인정된 토론회에서 불만과 제안이 대통령에게 제시될 수 있음을 의미했다. 사회보장급여에서의 자동적인 생활비 인상은 1971년 회의에서 채택된 결의안들 중 하나였다. 다음 해에 의회에서 이 결의안을 승인하면서 노인조직들은 활력있는 정치세력으로서의 정당성을 확보하였다.

1981년에 레이건대통령이 장래의 사회보장급여에서 10% 삭감, 조기은퇴급여에서 31% 삭감, 장애급여를 위한 자격기준의 강화를 제안했을 때 그의 여론지지율은 16%포인트가 떨어졌는데, 그러자 그는 그 삭감정책을 즉시 철회하였다(Beland, 2010). 하지만 사회보장에 대한 공격은 노인단체에 의한 또다른 조직화의 물결을 촉진하였다. 수년간 활동을 안하던 **우리의 보장을 지키자**(Save Our Security, SOS)가 다시 활기를 띠게 되었다. SOS회원들은 제안된 삭감을 항의하는 수천 통의 편지를 의회에 보냈다. 새로운 조직들이 결성되었고, 1994년에는 노인들의 이익을 대변하는 61개의 전국적인 조직들이 있었다. 현재 노인들의 이익을 대표하는 전국적인 조직망이 수천개의 지역 또는 지방 단위의 조직들과 함께 존재한다.

시위자들이 2003년에 메디케어의 민영화에 반대하며 행진하고 있다.

(2) 주요 노인조직

가장 큰 노인조직이자 사실상 미국에서 가장 큰 자발적 조직은 이전에 **미국은퇴자협회**(American Association of Retired Persons)라고 불리던 AARP이다(〈표 16-4〉 참조). 주로 은퇴자에게 건강 및 생명보험을 제공하기 위해 1958년에 설립된 AARP는 2006년에 3,500만 이상의 회원을 지녔다. AARP는 노인들의 이슈를 대표하여 적극적으로 로비를 하였으며, 의무적인 은퇴제의 폐지를 위해 로비하여 큰 성공을 거두기도 하였다. 비록 AARP가 매우 크기 때문에 강력한 것처럼 보이기는 하더라도 크기는 또한 제약이다. 매우 다양한 회원들이 있기 때문에 AARP는 최소한 일부의 회원들을 화나게 하지 않고는 좀처럼 입장을 내세우기가 어렵다. 대부분의 이슈들에 대해 AARP는 중도의 입장을 취한다. 하지만 AARP가 2010년에 오바마대통령의 건강보험개혁안을 지지했을 때 400만명 이상의 회원들이 항의의 표시로 탈퇴했다 (Lynch, 2011).

다른 조직들은 이러한 압박에 의해 무력해지지는 않는다. 은퇴미국인동맹(Alliance for Retired Americans)은 주로 육체노동자와 노동조합원으로 구성되어 있으며 자유주의적 민주당 입장을 견지한다. 적극적인 지방 클럽들로 조직화된 은퇴미국인동맹은 AFL–CIO의 거대한 로비력에 접근할 수 있다. 게다가 작은 규모와 회원들의 공통적인 배경은 이 조직으로 하여금 허술한 AARP보다 특정한 이슈에 대해 입장을 더 잘 취할 수 있게 해준다(Light, 1985).

사회보장과 메디케어 보전 전국위원회(National Committee to Preserve Social Security and Medicare)는 1982년에 설립되었으며 자금이 풍부한 정치활동위원회(political action committee)를 가지고 있다. 이 위원회는 사회보장과 메디케어를 포함한 모든 안전망 프로그램을 강화하는 것을 목적으로 한다. 이 위원회는 나중에 이 장에서 기술할 1988년 메디케어 재해적 보장법(Medicare Catastrophic Coverage Act of 1988)을 부결시키는데 핵심적인 역할을 했다. 마지막으로 **전국전현직연방직원협회**는 모든 연방정부에서 일하는 사람과 연방정부 퇴직자의 혜택을 보전하는 데 전념한다. 노인로비를 포함하는 조직의 목록은 비록 완전하지는 않지만 가장 활동적이고 영향력 있는 조직들을 어느 정도 알게 해준다.

〈표 16-4〉 노인들을 대표하는 조직

미국은퇴자협회(AARP, aarp.org)	가장 큰 노인조직인 AARP는 2012년에 3,600만명의 회원을 가졌다. *AARP The Magazine*을 발행함. 노인과 연관된 이슈들에 대해 로비함.
은퇴미국인동맹(Alliance for Retired Americans, https://retiredamericans.org/)	메디케어를 위한 로비를 하기 위해 AFL-CIO에 의해 만들어진 이 단체는 이전에 전국노인위원회(National Council of Senior Citizens)라고 불렸다. 주로 육체노동자와 노동조합원인 약 450만명의 회원을 가지고 있음. 자유주의적 민주당 입장을 견지함.
사회보장과 메디케어 보전 전국위원회(National Committee to Preserve Social Security and Medicare, http://www.ncpssm.org/)	1982년에 설립되었음. 1988년 메디케어 재해적 보장법(Medicare Catastrophic Coverage Act of 1988)을 부결시키는데 핵심적인 역할을 했음.
전국전현직연방직원협회(National Active and Retired Federal Employees Association, http://www.narfe.org/departments/home/index.cfm)	약 50만명의 회원을 지니고 있음. 특히 연방정부 직원의 연금을 보호하면서 주로 은퇴한 연방정부 직원의 이익에 관심을 둠.

노인로비는 얼마나 효과적인가? 흥미롭게도 연령에 기초한 이익집단들이 매우 효과적인 경우가 일부 예외적으로 있기는 하지만 실제로 노인을 위한 대부분의 입법은 다른 사람들에 의해 제안되었다. 노인 이익집단의 주요 역할은 주로 기존의 혜택을 보호하는 데 있었지 새로운 것을 얻어내는 데 있지 않았다. 그러므로 이 집단들이 정치적으로 강력한 세력이라고 이야기하는 것은 오도할 수 있지만, 노인로비가 중요한 순간에 어떤 영향력을 행사하지 못했다고 이야기하는 것도 똑같이 오도할 수 있다.

유럽의 노동조합은 정부가 공적 연금급여를 삭감하는 것을 어렵게 만들었다. "세계의 고령화"는 프랑스가 어떻게 노동조합을 우회해서 급여를 줄일 수 있었는가를 기술한다.

3) 사회운동 정치

어느 날이건 신문을 펼쳐보면 낙태, 해양굴착, 총기규제, 동성애자결혼과 같은 다양한 이슈들에 대해 발생하는 어떤 시위활동을 볼 가능성이 있다. 이것들은 **사회운동**(social movement)이라고 불리는 두드러진 사회적 사건이다. 이익집단처럼 사회운동은 변화를 촉진시키거나 막기 위해 조직된 사람들의 모임이다. 하지만 이익집단은 주류의 정치적인 환경에 내재되어 있으며 그리고 보통 그러한 환경 안에서 정당한 행위자로 간주된다. 반대로 사회운동은 실권자에게 직접적으로 접근할 수 없는 외부인으로 구성되어 있다(Amenta et al., 2010). 또다른 차이는 이익집단이 로비나 캠페인기부의 요청과 같은 제도화된 방법을 통해 집단적인 목표를 추구하는 데 비해 사회운동은 시위나 연좌항의와 같은 비제도화된 방법에 의존한다.

일반적으로 노인들은 사회운동에 참여할 가능성이 가장 낮은 연령집단이다. 이들은 아주 드물게 항의집회나 시위에 참여해서 자신들의 정치적인 신념을 표출한다. 〈그림 16-1〉이 보여주듯이 18~29세의 사람들 가운데 16.6%가 지난해에 정치적인 시위에 참여했다고 이야기한 데 비해 65세이상 사람들의 참여율을 단지 2.5%였다. 게다가 65세이상 사람의 28.5%만이 시위가 정부에 영향을 미치는 효과적인 방법이라고 믿는 데 비해 젊은이들이 이렇게 믿는 비율은 56.7%이다(MacManus, 1996). 노인들은 사회운동에 참여할 가능성이 낮은데, 왜냐하면 이들은 자신들의 지역사회, 가정, 일자리, 가족에 내재화되어 있기 때문이다. 반대로, 젊은이들은 보다 적은 수의 관계들을 가지고 있다. 노인들의 시위를 촉발시키는 것은 상당히 중요한 이슈를 제기한다. 사실 20세기에 노인들이 사회운동에 끌려들어갔거나 사회운동 활동에 광범위하게 참여한 이슈로 크게 흔들린 적은 2번뿐이었다.

세계의 고령화 : 은밀한 정치- 프랑스의 공적 연금 축소

프랑스의 연금체계는 제2차세계대전 이후에 만들어졌으며 공공부문과 민간부문의 노동자로 양분화되어 왔다. 기본 체계는 강제적인 사회보험방식으로 이루어져 있지만, 철도종사자와 공무원을 포함한 많은 직업부문을 대표하는 노동조합은 종합적인 방식에서 벗어난 개별적인 기금을 가지고 협상하였다. 노동조합은 이러한 분리된 직업연금 방식을 선호했는데, 왜냐하면 이것이 회원을 모집하고 존속시키며 또한 소속감을 유지하는 데 도움을 주기 때문이다(Beland and Marier, 2006).

최근까지 모든 사람은 일하든 안하든 65세에 최저 노인급여에 대한 권리를 가졌다. 더욱이 저임금자들은 보조주택지원금, 교통비 그리고 필요하다면 지역 수준에서 다른 금융적인 혜택을 받을 자격이 있었다. 프랑스는 또한 이전에 만약 40년에서 41년을 일했다면 65세에 은퇴해야 하거나 60세에 은퇴할 수 있다는 것을 명시한 의무적 은퇴제를 가졌다. 일부 직업에서는 55세(공공운수)나 50세(버스운전사, 기관사, 광부)에 조기은퇴를 할 수 있다.

비록 이러한 프랑스의 체계가 변화에 저항을 해왔지만, 일부 개혁은 있었다. 이러한 변화는 정부가 전략적으로 노동자의 항의를 피했거나 여름 휴가철 또는 바로 그 전에 주요 개혁을 시행했기 때문에 가능했다(Beland and Marier, 2006). 예를 들어, 1993년의 경제침체는 정부가 연금을 줄일 필요성을 정당화하는 데 도움을 주었다(Palier, 2007). 정부는 민간부문 피고용인에게만 모든 혜택을 받는데 필요한 보험료 납입기간을 37.5년에서 40년으로 늘리면서 공공부문 노동조합을 근본적으로 협상에서 배제할 수 있었다. 이러한 개혁은 공공부문 노동조합의 개입이 감소할 뿐만 아니라 민간부분 노동조합이 대규모의 파업이나 시위를 일으키기 어려운 휴가철에 발생했다(Pederson and Quadagno, 2012).

프랑스의 연금에 있어 또다른 주요 개혁은 공공부문의 보험료 납부기간이 42년으로 증가한 2003년에 있었다. 이 입법은 혜택을 결정하기 위해 사용되는 기간도 연장했다. 연금은 이제 경제활동에서 가장 좋은 10년의 기간 대신에 25년의 기간에 근거해서 산출될 것이다. 이 경우에 정부는 입법에 수개월이 걸렸는데, 수천번의 수정을 가하면서 멈추기도 했지만 또다시 여름 휴가철에 법안을 통과시켰다(Beland and Marier, 2006).

어떻게 생각하는가?

1. 정부는 모든 시민들이 휴가를 보낼 때 주요 정책을 결정해야 하는가?
2. 공적 연금을 받을 자격이 되기 위해 몇 년이나 일해야 한다고 생각하는가?

〈그림 16-1〉 대중시위에 참가한 사람들의 비율

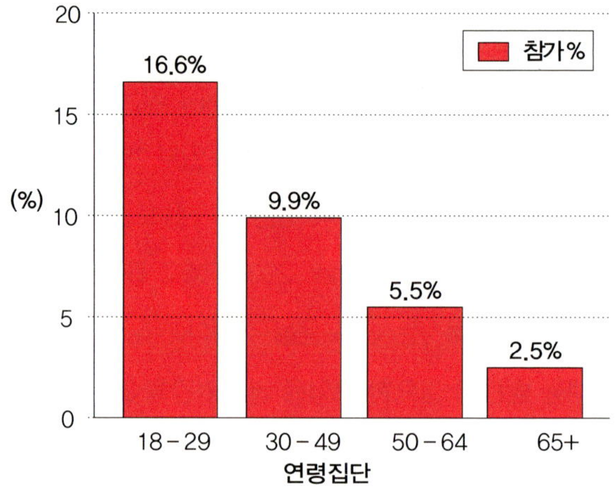

출처: MacManus (1996).

(1) 타운센드운동

주로 노인들의 관심을 부른 첫 번째 주요 사회운동은 1933년에 설립된 **타운센드운동**(Townsend movement)이었다. 설립자인 의사 프랜시스 타운센드(Dr. Francis Townsend)의 이름을 딴 이 운동은 모든 65세 이상의 사람들에게 월 $150의 연금을 지급하는 제안인 타운센드계획(Townsend plan)의 법제화에 주력하였다. 은퇴한 의사인 타운센드는 전국을 돌아다니며 노인들의 어려운 처지에 대해 영감을 주는 연설을 하였다. 타운센드클럽의 네트웍이 전국에 걸쳐 결성되었고, 회원들은 국가적인 노인연금의 법제화를 간청하는 편지와 엽서로 하원의원들을 맹공하였다. 타운센드운동은 정점일 때 100만명 이상의 회원을 확보하였다. 타운센드가 후원하는 후보자가 당선되자 전국에 걸쳐 당선된 공직자들이 갑자기 강한 관심을 보이기 시작했다. 타운센드운동은 1935년에 사회보장법의 통과를 촉진시키는 데 공헌했다(Amenta, 2006).

사회보장이 법제화되고 난 후 타운센드회원들은 노년지원금(Old Age Assistance payment)의 인상을 요구했고, 타운센드운동이 활발한 주에서는 이 지원금이 실제로 올랐다. 하지만 1950년에 이르러 타운센드운동은 회원의 대부분을 잃었다(Amenta, 2006).

(2) 1988년 메디케어 재해적 보장법

의회가 **메디케어 재해적 보장법**(Medicare Catastrophic Coverage Act)을 통과시킨 1988년까지 노인들은 또다시 시위를 하며 일어섰다. 1988년 7월 1일에 그 법은 정식으로 발표되었다. 이 법은 장기 병원입원의 적용범위를 확대하였고 또한 처방약급여, 유방조영술 선별검사, 호스피스돌봄, 돌봄제공자 지원을 추가하였다. 그러나 새로운 입법은 많은 노인들의 주요 걱정거리인 요양원돌봄의 비용부담에 대해 아무런 도움을 주지 못했다(Street, 1993). 이 입법은 모든 메디케어 수혜자에 있을지 모르는 추가적인 보호를 위한 비용을 지불하기 위해 부유한 은퇴자들에게 바로 요금을 부과하였다. 반대자들이 즉각 일어섰고 이 법안이 보호하려고 계획했던 바로 그 수혜자들로 하여금 이 법에 맞서도록 했다. 이 법은 발효되기 전에 폐지되었다(Skocpol, 2010). 이러한 경험의 교훈은 미국인들이 자신들에게 혜택을 주지 않는 프로그램에 돈을 지불하려 하지 않는다는 것이다.

(3) 빨간 모자 사회

노인들의 최근 운동은 나이든 여자들의 이미지 개선에 주력하는 조직인 빨간 모자 사회(Red Hat Society)이다. 빨간 모자 사회는 수 엘런 쿠퍼(Sue Ellen Cooper)가 제니 조셉(Jenny Joseph)의 "경고(Warning)"라는 시를 읽은 후 1990년대 후반에 창립하였다. 그 시에서 한 여성노인은 사회적 기대를 벗어나 보라색 옷을 입고 빨간 모자를 쓰기 시작한다. 그래서 쿠퍼는 50세이상 여성들의 교육적 네트웍을 만들기로 결심했다.

그녀의 메시지는 많은 여성들에게 울려퍼졌고 빨간 모자 사회는 급속하게 성장했다. 이 사회는 현재 미국에 수백 개의 지부를 가지고 있으며 거의 30여개 국가들에 퍼져있다(Rohlinger and Barett, 2006).

빨간 모자 사회가 커지면서 회원들은 사회에서 여성노인을 바라보는 방식을 바꾸는 다른 임무를 발견하였다. 회원들은 15명에서 20명씩 단체로 그들 특유의 의상을 입고 길거리, 몰(mall), 식당으로 몰려다녔다. 이러한 전략은 사람들로 하여금 여성노인을 주목하게 할 뿐만 아니라 행인들에게 그 여성노인들이 누구이고 또 그들이 무엇을 하고 있는가에 대한 대화에 참여하도록 했다. 빨간 모자 사회 회원들은 워싱턴에서 행진할 의도는 가지고 있지 않지만 여성노인들이 주목을 받고 또 이들의 연관성을 드러내고자 하는 정치적인 목적을 분명히 가지고 있다. "그들의 목소리"에서 빨간 모자 사회 회원들은 자신들의 활동이 어떻게 나이든 여성에 대한 일반인의 태도에 영향을 주는가에 대해 기술한다.

4) 정치적 공직자로서의 노인

정치적 공직에 출마하려는 미국인은 지방수준에서조차도 별로 없다. 일부는 당선될 가능성이 없을 것으로 생각할지 모른다. 다른 사람들은 이슈들에 대해 충분히 알지 못한다고 생각한다. 많은 사람들은 정치적인 삶이 개인에게 큰 피해를 준다고 믿는다. 공직을 맡는 것은 사생활과 가족과의 시간을 포기하는 것을 의미하고 또한 워싱턴이나 주도로의 이주까지 수반해야 할지 모른다. 수많은 여행과 세컨드 홈의 유지비용에 더해 왜 대부분의 미국인들이 정치적인 직업에 관심이 없는 것을 보는 것은 쉽다. 이 절에서는 사람들이 공직에 나설 때 고려하는 요인, 공직자에 대한 연령조건, 나이 든 사람이 공직자일 경우 문제가 되는지에 대한 질문을 다룬다.

왜 어떤 사람은 기어이 출마하는가? 일부 사람들은 대의에 헌신하고 변화를 일으킬 수 있다고 믿기 때문에 공직에 출마한다. 다른 사람들은 정치적인 직업에 관심이 있고 또한 각각의 공직을 더 높은 공직으로 가기 위한 계단으로 본다. 지방의회 의원은 공석이 된 주 상원의원을 위해 출마를 결심할 수 있다. 하원의원은 주지사에 출마할 수 있다. 주지사는 대통령에 출마할 수 있다. 이는 지미 카터(Jimmy Carter), 로널드 레이건(Ronald Reagan), 빌 클린턴(Bill Clinton), 조지 W. 부시(George W. Bush)가 했던 것이다.

일반적으로 공직이 높을수록 공직자의 나이가 많다. 부분적으로 이것은 공직에 필요한 최저 연령조건을 반영한다. 미국헌법은 하원의원이 되기 위해 최저 25살 이상, 상원의원이 되기 위해 최저 30살 이상, 대통령이 되기 위해 최저 35살 이상이 될 것을 요구한다. 많은 주의 헌법들 또한 주 및 지방정부의 공직에 필요한 최저연령 조건을 가지고 있다. 정부 고위 공직자의 고연령은 정치적인 경력형태를 보여주는데, 이는 사람들이 보다 높은 자리로 이동하는 형태와 유사하다(MacManus, 1996).

나이는 때로 나이 많은 사람이 정치적인 공직에 출마할 때 이슈가 된다. 20세기에 세명의 대통령만이 취임할 때 65세 이상이었다(Stanley and Niemi, 1994). 로널드 레이건은 대통령이 된 가장 나이 많은 사람이었는데, 선거유세 동안 사람들은 그가 대통령이 되기에 너무 늙지 않는지 또 특히 건강을 유지할 수 있는지에 대해 궁금해했다. 이러한 우려에도 불구하고 그는 선거에서 이겼다. 21세기에 들어 70세인 도널드 트럼프(Donald Trump)는 대통령에 당선될 때 레이건보다 나이가 더 많았다. 젊은 사람들로부터의 지지가 부족했음에도 불구하고 그는 당선되었다. 젊은 사람들은 74세의 버니 샌더스에 가장 열광적이었다. 이러한 증거가 제시하는 것은 선거 결과가 후보자의 나이보다는 이슈에 의해 더 결정된다는 것이다.

나이 많은 사람들이 정치에 있는 것이 문제가 되는가? 누가 대변되는가의 이슈는 민주주의의 의미에 관한 근본적인 질문을 던진다. 실제로 물어보아야 할 것은 정치지도자가 자신이 대표하는 사람들을 대변하는가이다. 정치에서 항상 과소하게 대표된 여성과 소수민들은 *찬성*(yes)이라고 응답하는데, 이는 문제가 된다. 결국 여성은 1920년까지 국가적 선거의 투표권을 부여받지 못했으며, 남부의 아프리카계 미국인은 투표권법(Voting Right Act)이 통과된 1965년까지 투표할 수 없었다. 20세기에 걸쳐 여성과 소수민들은 정치적 공직을 추구했으며 점차 적절한 성과를 얻었다. 실제적인 이슈는 여성 공직자가 남성과 다른 자리 즉 여성을 더 잘 대변할 수 있는 그런 자리를 가질 수 있는가, 그리고 소수민이 정치적 논쟁에 다른 관점을 가져올 수 있는가이다. 유권자들은 나이, 인종, 성과 관계없이 자신들의 관점을 공유한 사람들이 공직에 있기를 선호하는가, 아니면 주어진 이슈에 대해 가지고 있는 입장과 상관없이 여성이나 아프리카계 미국인이 공직에 있기를 선호하는가(Phillips, 1991)? 이러한 질문에 대한 간단한 대답은 없다.

그들의 목소리 : 고령화를 재규정하는 빨간 모자

65세의 접수원인 린넷(Lynette)은 왜 자신이 빨간 모자 회원임을 즐거워하는지를 설명한다.

식당에 갈 때마다 우리는 주목을 받아요.... 사람들은 우리를 멈춰 세워서는 "대체 빨간 모자 사회가 뭐예요"라고 물어요. 그것은 관심을 끌어요. 사람들은 나이 든 사람들은 20대처럼 재미를 가지지 못할 것이라고 봐요.... 나는 그것을 비록 당신이 60세나 70세 혹은 80세가 되더라도 밖에 나가서 여전히 좋은 시간을 보낼 수 있음을 사람들에게 보여주는 하나의 방법이라고 생각해요.

69세의 은퇴자인 제인(Jane)은 동의한다.

나는 구석에 앉아 조용히 있어야 한다고 느끼지 않아요.... 조금씩 우리는 사회를 바꾸고 있어요. 예를 들어, 우리가 점심을 먹으러 어디에 가게 되면... 사람들은 미소를 짓고 손을 흔드는데 이것은 마치 그들이 말을 하는 것 같아요. 이들은 즐거운 시간을 보낸다. 이들은 고리타분한 사람들이 아니다. 나이가 조금씩 드는 것은 그렇게 나쁜 일은 아닐지 모른다. 우리는 활발한 사회 구성원이랍니다.

출처: Rohlinger and Gentile(2015).

버니 샌더스는 2016년 대통령에 출마했을 때 74세였지만 젊은이들로부터 압도적인 지지를 받았다.

5) 정치적 참여의 다른 형태

나이 든 사람들은 공직을 맡는 것 외에 다른 많은 방법들로 정치에 참여한다. 이들은 젊은 사람들보다 예비경선을 처음부터 끝까지 더 쫓아다니며, 전당대회를 TV로 더 시청하며, 정당활동에 더 참여하는 경향이 있다. 이들은 유권자등록운동에서 일하며, 공직에 출마할 지역후보자를 모집하고, 정당조직에 참여한다. 다음번에 투표할 때 투표장에서 누가 도와주는지를 살펴보라(MacManus, 1998). 많은 나이 든 사람들이 투표용지를 배부해주는 것을 볼 것이다. 나이 든 사람들은 지역사회 정치에 참여할 수 있다. 캘리포니아에서 라구나 우즈(Laguna Woods) 은퇴지역사회의 한 노인단체는 자신들의 집 근처에 비행장을 짓는 계획에 대해 성공적으로 맞서 싸웠다(Andel and Liebig, 2002).

인터넷은 젊은이들의 정치적 참여형태를 변화시키고 있다. 한 연구는 다양한 연령집단의 사람들이 어떻게 현재의 뉴스보도를 알게 되는가를 살펴보았다. 젊은이들은 나이 든 사람보다 뉴스의 주요 출처로 인터넷에 더 의존하는 경향이 있었다. 더욱이 이들은 빈번한 인터넷 이용으로 나이 든 사람만큼 주요 이슈들에 대해 알고 있었다. 저자들은 인터넷이 정치적 참여에 존재하는 연령집단들 간의 간격을 좁혀주고 있다고 결론지었다(Bachmann et al., 2010).

2 노인에 관한 정치적 논쟁

정치는 생각들에 대해 싸우는 첫 번째로 중요한 전투이다. 이러한 전투의 승리자는 문제의 속성을 가장 잘 규정하고 가장 매력적인 해결책을 제시할 수 있는 집단이다(Beland, et., 2015). 노인들에 관한 정치의 속성을 고려할 때, 노인에 대한 정치적 논쟁인 것처럼 보이는 것은 실제에 있어서 사회보장과 메디케어의 미래에 대한 투쟁이다. 정책에 대한 투쟁은 구체적인 선택뿐만 아니라 의미와 해석에 대한 투쟁이기도 하다. 이러한 투쟁의 결과는 정치적인 영역을 조성하고 어떤 선택이 고려될 것인가에 대한 한계를 설정한다. 예를 들어, 시더 스카치폴(Theda Skocpol, 1995:21)은 "보편주의적 프로그램은 대중의 불만과 정치적인 반발의 위험부담 없이 이러한 프로그램이 소득을 재분배하고 불리한 처지의 미국인들에게 특별한 서비스를 전달해준다는 도덕적 이미지를 유지시켜왔다"는 것을 지적한다. 이와 비슷하게 캐럴 에스터스(Carroll Estes, 1996:446)는 실체에 대한 규정이 광범위하게 공유될 때 이러한 규정은 "본래의 타당성에 상관없이 객관적인 실체의 특성을 띠게 되는데, 왜냐하면 사람들이 마치 이 규정이 구체적인 실체와 연결된 것처럼 행동하기 때문이다"라고 설명했다. 실체에 대한 이러한 규정은 "여론에 영향을 주고 여론으로부터 흘러나온 공공정책을 만든다". 이러한 투쟁은 미국의 정치무대에 내재화되어 있는데, 왜냐하면 사회적 프로그램을 위한 대중의 지지는 경제적 고려에 의해서만 결정되는 것이 아니라 정치적 담론에 의해서도 조정되기 때문이다.

다음 절에서는 변화되고 있는 노인의 지위를 기술하고 또한 이러한 변화가 자원을 세대별로 적절하게 분배하는 것에 대한 대중적인 논쟁에 어떻게 영향을 주었는가를 논의한다.

1) 자격있는 노인

30여년전, 노인들에 대한 인식에 있어 극적인 변화가 발생했다. 20세기 대부분에 있어 노인은 지원을 받는 가난한 존재로 여겨졌고, 대중은 나이 든 사람들을 위해 소득과 건강보험 급여를 기꺼이 지원하였다. 5장에서 보았듯이, 1935년의 사회보장법은 나이 든 사람들의 높은 실업률과 가난에 대한 보도에 대응하기 위해 대공황 시기에 통과되었다. 사회보장에도 불구하고 1960년에 65세이상 사람들의 빈곤율은 30% 근처에 머물러 있었다. 노인들의 빈곤율은 높은데, 왜냐하면 사회보장급여가 생활비와 보조를 맞추지 못하고 또한 높은 건강돌봄 비용이 은퇴자 소득의 상당 부분을 차지하기 때문이다. 그후 20년간에 걸쳐 여러 요인들이 나이든 사람의 경제적 보장을 개선시켰다. 여기에는 다음과 같은 것들이 포함되었다.

- 65세이상의 사람에게 건강보험을 제공하고 노인 빈곤자에게 요양원돌봄(nursing home care) 비용을 지원하는 메디케어와 메디케이드(Medicaid)가 1965년에 통과됨.
- 1968년과 1972년 사이에 사회보장급여의 대폭적인 인상이 있었음.

• 1972년에 자동적인 생활비 인상이 사회보장에 추가되었음(Beland, 2010).

노인의 경제적인 지위가 개선되면서 아동의 빈곤율은 증가했다. 아동과 노인의 행운에 대한 역전은 세대 간의 공평성에 대한 논쟁에 불을 붙였다.

2) 세대적 공평성 논쟁

1980년대와 1990년대에 노인프로그램에 대한 논의가 "위기(crisis)"라는 말로 표현되었다(Estes et al., 1996). 이러한 논의의 주제는 **세대적 공평성**(generational equity)과 사회보장위기(entitlement crisis)였다. 주된 주장은 노인이 공적 자원의 공정한 몫보다 더 많이 받으며, 또한 이것이 노인들을 젊은이들보다 금전적으로 더 나은 집단이 되게 했다는 것이다(Lamm, 1999). 에스콰이어지(Esquire)의 한 기사가 선언한 것처럼 "경기침체가 미국 젊은이들의 장래를 파괴하지 않았다. 베이비붐세대(Baby Boomers)가 그것을 처리해버렸다. 65세이상의 미국 가장은 35세미만의 가장보다 10배를 더 벌었다. 오바마가 취임하던 해에 미국 노인들은 젊은 세대보다 거의 47배 정도 더 벌었다."(Marche, 2012).

이러한 주장은 저명한 인구학자인 새뮤얼 프레스턴(Samuel Preston)이 한 유력한 학술지에 아동빈곤의 증가를 항의하는 논문을 게재한 1984년에 처음으로 신뢰를 얻었다. 프레스턴은 노인에 대한 지출이 증가한 데 반해 아동에 대한 공적 지출은 감소했음을 지적하였다. 프레스턴에 따르면, 공적 영역에서 한 집단의 이득은 부분적으로 다른 집단의 비용으로 온다는 것이다. 그의 관점에서 노동자에서 노인으로의 소득이전 또한 아동으로부터의 이전을 나타내는 것이었다(Preston, 1984). 그러고 나서 이러한 주장은 "국가의 제한된 부를 비생산적인 인구집단에 낭비하지 말고"(Longman, 1982:24) 아이들을 위해 더 써야 한다고 주장한 작가인 필립 롱먼(Phillip Longman)과 같은 세대적 공평성 옹호자들에 의해 더 선정적인 용어로 반복되었다.

세대적 공평성 주장의 장점을 평가한 사회과학자들은 위기에 대한 주장이 미국정치에 일반적이라고 대답한다. 문제를 극적으로 표현하고 제시된 해결책을 지지하기 위한 설득력 있는 실례들은 항상 발견될 수 있다(Williamson and Watt-Roy, 2008). 이것들은 복잡한 사회문제를 단순화하고 단 하나의 정책안을 정당화하기 위해 너무 자주 사용된다. 먼널(Munnell, 1999)이 지적한 것처럼, 사회보장과 메디케어 비용은 종종 하나로 합쳐져서 단일한 "위기"로 취급되는데, 실제로 이 둘은 자금이 따로 조달되고 서로 다른 문제들을 다룬다. 더욱이 여론조사는 나이 든 세대가 욕심이 많고 부당한 국가자원의 일부를 소비하는데 관심을 둔다는 그런 세대적 공평성 주장의 주된 전제를 단호히 부정한다. 오히려 젊은 미국인들은 나이 든 사람들보다도 사회보장에 대한 지출의 증가에 대해 더 높은 지지율을 나타내는 반면, 나이 든 사람들은 교육에 대한 지출의 증가를 더 선호하는 경향이 있다(Street and Crossman, 2006).

(1) 비교론적 관점에서의 세대적 공평성

세대적 공평성에 대한 개념은 미국적인 것만은 아니다. 나이 든 노동자를 더 오래 일하도록 유도하기 위한 네덜란드의 조기은퇴계획에 대한 개혁이 나오면서 세대적 공평성에 대한 관심이 갑작스럽게 증가했다. 이전에는 사람들이 일자리를 젊은 사람들에게 보전해주고 나이 든 사람은 노동시장을 떠나도록 장려하는 것을 선호했는데, 1990년대에는 노동시장에서 젊은 노동자와 나이 든 노동자의 일자리 기회에 관해 연령 공평성을 지지하는 사람들이 상당히 증가했다(Dalen and Henkins, 2002). 뉴질랜드와 영국에서도 유사한 이슈가 제기되었다(Thomson, 1996; Walker, 1996). 캐나다에서 이러한 이슈는 언론에서 별로 논의되지 않지만 공공정책에 대한 논의의 맥락에서는 제기되어 왔다(Cook et al., 1994; Marmor et al., 1997). 한 연구는 *세대적 공평성*이라는 용어가 캐나다와 미국의 신문과 잡지에서 얼마나 자주 사용되는가를 비교해보았다. 1980년과 1992년 사이에 캐나다의 신문에서는 노인과 젊은이를 다루는 기사들이 많이 있었지만, 이 기사들은 보통 협력과 긍정적인 의사소통을 강조했다. 공통적인 제목은 "젊은이들과 마음이 젊은 사람들이 교육에 새로운 방식을 열다: 아이들, 노인들, 서로에게서 배우기", "젊은이들이 노인들과 섞이면서 나이장벽이 무너지다" 등 이었다(Cook et al., 1994:97-98). *세대적 공평성*이라는 용어는 전체 연구기간 동안 캐나다에서 단지 한 건만 나타났다.

같은 기간에 미국에서는 세대적 공평성에 대해 39개의 언급이 있었는데, 이 숫자는 1987

년에 13개로 정점에 이르렀다. "미국은 노인들을 보살피는 대신 아이들의 곤경을 무시한다", "미국은 아이들과 전쟁 중이다", "어린 피터(Peter)에게서 돈을 빼앗아 나이 든 폴(Paul)에게 준다"와 같은 머리기사들이 일반적이었다(Cook et al., 1994). *캔저스시티스타*(Kansus City Star)라는 신문은 1년동안 사회보장과 메디케어의 삭감을 반복해서 주장하는 특집을 실었다. 세대적 공평성이 이 특집의 강한 주제였음에도 불구하고 이 특집은 노인들의 이익에 대해 신랄하고 노골적으로 묘사했으며 정책적인 이슈에 대한 시민들의 이해를 높이는 데는 별로 한 게 없었다(Ekerdt, 1998).

왜 세대적 관계가 미국과 캐나다에서 서로 다르게 묘사되는가? 한 가지 이유는 캐나다에 비해 미국이 아이들보다 노인들의 건강돌봄에 더 많이 지출한다는 것이다. 이것은 미국이 단지 노인들에게는 메디케어를 그리고 가난한 사람들에게는 메디케이드를 제공하는 데 비해 캐나다는 성과 소득에 상관없이 모든 사람을 위한 국가건강보험을 가지고 있기 때문이다. 또다른 이유는 캐나다에는 미국에서 매우 눈에 띄는 노인로비에 해당하는 노인조직이 없다는 것이다. 노인조직이 매우 강력하다는 인식은 세대적 불공평감에 기여한다(Cook et al., 1994). 마지막으로 세대적 공평은 미국의 공공정책에 대한 논의에서 더욱 용인된 틀이 되었는데, 왜냐하면 미국에서 아동과 노인의 빈곤수준은 캐나다에서처럼 수렴되어 있지 않기 때문이다. 1991년에 캐나다에서는 65세이상 노인의 약 20%와 18세미만 아이들의 20% 정도가 가난한 저소득 가구에서 살고 있었다(Cook et al., 1994).

세대적 공평성에 관한 주제가 매체에서 빈번하게 나오기는 하지만, 노인들이 탐욕스럽고 이기적이며 비생산적이라는 묘사를 받아들이는 미국인은 별로 없다. 쓸쓸한 도시의 내부에 숨겨진 가난한 사람들과 달리 노인들은 모든 미국 가정에서 눈에 바로 띄게 존재한다. 사람들은 자신의 부모와 조부모를 바라보면서 대부분의 노인들은 편하지만 호화롭게 살지는 않으며 또한 만약 연방정부가 소득보장과 건강돌봄의 제공을 중단한다면 자신, 자신의 아이들, 자신의 조부모가 그 부담을 져야 할 것으로 알고 있다. 세대적 공평성에 대한 논의가 수그러듦에 따라 정치적 논의는 임박한 사회보장위기라고 하는 새로운 주제에 초점을 두게 되었다(Quadagno, 1996).

3) 사회보장위기

사회보장은 매년 자동으로 기금이 제공되며 논쟁의 대상이 안 되는 연방 프로그램이다. 가장 큰 두 개의 사회보장 프로그램은 사회보장과 메디케어이다. 사회보장위기(entitlement crisis)의 개념은 다음의 2가지 주제들에 집중되어 있다. (1) 연방예산의 약 3분의 1이 노인들을 위한 프로그램에 주어져 있고, (2) 노인들을 위한 지출은 미래 세대에 해를 끼칠 것이다(Social Security Administration, 2012). 사회보장위기에 대한 생각은 초점이 연방예산에 더 직접 두어져 있다는 것을 제외하곤 세대적 공평성과 비슷하다.

사회보장위기의 개념에 대한 핵심 주제는 사회보장과 메디케어에 대한 지출이 연방예산을 불균형하게 소비하여 다른 사회적 요구를 밀어낸다는 것이다(Quadagno, 1999). 이러한 극본에 따르면, 사회보장 지출은 현재의 수준으로 유지될 수 없다. "복지국가의 고령화는 대부분의 노동연령 미국인들의 생활수준에 비참한 결과를 가져올 가능성 있는데", 왜냐하면 노인들에게 약속한 혜택을 제공하기 위해 세금을 천문학적인 수준으로 올려야 하기 때문이다(Howe, 1997:36).

이러한 우려는 얼마나 타당한가? 1965년에서 1993년 사이에 연방예산에서 사회보장 지출이 차지하는 비율이 22.7%에서 47.3%로 증가했는데, 이는 1965년 통과된 메디케어와 연관된 초기비용의 결과이다. 하지만 사회보장 지출은 1975년부터 조금씩만 증가했다. 1993년부터 2003년까지의 10년 기간 동안 사회보장 지출은 연방지출의 47.3%에서 47.9%로 1%미만 증가했다. 세 개의 가장 큰 프로그램들인 사회보장, 메디케어, 메디케이드에 대한 지출은 10년이상 안정적이었다. 현재 사회보장위기는 없다(Congressional Budget Office, 2003). 하지만 14장에서 논의한 것처럼, 사회보장 신탁기금의 장기 지급능력을 회복시키기 위해서는 조치들을 취할 필요가 있다.

4) 소유권사회

사회보장의 속성을 극적으로 바꾸려는 최근의 노력은 **소유권사회**(ownership society)라고 불리는 것을 만드는 것에 초점을 둔다(Beland, 2005). 이것은 노동자들이 급여세의 일부를 개인계좌로 돌리게끔 해주는 민영화를 통해 발생할 수 있다.

소유권사회의 틀은 자신의 은퇴를 위해 사용하거나 자식들에게 물려줄 부를 만들 기회를 갖기를 좋아하는 젊은 노동자들의 관심을 끌도록 설계되어 있다. 그러나 18세에서 24세까지의 젊은이들은 사회보장세를 내는 것에 반대하지 않는다(Campbell, 2003).

많은 시민들은 사회보장이 돈을 다 써버릴 것이라고 잘못 믿고 있는데, 왜냐하면 15장에서 논의한 것처럼 신탁기금의 상태에 관해 과도하게 비관적인 예측을 종종 듣기 때문이다(Jerit and Barabas, 2006). 이러한 이유로 일부 정치인들은 민영화가 좋은 생각이라는 것을 일반인들에게 확신시킬 수 있다고 믿는다. 그러나 주식시장이 곤두박질칠 때마다 사람들은 개인투자에 내재되어 있는 위험성과 사회보장에 의해 제공된 안전을 생각하게 된다(Barabas, 2006). 14장에서 민영화의 장단점을 논의했었다.

중요하게 인식해야 할 것은 공공정책이 계속 진화한다는 것이다. 위기 각본의 문제는 그러한 이슈의 실체가 열변에서 모호해진다는 것이다.

돌아보기

1. 나이든 미국인들의 투표유형과 선호는 어떤가?

나이 든 미국인들은 모든 선거에 대해 상당한 영향을 미칠 잠재력을 가지고 있는데, 왜냐하면 이들은 불균등하게 많은 유권자의 몫을 차지하고 있기 때문이다. 하지만 이들이 블락투표에 참여한다는 증거는 없다. 종종 나이 든 사람들은 자신들의 이익에 반하는 안을 법제화하려는 후보자나 정당을 지지하곤 한다. 일반적으로 정치적 선호에 있어 연령별 차이는 별로 없다. 젊은이와 노인은 공적 지출에 대해 비슷한 태도를 그리고 대통령 후보자에 대해 비슷한 선호도를 가지고 있다. 예외는 2016년의 대통령선거에서 있었는데, 이때 젊은 유권자들은 도널드 트럼프를 덜 지지했었는데 이는 일반적으로 더 자유주의적이라고 할 수 있는 젊은이의 태도가 반영된 것이다.

2. 나이 든 미국인을 대표하는 주요 이익집단에는 무엇이 있으며 또한 이들이 성취한 것은 무엇인가?

AARP가 미국에서 가장 큰 노인조직이다. 다른 중요한 조직으로 전국노인위원회, 사회보장과 메디케어 보전 전국위원회, 전국은퇴연방직원협회가 있다. 나이 든 사람들의 이익을 대변하는 다른 큰 조직들이 있기는 하지만 이들의 정치력을 과대평가하지 않는 것이 중요하다. AARP와 같은 매우 큰 조직도 모든 이슈에 대해 입장을 정하기가 어려운데, 왜냐하면 회원들이 매우 다양하기 때문이다. 종종 노인조직들은 서로 의견이 다르다. 이러한 이익집단들이 이룬 가장 큰 업적은 사회보장과 메디케어를 보호하는 데 있었다.

3. 나이 든 미국인들은 어떤 사회운동에 참여해왔는가?

나이 든 사람들이 정치적인 시위에 가장 덜 참여하는 연령집단이지만, 20세기에 이들 집단이 이슈와 관련해서 사회운동에 참여할 정도로 강하게 느낀 적은 두번 있었다. 주로 나이 든 사람들로 구성된 첫 번째 사회운동은 타운센드운동이었다. 지지자들은 국가적인 노인연금을 위해 의회에 로비했다. 많은 관찰자들은 이들의 영향력이 1935년에 사회보장법의 통과를 촉진시켰다고 믿는다. 1988년의 메디케어 재해적 보장법은 노인들에 의한 항의정치(protest politics)의 예외적인 유형을 낳았는데, 왜냐하면 이들은 불공정하게 과세당하고 있다고 느꼈으며 또한 그 입법이 그들이 가장 원하는 혜택인 요양원돌봄 비용에 대한 도움을 제공하지 않았다고 느꼈기 때문이다. 가장 최근의 사회운동은 나이 든 여성의 가시성(visibility)을 증가시키는 것을 목적으로 하는 빨간 모자 사회이다.

4. 노인에 대한 정부의 지출에 관한 논쟁에서 어떤 개념이 사용되어 왔는가?

최근까지 노인은 사회적 혜택의 수혜자가 될 자격이 있다고 여겨졌다. 사회보장급여가 은퇴자들의 생활수준을 향상시키면서, 일부 사람들이 노인들은 특히 아동들이 받는 것에 비해 공정치 못한 사회적 자원의 몫을 받고 있다고 주장하기 시작했다. 이것은 세대적 공평성의 개념 뒤에 존재하는 주된 생각이다. 세대적 공평성은 정부지출에 관한 논쟁에서 다른 국가에서는 거의 영향을 주지 않는 매우 미국적인 생각이다. 광범위하게 사용되는 또다른 개념은 사회보장위기이다. 사회보장위기의 개념은 세 가지 주제들로 이루어져 있다. 첫 번째는 노인에 대한 지출이 연방 자원의 일부를 불공정하게 빼앗고 있다는 것이다. 두 번째는 현재의 추세가 베이비붐세대가 은퇴하기 시작하는 미래에는 유지될 수 없다는 것이다. 세 번째는 사회보장의 민영화를 통해 소유권 사회를 만들 필요가 있음을 강조한다.

고령화에 관해 생각하기

1. 당신이 생각하기에 나이 든 미국인을 위한 첫 번째로 가장 시급한 정치적 이슈는 무엇인가?
2. "노인로비"는 얼마간의 노인을 위한 처방약 보험적용을 옹호해왔다. 어떤 이익집단이 이 같은 입법을 반대할 것인가? 일부 노인들이 이러한 이익집단에 속할 것인가?
3. 오늘날의 나이 든 미국인들은 젊었을 때 참여했던 같은 종류의 정치적 활동에 참여하는 경향이

있다. 베이비붐세대의 구성원들이 은퇴할 때면 이들에게서 어떤 종류의 정치적 활동을 볼 것으로 기대할 수 있는가? 구체화하라.

4. 미국인들이 더 오래 살게 된 이상, 고위 공직자에 출마하는 후보자의 나이에 상한이 있어야 하는가? 왜 그런가 또는 왜 아닌가?
5. 미국의 아동들이 정부로부터 노인들과 같은 정도의 지원을 받을 자격이 있다고 생각하는가? 당신의 논리를 사회학적인 용어로 설명하라.

핵심용어

- 고령화에 대한 백악관회의(White House Conference on Aging)
- 노인로비(gray lobby)
- 메디케어 재해적 보장법(Medicare Catastrophic Coverage Act)
- 미국은퇴자협회(American Association of Retired Persons, AARP)
- 사회보장과 메디케어 보전 전국위원회(National Committee to Preserve Social Security and Medicare)
- 사회보장위기(entitlement crisis)
- 사회운동(social movements)
- 세대적 공평성(generational equity)
- 소유권사회(ownership society)
- 은퇴미국인동맹(Alliance for Retired Americans)
- 이익집단(interest groups)
- 전국전현직연방직원협회(National Active and Retired Federal Employees Association)
- 타운센드운동(Townsend movement)

용어풀이

- **1935년 사회보장법(Social Security Act of 1935)** 근로자를 위한 최초의 연방 복지법; 미국의 복지국가를 시도했음; 은퇴근로자, 실업자, 부양자녀를 위한 프로그램을 포함하였음.
- **1967년 고용상 연령차별금지법(Age Discrimination in Employment Act of 1967, ADEA)** 40세에서 65세까지의 근로자에 대한 차별을 금지했음; 고용주가 정당한 이유없이 나이 든 직원을 해고하고, 강등시키고, 봉급을 깎는 것을 불법화했음.
- **1984년 은퇴공평법(Retirement Equity Act of 1984, REA)** 근로자의 사망이나 이혼의 상황에 처한 배우자의 연금 권리를 보호하였음.
- **2003년 메디케어 현대화법(Medicare Modernization Act of 2003)** 2003년에 제정된 법으로 메디케어 프로그램에 새로운 파트D를 추가하였으며, 노인과 장애인에게 처방약급여를 제공함.
- **2010년 환자보호 및 부담적정 보험법(Patient Protection and Affordable Care Act of 2010)** 주들간 보험교환, 개인과 고용주에 대한 의무, 메디케이드의 확대, 저소득층의 보험가입을 돕기 위한 보조금과 보험가입에 대한 엄격한 규제를 포함하는 보편적 보장에 도달하기 위해 고안된 법률.
- **30세 전환기(age 30 transition)** 레빈슨의 성인기 발달 단계 중 하나로 이 시기의 주요 과업은 사회 안에서 자신에게 맞는 역할을 개발하고 기술의 유능함을 발전시키며 성공에 몰두하는 것임.
- **가교직업(bridge jobs)** 풀타임으로 근무하다가 경제활동을 완전히 관두기 전에 갖는 다른 직업.
- **감각신경(sensory nerves)** 외부 환경에서 중추신경계로 수신된 메시지를 전달하는 말초신경.
- **개방형면접(open-ended interview)** 응답자가 미리 결정된 범주를 사용하지 않고 질문에 답할 수 있도록 하는 질적 연구에 사용되는 기법.
- **개인은퇴계좌(Individual Retirement Accounts, IRA)** 은퇴를 위한 저축을 장려하기 위해 세법을 사용하는 방식; 개인은 소득이나 수입에 대한 세금을 내지 않고 돈을 특별한 은퇴계좌에 둘 수 있음.
- **갱년기(climacteric)** 중년기에 나타나는 신체적, 심리적 변화 증상.
- **건강관련 삶의 질(health-related quality of life, HRQoL)** 신체건강이든 정신건강이든 분명히 건강에 영향을 미치는 것으로 보일 수 있는 전반적인 삶의 질 측면들.
- **건강생활양식(health lifestyle)** 삶의 상황에 따라 사람들이 이용할 수 있는 선택과 옵션에 기초한 행동 유형; 건강관리에 직접적인 영향을 미치는 행동들, 예를 들어 흡연, 음식, 운동, 개인위생, 음주, 무방비의 성관계뿐만 아니라 건강검진, 처방된 치료 준수 등이 포함됨.

- **건강유지기관(health maintenance organization, HMO)** 재무담당자가 운영하는 건강보험제도; 일군의 의사들이 HMO에 속하고 제공되는 서비스는 효율성과 비용 관리를 위해 관리자들에 의해 모니터됨; HMO를 통해 보험에 가입된 개인들은 제한 없이 의사를 선택할 수 있는 것이 아니라 HMO에 계약된 의사들 중에서 선택해야 함.
- **건강한 노인(well elderly)** 건강하고 활동적인 사람으로 사회 및 여가활동에 참여하며, 종종 자원봉사에 관계하거나 이 일로 바쁘며, 가족으로서의 책임을 수행하고, 지역사회의 삶에 열심히 참여함.
- **건강행동(health behavior)** 건강 증진과 질병 예방을 위해 개인이 행하는 활동.
- **검사기간("look back" period)** 메디케이드는 요양원 돌봄에 대한 자격을 결정하는데 자산이 부적절하게 양도되었는지의 여부를 확인하기 위해 5년의 '검사' 기간을 두고 있음.
- **결정성 지능(crystallized intelligence)** 사람들이 경험을 통해 학습한 정보, 기술, 전략에 기초하는 지능; 축적된 과거의 경험과 사회화를 반영함.
- **경제적 파트타임 일(economic part-time work)** 풀타임직을 구하지 못해 경제적 이유로 주 35시간 이하로 근무하는 형태.
- **고령화에 대한 백악관회의(White House Conference on Aging)** 노인의 이익에 대한 이슈와 관련된 불만과 제안을 제시하기 위해 10년마다 열리는 회의; 공식적으로 인정된 토론회에서 대통령에게 이슈를 제시하는 방법.
- **고전적 노화유형(classic aging pattern)** 60세 이상의 언어와 동작성 지능의 쇠퇴.
- **고정관념(stereotype)** 하나의 집단이나 사회적 범주로서 사람들에게 부여된 생각과 믿음의 복합체.
- **고혈압(hypertension)** 정상치보다 높은 혈압.
- **고혈압성심혈관질환(hypertensive cardiovascular disease)** 고혈압은 심장마비를 유발함.
- **골다공증(osteoporosis)** 뼈의 바깥 부분은 얇아지고 안쪽은 스폰지 상태가 되도록 만드는 질병; 나중에는 신장의 감소, 등의 통증, 등 위쪽 혹은 척추가 휘며, 때로는 척추뼈가 약해져 상체 뼈의 무게를 못 이겨 서서히 무너질 때 나타나는 척추 전방굴곡(dowager's hump)이 나타남.
- **공공부조(public assistance)** 사회급여의 한 종류; 건강한 빈곤층이 일을 하도록 장려하기 위해 고안된 자격기준을 포함; 16세기 영국의 빈곤구제제도에서 유래됨.
- **관리의료(managed care)** 건강관리조직의 한 형태; 결정은 재무담당자에 의해 이루어짐.

- **관상동맥우회술(coronary bypass surgery)** 심장에 혈액을 공급하는 혈관의 막힌 부분을 감소시키기 위한 수술.
- **관여된 조부모됨(involved grandparenting)** 조부모가 손자녀의 발달과 양육에 적극적으로 역할을 수행하는 경우를 말하는데, 실제로 이러한 조부모들은 일상적으로 손자녀와 상호작용거나 동거하면서 부모만큼의 역할과 책임을 수행하는 경우임.
- **관절염(arthritis)** 관절 염증을 일으키고 그결과 통증, 부종, 변형을 낳는 만성질환.
- **교환이론(exchange theory)** 개인들 간의 사회적 교환은 합리적인 계산에 근거하여 또한 사람들은 보상으로부터 오는 보상을 최대화하는 대신 비용을 최소화하려 한다는 이론. 교환이론가들은 노인들과 젊은이들과의 교환은 감소하는데 왜냐하면 노인들이 교환에 가져올 자원이 별로 없기 때문이라고 주장함.
- **구조적 부담(structural burden)** 건강돌봄체계 내에서 노인들을 위한 서비스를 관리하고 조정해야 하는 딜레마.
- **궤적 (trajectory)** 교육, 직장, 퇴직과 같은 일련의 생애전이의 궤적.
- **균일할당(capitation)** 건강유지기관이 어떤 서비스를 수행하느냐에 관계없이 시스템 내 환자마다 월정액 수수료를 받는 결제 시스템.
- **근대화이론(modernization theory)** 국가들은 산업화의 수준과 도시화의 정도와 같은 지표에 의해 가장 덜 발달한 국가에서 가장 발달한 국가에 이르는 연속선상에 놓일 수 있다는 관점. 사회구조의 어떤 특질을 보여주는 것들은 근대적이라 부름. 기본적인 전제는 과거에 노인은 존경을 받았지만 근대화가 노인의 지위를 떨어뜨렸다는 것임.
- **근로자퇴직소득보장법(Employment Retirement Income Security Act)** 확정급여형 연금의 수급권을 보장해주기 위해 1974년에 제정된 법.
- **급여세(payroll taxes)** 사회보험 프로그램의 재원을 마련하기 위해 근로자와 고용주에게 부과하는 세금; 또한 사회보험기금에 대한 기여로 정의됨.
- **기능적 연령(functional age)** 사람들이 어떻게 보이는가와 사람들이 무엇을 할 수 있는가에 기초한 연령에 대한 정의. 기능적 용어로, 사람은 성인의 주요 역할을 더는 수행하지 못할 때 늙게 됨.
- **기능적 지위(functional status)** 신체적 혹은 정신적 만성적인 건강문제가 일상생활에 필요한 업무를

수행하는 능력에 있어서 행동 변화를 일으켜 다른 사람의 도움이 필요한 정도를 나타내는 척도.

- **기대수명(life expectancy)** 주어진 인구집단의 사람들이 생존할 것으로 기대되는 평균 연수. 죽을 때의 평균 나이. 많은 출생과 사망을 결합한 결과의 측정치로 주어진 인구집단 내 모든 사람들의 사망시 연령의 합을 그 집단의 사람들 수로 나누어서 계산함.
- **기억(memory)** 지식의 보관 혹은 저장.
- **기저세포암(basal cell carcinoma)** 흔한 피부암으로 쉽게 치료될 수 있음.
- **난소암(ovarian cancer)** 난소에 발생하는 악성종양.
- **노년부양비(elderly dependency ratio)** 근로연령 사람 100명당 65세 이상 사람의 수.
- **노년지원(Old Age Assistance)** 1935년 사회보장법의 일부; 주 및 연방 정부가 공동으로 자금을 지원하고 관리함; 1972년 보충적 보장소득(SSI)으로 전환됨; 사회보장혜택을 받을 권리를 얻지 못한 빈곤노인에게 소득 제공함.
- **노년학(gerontology)** 고령화의 생물학적, 심리적, 사회적 측면에 관한 과학적인 연구.
- **노안(presbyopia)** 가까이 있는 물체가 보이지 않음.
- **노인로비(gray lobby)** 노인의 이익을 대변하는 조직.
- **노인성 난청(presbycusis)** 노화로 인한 청력 손실.
- **노인성 자반증(senile purpura)** 보라빛의 멍; 약한 혈관이 파열된 곳에서 나타난다.
- **노인통합돌봄프로그램(Program of All-Inclusive Care for the Elderly, PACE)** 요양원 돌봄에 대한 주정부의 기준을 충족하는 노인이 선택할 수 있는 혜택. 다양한 환경에서 제공될 수 있는 종합적인 의료 및 사회 서비스가 특징임.
- **노화 교차연결이론(cross-linkage theory of aging)** 생물학적 노화이론; 교차 결합된 콜라겐의 축적으로 피부의 탄력성 상실, 순환기 동맥 경화, 그리고 몸 전체의 관절의 경직 등과 같은 노화 관련 변화들이 나타난다는 이론.
- **노화관련 자기면역이론(autoimmune theory of aging)** 나이가 들면서 우리 몸의 방어면역체계가 약해진다는 발견에서 유래됨.
- **노화의 유전자조절이론(genetic control theory of aging)** 생물학적 노화 이론; 수명은 유전자에 입력되어 있다는 견해.

- **노화의 체세포돌연변이이론(somatic mutation theory of aging)** 유전적 손상이 세포와 조직의 노화를 초래한다고 보는 노화의 생물학적 이론.
- **노화의 활성산소이론(free radical theory of aging)** 생물학적 노화 이론; 활성산소가 연령 색소를 만들고 교차결합을 생산하면서 노화과정에 영향을 미친다고 보는 견해.
- **녹내장(glaucoma)** 실명을 초래할 수 있는 심각한 상태; 방수가 정상적인 경로를 통해 눈에 순환되지 않을 때 발생함; 눈에 안압이 상승하면서 점차 시력이 손상됨.
- **뇌졸중(stroke)** 뇌조직을 손상시키는 뇌혈관의 파열이나 장애; 증상은 기억력 감퇴, 정서불안정, 우울증을 수반함.
- **누적적 불리이론(theory of cumulative disadvantage)** 더 많은 자원으로 삶을 시작하는 사람들은 계속해서 더 많은 자원을 축적할 기회를 갖는 반면 적은 자원으로 삶을 시작하는 사람들은 더 뒤처진다는 이론.
- **뉴런(neurons)** 전기 시그널의 형태로 몸 전체에 정보를 전달하는 뇌세포.
- **단계적 은퇴(phased retirement)** 고령근로자들이 책임을 줄이고 천천히 완전한 은퇴를 할 수 있도록 하는 방식으로 하루 중 근무시간을 줄이거나 주중 근무일을 줄이거나 근무량을 다른 직원과 나누도록 함.
- **대처(coping)** 개인과 환경 간의 적합 상태로 개인의 안녕감 혹은 삶의 질 만족도를 유지할 수 있음.
- **대체율(replacement rate)** 은퇴전 소득에서 사회보장급여로 대체되는 비율.
- **도구적 일상생활활동(instrumental activities of daily living, IADLs)** 돈을 다루는 일, 가벼운 집안일, 약복용, 그리고 심부름과 같은 활동에 도움이 필요한지를 측정한 척도.
- **독립생활 주거단지(independent living community)** 더 젊고 건강한 고객층을 지향하는 연속돌봄 은퇴주거단지의 새로운 유형.
- **돌봄제공자 부담(caregiver burden)** 허약한 노인을 돌보기 위해 수행해야 할 구체적인 업무를 관리하는 데 있어서의 어려움.
- **돌봄제공자 스트레스(caregiver stress)** 돌봄제공자가 느끼는 부담에 대한 주관적인 평가.
- **동반은퇴(joint retirement)** 맞벌이 부부가 같은 시기에 은퇴하는 것.
- **동반 및 유족 연금수령(joint and survivor annuity)** 근로자가 평생 줄어든 연금을 받고 또한 배우자

는 유족연금의 50%를 받는 기혼 피고용인의 연금유형; 남편과 부인 모두 서면으로 유족연금을 포기하는 것에 동의할 수 있음.

- **로스 개인은퇴계좌(Roth IRA)** 보험료는 소득공제 되지 않으나 인출 시 비과세되는 개인은퇴계좌.
- **류머티스 관절염(rheumatoid arthritis)** 관절낭과 뼈를 덮고 있는 연골을 싸고 있는 활막의 염증.
- **마모이론(wear and tear theory)** 생물학적 노화 이론; 신체를 오래된 자동차, 트럭과 같은 기계에 비유하여 나이가 들면서 마모되는 것으로 생각한다.
- **만기은퇴연령(full retirement age)** 사회보장연금 전액을 받을 수 있는 연령.
- **만성 폐쇄성 폐질환(chronic obstructive pulmonary disease, COPD)** 정상적인 호흡을 방해하는 기류장애로 특징되는 두 폐질환, 만성기관지염(chronic bronchitis)과 기종(emphysema)을 일컫는 용어.
- **만성질환(chronic disease)** 치료가 안되는 상태.
- **말초신경계(peripheral nervous system, PNS)** 뇌와 척수를 제외한 모든 신경계; 척수에서 시작하는 척수신경을 포함함.
- **메디갭정책(Medigap Policy)** 메디케어가 적용되지 않는 건강돌봄비용을 지급하는 보험정책.
- **메디케어 재해적 보장법(Medicare Catastrophic Coverage Act)** 광범위한 혜택을 제공해줄 수 있었음; 1965년 이래 메디케어프로그램의 가장 큰 확대를 나타냄; 제정된 후 3개월 후에 폐지되었음.
- **메디케어(Medicare)** 1965년에 제정됨; 사회보장 수급자격이 있는 65세 이상 사람들을 위한 국민건강보험제도; 모든 자격을 갖춘 근로자와 그 배우자에게 자동적으로 권리가 부여됨.
- **메디케어 파트A(Medicare Part A)** 급여세로 지불되는 병원보험.
- **메디케어 파트B(Medicare Part B)** 의원진료비의 80%를 지급하는 선택적 프로그램.
- **메디케어 파트C(Medicare Part C)** 메디케어 수혜자가 민간건강보험을 구입할 수 있도록 허용.
- **메디케어 파트D(Medicare Part D)** 메디케어 수혜자가 처방약의 값을 지불하는 것을 도와줌.
- **메디케이드(Medicaid)** 1965년에 제정됨; 빈곤층을 위한 건강보험 프로그램; 요양원 비용의 많은 부분을 지불함.
- **미국노인법(Older Americans Act)** 1935년에 통과되었음; 공동식사, 개인돌봄과 간호서비스, 주간돌봄, 허드렛일서비스, 식사배달을 포함해서 독립적인 생활을 향상시키기 위한 여러 서비스들을 제공함.
- **미국은퇴자협회(American Association of Retired Persons, AARP)** 미국에서 가장 큰 노인조직이자

가장 큰 자원봉사조직; 노인 이슈를 위해 적극적으로 로비함.

- **미약하게 손상된 노인**(somewhat impaired elderly) 만성질환을 경험하기 시작하고 가족이나 지역사회 서비스기관으로부터 얼마간의 도움을 필요로 함.
- **민영화**(privatization) 정부의 책임 축소와 자신의 복지에 대한 개인의 책임 증가; 정부 기능을 민간부분이 넘겨받는 것.
- **발기부전**(erectile dysfunction) 성관계를 위해 충분한 발기상태를 유지할 수 없는 것.
- **배우자급여**(spouse benefit) 은퇴한 노동자의 배우자에게 노동자급여의 50%를 지급하는 사회보장급여.
- **배우자사별효과**(widowhood effect) 배우자가 사망했을 때 다른 배우자도 사망할 확률이 상당히 높아짐.
- **백내장**(cataract) 수정체가 혼탁해져 빛이 통과할 수 없는 상태.
- **베이비붐세대**(baby boomers) 1946년에서 1964년 사이에 태어난 미국인 세대.
- **보충적 보장소득**(Supplemental Security Income, SSI) 가난한 노인, 시각장애인, 장애인을 위한 연방정부의 자산조사가 이루어진 사회지원 프로그램.
- **복지국가**(welfare state) 실업, 장애, 이혼, 건강악화, 은퇴 등으로 인한 소득손실의 위험으로부터 사람들을 보호하는 사회프로그램들의 결합.
- **부호화**(encoding) 나중에 사용하기 위해 학습된 정보가 저장되는 기억의 단계.
- **분리이론**(disengagement theory) 노화에 대한 최초의 공식적인 이론. 정상적인 노화는 자연적이고 불가피한 상호적 철수나 분리를 포함하며, 이는 나이드는 사람과 다른 사람 간의 상호작용이 감소하는 결과를 낳는다는 관점.
- **붐비는 둥우리**(crowded nest) 성인이 된 청년들이 원가족으로 돌아가는 추세.
- **비판노년학**(critical gerontology) 세계화의 힘이 노인과 노인의 일상생활을 위한 정책과 프로그램에 어떻게 영향을 미치는가를 강조하는 접근.
- **빈둥우리**(empty nest) 성인 자녀가 독립한 후 부부가 함께 있는 기간.
- **사망률**(mortality rate) 한 인구집단 내의 사망 발생.
- **사티**(suttee) 남편사별여성을 제물로 바치는 것.

- **사회구성주의(social constructionism)** 개인의 의도, 동기, 행위를 사회이론의 중심에 두는 이론. 인간을 자신의 사회적 현실에 대한 적극적인 창조자로 간주함.
- **사회노년학(social gerontology)** 고령화의 사회적 측면에 대한 연구.
- **사회보장(Social Security)** 고령보험; 급여세를 낸 은퇴근로자를 위한 공적 연금체계; 장애인, 사별인, 배우자를 위한 급여도 포함함.
- **사회보장과 메디케어 보전 전국위원회(National Committee to Preserve Social Security and Medicare)** 1982년에 설립된 노인조직. 500만명 이상의 다양한 회원을 가지고 있음. 1988년의 메디케어 재해적 보장법(Medicare Catastrophic Coverage Act of 1988)을 부결시키는데 핵심적인 역할을 했음.
- **사회보장위기(entitlement crisis)** 사회보장에 대한 지출이 연방예산의 적자를 야기하고, 연방예산을 불균형하게 사용하며, 다른 사회적 요구를 위한 자금을 압박한다는 인식.
- **사회보험(social insurance)** 사회보험의 기본목적은 생애과정에 걸쳐 경제적 보장을 제공하고 빈곤에 빠지지 않도록 하는 것임; 사람들이 공동기금에 기여하고 위험을 공유한다는 점에서 사회적 지원과 구별됨; 기여자들은 급여를 받을 권리를 얻음.
- **사회운동(social movement)** 변화를 촉진시키거나 막기 위해 조직된 사람들의 모임; 주로 정치적인 주류의 바깥에서 활동함.
- **사회적 관계에 대한 콘보이모델(convoy model of social relation)** 각 개인이 사회적 지원의 교환을 통해 자신과 관련 있는 사람들과 역동적으로 교환하며 평생도록 그 사람의 그룹에 둘러싸여 살아간다는 이론적 모델.
- **사회적 시계(social clock)** 주요 생애사건의 경험 시기를 규정하는 암묵적인 시간표.
- **사회적 역할(social role)** 미망인, 할아버지, 은퇴자와 같이 주어진 사회적 위치나 지위를 점유하고 있는 사람들에 대한 기대나 지침.
- **사회적 지원체계(social support system)** 정서적 지원이나 도구적 지원을 제공하는 친구와 친족 그리고 기관의 관계적 네트워크 체계를 말함..
- **살던 곳에서 노후맞기(aging in place)** 인구 구성원이 나이 듦에 따라 그 지역이 자연스럽게 고령화되는 것; 종종 젊은이들의 외부 이주가 동반되며; 또한 노인들이 요양원에 거주하기 보다는 집 혹은

지역사회에 거주하고 있을 때를 일컬음.

- **생애과정(life course)** 역사적 사건, 개인적인 결정, 그리고 개인에게 주어진 기회의 교차로 빚어지는 생애궤적; 인생 초반의 경험은 이후의 결과에 영향을 미친다.
- **생애과정틀(life course framework)** 변화하는 연령 구조에 대한 연구와 개인의 고령화 경험을 결합한 고령화 연구의 접근법의 한 유형.
- **생활지원시설(assisted living facilities, ALF)** 일상활동에 대한 보조와 24시간 관리를 포함하는 주거유형; 기숙사와 양로원보다는 부유한 고객을 상대함; 보통 개인실과 화장실 또는 소형아파트, 사교와 여가시설, 개별화된 돌봄을 제공함.
- **서비스수수료(fee-for-service)** 의사가 진료비를 책정하는 의료비용에 대한 보상체계이고 지불은 받은 치료에 근거함; 환자들은 제한 없이 의사를 선택할 수 있음.
- **선지급제(Prospective Payment System, PPS)** 메디케어 수혜자들의 병원비 지불을 결정하는 일정을 수립함. 특정 진단을 받은 환자의 평균 비용이 얼마인지 추정함.
- **성공적인 노화(successful aging)** 최상의 신체적 및 심리적 기능을 달성하고, 의미있는 사회적 활동에 참여하는 것.
- **성비(sex ratio)** 여성 대한 남성의 비. 출생 시의 여성 대비 남성의 수와 생애에 걸친 상이한 생존율에 의해 결정됨.
- **성인식(gender recognition)** 성평등이 남성과 여성 간의 차이를 고려하고 또한 불리한 성에게 보상해주는 조처를 취함으로써만 달성될 수 있다는 접근.
- **성인의 삶에 대한 캔저스시 연구(Kansas City Study of Adult Life)** 사람들이 어떻게 정상적인 노화과정에 적응하는가를 밝히려는 일련의 연구. 이 연구는 그러한 적응에 대한 강조와 생애과정에 걸친 사회적 역할의 수행에 대한 측정을 연결하였음.
- **성인초기(early adulthood)** 레빈슨이 제시한 성인기 발달의 한 단계; 17세에서 45세까지.
- **성인초기전환(early adult transition)** 레빈슨이 제시한 발달 이론의 한 단계; 아동기가 끝나가는 시기; 발달적 과업은 성인으로써의 정체성을 형성하기 시작하고 원가족으로부터 분리된다.
- **성중립성(gender neutrality)** 성중립적인 용어로 법을 재규정할 것을 강조하는 접근.
- **세대(generation)** 가족 과정 연구에 적용되는 용어; 친족 관계를 가리킨다.

- **세대간 응집성(intergenerational solidarity)** 세대간 친밀성을 상징하는 개념으로, 접촉빈도, 접촉의 양, 긍정적인 정서, 가치관을 공유하는 정도, 지리적 근접성, 다양한 도움제공여부 등을 가지고 측정함.
- **세대간 응집성이론(theory of intergenerational solidarity)** 세대간 상호 도움 및 지원을 반영하기 위해 세대간 지리적 거리(물리적, 심리적)가 좁아지는 양상을 설명한 이론.
- **세대적 공평성(generational equity)** 노년층과 젊은층의 요구들을 들어주는 데에 정치적인 거래가 있어, 노인에게 흘러 들어가는 자원이 불공평하게 많아지고, 그래서 이 이슈가 세대간 갈등을 유발할 것이라는 관점.
- **소극적 안락사(passive euthanasia)** 회생 불능인 질병의 경우 의료적 치료를 보류 혹은 중단하는 것을 포함함.
- **소뇌(cerebellum)** 신체움직임과 평형감각을 담당하는 뇌 구조. 대뇌의 뒤쪽 아랫부분에 위치. 정교한 자발적 동작과 비자발적인 근육 운동에 중추적임.
- **소유권사회(ownership society)** 사회보장을 민영화하면 사람들이 부를 모을 수 있을 것이라는 생각.
- **수렴이론(convergence theory)** 생애 초기단계에서 명백했던 불평등이 감소되어 노년기에 평준화된다고 보는 고령화이론.
- **수명(life span)** 한 종의 어떤 구성원이 생존할 것으로 알려진 최대 연수.
- **수직화(verticalization)** 인구고령화의 영향으로 인해 세대관계 진행이 빨라지고, 과거세대와 현재세대의 상호작용이 난 것을 의미함.
- **수혜자추적재원(Money Follows the Person, MFP)** 요양원에 거주하는 메디케이드 수혜자를 자신의 집이나 대안주택으로 이전하기 위한 기금을 주에 제공함.
- **순자산 중앙값(median net worth)** 순자산 값들을 크기의 순서대로 정렬했을 때 가장 중앙에 위치하는 값.
- **순차적 은퇴(sequential retirement)** 배우자 중 한 사람이 먼저 은퇴하고 남은 사람이 계속 일하다 은퇴하는 것.
- **시기효과(period effect)** 역사적 사건이 그것을 겪은 사람들에게 미치는 영향.
- **시니어센터(senior centers)** 노인에게 식사와 사회활동을 제공하는 지역사회기반 시설.
- **시위자(protestors)** 앱터(Apter)가 분류한 중년여성의 한 유형; 성인 초기를 속박했던 이른 시기의 책

임감에 직면했음; 이전에 놓쳤던 자발성을 발전시키는 방법을 찾음.

- **식사 및 돌봄 제공 가정(board and care home)** 식사와 기본 일상생활활동 도움을 제공하는 시설; 거주환경으로 작고 면허없는 방부터 200명 이상의 거주자가 있는 호텔 같은 주택형태에 이르기까지 광범위함.
- **신경내분비이론(neuroendocrine theory)** 신경세포의 기능적 손실과 관련된 호르몬의 감소는 노화과정에 중심이 된다. 호르몬 감소는 체성분 변화를 초래함.
- **실어증(aphasia)** 뇌의 언어 능력 중심 부분의 손상; 뇌졸중의 후유증 가운데 하나;뇌의 산소 부족으로 나타남; 환자들은 의미 있는 말하기 혹은 구두, 글로 쓰여진 언어를 이해할 수 없음.
- **싱글룸점용호텔(single room occupancy hotel, SRO)** 노후화된 도심지에 있는 아파트 주거지 또는 오래된 호텔.
- **안락사(euthanasia)** 자비의 행위로서 회생불가능한 상태의 개인을 고통없이 죽이거나 죽음을 허락하는 행위.
- **알로스태틱부하(allostatic load)** 만성적인 스트레스에 대한 생리학적 반응.
- **알츠하이머병(Alzheimer's disease)** 일상적인 활동과 사회적 기능을 저해시킬 정도로 기억력, 인지적 기능, 성격에 영향을 미치는 심각한 뇌의 퇴행. 가장 일반적인 치매의 증상은 기억력, 지적능력, 판단력, 지남력의 손상, 그리고 과도한 감정기복을 포함함.
- **에코붐세대(echo boomers)** 1977년에서 1994년 사이에 태어난 미국인 세대.
- **역연령(chronological age)** 개인이 살아온 햇수.
- **역전이(countertransition)** 타인의 역할변화에 의해 생성되는 생애과정 전이.
- **역학적 변천(epidemiologic transition)** 젊은 사람들과 노인들의 사망 비율 변화; 인구학적 변천을 수반함; 전염병에서 만성질환으로 주요사망 원인이 변화하는데 의미가 있음.
- **역할전환(role reversal)** 의사결정자가 자녀가 되어 부모-자녀 역할이 역전.
- **연금분할(pension-splitting)** 연금이 이혼판정의 일부가 되게 하는 방식.
- **연금수급권 규정(vesting rules)** 연금가입 후 일정기간이 지난 후에 해당근로자에게 일정률의 법적 연금수급권을 부여하는 규정으로 최저 가입기준, 수급권 부여기준 등을 포함하고 있음.
- **연금지급보증공사(Pension Benefit Guaranty Corporation)** 확정급여형 퇴직연금이 근로자들에게

연금을 지급하지 못할 경우 이를 대지급하기 위해 설립된 국영 연금보험기관.

- **연기된 교환전략(deferred exchange strategies)** 생애과정에 걸친 개인들 간의 교환.
- **연령계층이론(age stratification theory)** 모든 사회가 사람들을 사회적 범주로 분류하며, 이러한 분류화가 사람들에게 사회적 정체성을 제공한다는 기본 전제를 갖고 있음. 연령은 재산, 성, 인종과 더불어 서열의 한 원칙이다.
- **연령구조(age structure)** 다양한 연령코호트의 인구분포.
- **연령규범(age norms)** 연령에 적합한 역할 및 행동을 규정하는 암묵적 규칙.
- **연령등급(age grade)** 나이를 사회적 범주로 삼아 지위를 부여하여 사람들을 분류하는 것 – 한 역할에서 다른 역할로 전환되는 시기에 대한 기대.
- **연령시간표(age timetable)** 연령규범과 유사하지만 더 느슨하고 유연하다; 나이에 걸맞는 역할과 행동을 규정하는 암묵적 규칙.
- **연령차별(age discrimination)** 나이 든 사람에 대한 부정적인 행동; 고정관념에 근거해서 행동함.
- **연령차별주의(ageism)** 늙었다는 이유로 사람들을 체계적으로 고정관념화하고 차별하는 것.
- **연령친화적 지역사회운동(age-friendly community movement)** 이 운동의 목표는 사람들이 나이들면서 삶의 질 향상 기회를 최대화시키는 것.
- **연령코호트(age cohort)** 같은 시대에 태어나서 비슷한 삶의 경험을 공유하는 사람들.
- **연령통합이론(age integration theory)** 사회가 노인의 참여를 막거나 향상시키는 연령분리 제도(age-segregated institutions)와 연령통합 제도(age-integrated institutions) 모두를 갖고 있다는 것을 인정하는 이론.
- **연령효과(age effect)** 역연령이나 생애과정 단계에 따른 차이.
- **연소 노인(young-old)** 65세에서 74세까지의 사람.
- **연속돌봄 은퇴주거단지(continuing care retirement community, CCRC)** 독립적인 생활시설, 생활지원시설, 숙련된 요양돌봄시설에 이르는 거주시설들과 서비스들의 연속성을 제공하는 계획된 은퇴주거단지.
- **옴브즈맨 프로그램(ombudsman program)** 시설에 대한 가족과 거주자의 불만사항을 조사하고, 다른 규제기관에 불만사항을 신고하며, 정보수집, 분쟁관련자 면담 등을 통해서 요양원에서 돌봄의 질을

감시하는 프로그램.

- **요양원(nursing home)** 허약하고 장애가 있는 노인에게 장기 돌봄을 제공하는 시설.
- **우애적 조부모됨(companionate grandparenting)** 정서적으로 만족스럽고, 손자와 함께하는 여가활동을 즐기며 손자들과의 느긋하고 친근한 상호작용을 하는 조부모.
- **운동신경(motor nerves)** 운동신경은 중추신경계에서 온 몸의 근육과 분비선으로 송신 정보를 전달함.
- **울혈성심부전(congestive heart failure)** 심장의 펌프 기능이 생체의 수요를 충족시키기에 부적합한 상태.
- **유동성 지능(fluid intelligence)** 추론, 기억, 정보처리 기술을 의미함; 예측할 수 없는 문제들의 기발한 해결책을 고안하는 능력을 포함한다; 그러한 이해에 근거하여 관계를 규명하고 추론을 이끌어내는 것이 요구된다.
- **유소년부양비(child dependency ratio)** 근로연령의 사람 대비 18세 미만 사람의 수.
- **유족급여(survivor's benefits)** 사망한 노동자의 미망인에게 지급하는 사회보장급여; 노동자의 급여 100%에 해당함.
- **은퇴미국인동맹(Alliance for Retired Americans)** 사회보장과 메디케어를 지지하는 은퇴한 노동조합원들의 조직.
- **은퇴연기크레딧(Delayed Retirement Credit)** 최종 은퇴연령을 70세까지 연기하는 사람에게 월 사회보장급여를 올려줌.
- **의례적 조부모됨(remote grandparenthood)** 조부모가 손자녀를 자주 보지 않지만 의례적이고 상징적인 관계만을 유지한 경우.
- **이익집단(interest group)** 정치인들에게 어떤 행위를 취하도록 로비하는 조직. 자신의 구성원들에게 어떤 후보자가 그들의 중요한 이슈에 대해 찬성하는지 또는 반대하는지를 알리고 그것에 맞게 투표하라고 독려함으로써 후보자들을 지지할 수 있음.
- **이주(migration)** 국경을 넘는 사람들의 이동.
- **이주흐름(migratory stream)** 노년층의 선벨트 이동과 같이 한 지역에서 다른 지역으로 사람들의 이동.

- **이중 사회보장(dual entitlement)** 근로자로서의 사회보장 급여와 배우자로서의 추가급여를 받을 자격을 가진 개인의 급여를 나타내는 용어.
- **인구고령화(population aging)** 젊은 사람들 대비 노인의 비율이 상대적으로 증가할 때 발생함. 65세 이상 사람의 비율 증가를 일컫는 용어.
- **인구변천(demographic transition)** 높은 사망률과 낮은 출산율에서 낮은 사망률과 낮은 출산율로의 변화로 인구고령화를 낳음. 세 단계로 발생함.
- **인구피라미드(population pyramid)** 연령과 성별에 따른 인구분포를 나타내는 막대그래프.
- **인구학(demography)** 기본적인 인구과정인 출생, 사망, 이주에 대한 연구.
- **인종교차(race crossover)** 초고령자들 중 아프리카계 미국인의 사망률이 백인보다 낮은 현상.
- **인지심리학(cognitive psychology)** 정신과정에 대한 학문.
- **일상생활활동(activities of daily living, ADLs)** 식사, 목욕, 옷입기, 화장실이용, 자고일어나기, 보행과 같은 기본적인 기능을 위한 도움의 필요성에 대한 측정.
- **일차적 돌봄제공자(primary caregiver)** 노인 돌봄에 기본적인 책임이 있는 사람; 딸이 되는 경향이 있음.
- **임상적 우울증(clinical depression)** 우울한 기분, 즐거운 활동의 흥미 상실, 식욕상실, 수면장애, 피로감, 무가치한 기분과 죄책감, 사고, 집중의 어려움, 정신운동장애와 자살사고 등을 포함하는 일련의 증상들.
- **임시직(contingent work)** 근로자들을 한시적으로 고용하여 특정 업무를 수행하도록 하는 일.
- **자발적 파트타임 일(voluntary part-time work)** 풀타임직으로 일하고 싶지 않아서 주 35시간 이하로 근무하는 형태.
- **자산조사(means test)** 일반적으로 상당히 낮게 설정되어 있으며 사회적 낙인이 수반되는 사회적 혜택을 위한 자격요건; 극빈자만이 혜택을 받을 자격이 있음.
- **작업기억(working memory)** 언어 이해, 학습, 추론과 같은 복잡한 인지적 과업에 필요한 임시저장소와 정보 조작을 제공하는 뇌 시스템.
- **장기기억(long-term memory)** 과거 경험에 대한 영구적인 저장소; 오래 된 사건과 사람을 기억해내는 능력을 포함한다; 사람들이 과거와 현재 간의 의미 있는 연결을 만들도록 돕는다.

- **장기요양(long-term care)** 노인과 장애인이 독립적으로 생활할 수 있도록 돕는 일련의 서비스들과 생활환경 지원; 또한 보다 광범위한 도움이 필요한 사람들을 위한 시설돌봄을 말함.
- **장애보험(Disability Insurance)** 65세 미만의 장애근로자에게 제공되는 월별 혜택; 장애보험을 받을 자격을 갖추려면 근로자는 10년 이상을 근무해서 사회보장에 가입해 있어야 하며, 정신적 또는 신체적 장애로 실질적인 소득활동을 할 수 없어야 함.
- **재가 및 지역사회기반 면제서비스 프로그램(Home and Community-Based Waiver Services Program, HCBS)** 요양원 돌봄의 대안; 주 정부가 빈곤층과 장애인들에게 가사서비스, 임시돌봄, 주간돌봄, 식사배달, 물리치료, 허드렛일도움과 같은 다양한 서비스를 제공할 수 있도록 하는 프로그램.
- **재가 및 지역사회기반 서비스(home and community-based service, HCBS)** 집안의 노인들에게 제공되는 다양한 서비스들의 범위; 집안살림, 장보기, 교통, 의료서비스, 청구서 지불, 사례관리뿐만 아니라 목욕, 옷입기, 식사, 치장과 같은 개인적 돌봄을 포함함.
- **재정복지(fiscal welfare)** 세금제도를 통해 개인에게 간접적으로 지급.
- **적극적 안락사(active euthanasia)** '조력자살(assisted suicide)'이라고도 알려져 있으며, 의사, 가까운 친구, 또는 친인척이 질병에 걸리거나 장애가 있는 대상자의 생명을 종결시키는데 도움을 주는 경우 발생함.
- **적응(adaptation)** 문제를 직시하고 좌절과 불안을 관리하는 습관을 키우는 것처럼 요구를 충족시키는 다양한 행동들.
- **전국전현직연방직원협회(National Active and Retired Federal Employees Association)** 주로 은퇴한 연방정부 직원의 이익과 관련된 이슈에 관심을 두는 조직.
- **전립선비대증(benign prostatic hyperplasia)** 전립선 크기의 증가.
- **전환 (transition)** 생애과정동안 겪게 되는 역할에서의 변화.
- **전통적 개인은퇴계좌(traditional IRA)** 돈은 과세없이 기금에 입금되며 그리고 나서 은퇴후의 출금은 소득으로서 과세되는 저축의 한 유형.
- **전통적 여성(traditional women)** 앱터(Apter)가 분류한 중년 여성의 한 유형; 전통적인 여성의 틀에 머무르며 자신을 가족내 자신의 역할에 의해 규정함.
- **정치경제학이론(political economy theories)** 노년은 사회적으로 구성되고 권력투쟁을 통해 만들어

졌다는 이론. 노화에 대한 구조적 영향을 부각시키고 노인이 어떻게 정의되고 대해지는가를 이해하기 위한 권력관계의 관련성을 강조함.

- **제한약관(restrictive covenants)** 인종, 종교, 혹은 민족출신에 기초해서 사람들이 이웃하는 것을 금지하는 관행.
- **조기은퇴연령(early retirement age)** 62세부터 은퇴 후 사회보장연금을 받을 수 있지만, 연금 전액 수령이 가능한 정년은퇴연령 이전의 연령.
- **조부모경력(grandparent career)** 생애과정 동안 나타나는 조부모와 손자녀의 관계맥락.
- **조세지출(tax expenditures)** 세법을 통해 시행되는 특별소득세 조항; 사회적 또는 경제적 목표를 달성하기 위해 고안되었음.
- **존엄사유언장(living will)** 말기질환상태를 대비해 사전에 의료적 처치에 대한 자신의 소망을 구체적으로 명시한 서류.
- **종단연구(longitudinal research)** 연령효과, 코호트효과, 시기효과를 복잡한 방법론적 이슈들을 분류하는 과정.
- **종신고용(career employment)** 한 기업에 취직하여 그 기업에서 정년까지 계속 고용되는 것.
- **주관적 연령정체성(subjective age identity)** 사람들이 자신들의 나이를 주관적으로 규정하는 방법; 주관적 연령정체성을 결정하는 가장 중요한 요인은 활동수준과 건강임.
- **죽음의 단계(stages of dying)** 엘리자베스 퀴블러 로스의 죽음의 5단계로 부정, 분노, 타협, 우울 그리고 수용을 포함함.
- **중고령 노인(middle-old)** 75세에서 84세까지의 사람.
- **중년 전환기(midlife transition)** 레비슨의 발달 단계 중 하나; 초기 성인기가 끝남.
- **중년기(middle adulthood)** 레빈슨의 발달 단계 중 하나; 중년기 전환 시기 다음으로 40세에서 65세까지 지속됨.
- **중추신경계(central nervous system, CNS)** 뇌와 척수.
- **중환자실(intensive care unit)** 가장 심각한 외상과 질병을 가진 환자들을 돌보는 병원의 특수 부서.
- **즉각적 교환전략(immediate exchange strategies)** 특정 시점에서 이루어지는 개인들 간의 상품과 서비스의 교환.

- **지능(intelligence)** 지적 능력의 측정.
- **지속이론(continuity theory)** 활동이론을 보다 형식적으로 정교화한 이론. 정상적인 노화를 규정하고 또 이것을 병적인 노화와 구분하기 위해 생애과정 관점을 사용함.
- **지원은행(support bank)** 생애과정동안 지원체계 내 구성원들과 맺은 교환관계의 맥락.
- **지원주택(supportive housing)** 일상생활활동에 대한 지원을 포함하는 다양한 선택지가 있는 집단주택; 거주자들이 한 곳에 머물면서 시설돌봄의 필요성을 피하거나 지연시킬 수 있도록 설계됨.
- **지혜(wisdom)** 일상생활에서 실용적인 지식들을 습득.
- **진단측정(diagnostic measure)** 질병의 의료적 진단.
- **질병압축론(compression of morbidity thesis)** 향상된 건강돌봄과 질병예방으로 개인이 장애를 겪게 될 기간이 생애 마지막 몇 년 동안으로 압축될 것이라는 이론.
- **참여관찰연구(participant observation research)** 질적연구에서 사용되는 데이터 수집의 일종으로, 연구자가 집단이나 공동체에 대해 면밀한 지식을 얻을 수 있도록 해줌.
- **창의성(creativity)** 확산적 사고의 측정; 문제 혹은 상황의 대안적 해결 방안을 제시; 개념을 설명하고 측정하기에 가장 난해한 정신적 과정.
- **초고령 노인(oldest-old)** 85세 이상의 사람.
- **총부양비(total dependency ratio)** 근로연령 사람에 대한 아동과 노인의 합산비.
- **총체적 기관(total institution)** 중심특징은 삶의 주요 영역들 – 잠자기, 일하기, 그리고 놀기–을 구분하는 평범한 장벽이 붕괴된 것이고 관료조직에 의해 많은 인간의 요구들이 조정된다는 것임.
- **출산율(fertility rate)** 출생의 발생이나 인구집단으로의 신생아 유입에 대한 측정치.
- **치매(dementia)** 노년기에 주로 발생하는 정신질환의 한 유형.
- **코호트(cohort)** 같은 시기에 같은 사건을 경험하는 사람들의 집단.
- **코호트 고령화(cohort aging)** 한 코호트가 생애에 걸쳐 한 연령범주에서 다른 연령범주로 나아가는 것.
- **코호트효과(cohort effect)** 개인이 속한 특정한 코호트의 경험이나 특성에 의한 차이.
- **콩줄기가족구조(Bean Pole Family structure)** 4~5 세대가 모두 생존해 있는 가족상황.
- **타운센드운동(Townsend movement)** 주로 노인들로 구성된 최초의 주요 사회운동; 1933년에 설립

되었음; 설립자인 의사 프랜시스 타운센드(Dr. Francis Townsend)의 이름을 붙였음; 모든 65세 이상의 사람들에게 월 $150의 연금을 지급하는 제안인 타운센드계획(Townsend plan)의 법제화에 주력하였음.

- **투표율(voter turnout)** 등록된 유권자들 가운데 실제로 선거에서 투표한 사람의 수.
- **특성이론(trait theory)** 대부분의 사람이 어느 정도 성격적 특성을 갖지만 자신의 성격을 규정하는 핵심 특성 또한 갖고 있음; 본질적인 성격 특성은 5가지 주요 요소를 포함함; 신경증적 기질, 외향성, 개방성, 쾌활함, 성실성.
- **특정경계지역지정(redlining)** 특정 지역에 사는 사람에게 대출을 거부하는 은행의 관행.
- **파킨슨병(Parkinson's disease)** 30대에도 발생할 수 있지만 보통 60세 이상에서 진단받는 만성적인 뇌장애; 느린 움직임, 머리를 앞으로 숙인 웅크린 자세, 구부린 팔꿈치, 발을 끌며 걷기, 불분명한 발음, 그리고 눈에 띄는 떨림 등의 징후를 포함함.
- **페미니스트이론(feminist theories)** 핵심적인 목적은 성별화된 사회의 성격을 부각시키는데 있음. 젠더관계가 주요 주제임. 남성성과 여성성의 개념이 사회적으로 구성되어 있다고 여김. 남성과 여성이 노화를 경험하는 상이한 방식에 강조점을 둠.
- **편평세포암종(squamous cell carcinoma)** 피부의 중간과 외부층에 발전하는 일반적인 형태의 피부암.
- **폐경(menopause)** 월경의 완전한 중단.
- **하위문화이론(subculture theory)** 비슷한 관심사, 문제, 관심사를 가진 사람들이 하위문화를 형성할 것이라는 이론; 노인들은 서로에 대해 긍정적인 친근감을 가지고 있다고 봄.
- **학습(learning)** 지식과 기술을 습득하는 과정.
- **핵심 수정안(Keys Amendment)** 식사 및 돌봄제공 가정들을 규제한 첫 번째 시도; 주정부들이 보충적 보장소득을 받는 거주자들에게 제공하는 재가서비스에 대한 표준을 제정하고 시행하도록 요구함.
- **허약노인(frail elderly)** 일상활동을 수행하기 위해 다른 사람에게 의존하는 노인; 약간의 정신적이거나 신체적인 저하를 보이며, 가족들의 돌봄을 필요로 함.
- **혁신적 여성(innovative women)** 앱터(Apter)가 분류한 중년 여성의 한 유형; 남성들의 세상에서 개척자였던 여성들.

- **혈관성치매(vascular dementia)** 흔히 발생하는 치매의 한 유형; 여러 번의 뇌졸중이 축적된 결과로 나타나고, 결국은 뇌기능을 손상시킨다; 증상은 의식을 잃거나 심장질환, 신장병, 고혈압을 포함함.
- **협심증(angina)** 심장마비 이전에 나타날 수 있는 가슴통증.
- **호르몬대체요법(hormone replacement therapy, HRT)** 폐경으로 인한 신체적 증상을 제거하고 심장병과 골다공증을 예방하기 위한 치료법.
- **호스피스(hospice)** 말기질환자가 평온하게 죽음을 맞이할 수 있도록 돕는 장소; 죽음에 대한 의료적, 과학적 모델의 대안; 호스피스 철학의 핵심 요소는 통증관리임.
- **확대가족(extended family)** 핵가족 외의 조부모, 이모, 삼촌, 사촌, 조카들을 포함한 가족관계 네트웍.
- **확장적 여성(expansive women)** 앱터(Apter)가 분류한 중년 여성의 한 유형; 이러한 여성들은 자신의 중년기 삶에 있어 근본적인 변화를 추구함.
- **확정급여(defined benefit, DB)** 급여수준이 복무년수와 이전의 수입에 기초하는 연금제; 근로자가 특정 나이가 되었을 때 보장되는 일정 금액.
- **확정기여(defined contribution, DC)** 계좌에 누적된 금액에 기초한 연금급여로서 기여에 더해서 투자, 비용이나 상실로부터 오는 모든 이익과 손실이 포함됨; 어느 정도의 세제이익이 있는 예금계좌.
- **활동이론(activity theory)** 노인의 심리적이고 사회적인 요구는 중년의 사람들과 다르지 않으며 또한 노인이 고립되고 후퇴하는 것은 정상적이지도 자연적이지도 않다고 주장하는 노화이론으로 노화에 대한 암묵적 이론이라고 불림.
- **활동적 기대수명(active life expectancy)** 개인이 장애 없이 살수 있을 것으로 기대되는 햇수에 대한 측정치.
- **횡단연구(cross-sectional research)** 서로 다른 연령대의 사람들을 한 시점에 비교하는 연구.
- **흑색점(lentigo)** 50세 이상에서 얼굴, 손등, 팔뚝에 흔히 나타나는 변색 혹은 반점.
- **흑색종(melanoma)** 위험한 피부암으로 암 세포들을 신체 다른 부위로 전이 시킬 수 있음.
- **SEP 개인은퇴계좌(SEP IRA)** 소규모 자영업의 고용주가 제공하는 회사 은퇴연금계좌로 고용주는 자신과 종업원의 보험료 전액을 부담하고 소득공제 혜택을 받음.

REFERENCES

AARP. 2014. "You're Old, I'm Not." *AARP: The Magazine.* February/March:42–44.

Abdulrahim, Sawsan, Kristine Ajrouch, and Toni Antonucci. 2016. "Aging in Lebanon: Challenges and Opportunities." *The Gerontologist* 55(4):511–18.

Abrahamson, Kathleen, Karl Pillemer, Jori Sechrist, and Jill Suitor. 2011. "Does Race Influence Conflict between Nursing Home Staff and Family Members of Residents?" *Journal of Gerontology* 66B(6):750–55.

Abrams, Robert, Mark Nathanson, Stephanie Silver, Mildred Ramirez, John Turnger, and Jeanne Teresi. 2016. "A Training Program to Enhance Recognition of Depression in Nursing Homes, Assisted Living and Other Long-Term Care Settings: Description and Evaluation." *Journal of Geriatrics Education* 17:1–21.

Abramson, Corey. 2015. *The End Game: How Inequality Shapes Our Final Years*. Cambridge: Harvard University Press.

Achenbaum, W. Andrew. 1996. *Crossing Frontiers: Gerontology Emerges as a Science.* New York: Cambridge University Press.

Adams-Price, Carolyn and Morse Linda. 2009. "Dependency Stereotypes and Aging: The Implications for Getting and Giving Help in Later Life." *Journal of Applied Social Psychology* 39(12), 2779–3043.

Aday, Ronald, Cyndee Rice Sims, and Emilie Evans. 1991. "Youth's Attitudes toward the Elderly: The Impact of Intergenerational Partners." *Journal of Applied Gerontology* 10:372–84.

Administration on Aging. 2012. "A Profile of Older Americans." http://www.aoa.acl.gov/Aging_Statistics/Profile/2012/ 16.aspx.

Ai, Amy L., Christopher Peterson, Steven F. Bolling, and Harold Koenig. 2002. "Private Prayer and Optimism in Middle-Aged and Older Patients Awaiting Cardiac Surgery." *The Gerontologist* 42:70–81.

Aizpurua, Alaitz, and Wilma Koutstaal. 2010. "Aging and Flexible Remembering: Contributions of Conceptual Span, Fluid Intelligence, and Frontal Functioning." *Psychology and Aging* 25(1):193–207.

Al-Aama, Tareef. 2011. "Falls in the Elderly: Spectrum and Prevention." *Canadian Family Physician* 57:771–76.

Allen, Katherine, Rosemary Blieszner, and Karen Roberto. 2000. "Families in the Middle and Later Years: A Review and Critique of Research in the 1990s." *Journal of Marriage and the Family* 62(4):911–26.

Allen, Katherine. R. and Walker, Alexis. J. 2000. "Qualitative Research." Pp. 19–30 in *Close Relationships: A Sourcebook*, edited by C. Hendrick and S. S. Hendrick. Thousand Oaks, CA: Sage.

Allen, Katherine, and Karne Roberto, 2014. "Older Women in Appalachia: Experience with Gynecological Cancer." *The Gerontologist* 54(6):1024–34.

Alwin, Duane. 2012. "Integrating Varieties of Life Course Concepts." *Journal of Gerontology* 67B(2):206–20.

Amato, Paul, and Juliana Sobolewski. 2001. "The Effects of Divorce and Marital Discord on Adult Children's Psychological Well-Being." *American Sociological Review* 66:900–21.

Amenta, Edwin. 2006. *When Movements Matter: The Townsend Plan and the Rise of Social Security.* Princeton University Press.

Amenta, Edwin, Neal Caren, Elizabeth Chiarello, and Yang Su. 2010. "The Political Consequences of Social Movements." *Annual Review of Sociology* 36:287–307.

American College of Obstetricians and Gynecologists.

2004. "Osteoporosis. Clinical Management Guidelines for Obstetrician-Gynecologists." *Obstetrics and Gynecology* 103(1):203–16.

American Psychiatric Association. 1994. *Diagnostic and Statistical Manual of Mental Disorders.* 4th ed. Washington, DC: American Psychiatric Association. Amoss, Pamela, and Stevan Harrell. 1981. *Other Ways of Growing Old.* Stanford, CA: Stanford University Press.

Andel, Ross, and Phoebe Liebig. 2002. "The City of Laguna Woods: A Case of Senior Power in Local Politics." *Research on Aging* 24(1):87–105.

Anderson, Karen, Paula Blomqvist, and Ellen Immergut. 2008. "Sweden: Markets within Politics." Pp. 169–89 in *Public and Private Social Policy,* edited by Daniel Béland and Brian Gran. New York: Palgrave.

Angel, Jacqueline. 2001a. "Challenges of Caring for Hispanic Elders." *Public Policy and Aging Research Brief.*
Washington, DC: National Academy on an Aging Society.

Angel, Jacqueline. 2001b. "Who Provides Care for the Frail Elderly?" In Jacqueline Angel, *Challenges of Caring for*
Hispanic Elders. Public Policy and Aging Report. Washington, DC: National Academy on an Aging Society.

Angel, Jacqueline. 2003. "Devolution and the Social Welfare of Elderly Immigrants: Who Will Bear the Burden?" *Public Administration Review* 63(1):79–89.

Angel, Jacqueline L., Maren Jimenez, and Ronald J. Angel. 2007. "The Economic Consequences of Widowhood for Older Minority Women." *The Gerontologist* 47:224–34.

Angel, Ronald J., Michelle Frisco, Jacqueline L. Angel, and David Chiriboga. 2003. "Financial Strain and Health among Elderly Mexican-Origin Individuals." *Journal of Health and Social Behavior* 44:536–51.

Angelini, Viola, Danilo Cavapozzi, Luca Corazzini, and Omar Paccagnella. 2012. "Age, Health and Life satisfaction among Older Europeans." *Social Indicators Research* 105(2):293–308.

Anguera, J. A., J. Boccanfuso, J. L. Rintoul, O. Al-Hashimi, F. Faraji, J. Janowich, E. Kong, Y. Larraburo, C. Rolle, E. Johnston, and
A. Gazzaley. 2013. "Video Game Training Enhances Cognitive Control in Older Adults." *Nature* 501(5):97–101.

Angus, Derek C., Barnato, Amber E., Linde-Zwirble, Walter T, Weissfeld, Lisa A. Watson, R. Scott; Rickert, Tim, Rubenfeld, Gordon D. 2004. "Use of Intensive Care at the End of Life in the United States: An Epidemiologic Study." *Critical Care Medicine* 32:638–43.

Anstey, Kaarin, Holly Mack, and Nicholas Cherbuin. 2009. "Alcohol Consumption as a Risk Factor for Dementia and Cognitive Decline: Meta-Analysis of Prospective Studies." *American Journal of Geriatric Psychiatry* 17(7):542–55.

Antonucci, Toni. 1985. "Personal Characteristics, Social Support, and Social Behavior." Pp. 94–128 in *Handbook of Aging and the Social Sciences,* edited by R. Binstock and E. Shanas. New York: Van Nostrand Reinhold.

________. 1990. "Social Support and Social Relationships." Pp. 205–26 in *Handbook of Aging and the Social Sciences,* edited by R. Binstock and L. George. San Diego, CA: Academic Press.

Antonucci, Toni, and Hiroko Akiyama. 1987. "Social Networks in Adult Life and a Preliminary Examination of the Convoy Model." *Journal of Gerontology* 42:519–27.

________. 1995. "Convoys of Social Relations: Family and Friendships within a Life Span Context." Pp. 355–71 in *Handbook of Aging and the Family,* edited by R. Blieszner and V. Hilkevitch Bedford. Westport, CT: Greenwood Press.

Antonucci, Toni, Kira Birditt, and Hiroko Akiyama. 2009. "Convoys of Social Relations: An Interdisciplinary Approach." Pp. 247–60 in *Handbook of Theories of Aging,* edited by Vern Bengtson, Merril Silverstein, and Norella Putney

Springer.
Apter, Terri. 1995. *Secret Paths: Women in the New Midlife.* New York: Norton.
Aquilino, W., and K. Supple. 1991. "Parent–Child Relations and Parents' Satisfaction with Living Arrangements When Adult Children Live at Home." *Journal of Marriage and the Family* 53:13–27.
Arber, Sara, and Jay Ginn. 2005. "Gender Dimensions of the Age Shift." Pp. 527–37 in *The Cambridge Handbook of Age and Ageing,* edited by Malcolm Johnson. New York: Cambridge University Press.
Archer, David, Larry Seidman, Ginger Constantine, James Pickar, and Sophie Olivier. 2009. "A Double-Blind, Randomly Assigned, Placebo-Controlled Study of Desvenlafaxine Efficacy and Safety for the Treatment of Vasomotor Symptoms Associated with Menopause." *American Journal Obstetrics and Gynecology* 200: 172–82.
Ardelt, Monika. 1997. "Wisdom and Life Satisfaction in Old Age." *Journal of Gerontology* 52B:P15–27.
Arenas de Mesa, Alberto, David Bravo, Jere R. Behrman, Olivia S. Mitchell, and Petra E. Todd. 2008. "The Chilean Pension Reform Turns 25: Lessons from the Social Protection Survey." Pp. 23–58 in *Lessons from Pension Reform in the Americas,* edited by S. J. Kay and T. Sinha. New York: Oxford University Press.
Association for Gerontology in Higher Education. 2016. http:// www.aghe.org/.
Atchley, Robert. 1989. "A Continuity Theory of Normal Aging." *The Gerontologist* 29:183–90.
Attar-Schwartz, Shelhevet, Jo-Pei Tan, Ann Buchanan, EiriniFlouri, and Julia Griggs. 2009. "Grandparenting and Adolescent Adjustment in Two-Parent Biological, Lone-Parent, and Step-families." *Journal of Family Psychology* 23(1):67–75.
Attias-Donfut, Claudine. 2000. "Cultural and Economic Transfers between Generations: One Aspect of Age Integration." *The Gerontologist* 40(3):270–71.
Baars, Jan, Dale Dannefer, Chris Phillipson, and Alan Walker. 2006. *Aging, Globalization and Inequality: The New Critical Gerontology.* Amityville, NY: Bayville.
Bachmann, Ingri, Kelly Kaufhold, Seth C. Lewis, and Homero Gil de Zúñiga. 2010. "News Platform Preference: Advancing the Effects of Age and Media Consumption on Political Participation." *International Journal of Internet Science* 5(1):34–47.
Bacon, Constance G., Murray A. Mittleman, Ichiro Kawachi, Edward Giovannucci, Dale B. Glasser, and Eric B. Rimm. 2003. "Sexual Function in Men Older than 50 Years of Age: Results from the Health Professionals Follow-Up Study." *Annuls Internal Medicine* 139(3):161–68.
Baer, Lawrence, Nassim Tabri, Mervin Blair, Dorothea Bye, Karen Li, and Dolores Pushkar. 2013. "Longitudinal Associations of Need for Cognition, Cognitive Activity and Depressive Symptomatology with Cognitive function in Recent Retirees." *Journal of Gerontology* 68B (5):655–74.
Ball, M.B. and F. Whittington. 1995. *Surviving Dependence.* Amintville, NY: Baywood Press.
Ball, M.B., M. Perkins, F. Whittington, C. Hollingsworth, S. King and B. Combs. 2004. "Independence in Assisted Living." *Journal of Aging Studies* 18:467–473.
Barabas, Jason. 2006. "Rational Exuberance: The Stock Market and Public Support for Social Security Privatization." *The Journal of Politics* 68(1):50–61.
Barrett, Anne. 2003. "Socioeconomic Status and Age Identity:The Role of Dimensions of Health in the Subjective Construction of Age Identity." *Journal of Gerontology* 58B(2):S101–10.
________. 2005. "Gendered Experiences in Midlife: Implications for Age Identity." *Journal of Aging Studies* 19:163–83.
Barusch, Amanda S., Marilyn Luptak and Marcella Hurtado. 2009. "Supporting the Labor Force

Participation of Older Adults: An International Survey of Policy Options." *Journal of Gerontological Social Work* 52(6):584–99.

Bassen, Amanda. 2009. "Patient Neglect in Nursing Homes and Long-Term Care Facilities in New York State: The Need for New York to Implement Programs and Procedures to Combat Elder Neglect." *Cardozo Public Law, Policy and Ethnics Journal* 8:179–207.

Beach, Diane. 1997. "Family Caregiving: The Positive Impact on Adolescent Relationships." *The Gerontologist* 37:233–38.

Bean, Frank, George Myers, Jacqueline Angel, and Omer Galle. 1994. "Geographic Concentration, Migration, and Population Redistribution among the Elderly." Pp. 319–54 in *Demography of Aging,* edited by L. G. Martin and S. H. Preston. Washington, DC: National Academy Press.

Beck, Aaron T., and Brad A. Alford. 2009. *Depression: Causes and Treatments*. Philadelphia: University of Pennsylvania Press.

Becker, David J., Meredith L. Kilgore, and Michael A. Morrisey. 2010. "The Societal Burden of Osteoporosis." *Current Rheumatology Reports* 12:186–19.

Becker, Gay. 1993. "Continuity after a Stroke: Implications of Life- Course Disruption in Old Age." *The Gerontologist* 33:148–58.

________. 2002. "Dying away from Home: Quandries of Migration for Elders in Two Ethnic Groups." *Journal of Gerontology* 57B(2):S79–95.

Bedard, Michel, David Pedlar, Nancy J. Martin, Olga Malott, and Michael J. Stones. 2000. "Burden in Caregivers of Cognitively Impaired Older Adults Living in the Community: Methodological Issues and Determinants." *International Psychogeriatrics* 12:307–32.

Bedford, Victoria. 1995. "Sibling Relationships in Middle and Old Age." Pp. 201–22 in *Handbook of Aging and the Family,* edited by R. Blieszner and V. Hilkevitch Bedford. Westport, CT: Greenwood Press.

Bedney, Joyce, Robert Goldberg and Kate Josephson. 2010. "Aging in Place in Naturally Occurring Retirement Communities: Transforming Aging Through Supportive Service Programs." *Journal of Housing for the Elderly* 24:304–21.

Béland, Daniel. 2005. *Social Security: History and Politics from the New Deal to the Privatization Debate.* Lawrence: University Press of Kansas.

________. 2007. "Ideas and Institutional Change in Social Security: Conversion, Layering, and Policy Drift." *Social Science Quarterly* 88(1):20–38.

________. 2010. *What Is Social Policy?* Cambridge: Polity Press.

Béland, Daniel, and P. Marier. 2006. "Protest Avoidance: Labor Mobilization and Social Policy Reform in France." *Mobilization: An International Journal* 11(3):297–311.

Beland, Damiel, Martin Carstensen, and Leonard Seabrooke. 2015. "Ideas, Political Power and Public Policy." *Journal of European Public Policy* 23(3):315–17.

Belgrave, L. 1988. "The Effect of Race Differences in Work History, Work Attitudes, Economic Resources, and Health on Women's Retirement." *Research on Aging* 10:383–98.

Belous, Richard. 1990. "Flexible Employment: The Employer's Point of View." Pp. 111–29 in *Bridges to Retirement: Older Workers in a Changing Labor Market,* edited by P. Doeringer. Ithaca, NY: ILR Press.

Bengtson, Vern, and James Dowd. 1981. "Sociological Functionalism, Exchange Theory and Life Cycle Analysis: A Call for More Explicit Theoretical Bridges." *International Journal of Aging and Human Development* 12:55–73.

Bengtson, Vern, Tonya Parrott, and Elisabeth Burgess. 1997. "Theory, Explanation, and a Third Generation of Theoretical Developments in Social Gerontology." *Journal of Gerontology* 52B:S72–88.

Bengtson, Vern, Norella Putney, and Malcolm Johnson. 2005. "The Problem of Theory in Gerontology Today." Pp. 3–20 117 in *The*

Cambridge Handbook of Age and Ageing, edited by Malcolm Johnson. New York: Cambridge University Press.

Bengtson, Vern, Carolyn Rosenthal, and Linda Burton. 1990. "Families and Aging: Diversity and Heterogeneity." Pp. 263–81 in *Handbook of Aging and the Social Sciences,* edited by R. Binstock and L. George. San Diego, CA: Academic Press.

Berlau, Daniel, Maria Corrada, and Claudia Kawas. 2009. "The Prevalence of Disability in the Oldest-Old Is High and Continues to Increase with Age: Findings from the 90+ Study." *International Journal of Geriatric Psychiatry* 24(11):1217–25.

Bernard, Miriam, and Judith Phillips. 2000. "The Challenge of Ageing in Tomorrow's Britain." *Ageing and Society* 20:33–54.

Bessey, Barbara, and Srijati Ananda. 1991. "Age Discrimination in Employment: An Interdisciplinary Review of the ADEA." *Research on Aging* 13:413–57.

Bezaitis, Athan. 2008. "Changing Choices: Aging in Place in the 21st Century." *Aging Well* 1(3):30–35.

Bianchi, Suzanne M., Melissa A. Milkie, Liana C. Sayer, and John P. Robinson. 2000. "Is Anyone Doing the Housework? Trends in the Gender Division of Household Labor." *Social Forces* 79(1):191–228.

Bielak, Allison, Nicolas Cherbuin, David Bunce, and Kaarin Anstey. 2014. "Preserved Differentiation Between Physical Activity and Cognitive Performance Across Young, Middle and Older Adulthood Over 8 Years." *Journal of Gerontology* 69(4):523–32.

Binstock, Robert. 1994. "Changing Criteria in Old-Age Programs: The Introduction of Economic Status and Need for Services." *The Gerontologist* 34:726–30.

________. 2012. "Older Voters and the 2010 Election: Implications for 2012 and Beyond." *The Gerontologist* 52(3):408–16.

Binstock, Robert, and Christine Day. 1996. "Aging and Politics." Pp. 362–82 in *Handbook of Aging and the Social Sciences,* edited by R. Binstock and L. George. San Diego, CA: Academic Press.

Bisconti, Toni, C. S. Bergeman, and Steven Baker. 2004. "Emotional Well-Being in Recently Bereaved Widows: A Dynamical Systems Approach." *Journal of Gerontology* 59B(4):P158–67.

Bishop, Nicholas A., Tao Lu, and Bruce A. Yankner. 2010. "Neural Mechanisms of Aging and Cognitive Decline." *Nature:* 529–35.

Black, Helen. 2016. "Three Generations, Three Wars: African American Veterans." *The Gerontologist* 56(1):33–41.

Blanchard, Janet. 2014. "Aging in Community: The Communitarian Alternative to Aging in Place, Alone." *Generations* 37(4):6–13.

Blau, Peter, and Otis Duncan. 1967. *The American Occupational Structure.* New York: Wiley.

Blevins, Dean, and James Werth. 2006. "End-of-Life Issues for LGBT Older Adults." Pp. 206–26 in *Lesbian, Gay, Bisexual and Transgender Aging,* Douglas Kimmel, Tara Rose and Steven David, eds. New York: Columbia University Press.

Blieszner, Rosemary. 2014. "The Worth of Friendship: Can Friends Keep Us Happy and Healthy?" *Generations* 38(1):24–30.

Bloom, David, David Canning, and Alyssa Lubet. 2015. "Global Population Aging: Facts, Challenges, Solutions and Perspectives." *Daedalus* (Spring):80–92.

Blumenthal, David., Karen Davis, and Stuart Guterman. 2015. "Medicare at 50: Origins and Evolution." *New England Journal of Medicine* (372):479–86.

Board of Governors. 2006. "2004 Survey of Consumer Finances," Federal Reserve System, February 28. www.federalreserve.gov/pubs/oss/oss/2004/scl2004.

Boccuti, Cristina. 2015. "Chronic Disease and Limited Access to Healthcare Still Beset American Indians and Alaska Natives." *Aging Today* (March-April):1, 13.

Bolland, J., and N. Maxwell. 1990. "Stochastic Modeling as an Approach to Policy Analysis:

Application to Elder Abuse." *Journal of Human and Human Resources Administration* 13(1):25–51.

Bongaarts, J. 2004. "Population Aging and the Rising Cost of Public Pensions." *Population and Development Review* 30(1):1–23.

Bongaarts, John, and Zachary Zimmer. 2002. "Living Arrangements of Older Adults in the Developing World: An Analysis of Demographic and Health Survey Household Surveys." *Journal of Gerontology* 57B(2):S145–57.

Bonin, Holger. 2009. "15 Years of Pension Reform in Germany: Old Successes and New Threats." *The Geneva Papers on Risk and Insurance Issues and Practice* 34(4):548–60.

Bookwala, Jamila. 2005. "The Role of Marital Quality in Physical Health during the Mature Years." *Journal of Aging and Health* 17:85–104.

________. 2009. "The Impact of Parent Care on Marital Quality and Well-Being in Adult Daughters and Sons." *Journal of Gerontology* 64B:339–47.

Bookwala, J. and J. Jacobs. 2004. "Age, Marital Processes and Depressed Affect." *The Gerontologist* 44(3):328–38.

Bosetti, C., F. Levi, F. Luccini, E. Negri, and C. Vecchia. 2005. "Lung Cancer Mortality in European Women: Recent Trends and Perspectives." *Annals of Oncology* 16(10): 1597–604.

Bould, Sally, Beverly Sanborn, and Laura Reif. 1989. *Eighty- Five Plus: The Oldest Old.* Belmont, CA: Wadsworth.

Bowers, Liora. 2014. "Pensions, Poverty and the Elderly in Israel." Taub Center for Social Policy Studies in Israel Policy Brief. Jerusalem, Israel. January:1–8.

Branch, Lawrence G. 2002. "The Epidemiology of Elder Abuse and Neglect." *The Public Policy and Aging Report* 12(2):19–23.

Braun, Kathryn, and Cynthia LaCounte. 2014–15. "The Historic and Ongoing Issue of Health Disparities Among Native Elders." *Generations* 38(4):60–69.

Breiter, J.B. 1993. "Use of twin cohorts for research in Alzheimer's disease. *Neurology* 43:261–67.

Brown, Jeffrey R., and Amy Finkelstein. 2011. "Insuring Long- Term Care in the United States." Journal of Economic Perspectives 25(4):119–42; http:*//ideas.repec.org/a/aea/jecper/v25y2011i4p119-42.html.*

Brown, Susan, I-Fen Lin, Anna Hammersmith, and Matthew Wright, 2016. "Later Life Marital Dissolution and Repartnership Status: A National Portrait." *Journal of Gerontology* . In press.

Browning, Christopher, and Edward O. Laumann. 1997. "Sexual Contact between Children and Adults: A Life Course Perspective." *American Sociological Review* 62:540–60.

Bryant, Christina, Bei Bei, Kim-Michelle Gilson, Angela Komiti, Henry Jackson, and Fiona Judd. 2106. "Antecedents of Attitudes to Aging: A Study of the Role of Personality and Well-Being." *The Gerontologist* 56(2):256–65.

Bunce, David, Maya Tzur, Anusha Ramchurn, Felicity Fain, and Frank Bond. 2008. "Mental Health and Cognitive Function in Adults Aged 18 to 92 Years." *Journal of Gerontology* 63B(2):67–74.

Burtless, Gary. 2013. "Can Educational Attainment Explain the Rise in Labor Force Participation at Older Ages?" Center for Retirement Research at Boston College, Sept. No 13-13:1–6.

Burtless, Gary, and Fred Dews. 2016. "The Rich Poor Life Expectancy Gap." February 19, 2016. Washington, DC: Brookings Institution. http://www.brookings.edu/research/ podcasts/2016/02/rich-poor-life-expectancy-gap.

Burton, Linda. 1993. "Families and the Aged: Issues of Complexity and Diversity." Pp. 1–6 in *Families and Aging,* edited by L. Burton. San Francisco: Baywood Press.

Burton, Linda, and Cynthia deVries. 1993. "Challenges and Rewards: African American Grandparents as Surrogate Parents." Pp. 101–8 in *Families and Aging,* edited by L. Burton. San Francisco: Baywood Press.

Cadigan, Rebecca, David C. Grabowski, Jane L. Givens, and Susan L. Mitchell. 2012. "The Quality of Advanced Dementia Care in the Nursing Home: The Role of Special Care Units." *Medical Care* 50(10):856–62.

Cagnacci, A., M. Cannoletta, F. Palma, M. Bellafronte, C. Romani, and B. Palmier1. 2015. "Relation between Oxidative Stress and Climacteric Symptoms in Early Postmenopausal Women." *Climacteric* 18:631–36.

Cagney, Kathleen, and Emily Agree. 2005. "Racial Differences in Formal Long-Term Care: Does the Timing of Parenthood Play a Role?" *Journal of Gerontology* 60B:S137–45.

Cahill, Kevin, Michale Giandrea, and Joseph Quinn. 2006. "Are Traditional Retirements a Thing of the Past? New Evidence on Retirement Patterns and Bridge Jobs." *Journal of Gerontology*. In press.

Cahill, Sean, Ken South, and Jane Spade. 2000. *Outing Age: Public Policy Issues Affecting Gay, Lesbian, Bisexual and Transgender Elders.* Washington, DC: Policy Institute of the National Gay and Lesbian Taskforce.

Calasanti, Toni M. 1996. "Gender and Life Satisfaction in Retirement: An Assessment of the Male Model." *Journal of Gerontology* 51B:S18–29.

________. 2005. "Feminist Gerontology and Old Men." *Journal of Gerontology* 59B(6):S305–14.

________. 2009. "Theorizing Feminist Gerontology, Sexuality, and Beyond: An Intersectional Approach." Pp. 487–498 in *Handbook of Theories of Aging,* edited by Vern Bengtson, Merril Silverstein, and Norella Putney. Springer.

Calasanti, Toni, and K. Jill Kiecolt. 2007. "Diversity among Late-Life Couples." *Generations* 31:10–17.

Calasanti, Toni, and Neal King. 2007. "Taking 'Women's Work' 'Like a Man': Husbands' Experiences of Care Work." *The Gerontologist* 47(4):516–27.

Calasanti, Toni, and Kathleen Slevin. 2001. *Gender, Social Inequalities and Aging.* Walnut Creek, CA: AltaMira Press.

Campbell, Andrea L. 2003. *How Policies Make Citizens.* Princeton, NJ: Princeton University Press.

Campbell, John Creighton, and Naoki Ikegami. 2000. "Long-Term Care Insurance Comes to Japan." *Health Affairs* 19:26–39.

Capewell, S., D. Hayes and S. Ford. 2009. "Life-Years Gained Among US Adults from Modern Treatments and Changes in the Prevalence of 6 Coronary Heart Disease Risk Factors Between 1980 and 2000." *American Journal of Epidemiology* 172(2):229–36.

Carpenter, Dave. 2004. "Boomers May Test Limits of Age Bias." *Tallahassee Democrat,* May 16, p. 6E.

Carr, Dawn, Linda Fried, and John Rowe. 2015. "Productivity and Engagement in Aging America: The Role of Volunteerism." *Daedalus* (Spring):55–67.

Carr, Deborah. 2003. "A Good Death for Whom?: Quality of Spouse's Death and Psychological Distress among Older Widowed Persons." *Journal of Health and Social Behavior* 44(June):215–32.

Cartwright, Colleen, and Margaret Steinberg. 1995. "Decision-Making in Terminal Care: Older People Seek More Involvement." *Social Alternatives* 14(2):7–10.

Carr, Deborah. and Moorman, Sara. M. 2011. Social Relations and Aging. In R.A. Settersten & J.L. Angel (Eds.) *Handbook of Sociology of Aging* (pp.145–160). New York: Springer.

Carr, Deborah, James S. House, Ronald C. Kessler, Randolph Nesse, John Sonnega, and Camille Wortman. 2000. "Marital Quality and Psychological Adjustment to Widowhood among Older Adults: A Longitudinal Analysis." *Journal of Gerontology* 55B(4):S197–207.

Carr, Deborah and Susan Bodnar-Deren. 2009. "Gender, Age, and Widowhood." *International Handbook of Population Aging*. 1(7):705–28.

Casalino, Lawrence. 2013. "Professionalism and Caring for Medicaid Patients—The 5% Commitment?" *New England Journal of Medicine* 369:1775–77. http://www.nejm.org/ toc/

nejm/369/19/.
Castle, Nicholas, and Jamie Ferguson-Rome. 2015. "Influence of Nurse Aide Absenteeism on Nursing Home Quality." *The Gerontologist* 55(4):605–15.
Castles, Frank, Stephan Leibfried, Jane Lewis, Herbert Obinger, and Christopher Pierson. 2010. *The Oxford Handbook of the Welfare State.* New York: Oxford University Press.
Causey, James. 1996. "Retiree Benefit at Risk as Firms Try to Pare Costs." *Milwaukee Journal Sentinel,* August 1:1–2.
Cavan, Ruth, Ernest W. Burgess, Robert J. Havighurst, and Herbert Goldhamer. 1949. *Personal Adjustment in Old Age.* Chicago, IL: Social Science Research Associates.
Centers for Disease Control. 2007. "Alzheimer's Disease." Washington, DC: National Center for Health Statistics.
Centers for Disease Control. 2014. Health: United States, 2014. Washington, DC: U.S. Department of Health and Human Services. http://www.cdc.gov/nchs/data/hus/hus14.pdf.
Centers for Medicare and Medicaid Services. 2004. *Medicare Current Beneficiary Survey.* Washington, DC: CMS.
________. 2015. https://www.cms.gov/research-statistics-data-and-systems/statistics-trends-and-reports/nationalheal thexpenddata/nationalhealthaccountshistorical.html.
CMS (Centers for Medicare and Medicaid Services). 2016. *Medicare Part D Enrollment.* Baltimore, MD: CMS.
Chapin, R., and D. Dobbs-Kepper. 2001. "Aging in Place in Assisted Living: Philosophy versus Policy." *The Gerontologist* 41(1):43–50.
Chatters, Linda, Jeffrey Levin, and Robert Joseph Taylor. 1992. "Antecedents and Dimensions of Religious Involvement among Older Black Adults." *Journal of Gerontology* 47:S269–78.
Chatters, Linda, and Robert J. Taylor. 1993. "Intergenerational Support: The Provision of Assistance to Parents by Adult Children." Pp. 69–83 in *Aging in Black America,* edited by J. S. Jackson, L. M. Chatters, and R. J. Taylor. Newbury Park, CA: Sage.
Cherlin, Andrew J. 1996. *Public and Private Families.* New York: McGraw-Hill.
Cherlin, Andrew, and Frank Furstenberg, Jr. 1988. "The Changing European Family: Lessons for the American Reader." *Journal of Family Issues* 9:291–97.
________. 1992. *The New American Grandparent.* Cambridge, MA: Harvard University Press.
Cheung, Ivan and Anne McCartt. 2011. "Declines in Fatal Crashes Among Older Drivers: Changes in Crash Risk and Survivability." *Accident Analysis and Prevention* 43(3): 666–74.
Chipperfield, Judith. 2008. "Everyday Physical Activity as a Predictor of Late-Life Mortality." *The Gerontologist* 48(3):349–57.
Cho, Jimmyoung, Peter Martin, and Leonard Poon. 2015. "Successful Aging and Subjective Well-Being Among Older Adults." *The Gerontologist* 55(1):132–43.
Choi, Heejeong and Nadine F. Marks. 2008. "Socioeconomic Status, Marital Conflict and Mortality." *Journal of Aging and Health* 20, 617–23.
Choi, N. G., and J. Mayer. 2000. "Elder Abuse, Neglect, and Exploitation: Risk Factors and Prevention Strategies." *Journal of Gerontological Social Work* 33(2):2–25.
Choi, Namkee, Sandy Ranson, and Richard Wyllie. 2008. "Depression in Older Nursing Home Residents: The Influence of Nursing Home Environmental Stressors, Coping, and Acceptance of Group and Individual Therapy." *Aging and Mental Health* 12(5):536–47.
Choi, Heejeong, Jeremy Yorgason, and David Johnson. 2016. "Marital Quality and Health in Middle and Later Adulthood: Dyadic Associations." *Journal of Gerontology* 71(1):154–64.
Chomik, Rafal, and John Piggott. 2015. "Means Testing Pensions: The Case of Australia." Policy

Brief: Michigan Retirement Research Center. Ann Arbor: University of Michigan. http://www.mrrc.isr.umich.edu/publications/policy/pdf/Piggott.pdf.

Chou, Rita Jing Ann, and Stephanie Robert. 2008. "Workplace Support, Role, Overload and Job Satisfaction of Direct Care Workers in Assisted Living." *Journal of Health and Social Behavior* 49(2):208–22.

Chou, S. C., D. P. Bouldy, and A. H. Lee. 2002. "Resident Satisfaction and Its Components in Residential Aged Care." *The Gerontologist* 42:188–98.

________. 2003. "Factors Influencing Residents' Satisfaction in Residential Aged Care." *The Gerontologist* 43:459–72.

Choudhury, Chandra. 2001–02. "Racial and Ethnic Differences in Wealth and Asset Choices." *Social Security Bulletin* 64(4):1–15.

Christ, Sharon, David Lee, Lora Fleming, William LeBlanc, Kristopher Arheart, Katherine Chung-Bridges, Alberto Caban, and Kathryn McCollister. 2007. "Employment and Occupation Effects on Depressive Symptoms: Does Working Past Age 65 Protect Against Depression?" *Journal of Gerontology* 62B(6):S399–403.

Christensen K, M. Thinggard, and A. Oksuzyan. 2013. "Physical and Cognitive Functioning of People Older than 90 Years: A Comparison of Two Danish Cohorts Born 10 Years Apart." *Lancet* 382:1507–13.

CIA. 2011. World Factbook. https://www.cia.gov/library/ publications/the-world-factbook/.

CIRCLE. 2016. Young Voters in the 2016 Election. Center for Information and Research on Civic Learning and Engagement. http://civicyouth.org/full-analysis-young- voters-in-the-2016-general-election/.

Cisse, Moustapha, and Lennart Mucke. 2009. "Alzheimer's Disease: A Prion Protein Connection." *Nature* (457):1090–91.

Clark, Robert, and Joseph Quinn. 2002. "Patterns of Work and Retirement for a New Century." *Generation,* Summer:17–30.

Clarke, Edward J., Mar Preston, Jo Raksin, and Vern L. Bengtson. 1999. "Types of Conflict and Tensions between Older Parents and Adult Children." *The Gerontologist* 39(3):261–70.

Clarke, Philippa, Victor Marshall, James House, and Paula Lantz. 2011. "The Social Structuring of Mental Health over the Adult Life Course: Advancing Theory in the Sociology of Aging." *Social Forces* 89(4):1287–1313.

Clarke, Philippa. 2014. "The Role of the Built Environment and Assistive Devices for Outdoor Mobility in Later Life." *Journal of Gerontology* 69B(7):8–15.

Clausen, John. 1993. *American Lives: Looking Back at the Children of the Great Depression.* New York: Free Press.

CNN National Exit Polls. 2012. Election 2012: Results. http:// www.cnn.com/election/2012/results/main.

Cockerham, William. 1995. *Medical Sociology.* Englewood Cliffs, NJ: Prentice Hall.

Cockerham, William. 2005. "Health Lifestyle Theory and the Convergence of Agency and Structure." *Journal of Health and Social Behavior* 46(1):51–67.

Cockerham, William, Thomas Abel, and Gunther Lueschen. 1993. "Max Weber, Formal Rationality and Health Lifestyles." *Sociological Quarterly* 34:413–25.

Coe, Norma, and Courtney Van Houtven. 2009. "Caring for Mom and Neglecting Yourself? The Health Effects of Caring for an Elderly Parent." *Health Economics* 18(9):991–1010.

Coelho, Sergio G., and Vincent J. Hearing. 2010. "UVA Tanning Is Involved in the Increased Incidence of Skin Cancers in Fair-Skinned Young Women." *Pigment Cell and Melanoma Research* 23:57–63.

Cohen, Joel E. 2003. "Human Population: The Next Half Century." *Science* 302:1172–75.

Cohen, Marc. 2014. "Private Long-Term-Care Insurance: Weighing Benefits, Assessing Challenged and Financing." *Aging Today* Nov.-Dec: 11–12.

Cole, Thomas. 1992. *The Journey of Life: A Cultural History of Aging in America.* Cambridge: Cambridge University Press.

Coleman, Barbara. 2000. "Assuring the Quality of Home Care: The Challenge Involving the Consumer." AARP Issue Brief No. 43. Washington, DC: AARP.

Collier, E., and C. Harrington. 2008. "Staffing Characteristics, Turnover Rates, and Quality of Resident Care in Nursing Facilities." *Research in Gerontological Nursing* 1(3):157–70.

Comijs, H., C. Jonker, W. van Tilburg, and J. Smit. 1999. "Hostility and Coping Capacity as Risk Factors of Elder Mistreatment." *Social Psychiatry* 34(January):48–52.

Comijs, H., A. Pot, J. Smit, L. Bouter, and C. Jonker. 1998. "Elder Abuse in the Community: Prevalence and Consequences." *Journal of the American Geriatrics Society* 46(7):885–88.

Commodore, V., P. Devereaux and Q. Zhou. 2009. "Quality of Care in For-Profit and Not-for-Profit Nursing Homes: Systematic Review and Meta-Analysis." *British Medical Journal* 339:1–15.

Congressional Budget Office. 2003. *The Budget and Economic Outlook: Fiscal Years 2004–2013.* Washington, DC: Government Printing Office.

________. 2009. "Current and Projected Health Care Costs." Washington, DC: Congressional Budget Office.

________. 2010. "Social Security Disability Insurance: Participation Trends and their Fiscal Implications." Washington, DC: Congressional Budget Office.

Conley, Dalton. 1999. *Being Black, Living in the Red.* Berkeley: University of California Press.

Connidis, Ingrid Arnet. 1994. "Sibling Support in Old Age." *Journal of Gerontology* 49:309–17.

Conwell, Y., P. R. Duberstein, C. Cox, J. Herrman, N. Forbes, and E. Caine. 1998. "Age Differences in Behaviors Leading to Completed Suicide." *American Journal of Geriatric Psychiatry* 6(2):122–26.

Cook, Faye Lomax, Victor Marshall, Joanne Gard Marshall, and Julie Kaufman. 1994. "The Salience of Intergen- erational Equity in Canada and the United States."
Pp. 91–132 in *Economic Security and Intergenerational Justice,* edited by T. Marmor, T. Smeeding, and W. Greene. Washington, DC: Urban Institute Press.

Cooney, Teresa, and Lori Ann Smith. 1996. "Young Adults' Relations with Grandparents following Recent Parental Divorce." *Journal of Gerontology* 51B:S91–95.

Cooney, Teresa, Christine Proulx, Linley Snyder-Rivas, and Jacquelyn Benson. 2014. "Role Ambiguity Among Women Providing Care for Ex-Husbands." *Journal of Women and Aging* 26:81–104.

Copeland, Craig. 2013a. "Debt of the Elderly and Near Elderly, 1992–2010." *Employee Benefit Research Institute Notes* 34(2):1–15.

Copeland, Craig. 2013b. "Individual Retirement Account Balances, Contributions, and Rollovers, 2011." *Employee Benefit Research Institute Issue Brief,* May: No. 386. http://www.ebri.org/pdf/briefspdf/EBRI_IB_05–13. No386.IRAs.pdf.

Cornell, Anna, Susan P. Baker, and Guohua Li. 2007. "Age 60 Rule: The End Is in Sight." *Aviation, Space, and Environmental Medicine* 78(6):624–26.

Cornwell, Benjamin. 2011. "Independence through Social Networks: Bridging Potential among Older Women and Men." *Journal of Gerontology* 66B(6):782–94.

Cornwell, Benjamin, Edward Laumann, and L. Philip Schumm. 2008. "The Social Connectedness of Older Adults: A National Profile." *American Sociological Review* 73:185–203.

Cottrell, Fred. 1942. "The Adjustment of the Individual to His Age and Sex Roles." *American Sociological Review* 7:617–20.

Coughlin, J. 2001. "Beyond Health and Retirement: Placing Transportation on the Aging Policy Agenda." *The Public Policy and Aging Report* 11(4):20–23.

Cowgill, Donald. 1974. "The Aging of Populations and

Societies." *Annals of the American Academy of Political and Social Science* 415(29):1–18.

Crary, David. 2011. "Aging in Place: A Little Help Can Go a Long Way." *Tallahassee Democrat, November* 21: 6.

Crimmins, Eillen., Hayward Mark D., Hagedorn Aaron, Saito Yasuhiko and Brouard Nicolas. 2009. "Change in Disability Free Life Expectancy for Americans 70 Years and Older." *Demography* 46(3):627–46.

Crimmins, Eileen, and Hiram Beltran-Sanchez. 2011. "Mortality and Morbidity Trends: Is There Compression of Morbidity?" *Journal of Gerontology* 66B(1):75–86.

Crimmins, Eileen, and Aida Sole-Auro. 2013. "Life Expectancy, Health and Functioning Among the 85-Plus Populaton in Europe and the United States." *Public Policy and Aging Report* 23(2):3–9.

Cristofalo, Vincent. 1988. "An Overview of the Theories of Biological Aging." Pp. 118–28 in *Emergent Theories of Aging,* edited by J. Birren and V. Bengtson. New York: Springer.

________. 1996. "Ten Years Later: What Have We Learned about Human Aging from Studies of Cell Cultures?" *The Gerontologist* 36:737–41.

Crum, Milton. 2014. "On Frailty and Facing Death." *Aging Today* XXXV (5):6.

Cuellar, Alison Evans, and Joshua M. Wiener. 2000. "Can Social Insurance for Long-Term Care Work? The Experience of Germany." *Health Affairs* 19:8–25.

Cummings, Elaine. 2000. "Reflections on Disengagement Theory." Pp. 97–106 in *Intersections of Aging,* E. Markson, L. Hollis-Sawyer and J. Hendricks, Eds. New York: Oxford University Press.

Cumming, Elaine, and William Henry. 1961. *Growing Old: The Process of Disengagement.* New York: Basic Books.

Cummings, S. M. 2002. "Predictors of Psychological Well- Being among Assisted Living Residents." *Health and Social Work* 27(4):293–302.

Cunningham, Peter, and Jessica May. 2006. "Medicaid Patients Increasingly Concentrated among Physicians." *Tracking Report, Center for Studying Health Systems Change* August (16):1–5.

Curlin, A. Farr, Chinyere Nwodim, Jennifer L. Vance, Marshall H. Chin, and John D. Lantos. 2008. "To Die, to Sleep: U.S. Physicians' Religious and Other Objections to Physician- Assisted Suicide, Terminal Sedation, and Withdrawal of Life Support." *American Journal of Hospice and Palliative Care* 25(2):112–20.

Curl, Angela, James Stowe, Teresa Cooney, and Christine Proulx. 2014. "Giving Up the Keys: How Driving Cessation Affects Engagement in Later Life." *The Gerontologist* 54(3):423–33.

Cutchin, M. P., S. V. Owen, and P. F. Chang. 2003. "Becoming 'at Home' in Assisted Living Residences: Exploring Place Integration Processes." *Journal of Gerontology: Social Sciences* 58B(4):S234–43.

Cutler, Stephen, and Jon Hendricks. 1990. "Leisure and Time Use across the Life Course." Pp. 169–85 in *Handbook of Aging and the Social Sciences,* edited by R. Binstock and L. George. San Diego, CA: Academic Press.

Czaja, Sara, and C. C. Lee. 2001. "The Internet and Older Adults: Design Challenges and Opportunities." Pp. 60–81 in *Aging and Communication,* edited by Neil Charness. New York: Springer.

Dahmen, Nicole, and Raluca Cozma. 2009. *Media Takes: On Aging.* International Longevity Center—USA.

Dalen, Hendrik P. Van, and Kene Henkins. 2002. "Early Retirement Reform: Can It and Will It Work?" *Ageing and Society* 22(March):209–31.

Damman, Marleen, Kene Henkens, and Matthijs Kalmin. 2013. "Late-Career Work Disengagement: The Role of Proximity to Retirement and Career Experiences." *Journal of Gerontology* 68(3):455–63.

Dannefer, Dale, Peter Uhlenberg, Anne Foner, and Ronald Abeles. 2005. "On the Shoulders of Giants: The Legacy of Matilda White Riley for Gerontology." *Journal of Gerontology* 60B(6):S296–304.

Das, Aniruddha. 2014. "Spousal Loss and Health in Later Life: Moving Beyond Emotional Trauma." *Journal of Aging and Health* 25(2):221–42.

Davis, R. H., and J. A. Davis. 1986. *TV's Image of the Elderly.* Lexington, MA: Lexington.

Day, Christine. 1990. *What Older Americans Think.* Princeton, NJ: Princeton University Press.

Dean, A., B. Kolodny, and P. Wood. 1990. "Effects of Social Support from Various Sources on Depression in Elderly Persons." *Journal of Health and Social Behavior* 31:148–61.

DeLamater, John, and Morgan Sill. 2005. "Sexual Desire in Later Life." *Journal of Sex Research* 42(2):136–49.

DePaola, S. J., R. A. Neimeyer, M. Griffin, and J. Young. 2003. "Death Anxiety and Attitudes toward the Elderly among Older Adults: The Role of Gender and Ethnicity." *Death Studies* 27:335–54.

Department of Health and Human Services. 2006. "Medicare and You." Washington, DC: Health and Human Services.

Deschamps, A., C. Onifade, A. Decamp, and I. Bourdel-Marchasson. 2009. "Health-Related Quality of Life in Frail Institutionalized Elderly: Effects of a Cognition-Action Intervention and Tai Chi." *Journal of Physical Activity* 17(2):236–48.

Dharma-Wardene, M., C. deGara, H. Au, J. Hanson, and J. Hatcher, 2002. "Ageism in Rectal Carcinoma? Treatment and Outcome Variations." *International Journal of Gastrointestinal Cancer* 32(2–3):129–38.

Diamond, Timothy. 1992. *Making Gray Gold: Narratives of Nursing Home Care.* Chicago: University of Chicago Press.

Dickson, Fran C., Patrick C. Hughes, and Kandi L. Walker. 2005. "An Exploratory Investigation into Dating among Later-Life Women." *Western Journal of Communication* 69:67–82.

Dietrich, Mareclo O., and Tamas L. Havrath. 2010. "The Role of Mitochondrial Uncoupling Proteins in Lifespan." *European Journal of Physiology* 459:269–75.

Diniz, Breno S., Meryl A. Butters, Steven M. Albert, Mary Amanda Dew, and Charles F. Reynolds. 2013. "Late-Life Depression and Risk of Vascular Dementia and Alzheimer's Disease: Systematic Review and Meta- Analysis of Community-Based Cohort Studies." *The British Journal of Psychiatry* (202):329–35.

DiPrete, Thomas A., and Gregory M. Eirich. 2006. "Cumulative Advantage as a Mechanism for Inequality: A Review of Theoretical and Empirical Developments." *Annual Review of Sociology* 32:271–97.

Dong, XinQi. 2005. "Medical Implications of Elder Abuse and Neglect." *Clinics in Geriatric Medicine* 21(2):293–313.

Donofrio Lisa M. 2003. "Fat Distribution: A Morphologic Study of the Aging Face." *Dermatologic Surgery* 26:1107–12.

Donovan, Bet. 1985. *The Retirement Equity Act of 1984: A Review*. Washington, DC: Social Security Administration. https://www.ssa.gov/policy/docs/ssb/v48n5/v48n5p38.pdf.

Draves, William, and Julie Coates. 2007. *Nine Shift: Work, Life and Education in the 21st Century*. Learning Resources Network.

Duscha, B. D., C. A. Slentz, and J. L. Johnson. 2005. "Effects of Exercise Training Amount and Intensity on Peak Oxygen Consumption in Middle-Age Men and Women at Risk for Cardiovascular Disease." *Chest* 128(4): 2788–93.

Easterlin, Richard, C. M. Schaeffer, and Diane Macunovich. 1993. "Will Baby Boomers Be Less Well Off than Their Parents? Income, Wealth, and Family Circumstances over the Life Cycle in the United States." *Population and Development Review* 19:497–522.

Eckert, Kevin. 1980. *The Unseen Elderly*. San Diego, CA: Campanile Press.

Edwards, Jerri, Lesley Ross, Michelle Ackerman, Brent Small, Karlene Ball, Stacy Bradley, and Joan Dodson. 2008. "Longitudinal Predictors of Driving Cessation Among Older Adults from the ACTIVE Clinical Trial." *Journal of Gerontology* 63B(1):P6–12.

Einolf, Christopher J. 2009. "Will the Boomers Volunteer During Retirement? Comparing the Baby Boom, Silent, and Long Civic Cohorts." *Nonprofit and Voluntary Sector Quarterly* 38(2):181–99.

Ekerdt, David. 1998. "Entitlements, Generational Equity and Public Opinion Manipulation in Kansas City." *The Gerontologist* 38:525–36.

Ekerdt, David, and Jennifer Hackney. 2002. "Workers' Ignorance of Retirement Benefits." *The Gerontologist* 42(4):543–51.

Elder, Glen. 1994. "Time, Human Agency and Social Change: Perspectives on the Life Course." *Social Psychology Quarterly* 57:4–15.

Elder, Glen, and Eliza Pavalko. 1993. "Work Careers in Men's Later Years: Transition, Trajectories and Historical Change." *Journal of Gerontology* 48:80–191.

Elder, Glen H., Jr. 2006. "Life Course." Pp. 109–131 in *The Blackwell Encyclopedia of Sociology,* edited by George Ritzer. Massachusetts: Blackwell.

Elder, Glen H., Jr., and Michael Shanahan. 2006. "The Life Course and Human Development." *Handbook of Child Psychology.* Hoboken, NJ: Wiley.

Elman, Cheryl, and Angela M. O'Rand. 2004. "The Race Is to the Swift: Childhood Adversity, Adult Education and Economic Attainment." *American Journal of Sociology* 110:123–60.

Elwert, Felix, and Nicholas Christakis. 2006. "Widowhood and Race." *American Sociological Review* 71:16–41.

Enstrom, James E., and Lester Breslow. 2008. "Lifestyle and Reduced Mortality among Active California Mormons, 1980–2004." *Preventive Medicine* 46(2):133–36.

Erikson, Erik. 1959. "Identity and the Life Cycle: Selected Papers." *Psychological Issues* 1: Monograph No. 1.

________. 1964. "Inner and Outer Space: Reflections on Womanhood." *Daedalus* 93(Spring):582–606.

Erikson, Erik, Joan Erikson, and Helen Kivnick. 1986. *Vital Involvement in Old Age.* New York: W. W. Norton.

Erlangsen, Annette, Unni Bille-Brahe, and Bernard Jeune. 2003. "Differences in Suicide between the Old and the Oldest Old." *Journal of Gerontology* 58B(5): S314–22.

Esping-Anderson, Gosta. 2009. *The Incomplete Revolution: Adapting to Women's New Roles.* Cambridge: Polity Press.

Estes, Carroll. 1991. "The New Political Economy of Aging: Introduction and Critique." Pp. 19–36 in *Critical Perspectives on Aging,* edited by M. Minkler and C. Estes. Amityville, NY: Baywood.

________. 1996. "The Political Economy of Aging." Pp. 346–59 in *Handbook of Aging and the Social Sciences,* edited by R. Binstock and L. George. San Diego, CA: Academic Press.

Estes, Carroll, Lenore Gerard, Jane Sprague Zones, and James Swan. 1984. *Political Economy, Health and Aging.* Boston: Little, Brown.

Estes, Carroll, Karen Linkins, and Elizabeth Binney. 1996. "The Political Economy of Aging." Pp. 346–60 in *Handbook of Aging and the Social Sciences,* edited by R. Binstock and L. George. San Diego, CA: Academic Press.

Even, William, and David MacPherson. 2006. "The Effect of the Shift to Defined Contribution Plans on the Distribution of Pension Wealth." Working paper. Pepper Institute on Aging and Public Policy. Tallahassee: Florida State University.

Family Caregiver Alliance. 2015. Selected Long Term Care Statistics. https://www.caregiver.org/selected-long- term-care-statistics.

Farley, Reynolds. 1996. *The New American Reality.*

New York: Russell Sage.

Featherman, David. 1983. "Life-Span Perspectives in Social Science Research." Pp. 1–57 in *Life Span Development and Behavior,* edited by P. Baltes and O. Brim. New York: Academic Press.

Feder, Judith. 2015. "The Missing Piece: Medicare, Medicaid and Long-Term Care." Pp. 253–72 in *Medicare and Medicaid at 50*, edited by Alan Cohen, David Colby, Keith Wailoo, and Julian Zelizer. New York: Oxford University Press.

Federal Interagency Forum on Aging-Related Statistics. 2010. "Older Americans 2010: Key Indicators of Well-Being." Washington, DC.

Federal Reserve. 2012. *Survey of Consumer Finances.* Released June 12, 2012; http://www.federalreserve.gov/ econresdata/scf/scfindex.htm.

Federal Reserve. 2016. Report on the Economic Well-Being of U.S. Households in 2015. https://www.federalreserve. gov/2015-report-economic-well-being-us-households- 201605.pdf.

Feifel, Herman. 1990. "Psychology and Death: Meaningful Rediscovery." American Psychologist 45:537–43.

Ferraro, Kenneth F., and Tetyana Pylypiv Shippee. 2009. "Aging and Cumulative Inequality: How Does Inequality Get Under the Skin?" *The Gerontologist* 49:333–43.

Ferraro, Kenneth F., Tetyana Pylypiv Shippee, and Marcus Schafer. 2009. "Cumulative Inequality Theory for Research on Aging and the Life Course." Chap. 22 in *the Handbook of the Sociology of Aging*, edited by R. A. Settersten and J. L. Angel. New York: Springer. Ferraro, Kenneth, Roland Thorpe, and Jody Wilkinson. 2003. "The Life Course of Severe Obesity: Does Childhood Overweight Matter?" *Journal of Gerontology*58B(2):S110–19.

Fingerman, Karen L., Yen-Pi Cheng, Kira Birditt, and Steven Zarit. 2012. "Only as Happy as the Least Happy Child: Multiple Grown Children's Problems and Successes and Middle-Aged Parents' Well-Being." *Journal of Gerontology* 67B(2):184–93.

Fischer, Claude, and Lauren Beresford. 2015. "Changes in Support Networks in Late Middle Age: The Extension of Gender and Educational Differences." *Journal of Gerontology* 7(1):123–31.

Fischer, Peter, and Gunnar Malmberg. 2001. "Settled People Don't Move: On Life Course and (Im) mobility in Sweden." *International Journal of Population Geography* 7:357–71.

Fisher, W. A., R. C. Rosen, L. Eardley, M. Sand, and I. Goldstein. 2005. "Sexual Experience of Female Partners of Men with Erectile Dysfunction: The Female Experience of Men's Attitudes to Life Events and Sexuality (FEMALES) Study." *Journal of Sex Medicine* 2:675–84.

Fischer, Will, and Chye-Ching Huang. 2013. Mortgage Interest Deduction Is Ripe for Reform. June 25, 2013. Washington, DC: Center on Budget and Policy Priorities. http://www.cbpp.org/research/ mortgage-interest-deduction-is- ripe-for-reform.

Fiske, Amy, Margaret Gatz, and Nancy Pedersen. 2003. "Depressive Symptoms and Aging: The Effects of Illness and Non-Health Related Events." *Journal of Gerontology* 58B(6):P320–28.

Fiske, Amy, and Randi Jones. 2005. "Depression." Pp. 245–51 in *The Cambridge Handbook of Age and Aging,* edited by Malcolm Johnson. New York: Cambridge University Press.

Fitzpatrick, Sharon, and Debra Entmacher. 2000. "Retirement Security for Older Women." Occasional Paper Number 6. Washington, DC: The Urban Institute.

Flippen, Chenoa, and Marta Tienda. 2000. "Pathways to Retirement: Patterns of Labor Force Participation and Labor Market Exit among the Pre-Retirement Population by Race, Hispanic Origin, and Sex." *Journal of Gerontology* 55B(1):S14–27.

Fokkema, T., and L. Kuyper. 2007. "The Relation Between Social Embeddedness and Loneliness among Older Lesbian, Gay, and Bisexual Adults in the Netherlands." *Archives of Sex Behavior* 22(November):201–09.

Fonda, S. J., G. L. Maddox, E. Clipp, and J. Reardon. 2002. "Design for a Longitudinal Study of the Impact of an Enhanced Environment on the Functioning of Frail Adults." *Journal of Applied Gerontology* 15:397–413.

Foner, Nancy. 1994. *The Caregiving Dilemma: Work in an American Nursing Home.* Berkeley, CA: University of California Press.

Ford, Clinita. 2011. "Achieving Real Gusto through Managing Existing Financial Resources." Pp. 69–84 in *How Professional Women Experience Retirement,* edited by

F. Groomes. United States: SokheChapke Publishing Inc.

Frank, Jacqueline Beth. 2002. *The Paradox of Aging in Place in Assisted Living.* Westport, CT: Bergin & Garvey.

Fredriksen-Goldsen, Karen, Hyun-Jun Kim, Charles Emlet, Anna Muraco, Elena Erosheva, Charles Hoy-Ellis, Jayn Goldsen, and Heidi Petry. 2011. "Disparities and Resilience among Lesbian, Gay, Bisexual and Transgender Older Adults." *The Aging and Health Report*. http:// caringandaging.org/wordpress/wp-content/ uploads/2011/05/Full-Report-FINAL-11-16-11.pdf.

Fredriksen-Goldsen, Karen, Loree Cook-Daniels, Hyun-Jun Kim, Elena Erosheva, Charles Emlet, Charles Hoy-Ellis, Jayn Goldsen, and Anna Muraco. 2014. "Physical and Mental Health of Transgender Older Adults: An At-Risk and Underserved Population." *The Gerontologist* 54(3):488–500.

Freimuth, Vicki S., Sandra Crouse Quinn, Stephen B. Thomas, Galen Cole, Eric Zook, and Ted Duncan. 2001. "African Americans' Views on Research and the Tuskegee Syphilis Study." *Social Science and Medicine* 52(5): 797–808.

Fridman, Ayala, Marian J. Bakermans-Kranenburg, Abraham Sagi-Schwartz, and Marinus Van Ijzendoorn. 2011. "Coping in Old Age with Extreme Childhood Trauma: Aging Holocaust Survivors and Their Offspring Facing New Challenges." *Aging and Mental Health* 15(2): 332–42.

Fries, James F. 2005. "The Compression of Morbidity." *Milbank Quarterly* 83(4):801–823.

Fry, Christine. 1999. "Anthropological Theories of Age and Aging." Pp. 271–86 in *Handbook of Theories of Aging,* edited by Vern Bengtson and K. W. Schaie. New York: Springer.

Fry, Richard. 2013. "A Rising Share of Young Adults Live in their Parents' Home." *Pew Research Center.* Social and Demographic Trends, Aug. 1, 2013. http://www.pewsocialtrends.org/2013/08/01/a-rising-share- of-young-adults-live-in-their-parents-home/.

Fry, Richard. 2015. "More Millennials Living with Family Despite Improved Job Market." *Pew Research Center.* http://www.pewsocialtrends.org/files/2015/07/2015-07-29_young-adult-living_FINAL.pdf.

Fujimoto, Kaz. 2011. "Went Back to Work." *AARP Bulletin,* November 1.

Gaboda, Dorothy, Judith Lucas., Michele Siegel, Ece Kalay, and Stephen Crystal. 2011. "No Longer Undertreated? Depression Diagnosis and Antidepressant Therapy in Elderly Long-Stay Nursing Home Residents, 1999 to 2007." *Journal of the American Geriatrics Society* 59(4):673–80.

Galinsky, Adena, and Linda Waite. 2014. "Sexual Activity and Psychological Health as Mediators of the Relationship between Physical Health and Marital Quality." *Journal of Gerontology* 69B(3):482–92.

Gana, Kamel, Nathalie Bailly, Yael Saada, Michele Joulain, and Daniel Alaphilippe. 2013. "Does Life Satisfaction Change in Old Age: Results from an 8-Year Longitudinal Study." *Journal of Gerontology* 68(4):540–52.

Garfinkel, Irwin, Lee Rainwater and Timothy Smeeding. 2010. *Wealth and Welfare States: Is America a Laggard or Leader?* New York: Oxford University Press.

Garland, David. 2016. *The Welfare State*. New York:

Oxford University Press.
Gatto, Susan L., and Sunghee H. Tak. 2008. "Computer, Internet, and Email Use Among Older Adults: Benefits and Barriers." *Educational Gerontology* 34:800–11.
Gaumer, G. L., and J. Stabins. 1992. "Medicare Use in the Last 90 Days of Life." *Health Services Research* 26:725–42.
Gendell, Murray. 2008. "Older Workers." Bureau of Labor Statistics, *Monthly Labor Review* (January):41–49.
General Accounting Office. 2001. *Retiree Health Benefits.* Washington, DC: U.S. Government Printing Office.
George, Linda. 1980. *Role Transitions in Later Life.* Belmont, CA: Wadsworth.
________. 1996. "Social Factors and Illness." Pp. 229–68 in *Handbook of Aging and the Social Sciences,* edited by R. Binstock and L. George. San Diego, CA: Academic Press.
George, Linda, and Deborah Gold. 1991. "Life Course Perspectives on Intergenerational and Generational Connections." *Marriage and Family Review* 16:67–88.
Gertrudis, J., M. Kempen, Judith Ballemans, Adelita, Ranchor, Ger H. M., van Rens, G. A., Rixt Zijlstra. 2012. "The Impact of Low Vision on Activities of Daily Living, Symptoms of Depression, Feelings of Anxiety and Social Support in Community-Living Older Adults Seeking Vision Rehabilitation Services." *Quality of Life Research* 21(8):1405–11.
Giandrea, Michael, Kevin Cahill, and Joseph Quinn. 2007. "An Update on Bridge Jobs: The HRS War Babies." Working Paper 670, Department of Economics, Boston College.
Giandrea, Michael, Kevin Cahill, and Joseph Quinn. 2009. "Bridge Jobs: A Comparison Across Cohorts." *Research on Aging* 31(5):549–76.
Gilbert, Neil. 2002. *Transformation of the Welfare State.* New York: Oxford University Press.
Gilens, Martin. 1995. "Racial Attitudes and Opposition to Welfare." *Journal of Politics* 57(4):994–1014.
Gill, Elizabeth, and Melanie Morgan. 2011. "Home Sweet Home: Conceptualizing and Coping with the Challenges of Aging and the Move to a Care Facility." *Health Communication* 26(4):332–42.
Giltay, Erik J., Marjolein H. Kamphuis, Sandra Kalmijn, Frans G. Zitman, and Daan Kromhout. 2006. "Dispositional Optimism and the Risk of Cardiovascular Death: The Zutphen Elderly Study." *Archives of Internal Medicine* 166:431–36.
Gill T. M., Murphy T. E., Gahbauer E. A., Allore H. G. 2013. "Association of Injurious Falls with Disability Outcomes and Nursing Home Admissions in Community-Living Older Persons." *American Journal of Epidemiology* 178:418–25.
Ginn, Jay, and Sara Arber. 2000. "Ethnic Inequality in Later Life: Variation in Financial Circumstances by Gender and Ethnic Group." *Education and Aging* 15(1):65–83.
Gjonc, Edlira, and Michael Marmot. 2005. "Patterns of Illness and Mortality." Pp. 104–17 in *The Cambridge Handbook of Age and Ageing,* edited by Malcolm Johnson. New York: Cambridge University Press.
Glynn, R., and B. Rosner. 2005. "Comparison of Risk Factors for the Competing Risks of Coronary Heart Disease, Stroke, and Venous Thromboembolism." *American Journal of Epidemiology* 162(10):975–82.
Goffman, Erving. 1961. *Asylums*. Garden City, NY: Anchor. Golant, Stephen, and Anthony La Greca. 1994. "Housing Quality of U.S. Elderly Households: Does Aging In Place Matter?" *The Gerontologist* 34:803–14.
Golant, Stephen. 2014. "Age-Friendly Communities: Are We Expecting Too Much?" *IRPP Insight,* February(5):1–20.
Gold, Deborah. 1996. "Continuities and Discontinuities in Sibling Relationships across the Life Span." Pp. 228–45 in *Adulthood and Aging,* edited by V. Bengtson. New York: Springer.
Goldman, D., and G. Joyce. 2008. "Medicare Part D: A Successful Start with Room for Improvement."

Journal of the American Medical Association 299:1954–55.
Goldscheider, Frances Kobrin, and Calvin Goldscheider. 1993. *Leaving Home before Marriage.* Madison, WI: University of Wisconsin Press.
Goldstein, Samuel. 1971. "The Biology of Aging." *New England Journal of Medicine* 285:1120–29.
Goldstein, Samuel, Joseph Gallo, and William Reichel. 1989. "Biologic Theories of Aging." *American Family Physician* 40:195–200.
Gonyea, Judith, Ruth Paris and Lisa Zerden. 2008. "Adult Daughters and Aging Mothers: The Role of Guilt in the Experience of Caregiver Burden." *Aging and Mental Health* 12(5):559–67.
Goodman, D., E. Fisher, A. Esty, and C. Chang. 2011. "Trends and Variation in End of Life Care for Medicare Beneficiaries with Severe Chronic Illness." Report of the Dartmouth Atlas Project. Dartmouth Institute for Health Policy and Clinical Practice. Lebanon, New Hampshire.
Gordon, R., and D. Brill. 2001. "The Abuse and Neglect of the Elderly." *International Journal of Law and Psychiatry* 24:183–97.
Gramling, Carolyn. 2006. "Predicting Parkinson's." *Science News* 169(19):96–97.
Green, Janice. 2010. *Divorce After 50.* Nolo Publisher.
Greenfield, Emily, and Nadine Marks. 2004. "Formal Volunteering as a Protective Factor for Older Adults' Psychological Well-Being." *Journal of Gerontology* 59B(5):S258–64.
Greenfield, Emily, and David Russell. 2011. "Identifying Living Arrangements That Heighten Risk for Loneliness in Later Life: Evidence from the U.S. Social Life, Health and Aging Project." *Journal of Applied Gerontology* 30(4):524–34.
Greenhouse, Steven. 2013. "At Leisure or Still at Work." *New York Times*, Sept. 10, 2013:F1-3.
Greenwood, S. 1992. *Menopause Naturally: Preparing for the Second Half of Life.* Volcano, CA: Volcano Press.
Gregory, Steven. 2001. *The Nursing Home Workforce: Certified Nurse Assistants.* Washington, DC: AARP.
Grierson, Bruce. 2014. *What Makes Olga Run?* New York: Henry Holt.
Grigsby, Jill S. 1991. "Paths of Future Population Aging." *The Gerontologist* 31:195–203.
Grogan, Colleen, and Eric Patashnik. 2003. "Between Welfare Medicine and Mainstream Entitlement: Medicaid at the Political Crossroads." *Journal of Health Politics, Policy and Law* 28(4):201–42.
Grogan, Colleen. 2014. "Medicaid: Designed to Grow." In James Morone, Theodor Litman, and Leonard Robins, Eds. *Health Politics and Policy.* Independence, KY: Engage Learning.
Gruber, Johathan. 2000. "Tax Subsidies for Health Insurance: Evaluating the Costs and Benefits." NBER Working Paper No. 7553.
Gubrium, Jaber. 1975. *Living and Dying at Murray Manor.* New York: St. Martin's Press.
Gubrium, Jaber, and D. R. Buckholdt. 1977. *Toward Maturity.*
San Francisco: Jossey-Bass.
Gubrium, Jaber, and Robert Lynott. 1983. "Rethinking Life Satisfaction." *Human Organization* 42:30–38.
Guillemard, Anne-Marie. 2003. "France: Struggling to Find a Way Out of the Early Exit Culture." *The Geneva Papers on Risk and Insurance* 28(4):558–74.
Guskiewicz, Kevin M., Stephen W. Marshall, Julian Bailes, Michael McCrea, Robert C. Cantu, Christopher Randolph, and B. D. Jordan. 2005. "Association Between Recurrent Concussion and Later-Life Cognitive Impairment in Retired Professional Football Players." *Neurosurgery* 57:719–26.

Ha, Jung-Hwa. 2008. "Changes in Support from Confidants: Children and Friends Following Widowhood." *Journal of Marriage and Family* 70:306–18.
Haas, S. P. Krueger and L. Rohlfsen. 2012. "Race/ Ethnic and Nativity Dispairities in Later Life Physical Performance: The Role of Health and

Socioeconomic Status over the Life Course." *Journal of gerontology* 67B (2):238–48.

Hacker, Jacob. 2006. *The Great Risk Shift.* New York: Oxford University Press.

Hadler, Notrin. 2011. *Rethinking Aging: Growing Old and Living Well in an Overtreated Society.* Chapel Hill, NC: University of North Carolina Press.

Hagestad, Gunhild. 1988. "Demographic Change and the Life Course: Some Emerging Trends in the Family Realm. *Family Relations* 37(4):105–110.

Haley, William E., David L. Roth, George Howard, and Monika M. Safford. 2010. "Caregiving Strain and Estimated Risk for Stroke and Coronary Heart Disease Among Spouse Caregivers Differential Effects by Race and Sex." *Stroke* 41:331–36.

Hall, Stephen. 2013. "On Beyond 100." *National Geographic.* May:28–45.

Hao, Yanni. 2008. "Productive Activities and Psychological Well-Being among Older Adults." *Journal of Gerontology* 63B(2):S64–72.

Hardy, Melissa, and Jill Quadagno. 1995. "Satisfaction with the Early Retirement Decision: Making Choices in the Auto Industry." *Journal of Gerontology* 50:S217–28.

Harper, Sam, John Lynch, Scott Burris, and George Smith. 2007. "Trends in the Black/White Life Expectancy Gap in the United States, 1983–2003." *Journal of the American Medical Association* 297:1224–32.

Harrington, C., J. O'Meara, J. Angelelli, D. Gifford, J. Morris, and T. Moore. 2003. "Designing a Report Card for Nursing Facilities: What Information Is Needed and Why." *The Gerontologist* 43(II):47–57.

Harrington Meyer, Madonna. 1994. "Gender, Race and the Distribution of Social Assistance: Medicaid Use Among the Frail Elderly." *Gender and Society* 8:8–28.

Harrington Meyer, Madonna. 2014. *Grandmothers at Work: Juggling Work and Family in the 21st Century.* New York: New York University Press.

Harrington Meyer, Madonna, and Pamela Herd. 2010. *Market Friendly or Family Friendly? The State and Gender Inequality in Old Age.* New York: Russell Sage.

Harrington Meyer, Madonna, and Michelle Kesterke--Storbakken. 2000. "Shifting the Burden Back to Families?" Pp. 217–28 in *Care Work,* edited by Madonna Harrington Meyer. New York: Routledge.

Harris, A. H., and C. E. Thoresen. 2005. "Volunteering Is Associated with Delayed Mortality in Older People: Analysis of the Longitudinal Study of Aging." *Journal of Health Psychology* 10(6):739–52.

Harris, Mary. 1994. "Growing Old Gracefully: Age Concealment and Gender." *Journal of Gerontology* 49:P149–58.

Harris, Phyllis. 2000. "Listening to Caregiving Sons: Misunderstood Realities." *The Gerontologist* 38(3):342–52.

Harrison, Theresa, Sandra Weintraub, Marsel Mesulam, and Emily Rogowski. 2012. "Superior Memory and Higher Cortical Volumes in Unusually Successful Cognitive Aging." *Journal of the International Neurepsychological Society.*

Hash, K. 2006. "Caregiving and Post-Caregiving Experiences of Mid-Life and Older Gay Men and Lesbians." *Journal of Gerontological Social Work* 47(3/4):121–38.

Hasher, L., C. Chung, C. P. May, and N. Foong. 2002. "Age, Time of Testing, and Proactive Interference." *Canadian Journal of Experimental Psychology* 56(3):200–07.

Hass, Mark. 2007. "Global Aging: Opportunities and Threats to American Security." *Public Policy and Aging Report* 17(4):7–12.

Hatch, Laurie Russell, and Aaron Thompson. 1992. "Family Responsibilities and Women's Retirement." Pp. 99–113 in *Families and Retirement,* edited by M. Szinovacz, D. Ekerdt, and B. Vinick. Newbury Park, CA: Sage.

Hattar-Pollara, Marianne. 2010. "Developmental Transitions." Pp. 87–94 in *Transitions Theory: Middle-Range and Situation Specific Theories for Nursing,* edited by A. Meleis. New York: Springer.

Hauser, Philip M. 1953. "Facing the Implications of an Aging Population." *Social Review* 26:162–76.

Havighurst, Robert. 1957. "The Social Competence of Middle- Aged People." *Genetic Psychological Monographs* 56:297–375.

Havighurst, Robert J., Bernice L. Neugarten, and Sheldon S. Tobin. 1968. "Disengagement and Patterns of Aging." Pp. 161–72 in *Middle Age and Aging: A Reader in Social Psychology,* edited by B. Neugarten. Chicago: University of Chicago Press.

Hawes, C., M. Rose, and C. Phillips. 1999. "Managing Decline in Assisted Living: The Key to Aging in Place." *Journal of Gerontology* 59B(4):S202–12.

Hawthorne, Fran. 2008. *Pension Dumping: The Reasons,* the Wreckage, the Stakes for Wall Street. New York: Bloomberg Press.

Hayflick, L. 1996. *How and Why We Age.* New York: Ballantine Books.

Hayslip, Bert, Jr., and Joel Leon. 1992. *Hospice Care.* Newbury Park, CA: Sage.

Hayslip, Bert, Jerald Shore, Craig Henderson, and Paul Lambert. 1998. "Custodial Grandparenting and the Impact of Grandchildren with Problems on Role Satisfaction and Role Meaning." *Journal of Gerontology* 53B(3):S164–73.

Hayward, Mark D., Samantha Friedman, and Hsinmu Chen. 1996. "Race Inequities in Men's Retirement." *Journal of Gerontology* 51B:S1–10.

Hefele, Jennifer Gaudet, Andrea Acevedo, Laurie Nsiah- Jefferson, Christine Bishop, Yasmin Abbas, Ecaterina Damien, and Candi Ramos. 2016. "Choosing a Nursing Home: What Do Consumers Want to Know, and Do Preferences Vary across Race/Ethnicity?" *Health Services Research.*

Heinemann, Gloria, and Patricia Evans. 1990. "Widowhood: Loss, Change and Adaptation." Pp. 142–67 in *Family Relationships in Later Life,* edited by T. Brubaker. Beverly Hills, CA: Sage.

Heisler, E., G. Evans, and P. Moen. 2004. "Health and Social Outcomes of Moving to a Continuing Care Retirement Community." *Journal of Housing for the Elderly* 18(1):5–23.

Helman, Ruth, Mathew Greenwald, Nevin Adams, Craig Copeland, and Jack VanDerhei. 2013. "The 2013 Retirement Confidence Survey: Perceived Savings Needs Outpace Reality for Many." *Employee Benefit Research Institute Issue Brief* March (384):1–34.

Helmuth, L. 2003. "Aging: The Wisdom of the Wizened." *Science* 299(5611):1300–02.

Henretta, John C., Christopher G. Chan, and Angela M. O'Rand. 1992. "Retirement Reason versus Retirement Process: Examining the Reasons for Retirement Typology." *Journal of Gerontology* 47:S1–7.

Henretta, John, Angela O'Rand, and Christopher G. Chan. 1993. "Joint Role Investments and Synchronization of Retirement: A Sequential Approach to Couples' Retirement Timing." *Social Forces* 71:981–1000.

Hess, T. M., and C. Auman. 2001. "Aging and Social Expertise: The Impact of Trait-Diagnostic Information on Impressions of Others." *Psychology and Aging* 16(3): 497–510.

Hill, Cathernine. 2014. The Simple Truth. AAUW. http://www.aauw.org/files/2016/02/SimpleTruth_Spring2016.pdf. Himes, Christine. 1992. "Future Caregivers: Projected Family Structures of Older Persons." *Journal of Gerontology* 47:S17–26.

Ho, Jeong-Hwa, and James M. Raymo. 2009. "Expectations and Realization of Joint Retirement Among Dual-Worker Couples." *Research on Aging* 31(2):153–79.

Hobbs, Frank, and Bonnie Damon. 1996. *65+ in the United States.* Washington, DC: U.S. Census Bureau.

Hochschild, Arlie. 1978. *The Unexpected Community.* Berkeley: University of California Press.

Hodgson, Lynne Gershenson. 1992. "Adult Grandchildren and Their Grandparents: The Enduring Bond." *International Journal of Aging and Human Development* 34:209–25.

Hoffman, Jan. 2013. "Watchful Eye in Nursing Homes." *New York Times* November 19, 2013:D1,

D4.

Holahan, C., and J. Chapman. 2002. "Longitudinal Predictors of Proactive Goals and Activity Participation at Age 80." *Journal of Gerontology* 57B(5):P418–25.

Home, Michael, Thomas Williamson, and Anthony Herman. 2016. *The Contingent Workforce*. Law Journal Press. http://www.lawjournalpress.com/.

Hopp, F., and S. Duffy. 2000. "Racial Variations in End-of-Life Care." *Journal of the American Geriatrics Society* 48(6):658–63.

Hoppmann, Christiane A., Denis Gerstof, and Anita Hibbert.
2011. "Spousal Associations between Functional Limitation and Depressive Symptom Trajectories: Longitudinal Findings from the Study of Asset and Health Dynamics Among the Oldest Old (AHEAD)." *Health Psychology* 30(2):153–62; http://psycnet.apa.org/index. cfm?fa=search.searchResults&latSearchType=a&term= Hoppmann,%20 Christiane%20A.

Horgas, Wilms, and Paul Baltes. 1998. "Daily Life in Very Old Age: Everyday Activities as Expression of Successful Living." *The Gerontologist* 38(5):556–68.

House, James, Paula Lantz, and Pamela Herd. 2005. "Continuity and Change in the Social Stratification of Aging and Health over the Life Course: Evidence from a Nationally Representative Longitudinal Study from 1986 to 2001/2002." *Journal of Gerontology* 60B:15–26.

House, James, James Lepkowski, Ann Kinney, Richard Mero, Ronald Kessler, and A. Regula Herzog. 1994. "The Social Stratification of Aging and Health." *Journal of Health and Social Behavior* 35:213–34.

Howe, Anna L. 2000. "Rearranging the Compartments: The Financing and Delivery of Care for Australia's Elderly." *Health Affairs* 19:57–71.

Howe, Neil. 1997. "Why the Graying of the Welfare State Threatens to Flatten the American Dream—or Worse." Pp. 36–45 in *The Future of Age-Based Policy,* edited by R. B. Hudson. Baltimore: Johns Hopkins University Press.

Hsu, J., V. Fung, M. Price, J. Huang and R. Brand. 2008. "Medicare Beneficiaries Knowledge of Part D Prescription Drug Program Benefits and Responses to Drug Costs." *Journal of the American Medical Association* 299:1929.

Hudson, Robert. 2002. "People of Color and the Challenge of Retirement Security." *Public Policy and Aging Research Brief.* Washington, DC: National Academy on an Aging Society.

Hudson, Robert. 2016. "Cumulative Advantage and Disadvantage: Across the Life Course, Across Generations." *Public Policy and Aging Report* 26(20):39–41.

Hughes, M. E., L. J. Waite, T. A. LaPiere, and Y. Luo. 2007. "All in the Family: The Impact of Caring for Grandchildren on Grandparents' Health." *Journal of Gerontology* 62:S108–19.

Humphry, Derek. 1995. "Euthanasia Is Ethical." Pp. 17–20 in *Euthanasia: Opposing Viewpoints,* edited by C. Wekesser. San Diego, CA: Greenhaven Press.

Hunter, Sky. 2005. *Midlife and Older LGBT Adults.* Binghamton, New York: Haworth Press.

Huxhold, Oliver, Martina Miche, and Benjamin Schuz. 2014. "Benefits of Having Friends in Older Ages: Differential Effects of Informal Social Activities on Well-Being in Middle-Aged and Older Adults." *Journal of Gerontology* 69(3):366–75.

Jackson, Rebecca et al. 2006. "Calcium plus Vitamin D Supplementation and the Risk of Fractures." *New England Journal of Medicine* 354:669–83.

Jacobs, Bruce. 1990. "Aging and Politics." Pp. 349–59 in *Handbook of Aging and the Social Sciences,* edited by R. Binstock and L. George. San Diego, CA: Academic Press.

Jenkins, Kristi. 2004. "Obesity's Effect on the Onset of Functional Impairment among Older Adults." *The Gerontologist* 44(2):206–16.

Jerit, Jennifer, and Jason Barabas. 2006. "Bankrupt Rhetoric: How Misleading Information Affects

Knowledge about Social Security." *Public Opinion Quarterly* 70(3):276–303.

Jeste, Dilip V., Monika Ardelt, Dan Blazer, Helena C. Kraemer, George Vaillant, and Thomas W. Meeks. 2010. "-Expert Consensus on Characteristics of Wisdom: A Delphi Method Study." *The Gerontologist* 50(5):668–80.

Jochem, Sven. 2008. "Germany: The Public-Private Dichotomy in the Bismarckian Welfare Regime." Pp. 190–206 in *Public and Private Social Policy,* edited by Daniel Béland and Brian Gran. New York: Palgrave.

Johnson, Norman J., Backlund, Eric., Sorlie, Paul .D., and Loveless Catherine A. 2000. "Marital Status and Mortality: The National Longitudinal Mortality Study." *Annals of Epidemiology* 10:224–38.

Johnson, Richard. 2012. "The Growing Importance of Older Workers." *Public Policy and Aging Report* 21(4):26–30.

Johnson, Christopher J., and Roxanna H. Johnson. 2000. "Alzheimer's Disease as a 'Trip Back in Time.'" *American Journal of Alzheimer's Disease* 15, 2:87–92.

Johnson, Colleen. 1998. "Effects of Adult Children's Divorce on Grandparenthood." Pp. 184–96 in *Handbook of Grandparenthood.* Edited by M.E. Szinovacz. Westport. CT: Greenwood Publishing.

Johnson, Colleen, and Barbara Barer. 1992. "Patterns of Engagement and Disengagement among the Oldest-Old." *Journal of Aging Studies* 6:351–64.

________. 1997. *Life beyond 85 Years.* New York: Springer.

________. 2002. "Life Course Effects of Early Parental Loss among Very Old African Americans." *Journal of Gerontology* 57B(2):S108–16.

Johnson, Richard. 2012. "The Growing Importance of Older Workers." *Public Policy and Aging Report* 21(4):26–30.

Johnson, Richard, and James Kaminski. 2010, January 3. "Older Adults' Labor Force Participation since 1993: A Decade and a Half of Growth." *Urban Institute.*

Kahana, Eva, and Boaz Kahana. 1996. "Conceptual and Empirical Advances in Understanding Aging Well through Proactive Adaptation." Pp. 18–40 in *Adulthood and Aging,* edited by V. Bengtson. New York: Springer.

Kahn, Joan, and Elena Fazio. 2005. "Economic Status over the Life Course and Racial Disparities in Health." *Journal of Gerontology* 60B:76–84.

Kail, Ben Lennox. 2012. "Coverage or Costs: The Role of Health Insurance in Labor Market Reentry Among Early Retirees." *Journal of Gerontology* 67B(1):113–20.

Kail, Ben Lennox. 2016. "Marital Status as a Moderating Factor in the Process of Disablement." *Journal of Aging and Health* 28(1):139-164.

Kail, Ben Lennox, and Dawn Carr. 2016. "Successful Aging in the Context of the Disablement Process: Working and Volunteering as Moderators on the Association Between Chronic Conditions and Subsequent Functional Limitations." *Journal of Gerontology* In Press.

Kail, Ben Lennox, Jill Quadagno, and Jennifer Reid Keene. 2009. "The Political Economy Perspective in Aging." Pp. 555–71 in *Handbook of Theories of Aging,* edited by Vern Bengtson, Merril Silverstein and Norella Putney. New York, NY: Springer.

Kaiser Family Foundation. 2006. "Estimates of Medicare Beneficiaries Out-of-Pocket Drug Spending in 2006." Washington, DC: Henry J. Kaiser Family Foundation.

Kaiser Family Foundation. 2013b. "Overview of Nursing Facility Capacity, Financing, and Ownership in the United States in 2011." Henry J. Kaiser Family Foundation. June 13. http://kff.org/medicaid/fact-sheet/overview-of-nursing- facility-capacity-financing-and-ownership-in-the-united-states-in-2011/.

Kang, Sungrok, Carolyn Aldwin, Soyoung Choun, and Avron Spiro. 2016. "A Life-Span Perspective on Combat Exposure and PTSD Symptoms in Later Life." *The Gerontologist* 56(1):22–32.

Kaplan, George, and William Strawbridge. 1994. "Behavioral and Social Factors in Health Aging." Pp. 57–78 in *Aging and the Quality of Life,* edited by R. Abeles, H. Gift, and M. Ory. New York: Springer.

Kaplan, Richard. 2011. "Older Americans, Medicare and the Affordable Care Act: What's Reallly in It for Elders?" *Generations* 35(1):19–25.

Kapp, Marshall. 2013. "Nursing Home Culture Change: Legal Apprehensions and Opportunities." *The Gerontologist* 53(5):717–26.

Kaye, Stephen, Charlene Harrington, and Mitchell LaPlante. 2010. "Long Term Care: Who Gets It, Who Provides It, Who Pays and How Much?" *Health Affairs* 29(1):11–21.

Kaye, H. Stephen, Charlene Harrington, and Mitchell P. LaPlante. 2010. "Long-Term Care: Who Gets It, Who Provides It, Who Pays, and How Much?" *Health Affairs* 29(1):11.

Keene, Jennifer, and Ana Prokos. 2011. "Grandfather Caregivers: Race and Ethnic Differences in Poverty." *Sociological Inquiry* 82(1):49–77.

Keene, Jennifer Reid, and Jill Quadagno. 2004. "Predictors of Perceived Work-Family Balance: Gender Difference or Gender Similarity?" *Sociological Perspectives* 47(1):1–23.

Keith, Pat M. 1989. *The Unmarried in Later Life*. New York: Praeger.

Keith, Verna, and Carol Long. 1997. "Health Care Use and Long-Term Care among African Americans." Pp. 319–41 in *Minorities, Aging and Health,* edited by Kyrialos Markids and Manual Miranda. Thousand Oaks, CA: Sage.

Kellehear, Allan. 2005. *Compassionate Cities.* Routledge.

Kelly, D. A. 1991. "Disorders of Sleep and Consciousness." Pp. 803–19 in *Principles of Neural Science,* edited by E. Kandel, J. Schwartz, and T. Jessell. New York: Elsevier.

Kennedy, Gary, Howard Kelman, Cynthia Thomas, and Jiming Chen. 1996. "The Relation of Religious Preference and Practice to Depressive Systems among 1,855 Older Adults." *Journal of Gerontology* 51B:P301–08.

Kennedy, Kelly. 2011. "Medicare Costs for Hospice Up 70 percent." *USAToday.com,* August 9.

Kenny, Rose Anne. 2005. "Mobility and Falls." Pp. 131–40 in *The Cambridge Handbook of Age and Ageing,* edited by Malcolm Johnson. New York: Cambridge University Press.

Kerns, V. 1980. "Aging and Mutual Support among Black Caribs." Pp. 163-186 in *Aging in Culture and Society*, edited by Christine Fry. New York: Praeger.

Khan, Mashfiqur, Matthew Rutledge, and April Wu. 2014. "Do Longevity Expectations Influence Retirement Plans?" *Center for Retirement Research,* Boston College, March 2014, No. 1406:1–7.

Khodyakov , Dmitry, and Deborah Carr. 2009. "The Impact of Late-Life Parental Death on Adult Sibling Relationships : Do Parents' Advance Directives Help or Hurt?" *Research on Aging* 31(5):491–519.

Kim, Hongsoo, Charlene Harrington, and William Greene. 2009. "Registered Nurse Staffing Mix and Quality of Care in Nursing Homes: A Longitudinal Analysis." *The Gerontologist* 49(1):81–90.

Kim, Jungmeen, and Phyllis Moen. 2001. "Moving into Retirement: Preparation and Transitions in Late Midlife." Pp. 487–527 in *Handbook of Midlife Development,* edited by Margie Lachman. New York: John Wiley and Sons.

Kingsberg, S. A. 2002. "The Impact of Aging on Sexual Function in Women and Their Partners." *Archives of Sexual Behavior* 31(5):431–37.

Kinsella, Kevin, and Yvonne J. Gist. 1998. *International Brief: Mortality and Health.* U.S. Department of Commerce, Economic and Statistics Administration. Washington, DC: Bureau of the Census.

Kitchener, Martin, Terence Ng, Nancy Miller, and Charlene Harrington. 2005. "Medicaid Home And Community- Based Services: National Program Trends." *Health Affairs* 24(1):206–12.

Klapper, Jennifer, Sidney Moss, Miriam Moss, and Robert L. Rubinstein. 1994. "The Social Context of Grief among Adult Daughters Who Have Lost a Parent." *Journal of Aging Studies* 8:29–44.

Knottnerus, J. David. 1987. "Status Attainment Research and Its Image of Society." *American Sociological Review* 52:113–21.

Kohli, Martin. . 2009. "The World We Forgot: A Historical Review of the Life Course." Pp. 64–90 in *The Life Course Reader: Individuals and Societies across Time,* edited by Walter R. Heinz, Johannes Huinink, and Ansgar Weyman. Frankfurt: Campus-Verlag.

Koitz, David. 1996a. "Social Security: Its Funding Outlook and Significance for Government Finance." Congressional Research Service, June 1, Washington, DC.

________. 2000. *Social Security Reform: How Much of a Role Could Personal Retirement Accounts Play?* Congressional Research Service. Washington, DC: Library of Congress.

Kollman, Geoffrey. 1995. "Social Security: Worldwide Trends." Congressional Research Service Report, December 20, Washington, DC.

Kong, Jooyoung, and Sara Moorman. 2015. "Caring for My Abuser: Childhood Maltreatment and Caregiver Depression." *The Gerontologist* 55(4):656–66.

Koopman, Rene, and Luc J. C. van Loon. 2009. "Aging, Exercise, and Muscle Protein Metabolism." *Journal of Applied Physiology* 106:2040–48.

Kopetz, S., C. D. Steele, J. Brandt, A. Baker, M. Kronberg, E. Galik, M. Steinberg, A. Warren, and C. G. Lyketso. 2000. "Characteristics and Outcomes of Dementia Residents in an Assisted Living Facility." *International Journal of Geriatric Psychiatry* 15:586–93.

Kornadt, Anna E., and Klaus Rothermund. 2011. "Contexts of Aging: Assessing Evaluative Age Stereotypes in Different Life." *Gerontology* 66B(5):547–56.

Kramer, Birgit. 2014. "Dementia Caregivers in Germany and Their Acceptance of New Technologies for Care: The Information Gap." *Public Policy and Aging Report* 24:32–4.

Krause, Neil. 1996. "Neighborhood Deterioration and Self-Rated Health in Later Life." *Psychology and Aging* 11:342–52.

________. 1998. "Neighborhood Deterioration, Religious Coping and Changes in Health during Late Life." *The Gerontologist* 38(6):653–64.

________. 2003. "Religious Meaning and Subjective Well-Being in Late Life." *Journal of Gerontology* 58B(5):S294–307.

Kropf, Nancy P., and Roberta R. Greene. 2009. "-Erikson's Eight Stages of Development: Different Lens." Pp. 77–89 in *Human Behavior Theory: A Diversity Framework,* edited by R. Greene, and N. Kropf. New Brunswick, NJ: Transaction. Ku, Li-Jung, Sally Stearns, Courtney Van Houtven, Shoou-Yih Lee, Peggy Dilworth-Anderson, and Thomas Konrad. 2013. "Impact of Caring for Grandchildren on the Health of Grandparents in Taiwan." *Journal of Gerontology* 68B (6):1009–21.

Kubler-Ross, Elizabeth. 1970. *On Death and Dying.* New York: Macmillan.

Kunreuther, Frances, Helen Kim, and Robby Rodriguez. 2009. *Working Across Generations*. San Francisco, CA: Jossey-Bass.

Kwak, Jung, William Haley, and David Chiriboga. 2008. "Racial Differences in Hospice Use and In-Hospital Death among Medicare and Dual-Eligible Nursing Home Residents." *The Gerontologist* 48(1):32–41.

Lacayo, Carmela. 1993. "Hispanic Elderly: Policy Issues in Long-Term Care." Pp. 223–34 in *Ethnic Elderly and Long-Term Care,* edited by C. Barresi and D. Stull. New York: Springer.

Lakoski, Susan et al. 2013. Fitness in Middle Age and Risk of Cancer. http://www.medpagetoday.com/meetingcoverage/asco/39172

Lamm, Richard. 1999. "Care for the Elderly: What About Our Children?" Pp. 87–100 in

The Generational Equity Debate, edited by J. Williamson and R. Kingson. New York: Columbia University Press.

Laslett, Peter. 1976. "Societal Development and Aging." Pp. 87–116 in *Handbook of Aging and the Social Sciences,* edited by R. Binstock and E. Shanas. New York: Van Nostrand Reinhold.

Lassey, William R., and Marie L. Lassey. 2001. *Quality of Life for Older People: An International Perspective.* Englewood Cliffs, NJ: Prentice Hall.

Leatherby, Lauren, 2016. "Medical Spending among the U.S. Elderly." *Journalist's Resource*. https://journalistsresource.org/studies/government/health-care/elderly-medical- spending-medicare.

Lee, Ronald. 2003. "The Demographic Transition: Three Centuries of Fundamental Change." *Journal of Economic Perspectives* 17(4):167–90.

Lehning, Amanda, Yuna Chun, and Andrew Scharlach. 2007. "Structural Barriers to Developing 'Aging-Friendly' Communities." *Public Policy and Aging Report* 17(3):1–6.

Lennartsson, C., and M. Silverstein. 2001. "Does Engagement with Life Enhance Survival of Elderly People in Sweden: The Role of Social and Leisure Activities." *Journal of Gerontology* 56:S335–42.

Lesthaeghe, Ron. 2010. "The Unfolding Story of the Second Demographic Transition." *Population and Development Review* 36(2):211–51.

Levin, Jeffrey, Kyriakos Markides, and Laura Ray. 1996. "Religious Attendance and Psychological Well-Being in Mexican Americans: A Panel Analysis of Three-Generation Data." *The Gerontologist* 36(4):454–63.

Levin, Jeffrey, and Robert Joseph Taylor. 1997. "Age Differences in Patterns and Correlates of the Frequency of Prayer." *The Gerontologist* 37:75–88.

Levin, Jeffrey, Robert Joseph Taylor, and Linda Chatters. 1994. "Race and Gender Differences in Religiosity in Older Adults: Findings from Four National Surveys." *The Gerontologist* 49(3):S136–45.

Levine, Carol. 2004. *Always on Call.* Nashville, TN: Vanderbilt University Press.

Levinson, Daniel. 1978. *The Seasons of a Man's Life.* New York: Alfred A. Knopf.

_________. 1996. *The Seasons of a Woman's Life.* New York: Alfred A. Knopf.

Levitsky, Sandra. 2014. *Caring for Our Own*. New York: Oxford University Press.

Levy, Becca, Pil Chung, Talya Bedford, and Kristina Navrazhina. 2014. "Facebook as a Site for Negative Age Stereotypes." *The Gerontologist* 54(2):172–76.

Levy, Frank. 1988. *Dollars and Dreams: The Changing American Income Distribution.* New York: W. W. Norton.

Levy, Tal, Shlomi Azar, Ronen Huberfeld, Andrew Siegel, and Rael Strous. 2013. "Attitudes Towards Euthanasia and Assisted Suicide: A Comparison Between Psychiatrists and Other Physicians." *Bioethics* 27(7):402–08.

Lewis, Robert. 1990. "The Adult Child and Older Parents." Pp. 68–85 in *Family Relationships in Later Life,* edited by T. Brubaker. Beverly Hills, CA: Sage.

Li, Lydia. 2005. "From Caregiving to Bereavement: Trajectories of Depressive Symptoms among Wife and Daughter Caregivers." *Journal of Gerontology* 60B(4): P190–98.

Liang, Jersey, Joan Bennett, Neil Krause, Erika Kobayashi, Hyekyung Kim, J. Winchester Brown, Hiroko Akiyama, Hidehiro Sugisawa, and Arvind Jain. 2002a. "Old Age Mortality in Japan: Does the Socioeconomic Gradient Interact with Gender and Age?" *Journal of Gerontology* 57B(5):S294–307.

Liang, Jersey, Joan Bennett, Neal Krause, Hyekyung Kim, J. Winchester Brown, Hiroko Akiyama, Hidehiro Sugisawa, and Arvind Jain. 2002b. "Old Age Mortality in Japan: Does the Socioeconomic Gradient Interact with Gender and Age?" *Journal of Gerontology* 57(5):S294–307.

Liang, Jersey, Joan Bennett, Benjamin Shaw, Ana Quiones, Wen Ye, Xiao Xu, and Mary Beth Ofstedal. 2008. "Gender Differences in Functional Status in Middle and Old Age: Are There Any

Age Variations?" *Journal of Gerontology* 63B(5):S282–92.
Liang, W., C. Burnett, J. Rowland, N. Meropol, L, Eggert, Y. Hwang, R. Silliman, J. Weeks and J. Mandleblatt. 2002b. "Communication Between Physicians and Older Women With Localized Breast Cancer: Implications for Treatment and Patient Satisfaction." *Journal of Clinical Oncology* 20, (February): 1008–16.
Lichtenstein, Michael, Linda Pruski, Carolyn Marshall, Cheryl Blalock, Yan Liu, and Rosemarie Plaetke. 2005. "Do Middle School Students Really Have Fixed Images of Elders?" *Journal of Gerontology* 60B(1):S37–47.
Liebig, Phoebe. 1998. "Housing and Supportive Services for the Elderly." Pp. 51–74 in *New Directions in Old Age Policies,* edited by J. Steckenrider and T. Parrott. Albany, NY: State University of New York Press.
Light, Paul. 1985. *Artful Work: The Politics of Social Security Reform.* New York: Random House.
Lighthouse Research Institute. 1995. *The Lighthouse National Survey on Vision Loss.* New York: The Lighthouse Inc.
Lin, I-Fen, and Susan Brown. 2012. "Unmarried Boomers Confront Old Age: A National Portrait." *The Gerontologist* 52(2):153–65.
Lindau, Stacy, Philip Schumm, Edward Laumann, Wendy Levinson, Colm O'Muircheartaigh, and Linda Waite. 2007. "A Study of Sexuality and Health among Older Adults in the United States." *New England Journal of Medicine* 357(8):762–74.
Lipset, Seymour Martin. 1990. *The Continental Divide: The Values and Institutions of the United States and Canada.* London: Routledge.
Litwak, Eugene, and Charles Longino. 1987. "Migration among the Elderly: A Developmental Perspective." *The Gerontologist* 27:266–72.
Liu, Hui, and Linda Waite. 2014. "Bad Marriage, Broken Heart? Age and Gender Differences in the Link between Marital Quality and Cardiovascular Risks among Older Adults." *Journal of Health and Social Behavior* 55(4): 403–23.
Loe, Meika. 2011. *Aging Our Way.* New York: Oxford University Press.
Longino, Charles. 1990. "Geographical Distribution and Migration." Pp. 45–63 in *Handbook of Aging and the Social Sciences,* edited by R. Binstock and L. George. San Diego, CA: Academic Press.
_________. 1994. "Myths of an Aging America." *American Demographics* (August):36–42.
Longino, Charles F., Jr., David J. Jackson, Rick S. Zimmerman, and Julia E. Bradsher. 1991. "The Second Move: Health and Geographic Mobility." *Journal of Gerontology* 46:218–24.
Longino, Charles, and Cary Kart. 1982. "Explicating Activity Theory: A Formal Replication." *Journal of Gerontology* 17:713–22.
Longman, Philip. 1982. "Taking America to the Cleaners." *Washington Monthly* (November):24.
Lopez, Mark, Emily Kirby, and Jared Sagoff. 2005. "The Youth Vote 2004." Fact Sheet. The Center for Information & Research on Civic Learning & Engagement.
Lovell, B. and M. Wetherell. 2011. "The Cost of Caregiving: Endocrine and Immune Implications in Elderly and Non-elderly Caregivers." *Neuroscience and Biobehavioral Reviews* 35(6):1342–52.
Lowrey, Annie. 2009. "Europe's New Lost Generation." *Foreign Policy*. 2009-07-13. http://www.foreignpolicy.com/articles/2009/07/13/europes_new_lost_generation.
Lu, Shu-Hua., Leasure Angela-Renee, and Dai Yu-Tzu. 2011. "A Systematic Review of Body Temperature Variations in Older People." *Journal of Clinical Nursing.* 19, 4–16.
Lu, Y. F., and M. Wykle. 2007. "Relationships Between Caregiver Stress and Self-Care Behaviors in Response to Symptoms." *Clinical Nursing Research* 16(1):29–43.
Lusardi, Annamaria, and Olivia Mitchell. 2013. "Older Adult Debt and Financial Frailty." Michigan Retirement Research Center. Working Paper

WP 2013–291. http://www.mrrc.isr.umich.edu/publications/papers/pdf/wp291.pdf.

Lynch, Fredrick. 2011. *One Nation Under AARP.* Berkeley: University of California Press.

Maas, Ineke, and Richard Settersten. 1999. "Military Service during Wartime: Effects on Men's Occupational Trajectories and Later Economic Well-Being." *European Sociological Review* 15(2):213–32.

Macey, Susan, and Dona Schneider. 1993. "Deaths from Excessive Heat and Excessive Cold among the Elderly." *The Gerontologist* 33:497–500.

MacManus, Susan A. 1996. *Young v. Old: Generational Combat in the 21st Century.* Boulder, CO: Westview Press.

________. 1998. " The Changing Political Activism of Older Americans." Pp. 111–30 in *New Directions for Old-Age Policies,* edited by Janie Steckenrider and Tonya Parrott. Albany: State University of New York Press.

Madden, J. A. Graves, A. Adams, B. Briescher, D. Ross Degnan, J. Gurwitz, M. Pierre-Jacques, D. Saffran, G. Adler, and S. Somerai. 2008. "Cost-Related Medication Nonadherence and Spending on Basic Needs Following Implementation of Medicare Part D." *Journal of the American Medical Association* 299:1922–28.

Manthorpe, Jill and Steve Iliffe. 2011. "Social Work with Older People—Reducing Suicide Risk: A Critical Review of Practice and Prevention." *British Journal of Social Work* 41:131–47.

Manton, Kenneth, XiLiang Gu, and Gene Lowrimore. 2008. "Cohort Changes in Active Life Expectancy in the U.S. Elderly Population: Experience from the 1982–2004 National Long-Term Care Survey." *Journal of Gerontology* 63B(5):S269–81.

Manton, Kenneth, and Kenneth Land. 2000. "Active Life Expectancy Estimates for the U.S. Elderly Population: A Multidimensional Continuous-Mixture Model of Functional Change Applied to Completed Cohorts, 1982–1996." *Demography* 37(Aug):253–65.

Marche, Stephen. 2012. "The War Against Youth." *Esquire,* March 26, 2012; http://www.esquire.com/features/young-people-in-the-recession-0412-2.

Marcus, E., Y. Kaufman, and A. Cohen-Shalev. 2009. "Creative Works of Painters with Alzheimer's Disease." *Harefuah* 148(8):548–53.

Margolis, Richard. 1990. *Risking Old Age in America.* Boulder, CO: Westview Press.

Margrain, Tom, and Mike Boulton. 2005. "Sensory Impairment." Pp. 121–30 in *The Cambridge Handbook of Age and Ageing,* edited by Malcolm Johnson. New York: Cambridge University Press.

Marmor, Theodore. 1973. *The Politics of Medicare.* Chicago: Aldine.

Marmor, Theodore, Jerry L. Mashaw, and Philip Harvey. 1990. *America's Misunderstood Welfare State.* New York: Basic Books.

Marmor, Ted, Jerry Mashaw, and John Patutka. 2013. *Social Insurance; Americas Neglected Heritage and Contested Future.* CQ Press.

Marshall, Victor. 1996. "The State of Theory in Aging and the Social Sciences." Pp. 12–30 in *Handbook of Aging and the Social Sciences,* edited by R. Binstock and L. George. San Diego, CA: Academic Press.

Marshall, Victor, and Judith Levy. 1990. "Aging and Dying." Pp. 245–69 in *Handbook of Aging and the Social Sciences,* edited by R. Binstock and L. George. New York: Academic Press.

Martin, Timothy. 2016. "Pension Bailout Rejected." *Wall Street Journal*, May 7, 2016, p. B1–B2.

Masters, William, and Virginia Johnson. 1966. *Human Sexual Response.* Boston: Little Brown.

Mather, Mark. 2014. Fact Sheet: The Decline in U.S. Fertility. Population Reference Bureau. http://www.prb.org/ publications/datasheets/2012/world-population-data- sheet/fact-sheet-us-population.aspx.

Matthews, Sarah. 1994. "Men's Ties to Siblings in Old Age: Contributing Factors to Availability and Quality." Pp. 178–96 in *Older Men's Lives,* edited by E. Thompson. Newbury Park, CA: Sage.

Matthews F. E., A. Arthur, and L. E. Barnes. 2013. "A Two- Decade Comparison of Prevalence of Dementia in Individuals Aged 65 Years and Older from Three Geographical Areas of England: Results of the Cognitive Function and Ageing Study I and II." *Lancet* 383(9902):1405–12.

Mayer, Karl U. 1988. "German Survivors of World War II: The Impact on the Life Course of the Collective Experience of Birth Cohorts." Pp. 229–46 in *Social Structures and Human Lives,* edited by M. W. Riley. Newbury Park, CA: Sage.

Maylor, Elizabeth. 2005. "Age-Related Changes in Memory." Pp. 200–08 in *The Cambridge Handbook of Age and Ageing,* edited by Malcolm Johnson. New York: Cambridge University Press.

McArdle, F. B., P. Neuman, M. Kitchman, and K. Yamamoto. 2004. "Large Firms' Retiree Health Benefits before Medicare Reform: 2003 Survey Results." *Health Affairs* 23(2):W7–W19.

McCall, Leslie, and Lane Kenworthy. 2009. "Americans' Social Policy Preferences in the Era of Rising Inequality." *Perspectives on Politics* 7(3):459–84.

McClearn, Gerald E., Boo Johansson, Stig Berg, Nancy Pedersen, Frank Ahern, Stephen Petrill, and Robert Plomin. 1997. "Substantial Genetic Influence on Cognitive Abilities in Twins 80+ Years Old." *Science* 276:1560–63.

McCluskey, K., and A. McCluskey. 2000. "Gray Matters: The Power of Grandparent Involvement." *Reclaiming Children and Youth* 9:111–15.

McCrae, Christina, Meredith Rowe, Candece Tierney, Natalie Dautovic, Allison De Finis, and Joseph McNamara. 2005. "Sleep Complaints, Subjective and Objective Sleep Patterns, Health, Psychological Adjustment and Daytime Functioning in Community-Dwelling Adults." *Journal of Gerontology* 60B(4):P182–89.

McEvoy, G.M., and M.J. Blahna. 2001. "Engagement or Disengagement? Older Workers and the Looming Labor Shortage." *Business Horizons* 44(5):46–52.

McFadden, Susan. 1996. "Religion, Spirituality and Aging." Pp. 162–77 in *Handbook of the Psychology of Aging,* edited by James Birren and K. Warner Schaie. San Diego, CA: Academic Press.

McGarry, Brian, Helena Temkin-Greener, and Yue Li. 2014."Role of Race and Ethnicity in Private Long Term Care Insurance Ownership." *The Gerontologist* 54 (6):1001–012. .

McIlyane, Jessica, Tamara Baker, and Chivon Mingo. 2008. "Racial Differences in Arthritis-Related Stress, Chronic Life Stress and Depressive Symptoms among Women with Arthritis: A Contextual Perspective." *Journal of Gerontology* 63B(5):S320–27.

McIntyre, Gerald. 2012. "House Must Act to Restore Vital SSI Lifeline for Refugees." *Aging Today* (May-June):3–4.

McKelvey, Brandon. 2009. "Globalization and Ageing Workers: Constructing a Global Life Course." *International Journal of Sociology and Social Policy* 29(1):49–59.

McKinnon, Mary. 2000. "Lifestyle Choice." *Assisted Living Today* 7:169–70.

McLaughlin, Sarah, Cathleen M Connell, Steven G. Heeringa, Lydia W. Li, and J. Scott Ro. 2010. "Successful Aging in the United States: Prevalence Estimates from a National Sample of Older Adults." *Journal of Gerontology* 65B(2):216–26.

McVicker, Barbara, and Darby Puglielli. 2008. *Stuck in the Middle: Shared Stories and Tips for Caregiving Your Elderly Parents.* Authorhouse.

Medicaid.gov. 2014. "Long Term Services and Support." http:// www.medicaid.gov/Medicaid-CHIP-Program-Information/ By-Topics/Long-Term-Services-and-Support/Integrating- Care/Program-of-All-Inclusive-Care-for-the-Elderly-PACE/PACE-Benefits.html.

Medicare.gov. 2016a. https://www.medicare.gov/coverage/hospital-care-inpatient.html.

________. 2016b. https://www.medicare.gov/your-medicare-costs/part-b-costs/part-b-costs.html.

________. 2016c. https://www.medicare.gov/part-d/

costs/coverage-gap/part-d-coverage-gap.html.
Mellor, Jennifer. 2000. "Filling In the Gaps in Long-Term Care Insurance." Pp. 202–16 in *Care Work,* edited by Madonna Harrington Meyer. New York: Routledge.
Merlis, Mark. 2000. "Caring for the Frail Elderly: An International Perspective." *Health Affairs* 19:141–49.
Mermin, Gordon, Richard Johnson, and Dan Murphy. 2007. "Why Do Boomers Plan to Work Longer?" *Journal of Gerontology*? 62B(5):S286–94.
Mezuk, Briana, and George Rebok. 2008. "Social Integration and Social Support Among Older Adults Following Driving Cessation." *Journal of Gerontology* 63B(5):S298–303.
Middleton, Laura E., Deborah E. Barnes, Li-Yung Liu, and Kristine Yaffe. 2010. "Physical Activity over the Life Course and Its Association with Cognitive Performance and Impairment in Old Age." *Journal of the American Geriatrics Society* 58(7):1322–26.
Miller, Darryl, Teresita Leyell, and Juliann Mazachek. 2004. "Stereotypes of the Elderly in U.S. Television Commercials from the 1950s to the 1990s." *International Journal of Aging and Human Development* 58(4):315–40.
Miller, Sue. 1995. *The Distinguished Guest.* New York: HarperCollins.
Miller, S., J. Lima, P. Gozalo and V. Mor. 2010. "The Growth of Hospice Care in U.S. Nursing Homes." *Journal of the American Geriatrics Society* 58(8):1481–88.
Minicuci, Nadia, Stefania Maggi, Mara Paven, Giuliano Enzi, and Gaetano Crepaldi. 2002. "Prevalence Rate and Correlates of Depressive Symptoms of Older Individuals: The Veneto Study." *Journal of Gerontology* 57:M155–61.
Mira, José Joaquín, HYPERLINK "http://fampra.oxfordjournals.org/search?author1=Domingo+Orozco-Be ltr%C3%A1n&sortspec=date&submit=Submit"Domingo Orozco-Beltrán, HYPERLINK "http://fampra. oxfordjournals.org/search?author1=Virtudes+P%C3%A9 rez-Jover&sortspec=date&submit=Submit"Virtudes Pérez-Jover, HYPERLINK "http://fampra.oxfordjournals. org/search?author1=Luciana+Mart%C3%ADnez-Jimeno &sortspec=date&submit=Submit"Luciana Martínez- Jimeno, HYPERLINK "http://fampra.oxfordjournals.org/search?author1=Vicente+F+Gil-Guill%C3%A9n&sortspec=date&submit=Submit"Vicente F Gil-Guillén, HYPERLINK "http://fampra.oxfordjournals.org/search?author1=Conce pci%C3%B3n+Carratala-Munuera&sortspec=date&submit=Submit"Concepción Carratala-Munuera, HYPERLINK "http://fampra.oxfordjournals.org/search?author1=Manu el+S%C3%A1nchez-Molla&sortspec=date&submit=Submit"Manuel Sánchez-Molla, HYPERLINK "http://fampra. oxfordjournals.org/search?author1=Salvador+Pertusa-Mart%C3%ADnez&sortspec=date&submit=Sub mit"Salvador Pertusa-Martínezf and HYPERLINK "http:// fampra.oxfordjournals.org/search?author1=Alberto+Asencio-Aznar&sortspec=date&submit=Submit" Alberto Asencio-Aznar. 2013. "Physician Patient Communication Failure Facilitates Medication Errors in Older Polymedicated Patients with Multiple Comorbidities." *Family Practice* 30:56–63.
Mitteldorf, Josh. 2010. "Aging Is Not a Process of Wear and Tear." *Rejuvenation Research* 13:322–26.
Moen, Phyllis. 2013. "Constrained Choices: The Shifting Institutional Contexts of Aging and the Life Course." In *New Directions in Social Demography, Social Epidemiology, and the Sociology of Aging,* edited by Linda Waite. National Research Council.
Moen, P, V. Plassmann, and S. Sweet. 2001. "The Cornell Midcareer Paths and Passages Study." *Cornell Gerontology Research Institute and Cornell Employment and Family Careers Institute.* Ithaca, New York: Cornell University.
Moen, Phyllis, J. Kim, and H. Hofmeister. 2001. "Couples Work/ Retirement Transition, Gender

and Marital Quality." *Social Psychology Quarterly* (March):55–71.

Moen, Phyllis, Vandana Plassman, and Stephen Sweet. 2001. *The Cornell Midcareer Paths and Passages Study.* Ithaca, NY: Cornell University.

Monserud, Maria, and Kyriakos Markides. 2016. "Changes in Depressive Symptoms During Widowhood Among Older Mexican Americans: The Role of Financial Strain, Social Support, and Church Attendance." *Aging and Mental Health.*

Moody, Harry. 1994. *Aging: Concepts and Controversies.* Thousand Oaks, CA: Pine Forge Press.

Morrow-Howell, Nancy, Jim Hinterlong, Philip Rozario, and Fengyan Tang. 2003. "Effects of Volunteering on the Well-Being of Older Adults." *Journal of Gerontology* 58B(3):S137–45.

Moses, Hamilton, David Matheson, E. Ray Dorsey, Benjamin P. George, David Sadoff, and Satoshi Yoshimura. 2013. "The Anatomy of Health Care in the United States." *Journal of the American Medical Association* 310(18): 1947–64.

Moss, Miriam, and Sidney Moss. 1992. "Themes in Parent– Child Relationships when Elderly Parents Move Nearby." *Journal of Aging Studies* 6:259–71.

Moyer, Martha Sebastian. 1993. "Sibling Relationships among Older Adults." Pp. 109–19 in *Families and Aging,* edited by L. Burton. San Francisco: Baywood Press.

Moyers, Bill. 1993. *Healing and the Mind.* New York: Doubleday.

Mueller, M., and G. H. Elder. 2003. "Family Contingencies Across the Generations: Grandparent-Grandchild Relationships in Holistic Perspective." *Journal of Marriage and Family* 65:404–17.

Munnell, A. H. 1999. "America Can Afford to Grow Old." Pp. 117–39 in *The Generational Equity Debate,* edited by B. Williamson, D. M. Watts-Roy, and E. R. Kingson. New York: Columbia University Press.

Munnell, Alicia. 2013. "Social Security's Real Retirement Age Is 70." Center for Retirement Research. October 2013, No, 13–15. Boston College.

Munnell, Alicia, and Annika Sunden. 2004. *Coming Up Short: The Challenge of 401(k) Plans.* Washington, DC: Brookings Institution Press.

Munnell, Alicia, and Anqi Chen. 2015. "Trends in Social Security Claiming." Center for Retirement Research. May 2015, No. 15–8. Boston College.

Munnell, Alicia, and Dina Bleckman. 2014. "Is Pension Coverage a Problem in the Private Sector." Center for Retirement Research. April 2014, No, 14–7. Boston College.

Munnell, Alicia, and Stephen Sass. 2008. *Working Longer: The Solution to the Retirement Income Challenge.* Boston College: Center for Retirement Research.

Munnell, Alicia, Kevin Cahill, and Natalia Jivan. 2003. "How Has the Shift to 401(k)s Affected the Retirement Age?" Issue Brief No. 13. Center for Retirement Research. Boston, Boston College.

Munnell, Alicia H., Francesca Golub-Sass, and Andrew Varani. 2011. "How Much to Save for a Secure Retirement." CPP No. 11–13. Center for Retirement Research, Boston College: Boston, MA.

Munnell, Alicia, Wenliang Hou, and Anthony Webb. 2016. "Will the Explosion of Student Debt Widen the Retirement Security Debt." Center for Retirement Research. February 2016, No. 16–2. Boston College.

Myers, George. 1990. "Demography of Aging." Pp. 19–44 in *Handbook of Aging and the Social Sciences,* edited by R. Binstock and L. George. San Diego, CA: Academic Press.

Myers, Jane, and Guy Perrin. 1993. "Grandparents Affected by Parental Divorce: A Population at Risk?" *Journal of Counseling and Development* 72:62–72.

Myers, Samuel, and Chanjin Chung. 1996. "Racial Differences in Home Ownership and Home Equity among Preretirement-Aged Households." *The Gerontologist* 36:350–60.

Nagel, Joan. 1996. *American Indian Ethnic Renewal.* New York: Oxford University Press.

National Academy on an Aging Society. 2000. *Who Are Young Retirees and Older Workers?* No. 1. June. Washington, DC: National Academy on an Aging Society.

National Center for Health Statistics. 2004. *Older Americans, 2004: Key Indicators of Well-Being.* Washington, DC: U.S. Government Printing Office.

________. 2010. "National Health Interview Survey 2009." U.S. Department of Health and Human Services, Center for Disease Control and Prevention.

________. 2011. "Death in the United States." NCHS Issue Brief 64. July. U.S. Department of Health and Human Services, Center for Disease Control and Prevention.

________. 2012. Summary Health Statistics for U.S. Adults: National Health Interview Survey 2012. http://www.cdc.gov/nchs/data/series/sr_10/sr10_260.pdf.

National Heart, Lung, and Blood Institute. 2016. "What Is a stent?" http://www.nhlbi.nih.gov/health/health-topics/ topics/stents.

National Hospice and Palliative Care Organization. 2000. Facts and Figures on Hospice Care in America. Alexandria, VA: Author.

National Osteoporosis Foundation. 1996. *Evaluate Your Risk of Osteoporosis.* Washington, DC: Author.

Neimeyer, Robert, and James Werth. 2005. "The Psychology of Death." Pp. 387–93 in *Handbook of Aging and the Life Course,* edited by Robert Binstock and Linda George. San Diego: Academic Press.

Netting, F. Ellen, and Cindy Wilson. 1994. "CCRC Oversight: Implications for Public Regulation and Private Accreditation." *Journal of Applied Gerontology* 13:250–66.

Neubeck, Kenneth. 2006. *When Welfare Disappears.* New York: Routledge.

Neugarten, Bernice. 1964. *Personality in Middle and Later Life.* New York: Atherton.

________. 1979. "Public Policy for the 1980s: Age or Need Entitlement?" Pp. 48–52 in *Aging: Agenda for the Eighties,* edited by J. P. Hubbard. Washington, DC: Government Research Corporation.

________. 1987. "Kansas City Studies of Adult Life." Pp. 372–73 in *The Encyclopedia of Aging,* edited by George Maddox. New York: Springer.

Neugarten, Bernice, Joan Moore, and John Lowe. 1965. "Age Norms, Age Constraints, and Adult Socialization." *American Journal of Sociology* 70(May):710–16.

Neumark, David. 2009. "The Age Discrimination in Employment Act and the Challenge of Population Aging." *Research on Aging* 31(1):41–68.

Newson, Rachel, and Eva Kemps. 2005. "General Lifestyle Activities as a Predictor of Current Cognition and Cognitive Change in Older Adults: A Cross-Sectional and Longitudinal Examination." *Journal of Gerontology* 60B(3):P113–20.

Neysmith, Sheila. 1991. "Dependency among Third World Elderly: A Need for New Directions in the Nineties." Pp. 311–21 in *Critical Perspectives on Aging,* edited by M. Minkler and C. Estes. Amityville, NY: Baywood.

Ng, Terence, Charlene Harrington, and Martin Kitchener. 2010. "Medicare and Medicaid in Long Term Care." *Health Affairs* 29(1):22–28.

Nimrod, Galit, and Amit Shrira. 2016. "The Paradox of Leisure in Later Life." *Journal of Gerontology* 71(1):106–11.

Noel-Miller, Claire. 2013. "Former Stepparents' Contact with Their Stepchildren After Midlife." *Journal of Gerontology* 68B(3):4–9–419.

North, Michael, and Susan Fiske. 2013. "Act Your (Old) Age: Prescriptive, Ageist Biases Over Succession, Consumption, and Identity." *Personality and Social Psychology Bulletin* 39:720.

O'Bryant, S. L. 1990–91. "Forewarning of a Husband's Death: Does It Make a Difference for Older

Widows?" *Omega* 22:227–39.

OECD. 2012. "Trends in Personal Income Tax and Employee Social Security Contribution Schedules." *OECD Tax Database*. http://www.oecd.org/tax/tax-policy/tax- database.htm.

O'Grady-LeShane, Regina. 1993. "Changes in the Lives of Women and Their Families: Have Old Age Pensions Kept Place?" *Generations* 17:27–31.

O'Leary Michael P., Stanley E. Althof, Joseph C. Cappelleri, Author Crowley, Nancy Sherman, and Sandeep Duttagupta. 2006. "Self-Esteem, Confidence and Relationship Satisfaction of Men with Erectile Dysfunction Treated with Sildenafil Citrate: A Multicenter, Randomized, Parallel Group, Double- Blind, Placebo Controlled Study in the United States." *Journal of Urology* 175:1058–62.

Oliver, Melvin, and Thomas Shapiro. 1995. *Black Wealth/White Wealth: A New Perspective on Racial Inequality*. New York: Routledge.

Olshansky, S. Jay, and A. Brian Ault. 1986. "The Fourth Stage of the Epidemiologic Transition: The Age of Delayed Degenerative Diseases." *The Milbank Memorial Fund Quarterly* 64:355–91.

Olshanksy, S. Jay. 2015. "The Demographic Transformation of America." *Daedalus* 144(2):13–19.

Olshanksy, S. Jay, Dana Goldman, and John Rowe. 2015. "Resetting Social Security." *Daedalus* 144(2):68–79.

Olson, Laura Katz. 2003. *The Not-So-Golden Years*. Oxford, UK: Rowman and Littlefield.

Olson, Laura Katz. 2010. *The Politics of Medicaid*. New York: Columbia University Press.

Omran, Abdel. 2005. "The Epidemiologic Transition: A Theory of the Epidemiology of Population Change." *The Milbank Quarterly* 83(4):731–57.

O'Rand, Angela. 1996a. "The Precious and the Precocious: Understanding Cumulative Disadvantage and Cumulative Advantage over the Life Course." *The Gerontologist* 36:230–38.

________. 1996b. *The Vulnerable Majority: Older Women in Transition*. Syracuse, NY: National Academy on Aging.

________. 1996c. "The Cumulative Stratification of the Life Course." Pp. 188–205 in *Handbook of Aging and the Social Sciences,* edited by R. Binstock and L. George. San Diego, CA: Academic Press.

________. 2001. "Stratification and the Life Course: The Forms of Life-Course Capital and Their Interrelationships." Pp. 197–212 in *Handbook of Aging and the Life Course,* edited by Robert Binstock and Linda George. San Diego: Academic Press.

O'Rand, Angela, John Henretta, and Margaret Krecker. 1992. "Family Pathways to Retirement." Pp. 81–98 in *Families and Retirement,* edited by M. Szinovacz, D. Ekerdt, and B. Vinick. Newbury Park, CA: Sage.

Orbach, Harold. 1974. "The Disengagement Theory of Aging, 1960–1970." Doctoral dissertation, Department of Sociology, University of Michigan, Ann Arbor, MI.

Padula, Claudia et al. 2016. "Longitudinal Cognitive Trajectories of Women Veterans from the Women's Health Initiative Memory Study." *The Gerontologist* 56(1):115–25.

Palier, Bruno. 2007. "Tracking the Evolution of a Single Instrument Can Reveal Profound Changes: The Case of Funded Pensions in France." *Governance* 20(1):85–107.

Palmore, Erdman. 2001. "The Ageism Survey: First Findings." *The Gerontologist* 41(5):572–75.

Panish, Jacqueline, and George Stryker. 2001. "Parental Marital Conflict in Childhood and Influence on Adult Sibling Relationships." *Journal of Psychotherapy in Independent Practice* 51:791–803.

Papalia, D., and S. Olds. 1998. *Human Development*. New York: McGraw-Hill.

Paraprofessional Healthcare Institute. 2015. *Paying the Price*. Research Report. http://phinational.org/sites/phinational.org/files/research-report/

paying-the-price.pdf.
Parham, Lori. 2002. "Contrasts in Care Work: Hospice Care in Nursing Homes." Ph.D. dissertation, Tallahassee, FL: Florida State University.
Park, JeongKyung et al. 2011. "Sustained-Release Recombinant Human Growth Hormone Improves Body Composition and Quality of Life in Adults with Somatopause." *Journal of the American Geriatrics Society* 59: 944–47.
Passuth, Patricia M., and Vern L. Bengtson. 1988. "Sociological Theories of Aging: Current Perspectives and Future Directions." Pp. 333–55 in *Emergent Theories of Aging,* edited by J. Birren and V. Bengtson. New York: Springer.
Pavalko, Eliza, and Kathryn Henderson. 2006. "Combining Care Work and Paid Leave: Do Workplace Policies Make a Difference?" *Research on Aging* 28(3):359–74.
Pederson, JoEllen, and Jill Quadagno. 2012. "The Three Pillar Approach to Pension Reform: Pathways to Welfare State Restructuring." In *Global Dynamics of Aging,* edited by Sheying Chen and Jason Powell. Hauppauge, NY: Nova Science Publishers.
Pelletier, Allen, Thomas Jeremy, and Shaw Fawwaz R. 2009. "Vision Loss in Older Persons." *American Family Physician* 79(11): 963–70.
Pension Rights Center. 2016. Income of Today's Older Adults. http://www.pensionrights.org/publications/statistic/ income-today%E2%80%99s-older-adults.
Pepper Commission on Aging. 1990. A Call for Action. Washington, DC: U.S. Bipartisan Commission on Comprehensive Health Care.
Peralta, Katherine. 2014. "Native Americans Left Behind in the Economic Recovery." http://www.usnews.com/news/articles/2014/11/27/native-americans-left-behind-in- the-economic-recovery.
Peretti-Watel, P., M. Bendiane, H. Pegliasco, J. Lapiana, R. Favre, A. Galinier, and J. Moanti. 2003. "Doctors' Opinions on Euthanasia, End of Life Care, and Doctor– Patients Communication: Telephone Survey in France." *British Medical Journal* 327(13):595–96.
Perkinson, Margaret, and David Rockemann. 1996. "Older Women Living in a Continuing Care Retirement Community: Marital Status and Friendship Formation." *Journal of Women and Aging* 8(3/4):159–77.
Perry, Daniel. 2012. "Entrenched Ageism in Healthcare Isolates, Ignores and Imperils Elders." *Aging Today* 33(2):1–10.
Pew Research Center. 2015a. "Changing Attitudes on Gay Marriage." July 29. 2015. http://www.pewforum.org/2015/07/29/graphics-slideshow-changing-attitudes- on-gay-marriage/.
Pew Research Center. 2015b. "The Rise of Asian Americans." http://www.pewsocialtrends.org/asianamericans-graphics/.
Pew Research Center. 2016. "Statistical Portrait of Hispanics in the United States." http://www.pewhispanic. org/2016/04/19/statistical-portrait-of-hispanics-in-the- united-states/.
Phillips, Anne. 1991. *Engendering Democracy.* University Park, PA: Pennsylvania State University Press.
Phillips, L., L. Smith and K. Gilhooly. 2002. "The Effects of Adult Aging and Induced Positive and Negative Mood on Planning." *Emotion* 2(3):263–72.
Phillipson, Chris. 2006. "Aging and Globalization: Issues for Critical Gerontology and Political Economy." Pp. 43–58 in *Aging, Globalization and Inequality: The New Critical Gerontology,* edited by Jan Baars, Dale Dannefer, Chris Phillipson, and Alan Walker. Amityville, NY: Bayville.
________. 2009. "Reconstructing Theories of Aging: The Impact of Globalization on Critical Gerontology." Pp. 615–29 in *Handbook of Theories of Aging,* edited by Vern Bengtson, Merril Silverstein, and Norella Putney. Springer.
Pienta, Amy, Jeffrey Burr, and Jan Mutchler. 1994. "Women's Labor Force Participation in Later Life: The Effects of Early Work and Family Experiences." *Journal of Gerontology* 49:S231–39.

Pienta, Amy M., Hayward Mark D., and Jenkins Kristi R. 2000. "Health Consequences of Marriage for the Retirement Years." *Journal of Family Issues,* 21, 559–86.

Pinquart, Martin, and Silvia Sorensen. 2003. "Associations of Stressors and Uplifts of Caregiving with Caregiver Burden and Depressive Mood: A Meta-Analysis." *Journal of Gerontology* 58B(2):112–28.

________. 2007. "Correlates of Physical Health of Informal Caregivers: A Meta-analysis." *Journal of Gerontology* 62P:126–37.

Plovsing, Jan. 1992. *Home Care in Denmark.* Copenhagen: Danish Institute of Social Research.

Pollack, Harold. 2013. "The Best Cancer Care Isn't Always the Most Expensive." *Washington Post* Wonkblog. http:// www.washingtonpost.com/blogs/wonkblog/wp/2013/09/21/the-best-cancer-care-isnt-always-the-most- expensive/.

Pratt, Henry. 1976. *The Gray Lobby.* Chicago: University of Chicago Press.

________. 1993. *Gray Agendas: Interest Groups and Public Pensions in Canada, Britain and the United States.* Ann Arbor: University of Michigan Press.

Preston, Samuel. 1984. "Children and the Elderly: Divergent Paths for America's Dependents." *Demography* 21(4):435–57.

ProCon.org. 2015. State-by-State Guide to Physician-Assisted Suicide. http://euthanasia.procon.org/view.resource.php?resourceID=000132.

Pruchno, R. A., and M. S. Rose. 2000. "The Effect of Long-Term Care Environments on Health Outcomes." *The Gerontologist* 40(4):422–28.

Pruchno, Rachel. 1999. "Raising Grandchildren: The Experiences of Black and White Grandmothers." *The Gerontologist* 39(2):209–21.

Pruchno, Rachel. 2016. "Veterans Aging." *The Gerontologist* 56(1):1–4.

Purcell, D., C. R. Thrush, and P. L. Blanchette. 1999. "Suicide among the Elderly in Honolulu County: A Multiethnic Comparative Study." *International Psychogeriatrics* 11(1):57–66.

Putnam, Robert. 2000. *Bowling Alone.* New York: Simon and Schuster.

Pynoos, Jon, and D. L. Redfoot. 1995. "Housing Frail Elders in the United States." Pp. 187–210 in *Housing Frail Elders: International Policies Perspectives and Prospects,* edited by J. Pynoos and P. Liebig. Baltimore: Johns Hopkins University Press.

Quadagno, Jill. 1982. *Aging in Early Industrial Society.* New York: Academic Press.

________. 1989. "Generational Equity and the Politics of the Welfare State." *Politics and Society* 17:353–76.

________. 1999. "Creating the Capital Investment Welfare State: The New American Exceptionalism." *American Sociological Review* 64:1–11.

________. 2005. *One Nation, Uninsured: Why the U.S. Has No National Health Insurance.* New York: Oxford University Press.

Quadagno, Jill. 2014. "Right Wing Conspiracy? Socialist Plot? The Origins of the Affordable Care Act." *Journal of Health Politics, Policy and Law* 39(1):35–56.

Quadagno, Jill, and Melissa Hardy. 1996. "Private Pensions, State Regulations and Income Security for Older Workers: The Case of the Auto Industry." Pp. 136–58 in *The Privatization of Social Policy? Occupational Welfare and the Welfare State in America, Scandinavia and Japan,* edited by Michael Shalev. London: Macmillan.

Quadagno, Jill, David MacPherson, and Jennifer Reid Keene. 2001. "The Effect of a Job Loss on the Employment Experience, Health Insurance and Retirement Benefits of Workers in the Banking Industry." Pp. 199–219 in *Ensuring Health and Income Security for an Aging Workforce,* edited by P. Budetti, R. Burkhauser, J. Gregory, and A. Hunt. Kalamazoo, MI: W. E. Upjohn Institute for Employment Research.

Quadagno, Jill, and JoEllen Pederson. 2012. "Attitudes toward Social Security in the United

States, 2000 and 2010: Self- Interest or Political Ideology?" *International Journal of Social Welfare.* In press.

Quinn, Joseph, and Richard Burkhauser. 1990. "Work and Retirement." Pp. 307–27 in *Handbook of Aging and the Social Sciences,* edited by R. Binstock and L. George. New York: Academic Press.

Quirouette, Cecile, and Dolores Pushkar Gold. 1995. "Spousal Characteristics as Predictors of Well-Being in Older Couples." Pp. 21–34 in *The Ties of Later Life,* edited by J. Hendricks. Amityville, NY: Baywood Press.

Rabbitt, Pat. 2005. "Cognitive Changes across the Lifespan." Pp. 190–99 in *The Cambridge Handbook of Age and Ageing,* edited by Malcolm Johnson. New York: Cambridge University Press.

Ragland, David, William Satariano, and Kara MacLeod. 2004. "Reasons Given by Older People for Limitation or Avoidance of Driving." *The Gerontologist* 44(2):237–44.

Raji, Cyrus et al. 2016. "Longitudinal Relationships between Caloric Expenditure and Gray Matter in the Cardiovascular Health Study." *Journal of Alzheimer's Disease (*March):

Ramanand, Pravitha, Margaret C. Bruce, and Eugene Bruce. 2010. "Transient Decoupling of Cortical EEGs Following Arousals during NREM Sleep in Middle-Aged and Elderly Women." *International Journal of Psychophysiology* 77(2):71–82.

Rawls, J., J. Jarvis, R. Nozick, R. Dworkin, T. Scanlan and T. Nagel. 2009. "Assisted Suicide: A Philosophers Brief." Pp. 312–30 in *Philosophy and Death,* edited by S. Brennan and R. Stainton. Broadview Press.

Read, Jen'nan, and Bridget Gorman. 2010. "Gender and Health Inequality." *Annual Review of Sociology* 36:371–86.

Reay, A., and Browne, K. 2001. "Risk Factor Characteristics in Carers Who Physically Abuse or Neglect Their Elderly Dependants." *Aging and Mental Health* 5(1): 56–62.

Reczek, Corinne. 2014. "The Intergenerational Relationships of Gay Men and Lesbian Women." *Journal of Gerontology* 69(6):909–19.

Reed, Bruce, Dan M. Mungas, Joel H. Kramer,, William Ellis, Harry V. Vinters, Chris Zarow, William J. Jagust and Helena C. Chui. 2007. "Profiles of Neuropsychological Impairment in Autopsy-Defined Alzheimer's Disease and Cerebrovascular Disease." *Brain* 130:731–739.

Reinhard, Susan, Carol Levine, and Sarah Samis. 2012. "Home Alone: Family Caregivers Providing Complex Chronic Care. AARP Public Policy Institute. http://www.aarp.org/home-family/caregiving/info-10-2012/home-alone-family-caregivers-providing-complex-chronic-care.html.

Reno, Virginia, and Elisa Walker. 2012. Social Security Benefits, Finances, and Policy Options: A Primer. April, 2012. Washington, DC: National Academy of Social Insurance. http://www.nasi.org/sites/default/files/research/Social_Security_Primer_PDF.pdf.

Resnick, Helaine, Brant Fries, and Lois Verbrugge. 1997. "Windows to their World: The Effect of Sensory Impairments on Social Engagement and Activity Time in Nursing Home Residents." *Journal of Gerontology* 52(3):S135–45.

Retchin, Sheldon, Randall Brown, Jennifer Shu-Chuan, Dexter Chu, and Lorenzo Moreno. 1997. "Outcomes of Stroke Patients in Medicare Fee-for-Service and Managed Care." *Journal of the American Medical Association* 278:119–24.

Rhee, Nari. 2013a. "The Retirement Savings Crisis: Is It Worse Than We Think?" National Institute on Retirement Security. http://www.nirsonline.org/index.php? option=com_content&task=view&id=768&Itemid=48.

Rhee, Nari, 2013b. "Race and Retirement Insecurity in the United States." National Institute on Retirement Security. http://www.nirsonline.org/index.php?option=com_ content&task=view&id=810&Itemid=48.

Rich, Motoko. 2012. "Forced to Take Early Social Security, Unemployed Pay a Steep Price." *New York Times,* June 10, pp. 1, 24.

Rich, Motoko, and Eduardo Porter. 2006. "Increasingly, the Home Is Paying for Retirement." *New York Times,* February 24, pp. 5–6.

Rich, Spencer. 2002. "The Policy Dilemma." *National Journal* (March):840–44.

Rieker, Patricia, and Chloe Bird. 2005. "Rethinking Gender Differences in Health: Why We Need to Integrate Social and Biological Perspectives." *Journal of Gerontology* 60B:40–47.

Riley, Matilda White. 1971. "Social Gerontology and the Age Stratification of Society." *American Sociological Review* 52:1–14.

________. 1976. "Age Strata in Social Systems." Pp. 189–217 in *Handbook of Aging and the Social Sciences,* edited by R. Binstock and E. Shanas. New York: Van Nostrand Reinhold.

________. 1995. "Age Stratification." *Age Stratification and Cohort Studies: As Components of the Aging and Society Paradigm.* Washington, DC: National Institute on Aging.

Riley, Matilda White, Anne Foner, and Joan Waring. 1988. "Sociology of Age." Pp. 243–90 in *Handbook of Aging and the Social Sciences,* edited by N. Smelser. Newbury Park, CA: Sage.

Riley, Matilda White, and Jack Riley. 2000a. "Age Integration: Historical and Conceptual Background." *The Gerontologist* 40:266–72.

________. 2000b. "Age Integration: Conceptual and Historical Background." *The Gerontologist* 40(3):266–70. Riley, Matilda White, and John W. Riley. 1994. "On the Sociology of Age: Autobiographical Notes." *The Annals of the American Academy of Political and Social Sciences* 4:217–38.

Rill, Lisa. 2011. *An Examination of Senior Center Efficiency: Variation in Participation and Benefits.* PhD Dissertation, Department of Sociology, Florida State University.

Rindfuss, Ronald, C. Gray Swicegood, and Rachel Rosenfeld. 1987. "Disorder in the Life Course: How Common and Does It Matter?" *American Sociological Review* 52:785–801.

Rist, P, K. Burger, J. Buring, K. Kase, J. Gaziano, and T. Kurth. 2010. "Alcohol Consumption and Functional Outcome After Stroke in Men." *Stroke* 41:141–46.

Ristau, Stephen. 2011. "People Do Need People: Social Interaction Boosts Brain Health in Older Age." *Generations (Summer):*70–76.

Rivera-Hernandez, Maricruz, Takashita Yamashita, and Jennifer Kinney. 2015. "Identifying Naturally Occurring Retirement Communities: A Spatial Analysis." *Journal of Gerontology* 70(40):619–27.

Robb, C., H. Chen, and W. E. Haley. 2002. "Ageism in Mental Health Care: A Critical Review." *Journal of Clinical Geropsychology* 8(1):1–12.

Roberto, Karen, and Johanna Stroes. 1992. "Grandchildren and Grandparents: Roles, Influences and Relationships." *International Journal of Aging and Human Development* 34:227–39.

Roberts, Brent, and Daniel Mroczek. 2008. "Personality Trait Change in Adulthood." *Current Directions in Psychological Science* 17(1):31–35.

Roberts, Brent, Kate Walton, and Wolfgang Veichtbauer. 2006. "Patterns of Mean-Level Change in Personality Traits across the Life Course: A Meta-Analysis of Longitudinal Studies." *Psychological Bulletin* 132(1):1–25.

Roberts, Robert E., Leslie Richards, and Vern Bengtson. 1991. "Intergenerational Solidarity in Families: Untangling the Ties That Bind." *Marriage and Family Review* 16:11–46.

Rodwin, Victor. 2006. "Growing Old in the City of Light." Pp. 235–51 in *Growing Older in World Cities,* edited by Victor Rodwin and Michael Gusmano. Nashville, TN: Vanderbilt University Press.

Rodwin, Victor, Michael Gusmano, and Robert Butler. 2006. "Growing Older in World Cities: Implications for Health and Long-Term Care Policy." Pp. 1–16 in *Growing Older in World Cities,* edited by Victor Rodwin and Michael Gusmano. Nashville, TN: Vanderbilt University Press.

Roepke, S., B. Mausbach, T. Patterson, A. Harmell, P. Mills, and I. Grant. 2011. "Effects of Alzheimer Caregiving on Allostatic Load." *Journal of Health Psychology* 16(1):58–69.

Roger, V. A. Go, D. Lloyd-Jones and E. Benjamin. 2011. "American Heart Association Statistical Update." *Circulation* 123:351–80.

Rohlinger, Deana, and Anne Barrett. 2006. "The New (Old) Women's Movement." Working Paper, Pepper Institute on Aging and Public Policy.

Rohlinger, Deana, and Haley Gentile. 2015. "Letting Go and Having Fun: Redefining Aging in America." In Donna King, and Kay Valentine (Eds.), *Letting Go: Feminist and Social Justice Insights and Activism* (pp. 173–183). Nashville: Vanderbilt University Press.

Rollinson, Paul. 1990. "The Story of Edward: The Everyday Geography of Elderly Single Room Occupancy (SRO) Hotel Tenants." *Journal of Contemporary Ethnography* 19(2):188–206.

Romo, R, M. Wallhagen, L. Yourman, C. Yeung, C. Eng, G. Micco, E. Perez-Stable, and A. Smith. 2013. "Perceptions of Successful Aging Among Diverse Elders with Late-Life Disability." *The Gerontologist* 53(6):939–49.

Rook, Karen. 2014. "The Health Effects of Negative Social Exchanges in Later Life." *Generations* 18(1):15–23.

Rose, Arnold. 1964. "A Current Theoretical Issue in Social Gerontology." *The Gerontologist* 4:46–50.

Rosenwaike, Ira, and Leslie Stone. 2003. "Verification of the Ages of Supercentenarians in the United States: Results of a Matching Study." *Demography* 40(4):727–39.

Ross, Catherine. 1993. "Fear of Victimization and Health." *Journal of Qualitative Criminology* 9:159–75.

Ross, Catherine, and Chia-Ling Wu. 1996. "Education, Age and the Cumulative Advantage in Health." *Journal of Health and Social Behavior* 37:104–20.

Rossi, Alice. 1980. "Life Span Theories and Women's Lives." *Signs* 6:4–32.

Rossi, Alice, and Peter Rossi. 1990. *Of Human Bonding: Parent-Child Relations across the Life Course.* New York: Aldine de Gruyter.

Rossides, Daniel. 1997. *Social Stratification.* Upper Saddle River, NJ: Prentice Hall.

Rossouw, J. et al. 2007. "Postmenopausal Hormone Therapy and Risk of Cardiovascular Disease by Age and Years Since Menopause." *Journal of the American Medical Association* 297(13):1465–77.

Roth, David, Lisa Fredman, and William Haley. 2015. "Informal Caregiving and Its Impact on Health: A Reappraisal From Population-Based Studies." *The Gerontologist* 55(2):309–19.

Rowe, John, and Robert Kahn. 2015. "Successful Aging 2.0: Conceptual Expansions for the 21st Century." *Journal of Gerontology* 70(4):503–06.

Rubenstein, Robert, Laura Girling, Kate de Medeiros, Michael Brazda, and Susan Nannum. 2015. "Extending the Framework of Generativity Theory Through Research: A Qualitative Study." *The Gerontologist* 55(4):548–59. Ruggles, Steven. 2007. "The Decline of Intergenerational Co-Residence in the United States, 1850–2000." *American Sociological Review* 72(6):964–89.

Ruhm, Christopher. 1996. "Gender Differences in Employment Behavior during Late Middle Age." *Journal of Gerontology* 51B:S11–17.

Ruiz, Sarah, and Merrill Silverstein. 2007. "Relationships with Grandparents and the Emotional Well-being of Late Adolescent and Young Adult Grandchildren." *Journal of Social Issues* 63(4):793–808.

Ruth, Jan-Erik, and Peter Coleman. 1996. "Personality and Aging: Coping and Management of the Self in Later Life." Pp. 308–22 in *Handbook of the Psychology of Aging,* edited by J. Birren and K. W. Schaie. San Diego, CA: Academic Press.

Ryan, Ellen, Sherrie Bieman-Copland, Sheree Kwong See, Carolyn Ellis, and Ann Anas. 2002. "Age

Excuses: Conversational Management of Memory Failure in Older Adults." *Journal of Gerontology* 57B(3):P256–67.

Ryder, Norman. 1965. "The Cohort as a Concept in the Study of Social Change." *American Sociological Review* 30:843–61.

Ryff, Carol, and Burton Singer. 2005. "Social Environments and the Genetics of Aging: Advancing Knowledge of Protective Health Mechanisms." *Journal of Gerontology* 60B(Special Issue 1):12–23.

Sadana, Ritu, Andrea Foebel, Alicia Williams, and John Beard. 2013. "Population Aging, Longevity and the Diverse Contexts of the Oldest Old." *Public Policy and Aging Report* 23(2):18–25.

Sainsbury, Diane. 1996. *Gender, Equality and Welfare States*. Cambridge: Cambridge University Press.

Sandefur, Gary, and Marta Tienda. 1988. *Divided Opportunities: Poverty, Minorities and Social Policy.* New York: Plenum Press.

Sass, Steven. 2016. "How Do Non-Financial Factors Affect Retirement Decisions? Center for Retirement Research. Boston University, February 2016. No. 16–3.

Saunders, Cicely. 1980. "Dying They Live: St. Christopher's Hospice." Pp. 554–68 in *Aging, the Individual and Society,* edited by J. Quadagno. New York: St. Martin's Press.

Savishinsky, Joel S. 2000. *Breaking the Watch: The Meanings of Retirement in America.* Ithaca, NY: Cornell University Press.

Savundranayagam, Marie, Rhonda Montgomery, and Karl Kosloski. 2011. "A Dimensional Analysis of Caregiver Burden among Spouses and Adult Children." *The Gerontologist* 51(3):321–31.

Schafer, Markus, Sarah Mustillo, and Kenneth Ferraro. 2013. "Age and the Tenses of Life Satisfaction." *Journal of Gerontology* 68(4):571–79.

Schaie, K. W. 1994. "The Course of Adult Intellectual Development." *American Psychologist* 49:304–13.

________. 1996. "Intellectual Development in Adulthood." Pp. 266–86 in *Handbook of the Psychology of Aging,* edited by J. Birren and K. W. Schaie. New York: Academic Press.

Schaie, K. Warner, Julie Boron, and Sherry Willis. 2005. "Everyday Competence in Older Adults." Pp. 216–28 in *The Cambridge Handbook of Age and Ageing,* edited by Malcolm Johnson. New York: Cambridge University Press.

Schans, Djimila, and Aafke Komter. 2010. "Ethnic Differences in Intergenerational Solidarity in the Netherlands." *Journal of Aging Studies* 24(3):194–203.

Schiamberg, L., G. Barboza, J. Oehmke, Z. Zhang, R. Griffore, R. Weatherill, and L. Post. 2011. "Elder Abuse in Nursing Homes: An Ecological Perspective." *Journal of Elder Abuse and Neglect* 22(2): 190–211.

Schirle, Tammy. 2008. "Why Have the Labor Force Participation Rates of Older Men Increased Since the Mid-1990s?" *Journal of Labor Economics* 26(4):549–94.

Schmitt, Marina, Mathias Kliegel, and Adam Shapiro. 2007. "Marital Interaction in Middle and Old Age: A Predictor of Marital Satisfaction." *International Journal of Aging and Human Development* 65(4):283–300.

Schneider, E. L. 1983. "Aging, Natural Death and the Compression of Morbidity: Another View." *New England Journal of Medicine* 309:854–56.

Schoen, Cathy et al. 2010. "How Health Insurance Design Affects Access to Care and Costs, by Income, in Eleven Countries." *Health Affairs* 29(12):2333–34.

Schoenbaum, Michael, and Timothy Waldman. 1997. "Race, Socioeconomic Status and Health: Accounting for Race Differences in Health." *Journal of Gerontology* 52B(May):61–73.

Schrader, Sarah, and Zafar Nazarov, 2015. "Trends and Patterns in Age Discrimination in Employment Act Charges." *Research on Aging*

Schriner, Samuel, Nancy J. Linford, George M. Martin, Piper Treuting, Charles E. Ogburn, Mary Emond,

Pinar E. Coskun, Warren Ladiges, Norman Wolf, Holly Van Remmen, Douglas C. Wallace, and Peter S. Rabinovitch. 2005. "Extension of Murine Life Span by Overexpression of Catalase Targeted to Mitochondria." *Science* 308:1909–11.

Schulz, Erika. 1995. *The Economics of Aging*. Westport, CT: Greenwood Press.

________. 2010. "The Long Term Care System in Denmark." European Network of Economic Policy Research Institutes, Report No. 73.

Schulz, James, and Robert Binstock. 2006. *Aging Nation: The Economics and Politics of Growing Older in America.* Baltimore: Praeger.

Schumacher, John, Kevin Eckert, Sheryl Zimmerman, Paula Carder, and Arnette Wright. 2005. "Physician Care in Assisted Living: A Qualitative Study." *Journal of the American Medical Directors Association* (January /-February):34–45.

Schunk, Michaela, and Carroll Estes. 2001. "Is German Long- Term Care Insurance a Model for the United States?" *International Journal of Health Services* 31:617–34.

Schur, Lisa, Todd Shields, and Douglas Kruse. 2002. "Enabling Democracy: Disability and Voter Turnout." *Political Research Quarterly* 55(March):167–90.

Schwartz, Nelson. 2007. "Can the Mortgage Crisis Swallow a Town." *New York Times,* Sept. 2, P. A1.

Seale, Clive. 2005. "The Transformation of Dying in Old Societies." Pp. 378–86 in *The Cambridge Handbook of Age and Ageing,* edited by Malcolm Johnson. New York: Cambridge University Press.

Seidlitz, Larry, Paul Duberstein, Christopher Cox, and Yeates Conwell. 1995. "Attitudes of Older People toward Suicide and Assisted Suicide: An Analysis of Gallup Poll Findings." *Journal of the American Geriatrics Society* 43(9):993–98.

Semple, Shirley. 1992. "Conflict in Alzheimer's Caregiving Families: Its Dimensions and Consequences." *The Gerontologist* 32:648–55.

Settersten, Richard. 1999. *Lives in Time and Place.* Amityville, NY: Baywood.

Settersten, Richard, and Gunhild Hagestad. 1996a. "What's the Latest? Cultural Age Deadlines for Family Transitions." *The Gerontologist* 36:178–88.

________. 1996b. "What's the Latest? II. Cultural Age Deadlines for Family Transitions." *The Gerontologist* 36:602–13.

Sewell, William, and Robert Hauser. 1975. *Education, Occupation and Earnings: Achievements in the Early Career.* New York: Academic Press.

Shah, Nasra, Kathryn Yount, Makhdoom Shah, and Indu Menon. 2003. "Living Arrangements of Older Women and Men in Kuwait." *Journal of Cross-Cultural Gerontology* 17:337–55.

Shahrani, M. Nazif. 1981. "Growing in Respect: Aging among the Kirghiz of Afghanistan." Pp. 175–92 in *Other Ways of Growing Old,* edited by P. Amoss and S. Harrell. Stanford, CA: Stanford University Press.

Shanahan, Michael, Glen Elder, and Richard Miech. 1997. "History and Agency in Men's Lives: Pathways to Achievement in Cohort Perspective." *Sociology of Education* 70:54–67.

Shanahan, Michael, and Ross Macmillan. 2008. *Biography and the Sociological Imagination.* W. W. Norton.

Shaw, Lois. 1996. "Special Problems of Older Women Workers." Pp. 327–50 in *Aging for the Twenty-First Century,* edited by J. Quadagno and D. Street. New York: St. Martin's Press.

Sheiner, Louise. 2015. "Implications of the Growing Gap in Life Expectancy by Income." Washington, DC: Brookings Institution. http://www.brookings.edu/blogs/health360/ posts/2015/09/18-implications-of-the-growing-gap-in- life-expectancy-by-income-sheiner.

Shin, Hyoseung, Hyeong Ho Ryu, Junghee Yoon, Seongmoon Jo, Sihveok Jang, Mira Choi, Ohsang Kwon, and Seong Jin Jo. 2014, "Assocation of Premature Hair Graying with Family History, Smoking and Obesity: A Cross-Sectional Study." *Journal of the American Associadtion of Dermatology* 72(2):321–27.

Shippee, Tetyana. 2009. "'But I Am Not Moving: Residents' Perspectives on Transitions within a Continuing Care Retirement Community." *The Gerontologist* 49(3): 419–29.

Shu-Hua, Lu, Angela-Renee Leasure, and Yu-Tzu Dai. 2011. "A Systematic Review of Body Temperature Variations in Older People." *Journal of Clinical Nursing* 19:4–16.

Shulman, Beth. 2006. "Sweating the Golden Years." *The Wilson Quarterly* (Spring):57–61.

Shura, Robin, Rebecca Siders, and Dale Dannefer. 2011. "Cultural Change in Long-Term Care: Participatory Action Research and the Role of the Resident." *The Gerontologist* 51(2):212–25.

Siebold, Cathy. 1992. *The Hospice Movement: Easing Death's Pains.* New York: Twayne.

Silverstein, M., and A. Marenco. 2001. "How Americans Enact the Grandparent Role across the Family Life Course." *Journal of Family Issues* 22:493–522.

Silverstein, Merril. 1995. "Stability and Change in Temporal Distance between the Elderly and Their Children." *Demography* 32:29–45.

Silverstein, Merril, and Vern Bengtson. 1997. "Do Close Parent Child Relations Reduce the Mortality Risk of Older Parents?" *American Journal of Sociology* 103:429–60.

Silverstein, Merril, and Roseann Giarusso. 2011. "Aging Individuals, Families and Societies: Micro-Meso-Macro Linkages in the Life Course." Pp. 35–49 in *Handbook of the Sociology of Aging,* edited by R. A. Settersten and J. L. Angel. New York: Springer.

Silverstein, Merril, and E. Litwak. 1993. "A Task-Specific Typology of Intergenerational Family Structure in Later Life." *The Gerontologist* 33:258–64.

Skarupski, Kimberly, Carlos Mendes de Leon, Julia Bienias, Lisa Barnes, Susan Everson-Rose, Robert Wilson, and Denis Evans. 2005. "Black-White Differences in Depressive Symptoms among Older Adults over Time." *Journal of Gerontology* 60B(3):P136–42.

Skinner, John. 1997. "Should Age Be Abandoned as a Basis for Program and Service Eligibility?" Pp. 58–62 in *Controversial Issues in Aging,* edited by A. Scharlach and L. Skinner. Boston: Allyn & Bacon.

Skocpol, Theda. 1995. "Why It Happened: The Rise and Resounding Demise of the Clinton Health Security Plan." Presented at the Brookings Institution conference on "The Past and Future of Health Reform," January 24, Washington, DC.

________. 2010. "The Political Challenges That May Undermine Health Reform." *Health Affairs* 7:1288–92.

Skolnick, Arlene. 1991. *Embattled Paradise*. New York: Basic Books.

Smith, David. B, Zhanlian Feng, Mary Fennel, Jacqueline Zinn, and Vincent Mor. 2007. "Separate and Unequal: Racial Segregation and Disparities in Quality Across U.S. Nursing Homes." *Health Affairs* 26:1448–58.

Smith, Maureen, Christopher Seplaki, Mark Biagtan, Amanda DuPreez, and James Cleary. 2008. "Characterizing Hospice Services in the United States." *The Gerontologist* 48(1):25–31.

Smith, Spencer. 2011. "The Effect of Mortgage Distress on Retirement Savings: Evidence from the PSID." Ann Arbor: University of Michigan; http://deepblue.lib.umich.edu/bitstream/2027.42/85332/1/spenceds.pdf.

Social Security Administration. 2005. *Retirement, Disability and Survivor Estimates.* Washington, DC: Social Security Administration.

________. 2006b. "Social Security Area Population and Dependency Ratios." www.ssa.gov/OACT/TR/TR04/ lr5A2html.

________. 2008a. *Monthly Statistical Snaphot, January 2008.* http://www.ssa.gov/policy/docs/quickfacts/stat_ snapshot/inde.html.

________. 2008b. "Income of the Aged Chartbook, 2008." Washington, DC: U.S. Social Security Administration.

________. 2010. "Annual Statistical Supplement." Washington, DC: U.S. Social Security

Administration.

________. 2012. "Annual Statistical Supplement." Washington, DC: U.S. Social Security Administration.

Social Security Administration. 2014a. Exempt Amounts under the Earnings Test. http://www.socialsecurity.gov/ OACT/COLA/rtea.html.

Social Security Administration. 2014b. Disability Planner: You're Approved. HYPERLINK "https://www.ssa.gov/planners/disability/dapproval.html" https://www.ssa. gov/planners/disability/dapproval.html#&sb=1.

Social Security Administration. 2014c. Fast Facts and Figures About Social Security 2014. https://www.ssa.gov/policy/docs/chartbooks/fast_facts/2014/fast_facts14.pdf. Social Security Administration. 2014d. Income of the Aged Chartbook, 2014. https://www.ssa.gov/policy/docs/chartbooks/income_aged/2014/iac14.pdf.

Social Security Administration. 2016a. What Is the Eligibility for Social Security Spouse's Benefits and My Own Retirement Benefits? https://faq.ssa.gov/link/portal/34011/34019/Article/3754/What-is-the-eligibility-for-Social-Security-spouse-s-benefits-and- my-own-retirement-benefits.

Social Security Administration. 2016b. SSI Federal Payment Amounts. https://www.ssa.gov/oact/cola/SSIamts.html.

Social Security Administration. 2016c. Spotlight on SSI benefits for aliens. https://www.ssa.gov/ssi/spotlights/ spot-non-citizens.htm.

Social Security Advisory Board. 2001a. *Agenda for Social Security: Challenges for the New Congress and the New Administration.* Washington, DC: Author.

________. 2001b. *Social Security: Why Action Should Be Taken Soon.* Washington, DC: Author.

Solimeo, Samantha. 2008. "Sex and Gender in Older Adults' Experience of Parkinson's Disease." *Journal of Gerontology* 63B(1):S42–48.

Sorensen, S., P. Duberstein, B. Chapman, J. Lyness, and M. Pinquart. 2008. "How Are Personality Traits Related to Preparedness for Future Care Needs in Older Adults?" *Journal of Gerontology* 62B(6):P328–36.

Spence, Alexander. 1995. *Biology of Human Aging.* Englewood Cliffs, NJ: Prentice Hall.

Spitze, Glenna and John Logan. 1992. "Helping as a component of parent-adult child relations." *Research on Aging* 14:291–312.

Spira, Adam, Christopher Kaufman, Judith Kasper, Maurice Obayon, George Rebok, Elizabeth Skidmore, Jeanine Parisi, and Charles Reyolds. 2014. "Association Between Insomnia Symptoms and Functional Status in U.S. Older Adults." *Journal of Gerontology* 69B(7):S35–41.

Staehelin, Hannes. 2005. "Promoting Health and Wellbeing in Later Life." Pp. 165–77 in *The Cambridge Handbook of Age and Ageing,* edited by Malcolm Johnson. New York: Cambridge University Press.

Stanley, Harold, and Richard Niemi. 1994. *Vital Statistics on American Politics.* Washington, DC: CQ Press.

Stephens, Mary, and Sara Honn Qualls. 2007. "Therapy to Help Aging Couples Cope with Dementia." *Generations* XXXI(3):54–56.

Sternberg, Robert, and Elena Grigorenko. 2005. "Intelligence and Wisdom." Pp. 209–15 in *The Cambridge Handbook of Age and Ageing,* edited by Malcolm Johnson. New York: Cambridge University Press.

Stevens, Nan. 2002. "Re-Engaging: New Partnerships in Late- Life Widowhood." *Ageing International* 27:27–42.

Stewart, Jesse, Anthony Perkins, and Christopher Callahan. 2014. "Effect of Collaborative Care for Depression on Risk of Cardiovascular Events: Data from the IMPACT Randomized Controlled Trial." *Journal of Biobehavioral Medicine* 76(1):29–37.

Stone, Deborah. 1997. "The Doctor as Businessman: Changing Politics of a Cultural Icon." *Journal of Health Politics, Policy and Law* 22:78–93.

Stone, Robyn, Gail Lee Cafferata, and Judith Sangl.

1987. "Caregivers of the Frail Elderly: A National Profile." *The Gerontologist* 27:616–26.

Stone, Robyn, with Joshua Wiener. 2001. *Who Will Care for Us? Addressing the Long-Term Care Workforce Crisis.* Washington, DC: Urban Institute/American Association of Homes and Services for the Aged.

Strandberg, A., T. Strandberg, and K. Pitkala. 2008. "The Effect of Smoking in Midlife on Health-Related Quality of Life in Old Age: A 26-Year Prospective Study." *Archives of Internal Medicine* 168(18):1968–74.

Strawbridge, William, and Margaret Wallhagen. 1991. "Impact of Family Conflict on Adult Child Caregivers." *The Gerontologist* 31:770–77.

Strawbridge, William, Margaret Walhagen, Sarah Shema, and George Kaplan. 2000. "Negative Consequences of Hearing Impairment in Old Age: A Longitudinal Analysis." *The Gerontologist* 40(3):320–26.

Street, Debra. 1993. "Maintaining the Status Quo: The Impact of Old Age Interest Groups on the Medicare Catastrophic Coverage Act of 1988." *Social Problems* 40:431–44.

. 1996. *The Politics of Pensions.* Unpublished doctoral dissertation, Department of Sociology, Florida State University, Tallahassee, FL.

Street, Debra, Stephanie Burge, Jill Quadagno, and Anne Barrett. 2007. "The Salience of Social Relationships for Resident Wellbeing in Assisted Living." *Journal of Gerontology* 62B(2):S129–134.

Street, Debra, Jill Quadagno, Lori Parham, and Steve McDonald. 2003. "Reinventing Long-Term Care: The Effect of Policy Changes on Trends in Nursing Home Reimbursement and Resident Characteristics: Florida, 1989–1997." *The Gerontologist* 43(II):66–79.

Street, Debra, and Jeralynn S. Cossman. 2006. "Greatest Generation or Greedy Geezers? Social Spending Preferences and the Elderly." *Social Problems* 53(1):75–96.

Stuart, Bruce, Linda Simoni-Wastila, and Danielle Chauncey. 2005. "Assessing the Impact of Coverage Gaps in the Medicare Part D Drug Benefit." Health Affairs. http://content.healthaffairs.org.

Substance Abuse and Mental Health Services Administration (SAMSHA). 2011. Current Statistics on the Prevalence and Characteristics of People Experiencing Homelessness in the United States. http://homeless.samhsa.gov/ResourceFiles/hrc_factsheet.pdf.

Sugiura, Keiko, Mikiko Ito, Masami Kutsumi, and Hiroshi Mikami. 2009. "Gender Differences in Spousal Caregiving in Japan." *Journal of Gerontology* 64B(1):147–56.

Suitor, J. Jill, and Karl Pillemer. 1993. "Support and Interpersonal Stress in the Social Networks of Married Daughters Caring for Parents with Dementia." *Journal of Gerontology* 48:S1–8.

Suitor, J. Jill, Karl Pillemer, Shirley Keeton, and Julie Robison. 1995. "Aged Parents and Aging Children: Determinants of Relationship Quality." Pp. 223–42 in *Handbook of Aging and the Family,* edited by R. Blieszner and V. Hilkevitch Bedford. Westport, CT: Greenwood Press.

Sullivan, Laura, and Tatjana Meschede. 2016. "Race, Gender and Senior Economic Well-Being: How Financial Vulnerability over the Life Course Shapes Retirement for Older Women of Color." *Public Policy and Aging Report* 26(2):58–62.

Sutin, Angelina, Yannick Stephan, Henry Carretta, and Antonio Terracciano. 2015. "Perceived Discrimination and Physical, Cognitive and Emotional Health in Older Adulthood." *American Journal of Geriatric Psychiatry* 23(2):171–179.

Szinovacz, Maximiliane, and Adam Davey. 2004. "Retirement Transitions and Spouse Disability: Effects on Depressive Symptoms." *Journal of Gerontology* 59B(6):S333–42.

Szinovacz, Maximiliane, David Ekerdt, and Barbara Vinick. 1992. *Families and Retirement.* Newbury Park, CA: Sage.

Szinovacz, Maximiliane, and Christine Washo. 1992.

"Gender Differences in Exposure to Life Events and Adaptation to Retirement." *Journal of Gerontology* 47:191–96.

Taylor, Miles, Glen Elder, Peter Uhlenberg, and Steven- McDonald. 2009. "Revisiting the Grandparenting Role: Grandparents as Mentors in Adolescence and Young Adulthood." In *From Generation to Generation: Continuity and Discontinuity in Aging Families.* Johns Hopkins Press.

Taylor, Miles, and Amelie Quesnel-Vallee. 2017. "The Structural Burden of Caregiving: Shared Challenges for the New Case Managers in the U.S. and Canada." *The Gerontologist* 57 (1):19–25.

Taylor, Philip. 2005. *The Ageing European Workforce.* London, UK: International Longevity Center.

Taylor, Robert Joseph, Verna Keith, and M. Belinda Tucker. 1993. "Gender, Marital, Familial and Friendship Roles." Pp. 49–68 in *Black Families in America,* edited by J. Jackson, L. Chatters, and R. J. Tayler. Newbury Park, CA: Sage. Thompson, Frank. 2012. *Medicaid Politics*. Washington, DC: Georgetown University Press.

Thompson, L., and A. J. Walker. 1987. "Mothers as Mediators of Intimacy between Grandmothers and Their Young Adult Grandchildren." *Family Relations* 36:72–77.

Thompson, Ross, Barbara Tinsley, Mario Scalora, and Ross Parke. 1989. "Grandparents' Visitation Rights: Legalizing the Ties That Bind." *American Psychologist* 44:1217–22.

Thomson, David. 1996. *Selfish Generations? How Welfare States Grow Old.* Wellington, New Zealand: White Horse Press.

Thurow, Lester. 1999. "Generational Equity and the Birth of a Revolutionary Class." Pp. 58–74 in *The Generational Equity Debate,* edited by B. Williamson, D. M. Watts-Roy, and E. R. Kingson. New York: Columbia University Press.

Toothman, Erica L., and Anne E. Barrett. 2011. "Mapping Midlife: An Examination of Social Factors Shaping Conceptions of the Timing of Middle Age." *Advances in Life Course Research* 16:99–111.

Touyz, L., and G. Dent. 2011. "An Appraisal of Life's Terminal Phases and Euthanasia and the Right to Die." *Current Oncology* 18:65–69.

Townsend, Bickley. 2001. "Phased Retirement: From Promise to Practice." Issue Brief, Vol. 2, Issue 2. Ithaca, NY: Cornell Employment and Family Careers Institute.

Townsend, Aloen, and Linda Noelker. 1987. "The Impact of Family Relationships on Perceived Caregiver Effectiveness." Pp. 80–99 in *Aging, Health and Family: Long-Term Care*, edited by T. Brubaker. Beverly Hills, CA: Sage.

Tucker, Jasmine. 2013. "Views Among African Americans, Hispanic Americans and White Americans." May 8, 2013. Washington, DC: National Academy of Social Insurance. http://www.nasi.org/research/2013/strengthening-social-security-views-among-african-americans.

Tucker, Jasmine, Virginia Reno, and Thomas Bethell. 2013. "Strengthening Social Security: What Do Americans Want?" January, 2013. Washington, DC: National Academy of Social Insurance. http://www.nasi.org/ research/2013/report-strengthening-social-security- what-do-americans-want.

Turner, Barbara, and Castellano Turner. 1991. "Through a Glass Darkly: Gender Stereotypes for Men and Women Varying in Age and Race." Pp. 137–50 in *Growing Old in America,* edited by Beth B. Hess and Elizabeth W. Markson. New Brunswick, NJ: Transaction Publishers.

Twenge, Jean. 2006. *Generation Me*. New York: Free Press.

Tyson, Peter. 2001. "The Hippocratic Oath Today." http:// www.pbs.org/wgbh/nova/body/hippocratic-oath-today.html. Accessed November 27, 2011.

Uchino, B., J. Cacioppo, and J. Kiecolt-Glaser. 1996.

"The Relationship between Social Support and Physiological Processes." *American Journal of Public Health* 83:1443–50.

Uhlenberg, Peter. 1996b. "Mortality Decline in the Twentieth Century and Supply of Kin over the Life Course." *The Gerontologist* 36:681–85.

________. 1996c. "Mutual Attraction: Demography and Life- Course Analysis." *The Gerontologist* 36:226–29.

________. 1997. "Replacing the Nursing Home." *The Public Interest* 182:73–80.

________. 2000. "Introduction: Why Study Age Integration?" *The Gerontologist* 40(3):261–66.

________. 2004. "Historical Forces Shaping Grandparent- Grandchild Relationships: Demography and Beyond." *Annual Review of Gerontology and Geriatrics.*

Uhlenberg, Peter, and Sonia Miner. 1996. "Life Course and Aging: A Cohort Perspective." Pp. 208–28 in *Handbook of Aging and the Social Sciences,* edited by R. Binstock and L. George. San Diego, CA: Academic Press. Uhlenberg, Peter, and Matilda White Riley. 1995. "Cohort Studies. Age Stratification and Cohort Studies: As Components of the Aging and Society Paradigm." Presented at Program on Age and Structural Change, National Institute on Aging, Washington, DC.

Umberson, Debra. 1992. "Relationships between Adult Children and Their Parents: Psychological Consequences for Both Generations." *Journal of Marriage and the Family* 54:664–74.

Umberson, Debra, and Meichu D. Chen. 1994. "Effects of a Parent's Death on Adult Children: Relationship Salience and Reaction to Loss." *American Sociological Review* 59:152–68.

Umberson, Debra, and Kristi Williams. 2005. "Marital Quality, Health and Aging: Gender Equity?" *Journal of Gerontology* 60B(Special Issue II):109–12.

Umberson, Debra, Williams Kristi, Powers Daniel A., Liu Hui, and Needham Belinda. 2006. "You Make Me Sick: Marital Quality and Health over the Life Course." *Journal of Health and Social Behavior* 47:1–16.

Umberson, Debra., Crosnoe Robert., and Corinne Reczek. 2010. "Social Relationships and Health Behavior across the Life Course." *Annual Review of Sociology,* 36: 139–157.

U.S. Census Bureau. 1975. *Historical Statistics of the United States: Colonial Times to 1970.* Washington, DC: U.S. Government Printing Office.

________. 2004a. *Current Population Survey, Annual Social and Economic Supplement, 1960–2003.* Washington, DC: U.S. Government Printing Office.

________. 2005a. *Current Population Reports, Educational Attainment of the Population, March 2005.* Washington, DC: U.S. Government Printing Office.

________. 2005b. *65+ in the United States: 2005.* Washington, DC: U.S. Government Printing Office.

________. 2010. *Current Population Reports*. Washington, DC: U.S. Government Printing Office.

________. 2011a. *Current Population Survey.* Washington, DC: U.S. Census Bureau.

________. 2011c. *More Young Adults Are Living in Their Parents' Home, Census Bureau Reports.* Washington, DC: U.S. Census Bureau.

U.S. Census Bureau. 2012. Voting and Registration in the Election of November 2012. http://www.census.gov/hhes/www/socdemo/voting/publications/p20/2012/tables.html.

U.S. Census Bureau. 2013. American Community Survey. http://www.census.gov/acs/.

. 2014a. Poverty. https://www.census.gov/hhes/www/poverty/about/overview/.

. 2014b. 65+ in the United States. P23-12. http://www.census.gov/content/dam/Census/library/publications/2014/demo/p23-212.pdf.

U.S. Census Bureau. 2015a. Current Population Survey/ Housing Vacancy Survey, Series H-111. National Bureau of Economic Research, Inc., Cambridge, MA 02138 <www. nber.org>.

U.S. Census Bureau. 2015b. Historical Poverty Tables. https: //www.census.gov/hhes/www/poverty/

data/historical/people.html.
U.S. Census Bureau. 2015c. An Aging Electorate. http://www.census.gov/content/dam/Census/newsroom/facts-for- features/2015/cb15-ff09_graphic.pdf.
________. 2015e. Health Insurance Coverage in the United States, 2014. https://www.census.gov/content/ dam/Census/library/publications/2015/demo/p60-253.pdf.
________. 2016. U.S. Census Bureau News. http://www.census.gov/housing/hvs/files/currenthvspress.pdf.
U.S. Bureau of Labor Statistics. 2003. *Employment, Hours and Earnings.* Washington, DC: U.S. Government Printing Office.
________. 2008. *Current Population Survey, Annual Social and Economic Supplement.* Washington, DC: U.S. Department of Labor. www.bls.gov.
________. 2010. "Median Weekly Earnings of Full-Time Wage and Salary Workers by Detailed Occupation and Sex." Current Population Survey. Washington, DC: U.S. Government Printing Office.
________. 2012. *Employment, Hours and Earnings*. Washington, DC: U.S. Government Printing Office.
. 2013. *American Time Use Survey*. U.S. Department of Labor: Washington, DC http://www.bls.gov/news.release/atus.nr0.htm.
________. 2015. "Labor Force Projections to 2024: The Labor force Is Growing, but Slowly." *Monthly Labor Review*(December). http://www.bls.gov/opub/mlr/2015/article/labor-force-projections-to-2024-1.htm.
USA Today. 2016. 2016 Election Exit Polls-Age. http://college.usatoday.com/2016/11/09/how-we-voted-by-age- education-race-and-sexual-orientation/.
Utz, Rebecca, Deborah Carr, Randolph Ness, and Camille Wortman. 2002. "The Effect of Widowhood on Older Adults' Social Participation." *The Gerontologist* 42:522–33.
Utz, Rebecca, Kristin Swenson, Michael Caserta, Dale Lund, and Brian deVries. 2014. "Feeling Lonely Versus Being Alone: Loneliness and Social Support Among Recently Bereaved Persons." *Journal of Gerontology* 69B (1):85–94.

Vaillant, George. 2012. *Triumphs of Experience: The Men of the Harvard Grant Study*. Cambridge, MA: Harvard University Press.
VALIC. 1996. "View on Retirement Planning." *Viewpoints* (Winter):1–4.
Van den Hoonaard, and Deborah Kestin. 1994. "Paradise Lost: Widowhood in a Florida Retirement Community." *Journal of Aging Studies* 8:121–32.
________. 2010. *By Himself: The Older Man's Experience of Widowhood.* Toronto: University of Toronto Press.
Van Houtven, Courtney, and Norma Coe. 2010. "Spousal Health Shocks and the Timing of the Retirement Decision in the Face of Forward-Looking Financial Incentives." Center for Retirement Research. Boston College, CRR WP 2010-7 June 2010.
van Solinge, Hanna, and Kene Henkens. 2005. "Adjustment to Retirement: A Multi-Actor Panel Study." *Journal of Gerontology* 60B(1):S11–20.
van Willigen, Marieke. 2000. "Differential Benefits of Volunteering across the Life Course." *Journal of Gerontology* 55B(5):S308–18.
Varma, R., P. Lee, I. Goldberg, and S. Kotak. 2011. "An Assessment of the Health and Economic Burdens of Glaucoma An Assessment of the Health and Economic Burdens of Glaucoma." *American Journal of Ophthalmology* 152:515–22.
Vasil, Latika, and Hannelore Wass. 1993. "Portrayal of the Elderly in the Media: A Literature Review and Implications for Educational Gerontologists." *Educational Gerontology* 19:71–85.
Veghte, Ben, Elliott Schreur, and Mikke Waid. 2016. Social Security and the Racial Gap in Retirement Wealth. National Academy of Social Insurance, Research Brief, Dec. 2016, No. 48. https://www.nasi.org/sites/default/files/research/SS_Brief_48.pdf.

Verbrugge, Lois, and Alan M. Jette. 1994. "The Disablement Process." *Social Science and Medicine* 38:1–14.

Villa, Valentine M., Steven P. Wallace, Sofya Bagdasaryan, and Maria P. Aranda. 2012. "Hispanic Baby Boomers: Health Inequities Likely to Persist in Old Age." *The Gerontologist* 52(2):166–76.

Vonn Chin, Phua, Gayle Kaufman, and Keong Suk Park. 2001. "Strategic Adjustments of Elderly Asian Americans." *Journal of Comparative Family Studies* 32:263–81.

Vonn Chin, Phua, James McNally, and Keong Suk Park. 2007. "Poverty among Elderly Asian Americans in the Twenty- First Century." *Journal of Poverty* 11:72–92.

Voorpostel, Marieke and Rosemary Blieszner. 2008. "Intergenerational Solidarity and Support Between Adult Siblings." *Journal of Marriage and Family* 70(1): 157–167.

Wagner, Nicole, Kahled Hassanein, and Miena Head, 2010. "Computer Use by Older Adults: A Multi-Disciplinary Review." *Computers in Human Behavior* 26(5):870–82.

Wakabayashi, Chizuko, and Katherine M. Donato. 2005. "The Consequences of Caregiving: Effects on Women's Employment and Earnings." *Population Research and Policy Review* 24:467–88.

________. 2006. "Does Caregiving Increase Poverty among Women in Later Life? Evidence from the Health and Retirement Survey." *Journal of Health and Social Behavior* 47:258–74.

Waldbrook, Natalie. 2013. "Formerly Homeless, Older Women's Experiences with Health, Housing and Aging." *Journal of Women and Aging* 25(4):337–57.

Walker, Alan. 1996. *The New Generational Contract: Inter- generational Relations, Old Age and Welfare.* Taylor and Francis.

________. 2006. "Reexamining the Political Economy of Aging: Understanding the Structure/Agency Tension." Pp. 59–80 in *Aging, Globalization and Inequality: The New Critical Gerontology,* edited by Jan Baars, Dale Dannefer, Chris Phillipson, and Alan Walker. Amityville, NY: Bayville.

Walker, Alexis, and Katherine Allen. 1991. "Relationships between Caregiving Daughters and Their Elderly Mothers." *The Gerontologist* 31:389–96.

Ward, Russell. 2008. "Multiple Parent–Adult Child Relations and Well-Being in Middle and Later Life." *Journal of Gerontology* 63B(4):S239–47.

Ware, John, Martha Bayliss, William Rogers, Mark Kosinski, and Alvin Tarlov. 1996. "Differences in 4-Year Health Outcomes for Elderly and Poor, Chronically Ill Patients Treated in HMO and Fee-for-Service Systems." *Journal of the American Medical Association* 276:1039–47.

Watkins, Susan Cotts, Jane Menken, and John Bongaarts. 1987. "Demographic Foundations of Family Change." *American Sociological Review* 52:346–58.

Watson, Wendy, Nancy J. Bell, and Charlie Stelle. 2010. "Women Narrate Later Life Remarriage: Negotiating the Cultural to Create the Personal." *Journal of Aging Studies* 24(4):302–12.

Watson, Wendy, and Charlie Stelle. 2011. "Dating for Older Women: Experiences and Meanings of Dating in Later Life." *Journal of Women and Aging* 23(3): 263–75.

Weaver, David. 1994. "The Work and Retirement Decisions of Older Women: A Literature Review." *Social Security Bulletin* 57:3–24.

Weber, Max. 1946. *From Max, Weber: Essays in Sociology*. New York: Oxford University Press.

Webster, Pamela, and A. Regula Herzog. 1995. "Effects of Parental Divorce and Memories of Family Problems on Relationships between Adult Children and Their Parents." *Journal of Gerontology* 50B:S24–34.

Wei, John, Elizabeth Calhoun, and Steven J. Jacobson. 2005. "Urologic Diseases in America Project: Benign Prostatic Hyperplasia." *The*

Journal of Urology 173:1256–61.
Weinstein, Andrea, and Kirk Erickson. 2011. "Healthy Body Equals Healthy Mind." *Generations* (Summer):92–98.
Weintraub, D., C. L. Comella, and S. Horn. 2008. "Parkinson's Disease—Part 1: Pathophysiology, Symptoms, Burden, Diagnosis, and Assessment." *American Journal of Managed Care* 14(2 Suppl):S40–8.
Weiss, Robert S. 2005. *The Experience of Retirement.* Ithaca, NY: ILR Press.
Weissert, William, and Lucy Frederick. 2013. "The Woodwork Effect: Estimating It and Controlling the Damage." *Journal of Aging and Social Policy* 25(2):1-70133.
Wekesser, C. 1995. "Introduction." Pp. 12–14 in *Euthanasia: Opposing Viewpoints,* edited by C. Wekesser. San Diego, CA: Greenhaven Press.
Whaley, Mirtha, and Amy Paul Ward. 2011. "Keeping Close to Home: The Ritual of Domino Playing among Older Cuban Immigrants in Miami's Little Havana." *Generations* 35(3):22–27.
Whitbeck, Les, Danny Hoyt, and Shirley Huck. 1993. "Family Relationship History, Contemporary Parent-Grandparent Relationship Quality, and the Grandparent-Grandchild Relationship." *Journal of Marriage and the Family* 55:1025–35.
________. 1994. "Early Family Relationships, Intergenerational Solidarity, and Support Provided to Parents by Their Adult Children." *Journal of Gerontology* 49:S85–94.
Whitfield, K., J. Kiddoe, A. Gamaldo, and R. Andel. 2009. "Concordance Rates for Cognitive Impairment among Older African American Twins." *Alzheimer's Dementia* 5:276–79.
Wiener, Joshua M., and Raymond J. Hanley. 1992. "Caring for the Disabled Elderly: There's No Place Like Home." Pp. 75–109 in *Improving Health Policy and Management,* edited by S. M. Shortell and U. Reinhart. Ann Arbor, MI: Health Administration Press.
Wiener, Joshua, and Laurel Hixon Illston. 1996. "The Financing and Organization of Health Care for Older Americans." Pp. 427–45 in *Handbook of Aging and the Social Sciences,* edited by R. Binstock and L. George. San Diego, CA: Academic Press.
Wilber, Kathleen. 2000. "Future Shock: The Effects of Demo- graphic Imperative for Jobs in Aging." www.asaging.org/am/cia2/jobs.html.
Wilber, K. H., and Nielsen, E. 2002. "Elder Abuse: New Approaches to an Age-Old Problem." *The Public Policy and Aging Report* 12(2):24–27.
Wilhelm, K., G. Parker, and L. Geerligs. 2008. "Women and Depression: A 30-Year Learning Curve." *Australian and New Zealand Journal of Psychiatry* 43(1):3–12.
Williams, Joan, Robin Devaux, Patricija Petrac, and Lynn Feinberg. 2014. "Protecting Family Caregivers from Employment Discrimination." AARP Public Policy Institute Issue Brief. http://www.aarp.org/content/dam/aarp/research/public_policy_institute/health/protecting-caregivers-employment-discrimination-insight-AARP-ppi-ltc.pdf.
Williams, K. 2003. "Has the future of marriage arrived? A contemporary examination of gender, marriage and psychological well-being." *Journal of Health and Social Behavior* 44(4):470–87.
Williams, K. and D. Umberson. 2004. "Marital status, marital transitions and health: A gendered life course perspective." *Journal of Health and Social Behavior* 45(1):81–98.
Williams, B. O. 2000. "Ageism Helps to Ration Medical Treatment." *Health Bulletin* 58(3):198–202.
Williamson, John, and Sara Rix. 2000. "Social Security Reform: Implications for Women." *Journal of Aging and Social Policy* 11:41–53.
Williamson, John, and Diane Watts-Roy. 2008. "Aging Boomers, Generational Equity and the Framing of the Debate over Social Security." *In Boomer Bust?* edited by Robert Hudson. Westport, CT: Praeger.
Willson, Andrea, Kim Shuey, and Glen Elder. 2003. "Ambivalence in the Relationship of Adult

Children to Aging Parents and In-Laws." *Journal of Marriage and the Family* 63:1055–72.

Willson, Andrea E., Kim M. Shuey, and Glen H. Elder Jr. 2007. "Cumulative Advantage Processes as Mechanisms of Inequality in Life Course Health." *American Journal of Sociology* 112:1886–1924.

Wilmoth, Janet. 1998. "Living Arrangement Transitions among America's Older Adults." *The Gerontologist* 38(4):434–44.

Wilson, Robert. 2011. "Mental Stimulation and Brain Health: Complex, Challenging Activities Can Support Cognitive Health in Older Adults." *Generations* (Summer): 58–62.

Wilson, William Julius. 1996. *When Work Disappears: The World of the New Urban Poor.* New York: Alfred A. Knopf.

Winerip, Michael. 2013. "Set Back by Recession and Shut Out of Rebound." *New York Times,* August 28, 2013. http://www.nytimes.com/2013/08/27/booming/ for-laid-off-older-workers-age-bias-is-pervasive. html?pagewanted=all&_r=0.

Wolf, R. S. 1998. "Domestic Elder Abuse and Neglect." Pp. 161–65 in *Clinical Geropsychology,* edited by I. Nordhus and G. VandenBos. Washington, DC: American Psychological Association.

Wolfson, Christina, Richard Handfield-Jones, Kathleen Cranley Glass, Jacqueline McClaran, and Edward Keyserling. 1993. "Adult Children's Perceptions of Their Responsibility to Provide Care for Dependent Elderly Parents." *The Gerontologist* 33:308–14.

Wong, Ides, Simon Smith, Karen Sullivan, and Alicia Allan. 2016. "Toward the Multilevel Older Person's Transportation and Road Safety Model: A New Perspective on the Role of Demographic, Functional and Psychosocial Factors." *Journal of Gerontology* 71(1):71–86.

Woods, Bob. 2005. "Dementia." Pp. 252–60 in *The Cambridge Handbook of Age and Ageing,* edited by Malcolm Johnson. New York: Cambridge University Press.

World Bank. 1994. *Averting the Old Age Crisis.* Washington, DC: The World Bank.

________. 2003b. *World Development Indicators Database: African Development Indicators.* Washington, DC: The World Bank.

Wright, Rosemary. 2012. "Paying for Retirement: Sex Differences in Inclusion in Employer-Provided Retirement Plans." *The Gerontologist* 52(2):231–44.

Wu, April, Naida Karamcheva, Alicia Munnell, and Patrick Purcell. 2013. "How Does Women Working Affect Social Security Replacement Rates?" Center for Retirement Research, Boston College, June 2013, WP# 13-10: 1–6.

Wu, April, and Matthew Rutledge. 2014. "Lower Income Individuals Without Pensions: Who Misses Out and Why?" Center for Retirement Research, Boston College, March 2014. WP#2014-2:1-

Wu, April, Matthew Rutledge and Jacob Penglase. 2014. "Why Don't Lower Income Individuals have Pensions? ?" Center for Retirement Research, Boston College, April 2014, WP#2014-8:1–5.

Wu, Zheng, and Michael S. Pollard. 1998. "Social Support among Unmarried Childless Elderly Persons." *Journal of Gerontology* 53B(6):S324–35.

Wu, Zheng Helen, and Laura Rudkin. 2000. "Social Contact, Socioeconomic Status, and the Health Status of Older Malaysians." *The Gerontologist* 40(2):228–34.

Yamamoto, M., and A. H. Schapira. 2008. "Dopamine Agonists in Parkinson's Disease." *Neurotherapeutics* 8(4):671–77.

Yang, Anand. 1989. "Whose Sati? Widow Burning in Early 19th Century India." *Journal of Women's History* 1:8–33.

Yao, Li, and Stephanie Roberts. 2011. "Examining the Racial Crossover in Mortality between African American and White Older Adults: A Multilevel Survival Analysis of Race, Individual Socioeconomic Status, and Neighborhood Socioeconomic Context." *Journal of Aging Research* 2011(132073).

Yee, Barbara, and Gayle Weaver. 1994. "Ethnic Minorities and Health Promotion: Developing a 'Culturally Competent' Agenda." *Generations* (Spring):39–44.

Young, Heather. 1998. "Moving to Congregate Housing: The Last Chosen Home." *Journal of Aging Studies* 12(2):149–65.

Zelinski, Elizabeth, Sarah Dalton, and Shoshana Hindin. 2011. "Cognitive Changes in Healthy Older Adults." *Generations* (Summer):13–19.

Zhang, Zhenmei, Danan Gu, and Mark Hayward. 2008. "Early Life Influences on Cognitive Impairment among Oldest Old Chinese." *Journal of Gerontology* 63B(1):S25–33.

Zhou, Xueguang, and Liren Hou. 1999. "Children of the Cultural Revolution: The State and the Life Course in the People's Republic of China." *American Sociological Review* 64:12–36.

Zimprich, Daniel, Mathias Allemand, and Myriam Dellenbach. 2009. "Openness to Experience, Fluid Intelligence, and Crystallized Intelligence in Middle-Aged and Old Adults." *Journal of Research in Personality* 43(3):444–54.

Zong, Jie, and Jeanie Batalova. 2015. Frequently Requested Statistics on Immigrants and Immigration in the United States. Washington, DC: Migration Policy Institute. http://www.migrationpolicy.org/article/frequently- requested-statistics-immigrants-and-immigration- united-states#Demographic,%20Educational,%20and%20Linguistic.

INDEX

번호

30세 전환기 264
401K 169
1935년 사회보장법 157
1967년 고용상연령차별법 371
1997년 균형예산법 420
2003년 메디케어 현대화법 170
2010년 환자보호 및 부담적정 보험법 171

로마자

S

SEP 개인은퇴계좌 532
SSI 147, 163, 167, 168, 559, 560

T

TV 38, 76, 243, 382, 385, 544, 599

X

X세대 28, 63

한국어

ㄱ

가교직업 363, 364, 365, 366, 387
가구구조 321, 324
가구주 108, 326, 551, 553, 558
가정돌봄 47, 50, 338, 427, 430, 436, 445, 450, 465
가족구조 31, 279, 282, 312, 317, 558
가족돌봄 179, 427, 430, 431, 432, 440, 441, 465
가족의료휴가법 440
가족지원 31, 32, 79, 280, 300, 568
간호서비스 181
갈등관계 442
감각기관 204, 205, 209, 261
감각신경 205
개인돌봄 181, 338, 432, 434, 446
개인연금 60, 526, 547, 551, 561, 564, 568, 573
개인은퇴계좌 169, 512, 514, 532, 533
갱년기 221, 223
건강 42, 221, 238, 242, 259, 288, 306, 373, 380, 391
건강관련 삶의 질 400
건강급여 157
건강돌봄 35, 48, 140, 148, 160, 169, 171, 178, 180, 323, 340, 348, 391, 411, 437, 544, 575, 603
건강돌봄 산업 394
건강돌봄 전문가 35, 396, 431, 448
건강돌봄제공자 158, 418
건강돌봄조직 393, 417
건강돌봄체계 35, 393, 415, 418, 419
건강보험 116, 140, 157, 161, 163, 171, 180, 185, 355, 367, 370, 412, 419, 437, 453, 567, 571, 588, 600
건강생활양식 393, 399
건강악화 158, 288, 316
건강유지기관 170, 417, 424
건강전달체계 396

건강한 노인 25, 54, 101, 253, 295, 324
건강행동 50, 288, 339, 396, 414, 415
검사기간 456, 469
결정성 지능 240, 244
경제적 파트타임 일 364
고관절 골절 26
고령화 19, 26, 32, 37, 40, 41, 46, 47, 48, 49, 50, 51, 65, 114, 125, 130, 136, 141, 149, 150, 229, 327, 422, 431, 507, 514, 544, 579
고령화에 대한 백악관회의 588
고용 47, 158, 171, 302, 336, 355, 361, 371, 407, 415, 433, 439, 448, 450, 455, 526, 549, 563, 573
고용상연령차별법 371, 372, 387
고용주연금 169, 526, 529, 560
고정관념 29, 33, 34, 37, 38, 39, 40, 41, 202
고혈압 62, 139, 197, 215, 226, 251, 255, 359, 383, 397, 404, 412, 416, 421
고혈압성 심혈관질환 226
골다공증 200, 201, 211, 217, 218, 219, 228, 229, 400
공개조사 162
공공급여 162
공공부조 159, 160, 162, 163, 169
공공주택 158, 182
공동식사 181
공유물 160
공유주택 322, 350
공인노인생활자문가 50
공화당 172, 424, 524, 583, 585, 586
과체중 75, 403, 404
관리의료 417, 418
관상동맥우회술 226, 230
관절 강성 25, 195
관절염 177, 200, 201, 219, 220, 230, 397, 404, 410, 412, 421
교차결합이론 195, 228
교환이론 91, 102, 105
구조적 부담 437
구조적 지체 114, 115
균일할당 418
근대화이론 91, 105, 106, 107, 108, 109, 110, 116, 121
근로자보상프로그램 157
근접돌봄 거주시설 183
글로벌 연령친화적 도시 프로젝트 330
급여 82, 157, 159, 160, 161, 162, 165, 166, 167, 168, 185, 342, 355, 371, 372, 374, 407, 459, 462
급여세 160, 163, 168, 170, 185, 518, 523, 536, 605
기능상태 399
기능장애 399
기능적 연령 24, 25, 52
기대수명 19, 30, 72, 76, 77, 84, 106, 112, 126, 128, 131, 133, 134, 141, 142, 146, 147, 149, 150, 199, 200, 317, 398, 400, 410, 476, 518, 520, 535, 571
기억력 237, 238, 242, 243, 245, 246, 247, 250, 251, 253, 254, 271, 361, 403
기질성 손상 175

ㄴ

나이 21, 24, 27, 33, 39, 41, 57, 59, 62, 65, 82, 91, 93, 97, 127, 128, 166, 183, 255, 395, 581, 597, 599

낙상 172, 206, 329, 335, 340
난소암 224
남자가 겪는 인생의 사계절
(The Seasons of a Man's Life) 264
남편사별인급여 553, 558
내면화 93
냄새와 맛 215, 229
노년 22
노년부양비 135, 144, 145
노년연금 157
노년지원 157
노년지원금 594
노년학 19
노년학 전문가 46, 47, 48, 49, 50
노동시장 30, 60, 70, 74, 128, 159, 166, 366, 372, 373, 374, 522, 531, 602
노동자급여 553, 554, 556
노르웨이 179, 384
노숙 335
노숙자 126, 336
노안 211, 229
노인 38, 580
노인단체 589, 599
노인동반자프로그램 48
노인로비 588, 590, 591, 603
노인봉사단 48
노인성 난청 214
노인센터 39, 47
노인이주 328
노인자살 485
노인통합돌봄프로그램 446
노화 20
노화이론 20, 89, 91, 106, 120
녹내장 213, 229, 400
논렘(non-REM)수면 207
뇌졸중 100, 103, 222, 251, 255, 257, 271, 397, 400, 404, 411, 413, 418, 437, 452, 487
누적적 불리이론 408, 409, 545
뉴런 205

ㄷ

다이어트효과 404
다중 만성질환 343, 348, 399
단기기억 25, 92
당뇨병 397, 400, 404, 414, 452
대공황 28, 29, 31, 62, 63, 74, 75, 111, 136, 138, 600
대니얼 레빈슨 264
대안적 주거시설 336
대안적 주거 형태 321
대중매체 415, 582
대처 260
대체율 166, 531, 554, 555
대학노년학회 49
덴마크 134, 179, 182, 183, 251, 252
도구적 일상생활활동 399, 431
도넛구멍 170, 171, 419
도움추구행동 411
독립생활 주거단지 344
독일 62, 73, 74, 179, 193, 315, 360, 361, 362, 381, 450, 452, 522
돌봄유형 428
돌봄의 질 66, 116, 171, 415, 420, 430, 446, 449,

450, 451, 454, 460
돌봄제공 47, 135, 307, 429, 430, 463, 557
돌봄제공자 179
돌봄제공자의 부담 437
돌봄제공자의 스트레스 437
동반 및 유족 연금수령 561, 576
동반은퇴 375
따라잡기 169

ㄹ

러스트벨트 327
레바논 32
레이건 589, 596, 597
렘(REM)수면 207
로스 개인은퇴계좌 532
류머티스 관절염 191, 219

ㅁ

마모이론 193
만기은퇴연령 166, 370, 519, 520, 521
만성질환 25, 35, 73, 100, 131, 172, 177, 200, 397
만성 폐쇄성 폐질환 400
만성피로 증후군 175
만성 호흡기 질환 397
말초신경계 205
매스커뮤니케이션 38
메디갭 172
메디갭정책 421
메디케어 23, 35, 157, 394, 410, 583, 600
메디케어 신탁기금 419
메디케어 어드밴티지 170
메디케어 재해적 보장법 590, 595
메디케어 파트A 170
메디케어 파트B 170
메디케어 파트C 170
메디케어 파트D 170
메디케이드 157, 163, 173, 176, 343, 410, 417, 451, 600
메치니코프 20
멕시코 142, 566
목뼈골절 175
무급노동 118, 439, 548, 553
무슬림 326, 573
미각 감퇴 215
미국 158, 559
미국국제장수센터 38
미국금융설계대학 50
미국노동총연맹-산별노조회의 588
미국노인법 117, 157, 180, 181, 462
미국은퇴자협회 48, 589, 591
미국의학협회 588
미국 인구조사국 126
미약하게 손상된 노인 25
민간급여 161
민간연금 164, 169
민영 장기돌봄 보험 427, 451
민영화 519, 525, 537, 584, 605
민족 42, 164, 263, 293, 326, 360, 401, 405, 413, 450, 495, 544, 562
민주당 141, 524, 579, 586
밀레니얼세대 28, 30, 515

ㅂ
반복사용 긴장성 손상 175
발기부전 39, 223, 230, 289
방글라데시 129, 573
배우자급여 553, 556
배우자사별효과 497
백내장 195, 210, 213
백인 43, 45, 78, 92, 98, 125, 137, 139, 146, 165, 181, 201
베이비붐세대 28, 62, 125, 132, 133, 136, 137, 139, 144, 148, 149, 150
베트남 568
벰 성역할 목록 37
병적인 노화 99, 100
보건의료제공자 393, 415
보조자살 483, 484
보충적 보장소득 147, 163, 167, 175, 559
보호돌봄 178
복지 41, 157
복지국가 158, 161
본인부담 421
부 544
부담적정 보험법 35, 171, 174, 421
부시 147, 596
분리이론 90, 91, 93, 94, 95, 96, 100, 120
불평등 58, 91, 102, 160, 544, 545
블락 582
비만 75, 141, 203, 226, 404
비밀의 길(Secret Paths) 266
비용대처행동 171
비판노년학 91, 118, 121
빈곤 44, 545
빈곤가정일시지원 160
빈곤선 41, 44, 546, 560, 569
빈곤수준 126, 167, 171, 173, 603
빈곤율 44, 100, 118, 147, 457, 546, 559
빈곤층 140, 159, 178, 334, 531
빨간 모자 사회 595, 596

ㅅ
사망 27, 35, 59, 66, 76, 129, 139, 146, 191, 329, 396
사망률 126, 128, 129, 133, 134, 139, 140, 142, 149, 150, 283
사별 60, 491, 550
사별자 24, 43, 555, 562
사티(suttee) 475
사회경제적 지위 21, 26, 140, 191, 227, 393
사회계층 112, 509, 545
사회구성주의 91, 104, 105
사회노년학 19, 60, 91
사회보장 41, 48, 60, 103, 117, 157
사회보장과 메디케어 보전 전국위원회 590
사회보장국 559
사회보장급여 23, 158, 551, 564, 574, 582, 588, 600
사회보장법 82, 147, 521, 553
사회보장위기 579, 601, 603, 604
사회보장 장애보험 175
사회보장체계 163, 174, 553
사회보험 160, 163, 169, 518, 535
사회복지프로그램 158
사회서비스 47, 116, 145, 157, 173, 180, 434
사회운동 591, 594

사회적 결정요인 393, 399
사회적 계급 26, 41, 91, 101, 544
사회적 역할 23, 54, 59, 92, 116, 544
사회적 연결망 사이트 34
사회적 지원모델 159
사회적 지원체계 393, 394, 405
사회프로그램 46, 116, 158, 558
산소용량 25
살던 곳에서 노후 맞기 321, 329, 338
삶의 만족 92, 95, 97, 98, 117, 120, 315
상호관계 212, 441
샌더스 141, 579, 597
생애말기 계획 583
생애주기 324
생활보조센터 49
생활보조시설 42
생활습관 229, 395, 402, 406
생활양식 21, 50, 102, 140, 294, 379, 394
생활지원시설 321, 336, 338, 340, 400, 451
서비스수수료 417
선벨트 327
성 26
성격 117, 205, 238, 258
성공적인 노화 19, 21, 95
성불평등 121, 548
성비 127, 128, 147, 149, 150
성인식 552
성인의 삶에 대한 캔저스시 연구 92, 95
성인주간보호 331
성인 초기 전환기 264
성중립성 553, 576
세계보건기구 330, 395
세금 116, 161, 165, 179, 369, 509
세금우대조치 161, 168
세대 27
세대간 연대 324
세대적 공평성 601, 604
세대적 공평성 논쟁 579, 601
세르비아 573
섹션8 182
소극적 안락사 482
소득 43, 544
소득세 161, 525
소득손실 158
소득지원 145, 163, 183
소수민족거주지 566
소수집단 42, 164, 201
소유권사회 605
수렴이론 408
수명 126, 127
수혜자 159, 163, 167
수혜자추적재원 178, 342
순자산 중앙값 510
슈퍼센테니얼 127
스웨덴 179, 558
스윙세대 28
스탭의 이직 427, 453
시각장애인 167, 173, 559
시기효과 61, 64, 582
시니어센터 181
시력 92, 209, 361
시위자 269

식량배급표 161, 560
식사 및 돌봄제공 가정 336
식사배달 181, 380
신경내분비이론 198
신체적 장애 343
실어증 255
실업 158, 297, 367
실업률 30, 563, 600
실패보장체계 565
심장마비 26, 226, 257, 400
심장병 140, 226, 395, 397, 404, 413
싱글룸점용호텔 321, 335

ㅇ

아랍 31, 531
아시아 45, 133, 292, 359, 414
아프리카 43, 415, 434, 453, 543
안녕의 역설 97
안락사 474, 482
알로스태틱부하 438
알츠하이머병 96, 104, 195, 238, 245, 252, 397, 438
알코올 소비 404
암 92, 106, 139, 397
애도상담 49
양면적인 관계 442
에릭 에릭슨 261
에코붐세대 28, 125, 137, 139
여자가 겪는 인생의 사계절
(The Seasons of a Woman's Life) 264
역연령 23
역학적 변천 396
역학적 변천 단계들 393
역할 전환 378
역할전환 442
역할출구 113
연간보장갭 419
연금 548
연금개혁 168, 552
연금급여 561, 591
연금기금 161, 169, 527
연금보장 562, 573
연금분할 561
연금소득 369, 530, 573
연금수급권 규정 526
연금지급보장공사 527
연금지급보증공사 527
연기된 교환전략 103
연령 45
연령계층이론 61, 91, 109, 110, 111, 112, 113, 117
연령구조 125, 126, 129, 131, 132, 136, 138, 149, 150
연령기반 183
연령변화 27
연령분리 공동체 102
연령분리제도 113
연령사회학 90
연령집단 27, 39, 63, 599
연령차별 34, 370, 520
연령차별주의 33, 38, 81
연령차이 27
연령친화적 지역사회운동 330
연령코호트 27, 110, 112, 125, 133

연령통합이론 113, 120
연령통합제도 113
연례건강관리방문 35
연방 인디언고용 및 도시 재정착 프로그램 570
연소 노인 23, 380
연속돌봄 은퇴주거단지 321, 336
영국 178, 573
영화 28, 40, 211, 344
예기 애도 499
오바마 580, 586, 601
요양원 42, 159, 323
요양원돌봄 170, 343, 420, 436, 450, 455, 600
욕창 172, 461
우리의 보장을 지키자 589
우울증 95, 96, 98, 113, 297
운동 26, 140, 395
울혈성심부전 212, 227
원주민 45, 569
월 고정 수수료 418
위세 101, 544
위임장 481, 583
유권자 580, 586, 597
유동성 지능 240, 244
유럽 558
유소년부양비 135, 145
유전자조절이론 196
유족급여 553, 561
유족연금 561
은퇴 158
은퇴공평법 561, 576
은퇴미국인동맹 588, 590
은퇴연기크레딧 167, 520
은퇴자 24, 40, 67, 135, 327, 370, 554
은퇴 주거단지 323, 344
음주 128, 395, 409
의료서비스 395, 417, 446
이기적인 애도 499
이라크 133, 573
이민자 30, 131, 132, 142, 147, 150, 151, 573
이스라엘 32, 261, 530
이익집단 587, 591
이주 73, 125, 129, 131, 132, 142, 321, 327
이주결정 344
이주적응 345
이주흐름 327
이중 사회보장 553
이혼 31, 43, 59, 65, 158, 269, 291
이혼율 291, 300, 445, 490, 557
인구고령화 126, 129, 132, 133, 134, 135, 142, 145, 150, 183
인구변천 130, 131, 133
인구피라미드 129, 138, 149, 150
인구학 76, 131, 132, 135, 140, 142, 149
인도 495, 573
인쇄매체 39
인종 21, 33, 42
인종교차 140
인터넷 50, 248, 599
일본 179, 568
일상생활활동 176, 399
일시적 위탁 446
일차적 돌봄제공자 433, 443

임금 118, 132, 161, 563
임금손실 160
임상적 우울증 255

ㅈ

자기면역이론 194
자녀돌봄 공제 552
자발적 파트타임 일 364
자산조사 159, 168, 519, 524
자산조사급여 573
자아발달이론 261
자연도태 20
작업기억 247, 249
장기 돌봄 339
장기돌봄 주거단지 344
장기요양 116, 177, 183
장기요양서비스 158
장애 158, 325, 395
장애급여 176
장애보험 157, 163, 174
장애인 176, 200, 212, 581
장애출현율 176
재가건강돌봄 170, 177
재가돌봄 177, 182
재가 및 지역사회기반 면제서비스 프로그램 178
재가 및 지역사회기반 서비스 178, 427
재가 요양서비스 331
재산 36, 108, 113, 159, 178, 380, 457, 563
재원 없는 책임성 422
재정복지 161, 163, 169, 535
저소득 경계층 44
저소득층 161, 173, 182
적극적 안락사 482
적응 58, 67, 92, 100, 240, 260
전국노인위원회 588, 591
전국전현직연방직원협회 590, 591
전국총기협회 588
전립성 비대증(BPH) 223
전통적 여성 267
젊은이 42, 62, 101, 183, 313, 580
정상적인 노화 89, 92, 93, 95, 99, 100, 120
정신 질환자 343
정치 599
정치경제학이론 115, 116, 121
정치활동위원회 590
제한약관 565
조기은퇴연령 519
조부모보호자프로그램 48
조세지출 161, 163, 169, 174, 182
존엄사유언장 482, 583
주간돌봄 181, 467
주간보호 178, 446
주거단지 40, 323, 329, 342
주거형태 321, 323
주관적 연령 25
주관적 연령정체성 26
주름 25, 37, 191, 202
주택 182
주택담보대출 162, 182, 510
주택문제 334, 349
주택소유 321, 330
주택차별 348

죽음과 죽어감(On Death and Dying) 473
중간 성인기 265
중고령 노인 23
중국 80, 103, 126, 568
중남미 566
중년 전환기 265
중추신경계(CNS) 205
즉각적 교환전략 103
지능 204, 240
지리적 이동 126, 321, 327
지속이론 91, 99, 100
지역사회기반 서비스 343, 428
지원주택 336, 350, 465
지혜 39, 239
진단조치 399
진화론 20
질병기간 170
질병압축론 393, 398
질병예방 398

ㅊ

창의성 239
청력 210, 214, 361
체세포돌연변이이론 193
초고령 노인 23, 96, 382, 453
촉각 215
총부양비 135, 145, 149, 150
총체적 기관 427, 457
출산 58, 76, 125, 129, 130, 137
출산율 126, 129, 130, 131, 133, 137, 138, 144, 149, 150
출생 27, 58, 76, 126, 410
치매 250, 450, 462
침묵세대 28

ㅋ

카우드라이 20
카터 596
카테터 172, 226
캄보디아 475, 568
캐나다 75, 178, 573
코호트 27, 66, 76, 125, 269, 384, 445
코호트효과 28, 582
쿠바 143, 566
쿼다그노 584
퀴블러 로스 473, 478
클린턴 579, 586, 596

ㅌ

타운센드운동 594
투표 63, 580
투표권법 597
투표율 580
트럼프 172, 586, 597
특별소득세규정 161
특성이론 258
특정경계지역지정 564

ㅍ

파워워킹 402
파키스탄 133, 573
파킨슨병 177, 207, 251

파트타임 82, 175, 359, 433
페미니스트이론 91, 117, 118, 121
페이스북 34
평균 가족원수 30
평균 결혼연령 30, 70
평등 38, 160
평생예비일 170
폐암 140, 395, 402
푸드뱅크 181
푸에르토리코 566
프랑스 25, 128, 134, 295, 559
피부암 204, 229
피부탄력성 25
핀란드 179, 474
필요기반 183

ㅎ

하위문화이론 91, 100, 102, 105
학력 43, 46, 558, 566, 585
학습 50, 75, 214, 239, 247
한국 297, 569
한부모 31, 308, 556, 558
허드렛일서비스 181
허리통증 175
허약노인 20, 25, 544
허약한 노인을 위한 돌봄 391, 427
혁신적 여성 267
혈관성치매 254, 257
협심증 227
호르몬 치환 요법(HRT) 222
호스피스 446, 487, 490
호스피스돌봄 170, 486, 490
혼인상태 43, 46, 546
홈케어 340
홍콩 573
확대가족 106, 107, 108, 282, 288, 322, 326
확장적 여성 269
확정급여 369, 526, 529, 530, 537, 572
확정기여 529, 530, 537, 572
환자보호 및 부담적정 보험법 171, 567, 583
활동이론 90, 91, 94, 95, 96, 99, 100, 120
활동적 기대수명 201
활성산소이론 195, 228
효도 108, 292, 326
흑색점 203
흡연 128, 140, 201, 226, 255, 395
흰 머리 25, 191, 202
히스패닉 30, 42, 46, 125, 137, 144, 164, 304, 326, 413

역자 소개

이정환
미국 Rutgers University 사회학박사
청주대학교 사회학과 교수

양정빈
성균관대학교 사회복지학박사
남서울대학교 노인복지학과 교수

염지혜
미국 University of Southern California 노년학박사
중원대학교 교양학부 교수

차승은
서울대학교 가족학/성인노년학박사
수원대학교 아동가족복지학과 교수

신승연
미국 Columbia University 사회복지학박사
평택대학교 사회복지학과 교수

황명진
미국 University of Illinois at Urbana Champaign 사회복지학박사
고려대학교 행정전문대학원 교수

사회노년학 7판

발행일 1판 1쇄 발행 2021년 2월 26일

옮긴이 이정환, 양정빈, 염지혜, 차승은, 신승연, 황명진
발행인 윤덕우
발행처 도서출판 그린
주 소 서울특별시 서대문구 연희로5길 50 (03716)
전 화 02)333-2574, 5
팩 스 02)333-2561
출판등록 제8-16호(1995. 5. 3.)
E-mail greenpress@greenpress.co.kr
Homepage http://www.greenpress.co.kr

가 격 35,000원
ISBN ISBN 978-89-5727-322-7(93330)